REVELANDO TRUMP

MARC FISHER   MICHAEL KRANISH

REVELANDO TRUMP

A HISTÓRIA DE AMBIÇÃO, EGO E PODER DO EMPRESÁRIO QUE VIROU PRESIDENTE

Tradução de
Guilherme Miranda
e Laura Folgueira

Prefácio de
Carlos Gustavo Poggio Teixeira

Copyright © 2016 WP Company LLC
Copyright da tradução em português © 2017 Alaúde Editorial Ltda.

Título original: *Trump Revealed*

Publicado mediante acordo com a Scribner, uma divisão da Simon & Schuster, Inc.

Todos os direitos reservados. Nenhuma parte desta edição pode ser utilizada ou reproduzida – em qualquer meio ou forma, seja mecânico ou eletrônico –, nem apropriada ou estocada em sistema de banco de dados sem a expressa autorização da editora.

O texto deste livro foi fixado conforme o acordo ortográfico vigente no Brasil desde 1º de janeiro de 2009.

PREPARAÇÃO: Cacilda Guerra e Maria Sylvia Corrêa
REVISÃO: Dan Duplat e Ibraíma Dafonte Tavares
PROJETO GRÁFICO: Amanda Cestaro
CAPA: Rodrigo Frazão
IMAGEM DE CAPA: Damon Winter/The New York Times/Redux (Foto), STILLFX/SHUTTERSTOCK.COM (Bandeira)
IMPRESSÃO E ACABAMENTO: Ipsis Gráfica e Editora S/A

1ª edição, 2017

Impresso no Brasil

Dados Internacionais de Catalogação na Publicação (CIP)
(Câmara Brasileira do Livro, SP, Brasil)

Fisher, Marc
    Revelando Trump : a história de ambição, ego e poder do empresário que virou presidente / Marc Fisher, Michael Kranish ; tradução Guilherme Miranda, Laura Folgueira ; prefácio de Carlos Gustavo Poggio Teixeira. -- São Paulo : Alaúde Editorial, 2017.

    Título original: Trump revealed : an american journey of ambition, ego, money, and power
    Bibliografia
    ISBN: 978-85-7881-434-2

    1. Candidatos a presidente - Estados Unidos - Biografia 2. Estados Unidos - Política e governo 3. Partido Republicano (Estados Unidos) - História 4. Presidentes - Estados Unidos - Biografia 5. Presidentes - Estados Unidos - Eleições - 2016 6. Trump, Donald, 1946- I. Kranish, Michael. II. Teixeira, Carlos Gustavo Poggio. III. Título.

17-04922   CDD-973.929092

Índices para catálogo sistemático:
1. Estados Unidos : Presidentes : Biografia 973.929092

2017
Alaúde Editorial Ltda.
Avenida Paulista, 1337, conjunto 11
São Paulo, SP, 01311-200
Tel.: (11) 5572-9474
www.alaude.com.br

SOBRE ESTE LIVRO

A cada quatro anos, o *Washington Post* explora a vida e a carreira dos candidatos à presidência dos Estados Unidos. A ideia é descobrir o máximo possível sobre como eles pensam, decidem e agem; examinar seu passado para vislumbrar como podem se comportar no futuro. No fim de março de 2016, com a disputa pela indicação dos candidatos dos dois principais partidos ainda não decidida, os editores do *Post* resolveram começar as extensas pesquisa e reportagem necessárias para produzir estudos biográficos abrangentes sobre cada candidato da eleição geral. Eles reuniram duas grandes equipes de repórteres para investigar o trabalho e o histórico dos dois prováveis indicados, Donald Trump e Hillary Clinton. As equipes tinham a mesma missão, mas Trump era um desafio único: seria o primeiro candidato à presidência escolhido por um grande partido em mais de meio século – o primeiro desde Dwight Eisenhower – a chegar a esse *status* sem antes ter tido um cargo eletivo.

O *Post* alocou mais de vinte repórteres, dois checadores e três editores para investigar a vida de Trump. Em cerca de três meses, eles conseguiram produzir este livro e mais de trinta artigos para o jornal, com o objetivo de narrar e compreender tudo desde o histórico familiar de Trump até sua infância, carreira e evolução política. Enviamos repórteres às casas de seus ancestrais na Alemanha e na Escócia, à vizinhança onde ele cresceu, no Queens, e ao colégio interno que frequentou no norte do estado de Nova York, aos *campi* de suas faculdades, no Bronx e em Filadélfia, e a seus empreendimentos em Atlantic City, no Panamá, na Rússia e no Azerbaijão. Visitamos e falamos com parentes, colegas, amigos, concorrentes, sócios, executivos e funcionários, apoiadores e críticos de Trump.

***

Este livro é o resultado do trabalho de um grupo extraordinariamente dedicado e talentoso de repórteres e editores: Jenna Johnson e Frances Sellers viajaram para muito longe a fim de explorar as raízes familiares de Trump. Michael Miller e Paul Schwartzman voltaram à infância dele para encontrar amigos, colegas, professores e vizinhos. Robert O'Harrow e Shawn Boburg esquadrinharam suas complicadas finanças e transações imobiliárias em Atlantic City e Nova York, e Bob Woodward forneceu entrevistas e orientação essenciais enquanto apurávamos como Trump construiu seus negócios. Drew Harwell traçou as raízes da Trump Organization em Manhattan e Will Hobson mergulhou na evolução da relação de amor e ódio de décadas entre o pré-candidato e a mídia, bem como nas suas investidas no mundo dos esportes profissionais. Mary Jordan e Karen Heller esmiuçaram as relações de Trump com as mulheres, entre elas suas esposas, namoradas e executivas. Amy Goldstein e Jerry Markon examinaram os altos e baixos dos cassinos e outros empreendimentos de Trump durante uma fase particularmente difícil de sua carreira, e Rosalind S. Helderman e Tom Hamburger investigaram como Trump transformou seu império em uma marca baseada em seu nome e sua imagem popular. Robert Samuels explorou a visão política de Trump ao longo dos anos e Kevin Sullivan viajou pelo mundo para conhecer seus empreendimentos internacionais. Dan Balz foi fundo na campanha de 2016 para entender como e por que Trump emergiu do grande amontoado de candidatos republicanos. Quase todos esses repórteres trabalharam também em outros aspectos deste livro, que ainda se beneficiou muito do trabalho dos repórteres do *Post* Dan Zak, Ben Terris, Michael Birnbaum, Ian Shapira, Steve Hendrix, David A. Fahrenthold, Karen Tumulty, Robert Costa, Philip Rucker e Janell Ross; da pesquisadora Alice Crites; e do colunista financeiro Allan Sloan. As pesquisadoras Julie Tate e Lucy Shackelford checaram meticulosamente os fatos narrados no livro, e o editor de fotografia Bronwen Latimer organizou a seção de fotos. Os editores Scott Wilson, Steven Ginsberg e Peter Wallsten tiveram papel essencial, dando forma à reportagem e lendo cada esboço durante o processo. O editor executivo do *Post*, Martin Baron, e o editor-chefe, Cameron Barr, estavam convencidos, desde o início, de que esta biografia deveria ser o mais abrangente e penetrante possível, e comprometeram recursos extraordinários em prol desse objetivo.

Trump aceitou dar mais de vinte horas de entrevistas a muitos dos repórteres que trabalharam neste livro. Além disso, colocou seu advogado e alguns membros da equipe de sua campanha à nossa disposição. Não atendeu a nossos pedidos para falar com seus irmãos e negou-se a suspender as restrições impostas a muitos de seus executivos atuais e antigos que assinaram acordos de confidencialidade quando trabalharam para ele. Também se recusou a nos dar acesso a suas declarações de imposto de renda, algo que todos os outros candidatos presidenciais da história moderna dos Estados Unidos disponibilizaram ao público. Durante o processo, Trump disse esperar e desejar que este livro fosse preciso e justo, e garantimos a ele que esse era, de fato, nosso objetivo principal. Para dar aos leitores toda a oportunidade de mergulhar por si mesmos no registro da vida de nosso biografado, e demonstrar que todas as afirmações contidas aqui são confirmadas por documentos, entrevistas e outras pesquisas, colocamos *on-line* milhares de páginas de nosso material para consulta. Esse arquivo está disponível em: https://www.washingtonpost.com/graphics/politics/trump-revealed-book-reporting-archive/. Em muitos pontos ao longo da apuração, Trump também nos disse que, se não gostasse do livro, não hesitaria em denunciá-lo ou em tomar medidas judiciais. No mesmo dia em que concordou pela primeira vez em ser entrevistado para esta biografia, ele disse ao *New York Post* que o projeto era "ridículo". Mais tarde, na noite anterior ao lançamento, tuitou: "O @WashingtonPost produziu às pressas um livro difamatório sobre mim… Não comprem, é chato!" Trump ainda não tinha visto o livro quando publicou esse tuíte. Até onde sabemos, ele cumpriu a promessa que fez a nós de não lê-lo.

Donald Trump vive segundo o credo de que qualquer atenção – elogiosa, crítica ou algo entre esses dois extremos – resulta em seu benefício; de que sua imagem pessoal define sua marca; de que ele *é* sua marca. Começamos esta reportagem com a teoria de que Trump, como todo mundo, é muito mais do que sua reputação ou sua marca. Concluímos o trabalho com o mesmo ponto de vista, tendo descoberto que o homem eleito como 45º presidente dos Estados Unidos é muito mais complexo do que sua linguagem simples pode indicar, que suas motivações e valores são definidos por seus pais, sua criação, suas vitórias e derrotas, e sua busca perene por amor e aceitação. O que se segue aqui é o homem que passamos a conhecer.

SUMÁRIO

Prefácio à edição brasileira 11
Prólogo: "Presidenciável" 17

Capítulo 1: Corrida do ouro: a nova terra 31
Capítulo 2: Bombas de fedor, canivetes e um terno 44
Capítulo 3: Pai e filho 62
Capítulo 4: Roy Cohn e a arte do contra-ataque 71
Capítulo 5: Cruzando a ponte 81
Capítulo 6: "O melhor sexo da minha vida" 111
Capítulo 7: Apostando tudo 131
Capítulo 8: Ventos frios 147
Capítulo 9: A caça 159
Capítulo 10: Uma liga só dele 178
Capítulo 11: O grande desmoronamento 194
Capítulo 12: Máquina de audiência 215
Capítulo 13: O jogo do nome 226
Capítulo 14: Império 244
Capítulo 15: *Showman* 262
Capítulo 16: Camaleão político 272
Capítulo 17: O valor de um homem 293
Capítulo 18: "Trump! Trump! Trump!" 308

Epílogo: Lei e ordem 331
Posfácio: Presidente Trump 345
Agradecimentos 361
Notas 365
Índice 407

PREFÁCIO À EDIÇÃO BRASILEIRA

Carlos Gustavo Poggio Teixeira

Em julho de 2015, quando Donald Trump ainda disputava as primárias pelo Partido Republicano, o jornalista Ben White fez questão de deixar registrado publicamente que comeria "um saco de pregos enferrujados" se o empresário americano fosse o indicado pelo partido. O argumento de White era praticamente um consenso entre os analistas: Trump era apenas mais uma novidade entre outras que haviam conseguido a atenção momentânea dos eleitores republicanos, mas que rapidamente tenderia ao esquecimento.

Em março de 2016, com Trump tendo deixado para trás uma extensa lista de outros candidatos considerados mais viáveis, os jornalistas do *Washington Post* Michael Kranish e Marc Fisher partiram para uma extensa pesquisa sobre o empresário que jamais tinha ocupado um cargo eletivo na vida e que agora parecia fadado a tornar-se o candidato do Partido Republicano à presidência. Fisher, editor sênior do *Washington Post*, foi correspondente do jornal na Alemanha durante os anos cruciais de 1989 a 1993, e dessa experiência nasceu o livro *After the Wall: Germany, the Germans and the Burdens of History* [Depois do muro: a Alemanha, os alemães e o ônus da história, 1995], ainda sem tradução no Brasil. Kranish, que foi correspondente do *The Boston Globe* por trinta anos antes de se juntar à equipe do *Post* em 2015, já escreveu biografias dos candidatos derrotados à presidência John Kerry (2004) e Mitt Romney (2012) quando ainda trabalhava em Boston, no mesmo estilo investigativo que caracteriza esta obra.

Enquanto escrevia este livro, é provável que Kranish imaginasse que completaria uma trilogia de biografias de candidaturas fracassadas à presidência dos Estados Unidos, para fazer companhia aos livros dedicados a Kerry e

Romney. Afinal de contas, no próprio dia das eleições presidenciais dos Estados Unidos, em 8 de novembro de 2017, o jornal *The New York Times* declarou que a democrata Hillary Clinton tinha 85% de chances de ser eleita a próxima presidente. Para surpresa de todos, Kranish e Fisher acabariam escrevendo não apenas mais um livro sobre o excêntrico milionário americano, mas a biografia mais completa sobre o 45º presidente dos Estados Unidos. Os estatísticos tiveram que correr para explicar por que erraram de forma tão espetacular, e Ben White ainda precisa decidir qual vinho harmoniza com pregos enferrujados.

Dado o perfil dos autores, *Revelando Trump: a história de ambição, ego e poder do empresário que virou presidente* foi escrito com a abordagem de uma longa tradição de jornalismo investigativo nos Estados Unidos, incluindo material de mais de vinte horas de entrevistas realizadas pelos jornalistas do *Washington Post* com o próprio Trump. Dessa extensa pesquisa, que nos leva da vida de seus antepassados na Europa, passando pela infância no Queens, seus altos e baixos na carreira empresarial até sua bem-sucedida investida na política, temos a mais relevante e aprofundada tentativa de se desvendar a esfinge trumpiana. Sim, porque, apesar de estar sob os holofotes da imprensa há décadas, Donald Trump é um enigma. Mesmo o fator mais definidor da sua *persona* – sua riqueza – não é um dado conhecido publicamente. Sabemos apenas, como Trump faz questão de repetir, que ele é "muito rico". Através das pesquisas de Fisher e Kranish descobrimos que, quando pressionado a esclarecer o tamanho exato de seu patrimônio, Trump confessou que sua riqueza varia "até mesmo com meus próprios sentimentos".

Esse tipo de afirmação resume de forma clara um aspecto central do sucesso de Trump. Ele soube, de forma extremamente habilidosa, vender uma marca, um estilo de vida. Seu verdadeiro negócio não é o ramo imobiliário, seus cassinos e suas torres. Seu verdadeiro negócio é Donald Trump, uma máquina de autopromoção tão bem-sucedida que o levou à presidência do país mais poderoso do planeta. Talvez ele não seja mesmo tão rico quanto diz, mas o mais importante é a imagem, reforçada pelo seu gosto extravagante por tudo que é dourado. *Revelando Trump* nos mostra que desde a juventude o atual presidente americano sempre quis mostrar que era "*the best*" em tudo o que fazia, ainda que para isso tivesse que contar com uma boa dose de fantasia. Como o próprio afirma em seu livro *Trump: a arte da negociação* (1987), "um pouco de hipérbole nunca é demais". Das páginas do livro emerge um personagem egocêntrico, exagerado, agressivo na perseguição de seus objetivos e preocupado com a ideia de tamanho, seja do seu patrimônio, seja dos seus cassinos, seja dos seus dedos. Vemos um homem obstinado com a ideia de "vencer" a qualquer custo e obsessivamente focado nos negócios, com dificuldade em apontar um verdadeiro amigo fora de seu círculo familiar. Mesmo seus casamentos, com os devidos contratos nupciais detalhadamente negociados, eram percebidos da perspectiva empresarial. Uma das primeiras medidas que tomou após seu primeiro casamento foi adicionar sua esposa a seu quadro de funcionários, prática incomum para homens de negócios, cujas mulheres muitas vezes nem sequer sabem exatamente qual o trabalho do marido. Seus encontros com os filhos se davam basicamente no escritório, onde passava a maior parte do tempo. Depois de um de seus divórcios, Trump, maravilhado com a extensa cobertura que a imprensa deu para o caso, concluiu que no fim das contas o efeito da separação para os negócios foi muito positivo.

Fisher e Kranish demonstram como Trump rapidamente percebeu que seu estilo extravagante era um atrativo para a imprensa, e como essa publicidade gratuita era boa para seus negócios. Trump chegava a ligar para jornais fingindo ser outra pessoa para contar vantagem sobre suas namoradas. Não importava se a cobertura era positiva ou negativa, o importante era que se falasse dele. Essa lição, que pareceu esquecida pela imprensa durante a cobertura da campanha presidencial, foi uma das chaves principais para a nomeação de Trump como candidato pelo Partido Republicano – contra a vontade da elite do partido – e seu posterior triunfo sobre Hillary Clinton. Quando, em junho de 2015, Trump fez um polêmico discurso em que, entre outras coisas, chamou os imigrantes mexicanos de "estupradores", a imprensa e os analistas consideraram que seria o fim da linha para ele. Muitos republicanos retiraram seu apoio e pediram que ele abandonasse a empreitada. Na verdade, foi a partir desse episódio que o empresário consolidou definitivamente sua candidatura. Com tanta atenção gratuita dada pela imprensa – correspondente a cerca de 2 bilhões de dólares de acordo com estimativas –, Trump não precisou gastar tanto com publicidade convencional. Os debates de que participava eram sucesso de audiência, e emissoras de TV começaram a transmitir seus comícios ao vivo. A obsessão da imprensa com cada comentário considerado ofensivo ou polêmico durante a campanha só o ajudou. Como Trump observou em seu livro sobre negociação, uma matéria negativa pode até machucar pessoalmente, mas pode ser excelente para os negócios. É importante lembrar que, antes de se lançar candidato à presidência, Trump havia completado definitivamente sua transição de homem de negócios para celebridade midiática com a estreia do *reality show The Apprentice*, em 2002. A partir daí, a marca Trump transbordaria as fronteiras da Costa Leste dos Estados Unidos, tornando-se nacional e internacionalmente conhecida. Mais do que isso, com a plataforma televisiva, o vocabulário simples e o sotaque do Queens, Trump conectou-se com uma enorme parcela do público americano, que não costumava ler os tabloides nova-iorquinos e que agora via no milionário uma espécie de herói que podiam aspirar a ser. Foi durante uma década como apresentador de *The apprentice* que Donald Trump construiu a ponte que o levaria à Casa Branca.

No entanto, é sabido que Trump começou a considerar a hipótese de se lançar à presidência dos Estados Unidos muito antes de se tornar apresentador de *reality show*. Como relatam Fisher e Kranish, o empresário se interessava pelo tema desde os anos 1990, tendo ensaiado uma candidatura em 1999 pelo Partido Reformista de Ross Perot. Trump demonstrou simpatia pelos democratas, tendo sido um entusiasta da administração de Bill Clinton, chegando mesmo a defendê-lo durante os episódios de escândalos sexuais, e, posteriormente, tendo apoiado Hillary Clinton na sua corrida ao Senado em 2000. Entre 1999 e 2012, mudou sete vezes de partido, ora tendo se registrado como republicano, ora como democrata, ora sem filiação nenhuma. Do perfil traçado pelos jornalistas do *The Washington Post* fica claro que Trump é um camaleão político sem orientação ideológica claramente definida, cujo único objetivo declarado é "vencer" a qualquer custo. Em 2015, Trump vislumbrou uma possibilidade real de vencer e decidiu ir até o fim. E dessa vez ganhou. Resta saber se quem mudou foi Trump ou a sociedade americana. *Revelando Trump* parece confirmar que, se houve mudança, não veio dele. Se há um tema central que permeia o livro é que o Trump candidato em 2016 é deveras parecido com o Trump enviado pelo pai à Academia Militar de Nova York em 1959. Não temos a clássica jornada mitológica do herói que abandona relutantemente o mundo comum, passando por obstáculos e provações ao longo do caminho, enfrentando-os bravamente para finalmente retornar, agora transformado, para casa. Ao contrário, a história que temos perante nós é a de um herói que, mesmo diante de algumas tragédias pessoais, como a morte do irmão alcoólatra, nunca deixa sua casa metafórica e não passa por transformações pelas quais é recompensado, mas que é recompensado exatamente por não se transformar. A eleição de Donald Trump é, na verdade, não a história da jornada de um herói, mas a da jornada de uma sociedade. O livro de Fisher e Kranish confirma involuntariamente que, se quisermos entender a eleição de Donald Trump, o único presidente que jamais ocupou algum cargo na estrutura estatal, devemos compreender as mudanças sociais pelas quais os Estados Unidos passaram nos últimos anos. A eleição de Trump é resultado de algo maior que ele – aquilo que poderíamos chamar de "trumpismo". Trump pode passar, mas o trumpismo tem raízes mais profundas.

PREFÁCIO À EDIÇÃO BRASILEIRA

O trumpismo pode ser entendido como um movimento político difuso que ganhou força a partir de 2008, simbolizado por indivíduos às margens do sistema político estabelecido que ascendem com uma plataforma antiliberal nacionalista, que mistura mercantilismo e populismo com um viés fortemente anti-imigração. Do Reino Unido à França, da Holanda à Áustria, vários países têm produzido a sua própria versão de Trump. Quando fenômenos semelhantes acontecem em diferentes lugares, existem grandes chances de que as mesmas variáveis estejam presentes. Sem pretensão de esgotar tema tão complexo, entendo que pelo menos três variáveis ajudam a explicar a ascensão do fenômeno que podemos classificar como trumpismo. Elas não devem ser entendidas de forma isolada, mas para fins de clareza metodológica podemos dividi-las em: uma variável econômica, uma sociológica e uma tecnológica. Algumas delas estão presentes em todo o globo, mas as três combinaram-se de forma mais clara na Europa e nos Estados Unidos.

Do ponto de vista da primeira variável, a crise financeira de 2008 representou um catalisador que evidenciou uma série de mudanças na estrutura econômica dos países desenvolvidos. Todos os estratos econômicos perderam com a crise, mas aqueles na base da pirâmide perderam mais. A recuperação pós-crise ocorreu de forma desigual, tendo prejudicado mais fortemente imigrantes e trabalhadores menos qualificados que executam tarefas que podem ser substituídas por robôs, ou ser realocadas para países com mão de obra mais barata. À questão econômica soma-se uma variável sociológica que deriva principalmente de mudanças demográficas nos países desenvolvidos por causa da imigração advinda de países em desenvolvimento, o que é mais evidente em comunidades menores. Um influxo de imigrantes em Nova York pode não ser muito visível, mas em uma pequena cidade no interior de Ohio certamente será. Tanto nos Estados Unidos como na Europa existe uma dispersão de imigrantes para fora dos grandes centros urbanos, levando pequenas cidades e comunidades rurais a experimentar o aumento da diversidade populacional. Nesses locais, a absorção de grupos que falam outra língua e têm costumes distintos tende a gerar um sentimento de deslocamento social e de perda de laços identitários nos grupos estabelecidos.

Juntas, essas duas variáveis criam um cenário de insegurança social nas comunidades afetadas, gerando uma tensão entre as forças ligadas à tradição e as conectadas à modernidade. Com frequência, grupos que se veem em uma posição social insegura tendem a buscar refúgio em lideranças autoritárias que prometem oferecer alívio às suas frustrações e ansiedades, normalmente utilizando uma retórica política que garante a volta dos "velhos tempos".

Mas foi um terceiro fator, de ordem tecnológica, que permitiu a articulação dessas variáveis em torno de líderes fora do sistema político estabelecido: o papel das redes sociais, fortalecidas com a quase universalização do acesso à internet nos países desenvolvidos e com a disseminação de dispositivos portáteis de comunicação. A primeira eleição em que as redes sociais tiveram papel importante foi em 2008, quando o novato Barack Obama desafiou os prognósticos e derrotou a favorita Hillary Clinton nas primárias do Partido Democrata, vencendo as eleições gerais no fim daquele ano. Com o uso ativo das redes sociais, que permitiu que dialogasse diretamente com seus eleitores sem a necessidade dos filtros das instituições estabelecidas, Trump foi capaz de energizar uma base política relevante, articulando de forma efetiva os anseios gerados pelas duas variáveis apontadas acima.

Não restam dúvidas de que o estilo de Trump funcionou muito bem para promover sua própria marca, levando-o ao topo do poder. O que não está claro ainda é se lhe será útil na presidência da República. De qualquer forma, a despeito das características individuais de Donald Trump, alegações rasas e adjetivadas, veiculadas em parte da imprensa, de que sua eleição deve ser interpretada como uma mera questão de xenofobia ou ignorância, pouco contribuem para o debate. Enquanto não compreendermos adequadamente as forças profundas que levaram ao surgimento do trumpismo e entendermos como lidar com as variáveis apontadas acima, continuaremos a ter que digerir pregos enferrujados.

CARLOS GUSTAVO POGGIO TEIXEIRA é doutor em International Studies pela Old Dominion University e mestre em Relações Internacionais pela San Tiago Dantas, onde também é professor. É professor e coordenador do curso de Relações Internacionais da PUC-SP e professor do curso de graduação e pós-graduação em Relações Internacionais da FAAP. Autor de títulos como *Brazil, the United States, and the South American Subsystem* (Lexington, 2012), apontado pela revista "Foreign Affairs" como um dos melhores livros de relações internacionais de 2012.

PRÓLOGO

"PRESIDENCIÁVEL"

Ele, agora, era o concorrente principal e, em seu próximo ato, se tornaria presidenciável. O filho, a filha e a esposa tinham lhe dito que era isso que ele tinha que fazer, precisava mostrar seu lado mais calmo, mais ponderado. E ele lhes respondera: "Eu posso ser muito presidenciável". Tinha rido e acrescentara: "Posso ser mais presidenciável do que qualquer presidente que este país já teve, exceto Abraham Lincoln, porque... não dá para superar Abraham Lincoln".[1] E agora ali estava ele, na capital da nação, no ventre da besta, mostrando a todos eles que era capaz disso. Iria se encontrar com um senador americano – um senador que estava dando apoio a *ele*, o garoto do Queens, o *bad boy* do setor imobiliário de Nova York – no escritório de uma das maiores firmas de advocacia da cidade. Discutiria política externa com um monte de *nerds* de Washington. Leria um discurso em um *teleprompter*, aparelho com o qual sempre fazia piada, a muleta usada por perdedores políticos. Nomearia alguns dos informantes que o aconselhariam na Casa Branca, embora, é claro, fosse continuar sendo seu próprio estrategista-chefe, porque conhecia aquilo tudo melhor que qualquer um. Em um dia claro da primavera de 2016, o líder da corrida pela indicação republicana a presidente dos Estados Unidos enfrentaria todas as duras perguntas que o conselho editorial do *Washington Post* pudesse fazer. Discursaria para a multidão do Comitê de Assuntos Públicos Americano-Israelense (American Israel Public Affairs Commitee, Aipac), um dos *lobbies* mais influentes na cidade mais importante do mundo, um grupo no qual cada vez mais membros chamavam sua campanha de assustadora e até demagógica. E, só porque estava em Washington – onde, aliás, estava construindo o que seria um dos hotéis-assinatura de sua empresa –, ele conduziria os chacais da mídia pela construção em obras, mostrando o grosso granito e o mármore de primeira linha. Ele se mostraria radiante e projetaria o maxilar para a frente ao anunciar que esse hotel estava ficando pronto muito antes do previsto e abaixo do orçamento, que "temos quase trezentos quartos, superluxo" e que "vamos empregar substancialmente mais do que quinhentas pessoas, pelo menos quinhentas pessoas".

Seria um dia importante na grande campanha cujo lema era "*Make America Great Again*".* Ele mostraria como era multifacetado: agora, o populista do momento, empolgando enormes multidões em arenas cada vez maiores, elogiando-as por se libertarem do *status* de maioria silenciosa e se tornarem "uma maioria muito agressiva, muito, muito barulhenta e ruidosa"; depois, no dia seguinte, ele seria o candidato principal elegante, sério, íntegro – sim, *presidenciável*. Isso é para valer, ele estava dizendo, e ninguém poderia negar a vontade do povo. Donald Trump – descendente de um homem que viera do nada e construíra casas modestas para a classe média, garoto arrogante que havia cruzado a ponte e conquistado Manhattan, incorporador fanfarrão que folheava tudo de ouro, o homem que fizera Atlantic City voltar a ser grande (até a cidade entrar em colapso de novo), o apresentador que descrevia a si mesmo como uma "máquina de audiência" – agora estava na maior sala da capital da nação, fazendo um discurso em que cada palavra seria examinada como se ele já fosse o presidente. Trump – o candidato zebra que virou o Partido Republicano de ponta-cabeça, o bilionário que convenceu milhões de americanos de que ele era quem entendia melhor suas frustrações e ambições –, esse novato político, orgulhoso por não fazer parte do círculo, fora mais esperto que os especialistas, consultores e profissionais do ramo, que toda a panelinha de poderosos e hipócritas que tinham levado a cidade a uma paralisia vergonhosa. Em semanas, a apresentação secundária se tornara o evento principal. Agora, ele era a estrela de um dia que se repetiria centenas de vezes quando se tornasse *presidente* Trump, dias dedicados a "fazer este país voltar a ser grande", tomá-lo de volta, torná-lo poderoso, recuperar os empregos, expulsar os mexicanos e os muçulmanos, "vencer, vencer, vencer". "Bam!", dizia ele em comícios caóticos. Bam! – e os terroristas maus do Estado Islâmico seriam eliminados. Bam! – e as mesmas empresas que tinham exportado empregos americanos os trariam de volta. Bam! – e o México pagaria por um muro para

---

* *Slogan* da campanha de Trump, que significa: "Fazer os Estados Unidos voltarem a ser grandes". (N. da T.)

impedir imigrantes ilegais de atravessar para os Estados Unidos. Bam! – e os Estados Unidos voltariam a ser um grande país.

Ele estivera no centro das atenções durante quase toda a sua vida adulta. Ainda tinha trinta e poucos anos quando se tornara uma celebridade de um nome só, como Madonna ou Beyoncé, como uma estrela do *rock* ou um presidente, com seu nome todo em maiúsculas, folheado de ouro, em prédios, aviões, camisetas e garrafas de vinho (embora diga que nunca bebeu um drinque na vida). Era aquele raro bilionário que dispensava a privacidade, que convidava câmeras para focalizar a paredeególatra de seu escritório. Ele esbanjava sua riqueza, gastava de forma ostentatória, trabalhava a mídia para se manter nos cadernos de fofocas, de negócios, de esportes e nas capas. Segundo seus detratores, seria capaz de ir a qualquer evento menor apenas para ser visto.

Quase desde o início, ele foi sua própria marca. Chegou lá em boa parte estudando de perto tudo o que se dizia sobre ele próprio. Começava seus dias com uma pilha de recortes de jornal, suas menções diárias. Mesmo agora, concorrendo à posição mais poderosa do planeta, uma atividade que depende quase inteiramente do poder de persuadir as pessoas à sua volta, um trabalho pesado de liderar equipes e ganhar lealdade; mesmo agora Donald J. Trump dizia ter tomado a maioria de suas decisões sozinho, sem consultar ninguém: "Eu entendo a vida", afirmava. "E entendo como a vida funciona. Sou o Cavaleiro Solitário."[2]

Ele sabia ser famoso, ganhar nos números, conseguir audiência, chamar a atenção das pessoas. Mais de três décadas antes de decidir que queria ser presidente, aparecera na lista do instituto Gallup dos dez homens mais admirados pelos americanos, atrás apenas do papa e de alguns presidentes. Treinou a vida inteira para criar burburinho. Tinha em mente uma hierarquia de atenção. O *glamour* está um nível acima do *flash*, dizia. Divulgação boa é melhor que divulgação ruim, mas ambas são boas. Ele era uma mescla curiosa, talvez única, de *showman* experiente e brigão de rua petulante e irritável. Promovia-se de maneira desinibida, gerando tanto admiração quanto zombaria. Era tão rápido em processar seus críticos quanto em anunciar suas conquistas. Era um vencedor altivo e prepotente que também falhara em mais empreendimentos do que muitos magnatas começam a vida toda. Tinha orgulho em exigir respeito. Raramente era visto sem terno e gravata. Até aqueles que trabalhavam próximo a ele havia décadas o tratavam como "sr. Trump".

Ainda assim, sua linguagem podia chocar, e ele com frequência cobria os que sentia serem seus inimigos – especialmente as mulheres – de insultos cortantes e rudes. Sua forma de falar às vezes parecia uma corrente de *slogans* e frases simples e declarativas contendo ideias simplistas. Isso levava algumas pessoas a concluir que ele era grosseiro e irracional. Ele gostava disso; era o tipo de coisa que esperava dos elitistas que a vida toda o haviam desprezado. Costumava se gabar muito, mas na maior parte do tempo mantinha silêncio sobre o que sentia mais profundamente. Isso só vinha à tona em raras ocasiões, como quando comentava os filmes que amava. Indagado a respeito de *Cidadão Kane*, o clássico de Orson Welles sobre um idealista proprietário de jornal que adquire uma grande riqueza e perde sua alma, Trump disse: "*Cidadão Kane* na verdade falava de acumulação, e, no fim da acumulação, você vê o que acontece, e não é necessariamente tudo positivo. Não é positivo… Na vida real, acredito que a riqueza de fato isola você dos outros. É um mecanismo de proteção. Você sobe a guarda, muito mais do que se não tivesse essa riqueza".[3]

Ele se achava um homem do povo, mais interessado nos elogios de taxistas e pedreiros do que em louros dos ricos e poderosos. O povo o conhecia e o admirava, dizia, e portanto ele sempre pensou que talvez sua última cartada pudesse ser a Casa Branca. "Porque eu tive muitos sucessos", afirmou. "Fui muito bem-sucedido por um período longo. Sempre meio que tive em mente… sempre na direção de melhorar o país ou, como dizemos, fazer o país voltar a ser grande, não é? […] Um *slogan* muito bom, que criei."[4]

Exatamente um ano antes, tudo isso era um sonho, uma fantasia. Trump estava fazendo o que repetia praticamente a cada ciclo eleitoral havia décadas: brincando com os repórteres, fazendo a ronda dos programas de entrevistas no rádio e dos jornais televisivos, dando indiretas, provocando, rindo com afetação dos políticos incompetentes, seduzindo audiências com a ideia de que podia usar seu talento para resolver os infortúnios do mundo. Naquele dia de março de 2015, exatamente um ano antes de fazer sua primeira rodada "presidenciável" em Washington, a primeira onda de aspirantes republicanos tinha começado a declarar suas intenções, e Trump foi mencionado 86 vezes na imprensa. O *Chicago Sun-Times* pediu-lhe que desse sua opinião em relação a uma controvérsia local sobre o possível tombamento de um arranha-céu; Trump odiava a ideia de restringir seus amigos construtores – se quisessem, como ele próprio, fazer mudanças em prédios históricos, deviam ter essa permissão.[5] Em Palm Beach, ele estava se unindo a proprietários de imóveis para se opor à expansão de uma pista de aeroporto que resultaria em jatos barulhentos urrando acima de sua propriedade de Mar-a-Lago.[6] Na Escócia, ele mudou de curso e anunciou que seguiria em frente com a construção de um hotel e campo de golfe.[7] Em sua casa, Nova York, uma empresa de entretenimento que organizava um espetáculo de música, dança e moda no Radio City Music Hall divulgou que as *performances* incluiriam a "participação em vídeo de uma celebridade": Donald Trump.[8]

Mas, em março de 2015, a costumeira fila de controvérsias de negócios e investidas promocionais estava começando a ser perturbada por uma tempestuosa ameaça de rumores políticos e reprovações. Naquele dia, na rede de televisão MSNBC, o apresentador Chris Matthews ofereceu "um pouco de alívio cômico" na forma de uma discussão sobre as chances presidenciais de Trump. "Não vamos tratar Donald Trump como um candidato sério", respondeu o colunista Clarence Page, do *Chicago Tribune*. "Ele é um gênio do *marketing* e é isso que está fazendo."[9] Na CNN, o analista Jeffrey Toobin rejeitou o assunto: "Donald Trump está começando uma de suas campanhas presidenciais fictícias".[10] Um resumo do campo republicano no *Washington Post* colocou Trump em "um enxame crescente de concorrentes improváveis"[11] com Carly Fiorina, o senador Lindsey Graham, o governador de Ohio, John Kasich, e o ex-governador de Nova York, George Pataki. McKay Coppins, do *BuzzFeed*, desprezou a conversa de Trump sobre se candidatar, dizendo na MSNBC que era "um desfile de ambições presidenciais de mentirinha", e afirmou: "Eu ainda apostaria meu salário do ano inteiro que ele não vai estar de verdade em uma cédula em Iowa".[12] E, em *sites* de apostas, jogadores estavam contando com a inevitabilidade de Jeb Bush e o absurdo de Trump.[13] Bush, naquele dia de 2015, estava com chances de 4 para 1; Trump estava no fim da pilha, com 150 para 1.

Mas, fora dos centros de mídia de Nova York e Washington, os primeiros murmúrios de uma história diferente começavam a se ouvir. No *New Hampshire Union Leader*, o editor Joe McQuaid escreveu que a imprensa e outros candidatos "subestimam Donald Trump por sua própria conta e risco. As pessoas estão tão cansadas de palavras em vão, imagens polidas e declarações oficiais que podem acabar gostando de um cara que vai contra a corrente e é insultado por apresentadores sabichões".[14] O próprio Trump apareceu no programa de Megyn Kelly na Fox News e, quando ela lhe perguntou se era "só um provocador", ele respondeu: "Eu vou até o fim em tudo. Em tudo na minha vida, fui até o fim. [...] Amo o que estou fazendo, mas amo mais o país. E posso arrumá-lo".[15]

Nove meses depois, nos últimos dias de 2015, ninguém mais achava que Trump era um provocador. Em uma arena lotada em uma noite fria e chuvosa em Grand Rapids, Michigan, ele se posicionou diante de uma enorme bandeira americana, sorrindo de orelha a orelha, enquanto seus apoiadores – muitos usando seu boné vermelho com a inscrição MAKE AMERICA GREAT AGAIN, "*made in U.S.A.*" e disponível no *site* shop.donaldjtrump.com por 25 dólares – entoavam seu nome. Faltavam ainda algumas semanas para a primeira primária, e seus oponentes estavam ficando para trás. Trump abriu o comício comentando que Lindsey Graham tinha desistido naquele dia: "Ele foi horrível comigo. Todo mundo que vai contra mim X, X", e desenhou os X no ar, excluindo os perdedores enquanto a multidão na DeltaPlex Arena urrava. "Isso devia acontecer com nosso país", disse Trump. "Todo mundo que for contra nós, pelo ralo." Outro urro.

Já com dezenas de comícios em sua campanha, sua rotina estava definida. Não havia roteiro, mas um pequeno menu de histórias que ele lançava no meio de alusões aos eventos do dia e narrativas sobre a remoção de manifestantes do local. (As multidões nunca se importavam de ouvir histórias repetidas, como aquela sobre como a Ford estava construindo uma grande fábrica no México e o presidente Trump a obrigaria a trazer de volta aqueles empregos. "Alguém ouviu essa história?", perguntava ele. "Sim!", as pessoas gritavam. "Vocês querem ouvir de novo?" "Sim! Sim!", pediam.)

Nesse dia, Trump tinha uns comentários picantes novos, alguns aperitivos fresquinhos para uma multidão que saboreava qualquer ataque contra os poderosos e pomposos. O primeiro alvo foram os repórteres. Trump comentou que o líder russo Vladimir Putin tinha sido citado dizendo que o considerava brilhante. Ele sorriu ao se referir aos relatos da mídia americana, sugerindo que talvez não fosse uma coisa ótima para um candidato presidencial ser elogiado pelo líder autocrata de um dos principais rivais do país. "Ah, não é *terrível* que Putin tenha dito coisas legais?", ironizou. "Não é terrível, é bom… Não seria legal se a gente se desse bem com os outros?" Os repórteres viviam distorcendo suas palavras, fazendo parecer que ele apoiava Putin, disse. "Aliás, eu odeio alguns desses 'repórteres'. Mas eu jamais mataria nenhum deles. Eu os odeio." Os berros de apoio chegaram a um novo ápice, e, com a voz ficando mais alta com os gritos vigorosos, Trump acrescentou: "Alguns são pessoas muito nojentas e mentirosas, é verdade, é verdade. Mas eu nunca mataria nenhum deles".

Ele insistiu em seu direito, sua obrigação, de esclarecer as coisas. Sua linguagem, o desdém no aceno de "tchau-tchau" que deu quando seguranças conduziam para fora manifestantes que gritavam "Seu preconceituoso!" – Trump nunca pediria desculpas por nada disso. Explicou à multidão: "Eu estudei em uma faculdade de elite, sou altamente culto... Não preciso falar de forma simples. Tenho, tipo, um vocabulário incrível. Mas, sinceramente, como posso descrever nossos líderes com uma palavra melhor que *idiotas*?... Antes, eu dizia 'brutalmente incompetentes', mas *idiotas* é mais forte, né?"

A plateia concordou com entusiasmo. "Trump, Trump, Trump", gritavam os presentes. "EUA, EUA, EUA", diziam em coro. O candidato se uniu a eles. Então, ordenou que os jornalistas "virassem as câmeras" e mostrassem a multidão, fizessem uma panorâmica do lugar porque "há muito amor aqui". Ele insistiu, amolando-os várias vezes para virarem as câmeras, e finalmente alguns obedeceram, e a multidão urrou em aprovação, enquanto outro manifestante gritava algo e Trump ordenava para os guardas: "Tirem esse cara daqui!", acrescentando, com um sorriso travesso, "Não o machuquem! Sejam muito bonzinhos!"

Ele se voltou para o público: "Olha, tem algo mais divertido que um comício do Trump?"

Era uma multidão feliz, ainda que tivesse ficado por horas na chuva em uma fila que dava voltas na arena; ainda que algumas dezenas de manifestantes, parados como testemunhas silenciosas, balançassem cartazes dizendo NÃO AO ÓDIO, NÃO A TRUMP e HEIL TRUMP, FASCISTA AMERICANO. A maioria estava feliz por finalmente ouvir Trump em pessoa, não porque amava o cara, nem mesmo porque pensava que ele seria um bom presidente, mas porque estava satisfeita de que alguém estivesse afinal dizendo o que ele dizia. Kevin Steinke, de 53 anos, descobrira, recentemente, que às vezes tinha de decidir entre pagar o plano de saúde ou a prestação da casa. Ele fora ao comício levando os dois filhos adolescentes para que pudessem ouvir por si mesmos, entender que outras pessoas também estavam tendo dificuldades e que talvez houvesse uma forma de as coisas voltarem ao que tinham sido. A linguagem de Trump, disse Steinke, era um pouco forte, mas "ele está indo ao ponto. As pessoas estão ficando frustradas porque não parecemos estar chegando a lugar nenhum como nação. Muitos de nós sentem que estamos andando para trás". As coisas para Steinke, que tem diploma universitário, e para sua esposa, professora de música, não estavam indo tão bem quanto outrora, e embora ele não fosse nem de esquerda nem de direita e nunca tivesse ido a um comício antes, gostava da ideia de Trump como CEO do país, alguém que não dividiria as pessoas em "nós contra eles", mas mudaria a atmosfera para que cada um pudesse "dizer o que pensa e não sentir que é islamofóbico ou homofóbico ou qualquer palavra que se coloque na frente de *-fóbico*". Trump era assustador o suficiente para estar "causando pânico em algumas pessoas da classe dominante, e eu meio que gosto disso", disse Steinke. "O Donald simplesmente diz em inglês claro, um pouco claro demais. Para mim, é inovador."

Steinke não tinha ilusão alguma de que Trump fosse "irrepreensível – ninguém é". E achava que algumas coisas que o candidato dizia "passam um pouco do limite, e ele nem sempre consegue voltar atrás como gostaria". Mas Steinke gostava de ouvi-lo falar duro sobre lidar com líderes estrangeiros, porque os Estados Unidos não precisam ganhar tudo, mas precisam ser "um pouco mais rígidos nesse cenário, dizer que precisamos ser os líderes. Não vamos ficar nisso de: 'Ah, desculpa por sermos americanos'. Parece na verdade o seguinte: pais que não sabem educar os filhos, com consequências no mundo todo". Trump, disse Steinke, "sabe negociar: uma mão lava a outra. Então, acho que, por mais que a retórica dele seja inflamada por fora, quando está a portas fechadas ele quer fazer negócios".

Nesse dia, o candidato inventou uma nova anedota sobre Hillary Clinton e como ela era uma perdedora, tendo "tomado um pau" de Barack Obama nas primárias de 2008. Trump a alfinetou por usar o banheiro no meio do último debate dos candidatos democratas, chamando o ato de "nojento, nem quero falar sobre isso". Explicou então que em outros tempos se dava bem com ela, "no meu antigo emprego", onde "um cara te dá cinco milhões e... sabe, você meio que se sente em dívida". Agora, porém, ele não aceitaria grandes doações, ia financiar a própria campanha, "e para mim é muito difícil dizer 'não', porque passei a vida toda aceitando. Eu aceito dinheiro, eu amo dinheiro, eu aceito dinheiro. Agora, estou dizendo para essas pessoas: 'Eu não quero seu dinheiro'. Porque eu sei o que acontece".

E todos gritavam, agora mais alto, porque Trump estava dizendo o mesmo que eles, estava admitindo o que os políticos puxa-sacos e que só diziam obviedades nunca admitiriam. O candidato acabara de declarar: "A verdade é que o sonho americano morreu". Eles aplaudiram, não porque fossem pessimistas ou cínicos, mas porque estavam sofrendo, tinham sido traídos e finalmente alguém reconhecia isso. Ele terminou com uma promessa, uma das grandes, uma em que eles escolheram acreditar: "Vou torná-lo maior, melhor e mais forte do que nunca. Do que nunca. Maior, melhor e mais forte".

E AGORA, TRÊS MESES DEPOIS, em março de 2016, em um lindo dia de primavera em Washington, Trump tinha acumulado vitória após vitória e encontrava-se a caminho da indicação presidencial, restando apenas dois oponentes. Os chefes do partido estavam fazendo reuniões secretas para falar sobre como podiam virar a convenção daquele verão contra Trump, e os mesmos gurus que tinham desdenhado dele um ano antes diziam que sua indicação parecia praticamente inevitável. Ele ainda estava fazendo vários comícios por semana, e aparecendo na TV e no rádio o dia todo, misturando as usuais promessas de renovação e grandeza com novos ataques politicamente incorretos. Mulheres que abortam "devem receber algum tipo de punição", afirmou certo dia, e voltou atrás algumas horas depois. Estava confiante na vitória o suficiente para dizer que, se o partido negasse sua indicação, "acho que haveria rebeliões". Estava tão certo disso que decidiu ser a hora de mostrar a virada que sempre disse que daria quando acabasse a luta de foice da campanha pelas primárias. Provaria, fácil e rapidamente, garantiu, que podia "ser muito presidenciável".

Assim, escolheu uma gravata azul-marinho, mais discreta que as vermelhas berrantes que usava nos comícios. No conselho editorial do *Washington Post*, sua voz também estava mais calma, mais gentil. Sua retórica se mostrou suavizada – Trump se esforçou para elogiar um dos repórteres de política do jornal (apesar de também comentar: "Foi tratado muito, muito mal pelo *Washington Post*") e até deu parabéns à agência federal que controla o prédio em Washington, ao lado da Receita americana, que ele estava convertendo em hotel. Concordou prontamente em fazer a entrevista de uma hora toda gravada – uma mudança na prática usual do conselho editorial de manter suas conversas com os candidatos em particular, para maximizar a discussão franca enquanto o conselho decide quem endossar. No caso de Trump, ninguém estava se enganando sobre haver qualquer chance de que o *Post*, com sua página de opinião tradicionalmente democrata, levasse a sério a ideia de apoiar um candidato que seus editoriais estavam amaldiçoando com uma linguagem incomumente forte, chamando-o de ameaça à democracia americana. Assim, o único valor da entrevista estava em ver se os editores e colunistas conseguiriam pressionar Trump sobre suas afirmações mais extremas e testar se ele sabia mesmo do que estava falando.

Os membros do conselho tinham discutido antecipadamente uma estratégia pensada para focar o conhecimento de Trump a respeito de questões de política externa, e pressioná-lo sobre sua opção de se mostrar tão incendiário. Agora, era hora do *show*. Trump entrou e estendeu a mão – frouxa, com a pele surpreendentemente áspera – a cada editor. Era algo bastante comum para a maioria dos visitantes, mas novo para ele, que passara a maior parte da vida evitando apertos de mão porque, segundo dizia, "os caras chegam, eles estão com uma gripe forte, você aperta a mão deles, fica gripado". (Tornar-se candidato exigia uma mudança, disse, porque as pessoas esperam um aperto de mão: "Sabe, é muito rude alguém chegar e querer apertar sua mão e você se recusar, então você aperta. Eu lavo minhas mãos o máximo possível... e isso não é um insulto a ninguém, é um fato: você fica com germes nas mãos e pega gripes".)[16] No *Post*, o tom de Trump permaneceu estável e suas frases ficaram mais longas e complexas do que nos debates ou nas aparições na TV. Mas ele não aceitava ser pressionado. Seis vezes, seus entrevistadores tentaram fazê-lo falar se a polícia tratava negros de forma mais dura do que brancos.

"Sabe, eu tenho uma opinião bem forte sobre impor a lei", ele respondeu. "A manutenção da lei tem de ter um papel importante."

Ao ser indagado de novo se acreditava haver disparidades raciais no cumprimento da lei, afirmou: "Já li que há e já li que não há. Quer dizer, já li os dois. E, sabe, eu não tenho opinião sobre isso".

A conversa passou aos comentários frequentemente inflamados de Trump em seus comícios, que incitava seguranças a remover manifestantes com ordens como: "Desce a porrada nele". Esse tipo de fala não era conivente com a violência?

"Não, porque o que estou dizendo é que recebemos algumas pessoas péssimas. Teve um cara... ele tinha a voz... e eu disse: 'Cara, eu queria quebrar ele'. Sabe, eu disse isso. Queria socar o cara. Ele falava inacreditavelmente alto. Tinha a voz do Pavarotti. Eu disse que, se fosse empresário dele, teria ganhado muito dinheiro, porque ele tinha a melhor voz. Quer dizer, o cara era inacreditável, ele falava muito alto."

As notícias que se seguiram à reunião eram sobre Trump dizendo que talvez os Estados Unidos não precisassem colocar tanto dinheiro na Organização do Tratado do Atlântico Norte (Otan), o centro da aliança de segurança europeia-americana desde a Guerra Fria – o tipo de afirmação que podia suscitar concordância ou aplausos em um comício, mas causava choque e escárnio nos corredores de *think tanks* e escritórios políticos de Washington. Estaria Trump só improvisando? Estaria brincando com os *nerds* políticos que se levam a sério demais? Ou realmente tinha uma posição informada e refletida?

"A Otan foi criada quando éramos um país mais rico", disse. "Não somos um país rico. Estamos pegando emprestado, estamos pegando um monte de dinheiro emprestado."

Mas você sabe, disse o editorialista Charles Lane, que a Coreia do Sul e o Japão pagam metade dos custos administrativos de manter o Exército americano nesses países, não?

"Cinquenta por cento?", perguntou Trump.

"É", confirmou Lane.

"Por que não cem por cento?"

Trump nunca soou irritado na reunião. Seu rosto não ficou vermelho como ficava em momentos acalorados dos debates. Os editores que queriam mais que tudo descobrir quanto da postura de Trump na campanha era teatro e quanto era virulência real saíram do encontro achando que tinham visto o Trump genuíno – um homem convicto de suas visões, com enorme confiança em suas habilidades, não muito bem informado, que se ofende fácil e autenticamente perplexo com as suspeitas de ter motivos outros que não fazer os Estados Unidos voltarem a ser grandes.

Algumas semanas depois, Trump contrataria um novo estrategista-chefe, um lobista experiente de Washington chamado Paul Manafort, que rapidamente garantiria ao Comitê Nacional Republicano que Trump só estava interpretando um papel durante a campanha. "O papel que ele está fazendo agora está evoluindo para o papel que vocês estão esperando", explicou Manafort.[17] Mas o próprio Trump não estava comprando esse papo, nem os membros do conselho editorial do *Post*. Estranhamente, os momentos menos presidenciáveis da visita convenceram alguns dos editores de que Trump não estava fingindo para eles. Fred Hiatt, editor da página de opinião do jornal, teve de perguntar: como pode um homem que concorre à presidência justificar ir falar sobre o tamanho do seu pênis em um debate transmitido em rede nacional? "Você é inteligente e fez uma boa faculdade", disse o editor. "Mas está lá falando sobre suas mãos e o tamanho das suas partes íntimas."

"Não", disse Trump, Marco Rubio trouxera à baila o assunto das mãos dele. "Ele que começou."

"Você decidiu continuar", interveio a colunista Ruth Marcus.

"Não, eu decidi responder." Trump projetou o maxilar para a frente. "Não tive escolha."

"Você decidiu continuar o assunto durante um debate", insistiu Marcus. "Pode explicar por que não teve escolha?"

"Não quero que as pessoas fiquem por aí pensando que eu tenho um problema."

Ele que começou. Como em uma provocação de escola. E Trump reagira. *Ele não tivera escolha.* Nunca fora de desistir de uma batalha, nem como jovem na escola militar e certamente nem na frente de todo o país nem no cenário nacional. Então, sim, ele era um lutador e um vencedor, diria a quem quer que perguntasse. Mas era também leal, respeitoso, cavalheiresco.

Na saída da reunião, Trump parou para apertar a mão de uma das editoras, Karen Attiah, que lhe perguntara sobre sua retórica da discórdia e o impacto disso em um país que está ficando mais moreno e mais negro. "Espero sinceramente ter respondido à sua pergunta", disse ele. Então, sorriu, olhou diretamente para Attiah e completou: "Linda". Ele não estava falando sobre a pergunta.

Attiah não respondeu. Estupefata que um candidato à presidência fizesse um comentário sobre sua beleza, ela não estava brava, "só chocada", contou. "Ele tinha sido charmoso, carismático, nada fechado nem relutante. Pensei sobre o que ele disse e lembrei: esse é o cara dos concursos de beleza, que exibe a mulher e a filha, que afirmou que se ela não fosse sua filha ele talvez estivesse saindo com ela. E concluí que, bom, tivemos a experiência Trump completa."[18]

A algumas quadras dali, na arena esportiva onde jogam o Washington Wizards e o Capitals, milhares de ativistas judeus se reúnem para o muito esperado discurso de Trump ao Aipac sobre sua abordagem do impasse entre israelenses e palestinos. Dezenas de pessoas e rabinos tinham anunciado planos de boicotar o evento,[19] tanto porque Trump prometera ser "neutro" nas conversas entre Israel e Palestina quanto porque sua ideia de proibir a entrada de muçulmanos nos Estados Unidos soava a muitos judeus como um eco assustador das políticas que seus próprios pais e avós tinham enfrentado na Europa. Embora uma das filhas de Trump, Ivanka, tivesse se casado com um judeu ortodoxo e se convertido ao judaísmo, o candidato alienara vários judeus com comentários em um encontro da Coalizão Judaica Republicana, dizendo que podia não conquistar o apoio de muitos ali porque não queria o dinheiro deles. Ele disse estar na melhor posição para conseguir um acordo de paz no Oriente Médio porque é um negociador, "como vocês".[20]

Portanto, Trump tinha retratações a fazer. Ele não se arriscou. Embora tivesse dito que *teleprompters* deviam ser banidos da campanha, agora usava um, os olhos correndo de uma tela para outra. Dessa vez, ele estava definitivamente do lado de Israel. Atacou a demonização dos judeus por parte dos palestinos. Lembrou à multidão que emprestara seu jato particular para o então prefeito de Nova York, Rudy Giuliani, visitar Israel semanas depois dos ataques do 11 de Setembro, e que tinha sido mestre de cerimônias da Parada de Israel em Nova York em 2004, no ápice da violência na Faixa de Gaza. E deu um jeito para que todo mundo soubesse que em breve Ivanka daria à luz um "lindo bebê judeu".[21]

Mas antes de o discurso de Trump ser repetidamente aplaudido de pé, no início de sua fala, a seis fileiras do palco, um rabino usando um manto de orações levantou e gritou, em um protesto solitário: "Esse homem é mau. Ele inspira racistas e intolerantes. Ele encoraja a violência. Não o escutem!" O rabino Shmuel Herzfeld, líder de uma congregação ortodoxa de Washington, não se levantou por estar tomado de uma paixão momentânea. Ele lutara com essa decisão por dias. Consultara seu próprio rabino mentor, seu advogado, sua esposa e seus sete filhos. Explicou às crianças que se sentia obrigado a dizer algo, "a dizer: 'Sabemos quem você é, vemos a verdade'". Os filhos lhe pediram que não fizesse seu protesto, porque podia se machucar, mas Herzfeld concluiu que não tinha escolha. Sabia que perderia membros de sua sinagoga (e perdeu). Sabia que seria acusado de tomar uma posição política inadequada (e foi). Mas concluíra que Trump representava "uma ameaça existencial ao nosso país. Nunca vi esse tipo de figura política na minha vida. Ele incita à violência descaradamente. Usou linguagem vil para falar de pessoas de outros países. Abriu espaço para tudo o que é feio sair das sombras".

Herzfeld foi imediatamente escoltado para fora da arena, e Trump continuou falando sem outros incidentes. Mas, no dia seguinte, o presidente do Aipac, segurando as lágrimas, se desculpou pelo discurso de Trump, dizendo que violara as regras do grupo em relação a ataques pessoais. O candidato tinha sido incomumente contido em sua linguagem, mas se referira ao presidente Barack Obama como "talvez a pior coisa que já aconteceu a Israel", e colocado um "É isso aí!" fora de roteiro na parte da fala em que notava que Obama estava em seu último ano na Casa Branca. Ele podia aparecer em roupagens presidenciáveis, mas ainda era Trump sendo Trump.[22]

Na realidade, a única ocasião naquele dia em que Trump pareceu e soou como o bilionário de fala simples do povo que tinha sido durante a campanha – por vezes brincalhão, irritado, passional, persuasivo – foi em um tipo totalmente diferente de evento, uma promoção de vendas no rebuscado e antigo prédio dos correios na Pennsylvania Avenue, que ele estava rapidamente transformando no Trump International Hotel. Uma hora antes de sua chegada, a fila para a retirada de credenciais de mídia para a cobertura do evento estava dobrando o quarteirão. Algumas centenas de repórteres apareceram, e apenas um punhado deles tinha algum interesse na conversão de um prédio governamental do século XIX em um hotel de luxo a cinco quarteirões da Casa Branca. A isca era a chance de fazer perguntas a Trump.

O zunido de martelos no metal e o ruído de ferramentas mecânicas soaram até pouco antes de Trump aparecer. Então, os homens de capacete e colete laranja sumiram, deixando apenas uma música plácida de piano, uma mudança marcante em relação às *playlists* agressivas e pulsantes que o candidato usava para estimular as multidões em seus comícios. Sua comitiva chegou, duas suvs de um preto brilhante precedidas por quatro viaturas da polícia e vários batedores em motos. Trump – seguido por mais de doze assistentes em ternos escuros, um homem rotundo em vestes brancas de *chef*, dois pedreiros e vários executivos hoteleiros – entrou no átrio por um caminho de compensado e se postou em frente a duas bandeiras dos Estados Unidos. O hotel, ele prometeu, seria "incrível, com lindo mármore de diferentes partes do mundo... acho que vai ser uma coisa ótima para o país, uma coisa ótima para Washington".

Por quarenta minutos, os repórteres encheram Trump de perguntas, nenhuma relacionada com o projeto do prédio dos correios. Eles queriam falar, em vez disso, sobre contagem de delegados do Colégio Eleitoral, política sobre o Oriente Médio, Otan, violência nos comícios. O candidato respondeu a todos e então perguntou se alguém por acaso queria ver o enorme, enorme salão de baile. Uma massa pulsante de repórteres e fotógrafos, um bloco cravado de microfones e câmeras segurados no alto, se espremeu ao passar por uma porta, cercando Trump como amebas. Ele pareceu não notar. Parou, olhou para o exterior romanesco do prédio e apontou: "Aquela janela é de 1880.[23] Difícil de acreditar, né? É um vidro especial. Tem uma espécie de pátina". Material de construção não era exatamente o assunto que atraíra a multidão até o prédio, mas era disso que ele sabia falar. Era ali que ele vivia. O resto – o público, gente entoando seu nome, a política nacional virando de ponta-cabeça – era novo e excitante, e perturbador também. Ele agora era o concorrente principal, e, em seu próximo ato, algumas pessoas diziam que devia se tornar presidenciável, mas ele sabia que seria o que sempre fora.

1
CORRIDA DO OURO: A NOVA TERRA

Em um dia de junho de 2008, perto da costa noroeste da Escócia, um grupo de habitantes das Hébridas Exteriores viu um avião se aproximar no horizonte. As ilhas em que moravam tinham a forma de uma clava medieval, estreita na ponta sul, larga na norte, estendida em meio às agitadas águas azul-cinzentas. De longe, grande parte daquela terra pouco povoada parecia um gramado sem fim, campos que alcançavam penhascos irregulares e praias rochosas, além das quais se encontrava uma série de ilhotas. Os ilhéus aguardaram enquanto o Boeing 727 descia na direção deles.

O jato era um visitante raro, nada parecido com os aviõezinhos movidos a propulsão ou com as ruidosas aeronaves do Royal Mail que frequentavam a ilha. Tendo atravessado o oceano Atlântico em sua viagem desde Boston, ele cortou os ventos, tocou os pneus no asfalto e taxiou em direção ao pequeno terminal de Stornoway, a maior cidade da ilha de Lewis, com uma população de 8 mil habitantes. O avião tinha sido reequipado segundo as especificações rigorosas de seu proprietário, Donald J. Trump, de Manhattan. Incluía uma suíte, bancos espaçosos para 24 passageiros, uma área de jantar que acomodava cinco convidados, com louças de porcelana e copos de cristal, e, completando o cenário, duas pias banhadas de ouro.[1] Uma única palavra em letras maiúsculas, TRUMP, estava escrita na fuselagem. Enquanto os motores do avião eram desligados, empregados do empresário descarregavam caixas de livros dele, que seriam doados aos habitantes da ilha. Uma caixa continha exemplares de *Trump: como ficar rico* e a outra, de *Trump: nunca desista*.

Vestido com um terno escuro, camisa branca e gravata azul que caía muito abaixo de seu cinto, com o cabelo louro cor de palha soprado pela brisa, Trump cumprimentou o grupo de habitantes locais. Em seguida, ele e seus companheiros de viagem seguiram para um Porsche Cayenne e duas BMW x5. A comitiva seguiu por 11 quilômetros de estradas sinuosas, passando por montes verdes que desciam na direção de uma baía, através de bairros de casas à beira-mar e pequenas fábricas, até chegar a uma casa cinza conhecida como 5 Tong, o mesmo nome da aldeia em que ficava localizada. Trump saiu do carro e deu uma olhada lá dentro. A habitação era tão modesta que ele permaneceu em seu interior por apenas 97 segundos. Foram tiradas fotos e a manchete parecia completa: "Trump visita o local de nascimento de sua mãe", Mary Anne MacLeod.

"Eu me sinto muito à vontade aqui",[2] disse ele aos repórteres reunidos. "Quando sua mãe vem de certo lugar, você tende a gostar dele. Eu me sinto escocês, mas não me peça para definir isso. Tinha algo muito forte vindo da minha mãe." Para o caso de ninguém ter notado, acrescentou: "Tenho muito dinheiro".[3]

Trump só tinha ido ao local uma vez antes, quando tinha 3 ou 4 anos, e essa estadia pareceu tão breve quanto possível, quase três horas. Houve conversas sobre ele transformar um castelo da região num hotel de luxo.[4] Depois Trump viajou para outra parte da Escócia, onde esperava que esse raro lembrete de sua herança pudesse convencer os políticos a lhe dar permissão para construir um enorme *resort* de golfe[5] e um condomínio em áreas ecologicamente sensíveis perto de Aberdeen.

A história da mãe dele era uma narrativa clássica do desejo de uma vida nova em uma terra estranha, carregada pelo sonho aparentemente absurdo de riquezas inimagináveis. A riqueza, no caso da família de Trump, chegaria um dia. Mas esse resultado dificilmente poderia ser previsto caso se pudesse voltar no tempo para uma cena capturada numa fotografia granulada tirada perto do local que ele visitou tão rapidamente naquele dia de junho.

A FOTO EM PRETO E BRANCO foi tirada em 1930, em 5 Tong. Retrata uma mulher um pouco curvada, usando um vestido comprido, o cabelo preso e uma faixa no ombro. A faixa está amarrada a um fardo em suas costas que é umas dez vezes maior que sua cabeça. Segundo a legenda escrita pela sociedade histórica de Tong, ela é uma ancestral de Trump, possivelmente sua avó, "carregando um cesto de algas marinhas".[6] No fundo está uma jovem, talvez a mãe de Trump, Mary MacLeod, na época com 18 anos, já com planos de deixar a ilha cada vez mais pobre e ir para os Estados Unidos.

Mary cresceu naquele lugar remoto falando o dialeto gaélico local. Tong tinha sido o lar de seus pais, avós e bisavós, além do de inúmeros primos. O terreno em volta da casa era conhecido como *croft*, uma pequena fazenda normalmente cuidada pela mãe, o que permitia que o pai passasse a maior parte do tempo pescando. Era uma vida simples, com muitas casas "indescritivelmente imundas, com portas tão baixas que é preciso rastejar para entrar e sair", de acordo com uma história local. As famílias tinham dificuldade para juntar rendimentos provenientes de uma combinação de agricultura no solo ácido e criação de animais, pesca na baía e nos rios das redondezas, e coleta de turfa para ser vendida ou usada como combustível e algas marinhas empregadas como fertilizante na terra de difícil cultivo. Também era muito comum que os homens naufragassem com seus veleiros, destino sofrido em 1868 pelo avô de Mary, Donald Smith, então com 34 anos, que tinha o mesmo primeiro nome que Mary daria décadas depois a seu filho, Donald Trump.[7]

Mary nasceu em 1912, durante o auge da alta do arenque, o gorduroso peixe que tinha se tornado uma iguaria em toda a Europa. Muitos dos jovens ali residentes trabalhavam no ramo, estripando o peixe ou viajando com as frotas. Mary era criança durante a Primeira Guerra Mundial, quando a indústria de pesca da ilha entrou em crise. Dez por cento da população masculina morreu. Houve uma onda de emigração de famílias, que buscavam oportunidades econômicas em outros lugares. Diziam que um homem de Tong tinha se dado tão bem que, durante uma visita ao antigo lar, chegara em um carrão americano com pneus faixa branca, no qual levou as crianças da vila para dar uma volta.

Então, em 1918, um dos maiores executivos da época, lorde Leverhulme, conhecido graças ao império familiar de sabonetes Lever, pagou 143 mil libras para comprar a ilha de Lewis, onde ficava Tong.[8] Ele se mudou para o enorme castelo Lews e anunciou uma série de grandes planos, entre os quais a comercialização do peixe local em centenas de lojas de varejo em todo o Reino Unido.[9] Acima de tudo, apelou aos moradores para que confiassem nele.

Em meio a esse breve período de esperança, veio outra tragédia. No Ano-Novo de 1919, um barco que transportava soldados britânicos saiu da rota, atingiu as rochas e matou 174 homens de Lewis, diminuindo ainda mais a população masculina da ilha.[10] Logo ficou claro que as promessas grandiosas de Leverhulme não dariam frutos, e os habitantes se revoltaram. Um grupo de homens de Tong invadiu uma das fazendas do lorde e se apropriou das terras. Em 1921, Leverhulme já havia interrompido o empreendimento em Lewis e se concentrado apenas na ilha vizinha, Harris, mais conhecida pelo tecido de lã chamado Harris Tweed. Suas transações comerciais em outras regiões estavam passando por dificuldades, ainda mais em meio a uma recessão global, e, em 1923, o sonho de Leverhulme de uma Lewis utópica foi à bancarrota. Ele morreu dois anos depois,[11] e, enquanto Mary entrava na adolescência, centenas de pessoas fugiam da ilha.

Os MacLeod se orgulhavam do gado forte da ilha; o timbre da família incluía uma cabeça de touro e o lema *"Hold fast"* [Segure firme].[12] Mas isso se tornou quase impossível com o início da Grande Depressão, no outono de 1929; as oportunidades para uma moça ser qualquer coisa além de fazendeira ou coletora de algas marinhas com uma criança de colo eram raras. Por isso, em 17 de fevereiro de 1930, depois da Terça-Feira Negra e de todo o outro negrume causado pela Depressão, Mary Anne MacLeod embarcou no *ss Transylvania*.[13] O navio de três chaminés, construído quatro anos antes, tinha 552 pés da popa à proa,[14] 70 pés de estibordo e transportava 1.432 passageiros. Ao que tudo indica, a jovem atraente de pele clara e olhos azuis estava sozinha ao subir a bordo, na fila entre os McIntosh, os McGrath e os McBride. Ela se designou como "doméstica", um termo geral para "criada" ou qualquer outro trabalho que conseguisse encontrar quando chegasse a Nova York. Disse aos funcionários da imigração na ilha Ellis que planejava ficar no Queens com a irmã mais velha, Catherine, que havia se casado e dado à luz um menino. Mary declarou que planejava ser residente permanente, na esperança de ganhar cidadania em seu país de adoção.

Durante grande parte de sua história, os Estados Unidos haviam recebido de braços abertos os imigrantes, importando trabalhadores e incentivando colônias no Oeste. Mas nos últimos tempos uma combinação de recessões econômicas, nativismo e a ascensão do movimento eugênico vinha dificultando que certos grupos de pessoas se tornassem cidadãos americanos. A violência começou no início dos anos 1920. A Ku Klux Klan praticamente tentou assumir o controle da Convenção Nacional do Partido Democrata de 1924, em Nova York, exigindo fortes restrições contra imigrantes e criticando católicos, o que levou a brigas nos becos mormacentos do Madison Square Garden. Mais de 20 mil membros da kkk se reuniram nas proximidades, comemorando quando a convenção por pouco não conseguiu aprovar uma plataforma condenando o grupo. O Klanbake, como ficaram conhecidos os dias seguintes de fúria, rachou a convenção de tal modo que foram necessários 103 votos para escolher o candidato John W. Davis, que perderia a eleição geral para o republicano Calvin Coolidge.[15] Mesmo assim, a KKK continuou a ter poder, e, com o enfraquecimento da economia, o país foi tomado por um clima anti-imigração. O candidato democrata de 1928, Al Smith, foi ridicularizado pelo grupo por ser católico e perdeu para o republicano Herbert Hoover. Em 1929, o Congresso aprovou uma legislação que cortava as cotas de imigração para muitos países, incluindo nações europeias, como a Alemanha. Pouco depois, centenas de milhares de mexicanos seriam deportados. Indivíduos da China, do Japão, da África e da Arábia tinham poucas chances de obter a cidadania americana. Ao mesmo tempo, o Congresso quase duplicou a cota para imigrantes da maioria das ilhas Britânicas. Mary, tendo vindo da linhagem predileta de brancos britânicos, seria bem-vinda em um tempo em que os Estados Unidos estavam fechando as portas para muitos outros.[16]

Enquanto Mary atravessava o Atlântico, o *Transylvania* enfrentou uma tempestade terrível. Finalmente, quando a embarcação chegou ao porto de Nova York, uma chuva torrencial agitava as ondas, e raios causaram um corte de energia que incluiu a da tocha da Estátua da Liberdade, que mesmo assim recebeu os pobres e exaustos do mundo.[17] A manchete na primeira página do *New York Times* no dia da chegada de Mary parecia tranquilizadora: "O pior da Depressão passou, diz Hoover; a cooperação está reduzindo a miséria". O presidente apostava em uma alta da construção civil, que ele insistia ter se acelerado "acima de nossas esperanças".[18] Estas se provariam excessivamente otimistas. Hoover logo seria substituído na Casa Branca pelo governador de Nova York, o democrata Franklin Delano Roosevelt, e levaria anos de intervenção do governo para que os Estados Unidos conseguissem sair da crise econômica. Contudo, uma das pessoas que compartilhavam das esperanças de Hoover quanto a uma expansão da construção civil era um rapaz chamado Fred Trump. Filho de um imigrante alemão, ele estava a caminho de fazer fortuna construindo casas humildes na mesma área de Nova York para onde Mary MacLeod estava se encaminhando agora.

O LADO TRUMP DA HISTÓRIA da saga americana da família começa com o avô de Donald, Friedrich. Ele foi criado em uma aldeia vinícola no sudoeste da Alemanha chamada Kallstadt, que parecia convidativamente verdejante e próspera para olhos distraídos, mas o ambicioso adolescente que viria a se tornar o avô paterno de Donald Trump não via muito futuro ali.

O sobrado de telhado alto na Freinsheim Strasse, onde Friedrich cresceu, ficava a poucos minutos de caminhada do campanário da igreja protestante no centro do vilarejo. Com dois ou três quartos para acomodar uma família de oito pessoas, estava longe de ser a mais grandiosa casa de produtores de vinho.[19] Mas, ainda que os Trump não fossem os vinicultores mais ricos de Kallstadt do fim do século XIX, eles garantiam uma renda digna. Possuíam um terreno, onde cultivavam uvas, e sua residência tinha vários anexos para pecuária e uma grande adega abobadada contígua aos cômodos do térreo, onde a safra anual era fermentada.

Kallstadt fica no Palatinado, uma região exuberante e verdejante do vale do Reno, de onde vieram milhões de famílias germano-americanas como os Trump e na qual os nazistas depois criaram uma *Weinstrasse*, ou estrada do vinho,[20] para vender o produto depois de terem expulsado os comerciantes judeus locais. Abrigada pela cordilheira Haardt a oeste, a topografia suave criava um clima quase mediterrâneo, a chamada Toscana alemã, onde cresciam amêndoas, figos e castanhas. As uvas eram cultivadas havia pelo menos 2 mil anos, desde que os romanos construíram uma casa de campo numa colina logo além da vila. Fileiras ordenadas de uvas Riesling cruzavam os campos e enchiam pequenos canteiros entre as casas da aldeia.

Anos de instabilidade levaram muitos a fugir, criando um histórico de emigração e consolidando a interdependência das famílias que ficaram.[21] Sociável e orgulhosa de seu passado em comum, a população de Kallstadt passou a ser conhecida como *Brulljesmacher*, ou "fanfarrões". Não se sabe quando os Trump chegaram ao Palatinado ou quando definiram a grafia de seu sobrenome. Genealogistas e historiadores familiares encontraram diversas grafias, entre elas Dromb, Drumb, Drumpf, Trum, Tromb, Tromp, Trumpf e Trumpff.[22] Lápides mais recentes em Kallstadt grafam o sobrenome como Trump, embora no dialeto palatino local o *p* final seja pronunciado com ênfase, quase como *Tromp-h*.[23]

Friedrich nasceu em 14 de março de 1869. Era uma criança frágil, inapta para o trabalho exaustivo nos vinhedos. Tinha 8 anos quando o pai, Johannes, morreu de uma doença pulmonar. A mãe, Katherina, ficou sozinha cuidando de uma casa com crianças de idades entre 1 e 15 anos, além da vitivinícola. As dívidas começaram a se acumular. Katherina mandou Friedrich, o filho homem mais novo, então com 14 anos, para um treinamento de dois anos com um barbeiro na cidade próxima de Frankenthal.

Friedrich, porém, não via futuro na vila do Palatinado e decidiu se juntar à torrente de alemães que procuravam uma vida melhor nos Estados Unidos.

Viajou 560 quilômetros para o norte, até Bremen, cidade portuária repleta de emigrantes, e embarcou no *ss Eider*. O destino do transatlântico de duas chaminés era Nova York, onde Friedrich encontraria a irmã mais velha, Katherine, que havia se casado com outro emigrante de Kallstadt. Ele desembarcou em Nova York no dia 19 de outubro de 1885. Os documentos de imigração listam sua profissão como "agricultor" e seu nome como "Friedrich Trumpf", embora ele logo passasse a ser conhecido como Trump.[24] Tinha 16 anos.

Mas a partida de Friedrich havia contrariado a lei alemã. Esta previa um período obrigatório de três anos de serviço militar, e, para emigrar, os meninos em idade de recrutamento tinham de obter permissão, o que o jovem barbeiro não fizera. Isso resultou em uma situação incerta que prejudicaria qualquer perspectiva futura de retorno: Friedrich Trump era um emigrante ilegal.[25] Por sorte, as autoridades dos Estados Unidos não ligavam para as circunstâncias em que ele tinha deixado a Alemanha. A lei de imigração americana da época concedia *status* preferencial para alemães; eles eram considerados como tendo a origem étnica europeia branca adequada e uma personalidade empreendedora. Friedrich foi um dos cerca de 1 milhão de alemães que imigrou para os Estados Unidos em 1885, o ano em que a imigração alemã bateu o recorde no país.

O *ss Eider* o deixou em Castle Garden, o principal ponto de entrada para imigrantes antes de o governo federal abrir a ilha Ellis, em 1892.[26] Friedrich havia trocado uma cidade europeia rural de menos de mil habitantes pelo caos de Nova York, que, na época, tinha uma população de mais de 1,2 milhão, cerca de um terço da qual nascera no exterior. Ele foi morar com a irmã mais velha e o marido dela, Fred Schuster, entrando para uma comunidade de palatinos do Lower East Side de Manhattan. Começou a trabalhar como barbeiro, mas a profissão se provou insatisfatória.

Friedrich, como muitos antes dele, foi seduzido pelas histórias de minas de ouro e outras riquezas a serem encontradas no Oeste. Em 1891, o ambicioso rapaz – um documento do governo o descrevia com 1,75 metro, testa alta, olhos castanhos, nariz reto, queixo proeminente, pele morena e rosto fino – dirigiu-se para Seattle.[27] A cidade de 50 mil habitantes em plena expansão era cortada por linhas de bonde e visitada por enormes frotas de navios. Friedrich viu ali uma oportunidade de oferecer comida e alojamento. Abriu uma loja entre os salões de dança de uma região decadente da cidade e mudou o nome de um estabelecimento antes conhecido como Poodle Dog para outro, de som mais salutar, Dairy Restaurant, trabalhando entre os cafetões e apostadores que assombravam o distrito.[28]

Trump, que obteve cidadania americana em Seattle em 1892, começou a investir em terrenos. Ele se dirigiu à comunidade mineradora de Monte Cristo, localizada na cordilheira das Cascatas, perto dali. Um cartel nova-iorquino financiado por John D. Rockefeller havia possibilitado a construção de uma ferrovia que trazia o ouro das montanhas. Assim como fugira da labuta nos vinhedos de Kallstadt, Friedrich não se engajou no trabalho árduo e muitas vezes ingrato de cavar em busca de ouro e prata. Em vez disso, construiu um hotel e tomou posse de terras em negociações questionáveis que lhe permitiram reivindicar direitos sobre minérios. Ele ganhou a eleição de 1896 para juiz de paz de Monte Cristo por 32 votos a 5.

Depois de um breve retorno a Seattle, Friedrich se juntou à corrida do ouro de Klondike, no rio Yukon, onde ele e um sócio abriram um estabelecimento chamado Arctic, depois renomeado como White Horse. Um retrato vívido do Arctic, que oferecia comida e alojamento, apareceu em um jornal local, sugerindo que o hotel agradava aos hábitos mais questionáveis dos mineradores. "Para homens solteiros", escreveu o *Yukon Sun* em 1900, "o Arctic tem acomodações excelentes, bem como o melhor restaurante de Bennett, mas não aconselho que mulheres respeitáveis durmam lá, pois correriam o risco de ouvir o que seria repulsivo a seus ouvidos pronunciado pelas depravadas de seu próprio sexo".[29]

Friedrich vendeu sua parte do negócio quando as autoridades começaram a reprimir a bebida, o jogo e a prostituição. Embora parecesse agora firmemente enraizado nos Estados Unidos, ele não havia esquecido por completo Kallstadt ou suas raízes alemãs. E ainda não tinha uma esposa. Essa lacuna em sua vida foi suprida por uma de suas visitas ao vilarejo, durante a qual visitou a mãe e compareceu a casamentos da família. Nessa viagem de volta à terra natal, em 1901, Friedrich conheceu Elizabeth Christ, de 20 anos, que havia crescido em frente à casa da família Trump. No ano seguinte, Friedrich retornou para se casar com ela e levá-la consigo para Nova York, onde sua primeira filha, também chamada Elizabeth, nasceu em 1904.

Apesar da comunidade unida dos imigrantes de Kallstadt no Lower East Side, Elizabeth Christ Trump nunca se sentiu em casa em Nova York, e, em 1904, Friedrich renovou o passaporte para viajar à Alemanha, listando sua profissão como "hoteleiro" e dizendo que voltaria aos Estados Unidos dentro de um ano. Dessa vez, porém, levou suas economias consigo para a Alemanha – cerca de 80 mil marcos, o equivalente a algumas centenas de milhares de dólares na moeda de 2016. As autoridades de Kallstadt, felizes em receber de volta o jovem e rico americano, atestaram seu bom caráter e sua capacidade de sustentar os membros da família. Mas as autoridades regionais e nacionais questionaram Trump por não haver retornado antes para prestar o serviço militar. Aos seus olhos, ele era um desertor, de modo que o pressionaram a ir embora. No começo de 1905, ele recebeu a notificação de que tinha de partir até 1º de maio. Em 29 de abril, Trump alegou que a filha pequena estava doente demais para viajar, conseguindo uma prorrogação de três meses no visto. Em 6 de junho, fez outra tentativa de ficar, dessa vez escrevendo uma carta pessoal ao príncipe regente da Baviera, Leopoldo, da Casa de Wittelsbach, descrevendo em termos desesperados e servis como ele e Elizabeth estavam paralisados pelo horror da perspectiva de retornar aos Estados Unidos.[30]

"Minha querida esposa e eu [...] somos súditos fiéis e leais, verdadeiros palatinos, bons bávaros ligados por amor e devoção infinitos à magnífica casa principesca dos ilustres Wittelsbach", escreveu. Ele renunciaria prontamente a seu direito de morar nos Estados Unidos, prosseguiu, se pudesse garantir residência permanente em sua terra natal. Sem sucesso: em 28 de junho, Trump se resignou a voltar de imediato para Nova York com Elizabeth, agora grávida, e a filha pequena. Chegaram a Nova York no meio do verão e se instalaram num apartamento em uma região majoritariamente alemã do South Bronx, onde, em 11 de outubro, nasceu seu primeiro filho homem, Frederick Christ Trump, que viria a ser o pai de Donald Trump.

Em 20 de dezembro, Friedrich Trump fez uma última tentativa de conquistar o direito de retornar à terra natal. Mais uma vez, seu recurso foi rejeitado. Em maio de 1907, o caso foi encerrado. Friedrich e Elizabeth Trump permaneceriam nos Estados Unidos e criariam os três filhos como cidadãos americanos.

RESPONSÁVEL POR CRIAR UMA JOVEM FAMÍLIA na nova terra, Friedrich Trump se encaminhou para Wall Street – não como corretor ou financista, mas por meio de sua antiga profissão de barbeiro. Ele cortou o cabelo de inúmeros residentes de Lower Manhattan em um quarteirão que, no futuro, se tornaria muito conhecido para seu neto. O endereço era Wall Street, 60.[31] Friedrich dificilmente poderia imaginar que, um século depois, o nome da família batizaria uma torre de 72 andares no número 40 da Wall Street, conhecida como Trump Building. Anos depois, ele se tornou gerente de hotel e se mudou para a Jamaica Avenue, no Queens, no meio de uma expansão da construção civil – mudança que ajudaria a moldar o futuro e a fortuna de sua família.

Então, em 1914, estourou a Primeira Guerra Mundial, e, de repente, Trump e centenas de milhares de outros de ascendência alemã se tornaram alvos de seu próprio governo. Em 1915, um jornal germano-americano, *The Fatherland*, publicou uma matéria de capa intitulada "Cidadãos estrangeiros naturalizados são bons americanos?" – uma pergunta que muitos cidadãos nascidos no país estavam se fazendo na época. Um grupo voluntário sancionado pelo governo chamado Liga Protetora Americana, com 250 mil membros, espionava germano-americanos em meio ao medo crescente de que famílias imigrantes estivessem trabalhando para a pátria de origem e contra seu novo país.

Em pouco tempo, o uso do alemão foi desestimulado e muitos nomes germânicos foram americanizados. O tom foi imposto de cima. Em 14 de junho de 1917, dois meses depois que os Estados Unidos entraram na Primeira Guerra Mundial, o presidente Woodrow Wilson declarou: "Os mestres militares da Alemanha encheram nossas comunidades inocentes com espiões e conspiradores perversos, e buscam corromper a opinião de nosso povo".[32] Esse momento ficou conhecido como o discurso do Flag Day, do qual germano-americanos se lembrariam por muito tempo. Esse sentimento contra os alemães só se intensificaria em anos posteriores, quando a Segunda Guerra Mundial reavivou a animosidade, e o pai de Donald, Fred Trump, ficaria pelo resto da vida defensivo em relação a suas raízes, às vezes insistindo em que sua família era sueca, uma afirmação que seu filho repetiria. No entanto, nunca chegou a haver uma discussão séria sobre deportar alemães, e, no fim, os Trump se misturaram ao caldeirão de culturas que eram os Estados Unidos.

POUCO DEPOIS que os Estados Unidos entraram na Primeira Guerra Mundial, Friedrich Trump, então com 49 anos, estava descendo a Jamaica Avenue com seu filho de 12 anos, Fred. O pai mencionou casualmente que não estava se sentindo bem. Foi para casa, deitou-se na cama e morreu logo depois, vítima de uma epidemia mundial de gripe.[33] Friedrich havia deixado a família com um espólio considerável, e sua viúva, Elizabeth, ocupou o cargo de diretora da empresa imobiliária da família, que chamou de E. Trump & Son. Seu filho mais velho, Fred, era apaixonado pela construção civil e logo assumiu papel de destaque na empresa liderada pela mãe. Recebendo essa enorme responsabilidade em tenra idade, ele soube tirar proveito dela, determinado a se tornar um líder na construção civil da Nova York pós-guerra em expansão. Construiu sua primeira casa aos 17 anos, depois outra e mais outra, usando os lucros de uma para financiar a seguinte.

Quando observava a Nova York dos anos 1920, Fred via um cenário de oportunidades. Os bairros Brooklyn e Queens ainda tinham grandes faixas de terrenos não urbanizados, e linhas de bonde e metrô estavam sendo estendidas para bairros afastados, abrindo novas áreas para empreendedores. A população do Queens, onde Trump construiu a maioria de seus primeiros prédios, mais do que duplicou, de 469 mil em 1920 para 1,1 milhão em 1930, permanecendo 99% branca durante toda a década.[34]

Mesmo com essa separação, as tensões étnicas e raciais estavam fervilhando. Depois do Klanbake da convenção democrata de 1924, a Ku Klux Klan manteve seu clamor nativista. As tensões chegaram a um novo clímax em 30 de maio de 1927, em um desfile do Memorial Day que percorreu o Queens de Fred Trump. Fazia semanas que a polícia estava preocupada com a ideia de que os membros do grupo tentassem dominar o evento, e disse que eles só poderiam tomar parte no desfile se aceitassem abrir mão dos mantos e capuzes brancos. Trump, um protestante de 21 anos, agora diretor da empresa familiar, se juntou às dezenas de milhares de nova-iorquinos que participaram do desfile. A KKK não obedeceu à ordem policial. Vestidos com seus mantos e capuzes, carregando bandeiras gigantescas dos Estados Unidos, seus integrantes entregaram panfletos no bairro, alegando que membros católicos da força policial estavam perseguindo "americanos protestantes nativos". A Klan apelava aos "cidadãos de bem do Queens que assumissem sua posição em defesa dos princípios fundamentais de seu país". Essa tática típica do movimento tentou colocar católicos contra protestantes, ao mesmo tempo que incitava sentimentos anti-imigração.

Depois de plantar as sementes do confronto, mais de 1.000 membros da KKK se reuniram no cruzamento da Jamaica Avenue com a Rua 85, onde o desfile do Memorial Day estava programado para começar. O comandante de um pequeno contingente policial ficou indignado com o fato de a Klan haver desafiado sua proibição do uso dos mantos e capuzes. Um policial correu em direção a um membro encapuzado com seu cassetete, prestes a acertar o manifestante na cabeça, um momento captado de maneira vívida em uma foto publicada no *Brooklyn Daily Eagle*. "Mulheres lutaram com mulheres, e espectadores lutaram contra policiais e membros da KKK, conforme ditava sua vontade", relatou o *New York Times* no dia seguinte. "Os combatentes foram nocauteados, as bandeiras da Klan foram rasgadas." Fred Trump foi parar no meio da luta e acabou preso.

A acusação contra Trump era de "recusar-se a se dispersar de um desfile quando ordenado". Mas um jornal do Queens, o *Daily Star*, informou que a acusação foi retirada prontamente. As notícias não dizem se Trump estava a favor ou contra a Klan, ou se estava no desfile apenas para ver o espetáculo, mas a matéria do *Star* implica que ele foi acusado injustamente. O que quer que tenha acontecido, o desfile e as prisões deixaram claro que a KKK continuava forte e influente, como demonstrado pela imposição das cotas de imigração dois anos depois.[35]

Enquanto isso, Trump prosseguiu de maneira metódica na construção de seu império, comprando terrenos vagos sobretudo no Queens. Mesmo enquanto a Depressão devastava Nova York, ele continuou à procura de oportunidades. Quando as vendas de imóveis decaíram, investiu naquela que se tornaria uma das mercearias mais bem-sucedidas da cidade. Em março de 1931, ainda no auge da crise, Trump anunciou que estava perto de concluir um projeto de luxo na área de Jamaica Estates, no Queens.[36] Ele afirmou que pretendia construir o equivalente a 500 mil dólares em habitações em poucos meses. "As casas são em estilo Tudor inglês e colonial georgiano", relatou o *Times*, que estava repleto de notícias tristes naquele dia.

Trump encontrava oportunidade na desesperança. Quando uma empresa de hipotecas chamada Lehrenkrauss & Co. foi à falência em meio a acusações de fraude, ele e um sócio compraram uma subsidiária que era titular de muitas propriedades em apuros. Trump usou essas informações para comprar casas em risco de execução de hipoteca, expandindo seus títulos imobiliários com propriedades compradas a baixo custo de pessoas que não tinham escolha senão vendê-las.

Em uma época de ruína financeira, com o desemprego chegando a 25% e as ruas repletas de desamparados, Trump despontou como um dos jovens empresários mais bem-sucedidos da cidade. Enquanto a economia se recuperava, ele arrebatou mais propriedades, construindo mais casas em estilo Tudor no Queens. Em 1935, começou a se concentrar no Brooklyn e vendeu 78 casas em vinte dias, cada uma por 3.800 dólares.[37] Em pouco tempo, suas vendas de casas chegaram aos milhares.

Um dia, Trump, com um terno elegante e exibindo seu bigode característico, compareceu a uma festa local. Ele viu duas irmãs, e a mais nova chamou sua atenção. O nome dela era Mary Anne MacLeod. Nos anos desde sua chegada aos Estados Unidos, ela havia ido e voltado de sua aldeia na ilha de Lewis, nas Hébridas Exteriores, sem saber o que o futuro lhe reservava. Estava prestes a fazer mais uma viagem de retorno quando a irmã Catherine a levou à festa no Queens. Mary MacLeod, então com 23 anos, e Fred Trump, com 30, passaram a festa juntos e um sentimento brotou entre a criada e o magnata. Quando Trump voltou naquela noite para a casa que dividia com a mãe, fez uma declaração. Havia encontrado a mulher com quem pretendia se casar.[38]

***

O CASAMENTO FOI REALIZADO em 11 de janeiro de 1936, em uma igreja presbiteriana na Madison Avenue, em Manhattan, e a recepção aconteceu no Carlyle Hotel, um prédio elegante em estilo *art déco* de 35 andares que fora inaugurado seis anos antes. Em seguida, houve uma breve lua de mel e logo a volta ao trabalho. Fred, agora descrito nos jornais como presidente da Trump Holding Corp., de Jamaica, no Queens, anunciou pouco depois que construiria 32 casas no bairro de Flatbush, numa "área exclusiva". Com a aproximação da Segunda Guerra Mundial, ele alardeava que a ameaça de combate havia ajudado os negócios. "Em caso de guerra, creio que o lucro vai vir mais rápido e será maior", dizia, tentando estimular as vendas.[39] O comentário pode parecer imprudente, mas se provou correto, pelo menos para sua empresa. Ele demonstrou tino para vendas e para o espetáculo, erguendo cartazes de 15 metros que foram vistos por "milhões de banhistas" nas praias da cidade. Promoveu suas casas de um iate de 65 pés que tocava música e anúncios publicitários enquanto enchia o ar com "milhares de balões gigantes em forma de peixe", o que resultou em "uma série de quase tumultos" enquanto as pessoas tentavam pegar as lembrancinhas.[40] Aqueles que pegaram os balões encontraram cupons que davam desconto na compra de uma casa. O Trump Boat Show, como ficou conhecido o espetáculo de *marketing*, garantiu que o nome da família ficasse famoso por toda a metrópole.

Mary Trump se concentrou em seu novo papel de esposa e mãe de uma família que viria a ter cinco filhos. Em 14 de junho de 1946, nasceu o quarto membro da prole. Fred e Mary o batizaram de Donald John Trump, e este garantiria que o nome da família persistisse por muito tempo depois que as histórias de imigração de seus ancestrais tivessem sido esquecidas.

2
BOMBAS DE FEDOR, CANIVETES E UM TERNO

Em 1958, quando tinham 12 anos e muita fome de aventuras, dois garotos dos confins tranquilos do Queens gostavam de embarcar na linha E do metrô em direção a Manhattan, a ilha de promessas altivas e exóticas que eles conheciam como "a cidade". Donald Trump e Peter Brant nunca pediram permissão aos pais para suas expedições de sábado à tarde. A resposta teria sido um enfático "não". Manhattan era longe demais, arriscada demais, uma cacofonia perturbadora de super-heróis de quadrinhos, milionários, vigaristas, estrelas de cinema, gângsteres e coisa pior.

Para os garotos, essa mescla de *glamour* e perigo era apenas parte da atração. A Times Square ainda não tinha se tornado o canto mais famoso do país, o mercado aberto de sexo, drogas e corrupção em que se transformou nos anos 1960. Mas em 1958 já era um bairro em rápido declínio, com as calçadas tomadas por prostitutas e vitrines entulhadas de bugigangas. Donald e Peter eram fascinados pelas lojas da Times Square, onde podiam comprar bombas de fedor, campainhas de mão de dar choque e vômito falso – acessórios perfeitos para pregar peças nos amigos da escola. Desembarcando a poucos quarteirões dali, na esquina da Rua 53 com a Quinta Avenida, os garotos subiam as escadas da estação e saíam em um turbilhão excitante de buzinas e sirenes de polícia, vendedores de cachorro-quente e um borrão vertiginoso de humanidade.[1] Manhattan, sabiam, seria o campo de testes deles, uma nova fronteira a conquistar. Menino loiro e magrelo prestes a entrar na adolescência, Donald Trump vinha de um bairro onde os maiores prédios tinham apenas alguns andares. Na divisa da cidade com a suburbana Long Island, o bairro de Jamaica

Estates era povoado principalmente por judeus e católicos de classes média e alta. As ruas eram definidas por gramados bem cuidados, grandes carvalhos e lindas casas, as maiores delas construídas por Fred C. Trump.

Depois da travessia longa e árdua da Depressão e da Segunda Guerra Mundial, a maior parte de Nova York estava prosperando, com os portos, as fábricas e o centro financeiro mais vibrantes do mundo. Mais de um quarto das quinhentas maiores corporações do país, um rol que incluía IBM, RCA e US Steel, tinha sua sede na cidade, agora reconhecida como capital do mundo.² A prosperidade ia além de Manhattan. Com veteranos de guerra voltando ao Queens e ao Brooklyn, Fred Trump viu um mercado promissor para as casas de preço módico e fáceis de construir que alguns habitantes de Nova York chamavam de "trecos tronchos do Trump".³ Em Bath Beach, um bairro nas cercanias de Gravesend Bay, no Brooklyn, o construtor planejava seu projeto mais ambicioso até então, um complexo de 32 prédios de seis andares – um total de 1.344 apartamentos – com aluguéis começando em 60 dólares por mês.⁴

Quando Donald nasceu, menos de um ano depois do fim da Segunda Guerra Mundial, Fred e Mary e seus quatro filhos moravam em um sobrado de estilo Tudor moderno em Wareham Place, a algumas quadras da Grand Central Parkway, uma via importante para quem ia e vinha do trabalho. Mas com um quinto filho, Robert, a caminho, Fred comprou dois lotes adjacentes nos fundos e construiu uma residência imponente de 23 cômodos na Midland Parkway. Parecia uma imitação de fazenda sulista. Dezessete degraus de tijolo subiam por um morro inclinado até a porta da frente, emoldurada por um pórtico de estilo colonial, um brasão de vitral e seis imponentes colunas brancas. A casa era o assunto do bairro de advogados, médicos e executivos, se não pelo tamanho, pela aparente riqueza de Fred Trump, sugerida pela limusine Cadillac azul-marinho na garagem, cuja placa estampava suas iniciais, FCT.

Os Trump tinham outras coisas que quase ninguém possuía, como chofer, cozinheiro, sistema de interfones, televisão em cores e um extenso trenzinho elétrico que era a inveja da vizinhança. Já mais velho, enquanto seus amigos andavam em bicicletas Schwinn, Donald passeava em uma *racer* italiana de dez marchas.⁵ Mas não era só a riqueza que fazia os Trump se destacarem. Quando Fred Trump perguntou se podia instalar uma antena de TV em uma casa próxima, achando que a elevação mais alta melhoraria o sinal, a vizinha, Chava Ben-Amos, concordou. Mas, quando Fred disse que ela não poderia usar a antena para sua própria televisão, Ben-Amos disse que não havia mais negócio.⁶

Os filhos de Fred Trump aparentemente herdaram a atitude fria do pai em relação aos vizinhos. Quando um destes, sem querer, deixou sua bola cair no espaçoso quintal dos Trump, o jovem Donald rosnou: "Vou contar para o meu pai; e vou chamar a polícia".[7] Outro vizinho, Dennis Burnham, foi criado a algumas casas de distância dos Trump. Ele conta que, quando ainda era criança de colo, a mãe o colocava em um cercadinho no quintal. Certa vez, depois de entrar por alguns minutos, ela voltou e viu que o pequeno Donald – então com 5 ou 6 anos – tinha ido até lá e estava jogando pedras em Burnham.[8] A audácia de Donald impressionou Frank Briggs, que às vezes tomava conta dele. Um dia, no fim da tarde, Briggs levou Donald até a construção de uma tubulação de esgoto em Forest Hills. Ambos ficaram lá embaixo por duas horas. "De repente, ficou totalmente escuro e não dava para ver a entrada nem coisa nenhuma", lembrou Briggs. "E o que me marcou foi que o Donny não estava assustado. Ele simplesmente continuou andando."[9]

Quando Donald estava pronto para ingressar no jardim da infância, os Trump o enviaram à escola particular Kew-Forest, onde haviam matriculado seu irmão mais velho, Fred Jr., um garoto brincalhão que sonhava em se tornar piloto.[10] As duas irmãs mais velhas de Donald, Maryanne, que tinha a determinação do pai, e Elizabeth, alegre como a mãe, também frequentavam a Kew-Forest. No ensino médio, Maryanne, que acabaria sendo advogada e juíza federal, emergiu como estrela acadêmica da família. Ela entrou na equipe de debates e no grêmio estudantil e escrevia poesia, como a estrofe sentimental intitulada "Sozinha", publicada no anuário do colégio: "Nos familiares terrenos da escola, onde grupos de meninos e meninas param para conversar, rir e depois ir ver seus outros amigos, ela é ignorada por todos. Ela, sozinha e sem amigos, nem tem a esperança de se unir à alegre multidão que caminha para a loja de doces da esquina".[11]

Donald passava a maior parte do tempo com Robert, seu irmão mais novo, um jovem quieto e sensível, presa fácil para o agressivo irmão mais velho.[12] Já adulto, Donald gostava de contar a história de quando pegou as peças de Lego de Robert para si e depois colou todas, porque estava muito orgulhoso do que tinha construído. "E foi o fim do Lego do Robert", lembrou.[13]

Na Kew-Forest, Donald se deparou com normas de vestuário – gravatas e ternos para meninos, saias para meninas – e um rigoroso código de conduta, que incluía a exigência de que os alunos se levantassem quando um professor entrasse na sala. Desde o início, ele e seus amigos desafiavam as ordens dos professores, atrapalhando a aula com gracinhas e atos de rebeldia. "Jogávamos bolinhas de papel mastigado e brincávamos de corrida de carteiras, fazendo as nossas baterem nas outras", lembrou Paul Onish. Donald foi tantas vezes retido depois do horário que os amigos apelidaram essa punição de "DT" – sigla para "Donny Trumps".[14]

Seus colegas de sala nem sempre gostavam da algazarra. Na segunda série, depois que Trump puxou o rabo de cavalo de Sharon Mazzarella, ela levantou sua lancheira de metal e a bateu com força na cabeça dele, fazendo um som abafado.[15] Independentemente das consequências, o comportamento de Donald não mudava. "Ele era cabeça-dura e determinado", disse Ann Trees, uma professora de Kew-Forest que monitorava os estudantes no refeitório.[16] "Sentava com os braços cruzados, com aquela expressão facial – eu usaria a palavra *rabugento* –, quase te desafiando a dizer qualquer coisa com que ele não concordasse." Steven Nachtigall, que morava a alguns quarteirões dos Trump em Jamaica Estates, contou que sua impressão sobre Donald foi formada quando o viu pular de sua bicicleta certa tarde e esmurrar outro garoto. "É como que um trechinho de um vídeo que ficou na minha mente, porque acho que aquilo foi muito incomum e assustador naquela idade", diria Nachtigall seis décadas depois.[17]

Segundo seus próprios relatos, o principal foco de Trump durante o ensino fundamental era "criar confusão, porque, por algum motivo, eu gostava de botar lenha na fogueira e de testar as pessoas... Não era exatamente uma coisa maldosa, era algo mais agressivo".[18] Na segunda série, como descreveu, ele deu um soco no professor de música, deixando-o com o olho roxo, porque "eu achava que ele não sabia nada de música, e quase fui expulso. Não tenho orgulho disso, mas é prova clara de que desde cedo eu tinha uma tendência a defender e expor minhas opiniões de forma muito dura".[19] Peter Brant, seu melhor amigo na escola, está entre os vários companheiros que não se lembram nem do incidente, nem de Donald tê-lo mencionado.[20] Quando perguntaram a Trump sobre isso décadas depois, ele disse: "Eu falo 'soco', mas, naquela idade, ninguém dá um soco muito forte. Mas eu era muito impetuoso na escola".[21]

O professor, Charles Walker, falecido em 2015, nunca contou a ninguém de sua família sobre ter sido agredido por um aluno. Mas seu desprezo por Trump era visível. "Ele era um saco", disse certa vez.[22] "Algumas crianças precisam de atenção o tempo todo. Ele era desse tipo." Pouco antes de morrer, deitado numa cama de hospital, Walker ouviu falar que Trump estava pensando em se candidatar à presidência. "Quando esse menino tinha 10 anos", disse Walker a familiares, "ele já era um merdinha."[23]

* * *

As notas de Trump não eram boas e seu comportamento o colocava em apuros, mas ele se saía bem no ginásio e no campo, onde suas proezas atléticas eram inegáveis. Nos jogos de queimada, Donald era conhecido por pular alto e puxar os joelhos para cima para evitar ser atingido.[24] "O Trumpet sempre era o último que sobrava de pé", lembrou Chrisman Scherf, colega de classe, evocando o antigo apelido de Donald. Trump e seus companheiros jogavam beisebol sem taco, basquete, futebol e futebol americano.[25] Mas seu esporte favorito era o beisebol tradicional, que o inspirou a escrever um poeminha quase zen que foi publicado no anuário do colégio:

> Gosto de ver a bola fazer curva e o receptor pegar com sua luva. […]
> Quando o placar está 5 a 5, quero chorar. E quando eles
> fazem mais um ponto, aí então quero gritar. E aí o cara
> erra, bem diferente do Yogi Berra. O jogo acaba e a gente diz
> amanhã o dia vai ser mais feliz.[26]

Em meados dos anos 1950, Nova York era indiscutivelmente a meca do beisebol nos Estados Unidos, com os Yankees no Bronx, os Dodgers no Brooklyn e os Giants em Upper Manhattan. Em uma tarde de outono de 1956, quando tinha 10 anos, Donald se juntou aos colegas da Kew-Forest em frente à escola para acenar para o presidente Eisenhower, que passava em uma limusine Chrysler Imperial para ir fazer o primeiro arremesso cerimonial no jogo dos Yankees contra os Dodgers pela World Series.[27] Os jogadores favoritos de Donald eram Yogi Berra, dos Yankees, e Roy Campanella, dos Dodgers, ambos receptores cujas vitórias épicas o garoto acompanhava levando escondido um rádio portátil para a aula, disfarçando o fio do fone de ouvido embaixo da manga da camisa.

Na sexta série, a habilidade de Donald como rebatedor destro era assustadora o suficiente para fazer seus oponentes mudarem para o lado esquerdo do campo para se defender contra ele. "Se rebatesse a bola para a direita, ele podia fazer um *home run*, porque não tinha ninguém ali", disse Nicholas Kass, alguns anos mais velho. "Mas ele sempre queria rebater no meio das pessoas. Queria superá-las."[28] Quando Trump jogava como receptor, sua posição favorita, seu uniforme era o mais sujo do campo. Ele ignorava as bolas faltosas que acabavam presas na máscara de seu capacete e usava seu porte grande para bloquear arremessos errantes. "Ele era destemido", lembra Peter Brant. "Se roubava a base, chegava com tudo."[29] Ele não gostava de falhar, como descobriu seu vizinho Jeff Bier quando Donald pegou emprestado seu taco favorito e errou. Frustrado, ele jogou o taco no chão e o quebrou. Estava tomado demais pela fúria para pedir desculpas.[30]

Naqueles anos, os jogadores jovens queriam as novas luvas palmadas que a Rawlings estava começando a fabricar. Peter convenceu seu pai a comprar uma por 30 dólares, desde que o jovem conseguisse ganhar 15 dólares fazendo tarefas de casa. Já Donald não conseguiu persuadir Fred Trump de que a luva mais moderna valia o preço. Fred comprou um modelo mais barato para o filho.[31]

Apesar de toda a sua riqueza, o empresário não queria mimar os filhos, e os encorajava a ganhar dinheiro coletando garrafas de refrigerante White Rock vazias e levando-as ao depósito para receber os 5 centavos de devolução, e entregando jornais (quando chovia, ele os levava de Cadillac).[32] Viciado em trabalho, ele carregava Donald consigo para as obras e para a sede da empresa, um consultório de dentista adaptado perto de Coney Island, onde o garoto absorvia a atenção aos detalhes e a obsessão com corte de custos do pai.[33] Na Kew-Forest, onde fazia parte do conselho de administração, Fred reclamava que a escola estava desperdiçando fundos ao instalar banheiros novos no ginásio. Já havia toaletes suficientes, resmungava.[34] Nas obras de seus próprios empreendimentos, ele recolhia pregos não usados do chão e os devolvia aos carpinteiros. Também economizava dinheiro em produtos para limpar o piso, encomendando análises laboratoriais de produtos industrializados, comprando os ingredientes e misturando-os para produzir seu próprio limpador.[35]

Homem formal e fastidioso, que usava terno e gravata até em casa, Fred podia ser austero e socialmente desajeitado. Já sua esposa, Mary, adorava atenção, jogando-se no centro das festas e reuniões sociais. Também adorava pompa, e ficou horas assistindo à coroação da rainha Elizabeth. Dona de casa, ela se dedicava à caridade e a trabalhos voluntários no Jamaica Hospital, onde Donald nasceu. Mary teve vários problemas de saúde, entre os quais uma hemorragia após o nascimento de Robert que exigiu uma histerectomia de emergência. Da mãe, Donald herdou o receio de pegar germes, que por anos o levou, já adulto, a evitar apertos de mãos.[36]

Fred e Mary Trump exigiam disciplina em casa, proibindo os filhos de tratar uns aos outros por apelidos, usar batom ou ir para a cama depois do horário. Os Trump sabatinavam as crianças toda noite depois da escola, e exigiam que elas fizessem as tarefas. Como na escola, Donald se rebelava contra as regras, discutindo com o pai. Mesmo assim, Fred sempre lhe dizia que ele era um "rei" e que precisava ser "matador" em tudo o que fizesse.[37]

Sedentos por autonomia, Donald e seu amigo Peter criaram uma rotina que escondiam dos pais. Nas manhãs de sábado, depois de jogar futebol na escola, vestiam calça cáqui de algodão e camisa passadas e caminhavam até a estação de metrô Union Turnpike, onde embarcavam no trem para Manhattan. A cidade era muito mais divertida e tentadora que as ruas silenciosas e ordeiras que definiam o Queens, um sentimento que não se dissiparia quando eles se aproximassem da vida adulta. Andando pela cidade, os garotos se achavam Davy Crocketts* urbanos, explorando a vastidão bucólica do Central Park, vendo homens negros jogar basquete nas quadras abertas ao longo do rio East, observando pedintes na Times Square, comendo cachorros-quentes comprados em carrinhos de rua e se aboletando em banquetas altas de uma lanchonete para tomar uma bebida feita com leite, água com gás e xarope de chocolate.[38] Em sua loja de bugigangas favorita na Times Square, ficavam admirando a seleção de canivetes. Na Broadway, *West Side Story* era um sucesso, e Donald e Peter, imaginando-se membros de gangues nas ruas perigosas da cidade, compraram facas para se sentirem no papel. No Queens, os meninos brincavam de um jogo que chamavam de Land, em que jogavam as facas no chão e aí pisavam no lugar em que a lâmina cortara a terra. No início, as facas que usavam tinham 15 centímetros, mas eles logo ficaram mais ousados e passaram para lâminas de 28 centímetros.[39] (Trump negou ter sido "um cara que gosta de facas. […] Nunca tive um canivete na minha vida. Isso é loucura".)[40]

Perto do fim da sétima série, Fred descobriu o esconderijo de facas de Donald. Ele chamou o pai de Peter, que também achou a coleção do filho. Os dois homens ficaram furiosos ao saber das viagens dos garotos à cidade. Adulto, Peter Brant veria aquelas aventuras como um sinal precoce de independência e ambição, um impulso que alçaria ambos à fama e à vasta riqueza. (Brant se tornou magnata da indústria de papel, editor e produtor de filmes.) Mas Fred Trump, alarmado com a evolução do filho, decidiu que Donald precisava de uma mudança radical.

Nos últimos meses antes do início da oitava série, Donald pareceu desaparecer. Peter ouviu de um amigo que seu companheiro iria para outra escola. Quando lhe telefonou, ouviu Donald contar, com a voz carregada de tristeza, que o pai o estava mandando para a Academia Militar de Nova York, um rigoroso internato 120 quilômetros ao norte do Queens. Peter ficou chocado.[41] Seu melhor amigo estava sendo mandado para longe, e por motivos que pareciam, ao menos para um menino de 13 anos, quase inexplicáveis.

***

---

* Nascido no Tennessee, Davy Crockett foi, entre outras coisas, um político e militar que se tornou famoso por ser exímio caçador de ursos. (N. da T.)

Donald chegou à Academia Militar de Nova York em setembro de 1959, um adolescente atarracado perplexo com seu novo ambiente. Uma hora ao norte de Manhattan, a escola estava localizada na minúscula Cornwall-on-Hudson, em um *campus* com uma cultura tão rígida e implacável que, segundo diziam, um cadete desesperado pulara no rio Hudson tentando nadar para a liberdade.[42] Em vez de comer os deliciosos filés e hambúrgueres servidos à família Trump em casa, Donald tinha de se sentar em um refeitório bagunçado junto aos outros cadetes e encher o prato de tonéis de bolo de carne, macarrão com queijo e algo que os alunos chamavam de "montanha misteriosa", uma mistureba de sobras fritas e moldadas em formato de bola. Em vez de ter seu próprio quarto em uma vasta mansão, ele dormia em um quartel e era acordado toda manhã antes do alvorecer pela gravação de um clarim tocando "Reveille". Em vez de ter seu próprio banheiro, tinha de se enfiar embaixo de um chuveiro enorme e tomar banho com outros meninos. Em vez de obedecer aos comandos do pai, Donald tinha um novo mestre, um veterano de guerra ríspido e de tórax amplo chamado Theodore Dobias.

Dobias, ou Doby, como era conhecido, tinha servido na Segunda Guerra Mundial e visto o cadáver de Mussolini pendurado em uma corda.[43] Como treinador de futebol americano do primeiro ano e instrutor de treinamento tático, batia nos alunos com a mão espalmada quando suas instruções eram ignoradas. Duas tardes por semana, ele montava um ringue de boxe e ordenava que os cadetes com as piores notas e os que tinham problemas disciplinares lutassem uns com os outros, quisessem ou não.[44] "Ele às vezes era um puta babaca", lembrou Trump certa vez.[45] "Ele não hesitava em te atacar. Você tinha que aprender a sobreviver." Olhar feio para Doby ou sugerir o mais leve sarcasmo, contou Trump, fazia o sargento instrutor vir "atrás de mim de um jeito que não dava pra acreditar".

Fossem seus alunos filhos de encanadores ou fossem de milionários, Dobias não se importava. Donald não era exceção. "No começo, ele não gostou da ideia de receber ordens tipo arrume a cama, engraxe os sapatos, escove os dentes, limpe a pia, faça a lição, todas as coisas que um garoto tem de fazer quando é cadete em uma academia de quatrocentos alunos", contou Dobias.[46] "A gente realmente não ligava se ele vinha do Rockefeller Center ou algo assim. Ele era só mais um nome, mais um cadete, igual a todos os outros."

Fundada em 1889 por um veterano da Guerra Civil em um local que tinha sido um *resort* de verão, a inspiração da academia para o rigoroso código e o torreado prédio era West Point, localizada 8 quilômetros ao sul pelo rio Hudson.[47] Cerca de 450 alunos estavam matriculados, todos brancos, exceto por algumas dezenas de latino-americanos. A escola só passou a admitir negros no último ano de Donald no ensino médio. As mulheres demorariam mais uma década para chegar. A academia militar era um lugar onde, como dizia o *slogan* da escola, os garotos se "destacavam pela excelência"; a ideia era injetar disciplina e direção em meninos que chegavam ao *campus* despreparados e indomados. Isso envolvia destruí-los para depois fortalecê-los. Cada aluno recebia um livreto azul intitulado Ordem Geral nº 6, que determinava os castigos para uma série de infrações. Uniforme sujo, sapatos não engraxados, cabelo mal cortado, cama desarrumada, "não caminhar direito", "segurar a mão de uma jovem" e nudez no quartel – tudo isso resultava em demérito. Pegar carona, roubar, beber, apostar e possuir material pornográfico podia causar expulsão imediata.[48] Todo dia, os cadetes tinham de fazer fila e enfrentar uma inspeção rigorosa. Um oficial passava uma luva branca pelo topo dos armários para checar se havia poeira.[49] Um erro de ortografia ou de pontuação em um trabalho final era suficiente para rebaixar uma nota.[50]

A academia oferecia poucas distrações. O entretenimento era limitado às peças teatrais encenadas por um elenco só de homens e a filmes antigos na capela nas noites de sexta-feira e sábado. Quando em um deles havia atrizes jovens, os cadetes irrompiam em gritos e assovios, levando os comandantes a ordenar uma rodada de marchas de treinamento pelo pátio como punição.[51] Apenas representantes estudantis de alta hierarquia podiam sair do *campus* em grupos nas tardes de sábado, embora os cadetes tivessem permissão para sair para uma refeição com seus pais. Fred Trump visitava o filho com frequência. Certa vez, quando chegou em uma limusine dirigida por seu chofer, Donald ficou com vergonha de ir ao seu encontro. Dali em diante, Fred passou a dirigir seu próprio Cadillac para vê-lo.[52]

A academia celebrava a excelência masculina com uma mensagem entalhada acima da entrada principal da escola: HOMENS CORAJOSOS E GALANTES PASSARAM POR ESTES PORTÕES. Quando não estavam estudando nem praticando esportes, os cadetes tinham de aprender a limpar um fuzil M1 e disparar um morteiro. A brutalidade física e o abuso verbal eram tolerados, até encorajados. Os trotes faziam parte da vida dos calouros, que os veteranos golpeavam com cabos de vassoura e forçavam a ficar completamente uniformizados em cima de radiadores ou em chuveiros cheios de vapor até desmaiar.[53] Michael Scadron, amigo próximo de Trump na academia, contou que os trotes que sofreu culminaram com veteranos exigindo que ele beijasse o mascote da escola – um burro – "na bunda".[54]

***

O IMPULSO COMPETITIVO DE DONALD se destacou conforme ele aprendia a dominar a academia. Ele ganhou medalhas por limpeza e ordem.[55] Adorava competir para vencer concursos de quarto mais limpo, sapato mais brilhante e cama mais bem-arrumada. Pela primeira vez, ele se orgulhava de suas notas;[56] ficou irritado quando um parceiro de estudos foi melhor em uma prova de química, chegando a lhe perguntar se ele tinha colado. Donald também aprendeu a lidar com Dobias, projetando força – especialmente nos esportes – sem parecer minar a autoridade do sargento. "Descobri o que era preciso fazer para o Dobias ficar do meu lado", contou. "Eu o enganava. Ajudava o fato de eu ser um bom atleta, já que ele era o técnico de beisebol e eu era o capitão do time. Mas eu também descobri como jogar *com ele*."

Com os outros cadetes, Donald podia ser simpático, indiferente e arrogante, tendo dito certa vez a Jeff Orteneau: "Um dia eu vou ser famoso".[57] Ao conhecer novos colegas de classe, ele gostava de perguntar: "O que o seu pai faz?". A maioria dos seus amigos sabia que sua família era rica porque ele comentava o negócio do pai. Donald disse a David Smith, colega de quarto no último ano, que a riqueza de Fred Trump dobrava cada vez que este terminava um projeto.[58] "Ele era autoconfiante e tinha a fala muito mansa, acredite se quiser, como se soubesse que estava só passando o tempo até fazer algo maior", lembrou o colega Michael Pitkow.[59] Apesar de Donald ser abastado, seus gostos em geral eram simples. Nos últimos meses do governo Eisenhower, em uma cultura definida pela submissão, Donald usava a vitrola de seu quarto principalmente para ouvir discos de Elvis Presley e Johnny Mathis. Às vezes, trocava a lâmpada do teto por uma ultravioleta e anunciava ao seu companheiro de quarto que era hora de se bronzear. "Vamos à praia", dizia.[60]

No último ano, Donald chamou a atenção trazendo moças para a academia e mostrando o lugar a elas. "Eram lindas, maravilhosas, vestidas com roupas da Saks Fifth Avenue", contou o colega de classe George White.[61] Trump nunca hesitava em julgar a aparência das garotas, chamando uma das visitas de White de "cão".[62] Ernie Kirk e Donald tiveram um encontro com duas meninas que moravam na cidade.[63] Como os rapazes não podiam sair do *campus*, elas foram até lá, onde assistiram a um jogo e comeram hambúrgueres e tomaram Coca-Cola na cantina. Donald foi cordial e falante com sua parceira, uma morena. Alguns meses depois, ele foi identificado em seu anuário do último ano como "conquistador", posando para uma foto ao lado da secretária da academia.

Às vezes, Donald demonstrava ainda ter a tendência à agressão que o definira na Kew-Forest, e parecia gostar de exercer a autoridade. Como sargento intendente na Companhia E no último ano, ele ordenou certo dia que um cadete fosse golpeado nas costas com uma vassoura por sair da formação.[64] Em outra ocasião, quando estava fazendo a inspeção, encontrou a cama do aluno Ted Levine desarrumada, arrancou os lençóis e jogou-os no chão. Levine, uns 30 centímetros mais baixo que Trump, jogou um coturno nele e o golpeou com uma vassoura. Furioso, Trump o agarrou e tentou jogá-lo de uma janela do segundo andar, lembrou Levine.[65] Dois outros cadetes intervieram para evitar que o rapaz caísse. Trump e Levine entraram em novo conflito quando se tornaram colegas de quarto. Enojado pela bagunça de Levine, Trump costumava gritar com ele para que arrumasse as coisas. Trump, diria mais tarde seu colega, tentava "quebrar" quem não seguisse suas vontades.

Como na Kew-Forest, Trump podia contar com sua habilidade atlética para ganhar o respeito dos professores e colegas. Ele ingressou nos times de primeiro ano de futebol americano e beisebol, este último treinado por Dobias. No segundo ano, quando começou a perder a gordura da infância e ficar mais alto, chegou ao time principal de ambas as modalidades. Ele era especialmente bom em beisebol, jogando na primeira base e criando fama por esticar o longo corpo para pegar bolas que o *shortstop* do time, Gerald Paige, jogava no chão. Donald também balançava bem o taco, inspirando uma legenda em uma foto de ação no anuário que dizia: "Trump balança... e BATE".[66] Uma manchete no jornal local – "Trump vence o jogo para a NYMA" – talvez tenha sido a primeira a celebrar seus feitos. "Foi bom ver meu nome impresso", disse ele anos depois. "Quantas pessoas saem na imprensa? Ninguém sai na imprensa. Foi a primeira vez que apareci em um jornal. Achei incrível."[67] Dobias ensinou aos jogadores a frase famosa atribuída ao lendário técnico do Green Bay Packers, Vince Lombardi: "Ensinei a eles que vencer não era tudo, era a única coisa que importava", contou o treinador.[68] "Donald captou isso rapidamente. Ele dizia aos companheiros de time: 'Estamos aqui por um motivo. Para vencer'. Ele sempre tinha que ser o número um, em tudo. Desde aquela época já era um maquinador. Um puta pé no saco. Ele fazia tudo para vencer... Só queria ser o primeiro, em tudo, e queria que as pessoas soubessem que ele era o primeiro."

No time de futebol americano, ele jogou como ponta de linha por dois anos. Não era o jogador mais rápido, mas era um "cara grande e forte, difícil de derrubar", lembrou Paige, *running back* da equipe.[69] No penúltimo ano, porém, Trump saiu do time. Ele não gostava do técnico principal, e pelo visto o sentimento era mútuo. "O técnico era horrível com ele", contou Levine. Trump "era pessoalmente maltratado pela autoridade e não era valorizado."

Os colegas de time, que davam importância à sua atuação em campo, ficaram bravos com sua saída.[70] John Cino, o técnico, tinha sua própria teoria: Trump saiu porque o pai queria que ele se concentrasse nos estudos.[71]

Fora do campo, Trump ascendeu continuamente de soldado a cabo e, no terceiro ano, a sargento intendente, uma posição importante, embora tediosa, que exigia que ele comprasse suprimentos para sua companhia, entre os quais fuzis M1 desativados. Novos cadetes precisavam limpar suas armas meticulosamente. Trump foi mais longe, exigindo que os meninos memorizassem os números de seus fuzis. "Ser um novato era opressivo", disse Jack Serafim, um calouro quando Trump era sargento intendente. "Mas sempre podíamos falar com Donald e ele descobria um modo de resolver as coisas."[72]

Em junho de 1963, quando Donald estava completando seu penúltimo ano no ensino médio, a Guarda Nacional escoltou dois estudantes negros para garantir que eles se matriculassem na Universidade do Alabama, passando pelo governador George Wallace, que estava parado na porta da escola em sinal de protesto. Três meses depois, a Academia Militar de Nova York aceitou seus dois primeiros cadetes afro-americanos. Em seu primeiro dia na academia, depois de chegar do Harlem, Vincent Cunningham estava amarrando os sapatos quando um cabo o chamou de "crioulo". Cunningham derrubou o cabo e acabou na sala de um comandante. O abuso continuou durante o ano todo. "Você tinha de ser resistente e saber se portar", disse Cunningham.[73] "Se reagisse com exagero a qualquer coisa e discordasse de tudo, eles transformavam sua vida num inferno." David Prince Thomas, o outro aluno negro, entrou em uma briga no primeiro dia, depois que um aluno branco o chamou de "macaco". À noite, os outros cadetes iam ao quarto de Thomas, dizendo que a Ku Klux Klan estava vindo atrás dele.[74] "Era quase socialmente aceito", afirmou Peter Ticktin, colega de classe de Donald, sobre o abuso.[75] Mas, quando Ticktin e Trump ouviram um aluno chamar um cadete negro de "crioulo", ambos ficaram enojados, lembrou Ticktin.

Em 22 de novembro de 1963, uma sexta-feira, Donald estava na aula quando soou um alarme. Os cadetes foram chamados à capela, onde um administrador anunciou que o presidente Kennedy tinha sido assassinado. Em casa, Donald crescera absorvendo o entusiasmo de seu pai por republicanos como Barry Goldwater.[76] Ele tinha ido para a escola usando um *button* de Eisenhower com a inscrição I like Ike [Eu gosto do Ike].[77] Mas, por causa dos negócios, seu pai também tinha muitas relações entre os democratas de Nova York.[78] A morte de Kennedy foi um momento sísmico, e muitos dos cadetes reunidos naquela tarde irromperam em lágrimas com a notícia. Era uma época perturbadora: além das crises racial e política, o envolvimento americano no Vietnã estava se expandindo.

Durante o último ano na academia, Trump estava focado em problemas mais pessoais. Scadron, seu amigo, saiu da escola depois que um cadete mais jovem alegou ter apanhado dele com um bastão.[79] Ao mesmo tempo, Trump foi promovido a capitão da Companhia A, uma posição prestigiosa. Ticktin servia como sargento de pelotão de Trump, ajudando-o a "manter o ritmo de todas as marchas" e cuidando do pelotão de 45 homens. Como capitão, Trump era "equilibrado", contou Ticktin.[80] Muitas vezes, deixava que seus oficiais cuidassem dos cadetes mais jovens. "A gente só não queria decepcioná-lo", disse Ticktin. "Voltei de uma viagem a Nova York certa vez, e estava cinco minutos atrasado, e ele só me olhou. Ele nunca gritava com ninguém. Ele só olhava para você, com as sobrancelhas meio levantadas. O tipo de olhar que dizia que você não podia decepcioná-lo."

Um mês depois do início das aulas, um dos sargentos de Trump empurrou um novo cadete chamado Lee Ains contra a parede, porque o calouro não tinha ficado em posição de sentido rápido o suficiente.[81] Ains reclamou. Com os administradores ainda atordoados por outros casos de *bullying*, um coronel tirou Trump das obrigações no quartel e o transferiu para o prédio acadêmico como oficial de treinamento de um batalhão.[82] "Sentiam que ele não estava prestando atenção a seus outros oficiais tanto quanto deveria", contou Ains, que saiu da escola no fim daquele ano. Segundo o relato de Trump, sua transferência foi uma promoção e não teve nada a ver com o *bullying* praticado sob seu comando. "Eu fiz um bom trabalho e por isso fui promovido", disse.[83] "Você não é promovido se participar de *bullying*." Depois da transferência, Trump foi encarregado de treinar uma equipe especial para a parada do Columbus Day em Nova York. De luvas brancas e vestindo uniforme completo, ele liderou o desfile na direção sul pela Quinta Avenida até a Catedral de São Patrício, onde apertou a mão do cardeal Francis Spellman, arcebispo de Nova York.[84] Virando-se para o major Anthony "Ace" Castellano, um dos comandantes da academia, Trump declarou: "Sabe de uma coisa, Ace? Eu quero muito ser dono de alguns desses imóveis um dia".[85]

Quando se formou na academia, em maio de 1964, atravessando o pátio de uniforme completo perante toda a família, a ambição de Trump era seguir os passos do pai no setor imobiliário.[86] Apesar de seu preparo militar, ele aparentemente tinha pouco desejo de ir para a guerra. Ele se inscreveu para o alistamento – foi registrado como tendo 1,87 metro, 81 quilos e marcas de nascença nos dois calcanhares –, mas sua decisão de ir direto para a faculdade garantiu o primeiro de quatro adiamentos de recrutamento educacionais em 28 de julho de 1964.[87] Por um tempo, ele flertou com a ideia de entrar na escola de cinema da Universidade do Sul da Califórnia – um reflexo de seu amor antigo por filmes –, mas acabou se matriculando na Universidade Fordham, porque queria ficar mais perto de casa.[88]

No verão entre o ensino médio e a faculdade, Donald trabalhou para Fred, viajando para Cincinnati, onde o pai tinha comprado por 5,7 milhões de dólares um decadente complexo com 1.200 apartamentos chamado Swifton Village.[89] Fred deixava o filho em Cincinnati por períodos de uma semana, para cuidar de serviços gerais. "Ele chegava lá e trabalhava com a gente", lembrou Roy Knight, zelador do Swifton Village.[90] "Não tinha prática, mas cuidava do quintal e fazia a limpeza – o que quer que precisasse ser feito."

A PARTIR DO OUTONO DE 1964, Trump começou a ir de Jamaica Estates para o arborizado *campus* da Fordham no Bronx em seu Austin-Healey. Depois de ter ficado longe de casa, na escola, por cinco anos, ele agora podia passar mais tempo com o pai, acompanhando-o, naquele novembro, à cerimônia de abertura da elegante e ousada ponte Verrazano-Narrows, então a ponte pênsil mais extensa do mundo, que ligava o Brooklyn a Staten Island. No meio de toda aquela pompa, Donald notou que os servidores municipais mal falaram do engenheiro responsável pela edificação da ponte, Othmar Ammann, de 85 anos. Apesar de o dia estar ensolarado e sem nuvens, Trump se lembraria, muito tempo mais tarde, da chuva caindo ao pensar em Ammann parado à distância, sozinho.[91] "Ninguém sequer mencionou o nome dele", contou.[92] "Eu percebi ali mesmo que, se você deixar as pessoas te tratarem como elas querem, vai ser feito de bobo. Percebi ali mesmo algo que nunca esqueceria: não quero ser feito de idiota por ninguém."

Na Fordham, a riqueza de Trump era evidente para seus colegas, a maioria vinda de escolas públicas e de famílias de classes média e baixa de toda a região de Nova York.[93] Numa época em que os universitários começavam a experimentar drogas e a se vestir de maneira mais casual, ele chegava para a aula de terno e carregando uma maleta.[94] Nas aulas, frequentemente levantava a mão para participar. Mas o que chamou a atenção de Robert Klein, aluno de contabilidade que se sentava ao lado dele na aula de filosofia, eram os rabiscos de Donald.[95] Ele desenhava prédios – arranha-céus. Klein descobriu que Trump não era como seus colegas também em outros sentidos. Certa tarde, Donald o convidou para um jogo do Mets. Donald foi em seu conversível com o amigo ao Shea Stadium, onde um manobrista estacionou o carro para ele. Os dois se sentaram na primeira fileira do estádio, perto do proprietário do time, Joan Payson.

Trump entrou para o time de *squash* da Fordham, apertando-se na perua do técnico com os companheiros de equipe para ir ao treino. Esse não era o esporte favorito de Donald, mas ele era um aprendiz dedicado e se mostrava agressivo na quadra, preferindo mandar a bola para longe dos oponentes em vez de vencê-los em um longo voleio.[96] "É isso aí, Trumpie!", gritavam seus colegas depois de Trump ganhar uma partida decisiva. "Ele tinha uma certa aura", disse Rich Marrin, colega de time.[97] "Ele não dava chilique e nunca se atrasava. Na verdade, era mais cavalheiro que nós, mais refinado, como se tivesse sido criado em uma família mais rígida, com mais ênfase nas boas maneiras. Nós não éramos tão brutos, mas nem sempre sabíamos usar os garfos corretos." Trump chegou ao primeiro time, que viajou pelo Nordeste do país. Às vezes levava colegas de equipe em seu carro esporte, exigindo que contribuíssem com a gasolina e os pedágios, apesar de o técnico lhe dar dinheiro para a viagem. Às vezes, no treino, um colega olhava para trás e via Trump fazendo uma pausa, lendo o *Wall Street Journal* ou o *New York Times*. Em viagens de carro para Yale e Georgetown, ele fugia de noite com os amigos para bares, embora não bebesse. Depois de uma derrota humilhante para a Academia Naval em Annapolis, Trump tentou animar o time. Enquanto dirigiam de volta a Nova York, ele disse a um colega para parar em uma loja de departamentos Montgomery Ward, onde comprou tacos de golfe, pinos de apoio e dezenas de bolas, que levaram a um barranco com vista para a baía de Chesapeake. Trump pegou um taco e bateu umas bolas para a água, inspirando os colegas a se juntar a ele. Depois que as bolas acabaram, todos voltaram para o carro, deixando os tacos de golfe na beira da estrada.[98]

No entanto, apesar de aparentemente se divertir tanto com o time, Trump também exalava inquietação na Fordham, como se a reputação e a cultura da universidade não estivessem à altura dos seus padrões. Brian Fitzgibbon, seu vizinho no Queens, às vezes pegava carona com ele para a faculdade e achava que Trump "não tinha uma sensação de pertencimento na Fordham. A riqueza da família e o fato de não ser católico podem ter feito com que se sentisse diferente dos outros". Donald, disse ele, às vezes reclamava "que havia alunos italianos e irlandeses demais na Fordham", uma afirmação que parecia "elitista" a Fitzgibbon. Ele suspeitava que a atitude de Trump refletia sua crença de que devia estar em uma universidade de primeira linha.[99] Depois do segundo ano, Trump conseguiu o que queria: a transferência para a Universidade da Pensilvânia. Ele deixou a Fordham para trás sem se despedir dos colegas do time de *squash*.[100]

* * *

Trump chegou à Wharton School, na Universidade da Pensilvânia, no outono de 1966, como quem tem pressa. No minúsculo departamento de negócios imobiliários da escola, sua arrogância se destacou desde o início. O garoto com cabeleira loira disse aos colegas de classe que seria o próximo Bill Zeckendorf, construtor de Manhattan que fora dono do Chrysler Building e incorporara todo o terreno da sede das Nações Unidas (e que também era filho de um grande empreiteiro). Trump prometeu que seria ainda maior e melhor que Zeckendorf.[101]

Seus dois anos na única universidade de primeira linha que oferecia graduação em negócios seriam o único período em que ele moraria fora de Nova York, mas, mesmo naquela época, ele voltava com frequência nos fins de semana, para trabalhar com o pai. Trump via Wharton, desde o começo, como um lugar para ganhar um verniz de prestígio. "Talvez a coisa mais importante que aprendi em Wharton tenha sido não ficar impressionado demais com credenciais acadêmicas", declarou.[102] "Não levei muito tempo para perceber que meus colegas não tinham nada de especialmente incrível ou excepcional, e que eu podia competir tranquilamente. A outra coisa importante que tirei de Wharton foi um diploma. Na minha opinião, ele não prova muita coisa, mas muita gente com quem faço negócios o leva bem a sério."

O próprio Donald, contudo, acabaria levando Wharton bem a sério. A escola virou um nome a ser mencionado, outro "selo" para polir a marca Trump. Por um tempo, ele se orgulhou de ser um dos melhores alunos entre seus 333 colegas, chegando a alegar ter sido o primeiro da classe.[103] Mas Trump não está incluído na lista de honra publicada no *Daily Pennsylvanian*, o jornal estudantil, e os colegas não se lembram dele como um aluno excepcional.[104] "Trump não era o que se chamaria de 'intelectual'", disse Louis Calomaris, seu colega de classe.[105] "Ele não era um cara burro. Tinha um interesse específico. Acho que nunca estudou para uma prova. Estava interessado em comércio e alavancagem. […] Fez o que precisava para se formar no curso." Trump morava fora do *campus*, em um apartamento modesto, e saía da cidade quase todos os fins de semana. Não participava com frequência das atividades extracurriculares. Muitos colegas nem se lembram dele.

No auge dos protestos contra a Guerra do Vietnã nas universidades, durante os primeiros e voláteis anos do governo Nixon, estudantes da Penn organizaram ocupações contra os contratos da instituição com o Exército americano para a pesquisa de armas biológicas e herbicidas potentes.[106,107] Trump, como muitos outros alunos de Wharton, passou longe do tumulto no *campus*; seu foco era começar sua carreira. Logo depois de ter chegado à Penn, ele fez seu segundo exame médico do Exército, mas continuou dispensado do recrutamento porque ainda era estudante. Ele seria declarado 1-A – elegível para o serviço – depois de sair da faculdade, em 1968. Mas outro exame médico das Forças Armadas naquele outono acabou classificando-o como 1-Y, desqualificado do ponto de vista médico exceto em caso de emergência nacional. Os registros militares não detalham o motivo dessa avaliação; Trump o atribui ao fato de ter esporões ósseos nos dois calcanhares. Em 1969, jovens que faziam aniversário no mesmo dia que ele – 14 de junho – tiraram o número 356 dentre 366 na loteria do recrutamento, o que quase certamente os eximia do serviço militar obrigatório. Mas Trump não precisava da sorte grande: sua desqualificação médica continuou válida até 1972, quando foi trocada para 4-F, que significava não apto para o serviço. (Durante sua campanha presidencial, um porta-voz de Trump disse que ele "não era fã da Guerra do Vietnã, mais um desastre para nosso país, [mas] se seu número no sorteio tivesse sido selecionado ele teria servido de bom grado".)[108]

Longe de se unir às centenas de milhares de jovens americanos nas selvas do Sudeste Asiático, Trump já estava passando quase tanto tempo trabalhando para o pai em Nova York quanto tendo aulas em Filadélfia. "Ele choramingava toda segunda-feira sobre ter de ir para casa nos fins de semana e trabalhar para o pai", contou o colega de classe Terry Farrell.[109] "Era um riquinho reclamão." Trump podia se sentir um príncipe no Queens, mas estava longe de ser o aluno mais rico de seu ano ou até de seu curso. O departamento de negócios imobiliários, com cerca de seis graduandos em cada turma, estava repleto de descendentes de alguns dos maiores titãs de desenvolvimento imobiliário do país, entre eles Gerald W. Blakeley III, filho do presidente da venerável Cabot, Cabot & Forbes, de Boston; e Robert Mackle, cujo pai e tios eram figuras importantes no cenário imobiliário da Flórida do pós-guerra.

Trump estava ansioso para começar a atuar em seu campo, e passou muitas horas procurando apartamentos para comprar perto do *campus* de West Philadelphia e alugá-los para estudantes.[110] Ele se lembra de estar focado na compra de propriedades, mas seu nome não aparece em buscas de transações imobiliárias durante aquele período. Alguns colegas de classe disseram que ele estava igualmente interessado em ser visto com belas mulheres. "Toda vez que eu o via, ele tinha uma garota linda nos braços", contou Bill Specht.

A atriz e modelo Candice Bergen tinha saído da Penn antes de Trump começar a estudar lá, mas se lembra de um encontro às cegas que tiveram: "Ele estava usando um terno vinho e botas vinho, e dirigia uma limusine vinho.

Era tudo muito combinado. […] Foi uma noite bem curta".[111] A lembrança de Trump é diferente: "Ela estava saindo com caras de Paris, da França, que tinham 35 anos, a coisa toda. Eu dei em cima. E devo dizer que ela teve o bom senso de dizer 'Absolutamente não'".[112]

Nos anos posteriores à formatura de Trump, Wharton virou sinônimo de sucesso financeiro. Muitos de seus formandos ficaram ricos, e as doações à Universidade da Pensilvânia dispararam. Ex-alunos doavam generosamente e seus nomes decoravam o *campus* todo. Mas, embora o espaço de Wharton na biografia de Trump seja grande, as contribuições dele à Penn raramente tiveram o mesmo tamanho. Nos anos 1980, um funcionário do setor de desenvolvimento contou que Trump tinha doado mais de 10 mil dólares à instituição, mas não quis se estender mais no assunto. "Não sei por que ele não apoiou mais a escola", disse, à época, a diretora adjunta de desenvolvimento, Nancy Magargal.[113] Um dos únicos lugares em que o nome dele aparece no *campus* é na placa da Sala de Seminários da Turma de 1968, na biblioteca Van Pelt, doada no reencontro de 35 anos da turma. Colegas de classe e antigos funcionários da universidade acreditam que a contribuição tenha sido da ordem dos 5 mil dólares. Ainda que Trump declare amar à Penn e se orgulhe de seus sucessos financeiros, os arrecadadores de recursos da universidade se cansaram de pedir doações grandes. Um presente considerável chegou em 1994, quando ele doou o suficiente para ser listado como "fundador" da nova sede do Penn Club na região de Midtown, em Manhattan. A contribuição mínima para essa categoria era 150 mil dólares. Dois outonos mais tarde, Donald Trump Jr. chegou ao *campus* arborizado. Ao todo, três dos quatro filhos mais velhos de Trump – entre os quais Ivanka (transferida depois de dois anos em Georgetown) e Tiffany – frequentariam a Penn, tornando a escola quase uma herança, um emblema familiar.

Em maio de 1968, William S. Paley, fundador da rede de televisão CBS e ex-aluno, fez o discurso de paraninfo de Wharton. Ao lado de Fred Trump, Donald posou para uma fotografia em sua beca preta, com uma faixa dourada ao redor do colarinho. Os dias de idas e vindas a Nova York tinham acabado para ele. Wharton era uma nota de rodapé, uma parada a caminho da carreira que ele anunciara aos amigos quando chegou ao *campus*. O colega de classe se lembra de Trump andando pela Spruce Street durante as festividades de formatura e gritando: "Ei, Louis, espera!". Calomaris se virou para a namorada e futura esposa e disse: "Linda, você está prestes a conhecer o próximo Bill Zeckendorf de Manhattan".[114]

3
PAI E FILHO

Durante anos, Donald Trump havia passado as férias de verão com o pai, passeando por construções, aprendendo o básico; agora, porém, Fred pediu que o filho, recém-formado na faculdade, trabalhasse com ele em tempo integral no Brooklyn, onde a Trump Management tinha um modesto escritório na Avenue Z, perto da orla erodida de Coney Island. Lá, o ponto alto da carreira de Fred Trump dominava agora o horizonte: a Trump Village.

Por quase um século, Coney Island fora um próspero balneário urbano; centenas de milhares de nova-iorquinos lotavam as praias e faziam fila para se divertir nos equipamentos de recreação. Mas, ao longo dos anos, a área havia ficado decadente e as autoridades municipais queriam uma revitalização. Elas interditaram um lote de 16 hectares, autorizaram a demolição dos imóveis ali existentes e deram a Fred Trump permissão para construir prédios perto do local do famoso Parachute Jump, a "Torre Eiffel do Brooklyn", um brinquedo de 76 metros de altura que outrora lançava os passageiros com segurança ao chão.[1] Fred aproveitou a oportunidade no início dos anos 1960 e, pela primeira vez, colocou o nome da família em um projeto.

Enquanto dirigia seu Cadillac do Queens a Coney Island para se encontrar com o pai, Donald pôde ver o maior empreendimento dele. A Trump Village estava longe de ser um refúgio bucólico como sugeria o nome. Era uma sucessão gigantesca de sete torres de 23 andares que fazia o Parachute Jump e tudo ao redor dela parecer pequeno, construída num estilo utilitário – 380 apartamentos à beira-mar, o maior complexo de aluguel no Brooklyn na época.[2] Ainda que longe de serem grandiosos ou elegantes, os apartamentos eram um motivo de orgulho para as famílias batalhadoras de classe média, muitas das quais eram de imigrantes judeus ou de filhos destes, que haviam deixado as minúsculas e malcuidadas casas geminadas da cidade para aproveitar a brisa do oceano e viver a poucos quarteirões da barraquinha de cachorro-quente de Nathan e dos *knishes* da sra. Stahl na orla.

Fred havia insistido em que a Trump Village fosse construída ao menor custo possível, com o tijolo mais barato e poucos refinamentos arquitetônicos. A mesma moderação era visível em seu escritório nas proximidades, em que havia um carpete felpudo, móveis de metal e índios de madeira de decoração.[3] Agora, esse também seria o escritório de Donald. Não muito tempo depois de ter saído de Wharton, por volta da época em que fez 25 anos, em 1971, Donald se tornou presidente da Trump Management, enquanto Fred assumiu a função de *chairman*. A promoção de Donald era ao mesmo tempo um presente extraordinário e uma imensa responsabilidade. Agora, ele administrava 14 mil apartamentos em todos os bairros periféricos, incluindo os da Trump Village. Podia ser um trabalho duro. Inquilinos iam e vinham às centenas. Alguns não faziam os pagamentos. A cidade pressionou os Trump a aceitar famílias de renda mais baixa, as quais às vezes fugiam quando as contas estavam para vencer, deixado os imóveis destruídos. Donald contou depois que ficava esperando ao lado da porta depois de bater, temendo que alguém o recebesse com uma arma em punho. Esse era o preço de administrar grandes conjuntos de apartamentos em bairros como aqueles, familiares para Fred, mas ainda um choque cultural para o filho.

Quando tinha vinte e poucos anos, no início da Grande Depressão, Fred temia por sua condição financeira e assumia o mínimo de risco pessoal possível. Ele dizia que era bem-sucedido porque conseguia espremer nove dias numa semana de sete e cuidava para que cada centavo fosse bem gasto. Gostava de dizer que podia transformar um limão numa toranja. Eram essas as lições que queria transmitir a Donald: trabalhe duro, seja humilde e grato, e siga a fórmula de sucesso de construir moradias de classe média no Queens, em Staten Island e no Brooklyn.

"Não existe segredo" para o sucesso, explicou Fred anos depois, ao aceitar o Horatio Alger Award, concedido a indivíduos que venceram a adversidade. "Só existem duas coisas. Uma, você deve gostar do que faz. Deve escolher o ramo ou a profissão certa. Deve aprender tudo sobre ela [...] para ter entusiasmo. Nove entre dez pessoas não gostam do que fazem. E, por não gostarem do que fazem, perdem o entusiasmo, pulam de um trabalho para outro e acabam virando um zero à esquerda."[4] Esse era o desafio que Donald enfrentava como filho de seu pai: recebeu tudo de mão beijada desde o começo – e, portanto, nunca poderia se qualificar para o Horatio Alger Award – e queria evitar falhar aos olhos dele e virar um zero à esquerda.

Fred ganhou seus milhões com cautela e moderação mas também com um bocado de ajuda dos programas habitacionais do governo. Quanto mais bem-sucedido se tornava, mais questionamentos enfrentava sobre o modo de gerenciar seu negócio. O primeiro grande conflito havia acontecido em 1954, quando Donald tinha 8 anos e Fred foi chamado para testemunhar diante do Congresso. Uma comissão de congressistas estava investigando se ele havia utilizado indevidamente um empréstimo segurado pelo governo num projeto de prédios de apartamentos no Brooklyn chamado Beach Haven. Ele tinha tomado emprestados 3,5 milhões de dólares a mais do que precisava, segundo um relatório do Senado. Trump, furioso, respondeu que tal alegação causara "danos incalculáveis à minha posição e reputação".[5] Em seu depoimento, afirmou que construíra apartamentos com um montante menor do que o valor do empréstimo em virtude dos custos reduzidos, não porque estivesse tentando obter lucros ilícitos. Nenhuma acusação foi feita contra ele.

Então, em 1966, Fred enfrentou alegações de que obtivera uma "bolada" de 1,8 milhão de dólares na construção da Trump Village através de um programa estatal.[6] Investigadores nova-iorquinos afirmaram que os custos do projeto tinham sido inflados e que o empresário havia impedido a indicação de um funcionário do governo que poderia ter se oposto a seus planos. Como fizera na audiência do Senado, Fred Trump desprezou as alegações como mentiras, dizendo que os lucros eram "mixaria quando comparados a uma obra de 60 milhões de dólares". Mais uma vez, nenhuma acusação foi apresentada.

Fred Trump podia apontar com orgulho para dezenas de milhares de residentes da classe trabalhadora do Brooklyn, do Queens e de Staten Island que viviam em casas que ele construíra ou em conjuntos de apartamentos que gerenciava. Inúmeros nova-iorquinos, entre os quais muitas famílias de imigrantes, tiveram seu ponto de partida na cidade nas habitações com que ele tinha feito sua fortuna. Muitos complexos de apartamentos ficavam em bairros pobres, geralmente divididos por raça. O governo federal, que ajudou a financiar muitos dos projetos de Trump, era em parte culpado por essa balcanização; a Administração Federal de Habitação tinha praticamente sancionado a segregação, desaconselhando o que era chamado pelo eufemismo de projetos "desarmoniosos".

Um inquilino de Trump incomodado com a segregação na prática foi o cantor de folk Woodrow Wilson Guthrie – ou Woody, como ficou conhecido.

Natural de Oklahoma, ele tinha ido morar em Nova York em 1940, o mesmo ano em que compôs uma das baladas mais adoradas pelos Estados Unidos, "This Land Is Your Land" [Esta terra é sua terra]. Dez anos depois, havia se mudado para Beach Haven, o complexo de Trump a poucos quarteirões da praia de Coney Island. Mais tarde, Guthrie viria a escrever vários versos que sugeriam que Fred Trump era responsável por manter negros longe do conjunto de prédios: "I suppose/ Old Man Trump knows/ Just how much/ Racial Hate/ He stirred up/ In the bloodpot of human hearts/ When he drawed/ That color line/ Here at his/ Eighteen hundred family project"[7] [Imagino que o velho Trump saiba quanto ódio racial instigou na fogueira de corações humanos quando traçou essa fronteira racial aqui em seu projeto de 1.800 famílias].

Por anos depois que Guthrie deixou Beach Haven, a empresa de Fred enfrentou alegações de discriminação. De tempos em tempos, denúncias eram apresentadas em agências locais, a companhia aceitava alugar para alguém que dizia ter tido sua admissão negada, e o caso era fechado. Mas, na época em que Donald entrou para o negócio, investigadores estavam monitorando novamente a empresa por discriminação racial. Ativistas locais suspeitavam que agentes imobiliários afastavam candidatos negros de prédios ocupados majoritariamente por brancos. Essa havia sido a prática habitual em muitas partes do país durante anos, mas fora proibida pelo Fair Housing Act [Lei de direito à moradia], de 1968. A legislação foi aprovada durante o governo de Lyndon Johnson, em um período em que muitos brancos estavam se estabelecendo nos subúrbios e muitas minorias se mudavam para prédios urbanos desocupados por eles. O interesse pelo problema teve seu ápice após revoltas raciais que estouraram em todo o país depois do assassinato, em 1969, do reverendo Martin Luther King Jr. Em 1971, depois que um importante locador de Nova York fechou um acordo em um caso que alegava discriminação, agentes disfarçados voltaram sua atenção para Donald e Fred Trump. Eles logo encontraram evidências do que consideraram discriminação racial.

Em 18 de março de 1972, Alfred Hoyt, que é negro, ficou sabendo de um apartamento vago num conjunto de Trump na Westminster Road, no Brooklyn. Quando tentou alugar o imóvel, ouviu do zelador que não havia nenhum apartamento de dois quartos disponível. No dia seguinte, sua esposa, Sheila Hoyt, que é branca, recebeu uma proposta de aluguel de uma unidade de dois quartos no mesmo complexo. O que o zelador não sabia era que Sheila Hoyt trabalhava para o Comitê de Direitos Humanos da Cidade de Nova York, uma agência municipal que investigava discriminação no setor habitacional. Dois dias depois, ela voltou para assinar o contrato. Sem o conhecimento do zelador, ela levara consigo o marido e um membro da comissão habitacional, que tinham esperado do lado de fora e então entraram no imóvel. O agente quis saber por que haviam recusado a Alfred Hoyt uma proposta para alugar um apartamento, que depois fora oferecido a Sheila. Hoyt contou que o zelador lhe dissera que estava "apenas fazendo o que meu chefe mandou. Não temos permissão de alugar para famílias [negras]". O agente colocou uma placa no prédio que dizia que nenhuma transação poderia ser realizada ali, por ordem do Comitê de Direitos Humanos. Em seguida, o zelador levou os Hoyt e o agente ao escritório de Trump na Avenue Z. Sheila Hoyt não conseguiu lembrar se chegou a encontrar Donald, mas disse que, depois que o grupo se reuniu no escritório, Alfred Hoyt recebeu permissão de alugar o apartamento para ele e a esposa.[8]

A recusa inicial em fazer negócio com Alfred Hoyt ajudou a desencadear uma série de acontecimentos que levaria a um dos momentos mais polêmicos e definidores da juventude de Donald Trump. Outros agentes circularam em segredo pelos prédios de Trump. Em um teste de julho de 1972 nos Shore Haven Apartments, no Brooklyn, um zelador disse a uma mulher negra, Henrietta Davis, que não havia nenhum imóvel disponível. Uma mulher branca, Muriel Salzman, testadora para a Liga Urbana, entrou no escritório depois de Davis e o mesmo zelador disse a Salzman que ela poderia "alugar imediatamente um dos dois apartamentos disponíveis".[9]

Os testes revelaram um padrão. Testadores brancos eram incentivados a alugar imóveis em determinados prédios de Trump, enquanto testadores negros eram dissuadidos, recusados ou encaminhados para conjuntos habitacionais que tinham mais minorias raciais. Depois que os ativistas locais perceberam o alcance de seus achados, alertaram a divisão de direitos civis do Departamento de Justiça, que estava à procura de casos habitacionais para investigar.

O CASO TRUMP CHEGOU à mesa de uma jovem advogada idealista do Departamento de Justiça chamada Elyse Goldweber. Aquele era um momento crucial, e ela o aproveitou. Uma das lembranças mais claras da infância de Goldweber tinha sido pegar uma balsa no sul da Virgínia para visitar os avós. Duas placas a receberam quando ela subiu a bordo: BRANCOS e PESSOAS DE COR. Quando a barca chegou perto de Newport News, na Virgínia, os pais de Goldweber juraram que a família não frequentaria lojas que praticassem a segregação. Criada em Long Island, ela ouviu relatos de negros sendo perseguidos por cães da polícia e afastados com jatos de água de mangueira de alta pressão; decidiu então que queria trabalhar para o governo como advogada de direitos civis.

Durante anos, o Departamento de Justiça havia procurado apenas diplomados em direito de faculdades de primeira linha para representar o governo. Goldweber se formou na Brooklyn Law School e pensava ter poucas chances de realizar seu sonho. Mas, assim que ela concluiu o curso, o departamento informou que queria expandir seu universo de candidatos a vagas, e vários advogados haviam deixado a divisão habitacional para trabalhar na campanha presidencial do democrata George McGovern. Goldweber conquistou um ótimo cargo logo de início.[10]

Quando as alegações contra a empresa de Trump chegaram ao escritório do Departamento de Justiça em Washington, o arquivo foi parar nas mãos de Goldweber, de cujos chefes havia recebido jurisdição sobre os casos de Nova York. Ela foi até lá e conversou com ativistas habitacionais e funcionários da empresa de Trump, descobrindo que, numa amostragem de dez prédios da companhia, apenas de 1% a 3,5% dos ocupantes pertenciam a minorias, muito abaixo da taxa da população local.[11] Era o caso mais consistente que ela já tinha visto. Ela recomendou que o Departamento de Justiça abrisse um processo contra Fred e Donald Trump e a empresa deles.

Um casal de ex-funcionários da companhia afirmou ter ouvido "de Fred Trump e outros representantes" que a empresa só queria alugar para "judeus e executivos" e "não incentivava o aluguel para negros". O casal disse ainda que "havia um código racial vigente, em que negros eram referidos como 'nº 9'".[12] Outros agentes imobiliários empregados por Trump contaram ao FBI que apenas 1% dos inquilinos nos Ocean Terrace Apartments, administrados pela empresa, eram negros, e que os Lincoln Shore Apartments não tinham locatários negros. Ambos os edifícios ficavam na Ocean Parkway, no Brooklyn. Já os candidatos a inquilinos pertencentes a minorias eram encaminhados para o Patio Gardens, um condomínio diferente na Flatbush Avenue, também Brooklyn, onde a população locatária era 40% negra. Uma mulher negra foi impedida de morar em um complexo majoritariamente branco, mas aconselhada a "tentar conseguir um apartamento no Patio Gardens".

Em 1973, Phyllis Spiro, uma mulher branca, fingindo estar à procura de um apartamento para alugar, foi a Beach Haven, o mesmo conjunto em que Woody Guthrie havia morado e sobre o qual tinha composto um poema cerca de duas décadas antes. Spiro disse aos investigadores que um zelador do prédio admitiu para ela "que seguia uma política de aluguel discriminatória do ponto de vista racial sob a orientação de seus superiores e que havia poucos inquilinos 'de cor'" no complexo. Mais de quarenta anos depois, Spiro se recordava nitidamente do caso e contou que ela e outros colegas ativistas habitacionais encontraram "um padrão e uma prática discriminatória constantes" nos prédios de Trump.[13]

Os chefes de Goldweber tinham ouvido o bastante. Citando as experiências do casal Hoyt, de Spiro e muitos outros, o Departamento de Justiça anunciou a instauração de um dos processos de preconceito racial mais importantes da época: *Estados Unidos da América vs. Fred C. Trump, Donald Trump e Trump Management, Inc*. Na manhã de 15 de outubro de 1973, um funcionário do departamento telefonou para Donald Trump. Essa ligação de cortesia serviu para avisar ao empreendedor de 27 anos que o governo federal estava entrando com um processo contra ele e seu pai. Em poucos minutos, o departamento publicou um comunicado que afirmava que os Trump haviam violado a lei "recusando-se a alugar e negociar aluguéis com negros, exigindo termos e condições de aluguel diferentes em função de raça e alegando falsamente a falta de apartamentos disponíveis". Os noticiários logo abordaram o assunto. Trump contou depois que ficou sabendo da notícia ao ligar o rádio em seu Cadillac, e não pelo telefonema do funcionário do Departamento de Justiça. Na manhã seguinte, ele estava nas primeiras páginas dos jornais, entre os quais o *New York Times*, que publicou uma reportagem com a manchete "Importante dono de imóveis acusado de racismo na cidade". Trump ficou furioso e disse que as acusações eram "absolutamente ridículas. Nunca discriminamos ninguém".[14]

A NOTÍCIA CHEGOU em um momento péssimo, vindo exatamente quando Donald estava mais ansioso do que nunca para sair da sombra do pai. Ele havia perdido a paciência com a estratégia de Fred de atender a moradores de classe baixa e média do Brooklyn e do Queens, e com o que era necessário para gerenciá-los. Quando descobriu que locatários estavam jogando lixo pelas janelas, deu início a um programa "para ensinar as pessoas a usar os incineradores". Funcionários da empresa o alertaram de que ele "corria o risco de levar um tiro" caso tentasse coletar o dinheiro dos aluguéis na hora errada. Ele achava que os prédios do pai não tinham estilo, com suas "fachadas de tijolos comuns". Tudo por uma margem de lucro que considerava "muito baixa".

Embora fosse cria da empresa do pai e se beneficiasse dela, Donald desejava algo mais. Fred, agora com 68 anos, estava acomodado em sua rotina de almoçar, toda segunda, quarta e sexta-feira, no Gargiulo's, um restaurante italiano a alguns quarteirões da Trump Village, um ponto tradicional da região desde 1907.¹⁵ Quase sempre era acompanhado por sua assistente administrativa, Ann, e seu pedido era invariavelmente o mesmo: *tortellini* à bolonhesa com molho branco.

Era uma época calamitosa para Nova York. A metrópole perdeu 10% de sua população nos anos 1970, com o crescimento desenfreado do crime, a evasão dos brancos e a municipalidade à beira da falência. Os trens do metrô, cobertos de pichações, chacoalhavam, precisando de reparos urgentes. Um seriado de televisão de muito sucesso, *Tudo em Família*, era protagonizado pelo preconceituoso personagem Archie Bunker, que vivia no Queens, perto da casa onde Trump crescera. Coney Island tinha voltado a se degradar, tornando-se uma sombra de seu antigo apogeu. Enquanto isso, Donald podia olhar para Manhattan e ver um horizonte em transição; quando as torres gêmeas de 110 andares do World Trade Center foram inauguradas, em abril de 1973, o presidente Nixon aclamou o momento como o início de uma era de comércio internacional revitalizado. Com o fim da Guerra do Vietnã, as canções de protesto que se ouviam nos shows de *folk* estavam sendo substituídas pela batida da música *disco*.

Donald exaltava tudo que se referia a Manhattan – os restaurantes finos, o rebolado das modelos, os arranha-céus, o dinheiro a ser ganho e gasto. Ele menosprezava sua experiência nas áreas mais pobres da cidade. O império de seu pai na periferia, segundo Trump escreveu, "não era um mundo que eu achava muito atraente. Tinha acabado de me formar em Wharton e, de repente, lá estava eu num lugar que era violento na pior das hipóteses e desagradável na melhor". Esse mundo "desagradável" era a realidade enfrentada por milhões de pessoas, mas estava longe de tudo que Trump conhecia – seu ambiente luxuoso em Jamaica Estates, a ordem de uma academia militar, o ensino de elite em Wharton. Ele queria algo melhor. Seu pai tinha encontrado um caminho para a fortuna; Donald via um caminho diferente para uma fortuna ainda maior. "O verdadeiro motivo por que eu quis sair da empresa do meu pai – mais importante do que o fato de que o trabalho era fisicamente brutal e financeiramente árduo – era que eu tinha sonhos e visões mais grandiosos", escreveu. "E não havia como colocá-los em prática construindo moradias nos bairros periféricos."¹⁶

Em 1971, Trump se mudou para um apartamento em Manhattan no 17º andar de um prédio na Rua 75 Leste, que mobiliou com sofás de veludo e cristais com a ajuda de uma *designer* de interiores. Ele contratou uma irlandesa como empregada. Estacionava seu Cadillac conversível num estacionamento vizinho e, todo dia, percorria uma distância considerável até o trabalho no escritório da Trump Management na Avenue Z. O apartamento no Upper East Side agradava ao jovem, em parte porque tinha o aluguel controlado; a lei municipal proibia que o proprietário aumentasse o aluguel substancialmente todo ano. (Em 1975, Trump entregou o apartamento para o irmão Robert. Por volta da mesma época, pronunciou-se contra as leis de controle de aluguel: "Todo mundo em Nova York consegue seus aumentos, menos os proprietários de apartamentos; vamos pôr um fim nessa prática".[17])

Depois de morar em Manhattan por dois anos, Trump estava mais perto do seu objetivo de abrir seu próprio negócio no ramo imobiliário. Então, o governo abriu o processo contra ele e seu pai. Exatamente enquanto ele previa uma nova marca Trump centrada em Manhattan, a primeira coisa que os outros ouviam a seu respeito era a acusação de ter preconceito contra pessoas negras. A coisa mais prudente a fazer poderia ser fechar um acordo. O Departamento de Justiça não estava buscando uma sanção financeira ou uma pena na cadeia; o governo basicamente queria um acordo em que os Trump se comprometessem a não agir de maneira discriminatória. Naquele momento de transição em que a autoridade estava passando de pai para filho, Donald precisava de orientação. Certo dia, pouco depois que o processo foi aberto, Donald e Fred visitaram um importante escritório de advocacia em Nova York, onde foram aconselhados a ceder ao governo. Donald ficou dividido. Naquela noite, enquanto refletia sobre que decisão tomar, ele entrou numa discoteca em Manhattan. Lá, apresentou-se ao homem que o ajudaria a moldar o rumo de sua vida enquanto seu pai começava a sair de cena. Ele circulava com desenvoltura nos corredores privados e públicos do poder. Conhecia prefeitos, juízes e senadores. Funcionava em um nível completamente diferente do de Donald Trump. Seu nome era Roy Cohn.

4
ROY COHN
E A ARTE DO CONTRA-ATAQUE

O discreto prédio de estuque no nº 416 da Rua 55 Leste não dava muitas pistas do que acontecia lá dentro. Nenhum nome na porta ou no toldo, apenas a inscrição SOMENTE MEMBROS em uma placa de cobre. Conhecida como Le Club, essa discoteca era onde os ricos e famosos de Gotham se reuniam em uma pequena pista, em torno de uma mesa de bilhar e em um salão de jantar no segundo andar. A admissão ao clube era limitada a 1.200 pessoas, entre elas "treze príncipes, treze condes, quatro barões, três princesas e dois duques".[1]

Trump queria fazer parte disso. Em 1973, o Le Club era o ponto de encontro de "alguns dos homens mais bem-sucedidos e das mulheres mais famosas do mundo", escreveu ele, "o tipo de lugar onde você podia ver um cara rico de 75 anos entrando com três suecas loiras".[2] Mas esse jovem recém-chegado não estava qualificado para um local tão exclusivo. A discoteca o rejeitou. Trump puxou o saco da direção e implorou. Foi aceito com uma condição: tinha de prometer não dar em cima de frequentadoras casadas, "porque eu era jovem e bonito". Ele alardeou que ia lá quase toda noite e que "conheceu um monte de jovens lindas e solteiras", mas disse que nunca se envolveu "muito a sério" com elas nesses primeiros anos e que, de todo modo, não podia levá-las a seu apartamento, porque não era glamoroso o suficiente.

O lugar era mais do que mulheres e música. Para Trump, o desejo de pertencer àquele universo fazia parte de sua busca por relações. Ele queria ficar amigo daqueles que tinham influência em Nova York, os poderosos que caminhavam com facilidade entre homens de negócios e políticos. Na noite depois da reunião em que um advogado aconselhou Donald e seu pai a fazer um acordo no caso de racismo, Donald foi ao Le Club, onde viu um homem careca com um rosto marcante: testa alta, olhos azuis penetrantes, pálpebras caídas, nariz de boxeador com uma marca torta bem no meio. Era a visão hollywoodiana de um valentão, um contraste agudo com o alto e elegante Trump. Apesar disso, Trump foi atraído para Roy Cohn – ou, pelo menos, para o poder que ele representava, um poder que lhe seria útil naquele momento difícil.

Roy Cohn nasceu em meio ao poder. Seu pai, Albert C. Cohn, era um membro da máquina democrata nova-iorquina que se tornou juiz da Suprema Corte estadual. Roy estudou em duas escolas particulares de elite, Fieldston e Horace Mann, no Bronx, de onde seguiu para a Universidade Columbia, onde se formou em direito aos 20 anos. Usando as relações políticas de sua família, conseguiu um emprego no escritório da promotoria em Manhattan. Depois de apenas alguns meses, foi incumbido de uma tarefa que transformou sua carreira. Pediram-lhe que escrevesse um comunicado sobre Alger Hiss, um oficial do Departamento de Estado suspeito de fazer espionagem para a União Soviética. Depois que agentes do FBI contaram a Cohn sobre supostas "células do Kremlin" nas agências federais, ele se convenceu de que os comunistas tinham se infiltrado no governo.[3] Cohn ascendeu rápido na promotoria e, mais tarde, se vangloriou de ter se beneficiado das ligações de sua família com as cinco principais famílias do crime. (Anos depois, afirmou ter tomado providências para que um amigo conseguisse o cargo de promotor público federal com a ajuda de Frank "Primeiro-Ministro" Costello, chefão da família Luciano, mais tarde rebatizada Genovese. "Naquela época, ninguém virava promotor federal de Nova Yorks em o o.k. da máfia", escreveu.[4])

Em 1951, trabalhou na acusação de Julius e Ethel Rosenberg, condenados por espionagem e por passar segredos sobre a bomba atômica à União Soviética.[5] O casal acabou sendo executado, e Cohn alegou ter, reservadamente, convencido o juiz a mandar Ethel – e não só Julius – para a cadeira elétrica. Depois desse caso sensacional, ele trabalhou em 1952 para a Divisão de Segurança Interna, um novo escritório do Departamento de Justiça focado em eliminar comunistas. Logo ficou sabendo que o senador Joseph McCarthy estava abrindo um inquérito para investigar se havia comunistas infiltrados no governo, e o republicano de Wisconsin o contratou como conselheiro-chefe do Subcomitê Permanente de Investigações do Senado.

McCarthy virou notícia ao afirmar ter uma lista de 205 funcionários do Departamento de Estado que eram membros do Partido Comunista. Os jornais ficaram cheios de manchetes sobre a "ameaça vermelha" de McCarthy e sua alegação de que o governo estava cheio de "riscos à lealdade". Com a ajuda de Cohn, o senador deu início a uma série de audiências sobre a suposta ameaça comunista nos Estados Unidos. Ele convocou diversos professores, roteiristas de Hollywood, funcionários públicos e outros a responder sobre suas supostas ligações com o partido.

McCarthy reforçou as acusações, alegando que espiões e subversivos tinham se infiltrado nas Forças Armadas. G. David Schine, amigo de Cohn que trabalhava como consultor não remunerado para o senador, fora recrutado pelo Exército e enfrentava a possibilidade de ser mandado para o exterior. Cohn, segundo consta, disse que ia "destruir o Exército" se Schine não recebesse permissão de ficar nos Estados Unidos.[6] Isso levou o Exército a acusá-lo de, com McCarthy, tentar conseguir tratamento especial para Schine. Enfrentando pesadas críticas, McCarthy contra-atacou. Sugeriu que um advogado júnior da firma que empregava Joseph Welch, o conselheiro do Exército nas audiências, pertencera outrora a um grupo comunista de fachada. Welch virou o jogo contra o senador de maneira memorável, dizendo: "Será que o senhor não tem senso de decoro, afinal?". O Senado censurou McCarthy e Cohn se demitiu. "Macarthismo" virou sinônimo de caça às bruxas política; a influência do senador se dissipou e ele morreu em 1957. Cohn, porém, insistiu em que "nunca trabalhou para homem melhor, nem para causa melhor".[7] Ele não só sobreviveu como também voltou a Nova York para se tornar um dos homens mais influentes da cidade.

Trabalhando em uma mansão em Manhattan, Cohn representava clientes que iam da arquidiocese católica a proprietários de discotecas, magnatas do setor imobiliário e gângsteres. Ele se orgulhava de não pagar impostos federais, o que o deixou em apuros com o governo. Nas duas décadas seguintes às audiências de McCarthy, foi indiciado em acusações que variavam de obstrução da justiça a suborno e extorsão, mas sempre se safava. Em suas batalhas legais, Cohn lançava mão de um conjunto de táticas ardilosas e um estilo de retórica que lhe seria útil também muito longe do tribunal. No início dos anos 1970, estava em busca de um cliente rico e bem relacionado, alguém que ele pudesse moldar a seu gosto.

NA MANHÃ DE 15 de outubro de 1973, o dia em que o Departamento de Justiça anunciou que ia processar os Trump por racismo, o *New York Times* publicou um artigo assinado por Roy Cohn. A coluna era escrita na forma de uma carta a Spiro Agnew, ex-vice-presidente dos Estados Unidos. Agnew renunciara dias antes, depois de se declarar culpado de acusações de sonegação de imposto de renda. Cohn, que era famoso por não pagar impostos federais havia anos, ficou indignado. "Caro sr. Agnew", escreveu,

> Como pode um homem que fez da coragem uma palavra conhecida em toda a nação perder a sua? Como um dos mais astutos líderes desta década pôde cometer um erro tolo como o seu ao renunciar e aceitar uma condenação criminal? Se o senhor tivesse se defendido como prometeu ao público que faria, dou meu parecer de que suas chances de sobrevivência política e legal teriam sido excelentes. Essa opinião talvez signifique algo, porque passei por três processos criminais muito similares àqueles com os quais o senhor foi ameaçado. [...] Ofereceram-me "acordos" e "negociações para diminuir a pena". Eu os rejeitei e lutei. Quando tudo acabou, eu tinha obtido três declarações de inocência unânimes do júri.

Trump, enfrentando uma acusação de discriminação, estava sendo pressionado a fazer um acordo, mas odiava a ideia. Cohn, chocado com o fato de o vice-presidente ter aceitado as alegações contra ele e renunciado à segunda posição mais importante do país, representava o melhor argumento contra o acordo. Então, Trump entrou no Le Club. E lá estava Cohn, o homem que nunca fazia acordos. Trump se sentou e explicou o dilema que enfrentava.

"Não gosto de advogados", disse a Cohn. "Acho que eles só ficam adiando os acordos. [...] Eles só falam não, e sempre estão tentando fazer acordos em vez de lutar."[8]

Cohn concordou.

Trump continuou: "É melhor lutar que desistir, porque, assim que você desiste uma vez, fica com reputação de ser um desistente".

"Esta conversa é hipotética?"

Trump ficou animado por Cohn estar escutando um zé-ninguém como ele. Passou a cortejá-lo: "Não, não é nada hipotética". Explicou que o governo tinha acabado de abrir um processo "dizendo que discriminamos negros em alguns de nossos conjuntos habitacionais". Disse que não era verdade e que não queria que o governo o forçasse a alugar seus imóveis para beneficiários de programas de assistência social. "O que você acha que eu devo fazer?"

"Na minha opinião, você deve dizer para eles irem pro inferno, contestar no tribunal e deixar que eles provem que você cometeu discriminação. [...] Não acho que você tem obrigação de alugar para locatários que seriam indesejáveis, brancos ou negros, e o governo não tem o direito de dizer como você deve administrar sua empresa." Cohn garantiu a Trump: "Você vai ganhar, com toda a certeza".[9]

Trump gostou do que ouviu – não só sobre o caso, mas de toda a filosofia de mandar pessoas "pro inferno". Daquele momento em diante, ele adotou a estratégia de Cohn: quando atacado, contra-atacar com força avassaladora. Uma das relações mais influentes de sua vida estava começando. Conforme essa relação se estreitava, Trump passou a admirar a genialidade de Cohn, mas a se preocupar de que ele, às vezes, pudesse ser despreparado e um "desastre".

Quando Cohn alardeou que passara boa parte da vida sendo indiciado, Trump perguntou-lhe se realmente tinha feito o que era acusado de fazer. "O que é que você acha?", respondeu o advogado, sorrindo. Trump disse que "nunca soube de verdade" o que isso queria dizer, mas gostava da dureza e da lealdade de Cohn.[10]

Cohn trabalhava duro para polir sua reputação de valente, tendo cooperado com um perfil da *Esquire* intitulado "Não mexa com Roy Cohn", que o descrevia como um homem que gostava de ser indiciado e brigava como se cada caso fosse uma guerra. "Clientes em potencial que querem matar o marido, torturar um sócio, quebrar as pernas do governo: contratem Roy Cohn", escreveu Ken Auletta.[11] "Ele é um carrasco jurídico – o advogado mais durão, cruel, leal, vil e um dos mais brilhantes do país. Ele não é um cara muito legal." Trump serviu como fonte na matéria. "Quando as pessoas sabem que Roy está envolvido, elas preferem não se envolver nos processos e em tudo o mais que está envolvido", disse. Cohn "nunca foi duas caras. Você pode contar com ele para te defender",[12] o que era exatamente o que Trump queria que ele fizesse no caso da alegação de racismo.

Cohn revelou sua estratégia dois meses depois de o Departamento de Justiça abrir o processo. Em 12 de dezembro de 1973, Trump se posicionou em frente a um batalhão de câmeras para anunciar o plano audacioso de seu advogado. Cohn entrou com um processo contra o governo, dizendo que o Departamento de Justiça fizera afirmações falsas e enganadoras. Ele pedia 100 milhões de dólares para os Trump.[13] Donald disse a repórteres que o governo estava injustamente tentando obrigar sua empresa a alugar apartamentos para beneficiários de programas de assistência social. Se isso acontecesse, disse, "haveria uma fuga em massa da cidade, não apenas de nossos locatários, mas das comunidades em geral".

Trump rejeitou qualquer insinuação de que sua opinião fosse baseada em raça. "Nem eu nem ninguém em nossa organização nunca, até onde eu sei, discriminou nem mostrou preconceito ao alugar nossos apartamentos", disse em um depoimento juramentado.[14] Cohn enviou seu próprio depoimento lamentando o que chamava de "abuso" dos poderes governamentais. "A Divisão de Direitos Civis não abriu um processo", afirmou. "Ela inventou um pedaço de papel para ser usado como *release* para a imprensa, e só de forma secundária como documento legal. Ele não contém nenhum fato relacionado a práticas discriminatórias contra negros pelas empresas Trump."

Defendendo uma indenização de 100 milhões de dólares para os Trump, Cohn disse: "Não importa o resultado deste caso, suponho que o prejuízo nunca será completamente revertido, porque vocês nunca conseguirão desfazer as manchetes".[15]

CINCO SEMANAS DEPOIS, Donald e Fred Trump, acompanhados por Cohn, sentaram-se a uma mesa em um tribunal americano do Distrito Leste de Nova York, no Brooklyn. Goldweber, a idealista advogada de 26 anos do Departamento de Justiça, fez uma entrada triunfal, encharcada da chuva porque não tinha conseguido encontrar um táxi. Ela estava nervosa ao se acomodar e se preparar para enfrentar o famoso e implacável Cohn.

Em questão estava se o juiz devia deixar a ação judicial movida pelos Trump prosseguir ou se, como queria o governo, devia dispensá-la. Cohn falou primeiro, ridicularizando o governo por exigir classificações raciais dos residentes dos edifícios Trump. Há "vários negros que moram neles, que conhecemos de vista", afirmou ao tribunal. "Dei uma volta por lá e vi alguns, e há negros entrando e saindo, que, imagino, não estão lá por nenhum motivo impróprio e que moram no local. Mas, aparentemente, eles querem que a gente vá e esquadrinhe todas as 14 mil unidades e descubra quantos negros moram nelas e quantos não negros moram nelas, e, suponho, quantos porto-riquenhos ou não porto-riquenhos."

Goldweber conclamou o juiz a deixar o processo por discriminação prosseguir: "Os réus se recusaram a alugar apartamentos a pessoas devido à raça e à cor delas. Fizeram afirmações discriminatórias com relação ao aluguel dessas unidades. […] Alegaram que suas unidades não estavam disponíveis para alugar quando, na verdade, estavam".[16]

O juiz Edward R. Neaher tomou o partido de Goldweber, ordenando que seu caso prosseguisse e indeferindo o processo de 100 milhões de dólares de Cohn e dos Trump. Goldweber imediatamente exigiu depoimentos dos Trump e disse que não tinha paciência para táticas de adiamento. Isso levou Cohn a escrever a ela: "Cara Elyse, nunca soube que você era uma mulher branca tão temperamental! [...] Nós a veremos com o sr. Trump e as outras testemunhas na semana que vem".[17]

Trump afirmou em seu depoimento "não estar familiarizado" com a lei [de direito à moradia] que coibia a discriminação.[18] Também disse que não levava em conta a renda da esposa ao calcular se um casal estava financeiramente qualificado a alugar um apartamento em seus edifícios, explicando que só considerava a renda "do homem da família", embora mais tarde tenha revisado essa declaração.

Os Trump partiram para o contra-ataque. Cohn procurou minar a afirmação do governo de que funcionários da empresa usavam códigos para se referir a minorias. O Estado fornecera provas de que um deles fora instruído a marcar as solicitações de aluguel vindas de negros com a letra C para "de cor", e que "fazia isso sempre que um negro mostrava interesse em um apartamento". O empregado não quis ser identificado no caso, dizendo temer que os Trump o "apagassem".

Cohn visitou o funcionário e saiu com uma história diferente, esboçando um novo testemunho em que o homem negava ter recebido ordens de agir de modo discriminatório. Agora, ele alegava que uma advogada do Departamento de Justiça que substituíra Goldweber, Donna Goldstein, o instruíra a "mentir", caso contrário se arriscaria a ser "jogado na cadeia". O empregado se descreveu como "porto-riquenho falante de espanhol contratado diretamente pelo sr. Donald Trump".

Cohn, que era judeu, tentou então uma aposta improvável. Disse em um testemunho que Goldstein, também judia, estava conduzindo um "interrogatório digno da Gestapo". Um colega dele escreveu ao Departamento de Justiça que seus agentes estavam "caindo sobre os escritórios Trump com cinco tropas de assalto". Cohn pediu que o juiz prendesse Goldstein por desacato. Mas comparar os advogados do Departamento de Justiça e agentes do FBI a nazistas foi um tiro que saiu pela culatra. "Não encontro provas nos documentos de que qualquer coisa de natureza tática da Gestapo tenha sido permitida pelo FBI na realização de tarefas designadas", disse o juiz Neaher a Cohn.[19] Este, então, solicitou que o juiz prendesse Goldstein por desacato por supostamente tentar fazer as testemunhas mudarem sua história.[20] Neaher, novamente, indeferiu o pedido.

Finalmente, no fim da primavera de 1975, Cohn buscou um acordo, a despeito das alegações de Trump de que odiava fazer acordos e das do próprio advogado, de que conseguiria vencer dizendo para o governo "ir para o inferno". Quase dois anos de batalhas estavam prestes a terminar, e o acordo era muito parecido com aquele que os Trump podiam ter conseguido no início. Mas Donald tinha mais um truque. Ele viu a assinatura de um termo de cessação como uma nova chance de negociar, e começou barganhando.

Como parte do acordo, o Departamento de Justiça queria que os Trump colocassem anúncios nos jornais locais garantindo aos locatários em potencial que seus imóveis estavam abertos a pessoas de todas as raças. "Esse anúncio, sabe, embora eu imagine que seja necessário do ponto de vista do governo, é caro demais para nós", argumentou Donald. "É realmente oneroso. Cada frase que colocarmos vai nos custar um monte de dinheiro durante o período em que tivermos de anunciar." Quando oficiais do governo insistiram, Trump perguntou: "Vocês pagariam por ele?".[21] O governo disse que os Trump é que tinham que arcar com o anúncio.

Em 10 de junho de 1975, os Trump assinaram um termo de compromisso de cessação que os proibia de "discriminar qualquer pessoa nos termos, condições ou privilégios de venda ou aluguel de um imóvel". Também receberam ordem de "familiarizar-se inteira, pessoal e detalhadamente" com a lei de direito à moradia. O acordo exigia ainda que pagassem pelos anúncios que garantiam o direito das minorias ao acesso igualitário à habitação.

Décadas depois, Trump tentou pintar o episódio à melhor luz possível, insistindo que "não era um caso contra nós. Havia muitos, muitos proprietários processados nesse caso".[22] O processo, na realidade, foi aberto contra ele, seu pai e a empresa; outras companhias foram processadas em casos separados. De qualquer forma, Trump insistiu em dizer que houve acordo "sem admissão de nada" e que ele "terminou conseguindo um acordo melhor por ter brigado".

O Departamento de Justiça alegou vitória, chamando o acordo de "um dos mais amplos já negociados". Manchetes de jornal ecoaram esse ponto de vista. "Minorias ganham processo por habitação", disse o *New York Amsterdam News*, que informou aos leitores que "negros e porto-riquenhos qualificados agora têm a oportunidade de alugar apartamentos da Trump Management".[23] Como se constatou mais tarde, a batalha estava longe de ter acabado.

UM ANO E TRÊS MESES DEPOIS, em setembro de 1976, Fred visitou Maryland, onde havia anos autoridades locais reclamavam que ele não cuidava adequadamente de um complexo de habitação que possuía em Prince George's County, nos arredores de Washington. Donald trabalhara lá em algumas ocasiões, com frequência coletando pagamentos de aluguel, e dissera ao pai: "Papai, aquilo ali é uma propriedade meio malcuidada".[24] Quando Fred chegou, oficiais locais o surpreenderam com um mandado de prisão por uma série de violações ao código de habitação no conjunto de 504 apartamentos chamado Gregory Estates, reunidos em quarenta prédios de três andares. Elas incluíam janelas quebradas, calhas podres e ausência de equipamentos de segurança contra incêndio. A fiança foi estabelecida em 1.000 dólares. "Proprietário de unidades em NY preso por violações ao código", reportou o *Washington Post*.[25] Fred ficou furioso, mas conseguiu a fiança e acabou pagando uma multa de 3.640 dólares.[26] Donald foi depois citado no *Post* dizendo que era "terrível" que a empresa tivesse sido acusada de descumprimento do código,[27] mas quarenta anos mais tarde afirmou que "nunca soube" que seu pai fora preso.[28]

De volta a Nova York, Frank topou com mais problemas com os agentes federais. As autoridades suspeitavam que os Trump não estavam fornecendo habitação a qualquer pessoa, independentemente de raça. O Departamento de Justiça acabou acusando-os de não obedecer ao acordo firmado e continuar a fazer com que os apartamentos estivessem "indisponíveis para negros por causa da raça".[29] Durante três anos depois da assinatura do acordo, Cohn brigou em nome dos Trump com o Departamento de Justiça.

Com o tempo, Cohn se tornaria uma presença constante ao lado de Donald, servindo não apenas como advogado, mas também como conselheiro informal, relações-públicas e intermediário nos contatos com os poderosos da cidade. Donald, por sua vez, tentou deixar o caso de racismo para trás e passou a cultivar a imagem que desejava. Começando a investir no setor imobiliário de Manhattan, ele cooperou com um perfil do *New York Times*, que começava com um parágrafo que era o sonho de todo relações-públicas: "Ele é alto, esbelto e loiro, com dentes fascinantemente brancos, e se parece muito com Robert Redford. Circula pela cidade num Cadillac prata com chofer com suas iniciais, DJT, nas placas. Sai com modelos esguias, é membro de clubes elegantes e, com apenas 30 anos, estima valer mais de 200 milhões de dólares".[30]

Com essas palavras, a definição do homem que seria conhecido como "O Donald" foi firmada. A matéria mencionava de passagem as alegações de discriminação racial, que Trump negava, e enfatizava sua genialidade no ramo dos imóveis (embora um "empresário" anônimo tenha se referido a ele como "superestimado" e "insuportável").

Não ficou claro como Trump calculava valer 200 milhões de dólares. Ele estava envolvido em negócios imobiliários que podiam trazer rendimentos consideráveis, e essa talvez tenha sido a primeira vez que ele projetou o valor intangível de seu nome. A empresa fundada por seu pai talvez valesse 200 milhões, ou pode ser que Donald tenha estimado sua sociedade em várias propriedades nesse valor alto. Mas ele declarou, em 1976, uma renda de relativamente modestos 24.584 dólares, além de alguns rendimentos de investimentos familiares e outros ativos.[31] No total, ele devia 10.832 dólares em impostos, segundo um relatório emitido mais tarde pela Divisão de Fiscalização de Jogos de Azar de Nova Jersey. Mas as nuances de sua renda líquida não importavam, pelo menos não naquela época. Tudo pelo que Donald J. Trump se esforçara – a imagem de homem de negócios duro e astuto, viajado, frequentador de clubes e namorado de modelos – agora estava acontecendo. Trump estava finalmente por sua própria conta e risco, e à sua maneira.

5
CRUZANDO A PONTE

Nova York estava desesperada por dinheiro e correndo risco de insolvência. No começo da década de 1970, a cidade perdeu 250 mil empregos, esgotando a base tributária ao mesmo tempo que o preço dos serviços municipais disparava.[1] Ron Nessen, secretário de imprensa do presidente Gerald Ford, comparou a dependência de auxílio federal por parte da metrópole a "uma filha desobediente viciada em heroína".[2] Era uma época péssima para o empreendedorismo. Em 1971, ano em que Donald Trump se mudou para Manhattan pela primeira vez, a ocupação dos hotéis despencou 62%, seu ponto mais baixo desde a Segunda Guerra Mundial.[3] Por volta de 1975, os cortes obrigaram a cidade e o estado a paralisar novas construções de moradias subsidiadas, a base dos negócios da família Trump.[4] No escritório de seu pai na Avenue Z, Donald estava ansioso para parar de construir habitações simples para famílias de classe média na periferia. Quando Fred Trump finalmente ampliou os negócios além do Brooklyn, foi para comprar terrenos baratos de vendedores desesperados na Califórnia, em Nevada, em Ohio e na Virgínia.[5] Donald queria algo maior. Fazia tempo que ele insistia para que o pai aproveitasse as dezenas de milhões de dólares em patrimônio líquido que este havia acumulado com mais de oitenta prédios e usasse esse valor para investir em Manhattan, onde tudo acontecia.[6] Donald tinha criado o hábito de caminhar pela malha urbana, avaliando prédios, fantasiando sobre o que poderia fazer com cada terreno.[7]

Fred Trump tinha um certo receio do custo de Manhattan e da dificuldade de construir na região, mas Donald não conseguia virar as costas para o lugar que o havia cativado desde a infância. Enquanto a cidade estava em ruínas, ele encontrou a oportunidade que mudaria sua vida. A Penn Central, a gigantesca ferroviária antes icônica, estava descendo pelo ralo. Por volta de 1970, no que foi na época o maior caso de falência na história do país, a companhia esgotou um resgate financeiro de emergência de 300 milhões de dólares de 53 bancos.[8] Agora, os credores estavam ansiosos para desmembrar a Penn Central e vender suas partes mais lucrativas, que incluíam alguns dos últimos grandes terrenos a céu aberto de Manhattan – enormes pátios ferroviários em Midtown e no Upper West Side. O administrador da massa falida da companhia ferroviária captou o interesse de xeiques árabes, financistas de bancos e hoteleiros em busca de terrenos.[9] Mas algumas partes eram mais atraentes do que outras. A Penn Central possuía quatro hotéis outrora renomados em Midtown que tinham se deteriorado havia muito tempo. Foram feitas várias ofertas para algumas das propriedades,[10] mas o Commodore, decrépito e infestado por ratos, na Rua 42 Leste, bem de frente para o Grand Central Terminal, não recebeu nenhuma.[11]

Três das propriedades da Penn Central haviam cativado a imaginação de Trump: um terreno à margem do rio Hudson, da Rua 49 à 72; um pátio ferroviário abandonado na Rua 34; e o Commodore, o hotel de terceira que ele considerava uma pérola desprezada. No verão de 1974, Trump começou a fazer ofertas pelos imóveis, contando ao *New York Times* que planejava comprá-los por mais de 100 milhões de dólares. Embora o jornal o chamasse de "grande construtor de Nova York", ele ainda não tinha o financiamento para comprar essas propriedades.[12] Mesmo assim, começou a cortejar o encarregado de vender os bens da Penn Central. Trump até lhe enviou uma televisão como presente de Natal, entregue por chofer. O representante recusou o presente.[13] Trump teve mais sorte aproveitando a reputação do pai. Donald coordenou uma reunião com o representante da ferrovia e o prefeito de Nova York, Abe Beame, velho amigo de Fred. Beame colocou os braços em volta dos dois Trump e declarou: "O que quer que Donald e Fred queiram, eles têm meu total apoio".[14]

Trump era novato no ramo da construção, mas já era perito em fazer os opositores virar a casaca. David Berger, um advogado que representava os acionistas da ferrovia, inicialmente foi contra vender-lhe o Commodore,[15] mas, em um momento crucial das negociações, passou a apoiar uma transação com ele. Alguns anos depois, procuradores federais investigaram se essa súbita mudança de opinião estava ligada à decisão de Trump de ajudar Berger e participar da ação de 100 milhões de dólares de proprietários de terra nova-iorquinos contra nove grandes empresas petrolíferas por fixarem o preço do óleo combustível.

O inquérito federal acabou sem nenhum indiciamento.[16] Tanto Trump como Berger negaram ter havido qualquer contrapartida.[17]

Em março de 1975, um juiz do processo falimentar quis saber se os administradores da Penn Central haviam dado a outros empreendedores a mesma oportunidade que deram a Trump.[18] Mesmo assim, o tribunal aprovou a transação que concedia ao empresário a opção de construir no terreno da Rua 34, onde ele discutia a possibilidade de erguer um centro de convenções financiado pela cidade e 20 mil apartamentos, criando com uma cajadada só um império comparável ao do pai.[19] O elemento habitacional do plano logo esmoreceu,[20] mas Trump avançou com o centro de convenções utilizando um contato político valioso. Em 1974, contratou Louise Sunshine, na época chefe da arrecadação de fundos da campanha de Hugh Carey ao governo do estado, para ajudá-lo a persuadir líderes da cidade a construir o centro de convenções no pátio ferroviário sobre o qual agora detinha a opção.[21] Donald e o pai foram grandes apoiadores de Carey, tendo doado 135 mil dólares (o equivalente a 390 mil dólares de 2016) para sua campanha, mais do que qualquer outra pessoa, com exceção do irmão do candidato.[22]

Donald conheceu Sunshine quando, após Carey ter sido eleito governador, achou que ela poderia lhe conseguir uma placa de carro personalizada com suas iniciais – um privilégio raro na época. Ele estava certo. Agora, toda manhã, Trump ia de Manhattan ao Brooklyn em uma limusine Cadillac dirigida por chofer com placas DJT[23] – sua versão do Cadillac azul do pai, com placas FCT.[24] Sunshine se tornou uma das suas mais eficazes defensoras. "Todo mundo achava que Donald era um rapazinho impetuoso e agressivo", disse ela. "Era eu quem o levava a toda parte, fosse ele quem fosse, porque ninguém sabia quem realmente era. Eu era o fator credibilidade de Donald."[25]

Trump não se acanhava em usar os contatos políticos de Sunshine. Ele tinha a pretensão de comprar o World Trade Center, que era propriedade da Autoridade Portuária de Nova York. Pediu para se reunir com seu diretor executivo, Peter Goldmark, que, num almoço no café da Autoridade Portuária no 43º andar de um dos edifícios do complexo, o pressionou para que lhe desse detalhes de como seria um acordo. Trump se limitou a falar de aspectos gerais. Como empresário novo na área, era um candidato improvável a assumir o comando das icônicas torres, e muitos outros empreendedores já haviam expressado interesse nos prédios. Mas suas chances diminuíram muito quando ele começou a exibir seus contatos.[26] "Ele ameaçou: 'Você não duraria muito no seu cargo se o governador Carey achasse que você não está tomando a decisão certa. Você deveria saber que tenho um grande peso em Albany'", recordou

Goldmark. Trump usou o nome de Sunshine. "Assim que ele ameaçou, deixei claro que não queria mais conversa", prosseguiu Goldmark. "Ele achou que eu ia começar a tremer todo." Trump negou o relato de Goldmark, dizendo: "Eu definitivamente não falo dessa forma".

Em 1978, a cidade decidiu construir seu centro de convenções na Rua 34, ao que Trump argumentou que sua opção sobre o terreno o autorizava a cobrar uma comissão de mais de 4 milhões de dólares. Mas ele ofereceu abrir mão da propriedade se o espaço recebesse o nome de Fred C. Trump Convention Center. A prefeitura estava considerando a proposta quando, um mês depois, um funcionário reexaminou o contrato de Trump com a Penn Central e viu que sua opção na verdade lhe garantia pouco mais de um décimo da comissão que ele estava pleiteando.[27] No final, a cidade pagou a Trump 833 mil dólares na compra do terreno para o Jacob K. Javits Convention Center.[28] Trump não negou esse relato, mas disse: "Se alguém tivesse vindo falar comigo da forma correta, eu teria desistido da minha comissão sem pedir que colocassem o nome do meu pai no prédio. Mas ninguém veio".[29]

GANHAR O DIREITO DE RECONSTRUIR o Commodore Hotel dava a Trump uma esquina do Grand Central, uma área degradada que até ele considerava um desastre.[30] O crime tomava conta de Midtown e cada vez menos passageiros atravessavam as linhas de metrô sob o terminal.[31] O Chrysler Building, cartão-postal *art déco* da região, em frente ao Commodore, entrou em execução de hipoteca. A Texaco, sua principal inquilina, seguiu o exemplo de algumas das principais empresas do país, indo para os subúrbios.[32] O hotel, com 1.900 quartos, um dos maiores de Nova York, era uma monstruosidade;[33] seu volume de negócios fora devastado quando, no pós-guerra, as pessoas trocaram os trens de luxo por aeroportos e rodovias interestaduais.[34] Quando abriu, em 1919 – batizado em homenagem ao "Comodoro" Cornelius Vanderbilt, o magnata ladrão que se tornou um dos primeiros ricaços celebridades dos Estados Unidos –, ostentava um *lobby* palaciano e o maior salão de Nova York, decorado no estilo de pátio italiano e com uma cascata coberta. No saguão, funcionários afixavam nas paredes preços de ações atualizados; outro salão ostentava sua própria orquestra.

Modernizar o Commodore seria um empreendimento gigantesco. O hotel não tinha garagem. Seus porões, rodeados por duas linhas de metrô, não podiam ser expandidos. Os quartos eram pequenos demais para serem convertidos em apartamentos e não contavam com tubulação de gás e fiação elétrica modernos. Ficavam desocupados durante metade do tempo e as poucas e esquálidas lojas térreas incluíam uma casa de massagem suspeita chamada Relaxation Plus [Relaxamento Adicional].[35] ("Ninguém nunca entendeu o que o 'adicional' significava", brincou Trump.)[36] Um especialista em imóveis estimou que o prédio tinha "o valor real do terreno menos o custo da demolição" – em outras palavras, nada.[37] Com um prejuízo anual de 1,5 milhão de dólares, o encerramento das atividades do hotel estava previsto para o verão de 1976, exatamente quando a cidade receberia a Convenção Nacional Democrata no Madison Square Garden.[38]

Fred Trump estava inseguro em relação ao plano do filho. Ele nunca havia entendido o charme de Manhattan, que tinha alguns dos valores de terrenos mais elevados do mundo e as maiores dores de cabeça no setor de construção civil.[39] "Comprar o Commodore em uma época em que até o Chrysler Building está em recuperação judicial", disse, "é como brigar por uma vaga no *Titanic*."[40] Mas Donald estava determinado. "Sou basicamente um otimista", afirmou, "e, francamente, via os problemas da cidade como uma ótima oportunidade para mim. Como cresci no Queens, acreditava, talvez de maneira irracional, que Manhattan sempre seria o melhor lugar para se viver – o centro do mundo."[41] Apesar de suas dúvidas, Fred acabou apoiando a iniciativa, apostando seu próprio patrimônio no sucesso do filho – um dos primeiros sinais de que, embora não tivesse interesse em conquistar Manhattan, ficaria ao lado dele, ajudando-o em momentos cruciais dos anos formadores de sua carreira. Fred também seria o fiador de empréstimos de construção do Manufacturers Hanover Trust, garantindo que os banqueiros seriam pagos mesmo se o empreendimento de Donald fracassasse.[42]

Para o plano de Donald dar certo, a Penn Central tinha que lhe vender o hotel, a burocracia de Nova York tinha que aprovar sua estratégia e lhe conceder uma isenção fiscal, uma empresa de gestão precisava se juntar a ele para gerenciar o hotel e os bancos tinham de lhe proporcionar o dinheiro para pagar pelo negócio todo. Donald procurou a cadeia de hotéis Hyatt, da endinheirada família Pritzker, para administrar o Commodore reformado. Desde que abriu seu primeiro hotel perto do aeroporto de Los Angeles, a popularidade da companhia havia estourado, mas ela ficava para trás de suas rivais em um aspecto crucial: não tinha nenhum hotel em Nova York.[43] Trump lançou uma ofensiva de persuasão. Antes de almoçar com Ben Lambert, um investidor imobiliário amigo dos Pritzker, deu uma carona para o potencial sócio em sua limusine (que, na verdade, era fretada pela empresa do pai).[44] No banco traseiro, ele havia montado os rascunhos dos projetos de reforma. E sugeriu que o hotel teria a vantagem de uma redução drástica de impostos – uma ideia tentadora, mas um acordo que ele ainda não havia fechado.

Trump manipulou a cidade, os vendedores e a cadeia de hotéis, usando uma parte para alavancar o acordo com a outra. Assegurou aos negociadores da Penn Central que tinha um acordo consistente com a Hyatt, quando ainda não tinha nada,[45] e a empresa ferroviária lhe deu uma oportunidade não vinculativa e exclusiva de comprar a propriedade, de 10 milhões de dólares.[46] Trump não tinha os 250 mil dólares de que precisava para garantir essa compra, que dirá o financiamento para cobrir o projeto, estimado em 70 milhões; seu pai precisara até lhe dar o dinheiro para contratar um arquiteto.[47] Mesmo assim, em maio de 1975, Trump convocou uma entrevista coletiva. Ao lado de Jay Pritzker, cofundador da Hyatt, apresentou desenhos elaborados da renovação do Commodore: 1.400 quartos, 6.500 metros quadrados de espaço comercial, um átrio deslumbrante no estilo da rede e paredes de vidro espelhado cercando a estrutura de aço envelhecida do hotel.[48] Trump anunciou que tinha um contrato assinado com a Penn Central para comprar o hotel. O contrato realmente estava assinado, mas apenas por ele; ainda era preciso pagar os 250 mil dólares.[49] Então, veio uma proeza de ilusionismo da qual ele mais tarde se gabaria. Quando um funcionário municipal pediu provas do envolvimento da Penn Central, Trump enviou-lhe o que parecia um contrato com os vendedores. Em seguida, usou a aprovação municipal resultante para convencer a Hyatt a fechar o negócio.[50]

Agora, Trump precisava do dinheiro. Sem garantia de fiador para a dívida, ele teve dificuldade em persuadir os bancos a lhe conceder um empréstimo para a construção. Depois de uma rejeição, quis desistir de tudo, dizendo a seu corretor de imóveis: "Vamos pegar esse contrato e enfiar no rabo".[51] Mas Trump, que cresceu vendo o pai construir um império a partir de construções subsidiadas, foi salvo pela primeira isenção fiscal de Nova York a uma propriedade comercial.[52] A Corporação de Desenvolvimento Urbano (CDU) – uma agência quase falida inaugurada em 1968 para construir habitações integradas – tinha o poder de isentar propriedades do pagamento de impostos.[53] Ela poderia comprar o hotel por 1 dólar, depois arrendá-lo de volta a Trump e Hyatt por 99 anos[54] – um acordo que economizaria estimados 400 milhões de dólares ao projeto de Trump durante as quatro décadas seguintes.[55] Sunshine ajudou Donald a marcar uma reunião com o *chairman* da CDU, Richard Ravitch, que havia crescido no ramo da construção. O pai de Ravitch, Saul, era o fundador da HRH Construction, que Fred Trump contratara para construir a Trump Village. Agora, Ravitch via que Trump filho tinha um jeito diferente de fazer negócios. Donald se encontrou com ele e lhe disse que havia comprado o Commodore para convertê-lo em um Grand Hyatt. "Quero que você me arranje isenção fiscal", disse.

Um Hyatt seria ótimo para a cidade, respondeu Ravitch, mas o projeto não se qualificava para obter isenção fiscal porque provavelmente teria sucesso por conta própria. Trump se levantou e repetiu o pedido: "Quero isenção fiscal". Como Ravitch se recusou de novo a apoiar a ideia, Trump disse: "Vou fazer com que você seja demitido", e saiu do escritório, de acordo com Ravitch.[56] (Trump negou o relato dele e o chamou de "uma pessoa muito superestimada".) Hoteleiros rivais concordaram com Ravitch e se opuseram ao que viam como um favoritismo a Trump. A Associação de Hotéis da Cidade de Nova York disse que seus membros pagavam mais de 50 milhões de dólares por ano em impostos imobiliários e quis saber por que um empreendedor jovem e impetuoso que nunca havia construído um hotel e não investiria nada do próprio bolso merecia ajuda.[57]

Na véspera da votação sobre a isenção fiscal pelo Conselho de Orçamento, a influente junta de utilização de território de Nova York, três legisladores de Manhattan convocaram uma entrevista coletiva diante do hotel para exigir que a cidade insistisse em conseguir um acordo melhor. Quando os políticos acabaram de falar, Trump, que havia aparecido para refutar o argumento deles, disse aos repórteres que, se a cidade não aprovasse a ajuda, ele desistiria do projeto e o Commodore apodreceria.[58] Para dramatizar como o hotel ficaria decrépito sem ele, Trump havia instruído seus funcionários a trocar os painéis limpos que cobriam as janelas do prédio por madeira suja de sucata.[59]

Na verdade, outros investidores estavam interessados no hotel e tinham se oferecido para reformá-lo, pagar mais em impostos e dividir uma parte maior dos lucros com a cidade do que Trump dividiria.[60] Mas a oferta alternativa foi ignorada por causa do contrato de Trump com a Penn Central – ainda que o acordo não estivesse assinado e fechado.

No fim, a opção de compra, a energia, os contatos políticos e as promessas de divisão de lucros de Trump convenceram a cidade desesperada. Algumas semanas depois que os últimos turistas foram postos para fora do Commodore, o Conselho de Orçamento aceitou abrir mão de todos os impostos imobiliários, desde que o projeto fosse gerenciado como um hotel de "primeira classe".[61] Trump comemorou no *New York Times*, gabando-se de sua "criatividade financeira" em conseguir créditos fiscais[62] e deixando clara a distinção entre o sucesso do pai e suas próprias ambições quanto a Manhattan: "Meu pai conhecia o Brooklyn muito bem e conhecia o Queens muito bem. Mas agora essa psicologia acabou". Trump havia afirmado ao jornal que seu patrimônio era de "mais de 200 milhões de dólares",[63] embora, um ano antes, os negociadores da Penn Central tivessem estimado as propriedades da família em 25 milhões de dólares, tudo sob o controle de Fred.[64] Em dezembro de 1976, um mês depois que o artigo foi publicado, Fred Trump abriu oito fundos para os filhos e netos, e transferiu 1 milhão de dólares para cada. Nos cinco anos seguintes, Donald tiraria cerca de 440 mil dólares de renda só desse fundo.[65]

Apesar de vencer a batalha do Commodore, Trump guardou rancor daqueles que se opuseram a ele. Cinco anos depois da sua reunião conflituosa com Ravitch, o conselho da Autoridade de Transportes Metropolitanos, em que Ravitch tinha se tornado *chairman*, disse que o feroz advogado de Trump, Roy Cohn, estava ligando. Cohn informou a Ravitch que Trump queria que a empresa gastasse os fundos dos contribuintes para ligar o Commodore à estação de metrô da Rua 42. Ravitch se opôs. Na manhã seguinte, o prefeito Ed Koch ligou e perguntou-lhe: "O que você fez para o Donald Trump? Ele quer que eu demita você".[66] Ravitch mencionou o que o prefeito já sabia: tinha sido contratado pelo governador. Ele continuou no cargo.

EM 1977, ENQUANTO TRUMP LUTAVA para conseguir empréstimos, Nova York afundou em uma ruína ainda maior. Sua crise financeira se tornou mais grave. Um assassino em série conhecido como Filho de Sam aterrorizava a cidade. Durante uma onda de calor em julho, um blecaute histórico a mergulhou em trevas, deflagrando incêndios devastadores, saques a lojas e prisões. Mas a verdadeira ameaça a Trump era muito mais sutil. O prefeito Beame, amigo de longa data de Fred Trump e forte apoiador do projeto de Donald, perdeu a reeleição para Koch, um franco opositor do clientelismo político e da liberalidade. O abatimento fiscal de Trump de repente estava em risco. Mas ele foi novamente salvo quando encontrou um aliado importantíssimo em Stanley Friedman, o expansivo vice-prefeito de Beame. Com seu cavanhaque e o charuto Te-Amo Toro sempre entre os dentes, Friedman era uma caricatura hollywoodiana de um negociante da metrópole. Seu DNA era completamente nova-iorquino. Ele cresceu no Bronx, era filho de um taxista chamado Moe, frequentou a escola pública, o City College de Nova York e a Escola de Direito do Brooklyn. Em Trump, Friedman viu outro rapaz de bairros periféricos tentando se estabelecer em Manhattan, onde se esbarravam em lugares frequentados pela alta sociedade, como o Le Club e o Maxwell's Plum.

Nas últimas semanas do mandato de Beame, em 1977, Friedman trabalhou com afinco em maratonas de reuniões para fechar o contrato do Commodore. Quando Beame deixou o cargo, o controle de Trump sobre o hotel sustentado por contribuintes estava praticamente blindado – e Friedman tinha encontrado um novo emprego, no escritório de advocacia de Roy Cohn.[67] "O Grand Central estava se transformando na Times Square – um bairro morto", afirmou Friedman. "De quem quer que fosse o dinheiro que ele usaria – da cidade, o dele, o da rede Hyatt –, ele pegaria um prédio de merda e ergueria uma operação de primeira classe. Era a maior coisa a ser feita na cidade em anos."

TRUMP NÃO CRUZOU A PONTE apenas para criar um negócio. Também queria a vida de Manhattan. Agora, morava em um apartamento de três quartos no edifício Phoenix, na Rua 65 Leste, um quilômetro e meio ao norte do Commodore.[68] Quando Mike Scadron, seu amigo da Academia Militar de Nova York, ali entrou para uma visita, ficou surpreso com a mobília escassa[69] – parede espelhada, carpete felpudo, mesa de centro de vidro, um quadro do Commodore. A atenção de Trump estava focada em ganhar a cidade grande. Ele disse a Scadron que superaria o sucesso do pai conquistando Manhattan, onde Fred Trump nunca havia assentado um tijolo. Em outro momento, no escritório da Avenue Z, Scadron observou pai e filho tratarem do assunto, "falando um por cima do outro. Era como se estivessem em cômodos separados. Donald tinha algo a provar".[70] Mas, no apartamento de Donald, outro objeto ficava em destaque: uma foto de sua nova namorada.

A história de como Trump e Ivana Zelníčková Winklmayr se conheceram tem duas versões. Ele recordou que os dois se viram pela primeira vez nos Jogos Olímpicos de Verão de Montreal, em 1976. Ivana, segundo a narrativa oficial, tinha feito parte da equipe tcheca de esqui olímpico de 1972 em Sapporo, no Japão. Foi o que ambos os Trump disseram em certo momento. Posteriormente, Trump escreveu que Ivana era reserva na equipe. Mas, quando a revista *Spy* entrevistou o secretário do comitê olímpico tcheco, ele afirmou que não havia ninguém com esse nome em seus registros.

Segundo a versão mais popular sobre como o casal se conheceu, Trump se apresentou a Ivana na fila do Maxwell's Plum, o badalado bar de solteiros do East Side do empresário Warner LeRoy, decorado com luminárias Tiffany e teto de vitrais. Em Nova York para um desfile de moda que promovia a Olimpíada prestes a acontecer, Ivana estava com as amigas esperando para entrar no bar quando Trump cutucou seu ombro, contou que conhecia o dono e disse que poderia colocá-las para dentro. Elas entraram. Trump pagou as despesas da noite, levou as moças para o hotel delas e no dia seguinte presenteou Ivana com três dúzias de rosas.

Criada sob o governo comunista da Tchecoslováquia, Ivana era filha única, uma modelo que imigrara para o Canadá antes de chegar aos Estados Unidos. Quando os dois começaram a namorar, a história de vida dela se tornou tão impregnada dos exageros e estardalhaços de Trump quanto as propriedades deste. Ivana era "uma das supermodelos do Canadá", escreveu ele.[71] Havia desfilado em lojas de departamentos de Montreal e posado para peleiros. Também tinha sido casada, por um breve período, com Alfred Winklmayr, um esquiador austríaco. Mas esse casamento desapareceu da narrativa oficial, não sendo mencionado na autobiografia dela de 1995, *The Best Is Yet to Come: Coping with Divorce and Enjoying Life Again* [O melhor ainda está por vir: superando o divórcio e voltando a aproveitar a vida]. Winklmayr ajudara Ivana a se mudar para o Ocidente, e o casamento terminou logo em seguida.[72]

Aos 30 anos, Trump estava pronto para sossegar. Ele tinha o casamento dos pais como modelo. "Para um homem ser bem-sucedido na vida, precisa de apoio em casa, assim como meu pai teve da minha mãe, não alguém que vive reclamando e enchendo", disse.[73] Ivana, imigrante assim como sua mãe, parecia se encaixar no modelo. "Encontrei uma combinação quase inacreditável de beleza e miolos", ele afirmou. "Como muitos homens, fui ensinado por Hollywood que uma mulher não pode ter as duas coisas."[74] Ivana via Trump como "apenas um rapaz americano típico, simpático, alto e inteligente, cheio de energia: muito brilhante e muito bonito".[75] Ela o definiu como aquilo que ele ainda alcançaria. Ele "não era famoso" e "não era incrivelmente rico".

Na véspera de Ano-Novo de 1976, Trump pediu Ivana em casamento, presenteando-a depois com um anel de diamantes da Tiffany de três quilates.[76] Mas, antes que pudesse acontecer uma cerimônia, menos de um ano depois que eles se conheceram, foi firmado o pacto antenupcial – ao todo, cerca de quatro ou cinco contratos.[77] As negociações entre Trump e Ivana – Roy Cohn recomendou que Donald começasse a vida de casado com acordos financeiros codificados – seguiram um padrão que passou a definir o trumpismo: ostentação de riqueza e influência, divulgação bastante pública de queixas e batalhas dramáticas, apresentadas em colunas de fofocas e tribunais. O casamento começaria – e, depois, explodiria – com a supervisão de advogados. Cohn negociou o pacto antenupcial, que foi assinado duas semanas antes da cerimônia. Ivana foi representada por um advogado recomendado por ele. Em uma sessão de negociações na casa de Cohn, este estava apenas de roupão. Embora pronta para assinar um contrato, Ivana hesitou quando descobriu que o acordo exigia que, em caso de divórcio, ela devolvesse qualquer presente ganho de Donald. Em resposta à fúria dela,

Cohn acrescentou uma cláusula permitindo-lhe que ficasse com as roupas e quaisquer presentes. Com o consentimento de Trump, Cohn também acrescentou um fundo de "emergência" no valor de 100 mil dólares; Ivana poderia começar a utilizar esse fundo um mês depois da cerimônia.[78]

Ao mesmo tempo que Cohn ajudava Donald e Ivana nos arranjos do casamento, ele os guiava pela cena *disco* hedonista e cheia de drogas do final dos anos 1970. Embora gostasse de sua fama de abstêmio, Donald adorava estar naquela mistura de nomes famosos e belas mulheres da madrugada. Em abril de 1977, ele e Ivana compareceram à inauguração do Studio 54, a discoteca de Midtown que se tornaria o ponto icônico do movimento disco. Os proprietários, Steve Rubell e Ian Schrager, contaram com o aconselhamento jurídico de Cohn, que, por sua vez, atuou como leão de chácara informal, convidando os ricos e famosos a furarem a fila de baladeiros desesperados para entrar e dançar com gente como Andy Warhol, Liza Minnelli, Truman Capote, Margaux Hemingway e David Bowie. O advogado também usou sua influência para permitir a entrada de grupos de rapazes *gays*; por mais que ele sempre se afirmasse heterossexual, seus amigos sabiam a verdade. (Apesar de sua sexualidade, Cohn permaneceu fortemente homofóbico em questões políticas; chamado para representar um professor demitido do emprego por ser homossexual, ele se recusou, dizendo a um grupo de ativistas *gays* que "professores homossexuais são uma grave ameaça a nossas crianças; eles não têm o direito de poluir as escolas dos Estados Unidos".)[79]

Trump se tornou *habitué* da discoteca e, depois, relatou ter visto "coisas acontecendo lá que até hoje nunca mais vi. Vi gente comendo modelos, supermodelos famosas sendo fodidas num banco no meio do salão. Eram sete e cada uma estava sendo comida por um cara diferente. Isso foi no meio do salão. Coisas que não poderiam acontecer hoje por causa de problemas de morte".[80]

No sábado antes da Páscoa, Donald e Ivana foram casados pelo reverendo Norman Vincent Peale – autor do best-seller motivacional *O poder do pensamento positivo*, de 1952, um pilar da cultura de autoajuda americana, e pastor na Marble Collegiate Church de Nova York, que os pais de Donald frequentavam esporadicamente. Peale era a única pessoa além de seu pai que Donald chamava de mentor (ele resistia a usar esse termo para Cohn, insistindo em que este era "apenas um advogado, um excelente advogado").[81] Peale "dava os melhores sermões a todo mundo; era um orador incrível", contou Trump.[82] "Ele me via como seu maior aluno de todos os tempos."[83] Os pais de Donald o levaram pela primeira vez para ouvir os sermões de Peale nos anos 1950, quando o pastor estava no auge da fama, com uma coluna de jornal e um programa de rádio que atingia milhões de pessoas. "Sei que, com a ajuda de Deus, posso vender aspiradores de pó", disse Peale certa vez, uma perspectiva que atraía empreendedores, entre os quais Fred Trump e o filho. Com o sucesso de Donald Trump, Peale previu que ele se tornaria "o maior empreendedor de nossa era". Trump, por sua vez, creditava o pastor por tê-lo ensinado a vencer pensando apenas nos melhores resultados: "A mente pode superar qualquer obstáculo. Nunca penso no negativo".[84]

A festa de casamento de Donald e Ivana aconteceu no 21 Club, uma antiga boate conhecida pela clientela célebre. Cerca de duzentas pessoas compareceram, entre elas o prefeito Beame, Cohn e um grande número de políticos e advogados de Trump. Apenas um membro da família de Ivana, seu pai, Miloš, estava presente.[85]

Em 31 de dezembro de 1977, um ano após o noivado, Ivana deu à luz Donald John Trump Jr., o primeiro de seus três filhos. Ivanka nasceu em 1981 e Eric em 1984. A nova família se mudou para um apartamento de oito cômodos na Quinta Avenida, 800, decorado com módulos modernos e pouco do excesso que viria a se tornar uma das características do estilo Trump. Eles logo ofereceram a repórteres uma irresistível sessão de fotos com a estonteante modelo-esquiadora e o dínamo imobiliário garotão. "Ele entrava numa sala lotada de gente e atraía todos os olhares", contou Stanley Friedman. "O mundo girava em torno de Donald. Ele sempre era o cara que falava com você mas estava olhando por cima do seu ombro para a próxima pessoa. Sempre trabalhando [...]. Ele estava sempre procurando o próximo negócio, estava sempre procurando a próxima coisa."[86]

Essa próxima coisa normalmente envolvia mais trabalho do que ser pai. Como seu próprio pai fizera, Donald via os filhos sobretudo no escritório, onde eram sempre bem-vindos. "Vou sempre estar lá para quando eles precisarem de mim", dizia. "Agora, isso não significa necessariamente empurrar o carrinho de bebê pela Quinta Avenida por duas horas."[87] Trump "não sabia o que fazer com as crianças quando elas eram pequenas", contou Ivana. "Ele as amava, beijava e pegava no colo, mas logo as devolvia para mim porque não tinha ideia de como agir."[88] Os filhos se lembrariam da infância com uma forte confiança do amor do pai e uma certa melancolia quanto às prioridades dele. "Não era o tipo de relação em que o pai diz: 'Ei, filho, vamos jogar bola no quintal'", recordou Donald Jr. "Era 'Ei, voltou da escola, vem para o escritório'. Aí eu ficava lá, brincando com carrinhos no chão, saía fazendo gostosuras-ou-travessuras pelo escritório. Então passei muito tempo com ele e sempre nos termos dele [...]. Meu pai nunca se escondeu de nós, nunca fugiu de nós, mas era nos termos dele. Sabe, é assim que ele faz as coisas."[89]

***

TRUMP LOGO INCLUIU IVANA em seu quadro de executivos, colocando-a para trabalhar como vice-presidente na supervisão do *design* de interiores do Commodore e, posteriormente, na Trump Tower, no Plaza Hotel e em um dos cassinos em Atlantic City. "Era raro um homem de negócios naquele círculo dar à esposa, à *nova* esposa, alguém que não estava ali havia algum tempo, tantas responsabilidades", contou Nikki Haskell, amiga do casal. "Muitos homens não permitem que as esposas vão a seu escritório. Muitas mulheres nem sabem o que seus maridos fazem."[90]

"Donald e Ivana eram iguaizinhos", disse Louise Sunshine. "Eram exatamente o mesmo tipo de pessoa – muito, muito determinados, extremamente focados, muito sagazes... funcionavam de maneira muito sinérgica e eram muito parecidos, parecidos demais. Era difícil diferenciar os dois. Eles podiam ter saído do mesmo esperma."

No Commodore, Ivana vivia entrando em conflito com os mestres de obra. Mas, quando surgia algum obstáculo, Donald costumava botar a culpa em seu gerente de projetos e assistentes – não na esposa. Aquela era uma empreitada difícil; uma enorme reforma de 26 andares mais complicada do que tudo que seu pai fizera. Quando as equipes de demolição começaram a trabalhar, em maio de 1978, encontraram condições piores do que haviam imaginado. Alguns sem-teto tinham se instalado na sala das caldeiras, que estava infestada de piolhos. A estrutura de aço sobre a qual Trump queria construir estava enferrujada e comprometida. Nos porões, os trabalhadores soltaram gatos para caçar uma multidão de ratazanas; os gatos morreram e os ratos sobreviveram.[91] Os custos logo inflaram. Os 26 andares de cantaria externa seriam cobertos por vidros espelhados. Pisos inteiros precisavam ser destruídos. Fornecedores e empreiteiros estavam ansiosos para receber seu pagamento. Quando Barbara Res, assistente de gestão de projetos da HRH Construction, que Trump contratara para gerenciar a obra, chegou ao local, seu chefe lhe entregou o contrato e a instruiu a se assegurar de que cada segundo de trabalho fosse anotado e pago: "Leia isto e decore [...]. Essas pessoas vão matar você. Mantenha registros de tudo".[92]

Segundo Res, Trump se mostrou "muito impetuoso e extremamente autoconfiante" na liderança de seu primeiro projeto, por mais que várias de suas decisões parecessem amadoras aos trabalhadores da construção mais experimentados. Arquitetos e empreiteiros tinham medo de desafiá-lo, criando o que ela chamou de "combinação fatal: uma pessoa no comando que é agressiva e poderosa, e ao mesmo tempo inexperiente". Com seus credores de olho, Trump esquadrinhava a obra em busca de despesas que pudesse cortar. Achou que poderia recuperar alguns dólares salvando os canos e o aço do antigo Commodore. Agiu assim inspirado diretamente no pai, um avarento lendário que, certa vez, se gabara de ter economizado 13 mil dólares em um dia convencendo um empreiteiro a diminuir em 1 dólar o preço da pintura de cada um de 13 mil apartamentos.[93] A tentativa de Donald de conter gastos saiu pela culatra. Os trabalhadores sindicalizados passaram muitas horas pintando com *spray* códigos de cores em todos os objetos de metal – vermelho para lixo, verde para sucata –, diminuindo muito o ritmo da construção.

Para trabalhar como arquiteto da obra, Trump havia recrutado Der Scutt, astro em ascensão do *design* modernista de Nova York e fumante de cachimbo. Depois do primeiro encontro deles, em uma noite de sexta-feira no Maxwell's Plum, Trump o convidou a ir a seu apartamento.[94] Assim como seu contratante, Scutt tinha suas próprias excentricidades egocêntricas – ele havia mudado seu primeiro nome, Donald, para o artigo "o" em alemão [*der*]. Ficava irritado com a técnica de vendas "extremamente agressiva" e a tendência ao exagero de Trump. Mesmo assim, as demandas incessantes deste o faziam se sentir energizado. "Ele não vê mal em me ligar às 7 da manhã de um domingo e dizer: 'Tive uma ideia. Vejo você no escritório em quarenta minutos'", contou Scutt. "E eu sempre vou."[95]

O Grand Hyatt modernizado abriu em 25 de setembro de 1980, seis anos depois que Trump mirou o Commodore pela primeira vez. Criado a princípio para receber viajantes de classe média, o hotel de 1.400 quartos havia ganhado um luxo considerável, com instalações de cobre e diárias a partir de 115 dólares (cerca de 330 dólares em 2016). Para a inauguração, foi organizada uma festa repleta de astros no salão de baile, a que compareceram o governador, o prefeito, o ex-prefeito, Cohn e outros membros da elite imobiliária de Nova York. O Grand Hyatt se provaria o modelo do estilo de construção de Trump: isenções fiscais generosas, uso de interesses rivais uns contra os outros, e uma alta dose de ousadia financeira e ilusionismo. Trump alegou que o hotel ajudava a estimular a região do Grand Central e a introduzir uma nova era de *glamour* em Manhattan. Disse que o projeto mudou sua vida: "Se eu não tivesse finalmente convencido a cidade a escolher meu espaço na Rua 34 Oeste para seu centro de convenções e então construído o Grand Hyatt, é provável que ainda estivesse no Brooklyn, cobrando aluguéis".[96]

A ruína que Trump havia previsto para o bairro nunca aconteceu. Quando os funcionários começaram a trabalhar no Commodore, uma dezena de outros projetos comerciais, residenciais e hoteleiros já estavam surgindo nos quarteirões ao redor – sem o auxílio do governo, que ele dizia ser essencial para fazer qualquer coisa acontecer na desolada região.[97] Agora, com a chegada dos hóspedes ao hotel, seu controle sobre uma das poucas concessões que havia feito para conseguir sua isenção fiscal aumentava. Em 1987, Trump pediu aos contadores que mudassem seus métodos de relatório, limitando a quantia que o contrato de divisão de lucros do Grand Hyatt daria ao governo municipal.[98] Quando a auditora geral municipal, Karen Burstein, analisou os registros do hotel, verificou que práticas de contabilidade "grotescas" haviam custado milhões de dólares em impostos à cidade.[99] Anos depois, quando questionado sobre as alterações, Trump alegou não se recordar da investigação.[100]

Nos anos seguintes, Trump teve disputas frequentes com a família que gerenciava a rede Hyatt, entre as quais um confuso processo-reconvenção que terminou com os Pritzker aceitando pagar 25 milhões de dólares para reformas em 1995. Lutando contra grandes dívidas enquanto seu império se expandia, Trump acabou vendendo sua metade do hotel à família em 1996, pondo fim ao seu envolvimento no projeto que inaugurara sua carreira. Trump ficou com cerca de 25 milhões de dólares do preço de venda de 142 milhões, mas a maior parte do dinheiro seria destinada a quitar parte dos bilhões que suas empresas deviam na época, incluindo centenas de milhões que Trump havia garantido pessoalmente.[101]

NAQUELA ÉPOCA, Trump e Sunshine passeavam por Manhattan no banco traseiro da limusine dele, à procura de potenciais projetos. Certo dia, passaram pela Bonwit Teller na Quinta Avenida, uma luxuosa loja de departamentos de artigos femininos que havia mergulhado em dívidas. "Ah, adoro esse lugar, vamos descobrir quem é o dono e derrubar o prédio", disse Trump.[102] Aquele, decidiu Trump, seria o local de seu projeto supremo, a Trump Tower, um manifesto cintilante no bulevar mais imponente de Nova York. Sunshine levou Donald a um importante acionista da Genesco, o conglomerado que possuía o arrendamento da Bonwit Teller. Em novembro de 1978, quando descobriu que a empresa estava aberta a vender, Trump garantiu, sem custo, uma opção que lhe permitia comprar o arrendamento por 25 milhões de dólares – uma mixaria para um dos quarteirões mais centrais de Midtown, Manhattan.[103] Quando empreendedores concorrentes descobriram o acordo e ofereceram preços melhores, ele revidou, ameaçando levar o caso à justiça se o administrador não honrasse sua palavra.

Trump agora controlava o arrendamento do prédio naquela que chamou de "melhor localização do mundo"[104] – mas precisava de duas outras peças: o terreno embaixo, propriedade da Equitable, uma gigante do ramo de seguros, e os direitos do espaço aéreo acima, controlados pela Tiffany & Co., a icônica joalheria cujo emblemático prédio, onde Audrey Hepburn paquera as vitrines em *Bonequinha de luxo* e onde Trump havia comprado o anel de noivado para Ivana, ficava ao lado. Com o Grand Hyatt construído e inaugurado, Trump não precisava mais batalhar para conseguir empréstimos. O Chase Manhattan lhe emprestou fundos que cobriam os direitos acima e abaixo da Bonwit Teller, além de outros 100 milhões de dólares para a construção. Trump convenceu a Equitable, um de seus credores no empreendimento do Grand Hyatt, a lhe vender o terreno em troca de uma participação de 50% no projeto.[105]

Der Scutt mais uma vez foi alistado como arquiteto e esboçou um edifício impressionante de bordas serradas, que lembrava uma escadaria vista de lado. As coberturas teriam duas vistas da cidade, um argumento para Trump cobrar por elas preços mais altos. A crítica de arquitetura do *New York Times* Ada Louise Huxtable elogiou a torre de vidro preto como uma "estrutura profundamente elegante" com "28 lados cintilantes".[106] As leis de zoneamento da cidade teriam impedido uma torre tão alta em um espaço tão exíguo, mas Trump foi esperto e utilizou o direito de espaço aéreo da Tiffany e regras mais tolerantes para projetos de uso misto, englobando escritórios, lojas e unidades residenciais, para expandir o edifício para cima. A torre também se aproveitou de uma cláusula de zoneamento que permitia uma altura maior se o construtor oferecesse espaços públicos, como átrios.[107] Os planejadores municipais tinham ficado com um pé atrás em relação à edificação de novos arranha-céus, especialmente numa época em que o público se manifestava cada vez mais contra a falta de sol em Manhattan. O projeto de Scutt e a negociação de Trump, contudo, venceram. As autoridades do município conseguiram uma redução do plano original de 63 para 58 andares,[108] mas Trump teve a palavra final, simplesmente renumerando os andares da torre de 58 andares para que chegassem a 68.

PRIMEIRO, ERA PRECISO DERRUBAR a elegante fachada da Bonwit Teller. Mas alguns nova-iorquinos adoravam o edifício *art déco*, particularmente a grade de bronze arrojada acima da entrada e o par de esculturas em baixo-relevo de quase cinco metros de altura, ou frisos, de deusas seminuas dançando sobre a Quinta Avenida. ("Uma má propaganda, diriam alguns, para uma loja dedicada a roupas femininas", escreveu um colunista de arquitetura da revista *New Yorker* em 1930.)[109]

Robert Miller, dono de uma galeria de arte do outro lado da rua, e Penelope Hunter-Stiebel, curadora do Metropolitan Museum de Nova York, acharam que poderiam persuadir Trump a preservar as peças doando-as ao museu em troca de uma avaliação generosa – estimada em mais de 200 mil dólares –, que ele poderia usar como abatimento fiscal. Hunter-Stiebel tinha experiência em apelar à noção de história de proprietários de terra: o Met havia adquirido do Rockefeller Center uma cabine de elevador da época de 1930 que representava o estilo *art moderne*. Talvez Trump também cooperasse.[110] Ele pareceu entusiasmado. "Este vai ser um ótimo negócio!", disse, quando se encontraram em seu escritório.

Mas, em 5 de junho de 1980, Miller ligou para Hunter-Stiebel de sua galeria e contou-lhe que conseguia ver pedreiros em andaimes diante da Bonwit Teller. Eles estavam esmigalhando as esculturas. Hunter-Stiebel, então grávida de nove meses, saiu às pressas do Met, entrou num táxi e, como o motorista ficou preso no tráfego, correu a pé os últimos dez quarteirões até a Bonwit Teller. Enquanto isso, no local, Miller ofereceu dinheiro ao supervisor da construção para salvar as esculturas. O supervisor recusou, dizendo: "O jovem Donald disse que tem uma idiota num museu em Upper Manhattan que quer essas esculturas, então a gente tem que destruir".[111] Hunter-Stiebel chegou e se engasgou "de pavor incrédulo", recordou ela. "Eles estavam cortando o pescoço de uma das imagens com uma britadeira. Era inacreditável."

"Empreendedor sucateia esculturas da Bonwit", dizia a manchete estampada na primeira página do *New York Times* da manhã seguinte. O artigo citou "John Baron", um "vice-presidente da organização Trump", explicando que a empresa havia decidido sobre a demolição depois que três avaliadores independentes concluíram que as esculturas não tinham "mérito artístico", valiam menos de 9 mil dólares e custariam 32 mil para serem transportadas. John Barron – normalmente grafado com dois erres – era um pseudônimo que Trump usava com frequência quando não queria se identificar para repórteres. Dois dias depois, usando seu nome verdadeiro, ele falou sobre o incidente, afirmando que remover as esculturas poderia ter custado mais de 500 mil dólares. "Minha maior preocupação era a segurança das pessoas na rua", insistiu. "Se uma daquelas pedras tivesse escorregado, alguém poderia ser morto."

Esse episódio se tornou o primeiro fiasco de relações públicas de Trump. "O sr. Trump pode supor que o vandalismo estético vá desaparecer rápido da memória da cidade", escreveu o *New York Times* em um editorial. "Mas o que foi destruído com as esculturas foi a imagem pública que ele estava construindo com seu novo arranha-céu na Quinta Avenida." Kent Barwick, *chairman* da Comissão de Preservação do Patrimônio Histórico de Nova York, afirmou que a demolição definiu Trump "como vilão. Depois disso, com ou sem motivo, haveria sempre a questão da confiança".[112] Mais tarde, Trump expressou "arrependimento" pela demolição e argumentou que ela precisara avançar rápido para evitar longos atrasos causados por preservacionistas históricos.[113] Em *Trump: A arte da negociação*, porém, ele afirmou ter ficado encantado com a repercussão negativa porque esta gerou publicidade gratuita e o ajudou a vender apartamentos. Nos anos 1980, Trump disse que as esculturas não "eram nada"[114] e as definiu como "lixo".[115] Uma década depois, visitantes à sua cobertura no 53º andar fariam comentários sobre uma notável obra de arte em relevo em sua sala de jantar de dois andares: um friso de marfim esculpido.[116]

A BONWIT TELLER ESTAVA ENCRAVADA tão firmemente na paisagem urbana da Quinta Avenida que os operários não puderam usar ferramentas tradicionais de demolição, como bolas demolidoras ou dinamite.[117] Em vez disso, o prédio histórico precisou ser desmantelado parte por parte. Para cuidar da exaustiva obra, Trump recorreu à Kaszycki & Sons Contractors, que havia apresentado uma oferta baixíssima.

O trabalho foi realizado por centenas de imigrantes ilegais poloneses conhecidos como "brigada polonesa". Os homens deram duro durante a primavera e o verão de 1980 com marretas e maçaricos, mas sem capacetes de proteção, trabalhando de doze a dezoito horas por dia, sete dias por semana, muitas vezes dormindo no chão da Bonwit Teller. Ganhavam menos de 5 dólares por hora, às vezes pagos em vodca. Muitos não foram remunerados e receberam ameaças de deportação caso reclamassem.[118] Em 1983, o ano em que a Trump Tower começou a funcionar, membros do sindicato de demolidores Housewreckers Local 95 moveram uma ação contra Trump alegando que ele permitira ilegalmente que imigrantes sem documentos trabalhassem na construção. John Szabo, advogado de imigração que representava os operários, contou que um tal sr. Barron – esse nome novamente –, da organização Trump, havia lhe telefonado e ameaçado abrir um processo se eles não abandonassem a exigência de pagamentos retroativos.[119] Em 1990, depois de anos de adiamentos, Trump declarou em depoimento que não sabia que os trabalhadores eram ilegais. Botou a culpa na Kaszycki & Sons.[120]

O juiz decidiu contra Trump e a empreiteira, dizendo que um dos principais assistentes dele no local, Thomas Macari, "estava envolvido em todos os aspectos da obra de demolição". Trump recorreu e ganhou uma anulação parcial, mas o tribunal determinou que ele "deveria ter se informado" sobre os trabalhadores poloneses. O caso foi resolvido e encerrado em 1999.[121] Anos depois, Trump se referiria à imigração ilegal como "uma bola de demolição apontada para os contribuintes dos Estados Unidos".[122]

COM A BONWIT TELLER DERRUBADA, teve início de fato a complicada construção da Trump Tower. Alguns dias depois da festa de inauguração do Grand Hyatt, Donald e Ivana haviam convidado Res para ir a seu resplandecente apartamento na Quinta Avenida. A sala de estar oferecia uma vista espetacular do Central Park, e os móveis, cortinas e carpetes tinham o mesmo tom elegante de branco. Quando Ivana ofereceu um suco de laranja a Res, ela recusou, com medo de derrubar o copo e causar um estrago.[123] No Grand Hyatt, Res – uma mulher de um metro e sessenta de altura, cabelo castanho na altura do ombro, quase sempre vista de capacete, camisa de flanela, calça de veludo cotelê e botas de trabalho – havia provado seu valor como uma das poucas mulheres na obra, onde pedreiros urinavam abertamente nas colunas e cobriam as paredes com desenhos rudimentares dela e Ivana nuas. No entanto, embora soubesse que havia ganhado o respeito dos Trump, não estava esperando pelo próximo pedido de Donald.

"Quero que você construa a Trump Tower para mim", disse ele. O enorme edifício incluiria as lojas mais glamorosas, escritórios de primeira linha e apartamentos luxuosíssimos. Trump não tinha tempo para se envolver tanto no empreeendimento quanto havia se envolvido no Grand Hyatt. Precisava de alguém que funcionasse como seus olhos e ouvidos, uma "*Donna* Trump", como a chamou, no comando da obra do "projeto mais importante do mundo". Res se tornaria a engenheira-chefe, no comando de toda a obra, com apenas 31 anos.[124] Ela era uma das poucas mulheres em um cargo executivo no ramo imobiliário na época, e Donald a contratou apesar da objeção do pai, que lhe disse que esse tipo de trabalho não era para mulheres.[125]

Os primeiros cinco andares da torre seriam ocupados por uma galeria de lojas sofisticadas. Sobre elas, ficariam onze andares de escritórios, 38 de apartamentos de luxo e diversos andares de máquinas para fazer a coisa toda funcionar. Trump queria que seu prédio, ao contrário da maioria dos arranha-céus de estruturas de aço, fosse edificado sobretudo com concreto reforçado, possibilitando andares de plantas mais flexíveis. A construção, disse Res, foi projetada como uma obra "rápida", em que os operários começaram a trabalhar antes que as plantas finais estivessem terminadas. Eles trabalharam seis dias por semana, despejando uma camada nova de concreto a cada dois dias. Um encarregado da obra, Eddie Bispo, afirmou que o cronograma de construção era tão exigente que ele chegava ao trabalho às 6 da manhã e às vezes só saía às 11h30 da noite.[126]

A decisão de apressar a obra obrigou Trump a cruzar com o poderoso "clube do concreto" da cidade, um cartel de sindicatos e empreiteiras controlados pela máfia que conspirava para elevar preços, bloquear concorrentes e punir empreendedores renitentes com greves onerosas. Na época, muitos outros empreendedores nova-iorquinos se sentiram obrigados a entrar no mesmo pacto delicado.

O concreto para a Trump Tower veio da S&A Concrete, àquela altura controlada pelos chefes de duas famílias criminosas de Nova York: "Fat" Tony Salerno, da família genovesa, e Paul "Big Paul" Castellano, dos Gambino (Castellano foi assassinado em 1985 diante da churrascaria Sparks Steak House, no East Side, em Manhattan, em um ataque da máfia organizado pelo gângster John Gotti). Roy Cohn havia representado Salerno e outras figuras da máfia e era amigo de outro chefe, John Cody, dirigente do sindicato Teamsters, que controlava caminhões de cimento. Documentos citados pelo Subcomitê Habitacional de Justiça Criminal em 1989 chamaram Cody de "o mais notório chantagista de mão de obra que saqueia o setor da construção civil em Nova York".[127]

Em 1982, quando as greves sindicais paralisaram as obras em toda a cidade, a construção da Trump Tower continuou a todo o vapor. Quando a torre foi inaugurada, no ano seguinte, três grandes dúplex no 64º e no 65º andar, logo abaixo da cobertura de Trump, foram vendidos para a namorada de Cody, Verina Hixon, cujos apartamentos foram favorecidos por adendos luxuosos, entre os quais a única piscina coberta do prédio, acomodada sobre uma estrutura especial projetada pelos engenheiros estruturais da obra.[128] Durante os seis meses seguintes à mudança, Hixon tinha de trinta a cinquenta operários em suas unidades todos os dias, instalando armários de cedro e laca, espelhos enormes e uma sauna a um custo total de 150 mil dólares.[129] Quando Trump recusou um dos seus pedidos, ela ligou para Cody e as entregas de material de construção para o prédio foram interrompidas até a obra nos apartamentos dela ser retomada.[130]

Hixon se distinguia da clientela milionária das unidades residenciais. Em um depoimento em 1986, feito depois que deixou de cumprir com os pagamentos de um empréstimo de 3 milhões de dólares, ela afirmou que nunca tivera emprego, possuía uma conta-corrente com saldo de 2 dólares e não tinha nenhuma conta de poupança, ações ou propriedades além de seu luxuoso apartamento na Trump Tower. Segundo ela, seu ex-marido, um rico executivo do Texas, lhe enviava 2 mil dólares por mês de pensão alimentícia, financiava suas taxas de manutenção do apartamento, no valor de 7.800 dólares, e pagava a mensalidade da escola preparatória do filho deles, de 16 anos. Hixon disse que seu apartamento, praticamente sem mobília, contava apenas com algumas cadeiras e "mesas surradas" perto da piscina coberta. Outros móveis seus estavam guardados em depósitos, mas ela não conseguia lembrar onde: "Em algum lugar dos Estados Unidos, Brooklyn, quem sabe onde essas coisas vão parar?"

Hixon contou que nunca comia em casa, mas em restaurantes caros, entre os quais La Côte Basque, La Grenouille e 21. Como pagava por isso tudo? "Tenho amigos ricos", foi a resposta. "Eles adoram me convidar."[131] Depois que Cody foi condenado por extorsão, em 1982, e mandado para a cadeia, Trump processou Hixon. Com uma dívida de 300 mil dólares em pagamentos de manutenção do condomínio, ela foi à falência e os credores tomaram posse de seus apartamentos na Trump Tower.[132]

Intimidado por investigadores federais em 1980, Trump negou ter dado unidades residenciais para manter seu projeto nos trilhos.[133] Cody, por outro lado, disse que "o conhecia muito bem", acrescentando que "Donald gostava de negociar comigo através de Roy Cohn".[134] Depois que Cody morreu, em 2001, Trump o chamou de "cretino maluco psicopata" e "um verdadeiro canalha".[135]

AO MESMO TEMPO QUE A TORRE CRESCIA, Trump avançou com seus planos para um enorme complexo de apartamentos ao sul do Central Park. Em 1981, adquiriu dois prédios antigos e suntuosos – o Barbizon Plaza Hotel e um edifício residencial de quinze andares ao lado, na Central Park South, 100 – por 13 milhões de dólares.[136] Ele os comprou para demoli-los, mas se deparou com uma forte resistência dos locatários, decididos a manter suas unidades de aluguel controlado. Trump depreciou seus opositores como "milionários de casacos de pele de marta dirigindo Rolls-Royces".[137] Alguns dos residentes eram idosos com renda fixa; outros realmente eram astros endinheirados.

Segundo os moradores, Trump tentou forçá-los a sair por meio de intimidação. Ele se propôs a abrigar pessoas sem teto em pelo menos dez apartamentos vagos; a cidade recusou a generosa oferta.[138] Funcionários da manutenção ignoraram vazamentos e equipamentos quebrados, e cobriram as janelas de apartamentos vazios com papel-alumínio sujo.[139] Um grupo de locatários acusou Trump de assédio, mas ele negou tudo.[140] "Deixe-me contar uma coisa sobre os ricos", disse. "Eles são muito sensíveis à dor."[141]

Depois de um impasse de cinco anos, Trump desistiu de seus planos de demolição e disse que reformaria o edifício do número 100 da Central Park South, transformando-o em 26 apartamentos de luxo.[142] Os locatários que moravam lá poderiam ficar. O Barbizon Plaza Hotel estava fechado, então seus 950 quartos poderiam ser convertidos em quatrocentos apartamentos de alto padrão. No começo de 1983, antes que Trump desse prosseguimento à conversão, ele perguntou a Stephen N. Ifshin, um corretor de imóveis comerciais especializado, se conseguiria encontrar comprador para o Barbizon Hotel e o edifício residencial vizinho. Ifshin tinha certeza de que conseguiria.

"Quero 100 milhões de dólares pelo pacote dos dois prédios", disse Trump.

"É muito dinheiro", retrucou Ifshin, pasmo pela enorme cifra. Até então, nunca se tinha visto um preço tão alto no mercado imobiliário de Manhattan, mesmo para um valor extraoficial a circular entre compradores privilegiados, chamado de *whisper number* [número boato]. Mas intermediar uma venda como essa poderia render milhões de dólares de comissão a Ifshin e ele espalhou a notícia de que os edifícios estavam à venda. Sherman Cohen, um obstinado negociador de imóveis de Manhattan, expressou interesse e Ifshin marcou uma reunião no escritório de Trump. Antes de se sentar à mesa de reuniões, Cohen acendeu um cigarro. Mas, quando tentou puxar o cinzeiro no meio da mesa, o objeto não se moveu.

"Donald", perguntou Cohen, "esse negócio está parafusado?"

"Esta mesa de conferência veio do meu hotel, o Barbizon", disse Trump, "e parafusamos todos os cinzeiros porque as pessoas os andavam roubando como lembrancinhas." O sorriso presunçoso sugeria que Trump estava apenas protegendo seu investimento. Eles trataram de negócios e Trump anunciou que os prédios estavam à venda, por 100 milhões de dólares, ponto. "Quando dou um preço, é esse", disse. Cohen respondeu que não tinha essa quantia para oferecer, mas poderia tentar arranjar 90 milhões.

Eles estavam perto, muito perto, pensou Ifshin. Agora, a negociação a sério poderia começar. Mas Trump apenas agradeceu a Cohen e repetiu o preço, 100 milhões, nada menos. Cohen não disse mais nada. Trump não disse mais nada. Era um impasse. A reunião acabou em menos de meia hora. Cohen saiu, mas Ifshin ficou para trás, estupefato. "Por quê?", perguntou a Trump. "Por que recusar uma oferta dessa? Você estava perto."

"Não era o que eu estava pedindo", respondeu Trump. "Nunca vendo por menos do que estou pedindo."

Que absurdo, pensou Ifshin. Sempre havia chance de uma negociação. E então ficou claro para Ifshin que ele tinha sido usado. "Donald", disse, "esse foi seu jeito de conseguir uma avaliação informal, ver se alguém morderia a isca e por quanto." Trump negou, mas Ifshin insistiu: tinha sido apenas uma manobra para descobrir quanto os prédios valeriam no mercado, e agora Trump sabia: pelo menos 90 milhões de dólares. "Você me deve uma comissão por ter conseguido uma avaliação informal do meu comprador", disse Ifshin. "Me deve 10 mil dólares."

Trump olhou para o corretor como se ele fosse maluco, mas disse que retribuiria com um favor no futuro. O que nunca chegou a acontecer. Ifshin nunca mais tratou de negócios com Trump e este não vendeu os prédios. "Ele não era direto", disse Ifshin. "Meio que escondia suas intenções. E essa era a parte que me incomodava – muito inteligente, mas nada franco." Trump, concluiu Ifshin, não era uma pessoa confiável, não se importava com relações a longo prazo e passava por cima das pessoas.[143]

Trump continuou com os prédios. O Barbizon foi renomeado depois como Trump Parc East, passando a ter lareiras a lenha;[144] o prédio residencial se tornou Trump Park. Três décadas depois, Eric, seu filho, veio morar no 13º andar.[145]

O PRIMEIRO FILHO HOMEM de Fred Trump, Freddy, deveria seguir o pai nos negócios da família.[146] Tendo deste o mesmo prenome e o mesmo nome do meio (Frederick Christ), foi o primeiro foco das altíssimas expectativas paternas.[147] (Ele era o segundo filho, depois de Maryanne, um ano mais velha.) Frequentou uma escola episcopal em Long Island, depois se matriculou na Universidade Lehigh, onde sua paixão era a aviação. No entanto, depois de se formar, em 1960, voltou ao escritório na Avenue Z e trabalhou ao lado do pai.[148] Fred era um chefe rígido, e o tranquilo Freddy sofria para satisfazer às suas exigências. Quando o rapaz instalou janelas novas em um prédio antigo durante uma reforma, o pai o repreendeu por ser esbanjador.[149] Freddy reclamou para os amigos da fraternidade que o pai não lhe dava valor.[150]

Donald admirava o irmão mais velho. Nos verões do início dos anos 1960, quando estava no ensino médio, acompanhava-o em viagens de pesca em sua lancha Century.[151] No dormitório na Academia Militar de Nova York, tinha uma fotografia de Freddy ao lado de um avião. Desde cedo, crescendo à sua sombra, competia com ele pelo afeto do pai. Mas, ao vê-lo perder a aprovação paterna, Donald passou a acreditar que seu irmão não tinha resistência suficiente para sobreviver naquela família competitiva. "Freddy simplesmente não era um matador", disse Donald, repetindo o termo que o pai usava para um filho bem-sucedido.[152]

Depois que a proposta de um projeto Trump para o Steeplechase Park, em Coney Island, caiu por terra, Freddy abandonou a empresa e foi trabalhar como piloto na Trans World Airlines. Aos 23 anos, casou-se com uma comissária de bordo e eles tiveram dois filhos, Fred e Mary.[153] Freddy parecia muito mais feliz do que sob o comando do pai; Donald, porém, não conseguia deixar de implicar com as baixas ambições do irmão, perguntando: "Qual é a diferença entre o que você faz e dirigir um ônibus?".[154] O tabagismo e o alcoolismo de Freddy, que pioraram quando ele tinha vinte e tantos anos, levaram Donald a se abster de cigarros e álcool pelo resto da vida. Freddy se divorciou e parou de voar. No final da década 1970, havia voltado a morar com os pais e estava supervisionando uma equipe de manutenção em um dos complexos residenciais do pai no Brooklyn.[155] Em 1977, Donald o convidou para ser padrinho de seu casamento com Ivana, dizendo achar que isso faria "bem para ele".[156]

Em 26 de setembro de 1981, Freddy, oito anos mais velho que Donald, morreu de ataque cardíaco depois de anos de alcoolismo. Tinha 43 anos. Foi enterrado no Queens, em um jazigo familiar, num cemitério luterano.[157] Donald se referiu à morte dele como "o momento mais triste que já passei".[158] Afirmou ter aprendido com o fracasso do irmão a "nunca abaixar a guarda".[159] "O homem é o mais feroz de todos os animais, e a vida é uma série de batalhas que terminam em vitória ou derrota", disse, dois meses depois da morte do irmão. "Não podemos deixar que as pessoas nos passem para trás."[160]

A TRUMP TOWER FOI UM SUCESSO. Seus 266 apartamentos, postos à venda no final de 1982 com preços a partir de 500 mil dólares para unidades de um quarto, renderam no total 277 milhões de dólares, o bastante para pagar por todo o prédio antes que o primeiro morador se mudasse.[161] Compradores interessados se reuniam com Sunshine e Trump, que às vezes os acompanhavam num *tour*.[162] Os folhetos de vendas promoviam uma entrada secreta pela Rua 56, anunciada como "totalmente inacessível ao público".[163] Trump explicou sua estratégia para convencer os compradores: "Você vende uma fantasia".[164] Muitas unidades foram vendidas como apartamentos corporativos ou habitações de férias para estrangeiros ricos.[165] No entanto, para a alegria publicitária de Trump, muitas celebridades também as compraram, entre elas Steven Spielberg, Michael Jackson e Johnny Carson, que acusaria dois funcionários do prédio de roubar seu casaco de vicunha. Depois que Trump os demitiu, Carson encontrou o casaco em seu *closet*.[166] Trump espalhou um boato, publicado nos jornais de Nova York, de que a família real britânica – Charles, príncipe de

Gales, e sua esposa, a princesa Diana – estava interessada em gastar 5 milhões de dólares para comprar um apartamento de 21 cômodos, todo um andar da Trump Tower.[167] Eles nunca apareceram.[168] Trump não confessou ter criado esse boato, que o *Times* atribuiu a "um representante imobiliário", mas disse que ele "sem dúvida não nos prejudicou".[169]

Para promover a imagem da torre, Trump procurou marcas sofisticadas de renome mundial para seu átrio comercial. Entre os primeiros 48 locatários comerciais estavam: Mondi (roupas), Botticellino (moda), Charles Jourdan (sapatos), Buccellati (joalheria italiana), Ludwig Beck (loja de departamentos alemã), Harry Winston (joalheria) e Asprey (joalheria londrina), alguns dos quais pagavam aluguéis anuais de até 1 milhão de dólares.[170] Nos primeiros anos, alguns dos inquilinos iniciais abandonaram o edifício, em razão das dificuldades para lucrar com os muitos turistas americanos de classe média.[171]

Na mesma medida em que a Trump Tower se erguia aos céus, elevava-se o mito de Trump. Em 1982, ele entrou para a lista inaugural da *Forbes* das quatrocentas pessoas mais ricas dos Estados Unidos; a revista estimou sua fortuna em 100 milhões de dólares. Contudo, ainda que os negócios dele estivessem começando a expandir sua riqueza, sua renda continuava mais modesta. Os investigadores de Nova Jersey que analisaram suas finanças para conceder uma licença de cassino disseram que, em 1982, Trump ganhava 100 mil dólares trabalhando para o pai, recebia uma comissão de 1 milhão de dólares do Grand Hyatt, e tinha 6 mil em economias e uma linha de crédito de 35 milhões do Chase, obtida com a ajuda de Frank.[172]

A torre, que alguns tradicionalistas de Manhattan desprezavam como uma ostentação espalhafatosa dos excessos de novos-ricos, ganhou elogios do crítico de arquitetura do *New York Times* Paul Goldberger, que admitiu ter imaginado que o prédio "seria ridículo, pretensioso e um bocado vulgar". Em vez disso, descobriu que o átrio era "caloroso, luxuoso e até arrebatador [...] o espaço público interior mais agradável construído em Nova York nos últimos anos".[173] Nos primeiros dias de funcionamento do arranha-céu, moradores de rua se sentavam no banco de mármore do átrio para ouvir a música ambiente; Trump mandou seguranças ao local e instruiu paisagistas a cobrirem o banco com vasos de plantas. Era "meio cômico", recordou Res. "Todo aquele vidro e mármore na mais opulenta das torres, um músico talentoso tocando canções naquele piano de 50 mil dólares e os cidadãos mais pobres da cidade sentados com seus sacos de papel só passando o dia."[174]

A Trump Tower gravou o empresário, seu nome e sua fama de maneira indelével no céu de Manhattan, assim como ele havia sonhado quando olhava do outro lado da ponte em sua infância no Queens. Donald se mudou para um escritório cor de mel no 26º andar, onde trabalharia durante décadas, com uma escrivaninha de mogno repleta de revistas com ele na capa,[175] as paredes atulhadas de prêmios e homenagens, tudo emoldurado por uma vista espetacular do Plaza e do Central Park.[176] Ivana se mudou para o escritório ao lado, pelo menos por um tempo[177] (na fase de projeto, Trump pediu que o arquiteto planejasse um segundo apartamento apenas para ele, para o caso de o casamento terminar).[178] Em março de 1984, a família Trump – Donald, Ivana e os três filhos – se mudou para a cobertura de três andares. O suntuoso tríplex de 53 cômodos ostentava uma sala com pé-direito de nove metros, aposentos para a criadagem, murais no teto com querubins renascentistas, candelabros de cristal, uma fonte românica acionada por controle remoto, ônix azuis[179] extraídos de minas das "profundezas sombrias da África"[180] e um elevador particular.[181] Havia um banheiro para cada membro do casal: o de Donald era de mármore marrom-escuro; o de Ivana, de ônix rosa translúcido. Trump reservou um apartamento sob a cobertura, com uma cornija de lareira de mármore importado, para os pais. Eles continuaram vivendo a maior parte do tempo no Queens.[182]

O Grand Hyatt tinha tornado Trump famoso em Nova York. A Trump Tower o tornou famoso em todos os lugares. A revista *GQ* comentou sobre suas mãos ("pequenas e bem cuidadas"), sua estatura ("elegante, mas bem nutrido") e seus instintos ("Sei o que as pessoas querem").[183] No programa *Lifestyles of the Rich and Famous* [Estilos de vida dos ricos e famosos], um sucesso da TV americana, Robin Leach afirmou que a mansão de Trump em Greenwich, Connecticut, era uma propriedade avaliada em 10 milhões de dólares – três vezes o valor que ele realmente havia pagado.[184] "Sou a favor de gastar talvez mais dinheiro do que os outros considerariam racional", disse Donald às câmeras.[185]

Os bancos finalmente estavam dispostos a emprestar dinheiro suficiente para satisfazer o apetite de Trump. Em 1985, ele comprou uma mansão de 118 cômodos em Palm Beach, chamada Mar-a-Lago, com um empréstimo de 8,5 milhões de dólares.[186] "Todos os financiadores eram obcecados por celebridades", disse Jon Bernstein, ex-sócio da Dreyer & Traub, o principal escritório de advocacia de Trump nos anos 1980. "Todos queriam estar associados a Donald Trump de qualquer forma que conseguissem."[187]

No mesmo ano, Trump voltou a atenção para uma das primeiras propriedades imobiliárias pelas quais havia se apaixonado – o grande terreno da empresa ferroviária Penn Central no Upper West Side.[188] Ele o comprou de outro empreendedor por 115 milhões de dólares e declarou sua intenção de construir ali o prédio mais alto do mundo,[189] uma torre de 150 andares com vista para o rio Hudson, acompanhada por seis torres de 76 andares, 8 mil apartamentos, um centro comercial, 8.500 vagas de estacionamento, 140 metros quadrados de parques e uma sede para a National Broadcasting Company (NBC), que Trump pretendia tirar do Rockefeller Center.[190] A Television City [Cidade da Televisão] era, segundo seu próprio comunicado à imprensa, "o mais grandioso plano do mestre da construção até o momento".[191]

Os vizinhos foram contra. Prometeram lutar com garras e dentes.[192] O *New York Times* se referiu à proposta como a "tentativa de se imortalizar" de Trump.[193] Os opositores se organizaram para impedir o plano dele, criando uma organização sem fins lucrativos chamada Westpride, que realizou um evento de arrecadação de fundos com a presença de celebridades como o apresentador de TV Bill Moyers, a feminista Betty Friedan e o jornalista Robert Caro, biógrafo de Lyndon Johnson.[194] Depois de um ano de batalhas, Trump substituiu os arquitetos e encolheu a planta. Ele e Koch entraram numa guerra verbal em que o empreendedor se referiu ao prefeito como "idiota" e um "desastre" para Nova York. "Se Donald Trump está guinchando feito um porquinho atolado, devo ter feito alguma coisa certa", declarou Koch, antes de acrescentar: "Porquinho, porquinho, porquinho".[195]

Sob pressão financeira, Trump acabaria desistindo de sua ambição de construir o prédio mais alto do mundo. Ele aceitou o plano alternativo dos opositores, com menos da metade da densidade que havia proposto inicialmente.[196] Em uma reunião com Roberta Gratz, uma adversária proeminente, elogiou o novo plano dizendo: "Isso é genial! Meus arquitetos estavam me fazendo perder tempo há anos".[197] Surpresa por ouvir tamanho reconhecimento, Gratz respondeu: "Donald, algum dia quero ouvir você dizer isso em público". Trump se remexeu na cadeira e não respondeu.[198]

EM 28 DE MAIO DE 1986, Trump escreveu uma carta a Koch: "Caro Ed, há tempos observo com espanto como Nova York descumpriu repetidas vezes suas promessas de completar e reabrir o Wollman Skating Rink". Durante anos, Trump havia observado da janela de seu escritório o rinque fechado no Central Park, pasmo pela incapacidade da prefeitura de recuperar o espaço público. Agora, estava disposto a fazer o que a cidade não conseguia – aproveitando para sair por cima do prefeito. A construção do rinque, prometeu ele a Koch, "que basicamente envolve despejar uma base de concreto, não deve demorar mais do que quatro meses".

Trump se ofereceu para pagar pela construção e gerenciar o rinque.

Koch respondeu no mesmo dia, dizendo que ficaria "encantado" se Donald cuidasse da obra de reparo, mas rejeitando a oferta para que gerenciasse o rinque. E o desaconselhou a tentar colocar seu nome no rinque: "Lembre-se de que a Bíblia diz que aqueles que fazem caridade de forma anônima, ou, se não anônima, sem exigir o uso de seu nome, são duplamente abençoados".[199]

Trump logo transformou o projeto Wollman em uma mina de ouro de propaganda gratuita. Concedeu meia dúzia de entrevistas coletivas durante a obra, irritando as autoridades municipais. Quando chegou à primeira delas, o comissário de parques Henry Stern se deparou com uma placa que dizia: PROPRIETÁRIO: TRUMP ICE INC. Ele mandou sua equipe tirar a placa. Em vez de batizar o rinque como Trump, Stern ofereceu plantar uma árvore em sua homenagem. Os funcionários do parque escolheram um pinheiro-japonês de 3 metros de altura, que chamaram de Árvore Trump. O empreendedor chegou ao rinque enquanto os funcionários se preparavam para plantá-la. Enfurecido, ele gritou: "Mandem Ed Koch e Henry Stern enfiarem essa árvore no cu". Trinta anos depois, enquanto Trump concorria à presidência, a árvore adulta, agora com 12 metros, permanecia à frente do rinque.[200]

Isento das regulamentações burocráticas que haviam entravado as tentativas da prefeitura de reformar o rinque, Trump terminou os reparos dois meses antes do previsto e com custo inferior ao do orçamento, ganhando a batalha de relações públicas contra o prefeito – e o coração de muitos nova-iorquinos.

TRUMP EXPLOROU ESSA BOA VONTADE na forma de uma nova onda de fama, mostrando-se como um negociador prático com os gostos exuberantes de um bilionário e um pendor populista à linguagem franca. O magnata da mídia Si Newhouse notou que as vendas de sua revista *GQ* dispararam quando Donald apareceu na capa, então lhe apresentou uma ideia: escrever um livro para sua editora, a Random House.[201] Escrito na verdade por Tony Schwartz, *Trump: A arte da negociação* transformava a celebração do ego, a excelência e as grandes ambições empresariais de Trump num livro com receitas para o sucesso fácil de ler. Sua bíblia de negócios abordava a alegria das isenções fiscais, o poder de uma história sensacionalista e a importância de manipular as fantasias dos clientes. O livro atacava rivais (a administração Koch era "ao mesmo tempo completamente corrupta e totalmente incompetente") e exaltava suas próprias características ("Os negócios são minha forma de arte. Gosto de fazer negócios, de preferência grandes negócios"). Ecoando o "pensamento positivo" do reverendo Norman Vincent

Peale, Trump apresentou uma fórmula de onze passos para o sucesso. No passo 1 ("Pense Grande"), afirmava que "muitos empreendedores altamente bem-sucedidos" possuíam um grau de foco que chamou de "neurose controlada".

Críticos depreciaram o livro, tachando-o de superficial, pomposo e autopromocional. Um resenhista do *Washington Post* disse: "A falta de bom gosto do homem é tão grande quanto sua falta de vergonha".[202] Mas, nas primeiras semanas depois do lançamento, o livro atingiu o topo das listas de *best-sellers*. Vendeu mais de 1 milhão de exemplares,[203] em parte graças a um bombardeio publicitário equiparável a uma campanha presidencial: Donald comprou anúncios de página inteira nos jornais exigindo uma política externa mais dura dos Estados Unidos, fez um discurso em New Hampshire no auge das eleições primárias e distribuiu adesivos de para-choque em que se lia EU ♥ DONALD TRUMP.[204] Mas essa não era uma campanha para algum cargo público, apenas para vender livros – e se vender. "Tudo girava em torno de ter alta visibilidade", disse Peter Osnos, que editou o livro para a Random House. "Trump tinha necessidade de possuir um nome realmente grande, por isso cultivava a fama. Mas era surpreendente como seu estilo de vida não tinha nada de glamoroso. Ele é bem disciplinado em alguns aspectos. Não fuma, não bebe, mora em cima do escritório. Ele não era nenhum grande membro da alta sociedade de Nova York, nunca foi. Basicamente gostava de subir e ver TV. Seus interesses eram a fama e os negócios – construção civil, mercado imobiliário, jogo, luta livre, boxe."

ENQUANTO O IMPÉRIO DE DONALD SE EXPANDIA, algumas das pessoas mais próximas a ele notaram uma mudança. Ele foi ficando mais distante, às vezes rabugento, às vezes explosivo. Nos tempos do Grand Hyatt, sua organização, apesar das grandes ambições, prosperava com um escritório pequeno e uma equipe reduzida: Sunshine; o advogado e conselheiro Harvey Freeman; e um grupo restrito de agentes imobiliários, advogados e secretários. O narcisismo dele instigava um forte tribalismo em sua equipe: seus funcionários, dizia sempre, eram os melhores.[205] Embora depois ficasse conhecido pelo bordão "Você está demitido", Trump normalmente não se sentia à vontade ao despedir um empregado. Quando necessário, delegava a tarefa a um subordinado. "A gente sempre pensava que, se uma pessoa fosse tão próxima a Donald e tivesse de ser demitida por ele, ela teria um emprego para toda a vida", contou Res.[206]

No começo dos anos 1980, Res costumava andar com Trump a pé pelas calçadas, jogando conversa fora sobre edifícios ou negócios. Perto do fim da década, quando ele ia almoçar com outros executivos, passou a se cercar de três guarda-costas.[207] Embora o escritório sempre tivesse sido competitivo, a porta da sala do empreendedor vivia aberta, mesmo quando ele dava telefonemas sob o nome falso de John Barron.[208] Mas, depois dos primeiros grandes êxitos, a atmosfera em torno de Trump começou a mudar. Segundo Res, ele se rodeou de bajuladores que aplaudiam todas as suas ações em vez de questionar a sua lógica. "Ele não era mais o mesmo Donald com quem dava para sentar e conversar", afirmou.[209] "Não queria mais que discordassem dele. Era uma estrela grande demais." Trump começou a tomar seu refrigerante *diet* de canudinho[210] e apenas quando era entregue por sua assistente executiva, Norma Foerderer, porque tinha muito medo dos germes de outras pessoas.[211] Os executivos apelidaram Norma de "barômetro". Se Donald estivesse em sua sala com um humor especialmente agressivo, ela detinha os visitantes, dizendo: "Não entre aí".[212]

As ordens de Trump entraram numa espiral de excessos. Certa madrugada, por volta das 2 da manhã, enquanto passava de limusine pelo Trump Parc, ele viu uma latinha de refrigerante caída na calçada perto da entrada. Telefonou para Blanche Sprague, que supervisionava o empreendimento em seu nome, e disse: "Me ligue quando terminar". Ela mandou um zelador resolver o problema e telefonou para Trump para avisar que estava tudo certo. "Então, consegui dormir até as 6, quando Donald ligou por causa de outra coisa", relatou ela.[213] À medida que seus negócios prosperavam e se tornavam mais complicados, o temperamento de Trump ia se inflamando. Quando soube que um projeto estava atrasado, chutou uma cadeira para o outro lado da sala de reuniões. "Ele sempre precisa conseguir as coisas do seu jeito", disse o arquiteto Scutt.[214]

Alguns de seus executivos mais próximos começaram a pedir demissão: o principal advogado de Trump em Nova York, seu diretor de vendas, seu consultor financeiro; até Res, a engenheira que havia alçado o nome dele aos céus, a mulher que ele havia apelidado de "*Donna* Trump".[215] Mas isso tudo se passava nos bastidores. Em público, Trump havia se tornado o que sempre quisera ser: um astro. A revista *Playgirl* o citou como um dos homens mais *sexy* dos Estados Unidos e, em março de 1990, ele foi capa da *Playboy*, encostado em uma modelo que o olhava com admiração. Sua esposa não se manifestou contra a foto de capa, pelo menos não em público, mas algumas mulheres nos escritórios de Trump ficaram desapontadas. "Acho que esse foi o princípio do fim do homem de negócios sério", disse Res. "E ele passou a agir como uma caricatura."[216] Sem se abalar, Trump saboreou a publicidade. "O espetáculo é Trump", afirmou ele, "e todas as apresentações estão com ingressos esgotados."[217]

6
"O MELHOR SEXO DA MINHA VIDA"

O show começou lá no início da carreira de Trump, quando ele construiu não apenas prédios, mas uma imagem de negociador perfeito. Em 1978, um jovem repórter decidiu investigar os fatos por trás da imagem. Wayne Barrett não tinha dito a ninguém aonde estava indo, então, quando o telefone tocou na sala de reuniões de uma obscura agência governamental em que estava debruçado sobre documentos, ele o ignorou. Barrett tinha muito trabalho a fazer. Caixas e pastas com milhares de páginas de registros cobriam a mesa à sua frente. Em algum lugar dessas pilhas, suspeitava, havia documentos que explicariam como um jovem e impetuoso construtor do Queens conseguira informações privilegiadas sobre uma série de negócios imobiliários em Manhattan.[1] Algumas semanas antes, o jornalista veterano do *Village Voice* Jack Newfield tinha ido até o foca de 33 anos com uma tarefa: os perfis de Trump na imprensa eram bajulatórios e o retratavam como um homem bem-sucedido que havia vencido pelo próprio esforço e como um visionário urbano. Newfield, que passara muito tempo cobrindo a máquina democrata do Brooklyn, via não um empreendedor precoce, mas um filho de privilegiados usando as relações políticas do pai em uma cidade movida pela corrupção.[2]

Barrett sabia que uma agência governamental pouco conhecida chamada Corporação de Desenvolvimento Urbano havia tido papel essencial na compra do decadente Commodore Hotel, que Trump transformara no reluzente Grand Hyatt. O repórter pediu para ver todos os registros ligados àquele negócio. Quando ele chegou ao discreto escritório da agência na região de Midtown, em Manhattan, um funcionário o levou à sala de reuniões e a um intimidador oceano de papéis. Agora, o telefone tocava de novo. Dessa vez, uma funcionária da agência pôs a cabeça para dentro da sala e avisou a Barrett que a ligação era para ele. Até onde o jornalista sabia, as únicas pessoas cientes de que ele estava naquela sala eram os funcionários do escritório. Intrigado, ele atendeu. Um estranho com forte sotaque do Queens o cumprimentou: "Wayne! É Donald. Ouvi dizer que você está escrevendo uma matéria sobre mim".[3] "Como se fôssemos velhos amigos", lembrou Barrett. "Nunca tínhamos nos falado."[4] Barrett, um dos primeiros repórteres a investigar os negócios de Trump em profundidade, estava prestes a se tornar um dos pioneiros a experimentar uma estratégia de mídia então nova, que se tornaria conhecida de jornalistas em Nova York e depois no mundo. Enquanto ele mergulhava nos negócios de Trump nos meses seguintes, Donald o tratou com tapas e beijos: tentativas de agradar ao repórter eram seguidas quase imediatamente por ameaças veladas.[5]

Primeiro, os beijos: Barrett morava em Brownsville, na época uma das áreas mais pobres do Brooklyn. "Eu poderia conseguir um apartamento para você", sugeriu Trump. "Aquele bairro deve ser muito perigoso." Barrett respondeu que tinha escolhido morar em Brownsville e trabalhava como organizador comunitário. "Então a gente faz a mesma coisa!", disse Trump. "Nós dois estamos reconstruindo bairros [...]. Vamos ter que nos conhecer melhor." Depois, os tapas: "Eu já acabei com um repórter", disse ele a Barrett em outra ocasião. "Eu e você ficamos amigos e tal, mas, se a sua reportagem prejudicar minha reputação, quero que saiba que vou processá-lo."[6]

Enquanto outros empreendedores imobiliários se recusavam a dar entrevistas ou emitiam comunicados cuidadosamente escritos por seus assessores de imprensa, Trump quase nunca estava indisponível para alguns minutos ou algumas horas de papo. Uma das primeiras entrevistas de Barrett com Trump, no apartamento deste na Quinta Avenida, durou três horas, e só acabou porque Ivana Trump interrompeu a conversa pedindo para ir à ópera.[7] Mesmo ficando claro que a matéria não lhe seria favorável, o comportamento de Trump só mudou levemente. Na última entrevista, ele leu um comunicado preparado de antemão: "Valorizo muito minha reputação e não hesito em processar quem quer que seja. Já abri dois processos por difamação. Nas duas vezes, Roy Cohn foi meu advogado. Ganhei uma vez e o outro caso ainda está aberto. Me custou 100 mil dólares, mas valeu a pena".[8] Logo depois do tapa, outro beijo. Trump abriu um sorriso: "Mas vai dar tudo certo. A gente vai se encontrar depois da reportagem".

Eles não se encontraram. O artigo de Barrett – publicado em duas partes, em 1979 – foi o primeiro a revelar o papel proeminente, na ascensão meteórica de Donald, das relações políticas de Fred Trump e das contribuições deste em campanhas eleitorais, além de favores legalmente questionáveis feitos por oficiais do governo e pelo tribunal de falências. A reação de Trump à matéria foi mansa, em comparação às guerras midiáticas que se desenrolariam nos anos a seguir. Ele parou de atender aos telefonemas de Barrett e o criticou em conversas com outros repórteres.

Barrett não ficou totalmente surpreso com a estratégia de tapas e beijos de Trump. O conselheiro do empreendedor, afinal, era Roy Cohn, um homem que, embora fosse combativo com os repórteres, sempre viu o valor da publicidade, independentemente do tom. Cohn muitas vezes cumprimentava Barrett, quando os dois se encontravam por acaso, em geral no 21 Club, com uma lista atualizada dos prejuízos causados pelo repórter.[9] "Você fez 34 matérias sobre mim e nunca escreveu uma palavra boa", disse Cohn certo dia. "Você não tem ideia de quanto dinheiro já me fez ganhar."

EM SEU LIVRO *Trump: a arte da negociação,* Trump detalhou abertamente sua filosofia de mídia, criada por três homens que influenciaram tanto a ele quanto ao peculiar ambiente midiático de Nova York nos anos 1970 e 1980 – seu pai, Fred; o empreendedor imobiliário William Zeckendorf; e seu advogado, Roy Cohn. Trump escreveu:

> Uma coisa que aprendi sobre a imprensa é que ela sempre está sedenta por uma boa reportagem, e quanto mais sensacional, melhor. [...] O importante é que, se você for um pouco diferente, ou um pouco escandaloso, ou se fizer coisas ousadas ou polêmicas, a imprensa vai escrever sobre você. Sempre fiz as coisas de um jeito meio diferente, não me importo com polêmica e meus negócios tendem a ser um pouco ambiciosos. [...]
>
> Às vezes, eles escrevem coisas positivas e, às vezes, escrevem coisas negativas. Mas, de um ponto de vista puramente empresarial, os benefícios de escreverem sobre você superam muito as desvantagens. É muito simples, na verdade. Um anúncio de página inteira no *New York Times* para divulgar um projeto pode custar 40 mil dólares, e, em todo caso, as pessoas tendem a ser céticas em relação a publicidade. Mas, se o *New York Times* escrever uma matéria moderadamente positiva de uma coluna sobre um dos meus negócios, isso não me custará nada e valerá muito mais que 40 mil dólares.
>
> O engraçado é que até uma reportagem crítica, que pode ser pessoalmente ofensiva, pode ser muito valiosa para os negócios. [...] A característica essencial da

forma como me promovo é a bravata. Eu jogo com as fantasias das pessoas. Elas nem sempre pensam grande, mas ainda ficam animadas com quem pensa. É por isso que uma hipérbole nunca faz mal. As pessoas querem acreditar que algo é o maior e o melhor e o mais espetacular – eu chamo de hipérbole verdadeira. É uma forma inocente de exagero – e uma maneira muito eficaz de promoção.[10]

FRED TRUMP CONHECIA o valor da boa publicidade. Como jovem empresário, ele rotineiramente enviava *releases* à imprensa sobre seus últimos projetos, às vezes referindo-se a si mesmo como "O maior construtor do Brooklyn". O toque de Donald para a dramaticidade provavelmente era mais inspirado, porém, em outro empreendedor. Zeckendorf tinha um assessor de imprensa contratado para manter seu nome nos jornais, idealmente em reportagens que enfatizassem seu estilo de vida opulento ou que anunciassem planos de construção excêntricos nunca realizados, como um aeroporto em cima dos prédios de Manhattan.[11] Quando Donald começou a aparecer na imprensa, no fim dos anos 1970, alguns repórteres se referiam a ele como um jovem Zeckendorf. Trump ficava lisonjeado, ainda que a empresa de Zeckendorf tenha ido à falência.[12]

Em 1º de novembro de 1976, leitores do *New York Times* foram apresentados a um empresário jovem e exibido que estava dando início a três grandes projetos (embora nenhum tivesse sido construído). Intitulada "Donald Trump, empreendedor imobiliário, constrói uma imagem enquanto constrói prédios", a reportagem foi uma das primeiras a chamar a atenção para o paralelo Trump/Zeckendorf. Escrita por Judy Klemesrud, repórter de coluna social, a matéria descrevia um dia na vida do "empreendedor imobiliário número 1 de Nova York em meados dos anos 1970".[13] Dezenas de jornalistas depois de Klemesrud aprenderiam o maior desafio ao cobrir Trump. Como diz Barrett, um de seus biógrafos: "Ele nasceu com uma habilidade para a lorota que vai além do que eu e você poderíamos imaginar". O perfil do jornal deu a Trump um gostinho de quanto era fácil usar a mídia para polir sua reputação. Klemesrud relatou que ele tinha se formado em primeiro lugar de sua turma em Wharton, o que não era verdade. O perfil também notou que Trump se dizia "tímido em público". Mas foi o dom de autopromoção de Donald que chocou muitos dos mais proeminentes empreendedores do setor de Nova York. Os magnatas imobiliários de Manhattan – famílias como os Rudin, os Tishman, os Fisher e os Rose – viam pouca vantagem em ter seu nome nos jornais. Trump lhes parecia um cara que gostava de chamar a atenção. "Ele era um excluído daquela panelinha", disse Paul Goldberger, crítico de arquitetura do *New York Times*, "e nunca se tornou realmente central nela. Acho que eles se irritavam por ele se apresentar como o maior e mais importante incorporador de Nova York."[14]

O MENTOR MAIS IMPORTANTE de Trump na mídia, bem como em questões legais, foi Cohn, ele próprio um estudioso do negócio dos tabloides durante toda a vida. Com 13 anos, ele escrevia uma coluna de fofocas no *Bronx Home News* e, ainda adolescente, aprendeu sobre o ofício de jornalista com Leonard Lyons, colunista do *New York Post*. Com vinte e poucos anos, já advogado, ajudou a recrutar o lendário colunista de fofocas Walter Winchell para promover a campanha do senador Joseph McCarthy contra simpatizantes do comunismo.[15] Quando os caminhos de Trump e Cohn se cruzaram, as conexões deste na imprensa já incluíam editores como Si Newhouse e outro homem, um australiano cuja expansão para o mercado de comunicação nova-iorquino mudou a cultura midiática da cidade justamente quando um jovem bambambã do setor imobiliário estava procurando gerar publicidade gratuita.[16]

O jornalismo de fofoca tem uma tradição de longa data em Nova York, mas, no início dos anos 1970, esse ofício parecia quase perdido. O *New York Daily Mirror* fechara em 1963 e, com essa voz rouca dentro do mundo dos tabloides silenciada, o *Daily News* e o *New York Post* se sentiram menos atraídos por material lascivo.[17] Então, Rupert Murdoch chegou à cidade. Em 1976, o magnata da imprensa australiana comprou o *Post*, à época um jornal liberal com tendências intelectuais. Murdoch importou equipes de suas outras publicações para dar a ele uma abordagem diferente. O periódico logo passou a estampar manchetes chamativas, como "Garoto engole gás e explode", "Monstro do sexo de 200 quilos foge" e "Vovó é executada de pijama cor-de-rosa".[18] Murdoch criou uma página inteira dedicada a fofocas – a Page Six –, com fotoaventuras românticas, passeios noturnos e indiscrições pessoais de celebridades.[19] "Gente vende jornal", disse o novo editor do *Post*, Roger Wood, e especialmente gente de Nova York.[20] Tinham ficado para trás os dias em que colunistas de fofocas se alimentavam sobretudo de jovens estrelas de Hollywood a quase 5 mil quilômetros de distância. Agora, a Page Six se banqueteava com os magnatas da mídia, pessoas com influência política e até incorporadores imobiliários de Manhattan.

Uma das primeiras e mais confiáveis fontes da seção era Cohn, amigo tanto de Murdoch quanto de Wood. Claudia Cohen, repórter dos primeiros tempos da Page Six, começou a escrever sobre as festas dadas por ele, listando os nomes de juízes que as frequentavam.²¹ Isso teria enfurecido muitos advogados. Não Roy. "Ele amava, e começou a me convidar para cobrir cada festa que dava", contou a jornalista. "Ele gostava tanto de ver seu nome na seção que também virou fonte de ótimas reportagens. E ninguém sabia mais segredos obscuros em Nova York que Roy Cohn." E Cohn tinha um jovem amigo com um desejo fortíssimo de ver seu nome nos jornais.²²

O meio jornalístico desdenhou do *Post* renovado. A *Columbia Journalism Review* chamou a publicação de "força do mal".²³ Mas o jornal de Murdoch estava voando das bancas, e os concorrentes começaram a notar. Do outro lado da cidade, no *Daily News*, Liz Smith, uma colunista de fofocas antes focada em Hollywood, se voltou para a elite de Nova York. Certo dia, lembrou Smith, ela estava em um carro indo em direção à Park Avenue com seu amigo Parker Ladd quando ele mencionou um novo casal poderoso na cidade, um jovem magnata da construção e sua esposa loira do Leste Europeu. Era a primeira vez que Smith ouvia os dois nomes que um dia seriam inexoravelmente ligados ao dela própria. Enquanto o carro se aproximava de uma estátua do comodoro Cornelius Vanderbilt, Ladd perguntou a Smith: "Você já foi apresentada a Ivana e Donald Trump?"²⁴

Fazia décadas que a rotina matinal de Trump incluía uma inspeção de tudo o que fora escrito ou dito sobre ele nas 24 horas anteriores. Os *clippings* em geral eram reunidos por Norma Foerderer – por duas décadas a onipresente assistente-chefe –, que também entregava a Donald um caderno de espiral com solicitações de imprensa, a maior parte das quais ele mesmo resolveria.²⁵ Conforme ele ficava mais famoso, a pilha diária de cobertura midiática relacionada a Trump inchava; ainda assim, ele tentava diligentemente ler tudo o que se escrevia ou dizia a seu respeito. Muitas vezes, entregava os textos positivos a outros jornalistas que o visitavam, como exemplos do que fazer. Não importava quão famoso ele ficasse, não havia publicação pequena demais para que uma palavra gentil sobre Trump passasse em branco. Ele entregou a um repórter da revista *Fortune* uma cópia do *New York Construction News* que o chamava de "proprietário e incorporador do ano".²⁶

As matérias negativas também eram arquivadas. Quando Neil Barsky, do *Wall Street Journal*, chegou para entrevistá-lo, a mesa de Trump estava coberta com uma série de artigos escritos por ele sobre suas dificuldades financeiras.²⁷ O empresário ligou um gravador, fez um gesto na direção dos artigos e disse a Barsky que tinha três depoimentos juramentados de pessoas dizendo que o repórter estava espalhando boatos sobre ele ter um problema de fluxo de caixa. Também informou a Barsky que já tinha contratado um importante advogado especializado em casos de calúnia e difamação, antecipando a próxima matéria do jornalista. Então, a entrevista começou.

Enquanto outros figurões dos negócios se escondiam atrás de assessores de imprensa e porta-vozes que mantinham os repórteres o mais longe possível, Trump costumava ligar de volta pessoalmente, dentro de horas, se não minutos. Para algumas publicações, essa constante disponibilidade e o interesse na cobertura se transformavam em motivo de irritação. Certa ocasião, quando a *Fortune* elaborou sua lista anual de empresários mais ricos, designou um estagiário para lidar com o bombardeio de ligações de Trump, que discordava da avaliação da revista sobre seu patrimônio líquido.[28]

Trump herdou do pai uma ligação com um dos profissionais de relações públicas mais influentes de Nova York, Howard Rubenstein, que era porta-voz de vários outros importantes magnatas do setor imobiliário. Rubenstein logo descobriu que o Trump mais jovem não precisava de sua ajuda. Uma vez que Donald se estabeleceu como alguém importante nos círculos midiáticos, praticamente tudo o que ele e Ivana faziam tinha valor de notícia. Quando os colunistas de fofocas do *Daily News* George Rush e Joanna Molloy publicaram uma nota segundo a qual Trump cortara a linha do teleférico de esqui em Aspen,[29] consultaram duas fontes para checar o incidente, entre elas um funcionário do *resort* de esqui. No dia em que a nota saiu, Rush diz ter ouvido de um Trump furioso: "Não aconteceu. Essa nota é uma mentira completa. Quem te disse isso? Seja quem for, inventou. Você diga a ele que eu disse que ele é um puta mentiroso. Diga para ele me ligar. Quem quer que seja não tem coragem, porque sabe que eu vou dar tanta porrada que ele vai ficar fodido".

Certo verão, Jim Brady,[30] editor dos primórdios da Page Six, ouviu dizer que Donald e Ivana tinham ganhado um título de sócios temporários de um clube em East Hampton, onde alugavam uma casa. Os Trump queriam se tornar sócios permanentes, mas Brady soube que a diretoria do clube nunca aprovaria isso. Publicou então essa notícia na Page Six e recebeu um rápido telefonema de Trump. "Ele me xingou de tudo que era nome. 'Seu FDP. Seu piiii isso. Seu piiii aquilo. Vou te processar. Vou processar o *Post*. Vou processar o Murdoch. Vou processar todo mundo'", contou Brady.

Um minuto depois, o telefone tocou de novo. Era Cohn. Esperando outro rompante, Brady disse que, se fossem processar, deviam ligar para o advogado do jornal. "Jim, Jim, Jim", interrompeu Cohn. "Não vai ter processo nenhum. É muito bom o Donald desabafar. É só o jeito dele. E encorajamos esse tipo de coisa, mas ninguém vai processar ninguém. Estou só te avisando que não haverá processo." Não houve processo.[31]

Trump rapidamente descobriu que alguns repórteres de tabloides publicavam notas baseadas apenas em suas afirmações; ele tirou vantagem disso para divulgar ideias que podiam alavancar seus negócios. Entre as mentiras deslavadas que contou, segundo a ex-executiva da Trump Organization Barbara Res, havia uma de que a Casa Branca estava considerando mudar a suíte do presidente em Nova York para o Plaza Hotel, de propriedade da empresa. "Donald tinha um jeito de fazer com que publicassem tudo o que ele dizia, mesmo que não fosse necessariamente a verdade verdadeira", afirmou Res. "Ele tinha muita autoconfiança, o que é importante. Conseguia dizer o que queria, as pessoas escreviam e aí o que ele dissera se tornava verdade. Era isso que acontecia com ele e que chamam de grande mentira. Se você diz uma coisa um número de vezes suficiente, ela vira verdade. E ele é mestre nisso."[32]

Trump tinha talento para disfarçar declarações ou boatos com um verniz de anonimato. Se não queria seu nome ligado a algo, persuadia repórteres a atribuir afirmações a "um amigo de Trump" ou "um funcionário de alta hierarquia nas organizações Trump". Anos depois, repórteres que não o conheciam expressariam confusão quando, durante uma entrevista inicial, ele dizia que a informação que estava dando era "em *off*, mas você pode usá-la".[33] "Ele sabia jogar o jogo", disse George Rush. "Muitas coisas vinham de 'um amigo de Donald', e assim ele falava na terceira pessoa sobre o que Donald estava pensando."[34]

Alguns jornalistas criticavam a boa vontade dos tabloides em serem usados. Mark Singer, da revista *New Yorker*, que fez um perfil de Trump em 1997, disse que Donald usava os tabloides como "seu aparato de criação de lendas".[35] Mas os repórteres dos tabloides diziam que seus leitores – e sobretudo os operários nova-iorquinos – amavam qualquer nota sobre Trump. "Quando falávamos especialmente com imigrantes, imigrantes recentes que eram os leitores do *Daily News*, eles sempre queriam saber sobre Donald Trump", contou Rush. "Ele incorporava, para essas pessoas, o sonho americano. Para muita gente em Nova York, o consumo excessivo e escancarado não é ruim. É meio cômico o que ele fazia. Sempre achei que Donald estava por dentro da piada. Ele sabe que é exagerado, mas é assim que gosta de viver."[36]

Os fãs de Trump eram particularmente numerosos fora de Manhattan. "Os nova-iorquinos são muito ligados em sotaques, e ele tinha um sotaque de fora", disse Ed Kosner, antigo editor da *New York*, da *Esquire* e do *Daily News*.[37] "Embora tenha estudado na Penn e tudo o mais, ele soava como um cara que cresceu no Queens, o que é verdade, e acho que as pessoas reconheciam isso nele. Elas não achavam que ele era um cara esnobe. Achavam que ele era um cara normal que ganhou muito dinheiro."

Independentemente de quão impressionados estivessem os fãs de Trump, muitos repórteres concluíram que a recompensa por toda a atenção da mídia era maior para a celebridade que para seus admiradores. "Ele era literalmente viciado em publicidade e reconhecimento", declarou o ex-repórter da revista *New York* John Taylor. "Era como uma onda de dopamina no cérebro dele. Eu entrava com Trump em um prédio ou em uma sala, e ele ficava para trás, olhava ao redor, esperava o lugar encher para ter aquele momento de reconhecimento, quando você via hordas de pessoas se virarem e perceberem que era ele. [...] Ele vivia para esses momentos."[38]

Às vezes, parecia que reconhecimento era a única coisa que importava. Em 1988, quando Jeffrey Breslow, um dos maiores inventores de jogos de tabuleiro do país, visitou a Trump Tower para vender a Donald a ideia de um jogo semelhante ao Banco Imobiliário que levaria o nome dele, o inventor estava preparado para se ajoelhar e desfiar suas vantagens estratégicas para o cara cuja foto estaria na caixa de Trump: The Game. Mas Trump não estava interessado em jogar nem em ouvir os detalhes do jogo. Ele deu uma olhada no modelo da tampa da caixa e disse: "Gostei. O que mais?"[39] O que se seguiu foi uma negociação-relâmpago, um ataque promocional inesperado e a venda de cerca de 1 milhão de unidades. Trump alegremente fez aparições para promover o jogo, mas não quis participar da criação de seu conteúdo.

O foco de Trump em colocar o próprio nome em produtos, prédios e reportagens deixou alguns de seus mais importantes executivos, assim como repórteres, se perguntando se havia mais por trás do homem do que sua *persona* pública. Ele deu uma entrevista pessoalmente, no quarto do hospital, no dia do nascimento de sua filha Tiffany. Durante muitos anos, ligaria para colunistas para perguntar a opinião deles sobre sua última conquista romântica, de preferência em uma escala de 1 a 10. "Para onde quer que Donald Trump olhe, ele vê Donald Trump", disse Singer. "Ele não vê muito o outro cara. Fica bem difícil distinguir quanto da promoção e da publicidade é bom para os negócios e quanto é para encher o vazio dentro dele."[40]

No outono de 1984, Roy Cohn caiu doente. Um ano depois, ele deu entrada no hospital do Instituto Nacional de Saúde, em Bethesda, Maryland, alegando estar com câncer no fígado. Mas na verdade estava sofrendo os efeitos de uma infecção por HIV. Enquanto Cohn lutava para sobreviver, Trump se afastou do amigo por um tempo.⁴¹ Ele sempre soubera que Cohn era *gay*. Cohn estava "invariavelmente com algum jovem muito bonito", escreveu Donald em seu primeiro livro. "Mas Roy nunca falava sobre isso. Ele simplesmente não gostava da imagem. Achava que, para a maioria das pessoas, ser *gay* era quase sinônimo de ser fracote." Se alguém mencionava direitos homossexuais, notou Trump, "Roy sempre era o primeiro a ser contra".

Agora, lutando sua batalha final, Cohn estava ofendido com a aparente traição de Trump: "Não acredito que ele está fazendo isso comigo. Donald tem um coração de gelo". Com a saúde se deteriorando, seu comportamento antiético como advogado voltou a assombrá-lo. A Divisão de Apelações da Suprema Corte Estadual de Nova York o acusou de "desonestidade, fraude, logro e declarações falsas". Vários indivíduos notáveis defenderam o bom caráter de Cohn, inclusive Trump, que deu outra guinada e voltou a ficar ao lado do amigo, convidando-o para visitar Mar-a-Lago.⁴²

Em 1986, a licença de Cohn foi cassada. "Para um advogado que trabalha há quase quatro décadas neste estado, esse tipo de conduta é inaceitável", afirmou o tribunal. Cohn morreu cinco semanas depois, aos 59 anos. Seus amigos organizaram uma cerimônia religiosa para ele. Trump compareceu, e ficou em silêncio ao fundo.

"Minha área é a polêmica", declarou Cohn certa vez. "Minha fachada dura é meu maior ativo. Não escrevo cartas educadas." Durante suas primeiras décadas de atuação, Trump poluiu Nova York com sua própria correspondência agressiva. Às vezes escritas à mão, às vezes datilografadas, em geral em papel timbrado com letras douradas das organizações Trump,⁴³ as cartas eram endereçadas às mesas de concorrentes e detratores. Se queria a atenção da mídia, Donald enviava uma cópia a repórteres ou colunistas selecionados. Quando o crítico de arquitetura da revista *New York* Carter Wiseman avaliou duramente⁴⁴ um prédio construído por ele, recebeu uma carta que o chamava de fracassado e maltrapilho que usava ternos de veludo. Goldberger, crítico de arquitetura do *New York Times*, viu suas roupas depreciadas na Page Six depois que escreveu negativamente sobre os planos de Trump para a Television City.⁴⁵ Às vezes, Trump dispensava o papel timbrado da empresa e só fazia anotações em uma cópia da matéria ofensiva e a enviava ao autor. Quando Gail Collins, colunista do *New York Times*, o chamou de "miliardário financeiramente controverso", ele lhe enviou a coluna de volta com o rosto dela circulado. Ao lado, tinha escrito: "Cara de cão!"⁴⁶

Às vezes, cartas não eram suficientes – por exemplo, quando a parte que cometera a ofensa estava morta. Em 1990, a revista *Forbes* publicou um artigo que diminuía a fortuna de Trump de 1,7 bilhão para 500 milhões de dólares.[47] O dono da publicação, Malcolm Forbes, morrera alguns meses antes de ataque cardíaco, aos 70 anos, mas Trump acreditava que a culpa pelo artigo era do falecido. Prestes a publicar seu segundo livro, *Trump: sobrevivendo ao sucesso*, ele ligou para seu coautor, Charles Leerhsen, com um pedido para que fossem adicionadas algumas páginas sobre Forbes. Em uma entrevista televisiva algumas semanas mais tarde, disse que seu livro seria "muito interessante no que diz respeito a Forbes. Não é nada que eu quisesse contar, mas depois que ele fez aquela palhaçada comigo achei que eu tinha direito".[48] No livro, publicado no fim daquele mesmo ano, Trump criticava Forbes por ter mantido sua homossexualidade em segredo. Nos círculos sociais da elite nova-iorquina, a orientação sexual do editor era conhecida, mas publicamente ele ficara no armário, tendo sido casado por 39 anos e tido quatro filhos antes de se divorciar. Donald escreveu que era um caso de "dois pesos e duas medidas" o fato de Forbes "viver abertamente como homossexual – o que tinha todo o direito de fazer –, mas esperar que a mídia e seus amigos famosos o ajudassem a esconder isso".[49] A reportagem sobre a riqueza diminuída, escreveu, era uma vingança por ele ter se recusado a deixar Forbes entrar com dois jovens menores de idade no bar do Plaza Hotel, de sua propriedade.

Enquanto alguns jornalistas se viam em meio a uma guerra midiática com Trump por acaso ou simplesmente por fazerem seu trabalho, uma publicação novata provocava ativamente a fúria do magnata: a *Spy*, uma revista mensal ácida e brilhantemente engraçada que adorava acabar com os egos inflados dos anos Reagan. Os criadores da *Spy*, Kurt Andersen e Graydon Carter, tinham, por coincidência, escrito perfis de Trump – Andersen para a *Time* e Carter para a *GQ*. Eles fundaram a *Spy* em 1986 com a missão de ser uma publicação "inteligente, divertida, engraçada e destemida".[50] A revista logo criou fama por seu tom áspero e seus insultos criativos. Na *Spy*, o presidente da rede de televisão CBS, Laurence Tisch, era um "bilionário anão", e o vice-presidente Dan Quayle, um "branquinho rico, loiro e burro mergulhado com a água bem acima da cabeça". Nenhuma figura pública, porém, atraía ataques tão consistentes e enfurecidos quanto Trump. Andersen e Carter o faziam de alvo porque ele incorporava tudo o que a revista tinha como objetivo ironizar: a "ostentação, a arrogância e a vulgaridade de Nova York nos anos 1980".

Na edição de estreia, Trump foi incluído em uma lista dos Dez Nova-Iorquinos Mais Constrangedores.[51] No ano seguinte, a primeira lista da *Spy* das cem "pessoas, coisas e lugares mais irritantes, alarmantes e apavorantes" colocou Trump em terceiro lugar. Em 1989, a revista explicou que ele tinha se tornado tão apavorante que avançara para "outro plano". Naquele ano, a lista da *Spy* ranqueou as pessoas em relação a quanto elas eram parecidas com Trump – ou de acordo com o "Trumpscore". A equipe da publicação inventava apelidos para se referir a ele, uma série enorme que incluía "vigarista bem-alimentado de apartamento", "dono de frotas amador megalomaníaco" e "babaca milionário sem graça". Um insulto, porém, incomodava Donald mais que todos os outros, e sobreviveu à revista que o criou: "rico vulgar dos dedos curtos". Logo depois de publicar *Trump: A arte da negociação*, Trump enviou um exemplar à sede da *Spy*. Na capa tinha circulado os próprios dedos com marca-texto dourado, aparentemente rejeitando a insinuação de que eles eram curtos. Os repórteres e editores da revista acharam que talvez ele tivesse um senso de humor melhor do que imaginavam – até abrirem o livro. Nele, Trump tinha escondido uma nota escrita à mão que podia ter sido de autoria de Cohn: "Se me baterem, vou bater de volta cem vezes mais forte".[52]

Quanto mais a *Spy* batia nele, mais Trump batia de volta. Ele disse à *Playboy* que a *Spy* era "um lixo". Ameaçava a revista repetidamente. Disse a Liz Smith, do *Daily News*, que a *Spy* fecharia em um ano; a revista abraçou a previsão e adicionou uma atração mensal: uma contagem regressiva para sua própria extinção. "Ele transformou aquilo em um jogo de bate e volta", contou a ex-editora da *Spy* Susan Morrison. "Era muito divertido provocá-lo. Era como cutucar onça com vara curta, porque ele respondia, escrevia cartas e nos chamava de perdedores. Ele era uma dádiva que não acabava."[53] As cutucadas não se limitavam a apelidos criativos. A *Spy* checou as alegações financeiras feitas em *Trump: A arte da negociação* e, em 1990, incluiu o autor em sua pegadinha "O zilionário mais pão-duro dos Estados Unidos". A revista criou uma empresa de reembolsos – a National Refund Clearinghouse – e, começando com 1,11 dólar, enviou cheques com valores cada vez menores a dezenas de ricos famosos. Quando chegou a seus menores cheques de reembolso – de 35 centavos –, só duas pessoas os depositaram: Adnan Khashoggi, um comerciante de armas e bilionário saudita, e Trump.[54] (Anos depois, Mark Singer, da *New Yorker*, que virou alvo de Donald depois de escrever um perfil crítico, enviou-lhe um cheque de 37,82 dólares, também como piada. Trump o depositou.)

A previsão de Trump sobre o fim da *Spy* acabou se provando correta; a revista parou por um breve intervalo em 1994 e depois fechou de vez em 1998.

Mas os insultos dela deixaram um incômodo duradouro. Por anos, Carter, que se tornou editor da *Vanity Fair*, recebeu periodicamente fotos de Trump recortadas de revistas e jornais, enviadas por ele próprio, que circulava em dourado imagens de suas mãos. Já em abril de 2015, ele enviou uma foto com um bilhete afixado: "Viu? Não tão curtos!". Carter a devolveu, com seu próprio bilhete: "Na verdade, bem curtos".[55]

No fim de 1989, alguém enviou uma fotografia de uma modelo loira chamada Marla Maples à redação do *New York Post*, com um bilhete dizendo que ela estava saindo com um importante empresário casado. Maples por si só não atraía muito interesse dos tabloides; era uma ex-rainha de bailes escolares de Dalton, na Geórgia, a capital americana dos carpetes, que tinha trabalhado como modelo por algum tempo para uma empresa fabricante de adesivos para azulejos e para a Delta Airlines antes de chegar a Manhattan e alugar uma quitinete em Chelsea por 400 dólares, determinada a fazer sucesso na cidade grande. Mas a Page Six publicou a foto dela, com uma matéria curta e misteriosa, porque havia rumores de que a modelo estava tendo um caso com um "magnata dos negócios"[56] – Donald Trump estava traindo Ivana.

Na redação do *New York Post*, correu o aviso de que a notícia não devia ser publicada. Murdoch vendera o jornal a Peter Kalikow, empreendedor imobiliário que era amigo de Trump. Um repórter do *Post* certa vez entrara no escritório de Kalikow e ouvira Trump ao telefone repreendendo o editor pelo que entendia ser uma cobertura negativa.[57] Quando Kalikow ouviu falar que alguns de seus repórteres estavam investigando boatos sobre a infidelidade de Trump, ele disse a Lou Colasuonno, editor-chefe do jornal: "Não podemos dar essa matéria". Por que não?, perguntou o editor. "Por favor", respondeu Kalikow. "Vou ter muita encheção de saco em casa." Ele explicou que a esposa era próxima de Ivana, e que seu jornal simplesmente não podia tornar públicos os supostos problemas no casamento dela.[58]

No escritório de sua casa na Rua 38 Leste, Liz Smith estava ouvindo os mesmos rumores. Ela escrevia regularmente sobre os Trump havia mais de uma década. Também socializava com o casal: viajava no jatinho deles, ia a festas de família, casamentos e aniversários.[59] Quando os Trump reformaram Mar-a-Lago, Smith passou um fim de semana na mansão com um grupo de amigas de Ivana, entre as quais Barbara Walters, da abc-tv. A colunista não escondia a amizade, e, quando o nome de Donald aparecia em suas colunas, era frequentemente precedido por duas palavras: "meu amigo". Isso poderia ter incomodado estudiosos da ética jornalística, mas Smith explicava que era uma colunista de fofocas, não uma "jornalista autêntica". De toda forma, ela gostava de Trump. Quando se encontravam em festas, ele a puxava para abraçá-la, virava-a para a pessoa ao lado e dizia: "Ela é ótima! Ela não é ótima?" – um gesto que Smith sempre achou constrangedor e um pouco afetuoso, dada a germofobia de Trump.

Em 1990, Smith ligou para Donald e disse que havia uma "história forte" sobre ele estar traindo Ivana. Ela tentou convencê-lo a lhe dar uma entrevista exclusiva, oferecendo-se para publicá-la de forma "não muito inflamatória". Donald não negou os boatos, mas não estava disposto a ir a público.[60] Algumas semanas depois, Smith enviou-lhe uma carta: "Me dê a entrevista para não parar num lugar muito pior que a coluna de Liz Smith". Trump nunca respondeu.

No início de fevereiro, Smith estava sentada à sua mesa escrevendo uma coluna quando recebeu um telefonema de Ivana. Donald estava no Japão para assistir a uma luta de Mike Tyson e falar com investidores japoneses sobre a compra do Plaza Hotel. Ivana convidou Smith para visitá-la e estava aos prantos quando esta chegou. Ela contou tudo à colunista. Mesmo antes de Ivana descobrir o caso, Donald dissera que havia perdido o interesse sexual nela, e nem uma bateria de cirurgias plásticas pela qual ela passara recentemente tinha feito diferença. Mas, da mesma forma que o marido, Ivana não queria divulgar o caso. Tinha medo de que, quando Donald inevitavelmente a deixasse, ele levaria amigos como a própria Smith e Barbara Walters. A colunista tentou aplacar os medos de Ivana e a incentivou a ligar para um profissional de relações públicas conhecido, John Scanlon. Os três criaram um plano. Na sexta-feira, 9 de fevereiro de 1990, Smith entregou sua coluna dominical nas mãos de seu editor no *Daily News*. Ela anexou um bilhete, meio em tom de brincadeira: "Quando Donald descer do avião [do Japão] no domingo à noite, temo que ele vá matá-la – ou vá me matar".[61]

"Exclusivo! Amor à beira do precipício!",[62] gritava a chamada no pé da primeira página no domingo, ao lado de uma foto sorridente de Smith. A matéria dentro do jornal trazia poucos detalhes, mas era acompanhada de uma biografia de Donald e de uma crônica de seu casamento de doze anos com Ivana – uma página dupla sobre o casal. "O casamento de Ivana e Donald Trump parece estar à beira do precipício, e fontes próximas dizem que os advogados já estão trabalhando para tentar dividir as complexas propriedades de Trump", escreveu Smith.

Não é claro quem a matéria enfureceu mais: os repórteres do *New York Post*, que queriam ter dado o furo, ou Donald. Com a história finalmente pública, Kalikow já não era impedimento. Teve início uma clássica guerra de tabloides. Levaria vários meses para os editores de Smith permitirem que ela escrevesse sobre um assunto diferente. O jornal designou um exército de repórteres para a cobertura, e um editor explicou a Smith: "Se isso não é uma história de tabloide, então não existem tabloides".[63] No dia seguinte, a capa do *Post* exclamava: "Separação". Uma reportagem dentro do jornal dava a versão de que Donald já tinha deixado Ivana. Uma fonte descrita apenas como "um amigo íntimo" forneceu as seguintes aspas de Trump: "Eu gosto de Ivana, mas nos afastamos. O nível de arrogância dela ficou cada vez pior nos últimos anos".[64] O *Post* relatou que o que mais irritava Trump não era que seus assuntos matrimoniais agora tivessem se tornado públicos, mas sim uma frase na matéria de Smith: "O megaempresário ficou simplesmente apoplético com uma nota de jornal publicada ontem dando a entender que Ivana fosse sua sócia nos negócios".

Fevereiro de 1990 foi um mês cheio de notícias. Nelson Mandela foi libertado da prisão. A Drexel Burnham Lambert, uma grande firma de investimentos de Wall Street, foi à falência. O presidente George H. W. Bush recebeu o novo presidente da Tchecoslováquia, o ex-dramaturgo dissidente Václav Havel, na Casa Branca, enquanto o colapso do império soviético se acelerava. Mas, por semanas, uma única história dominou as capas dos tabloides da cidade: Donald *versus* Ivana. Depois de colocar Mandela na capa de 12 de fevereiro, o *Daily News* estampou notas sobre Trump na primeira página por doze dias seguidos. O *New York Post* publicou notas de primeira página sobre Trump durante oito dias. A obsessão na capital midiática da nação se espalhou para publicações nacionais sérias. Nenhuma migalha de notícia era pequena demais. Quando a agência Associated Press reportou que Trump e Marla Maples frequentavam a mesma igreja, a capa do *Post* gritou: "Eles se conheceram na igreja".[65] Quando Trump voou para Mar-a-Lago para o aniversário de Ivana, o *Daily News* noticiou; o *Post* atirou de volta no mesmo dia com "Os Trump dividem palácio na Flórida, mas em... CAMAS SEPARADAS".[66] O *News* fez uma enquete com os leitores para saber se apoiavam Donald ou Ivana e colocou totens de papelão dos dois no lobby do prédio do jornal para os leitores posarem para fotos ao lado de seu Trump favorito.[67] O *Post* comparou estatísticas vitais de Marla e Ivana – idade, altura, peso, manequim – sob a manchete: "Fita métrica conta tudo na Batalha das Belas".[68] O *Daily News* do dia seguinte trouxe um gráfico detalhando quais membros dos círculos sociais nova-iorquinos estavam ao lado de Donald e quais estavam ao lado de Ivana. Donald tinha Cher, Elton John, Frank Sinatra e "todo mundo em Atlantic City", enquanto entre os apoiadores de Ivana estavam Calvin Klein, Oprah Winfrey, a princesa Diana e "todos os floristas de Nova York". (Barbara Walters fazia parte de um grupo menor dos "em cima do muro", com George e Barbara Bush.)[69]

As manchetes sensacionalistas chegaram ao ápice com a capa de 16 de fevereiro do *Post*, que dizia: "O melhor sexo da minha vida" – uma afirmação supostamente feita por Maples em referência a Donald. A manchete se tornaria um clássico dos tabloides. Bill Hoffmann, repórter do *Post* conhecido por suas matérias com celebridades, escreveu o artigo depois de entrevistar duas amigas das aulas de interpretação de Maple. As mulheres disseram ter visto Trump pegar Maples depois da aula, e contaram que Marla tinha confidenciado a elas o caso amoroso e a vida sexual dos dois. O repórter as pressionou a dar detalhes, mas elas não sabiam muito mais que isso. Não tinha importância: Hoffmann tinha o trecho de que precisava – uma citação de uma amiga não identificada em que Marla dizia que Trump era "o melhor sexo da minha vida".

O editor-chefe do *Post*, Colasuonno, leu a citação em seu computador e soube que tinha a capa do dia seguinte. Os editores debateram se a reportagem era mesmo verdadeira: Marla realmente tinha dito o que o *Post* estava prestes a divulgar na primeira página? Colasuonno não estava preocupado. "Gente, essa manchete é à prova de processos", disse. "Donald nunca vai reclamar disso." Um editor de fotografia encontrou a imagem perfeita: Trump sorrindo como o gato de Alice. Sob a manchete da capa, o *Post* escreveu: "Sempre soubemos que Donald Trump era um leão nas salas de reunião corporativas, mas agora sabemos que ele também é um felino no quarto". (Alguns anos depois, quando virou editor do *Post*, Colasuonno passou a receber ligações ocasionais de Trump, que incluíam o convite para ir um dia almoçar no Plaza. Lá, segundo Colasuonno, Donald lhe disse que o levaria a Atlantic City para um fim de semana e "providenciaria umas garotas", ou o jornalista podia ir a um jogo dos Yankees e se sentar no camarote do dono do time, George Steinbrenner. Trump queria que Colasuonno escrevesse uma reportagem dizendo que ele tinha dinheiro para honrar seus compromissos. "Olha, tem um monte de boato por aí de que eu estou falido – é tudo mentira", disse. Em vez de aceitar a proposta para escrever a matéria, o editor sugeriu que seu melhor repórter de economia poderia investigar as finanças de Trump. Trump nunca foi em frente no pedido. Não se falou mais em Atlantic City nem no Yankee Stadium.) No dia seguinte à manchete do "melhor sexo", o *News* respondeu com um relato de Smith de que Donald estava "felicíssimo" com a manchete, gerando uma reação do *Post*: "Trump: demita Liz Smith".[70]

A cobertura frenética continuou por meses, dando à *Spy* a oportunidade de aumentar sua coleção de apelidos para Trump: "homem forte abandonador de esposa de Atlantic City" e "devedor adúltero". Donald e Ivana acabaram se divorciando de fato, e, durante o período dele como solteiro na faixa dos 40 anos, nasceu um de seus estranhos hábitos de adulação da mídia. Desde o início de sua carreira empresarial, Trump ocasionalmente ligava para repórteres usando o nome John Miller ou, mais frequentemente, John Barron. (Sua fascinação com esse nome persistiu por anos; quando ele estava saindo com Marla enquanto ainda era casado, às vezes usava o codinome "Barron" ao deixar mensagens para ela. E, quando Trump e sua terceira esposa, Melania, tiveram um filho, o batizaram de Barron.)[71]

Em 1991, uma jovem repórter da revista *People* chamada Sue Carswell ligou para o escritório de Trump pedindo uma entrevista. Carswell fora recentemente escalada para acompanhar o caso Trump/Marla/Ivana e estava ligando para falar de uma matéria recente do *Post* que alegava que Trump havia largado Marla para ficar com a modelo italiana Carla Bruni. Cinco minutos depois, ela recebeu uma ligação do assessor de imprensa de Trump, que se apresentou como John Miller.[72] Este confirmou a matéria do *Post*. Sim, Trump tinha largado Marla, e havia uma fila de lindas mulheres da qual ele podia escolher seu próximo caso amoroso. "Mulheres lindas e importantes ligam o tempo todo para ele", disse Miller. Ele listou alguns nomes, entre eles o de Madonna. "Ele basicamente mencionou todas as mulheres gatas de Hollywood", contou Carswell.[73] Algo naquele assessor de imprensa pareceu estranho à repórter. Ele lembrava muito, bem, o próprio Trump. Convenientemente, Carswell estava gravando a entrevista. Ela a mostrou a alguns colegas, que concordaram em que parecia mesmo Donald. Então, ela ligou para Marla e tocou a fita. Maples começou a chorar e confirmou que era a voz de Trump.

Carswell estava longe de ser a única repórter para quem Trump ligou com um pseudônimo. A colunista Linda Stasi, do *Daily News*, disse que ele certa vez deixou um recado na caixa postal dela como um "informante anônimo"[74] que queria tornar público que Trump tinha sido visto saindo com modelos. Aspas de "John Barron" apareceram na revista *New York*, no *Washington Post* e no *New York Times*, em que um "John Barron", descrito como "vice-presidente das organizações Trump", apareceu em uma matéria de primeira página em 1980. Barron era descrito de forma variada como "porta-voz de Trump", "executivo de Trump" ou "representante de Trump". Embora Donald às vezes negasse fazer ligações passando-se por John Barron, ele admitiu em um depoimento em 1990: "Acredito ter em algumas ocasiões usado esse nome". Alguns repórteres achavam as ligações de Miller ou Barron simplesmente divertidas, ainda que um pouco estranhas. Outros as viam como perturbadoras ou até sinistras, pois Barron parecia sentir prazer em descrever como mulheres importantes eram atraídas sexualmente por Trump. "Atrizes", disse Miller na ligação para Carswell, "telefonam só para ver se conseguem sair com ele e coisas assim." Madonna "queria sair com ele". E o *alter ego* de Trump se orgulhava de que, além de viver com Maples, Donald tinha "mais três namoradas".[75]

Com a batalha dos tabloides rolando, Trump seguia dizendo que qualquer publicidade era boa para os negócios, mas alguns de seus conselheiros mais próximos tinham sérias dúvidas a respeito. Barbara Res, sua funcionária de longa data, estava preocupada com a possibilidade de a cobertura da vida pessoal de Donald pelos tabloides prejudicar os resultados financeiros da organização. No dia em que saiu a matéria "O melhor sexo da minha vida", Trump segurou o *Post* com orgulho para mostrá-lo a Res. "Todos nós, as pessoas em posições importantes na empresa, achamos que aquilo era terrível", disse ela. "Quer dizer, ele tinha um filho de 6 anos em casa. Tinha outro de 12 que podia ler os jornais. Achamos simplesmente terrível. Ele achou que era a coisa mais incrível."[76] (Donald Jr. defendeu o orgulho do pai, entrando em uma briga na Hill School, um internato na Pensilvânia, depois que um colega o provocou com uma foto ousada da amante de Donald.[77] "É um ambiente em que todo dia você vê uma coisa na capa do jornal, você só sabe um lado da história, e virou um frenesi de especulações", lembrou ele.)[78]

Ainda assim, alguns jornalistas achavam que a decisão de Trump de abanar o fogo em vez de tentar apagar o incêndio demonstrava uma genialidade contraintuitiva de quem conhecia a mídia. "Ele entendia que, se você for completamente descarado e tiver o dom de tirar vantagem das coisas, não existe publicidade ruim", disse Taylor, ex-repórter da revista *New York*. "Aquela situação com Marla e Ivana foi um exemplo perfeito; Trump conseguiu vendê-la como se ele fosse um macho irresistível que estava sendo perseguido por lindas loiras por toda a cidade."[79] No dia da matéria do "melhor sexo", Taylor entrevistou Trump no escritório dele. Seu casamento estava em ruínas, mas ele tinha ligado de volta pessoalmente para Taylor dentro de poucas horas. O jornalista chegou, passou pela galeria de capas de revista com Donald Trump e encontrou seu entrevistado sentado à mesa, relaxado como sempre. Trump não parecia especialmente perturbado. Só falava de quanta atenção da imprensa sua separação iminente de Ivana estava recebendo: "Nunca vi nada assim na minha vida. Não acho que tenha existido algo assim. Em um dia, foram oito páginas nos tabloides. Até o *New York Times* está fazendo [...]. Um dos jornais colocou doze repórteres para cobrir o assunto".

Taylor comentou que o recente divórcio do cineasta Steven Spielberg da atriz Amy Irving também estava gerando muita notícia, mas Trump descartou a comparação desdenhosamente, chamando o caso de "sucesso de um dia só".[80] Trump disse que a matéria do "melhor sexo" era "vulgar", mas acrescentou que tinha acabado de saber que estava impossível achar o jornal nas bancas da cidade. Depois, o repórter mencionou que acabara de voltar de Londres. Trump quis saber o que estavam falando de sua separação do outro lado do oceano: "Foi grande lá também? Ouvi falar que a coisa lá está colossal".

A matéria de Taylor, intitulada "Trump: A novela", citava "um executivo de Trump" dizendo que a cobertura sensacionalista dos tabloides tinha resultado em cassinos prósperos e em lotar o Plaza Hotel. Algumas semanas depois, uma declaração similar apareceu em uma reportagem do *Wall Street Journal* sobre a decisão de Trump de investir em Atlantic City. Dessa vez, as palavras vinham não de uma fonte anônima, mas de Trump. Seu cassino Trump Taj Mahal estava prestes a abrir, e, desde seu divórcio e a onda de cobertura, a equipe do cassino tinha visto um pico de pedidos da mídia para cobrir a inauguração. Trump estava satisfeito: "Um divórcio nunca é algo agradável, mas, do ponto de vista dos negócios, ele teve um efeito muito positivo".[81]

Os negócios sempre estiveram no centro da vida; Trump aprendera isso com o pai. O sucesso era definido – e criado – em grande medida pela reputação e pela imagem; isso ele aprendera com Roy Cohn. Agora, Donald adicionava seu próprio ingrediente: fazendo uma guinada de empresário imobiliário para uma noção muito mais extensa da marca Trump, ele começou a usar a fama não apenas para promover seus prédios mas também para construir uma rede de empreendimentos em jogos, esportes, concursos de beleza, televisão – uma gama sempre mutante de maneiras de enviar a mensagem de que o nome Trump significava ambição, riqueza e uma expressão de sucesso distintamente pessoal. Algumas de suas iniciativas fracassariam e outras renderiam pilhas de dinheiro, mas no centro de todas elas estava sua identidade, sua imagem cuidadosamente talhada de artesão do negócio, sua insistência em que ele – e não uma equipe nem uma corporação, mas ele próprio – ganhava o dinheiro. Tudo o mais servia a essa ideia – suas relações com mulheres, banqueiros, a mídia, o público em geral. As pessoas sempre lhe perguntavam quem era o verdadeiro Donald

Trump – seria o bilionário bombástico e prepotente que ele fazia aparecer na mídia apenas um papel criado para expandir os negócios? Ninguém entendia, insistia ele. Ele era exatamente o que apresentava ao público: um homem de negócios que jogava por si mesmo, que jogava para ganhar. Ele falava usando "hipérboles verdadeiras". Derrotava oponentes. Desprezava "perdedores". Escolhia passar tempo no escritório e não com esposas ou filhos. Fazia o que precisava ser feito. E ele apostava alto, agora indo além de Manhattan para uma triste cidade litorânea de Nova Jersey que acreditava poder recriar à sua própria imagem.

7
APOSTANDO TUDO

No verão de 1978, Donald Trump, então com 32 anos, embarcou em um hidroavião rumo a Atlantic City, a fim de saber mais sobre os milhões de dólares em lucros obtidos pela Resorts International, a proprietária do primeiro cassino da Costa Leste.[1] Era tanto dinheiro entrando tão rapidamente que a Resorts o armazenava em sacos guardados nos quartos de hotel antes que pudessem ser contados.[2] No entanto, enquanto Trump caminhava pela orla e via os prédios dilapidados, viu uma cidade carente de um salvador.

Durante gerações, Atlantic City havia evocado uma imagem de beleza costeira e romance. Populações urbanas vinham a suas praias, antes de tudo em busca de um retiro saudável. As brisas frescas do oceano ganharam o apelido de "pulmões de Filadélfia".[3] Em 1921, a cidade recebeu o primeiro concurso Miss América, um dos muitos eventos que a tornaram um ímã de entretenimento da Costa Leste. Hotéis cercavam a orla, e o acesso por trem possibilitava viagens de bate e volta para famílias – chamadas de *shoobies* –, que levavam lanches de piquenique em caixas de sapatos.*

As fortunas locais definharam com a mudança dos gostos e da moda. Durante a Segunda Guerra Mundial, o Exército e a Aeronáutica assumiram o controle dos hotéis de Atlantic City, e, em 1944, um furacão destruiu grande

---

* O termo *shoobie*, que equivale a "farofeiro" no Brasil, se originou no final do século XIX e designava os viajantes que iam de trem à praia, para passar o dia, com o almoço embalado em uma caixa de sapato (*shoe box*). Posteriormente, passou a se referir a qualquer pessoa que levasse um lanche de piquenique à praia. (N. da T.)

parte do famoso calçadão de madeira de 11 quilômetros. O número de visitantes caiu ao longo das duas décadas seguintes, à medida que a evasão da população branca e a decadência urbana aumentaram a criminalidade e o desemprego na cidade, e as autoestradas interestaduais deixaram as pessoas mais próximas de novos empreendimentos imobiliários nos bairros ricos do subúrbio. A população despencou de 66 mil habitantes em 1930 para cerca de 40 mil em 1980.[4] O recanto turístico permaneceu na imaginação do público como um lugar de hotéis bem decorados, barraquinhas de doces e concursos de beleza, mas a realidade financeira era cruel. Atlantic City parecia estar morrendo, e as tentativas das autoridades municipais de reverter a situação não tinham resultado. Em desespero, Nova Jersey legalizou o jogo em 1977 e consagrou na lei o sonho da "restauração de Atlantic City como o Parque de Diversões do Mundo e o maior centro hospitaleiro do Leste dos Estados Unidos". Um ano depois, quando o hotel-cassino da Resorts International deu provas de que o sonho estava se tornando realidade, Trump chegou em sua missão de reconhecimento do terreno.

Ele havia alimentado a esperança de que seu estado natal, Nova York, legalizasse o jogo. Tinha sugerido instalar um cassino em seu edifício em Midtown, o Grand Hyatt. Essa visita a Nova Jersey mandava uma mensagem clara: se Nova York não lhe desse permissão para construir um cassino em Manhattan, Trump voltaria suas atenções para o outro lado do rio Hudson. As propriedades em Atlantic City eram mais baratas do que em Manhattan e sócios estavam dispostos a assumir grande parte do risco no lugar dele. A tentativa de legalização em Nova York fracassou, e Trump decidiu investir em Nova Jersey. Em sua visita a Atlantic City, ele parou em uma sorveteria e se encontrou com um corretor de imóveis para discutir a compra de terreno para um cassino. Trump não tinha experiência com jogo ou gestão de cassinos, mas as autoridades locais não ligavam para isso; estavam interessadas em sua famosa fortuna. Qualquer um poderia se candidatar a obter uma licença de cassino, desde que seguisse uma série rígida de regulamentos e não tivesse laços com o crime organizado. No primeiro ano após a legalização, 36 corporações enviaram propostas para salões de jogos.[5] Enquanto Trump ponderava seus planos para os próximos dois anos, meia dúzia de cassinos começou a funcionar.[6] Ele passeou por um dos novos hotéis, o Tropicana, insistindo em que o gerente de jogos lhe mostrasse todos os andares do prédio.[7]

Enquanto voltava a atenção para lotes centrais da orla, Trump posava de jovem magnata para as autoridades de Atlantic City. De fato, ele havia recebido milhões em comissões sobre negócios em Nova York, incluindo uma taxa por mediar a aquisição do terreno para a Trump Tower.⁸ Dirigia um cupê Mercedes-Benz SL de duas portas e usava uma limusine Cadillac fretada por sua empresa imobiliária. Com 34 anos no início de 1981, porém, ele ainda pedia dinheiro para o pai.⁹ Recentemente, havia pegado 7,5 milhões de dólares emprestados de Fred Trump para ajudar a pagar a dívida que havia acumulado em parte com o avanço de seus planos para Atlantic City.

Trump precisava conseguir uma licença para dirigir um cassino, o que exigia uma análise financeira e uma verificação de antecedentes. Quando os reguladores do jogo examinaram suas finanças, concluíram que sua organização geraria muitas dívidas. Trump afirmou aos reguladores que levantaria 175 milhões de dólares para começar seu negócio em Atlantic City utilizando as propriedades que possuía.¹⁰ Segundo seu plano, um empréstimo seria garantido por sua participação de 50% no Grand Hyatt. O valor restante seria obtido pela hipoteca de um hotel-cassino em Atlantic City – um edifício que nem existia. Donald estava pedindo que os supervisores do jogo em Atlantic City botassem fé nele, não necessariamente no dinheiro que tinha disponível.

Segundo a lei estadual, Trump era obrigado a revelar se "em algum momento foi citado ou acusado formalmente de qualquer violação de estatuto, regulamento ou código de qualquer governo estadual, de condado, municipal, federal ou nacional, além de alguma violação criminal, conduta desordeira ou violação de trânsito". Inicialmente ele deixou de contar à Comissão de Controle de Cassinos sobre o processo de direitos civis do Departamento de Justiça que havia enfrentado por discriminação racial alguns anos antes.¹¹ Mais tarde, com o desenrolar da verificação de seus antecedentes, revelou o caso em conversas com reguladores do jogo.

A VERIFICAÇÃO DE ANTECEDENTES também revelou que Trump estivera em contato com pessoas associadas ao crime organizado. Em princípio, isso seria sinal de perigo. Quando o governador Brendan Byrne assinou a lei do jogo de Nova Jersey, declarou: "Já disse antes e vou repetir ao crime organizado: mantenham suas mãos imundas longe de Atlantic City. Fiquem fora do nosso estado".¹² Não faltavam motivos para preocupação. Uma revisão da Comissão Estadual de Investigação descobriu que, no início de 1974, não muito depois que a lei do jogo havia sido proposta, houvera uma "tendência incipiente de infiltração do crime organizado em alguns empreendimentos legalizados", entre os quais firmas de vendas de cigarro e bares locais.¹³ A máfia queria uma fatia do poder.

Em junho de 1980, enquanto Trump intensificava sua busca por imóveis, ele voltou suas atenções para um terreno ao longo da orla que havia sido adquirido semanas antes por dois homens de contatos suspeitos. Um era amigo da família criminosa Scarfo, de Filadélfia, uma organização violenta que mantinha forte controle sobre o sindicato de 20 mil membros que representava funcionários de hotéis e cassinos em Atlantic City.[14] O associado da família Scarfo, Kenny Shapiro, era um ex-vendedor de ferro-velho em Filadélfia que se tornou empreendedor do ramo imobiliário na Jersey Shore. Shapiro atuava como financiador de Scarfo no sul de Jersey e em Filadélfia.[15] Trabalhava lado a lado com Daniel Sullivan,[16] ex-motorista de caminhão, membro do Teamsters e dono de uma empresa de remoção de lixo, que, posteriormente, seria citado em um processo judicial como informante do FBI.[17]

A localização do lote era perfeita, perto do Convention Hall, marco da cidade. Trump e sua organização fizeram uma proposta quase imediata. Em julho, ele aceitou pagar 10 milhões de dólares em despesas de arrendamento do terreno durante os quinze anos seguintes.[18] Era uma bolada extraordinária para Sullivan, Shapiro e sua pequena firma. Além disso, Trump contou aos investigadores que ficou tão impressionado com as habilidades de negociação de Sullivan que o recomendou para um emprego no Grand Hyatt de Nova York. Ele o contratou como negociador para resolver "problemas de mão de obra" com o sindicato que representava os funcionários do hotel e do restaurante do Grand Hyatt. Também arranjou uma reunião de seu gerente no Chase Manhattan Bank com Sullivan, apresentação que propiciou a este um empréstimo multimilionário.[19] Os reguladores de cassino ficaram preocupados e começaram a examinar os contatos.

Anos depois, Trump disse não ter conhecido Sullivan ou Shapiro muito bem. Ele os considerava "valentões" e certa vez tinha ouvido o boato de que Sullivan assassinara Jimmy Hoffa, famoso ex-líder do sindicato Teamsters que desapareceu em 1975 e nunca mais foi visto.[20] "Como ouvi esse boato, não abaixei a guarda", lembrou. "Pensei: 'Não quero ser amigo desse cara'." Mas afirmou à Comissão de Controle de Cassinos em 1982: "Não acho que haja algo de errado nessas pessoas. Muitas delas estão em Atlantic City faz muitos, muitos anos, e acho que são muito bem conceituadas na região".[21]

Trump, porém, estava a par do envolvimento da máfia na cidade. Em conversas confidenciais com agentes do FBI, que entraram em contato com ele em abril de 1981 para falar sobre o papel daquela organização, disse que "tinha lido na imprensa e ouvido de vários conhecidos que é sabido que elementos do crime organizado atuam em Atlantic City".[22] Segundo um resumo do FBI, ele havia contado a agentes que "pretendia construir um cassino em Atlantic City, mas não queria manchar o nome da família". Depois que vieram a público as questões sobre o envolvimento de Sullivan e Shapiro na proposta de Trump, a comissão adiou a aprovação final de sua licença de cassino. Ele foi instruído a se desvencilhar da associação com Scarfo, cancelando o arrendamento da propriedade e comprando o terreno de uma vez.

Mesmo assim, a venda proporcionou uma grande bolada para Sullivan e Shapiro. Trump pagou a eles 8 milhões de dólares – quase três vezes o que a dupla havia pagado pelo terreno três anos antes.[23]

Em 14 de março de 1982, a Comissão de Controle de Cassinos analisou a solicitação de licença de Trump. Ele queria construir o maior hotel-cassino da cidade, com 39 andares e 614 quartos.[24] As autoridades de Atlantic City praticamente se curvaram a seus pés. Não importou o fato de que ele não tinha experiência na administração de cassinos, não havia reunido o investimento necessário e fora investigado por negociar com figuras do crime organizado. Para elas, a presença de Trump mostrava que a cidade estava de volta aos trilhos. "As pessoas estavam vibrando porque estava vindo uma pessoa que não era apenas mais um agente de Nevada", disse o então comissário Carl Zeitz.[25] A licença foi aprovada em menos de duas horas.[26]

Agora, enquanto avançava com seus planos, Trump alimentava sua imagem de homem elegante, vestindo um terno preto, camisa branca e gravata azul ou vermelha sob um sobretudo preto com gola de veludo. Repórteres de Nova York e colunistas sociais o seguiam por toda parte. Seu senso de oportunidade parecia grandioso. Alguns analistas previam que Atlantic City poderia superar Las Vegas como principal meca do jogo do país até o final da década.[27] Mas Donald precisava de um sócio que pudesse ajudá-lo a financiar e gerenciar o cassino. Para atrair alguém a participar do negócio, fez um truque de ilusionismo.

Em junho de 1982, Trump recebeu membros da diretoria da Harrah's, uma subsidiária da Holiday Corp., empresa que também era dona da rede Holiday Inn, no lugar de seu futuro cassino – o terreno que ele havia arrendado e depois comprado de Sullivan e Shapiro. A Trump Organization não havia feito quase nada no local da construção. Para impressionar os representantes da Harrah's, ele instruiu os operários a escavar o solo e empurrar os carrinhos de mão de um lado para outro do lote de 8 mil metros quadrados, para dar a impressão de que aquela era "a obra mais ativa da história da humanidade".[28] No *tour*, um representante da Harrah's perguntou por que um dos operários estava preenchendo rapidamente um buraco que tinha acabado de escavar. Trump ficou aliviado pelo fato de o autor da pergunta não estar mais desconfiado. Ele lembraria com orgulho de seu pequeno truque: "A diretoria da Harrah's saiu do local absolutamente convencida de que era a escolha perfeita".[29]

Três semanas depois, a Harrah's concordou em fazer um investimento inicial de 50 milhões de dólares, providenciar um financiamento de construção e gerenciar o hotel-cassino depois de finalizado.[30] Trump, por sua vez, praticamente não assumiu risco nenhum. Em troca de metade dos lucros, oferecia sua licença de cassino e seu terreno, e concordou em edificar o prédio em troca de uma taxa extra de construção. Quando o hotel-cassino estava sendo erguido, em 1983, seu pai fez uma visita a Atlantic City. Enquanto um engenheiro de campo do projeto o conduzia em um giro pelo local, Fred olhou para a estrutura de aço que tomava forma ao longo da orla e se encheu de orgulho: "Mandei Donald ficar longe de Manhattan, e olhe só para ele agora".[31]

Trump agora tinha uma participação em seu primeiro cassino, o Harrah's at Trump Plaza, que começou a funcionar na primavera de 1984.[32] O edifício, o maior de Atlantic City, se elevava sobre a orla com linhas esguias e luzes de neon que contrastavam com o domo monolítico do Convention Hall, ao lado. Mas a inauguração foi frustrada por máquinas caça-níqueis e alarmes de incêndio com defeito, e o dinheiro não entrou nas grandes quantias esperadas. Os resultados do primeiro ano trouxeram metade dos lucros projetados. Trump atribuiu parte do problema ao nome do estabelecimento e começou uma campanha para eliminar a referência à Harrah's. Ele argumentou que os apostadores confundiam o cassino com o outro empreendimento da Harrah's em Atlantic City. Insistiu em que o lugar deveria ser chamado de Trump Plaza, dizendo que "criava o valor que existe no meu nome" e acusando a empresa de mau gerenciamento do negócio. "Dou uma Lamborghini para eles e eles não sabem girar a chave", afirmou.[33] Um executivo da Harrah's respondeu que as "falsidades insuportáveis" de Trump haviam corroído a parceria. Depois de ações e contra-ações, a Harrah's vendeu sua participação de 50%, dando a Trump posse total do que era agora, inquestionavelmente, o Trump Plaza Hotel & Casino.

TRUMP TEVE UMA VITÓRIA, mas não estava satisfeito com apenas um cassino. Em fevereiro de 1985, surgiu uma oportunidade extraordinária de adquirir outro. A Hilton Corp. estava dando os toques finais num hotel-cassino de 270 milhões de dólares do outro lado da cidade, na região da marina. A empresa, administrada por seu presidente, Barron Hilton, já havia contratado mais de mil funcionários. Mas, quando faltavam apenas três meses para a abertura, a Comissão de Controle de Cassinos surpreendeu o executivo, negando à empresa a licença de funcionamento por causa das relações dele com um famoso advogado da máfia.[34] (A comissão não havia questionado a relação de Trump com seu advogado, Roy Cohn, que havia representado famílias da máfia de Nova York.)

Trump se aproveitou do infortúnio de Hilton, oferecendo-se para comprar o lugar, uma vez que já havia se qualificado para uma licença. Na primavera do mesmo ano, concordou em pagar 320 milhões de dólares, vencendo o magnata dos cassinos Steve Wynn.[35] Era uma aposta gigantesca. Ele nunca tinha colocado os pés dentro do cassino, ignorando o conselho do pai de examinar cuidadosamente mesmo pequenos imóveis antes de fazer um investimento. Na juventude, Donald havia observado Fred verificar tudo, desde a pia até a caldeira. "Se eu tivesse contado para meu pai" que não havia entrado na propriedade de Hilton, confessou depois, "ele teria me chamado de louco."[36] Trump reconheceu que precisaria assumir a responsabilidade financeira em meio a dúvidas sobre se o mercado conseguiria manter o cassino, mas estava convencido de que o empreendimento iria "lucrar rios de dinheiro".

Trump agora tinha seu segundo cassino, de tamanho comparável ao primeiro, um hotel de 5.600 metros quadrados com 615 quartos e um estacionamento de 3 mil vagas. Seria chamado de Trump Castle Hotel & Casino. Ficava no lado oeste da ilha barreira, longe da orla e próximo à marina, decorado com luzes fortes dispostas na forma de coroas, que inspiraram seu *slogan* publicitário de "joia da coroa de Atlantic City".[37] Agora Trump só precisava de alguém para ajudá-lo a administrar o hotel. Consultou amigos, colegas e especialistas. Sua escolha surpreendeu quase todos: ele escolheu a esposa, Ivana. Assim como Donald, ela não tinha nenhuma experiência em gerenciamento de cassinos. Mas tinha uma noção de estilo, ainda que uma noção cara de estilo, e também a confiança do marido, pelo menos no começo. Ele a chamou de "administradora nata".[38] Alguns dos amigos de Trump ficaram se perguntando depois se ele a havia colocado lá para poder ter casos com outras mulheres em Manhattan ou para mantê-la longe de seus projetos de construção em Nova York. De qualquer forma, Ivana tinha um papel importante, atuando como vice-presidente e diretora operacional do Trump Castle, onde finalmente era tratada como chefe, não apenas como esposa do chefe. Com frequência provocava a fúria de outros executivos de Trump, para quem ela impulsionava o cassino Castle em detrimento do Plaza. A competição interna na empresa, na opinião de outros funcionários, era um sinal de dificuldades futuras.[39]

Depois de um tempo, Trump se deu conta de que precisava de executivos com sólida experiência na administração de cassinos. Examinou a concorrência e escolheu Stephen Hyde, um mórmon devoto com uma família grande. A Igreja de Jesus Cristo dos Santos dos Últimos Dias era contra o jogo, mas a indústria do cassino empregava muitos mórmons em posições de importância, em parte porque se acreditava que os fiéis não se sentiriam tentados a apostar. Hyde era uma pessoa serena e de fala mansa, considerado por muitos um dos executivos do jogo mais experientes do país, tendo trabalhado mais recentemente para Steve Wynn, concorrente de Trump. Este, que certa vez escreveu "Posso ser do tipo que grita",[40] às vezes humilhava Hyde, xingando-o na frente de outros altos funcionários.[41] Mas reconhecia suas capacidades e lhe confiava uma empresa com um valor potencial de bilhões de dólares. Pelo que ele escreveu, Hyde era "um homem muito perspicaz e extremamente competitivo, mas, acima de tudo, com uma noção de como gerenciar resultados".[42] Ao longo de toda a sua carreira, Trump confiou em um círculo restrito de conselheiros, e Hyde se tornou um dos seus colaboradores mais leais na época.[43] Isso fez alguns dos outros executivos em cargos elevados se sentirem excluídos, por não conseguirem comunicar suas preocupações ao magnata sem passar pelo círculo restrito. Hyde estava no topo da cadeia de comando.

Os colegas de Hyde se maravilhavam com sua capacidade de prever os humores de Trump e proteger os funcionários de médio escalão das explosões. Donald às vezes aparecia nos cassinos sem avisar, inquirindo funcionários menos graduados sobre o desempenho dos gerentes e fazendo comentários sobre a aparência das instalações. Certa vez, demitiu um diretor do Castle depois de encontrar quatro bitucas de cigarro em uma escada usada exclusivamente por funcionários. No cassino Plaza, Hyde quase sempre seguia Trump, acalmando interações abrasivas ou constrangedoras com funcionários ou clientes. Ele se tornou perito em guiar o chefe discretamente para que visse as coisas à maneira dele. Os dois conversavam por horas ao telefone, às vezes até tarde da noite, sobre assuntos pessoais. Um ex-colega afirmou que Hyde "pode ter sido a única pessoa em quem Donald realmente confiou… o mais próximo de um amigo que Trump já teve".[44] Era um executivo que ele não poderia se dar ao luxo de perder.

* * *

ENQUANTO CONSTRUÍA SEU IMPÉRIO, Trump se tornou cada vez mais agressivo no combate à concorrência. A partir de meados de 1986, entrou numa onda de compras de ações usando dinheiro emprestado.[45] Gastou 70 milhões de dólares para abocanhar títulos da cadeia Holiday Inn – ligada à Harrah's, sua forte rival e ex-parceira.[46] Em seguida, gastou cerca de 62 milhões de dólares para comprar 10% da Bally Manufacturing Corp., que também era dona de um cassino concorrente em Atlantic City.[47] Trump insistiu em que estava apenas aproveitando oportunidades de investimento. Os concorrentes viram as compras de ações como precursoras de uma aquisição hostil e tomaram medidas drásticas, assumindo dívidas adicionais para se tornarem alvos de compra menos desejáveis. Ele recuou, mas obteve lucros consideráveis.[48] Vendeu suas ações da Holiday Inn, lucrando mais de 12 milhões de dólares. A Bally aceitou comprar de volta as ações de Trump a um valor superior ao nominal em uma transação particular. As empresas foram deixadas de pernas bambas.

Essas transações não foram vistas com bons olhos pela Comissão de Controle de Cassinos, em parte porque as tentativas da Bally de se defender de Trump a haviam deixado num estado de pânico financeiro. Os membros da comissão acusaram Donald de *"greenmail"*, a prática de ameaçar uma aquisição para gerar preços mais elevados para as ações. Em uma audiência de abril de 1987, perguntaram-lhe se pretendia prejudicar a empresa. "De maneira nenhuma", disse ele. "É uma prática totalmente legal."[49]

Indignado, o presidente da comissão, Walter N. Read, acusou a Trump Organization de utilizar suas licenças de cassino "como armas para enfraquecer ou destruir a integridade financeira de seus concorrentes".[50] Read alertou que votaria a favor da revogação da licença de qualquer proprietário de cassino que fizesse o mesmo no futuro. No fim, porém, a comissão deu um salvo-conduto a Trump, renovando sua licença. A Comissão Federal do Comércio, contudo, afirmou que ele não estava agindo de acordo com os regulamentos elaborados para evitar fusões ou aquisições anticoncorrenciais. Em 1988, o Departamento de Justiça alegou que o empresário não comunicou às autoridades antecipadamente quando comprou as ações da Holiday Corp. e da Bally, como exigido por leis federais antitruste. Trump não admitiu ter violado a lei, mas aceitou fechar um acordo para escapar à acusação pagando uma multa de 750 mil dólares.[51]

* * *

TRUMP OBTIVERA PERMISSÃO para possuir três cassinos em Atlantic City, mas tinha apenas dois, de modo que começou a examinar novas propriedades. Sua estratégia se provaria arriscada. Uma empresa, por exemplo, pode colocar no mercado dois cassinos, destinados a tipos diferentes de apostadores, um para pessoas da classe trabalhadora e outro para altos apostadores internacionais. Mas um terceiro cassino pode canibalizar clientes e lucros dos outros dois, fazendo os três desabarem. Mesmo assim, Trump estava decidido. Ele queria mais. Um projeto atribulado de cassino em construção da Resorts International chamou a sua atenção. O empreendimento ficou disponível inesperadamente, como acontecera com o cassino Hilton. O fundador da Resorts, James Crosby, havia falecido durante uma cirurgia no ano anterior, e os lucros da empresa estavam diminuindo. Durante os últimos três anos, a companhia havia despejado 500 milhões de dólares na visão grandiosa de Crosby para um novo cassino: o Taj Mahal, de mil quartos.[52] Quando Donald fez sua jogada, a construção ainda estava na metade, com pouco financiamento para a obra. Alguns teriam considerado o Taj um poço de prejuízo. Dois dos conselheiros mais próximos dele foram contra o investimento.[53] Trump, agora com 40 anos, via o cassino como uma potencial máquina de dinheiro. Ele negociou para comprar ações da Resorts pertencentes aos herdeiros de Crosby, tentando assumir o controle da empresa. Com três cassinos, pretendia dominar o jogo na Costa Leste.

Trump parecia destinado ao sucesso. Um ano antes, a *Forbes* o tinha avaliado como o quinquagésimo americano mais rico, com um patrimônio de 700 milhões de dólares.[54] Ele continuou adquirindo propriedades "troféus" que alimentavam a imagem de que tinha dinheiro para gastar. Gastou 29 milhões de dólares em um dos maiores iates do mundo, que pertencera ao comerciante de armas saudita Adnan Khashoggi, e outros 9 milhões para reformá-lo. Ele o batizou de *Trump Princess* e planejava compensar a despesa arrendando-o para o Castle por 400 milhões de dólares por mês – um fardo financeiro significativo para o empreendimento. A embarcação de 86 metros de comprimento tinha heliporto, piscina, discoteca, sala de cinema e duzentos telefones, e podia acomodar uma tripulação de 52 pessoas. Donald mandou banhar em ouro as pias e até os parafusos. Ele não estava muito preocupado em navegar. O *Princess* seria um espetáculo ancorado para valorizar a marca Trump, um lugar onde grandes apostadores poderiam se divertir. Depois de apresentar o iate ao público admirado, Trump seguiu do *Princess* para o Castle acompanhado por uma comitiva. Um espectador gritou: "Seja nosso próximo presidente, Donald".[55]

Parecia que Trump não conseguia gastar rápido o bastante. Em 1988, ele havia investido 365 milhões de dólares na compra de aviões e itinerários da

Eastern Airlines, que transformou em um serviço de ponte aérea no nordeste do país.⁵⁶ E desembolsou 407 milhões de dólares para o Plaza Hotel, edifício icônico em estilo *château* em frente ao Central Park, em Manhattan. Em ambos os casos, pegou emprestada a maior parte do dinheiro e, segundo analistas, pagou demais. As aquisições o encheram de dívidas, ao mesmo tempo que ele ampliava seu império de jogo na orla, e essas duas manobras voltariam para assombrá-lo.

Contudo, para seus incentivadores de Atlantic City, Trump parecia ser o salvador a que se propusera ser, e eles aplaudiram seu entusiasmo. Aquele era o *showman* máximo, conhecido como um dos homens mais ricos da nação, restaurando quase sozinho a cidade turística. "Chegou em 1988 e disse: 'Fiz isso, fiz aquilo, fiz aquilo outro, tudo que toquei teve sucesso'", contou Steve Perskie, legislador estadual que redigiu o projeto que legalizou o jogo e depois se tornou presidente da Comissão de Controle de Cassinos. "Todo mundo dizia: 'Excelente, incrível, você é Donald Trump, é grande demais para fracassar'."⁵⁷ Mas havia um porém. Se ele fracassasse, poderia levar consigo boa parte de Atlantic City. Trump havia apostado na cidade, mas ela também havia apostado nele. E havia motivos para nervosismo.

O plano de Trump de controlar a Resorts e terminar a construção do Taj era audacioso. Os custos projetados de finalização do cassino haviam inflado para mais de 800 milhões de dólares e não paravam de subir. Para lucrar com seu investimento, ele precisava concluir o Taj e fazer isso em um momento em que o financiamento estava se tornando difícil de obter. Ao mesmo tempo, o mercado de jogos ficava cada vez mais complexo. A renda em Atlantic City havia subido a níveis recordes, mas os lucros dos cassinos haviam despencado por causa da má gestão e da concorrência ferrenha. Em 1986, os cassinos da cidade registraram 2,5 bilhões de dólares de renda com o jogo, mas apenas 74 milhões de lucro. Um homem em particular começou a expressar suas preocupações – um homem pouco conhecido fora do mundo dos cassinos, cujas opiniões, no entanto, eram observadas atentamente dentro da indústria.⁵⁸

MARVIN ROFFMAN VIA PROBLEMAS surgindo no horizonte.⁵⁹ Fazia tempo que ele era fascinado pelo ramo dos cassinos, o que o levou a se tornar analista de segurança de jogos da Janney Montgomery Scott, com sede em Filadélfia. Especializado na área de Atlantic City, ele falava sobre as promessas e os riscos dos negócios, dando opiniões e dados sólidos para repórteres, diretores de cassino e investidores, entre os quais Trump e seus executivos. Roffman era como o crítico de teatro numa cidade com meia dúzia de casas de espetáculo; suas palavras faziam diferença. Então, quando ele afirmou, em junho de 1987, que a abertura do Taj Mahal colocaria pressão sobre os lucros, os operadores de Atlantic City prestaram atenção. Quando previu anos mais difíceis à frente, os donos de cassino o ouviram.

Trump não se deixou abalar. Em julho de 1987, finalizou a compra de 79 milhões de dólares de 72% das ações com direito a voto da Resorts, tornou-se presidente da empresa e colocou o irmão Robert e outro colaborador na diretoria.[60] E começou imediatamente a procurar negociações paralelas que pudessem lhe trazer dinheiro rápido. Não agiu como mero investidor ou gestor; defendeu um lucrativo "acordo abrangente de serviços", que exigia que a Resorts lhe pagasse pela obtenção de um financiamento e pela administração da construção do Taj. O acordo foi estimado em 108 milhões de dólares ao longo de cinco anos. A Resorts acabaria cedendo ao pedido dele.

O poder de Trump parecia estar atingindo novos ápices. Ele havia acabado de terminar de escrever com o jornalista Tony Schwartz seu primeiro livro, *Trump: a arte da negociação*, que já estava causando burburinho. Seus cassinos em Atlantic City receberam a ordem de impulsionar as vendas comprando 8 mil exemplares, que inicialmente tentariam vender aos convidados, mas acabariam doando-os.[61] O livro retratava o empresário como um negociante genial que aproveitava o melhor de seus sócios e derrotava seus inimigos.

Então, dias antes de *Trump: A arte da negociação* ser lançado, a economia quebrou. No dia 19 de outubro de 1987, que ficou conhecido como Segunda-Feira Negra, o índice Dow Jones Industrial Average despencou quase 23%. A crise apresentou uma oportunidade curiosa para Trump. O *crash* acelerou a queda no preço das ações da Resorts.[62] Embora tivesse comprado a maioria das ações com direito a voto, conhecidas como Classe B, ele então se prontificou a comprar todas as ações comuns, conhecidas como Classe A. Essa manobra impetuosa e inesperada lhe permitiria tornar a empresa privada e, segundo pensou, levantar dinheiro mais facilmente para finalizar o Taj. Num comunicado de imprensa, Trump ofereceu uma escolha difícil para os reguladores de jogo: eles poderiam apoiar sua nova direção ou ele cairia fora e o projeto do Taj definharia. Ele advertiu: "Só com o financiamento da Trump Organization será possível construir o Taj Mahal".[63]

Trump precisaria se endividar ao extremo para construir o Taj. Em uma cidade de apostadores, ele seria um dos maiores.

* * *

Em fevereiro de 1988, Trump compareceu a uma audiência de licenciamento diante da Comissão de Controle de Cassinos. Uma grande questão era se, depois do *crash* do mercado, ele ainda conseguiria financiamento. Trump respondeu que, depois que assumisse o controle do cassino Taj, os banqueiros responderiam positivamente a seu pedido de empréstimo.[64] Até sugeriu que eles fariam fila para lhe dar o dinheiro. Havia uma coisa que Donald garantiu à comissão que não faria. Não buscaria *junk bonds*, títulos de alto risco e juros elevados, os quais haviam impulsionado uma onda de aquisições. *Junk bonds*, declarou, "são ridículos. O engraçado dos *junk bonds* é que são eles que sucateiam as empresas". Trump disse que os bancos estavam dispostos a lhe oferecer empréstimos com uma taxa preferencial – na época, 9% ou menos –, muito abaixo do que outros empreendedores poderiam conseguir: "Quer dizer, os bancos me ligam o tempo todo. 'Podemos te emprestar dinheiro? Podemos fazer isso? Podemos fazer aquilo?'".

A comissão e seus advogados expressaram ceticismo. Como Trump conseguiria um negócio tão bom quando outros precisavam pagar tão mais para obter empréstimos? "É fácil financiar se Donald Trump é o dono", ele explicou. "Comigo, eles sabem que existe a certeza de que vão conseguir seus lucros." Trump afirmou que tinha mais um apelo aos banqueiros: "Eu faço o trabalho, e todo mundo fica feliz e vira um sucesso".

Michael Vukcevich, o vice-procurador geral do estado, perguntou-lhe: "O senhor está ciente de alguma coisa que possa dar errado?"

"Possa dar errado? Sim. Podemos ter uma depressão", respondeu Trump. "O mundo pode entrar em colapso. Podemos ter uma Terceira Guerra Mundial. O que quero dizer é que muitas coisas podem dar errado. Mas não acho que isso vá acontecer."[65]

Os membros da comissão pressionaram Trump a respeito de seus planos para elevar os gastos no Taj a 1 bilhão de dólares, com o acréscimo de suítes de luxo, restaurantes *gourmet* e luminárias suntuosas, algo a que a comissão se referiu como "excessos". "As pessoas não têm que viver dentro de suas possibilidades?", perguntou o comissário E. Kenneth Burdge.[66] Trump afirmou que os custos extras eram insignificantes, mas necessários para impressionar os clientes. "Devemos estar falando de uma diferença de 50 milhões de dólares, mais ou menos", disse. "Quero dizer, o pior que pode acontecer com o Taj Mahal é o empreendimento começar a funcionar e as pessoas ficarem decepcionadas. Porque o boca a boca em coisas desse tipo é como um espetáculo da Broadway."[67] Ele depois garantiu à comissão: "Minha atitude básica sempre foi fazer o bem para Atlantic City".[68]

Era uma notícia bem-vinda para uma legião de proprietários de pequenas empresas, muitos dos quais consideravam Trump um dos maiores benfeitores da cidade. O Taj só aumentaria o brilho da maior expansão de Atlantic City em décadas, construindo uma base sólida para empreiteiros, fornecedores e outros da região cujo trabalho era indissociável do funcionamento dos cassinos. Marty Rosenberg, coproprietário da Atlantic Plate Glass Co., uma empresa familiar, tinha muita confiança em Donald, que havia lhe pagado o que lhe era devido pela construção paralisada da Resorts. A organização de Trump deu à firma o máximo de serviços que esta conseguiu executar, o que incluiu a instalação do vidro refletor externo que ajudaria a dar ao Taj seu *glamour*.[69] Era uma época lucrativa, e os operários trabalhavam dia e noite. Os dólares fluíam, e o objetivo era abrir o cassino no prazo previsto. "Era uma explosão, absolutamente uma explosão", contou Rosenberg. "Significava estabilidade financeira. Era uma época de crescimento."

Enquanto Trump tentava persuadir os reguladores de que tinha o dinheiro para completar a construção do Taj, surgiram problemas no cassino Castle, que estava sob o controle de Ivana. "Esse não é o melhor empreendimento da cidade?", perguntou ele a um alto funcionário. "Qual é o problema? Por que esse lugar não está funcionando?"[70]

Um dos motivos era a construção de um anexo de catorze andares ao hotel, uma torre que, no início de 1988, já estava pela metade e drenava os resultados do Castle.[71] Ivana havia insistido no anexo de 40 milhões de dólares com 97 suítes de luxo para atrair grandes apostadores, e Trump tinha concordado, contra o parecer de seus outros executivos. Agora, o Castle estava no vermelho e terminaria aquele ano com prejuízo líquido pela primeira vez. Os conflitos de Ivana com outros funcionários de alto escalão do marido haviam se intensificado. Um ex-assistente dele contou que Ivana ficava indignada por ter de prestar contas a Hyde, bem como com a relação próxima entre Hyde e Trump.[72] Os executivos, enquanto isso, continuavam a se enfurecer por Ivana estar sugando apostadores das outras propriedades da empresa em Atlantic City em vez de atrair novos clientes.

Ao mesmo tempo, alguns desses executivos sentiam pena de Ivana, depois de descobrirem que Trump estava tendo um caso com a atriz e modelo Marla Maples em Nova York.[73] No fim, Donald a destituiu do cassino e a mandou de volta a Nova York para gerenciar seu recém-adquirido Plaza Hotel. Foi um momento triste para Ivana. Em uma cerimônia de despedida no Castle, ela chorou enquanto agradecia a seus colegas e disse que sentiria falta deles. Na sequência, seu marido discursou para os funcionários: "Olhem só para isso.

Precisei comprar um hotel de 350 milhões de dólares só para tirá-la daqui e olhem como ela está chorando. É por isso que a estou mandando de volta para Nova York. Não é disto que eu preciso, uma mulherzinha chorando. Preciso de alguém forte para tomar conta deste lugar".[74]

TRUMP ENFRENTOU NOVOS QUESTIONAMENTOS sobre seus planos para tornar a Resorts privada e obter controle sobre o Taj. Em uma audiência em meados de fevereiro de 1988, Valerie Armstrong, membro da Comissão de Controle de Cassinos, expressou frustração, dizendo que o depoimento dele sobre a aquisição da Resorts era "repleto de hipérboles, contradições e generalidades que tornam difícil avaliar" sua aptidão para o licenciamento como proprietário da empresa. Ela quis saber se Trump tinha representado um papel na redução do valor das ações da Resorts para poder tornar a empresa privada.

"Embora seja possível concluir que os acontecimentos dos últimos oito meses tinham resultado de acaso, impulso, destino e/ou acontecimentos além do controle de Trump ou da Resorts, também é fácil, talvez ainda mais, concluir que muitos dos acontecimentos que levaram à proposta atual de aquisição tinham sido cuidadosamente encenados, manipulados e orquestrados", disse Armstrong na audiência.[75] No entanto, ela por fim se juntou ao restante da comissão no apoio a Trump depois que ele apresentou garantias de seus planos.[76]

Algumas semanas depois, exatamente quando o plano de Trump para tornar a Resorts privada estava prestes a se concretizar, o apresentador e produtor de televisão Merv Griffin fez uma oferta concorrente com um valor altíssimo. Disse que pagaria 245 milhões de dólares à Resorts se Trump votasse a favor da aquisição dele e cancelasse seu acordo de serviços.[77] Trump recusou, e os dois travaram uma batalha bastante noticiada durante semanas. Em maio, fecharam um acordo complicado que dividia a empresa e seus bens.[78] Griffin ficaria com os cassinos já existentes em Atlantic City, bem como outro nas Bahamas. Trump recebeu um pagamento substancial para liberar a Resorts de seu acordo de serviços. Mais importante: ficou com o Taj.

"Nosso acordo, que me rendeu 12 milhões de dólares e o Taj Mahal inacabado, se revelou um dos melhores negócios que já fiz", escreveu ele em *Trump: The Art of the Comeback* [Trump: a arte do retorno]. "Na época, pensei que as chances dele de tornar o Resorts bem-sucedido eram tão boas quanto suas chances de engravidar [a atriz] Sharon Stone."[79] Em poucos dias, Trump criou uma empresa, a Trump Taj Mahal Funding, para levantar financiamento para a construção. Nem todas as promessas que ele havia feito à comissão sobre banqueiros praticamente batendo à sua porta com centenas de milhões de dólares puderam ser cumpridas. Ele não conseguiu a fila de empréstimos com taxa preferencial como havia esperado. Parecia ter uma única opção: os *junk bonds*, que havia ridicularizado de forma tão estridente. Uma empresa que fazia uso de *junk bonds* era sucata, dissera. Agora, ele os via como sua única solução. Como afirmou décadas depois, "consegui colocar uma quantidade gigantesca de *junk bonds* em propriedades que tinha em Atlantic City e, assim, ganhar dinheiro [...]. Na verdade, eu queria X dólares e eles diziam: 'E se te dermos o dobro?' Eu dizia: 'Vou levar', mas também sabia que, se fizesse isso, ia ter problemas mais adiante. Mas consegui ganhar muito dinheiro em Atlantic City".[80]

Em novembro de 1988, Trump fechou negócio com a Merrill Lynch Capital Markets, que aceitou emitir e vender 675 milhões de dólares em *junk bonds*, que pagariam uma taxa de juros de 14%, 5% acima da taxa preferencial.[81] Isso lhe daria o dinheiro de que precisava para construir o Taj, mas ele teria de pagar cerca de 95 milhões de dólares por ano em juros, sem contar as dívidas de seus outros cassinos e propriedades.[82] Inabalado pelo ônus, Trump queria seu troféu, e os custos não pararam de crescer. "O Taj seria o maior, o melhor e o mais grandioso", lembrou Paul Rubeli, ex-diretor de operações de jogo do Tropicana, em Atlantic City. "Como Donald dizia, 'seria enorme'."[83] O Taj Mahal seria maior e mais caro do que qualquer coisa que a empresa original havia pretendido. O complexo teria 1.250 quartos de hotel, incluiria um cassino de 11.100 metros quadrados e empregaria cerca de 5.800 pessoas, um grande impulso para a economia local.[84]

Trump avançou apesar dos receios crescentes a respeito de Atlantic City. Em julho de 1989, o analista de mercado Marvin Roffman apresentou outro relatório pessimista aos investidores. O título: "Atlantic City, Nova Jersey – Sobrecarregada de dívidas – Castelos de cartas". A mensagem de Roffman era clara. Cinco anos antes, os nove cassinos da cidade haviam registrado quase 169 milhões de dólares de lucro sobre um faturamento de quase 1,8 bilhão de dólares. Em 1988, o lucro total havia se reduzido a menos de 15 milhões de dólares, ainda que o faturamento tivesse disparado para 2,7 bilhões. O problema era a dívida. "O próprio Taj parece uma grande aposta", escreveu Roffman.[85]

No meio da negociação, Trump reservou um momento para ligar para Roffman. "Marvin, eu não fiz um negócio fantástico?", foi sua pergunta, recordou o analista.

"Acho que você cometeu um erro, Donald", disse Roffman. "Por que ter três cassinos?"

Trump fez pouco do comentário. "Esse vai ser um empreendimento colossal."[86]

8
VENTOS FRIOS

A manhã de 10 de outubro de 1989 raiou clara e ensolarada, um dia perfeito para voar. Parecia um sinal de boa sorte para Stephen Hyde, confidente de Trump e presidente de suas operações em Atlantic City, ainda que o chefe estivesse de mau humor por causa da entrevista coletiva em Manhattan, onde Hyde e dois outros altos funcionários se encontrariam com ele. No início, Donald tinha diminuído a importância da luta de boxe entre Héctor "Macho Man" Camacho e Vinny Pazienza no centro de convenções de Atlantic City, prestes a acontecer. "Não vai ser uma grande luta. O público não liga para isso. Eu não vou", declarara. "Não posso ir a qualquer coletivazinha de merda. Não é respeitável."[1] Hyde, porém, o convencera de que uma aparição do próprio chefe era especialmente importante nessa primeira luta promovida por uma subsidiária chamada Trump Sports and Entertainment. Trump concordou e investiu pesado, organizando um espetáculo midiático para divulgar o evento.

O trio de executivos de Atlantic City afivelou os cintos no helicóptero Sikorsky para a viagem a Manhattan. Hyde estava com a cabeça cheia, e não só por causa da iminente abertura do Taj. Com 43 anos, ele estava pensando em quanto tempo mais permaneceria no emprego. O estresse do trabalho e o impacto em sua família eram intensos.[2] Ele tinha de aguentar as críticas de Trump enquanto protegia os outros da ira do chefe. Recentemente, falara com um amigo sobre sair dentro de alguns anos e mudar-se para o Oeste, a terra de sua infância.

O segundo executivo no helicóptero era Mark Grossinger Etess, de 38 anos, descendente da família que construiu o resort Grossinger nos montes Catskill, ao norte da cidade de Nova York. A função dele no império Trump era crucial: como presidente e diretor operacional do cassino e hotel Taj, Etess estava sendo muito pressionado para garantir que a inauguração corresse perfeitamente. O terceiro homem, Jonathan Benanav, de 33 anos, tinha uma história familiar comovente. Sua avó morrera em um campo de concentração nazista e seu pai escapara por pouco, tendo se escondido nas florestas romenas por seis meses antes de ser libertado por tropas russas. O pai entrou em um barco com seiscentos judeus em direção à Turquia. Conheceu uma mulher no grupo de refugiados e, três dias depois, casou-se com ela.[3] Tornou-se então oficial do Exército israelense, e mais tarde o casal se mudou para os Estados Unidos, onde criou os filhos. Vice-presidente executivo do Trump Plaza Hotel & Casino, Jonathan havia comprado pouco tempo antes um anel de noivado para a namorada, mas ainda não o dera a ela.[4] O trio não tinha muito com que contribuir para a promoção da luta, exceto por algumas palavras sobre a badalação prevista. Mas foram mesmo assim, esperando sorrir para as câmeras, encontrar-se brevemente com Trump e voltar a Atlantic City no começo da tarde.

A entrevista coletiva no Plaza Hotel seguiu de acordo com o roteiro e atraiu pouca cobertura, mas os três executivos, por causa de uma reunião com o chefe na Trump Tower, perderam a carona de volta a Atlantic City no Sikorsky. Hyde conseguiu um voo alternativo por meio de uma empresa de fretamento que ele nunca tinha usado antes. O helicóptero também era uma experiência nova, um Agusta, fabricado na Itália, em vez do Sikorsky de sempre. Era conhecido como uma aeronave confortável e segura, e Hyde, Benanav e Etess foram até o heliporto da Rua 60 Leste para embarcar no voo da 1 da tarde.[5]

Os três executivos de Trump não sabiam, mas uma das pás da hélice do helicóptero tinha um arranhão de 5 centímetros quase indetectável, que crescera como uma ferida não tratada.[6]

Norma Foerderer, assistente de longa data de Trump, entrou correndo no escritório do chefe no 26º andar da Trump Tower. O helicóptero que levava os três executivos caíra. Minutos angustiantes se passaram. Então, um policial de Nova Jersey ligou com a notícia: não havia sobreviventes. Três dos auxiliares de mais confiança de Trump, entre os quais o principal responsável pela abertura do Taj, tinham morrido, além dos dois tripulantes. Donald ficaria sabendo depois que o arranhão em uma das pás da hélice se expandira durante o voo, devido à fadiga do metal. Acima da Reserva Nacional Pinelands, em Nova Jersey, a uma altura de 670 metros, uma porção da hélice se quebrou, afetando a aerodinâmica do helicóptero, e a aeronave se desfez no ar, fazendo chover ferragens sobre a Garden State Parkway.

Trump ficou arrasado. Perguntou se as famílias tinham sido informadas. Com um assistente ao lado, ele sentou-se em seu escritório com vista para o Central Park e ligou para as famílias dos três executivos. "Tenho notícias horríveis", disse ao telefone, e de novo, e de novo.[7] Com a informação se espalhando pelo escritório, assistentes nas antessalas caíram em prantos, chorando alto. Trump contou, anos depois, que descobriu o que ocorre quando as Forças Armadas informam "às famílias dos soldados que eles morreram. É uma coisa muito difícil de fazer. Quer dizer, a reação foi, assim, terrível".[8]

Algumas horas depois, ele atendeu a uma ligação de John "Jack" O'Donnell, presidente do Trump Plaza Hotel & Casino. O'Donnell já tinha posição-chave na vida e nos negócios de Trump, e agora seu papel crescia de maneira exponencial. Uma guinada trágica salvara sua vida. O'Donnell deveria estar naquele helicóptero. Era amigo próximo de Hyde e Etess e costumava acompanhá-los a entrevistas coletivas como a daquele dia. Para piorar seu luto, O'Donnell se sentia responsável pelo fato de Benanav estar na aeronave: tinha pedido a seu jovem colega que fosse ao evento em seu lugar porque ia competir em um triatlo no Havaí. Por muitos anos, O'Donnell se sentiu culpado por Benanav ter morrido, e não ele.[9] Mas havia pouco tempo para pensar em tudo isso; sua tarefa agora era se condoer junto a Trump e voltar para Atlantic City o mais rápido possível.

"Jack, é horrível", disse-lhe Trump. "É a coisa mais horrível. Estávamos aqui sentados rezando para não ser verdade. Ainda não consigo acreditar." Os dois conversaram algumas horas mais tarde, e Donald parecia ainda mais abalado. Não via escolha a não ser embarcar em um helicóptero e ir a Atlantic City. A ideia de refazer o trajeto de voo de seus executivos o fez divagar e refletir sobre a vida. Ele parecia incrédulo. "Vou entrar em um helicóptero daqui a uma hora e ver as famílias", disse a O'Donnell. "Um helicóptero. Não é louco? Enfim, acho que a vida continua… Você tem de continuar entrando em aviões, entrando em helicópteros." Mais tarde, O'Donnell contou que Trump parecia estar procurando se tranquilizar, o que não era comum nele: "Pela primeira vez desde que o conheci, ouvi medo e incerteza em sua voz".[10]

A abertura do Taj estava prestes a acontecer, e os principais executivos de Trump tinham morrido. O'Donnell assumiu boa parte da responsabilidade temporariamente. Agora, ele via Trump de uma perspectiva mais próxima. Em seu íntimo, estava preocupado com o chefe.

***

No dia seguinte ao do acidente, Trump se encontrou com mais de cem gerentes em uma sala de reuniões de Atlantic City. A perda de seus três executivos, e em especial de seu amigo Hyde, estava começando a se fazer sentir. "Minha alta gerência foi exterminada", lembrou.[11] (Trinta e cinco anos depois, ele ainda considerava a perda dos três um dos dias mais importantes e difíceis de sua vida, ao lado da morte de seus pais e de seu irmão Fred Jr.) Procurando se estabilizar nos dias que se seguiram à tragédia, Trump teve uma ideia que era bem do seu feitio: construir um monumento em homenagem a eles, "algo simplesmente incrível".[12]

Trump não conseguia parar de pensar no desastre. Perguntava-se em voz alta se os executivos tinham sido assassinados por concorrentes.[13] Depois, deixou de lado os pensamentos sobre sabotagem ao compreender que os três tinham reservado um voo alternativo no último minuto. Uma investigação federal concluiu que a queda tinha sido acidental, causada por um "arranhão de fabricação na longarina". Algo aconteceu na fábrica que provocou uma marca quase indetectável, a qual levou, anos depois, à catástrofe.[14]

Em Atlantic City, um lugar que se vendia como refúgio da realidade, a tragédia repentina pareceu especialmente deslocada. Trump estava desolado, em busca de apoio e simpatia, lembrando alternadamente que quase embarcara no helicóptero, ou que podia ter embarcado, ou que devia ter embarcado. Na época, houve relatórios conflitantes sobre se Trump deveria ter estado no voo. Meses depois, na CNN, ele contou: "Eu ia. Do ponto de vista de que eles disseram: 'Você quer ir com a gente?' E eu respondi: 'Acho que sim, mas talvez esteja ocupado demais'. Ou seja, foi por pouco. Havia uma chance, tipo cinquenta-cinquenta".[15] O comentário enraiveceu O'Donnell, que achou que Donald estava tentando chamar a atenção para si.[16]

Trump foi um dos que carregaram o caixão de Etess, em cujo enterro em Northfield, Nova Jersey, estiveram presentes mil pessoas. No dia seguinte, ele compareceu ao funeral de Benanav, em Mount Vernon, Nova York. Foi ali, por incrível que pareça, que a encrenca que era sua vida amorosa ficou clara para os presentes. Ivana acompanhou o marido ao serviço religioso. Quando estava saindo da capela, viu Marla Maples. Era a primeira vez que algumas pessoas a viam. Fazia meses que Maples se hospedava nas propriedades Trump, frequentemente em Atlantic City. Ivana tinha ficado sabendo da infidelidade do marido, mas em geral as mulheres que duelavam por seu afeto eram mantidas afastadas. Agora, O'Donnell via Ivana observar Marla. "Tive certeza que ela ia dar um soco na outra a qualquer momento", escreveu ele mais tarde. "Marla ficou lá, paralisada."[17] Trump puxou Ivana para irem embora.

Por fim, Trump foi ao velório de Hyde – que, como o de Etess, aconteceu em Northfield, Nova Jersey, antes de ele ser enterrado em sua cidade natal, em Utah. Centenas de pessoas em luto fizeram fila do lado de fora da funerária. Trump olhou a fotografia de Hyde e derramou uma lágrima, com um olhar solitário e traumatizado. "Pela primeira vez, vi tristeza ali, uma tristeza profunda", lembrou O'Donnell. Depois, autodomínio. As cerimônias fúnebres tinham terminado, página virada. O foco de Donald rapidamente se voltou para os negócios. O'Donnell escreveu mais tarde que se perguntou se Trump "se importava com alguém além de si mesmo, ou se era capaz de uma emoção verdadeira". O Taj devia abrir em alguns meses, ainda que a inauguração fosse ser adiada. O monumento magnífico viria algum dia. O'Donnell era, como depois diria Trump, "o último que sobrava".[18] Trump comentou com a esposa de O'Donnell que havia muita coisa dependendo do marido dela. "Agora", disse, "é a vez dele."[19]

O'DONNELL ERA UM ASTUTO OBSERVADOR da forma como as pessoas se arriscam. Ele sabia o que era perda: seus pais tinham morrido quando ele era jovem; ele fora adotado pelo tio, que chefiava a empresa de jogos Bally Manufacturing. O'Donnell cresceu dentro da companhia, fascinado pela fabricação de caça-níqueis. Trabalhou em Las Vegas aos vinte e poucos anos, depois se mudou para Atlantic City, onde foi funcionário de um cassino de propriedade de Steve Wynn. Hyde o contratou para trabalhar no Trump Plaza Hotel & Casino, do qual ele agora era presidente. O'Donnell passara a maior parte da vida adulta observando as pessoas apostarem seu dinheiro, de idosos em ônibus de excursão ao empreendimento de Trump em Atlantic City. Como executivo de cassino, seu trabalho, na verdade, era atiçar as pessoas a abrir mão de seu dinheiro suado para talvez lucrar, mesmo que as chances estivessem contra elas. Sua função era, em parte, vender a experiência de cassino como um teatro.

Poucos cassinos lucram atraindo apenas os super-ricos. Ainda que Trump focasse os endinheirados, ele precisava das massas, dos lojistas, dos assalariados e dos aposentados que fretavam ônibus para a orla de Jersey e colocavam moeda atrás de moeda nas máquinas caça-níqueis, encorajados pela excitação e pelo *glamour* de tudo aquilo. A atração não era necessariamente a aposta improvável de talvez enriquecer; era que, nessa versão de *reality show*, eles podiam *se sentir* ricos, ainda que por breves momentos. Inevitavelmente, muitos apostadores eram compulsivos e não conseguiam controlar o impulso de jogar, como um viciado à procura da próxima onda. O próprio Trump quase não ligava para a psicologia dos jogos de azar, o que surpreendia O'Donnell. Este aprendeu, com o tempo, que o chefe tinha uma mentalidade simples, vencedores contra perdedores, e que sua principal motivação era vencer, mesmo quando não precisava do dinheiro.

O'Donnell estava frustrado por Trump colocar seu nome em prédios para atrair clientes mas às vezes desdenhar da interação com a maioria deles. "Isso é bobagem", disse-lhe Donald certo dia enquanto eles caminhavam para um encontro com jogadores.[20] No evento, Trump reclamou que um apostador tinha ganhado demais – o que significava que ele tinha perdido. O chefe logo foi embora da recepção, dizendo: "Já deu, estou indo". O'Donnell achava que ele tinha de ser mais paciente. Era uma questão de simples matemática: quanto mais tempo os apostadores ficassem na mesa, mais provável era que perdessem. Trump só não gostava de ver o que acontecia nesse meio-tempo. Ele não suportava ser derrotado.

Em 20 de março de 1990, duas semanas antes da data marcada para a inauguração do Taj, as preocupações do analista Marvin Roffman sobre o mercado de cassinos viraram notícia. Ele foi citado em uma reportagem do *Wall Street Journal* sobre o Taj, e o impacto foi imediato. A matéria dizia que o hotel-cassino teria de faturar 1,3 milhão de dólares brutos ou mais por dia para pagar suas contas e seus empréstimos – mais do que qualquer cassino jamais ganhara. "Quando esse empreendimento abrir, terá tanta publicidade gratuita que quebrará todos os recordes em abril, junho e julho", previu Roffman. "Mas com os ventos frios de outubro a fevereiro esses resultados não vão se manter. O mercado lá simplesmente não existe. […] Atlantic City é um lugar feio e sombrio. Nem os clientes mais fiéis estão sendo tão assíduos assim."[21]

Na manhã em que a reportagem foi publicada, Roffmann tinha uma reunião marcada com Robert Trump, que estava supervisionando os preparativos finais para a inauguração do Taj. Com a perda de três executivos e a decisão sobre o afastamento de Ivana de Atlantic City, o papel de Robert havia se ampliado, e ele enfrentava uma pressão maior como um dos poucos envolvidos em quem Donald confiava. Robert – afável, sensato e compreensivo – era um ás das finanças formado pela Universidade de Boston. Ele não tinha o talento de Donald para o espetáculo, e não se importava de deixar as bravatas para o irmão, mas mostrava vislumbres do temperamento Trump. Quando Roffman chegou para a reunião, ainda não sabia que a matéria tinha sido publicada. Ele dirigiu até o Taj, analisou suas características extravagantes e pensou: "Então, é isso que 1 bilhão de dólares pode comprar".[22]

Roffman se encontrou com Robert Trump e estendeu a mão para cumprimentá-lo. Robert explodiu, dizendo que ele tinha traído os acionistas. "Saia agora da porra desse prédio", gritou. "Tchau."

O analista de segurança de jogos foi embora às pressas, atordoado pela acusação de ter prejudicado os acionistas. "Cada palavra que saía da boca dele era um palavrão", lembrou Roffman.[23] Ele ligou para seu escritório e recebeu o aviso de que deveria ir para lá o mais rápido possível. Donald Trump já tinha enviado uma carta por fax: "Vocês vão receber notícias dos meus advogados, a não ser que o sr. Roffman seja imediatamente demitido ou peça desculpas". Ele também telefonou para Roffman e recomendou-lhe com insistência que escrevesse "uma carta para mim afirmando que o Taj será um dos maiores sucessos do mundo, e eu vou publicá-la".

Roffman tinha sido promovido a vice-presidente de pesquisas. Ele amava o emprego. Sim, ele tinha sido direto demais, mas acreditava ter o dever fiduciário de fazê-lo. Era analista da indústria de jogos e, numa época em que algumas pessoas ridicularizavam seu trabalho por ser parcial demais, orgulhava-se de tomar decisões difíceis que se mostravam acertadas. Confrontado pelo presidente da empresa, Roffman declarou acreditar que os títulos especulativos em que Trump confiava "fracassariam". O presidente, segundo Roffman, respondeu que não estava preocupado com esse julgamento, mas estava, sim, muito preocupado com o comentário dele de que Atlantic City era "um lugar feio e sombrio".

O presidente telefonou para Trump, que exigiu que o *Wall Street Journal* fosse informado de que Roffman não tinha dito exatamente aquilo, e que na verdade acreditava que "o Taj Mahal vai ser a maior história de sucesso de todos os tempos". O chefe de Roffman esboçou uma carta de retratação, e o analista sentiu que não tinha escolha a não ser assiná-la. Mas não conseguiu dormir à noite. Na manhã seguinte, disse a seus superiores que queria emitir uma recomendação de que as ações do Taj fossem "vendidas imediatamente",[24] porque temia que o valor delas caísse. Mas a firma não lhe deu permissão para tornar essa opinião pública, de modo que ele escreveu uma carta na qual "basicamente cancelava" a retratação que tinha assinado. Os chefes de Roffman se cansaram. Enfrentando a ameaça de um processo de Trump, a empresa o demitiu.

A história podia ter acabado ali, com o triunfo de Trump. Mas Roffman concluiu que estivera certo desde o começo e se defendeu, dizendo que sua demissão era injustificada.[25] Ele entrou com uma ação de arbitragem judicial contra a firma, da qual recebeu uma indenização de 750 mil dólares. Também processou Trump, e acabou fazendo um acordo não divulgado. Anos depois,

Trump disse não conseguir se lembrar de ter lido nenhum dos relatórios de Roffman. Ele descreveu os comentários do analista ao jornal como um "ataque de ódio" e "uma coisa nada legal no que diz respeito à humanidade", mas afirmou em um depoimento juramentado que nunca pretendeu que ele fosse demitido. Disse que só queria que Roffman voltasse atrás nos comentários, que "eram completamente inadequados".[26]

Tudo agora estava pronto para a grande inauguração do Trump Taj Mahal. Exceto por alguns discretos ecos arquitetônicos, ele não podia ser mais diferente de seu homônimo, o adornado mausoléu da Índia construído no século XVII que as Nações Unidas declararam "joia da arte muçulmana"[27] naquele país. O Taj de Trump era espalhafatoso, extravagante, bizarro, diferente de qualquer coisa que Atlantic City já tinha visto. Houve quem o chamasse de caricato. O cassino de mais de 11 mil metros quadrados, um prédio de teto rebaixado que se estendia pela orla, ficava em frente aos brinquedos rodopiantes do famoso Steel Pier. Encimado por dezenas de minaretes e cúpulas em forma de cebola pintados de tons de rosa-chiclete, azul e verde, o Taj incluía um prédio de hotel de 42 andares,[28] embora Donald tenha numerado o andar mais alto como 51º. No ponto mais alto de cada uma das quatro fachadas da torre, o nome Trump estava posicionado em letras de fôrma vermelhas.

Os porteiros do Taj, vestindo túnicas roxas e turbantes de plumas, guiavam os convidados para um *lobby* com piso de mármore de Carrara. Mais para o interior do edifício, o tema continuava, com restaurantes como o Bombay Café e o New Delhi Deli, cujas paredes eram enfeitadas com murais indianos. Acima das mesas de bacará, enormes candelabros também de cristal pendiam de tetos abobadados e revestidos de espelhos. Nas suítes de luxo, os hóspedes desfrutavam de estátuas de bronze e mármore e de uma banheira Jacuzzi cercada por colunas gregas douradas.

Momentaneamente, as advertências terríveis, as dívidas extraordinárias e a crise conjugal foram ofuscadas por uma série de eventos de inauguração que durou o fim de semana inteiro. Essas primeiras noites eram cruciais: dezenas de milhares de apostadores estavam esperando para depositar seus dólares nas mãos de Trump, e ele precisava criar uma primeira impressão perfeita para eles voltarem. O cromo tinha sido polido, os funcionários estavam posicionados. Mas na segunda manhã, 3 de abril, Trump ficou sabendo que os reguladores do estado tinham dado uma ordem para que os caça-níqueis permanecessem desativados. O motivo: uma misteriosa discrepância na contabilidade.

Ele estourou de raiva. Ligou para O'Donnell, presidente do Trump Plaza, e implorou-lhe que lidasse com aquele imprevisto. "Jack, estou no Taj", disse, segundo o relato de O'Donnell. "Estou com uns problemas grandes pra caralho aqui. [...] Passei a manhã em reuniões com os reguladores. Eles não vão me deixar abrir. Tenho uma porrada de idiotas aqui. [...] Você precisa vir para cá e resolver isso. [...] Vou demitir esses imbecis."[29]

O'Donnell correu para o Taj, onde o chefe o aguardava. Disse que precisava de um tempo para entender os problemas. Cada minuto custava a Trump milhares de dólares em lucros. "Que porra está acontecendo?", perguntou.[30] Uma das coisas que estavam acontecendo era que, seis meses antes, Donald tinha recebido um aviso de Deno Marino, vice-diretor da Comissão de Controle de Cassinos de Nova Jersey. Marino dissera a Trump e seus principais diretores que, em virtude dos planos deles de instalar 2.900 máquinas caça-níqueis – a maior quantidade de qualquer cassino de Atlantic City –, seria preciso aumentar a "sala de contagem", a área segura nos fundos do prédio onde, ao fim de cada dia, moedas e fichas são separadas, contadas e preparadas para os apostadores do dia seguinte. "O lugar já está construído", tinha respondido Trump, segundo o relato de Marino. Ele não ia mudar de lugar paredes feitas de blocos de concreto sobre chapas de aço de 6 milímetros.

Agora, depois da primeira noite de *soft opening*, o efeito borboleta de ele não ter seguido aquele conselho ficava claro. Os funcionários da sala de contagem estavam surtando, sem conseguir dar conta do trabalho. A sala era insuportavelmente quente. Marino, presente naquela noite, abriu uma exceção às regras, permitindo que uma pesada porta de aço que dava para um corredor interno ficasse aberta para o ar fresco circular. Ao fim, a contagem foi de 220 mil dólares a menos do que uma contagem inicial feita nos próprios caça-níqueis. A lei estadual determinava que, a não ser que as quantias estivessem equilibradas, os fiscais não podiam permitir que os caça-níqueis funcionassem no dia seguinte. Nos onze cassinos cuja abertura ele acompanhara antes do Taj, Marino nunca tinha visto esse tipo de desorganização.

Marino deu a notícia a Trump, e os caça-níqueis ficaram fechados no dia seguinte e na maior parte do outro. Finalmente, já tarde no terceiro dia da semana de abertura, um funcionário a caminho da sala de contagem deu uma topada em algo. Quando olhou para baixo, viu que a porta de aço estava sendo mantida aberta com uma sacola de lona grande e pesada – os 220 mil dólares em fichas perdidas.[31] Trump não conseguia acreditar. Dias depois, a parede externa foi derrubada para a ampliação da sala. O'Donnell lembrou que, durante o mesmo período, "encontramos uma sala inteira cheia de moedas sobre as qual ninguém sabia".[32]

Ao falar com a imprensa, Trump era só sorrisos, insistindo em que o único problema do Taj era que ele estava ganhando tanto dinheiro que "não dava para contar rápido o suficiente". (Uma manchete no *New York Times* ecoou essa ideia: "Caça-níqueis do Taj Mahal param devido ao sucesso".)[33] Em particular, seu tom era muito diferente. Ele disse a O'Donnell que devia "demitir umas porras de umas pessoas"[34] para resolver os problemas. "Não vá embora, Jack", pediu, segundo lembra O'Donnell. "Não me deixe."

Trump voltou a Nova York enquanto O'Donnell se virava para lidar com a situação. Depois de algumas horas angustiantes, o estado concordou em deixar os clientes entrarem no cassino. Na cabeça de O'Donnell, a inauguração já era um "fracasso colossal".[35] Mas o público continuou sem perceber quase nada do que estava acontecendo. A maior parte da publicidade falava sobre o cenário espetacular, os andares que pareciam não ter fim, o tamanho de três estádios de futebol. Nos corredores, ecoavam os sons de moedas caindo e dados rolando, de música tocando e clientes rindo, melodias alegres que significavam que Trump estava ganhando dinheiro, embora, em sua estimativa, nem de longe o suficiente.

No fim daquela noite, enquanto O'Donnell ainda estava às voltas com transtornos no Taj, Trump lhe telefonou, perguntando se o cassino teria passado por tudo aquilo se Steve Hyde e Mark Etess não tivessem morrido no acidente de helicóptero. O'Donnell respondeu que os dois teriam previsto as complicações e evitado uma crise. "Acho que o pessoal aí é gente do Hyde, e acho que eles é que são responsáveis pelo problema", disse Trump.[36] O'Donnell concluíra havia muito tempo que Donald não sabia quase nada sobre gerenciamento de cassinos. Um time de executivos estelares capitaneados por Hyde tinha sido crucial para o sucesso dele. Agora, O'Donnell estava chateado pelo fato de Trump aparentemente estar culpando os colegas falecidos por problemas que ele próprio acreditava serem culpa de seu chefe. O'Donnell concluiu que o estilo do empreendedor era partir para o ataque quando as coisas não davam certo.[37]

O'Donnell vira o mesmo tipo de reação quando, certa vez, Trump começou um discurso raivoso contra um contador que era negro. "Eu tenho contadores negros no Trump Castle e no Trump Plaza – caras negros contando o meu dinheiro!", disse Donald, segundo o livro de memórias de O'Donnell, *Trumped!*

> Odeio isso. O único tipo de pessoa que eu quero contando meu dinheiro são caras baixinhos que usam solidéu todos os dias. É esse tipo de pessoa que eu quero contando meu dinheiro. Ninguém mais. [...] Além disso, eu tenho que te falar

outra coisa. Acho que aquele cara é preguiçoso. E provavelmente não é culpa dele, porque a preguiça é uma característica dos negros. É mesmo; eu acredito nisso. Não é algo que eles possam controlar.[38]

O'Donnell o aconselhou a não falar dessa forma, mas, segundo ele, a recomendação foi ignorada. (Anos depois, O'Donnell contratou o contador em sua própria empresa, prova de sua crença de que Trump estava errado. Quando perguntaram a Trump sobre o livro de O'Donnell, em 1997, ele respondeu que aquilo era "provavelmente verdade", mas, anos mais tarde, disse que era "ficção", embora tenha admitido: "Eu não li o livro dele". Em outro momento, afirmou: "Eu sou a pessoa menos racista que você já entrevistou".)[39]

Dois dias depois da reabertura do cassino, Trump foi de Nova York para Atlantic City em seu helicóptero, pousou no topo do Trump Castle e dirigiu-se ao Taj para o grande encerramento da semana de inauguração. Para o público, a imagem era espetacular: ele tinha conseguido que um dos maiores astros do planeta, Michael Jackson, desse um giro pelo Taj, e os dois caminharam pelo hotel e pelo cassino, uma dupla peculiar conectada pela riqueza e pela fama, seguida pela mídia e cercada pela multidão de hóspedes. Assessores de imprensa fizeram questão de informar à mídia que o cantor ficou impressionado com a suíte batizada em homenagem a Alexandre, o Grande, cuja diária custava 10 mil dólares. Mais de 100 mil pessoas percorreram as instalações, maravilhando-se com o glorioso excesso e as 167 mesas de jogos. Esse seria um dos momentos de maior orgulho na carreira de Trump. Hordas o seguiam por onde ele fosse.[40]

Com a semana de inauguração terminada, porém, Trump se reuniu com o que restava de sua equipe de administração. O'Donnell ouviu com atenção enquanto o chefe dizia novamente que queria demitir quem quer que tivesse causado os problemas: "Quero esses imbecis fora daqui. Quero gente que vai arrebentar. Quero gente escrota. Eu preciso é de mais escrotos nojentos nesta empresa. Guerreiros".[41] Em outra reunião, O'Donnell estava com um grupo de executivos, entre os quais Robert Trump, quando Donald entrou e, referindo-se a uma série de contratempos, gritou: "Vamos perder uma fortuna!"

Robert reagiu: "Donald, você sabe que simplesmente não dá para prever essas coisas".

"Robert, nem tente!", retrucou Trump. "Com certeza absoluta eu não vou ouvir você nesta situação. Eu ouvi você e você me enfiou nisso." Logo depois dessa conversa, O'Donnell ficou sabendo que Robert tinha decidido sair da empresa. "Ele pediu para a secretária pegar umas caixas", contou um executivo a O'Donnell. "Ele disse: 'Vou embora daqui. Não preciso disso'. E entrou num helicóptero e foi para casa."[42] (Em uma entrevista para este livro, Donald Trump contestou o relato de O'Donnell, dizendo que seu irmão "nunca se demitiu"[43] e que fez "um ótimo trabalho" nos cassinos.)

Em público, Trump falou com orgulho para as multidões que reunira para celebrar a grande inauguração. Ao mesmo tempo arrogante e eloquente, elogiou os executivos que tinham morrido no desastre de helicóptero e disse que a semana de inauguração do Taj tinha excedido suas "maiores expectativas".[44] Ele esfregou uma lâmpada de Aladim gigante e a imagem de um gênio apareceu. Luzes de *laser* e fogos de artifício encheram o céu e os clientes entraram. Assessores de imprensa chamaram o Trump Taj Mahal de "oitava maravilha do mundo". Merv Griffin, antigo rival de Trump, previu que o Taj revitalizaria Atlantic City.[45] O apresentador de televisão Robin Leach, em seu programa *Lifestyles of the Rich and Famous*, disse exatamente o que Donald queria ouvir: "A maior aposta de Trump está se mostrando vencedora!"[46]

9
A CAÇA

Ivana Trump estava na fila do Bonnie's, um restaurante popular entre esquiadores no meio da encosta da Aspen Mountain, celebrado por seu *Strudel* de maçã, vinho quente e preços surpreendentemente baixos. Na mesma fila, encontrava-se Marla Maples, a modelo e atriz que era amante de Donald.[1] A família Trump – Ivana, Donald e os três filhos – estava passando as férias de inverno de 1989 na vila turística do Colorado. No entanto, nem tudo corria bem entre Donald e Ivana, especialmente depois que ela ouviu uma conversa em sua suíte no Little Nell, um hotel cinco estrelas que havia sido inaugurado naquele ano. "Atendi o telefone na sala e Donald atendeu no quarto", recordou Ivana. "Ele estava falando sobre Marla. E não entendi direito. Nunca tinha ouvido um nome assim na vida. Então fui até Donald e perguntei: 'Quem é Moola?'"

"Bom, é uma menina que fica correndo atrás de mim há dois anos", respondeu ele, segundo Ivana.[2]

No Bonnie's, Ivana viu o marido conversar com uma mulher que ela pensou ser amiga de Maples. Na fila, foi até a mulher e disse: "Meu marido me contou que você tem uma amiga que anda atrás dele há dois anos. Pode avisar a ela que amo muito meu marido?" Ivana, esquiadora experiente, voltou para as encostas sem saber que Maples estava logo atrás da amiga; "como eu nunca a tinha visto, não fazia ideia". Então, Maples foi atrás dela – "simplesmente me atacou por trás", lembrou Ivana. Na frente dos filhos dos Trump, a amante declarou: "Sou Marla e amo muito seu marido. Você o ama?"

"Vá pro inferno", retrucou Ivana. "Amo muito meu marido." Donald, que sempre tinha resposta para tudo, não disse "nada, nadinha", relatou ela. Os tabloides noticiaram que ele pegou seus esquis e saiu deslizando pela neve.

As mulheres definiram Trump tanto quanto qualquer projeto ou propriedade. O principal produto da marca Trump era um cardápio de como satisfazer a visão que um homem comum tinha do estilo de vida de um titã, e ele vendia esses produtos – cassinos, hotéis, apartamentos – em parte cercando-se de símbolos da alta sociedade, especialmente belas mulheres. A imagem que o empresário cultivava não tinha espaço para sutilezas. Ele se preocupava com as aparências e caprichava na criação de imagens, quadros elegantemente encenados de beleza, colocando suas acompanhantes, namoradas, esposas e filhos como símbolos de riqueza, todos vestidos e posando de modo a impressionar. Em suas aparições públicas, Donald pareceria nu sem mulheres estonteantes ao seu lado. E ele adorava um tipo específico de mulher: modelo, vencedora de concursos de beleza, aspirante a atriz – em sua maioria, o estereótipo do feminino: pernas longas, seios fartos, cabelos compridos. Todas as suas esposas – Ivana, Marla e, anos depois, a modelo eslovena Melania Knauss – vinham de fora de Nova York, com sotaque característico, duas do Leste Europeu e uma de uma cidade pequena na Geórgia. Nenhuma havia nascido em berço de ouro. À medida que Trump envelhecia, a diferença de idade foi ficando maior. Publicamente, as mulheres também ficaram mais discretas.

Trump acreditava que a imagem de celebridade que cultivava na mídia fazia mais para elevar sua reputação do que qualquer investigação de autoridades do governo ou jornalistas céticos pudesse fazer para depreciá-la. "Sabe", afirmou, "realmente não importa o que escrevem, desde que você tenha uma jovem gostosona do seu lado."[3] Ele aceitou e até cultivou a imagem de *playboy*. Seus casamentos implodiram à vista de todos, enchendo os tabloides de manchetes sórdidas. A batalha extremamente pública que Ivana e Marla, duas ex-modelos com nomes perfeitos para esses jornais, travaram por Donald era como uma versão na vida real de *Dinastia*, a série de TV do horário nobre que refletia os excessos da década. Essa odisseia foi um verdadeiro filme de terror melodramático, aparentemente o auge do constrangimento e também um embate custoso, mas definiu Trump com um prêmio, um objeto de desejo de belas mulheres. Ele falava publicamente sobre seus relacionamentos, como se sua reputação despudorada pudesse aumentar sua popularidade. Usou a mídia, os tribunais e seus advogados para ajudar a controlar as ex-esposas. Mas, para além das festas e dos flagras com modelos e atrizes, apesar das manchetes gritantes, seus relacionamentos com mulheres raramente pareciam românticos ou mesmo libidinosos. Os amigos diziam que, para Trump, as mulheres eram sempre um objeto de perseguição, uma conquista. O relacionamento em si, ao que tudo indicava, era secundário. "Em tudo que faz", disse Louise Sunshine, ex-executiva de sua organização, "ele está à caça. Isso é muito empolgante. 'A vida com Donald deve ser uma festa.' As pessoas são atraídas por seu magnetismo. Não existe meio-termo. Ele é sempre: 'Ah, meu Deus'. Você acaba seguindo a corrente. Ele é estimulante demais."[4]

Trump encarava sua vida amorosa pública ao extremo como um serviço oferecido à sua base de clientes em potencial – criando uma aspiração para pessoas que desejavam mais *glamour* em sua vida – e para algumas poucas mulheres de sorte. "Eu crio estrelas", afirmou. "Adoro criar estrelas. E, em certo grau, foi o que fiz com Ivana. Foi o que fiz com Marla. Dei uma excelente oportunidade para muitas mulheres. Infelizmente, depois que elas viram estrelas, para mim a diversão acaba. É como um processo de criação. É quase como criar um prédio. É bem triste."[5]

Em seus *best-sellers*, Trump se retratou como um irresistível objeto de luxúria, nunca o conquistador, sempre o conquistado. "Se neste livro eu contasse as verdadeiras histórias de minhas experiências com mulheres, muitas vezes mulheres importantes em casamentos aparentemente felizes, ele sem dúvida viraria um sucesso de vendas (o que será, de qualquer jeito!)", afirmou em *Trump: The Art of the Comeback*, lançado em 1997.[6] Em sua narrativa, Donald era perseguido por mulheres lascivas. Ele relatou um encontro com uma mulher casada não identificada que definiu como uma "dama de alta linhagem social e fortuna", cujo marido estava sentado à mesma mesa de jantar: "De repente, senti a mão dela no meu joelho, depois na minha perna. Ela começou a me acariciar de várias formas diferentes". Tendo Trump como o objeto passivo desse desejo, a mulher teria insistido: "Donald, não me importo. Simplesmente não me importo. Preciso ter você e preciso ter você agora".[7] Quando ele deu uma carona de limusine a outra mulher riquíssima, "muito bonita e sensual" que estava prestes a se casar, "menos de cinco segundos depois que a porta se fechou ela pulou em cima de mim louca para dar".[8]

Trump dizia sempre que as mulheres o desejavam, mas ele as mantinha longe, desconfiado do que via como um antagonismo astuto e malicioso. "A atuação das mulheres está entre as maiores de todos os tempos", escreveu.

As inteligentes se fingem de femininas e carentes, mas, por dentro, são verdadeiras matadoras [...]. Já vi mulheres manipularem homens com apenas um apertar de olhos – ou talvez de outra parte do corpo [...]. Não há nada que eu ame mais do que mulheres, mas, na verdade, elas são muito diferentes do que se retrata. São muito piores do que os homens, muito mais agressivas, e, rapaz, como podem ser espertas! Vamos dar o crédito merecido e parabenizar as mulheres por seu tremendo poder, que a maioria dos homens tem medo de admitir que elas têm.[9]

Contudo, por maior que pudesse ser o poder que as mulheres tivessem, Trump raramente deixava passar a oportunidade de proclamar a própria virilidade. Quando perguntaram sua opinião sobre o Viagra, ele se vangloriou de nunca ter precisado de um auxílio como esse. Do que realmente precisava, disse, era um "anti-Viagra, algo com o efeito oposto. Não estou me gabando. Só tenho sorte".[10]

A briga por Donald na Aspen Mountain era mais do que sensacionalismo para os tabloides. Marcava uma evolução da sua imagem, de homem vistoso e arrojado do setor imobiliário para um tipo diferente de celebridade, um *showman* que usava a esposa não como parceira de negócios, mas como um símbolo do *glamour* que ele vendia em empreendimentos que variavam de cassinos a linhas de roupas e perfumes. Ivana tinha sido uma diretora de destaque na empresa familiar; com a mesma idade que ele, era a mulher a quem se creditava a opulência excessiva das propriedades imobiliárias do marido. Ela havia ajudado a definir o inconfundível estilo Trump – uma mistura de Las Vegas e Versalhes, que detratores definiam como de mau gosto, típico de novo-rico, até mesmo ridículo. Marla, por outro lado, projetava *juventude*. Quando fez 45 anos, com seu império em rápido crescimento, mas enfrentando dificuldades financeiras ("Trump em queda", dizia uma manchete do *New York Daily News*), Donald apareceu com uma mulher muito mais jovem. Marla gerou burburinho e agitação sem nunca ter representado um papel nos negócios dele. Enquanto Ivana havia enriquecido o currículo de Trump e o ajudado a criar a imagem de homem de família bem-sucedido, Marla expressava agora um aspecto diferente de sua personalidade – seu desejo de manter negócios e romance separados, como seu pai havia feito. "Elas são completamente diferentes uma da outra", comentou ele sobre as duas primeiras esposas. "Ivana é uma mulher de negócios prática e forte; Marla é artista e atriz [...]. Depois de um tempo percebi que essas duas mulheres excepcionais representam os extremos da minha personalidade."[11]

O encontro entre as duas no meio das montanhas parecia inevitável. Por mais de dois anos, Trump havia se esforçado diligentemente para mantê-las longe uma da outra. Em Manhattan, Marla – quase sempre hospedada no St. Moritz Hotel, a três quarteirões do tríplex da família na Trump Tower – às vezes ficava blindada pela equipe de segurança dele.[12] Donald tomou providências para que ela aparecesse em eventos públicos acompanhada por outros homens, que se faziam passar por seu namorado, às vezes até quando Ivana comparecia. O subterfúgio lhe permitiu ser ao mesmo tempo discreto e infantilmente descarado em relação à amante. Maples foi vista em uma luta de Mike Tyson em 1988, quando Trump levou um grupo de celebridades, entre as quais Kirk Douglas e Jack Nicholson, para Atlantic City em seu helicóptero Sikorsky. Nessa viagem, ela foi acompanhada por Thomas Fitzsimmons, um amigo próximo e ex-policial que muitos acreditaram ser seu namorado. Agora, as duas mulheres tinham entrado na órbita febril da pequena Aspen no auge da temporada de Natal. Como *não* se esbarrariam?

A situação desconcertante em Aspen obrigou Maples a se esconder – ela se instalou na Guatemala durante algumas semanas a fim de trabalhar para o Corpo de Paz –, enquanto a separação entre Donald e Ivana se desenrolava nos tabloides e nos escritórios de advogados.[13] As negociações do divórcio foram tóxicas, a publicidade, incansável. Ambas as partes lidaram com o caso como uma campanha militar. Em determinado ponto, diante das câmeras, o advogado de Trump, Jay Goldberg, parou nos degraus do tribunal em Lower Manhattan, acenando com um cheque de 10 milhões de dólares que Donald propôs a Ivana para pôr fim à disputa.[14]

A desavença pública se tornou extremamente pesada: Ivana alegou em um depoimento que o marido a havia estuprado depois de uma discussão sobre um procedimento cirúrgico doloroso na cabeça ao qual ele se submetera para corrigir a área calva. Ela recomendara o cirurgião plástico e Trump não ficou contente com o resultado. Segundo o livro *Lost Tycoon* [Magnata perdido], de Harry Hurt III, Ivana declarou no depoimento que Donald segurou seus braços, puxou seu cabelo, arrancou suas roupas e a obrigou a fazer sexo com ele. Em 1993, depois que o livro de Hurt foi publicado, uma nota ao leitor assinada por Ivana foi anexada a uma folha em branco por insistência dos advogados de Trump:

> Durante um depoimento dado por mim sobre meu caso matrimonial, afirmei que meu marido havia me estuprado. Em uma ocasião, em 1989, o sr. Trump e eu tivemos relações conjugais em que ele se comportou comigo de maneira muito

diferente de como havia se comportado ao longo de nosso casamento. Como mulher, eu me senti violentada, pois o amor e a ternura que ele normalmente me demonstrava estavam ausentes. Eu me referi a essa ocasião como "estupro", mas não quero que minhas palavras sejam interpretadas no sentido literal ou criminal.

Donald negou enfaticamente que o incidente ou a cirurgia tenham acontecido. A alegação foi, segundo um porta-voz seu, "uma técnica típica de advogado, usada para arrancar mais dinheiro do sr. Trump, especialmente porque ele tinha um pacto antenupcial de cláusulas rígidas". Durante uma reunião litigiosa em 1990, o juiz insistiu em que as duas partes entrassem em um acordo sobre uma quantia que Trump considerou "inapropriada", lembrou Goldberg. Donald se levantou e dirigiu-se ao juiz: "O que o senhor está dizendo é absurdo. Vou embora". Então pegou seu paletó e saiu.[15]

TRUMP SEMPRE DEIXAVA CLARO quem era o chefe em seus casamentos. Ele e Ivana nunca tiveram "brigas terríveis" porque, segundo ele, "no fim, ela faz exatamente o que eu mando".[16] Trump se arrependeu de colocar a mulher para trabalhar para ele, dirigindo hotéis e cassinos: "Meu maior erro com Ivana foi tirá-la do papel de esposa. O problema era que a única coisa sobre a qual ela queria conversar era trabalho. Quando eu chegava em casa à noite, em vez de conversar sobre os assuntos mais tranquilos da vida, ela queria me falar como o Plaza estava indo bem ou como o dia tinha sido ótimo no cassino [...]. Nunca mais vou dar a uma esposa responsabilidades dentro das minhas empresas".[17] Ele cumpriu com a promessa.

Enquanto a vida privada de Trump se misturava à sua identidade pública, ele passou a ver seus casamentos ou como algo que exaltava sua imagem e, portanto, a reputação de seus negócios, ou como um entrave. "Meu casamento, ao que parecia, era a única área da minha vida em que eu estava disposto a aceitar algo aquém da perfeição", afirmou durante o processo de divórcio com Ivana.[18] Maples representaria uma ameaça muito menor. Ela não era do tipo que o desafiava, exceto pela pressão contínua para que se casassem. Dessa vez, não haveria nenhuma discussão de casamento entre iguais. Em termos de riqueza e fama, experiência e sofisticação, ele era claramente superior a ela. "Obviamente tinha sido um caso tórrido, mas não imaginei que fosse durar", contou Goldberg.[19]

Enquanto Ivana mantinha uma agenda social cheia que Trump desprezava abertamente, com Maples ele se tornou o diretor social. "Depois que começamos a sair juntos oficialmente, esperava-se uma imagem pública", lembrou Maples. "O cabelo, a maquiagem e os estilistas, e você se torna uma caricatura de si mesma. E acho que o que ele mais amava em mim era que eu não fazia parte daquele mundo. Mas, quando estávamos juntos em público, ele queria me transformar naquele animal social."[20] Anos depois, ela recordou que "colocar vestidos, ir a eventos de gala e ter Harry Winston colocando joias nas minhas mãos era sempre um constrangimento para mim – eu estava representando um papel. Sentia que eram as exigências do trabalho".[21]

O trabalho dela era chamar a atenção. Os tabloides a apelidaram de Pêssego da Geórgia. Maples cresceu em Dalton, na Geórgia, cidade que se autodenominava a Capital Mundial do Tapete. Seu pai era um empreendedor do ramo imobiliário. Depois do divórcio dos pais, a mãe dela se casou com o gerente de uma indústria de tapetes. Loura de olhos verde-azulados, desde pequena Marla tinha o sonho de atuar, na Broadway e em Hollywood. Ela participou de concursos de beleza – e ganhou vários, entre os quais o Miss Resaca Beach Poster Girl –, mas não entrou nos concursos mais famosos porque eles requeriam um componente de talento.[22] Os amigos a conheciam como uma pessoa doce e generosa; ela fazia geleias e as dava de presente. No Natal, surpreendia os amigos com suéteres e cestas artesanais. Ela chegou a Manhattan em 1985 e logo conseguiu fazer pequenas participações em filmes B e um papel de mais destaque em um vídeo de exercícios. Em *Comboio do terror*, misto de terror e ficção científica dirigido por Stephen King, de 1986, sua personagem, sem nome, era esmagada até a morte por uma carga de melancias. O casal se conheceu logo depois de ela chegar a Nova York, e Maples soube imediatamente que "tínhamos uma ligação, mas não era o momento certo. Então passávamos muito tempo ao telefone um com o outro sem nunca sair juntos em público. Até 1988, eu já estava completamente apaixonada por aquele homem".[23]

Por três anos depois do incidente em Aspen, a vida amorosa de Trump e Maples se tornou uma novela ininterrupta nos tabloides. Entrava no ar. Saía do ar. Isso se repetia incessantemente. Tudo era registrado nas páginas e nos programas de fofocas. Em 1990, pouco depois que Ivana argumentou que o adultério do marido tinha violado os termos de seus contratos matrimoniais, Maples foi à ABC para ser entrevistada por Diane Sawyer numa casa de Atlantic City que era propriedade de um amigo de Trump. "Ele odiava o fato de eu sentir que precisava me esconder", disse a atriz, então com 26 anos, a uma audiência de TV nacional de mais de 13 milhões de pessoas. Maples se recusou a comentar o que acontecera em Aspen, oferecendo, em vez disso, um elogio com farpas à rival: "Na minha opinião ela é uma mulher linda.

Acho que era antes da cirurgia. E, quero dizer, agora está absolutamente deslumbrante".[24] Maples sabia ser irônica, mas muitas vezes era retratada com crueldade pela imprensa. Uma matéria da *Vanity Fair* afirmou: "Conhecer Marla Maples é como apertar uma lata de aerossol e ver escorrerem montanhas de chantili".[25]

Em julho de 1991, Trump deu a Maples um anel de diamante de 7,5 quilates – por um tempo, argumentou que isso não devia implicar nenhum noivado.[26] Maples contou que esperava se casar antes do inverno. Mas ela teria de esperar mais dois anos. Nesse meio-tempo, estrelou como a "Favorita de Ziegfeld" na produção musical da Broadway *The Will Rogers Follies*. Trump encheu o teatro com seus convidados, entre os quais a cantora La Toya Jackson, o apresentador de telejornal Mike Wallace e o apresentador de *talk show* Maury Povich. Ele também deu uma festa de comemoração no Plaza, o qual sua primeira esposa havia ajudado a redecorar.

Mais uma vez, Trump insistiu em um pacto antenupcial e Maples foi à TV para falar sobre o tema: "Sempre disse a Donald que farei o que for necessário. Vou assinar para seus banqueiros ficarem tranquilos. Mas não quero chamar isso de pacto antenupcial. Estou disposta a dar minha palavra no papel de que não vou interferir nas transações financeiras dele, caso venha a acontecer o pior".[27] A cerimônia de casamento, em dezembro de 1993, foi planejada em dez dias. Maples usou uma tiara de diamantes de 2 milhões de dólares emprestada de um joalheiro da Quinta Avenida. Mil convidados compareceram ao Salão de baile do Plaza.[28] A filha deles, Tiffany, havia nascido dois meses antes. Na festa, o astro do futebol americano O. J. Simpson expressou dúvidas sobre o casamento: "Acho que todo mundo no país pensa que, se a relação *deles* pode dar certo, qualquer relação pode dar certo".[29] (Seis meses depois, Simpson foi acusado de matar a ex-mulher, Nicole Brown Simpson, e, em última instância, foi inocentado.)

Maples, que havia afirmado desejar uma cerimônia simples e discreta, cintilava em um vestido Carolina Herrera enquanto cortava o bolo de quase 2 metros de altura diante de convidados do meio político, esportivo e do entretenimento, entre os quais Liza Minnelli e Howard Stern, que comentou sobre os noivos: "Dou quatro meses para eles".[30] (Durou seis anos.) Dezessete equipes de televisão e quase cem fotógrafos documentaram o evento. "Não caiu nenhuma lágrima no salão", noticiou o *Times*.[31] Trump disse que só o caviar custou mais de 60 mil dólares.[32] Mas sua conquista não tinha graça perto da adrenalina da caça. "Eu estava entediado enquanto a levava para o altar", recordou ele depois. "Não parava de pensar: 'Que diabos estou fazendo aqui?'"[33]

Essa sensação de anticlímax também era evidente para as pessoas ao redor do casal. "Uma vez casados, eles pareciam distantes, e o comportamento de um não costumava combinar com o do outro", disse Goldberg. Trump ficava irritado com o séquito de parentes de Maples.[34] Dali a alguns anos, ele estava falando em público de seus problemas. Em *Trump: The Art of the Comeback*, descreveu um dia típico no casamento: "Seis e meia da tarde. Deixo o escritório e vou para meu apartamento. Marla está me esperando para jantar, e, por mais que eu realmente fique grato por isso, percebo que esse casamento está chegando ao fim. Simplesmente não parece estar dando certo. Talvez seja minha agenda e provavelmente é culpa minha. Mas, se você não está ansioso para voltar para casa, tem alguma coisa muito errada aí".[35]

Trump havia tomado providências para que conseguisse sair dessa sem gastar demais. Se o casamento se revelasse breve, o contrato antenupcial limitava rigorosamente a quantia que Maples poderia obter. Ela recebeu 5 milhões de dólares ou menos.[36] Goldberg observou que Trump "não tirava os olhos do relógio".[37] Ele também estava de olho em outras opções.

Pouco depois de cruzar a ponte para Manhattan, depois da faculdade, Trump encontrou maneiras de empregar mulheres bonitas a serviço de seu sucesso financeiro. No vocabulário dele, um homem excelente é *bem-sucedido*; uma mulher excelente é *bonita*. Ele entrou para o Le Club porque era, disse, "o clube mais movimentado da cidade e [...] seus membros incluem alguns dos homens mais bem-sucedidos e das mulheres mais bonitas do mundo".[38] Começou a frequentar festas da alta sociedade acompanhado por mulheres fotogênicas cuja companhia podia ser obtida ligando para agências de modelos e pedindo ajuda para preencher suas listas de convidados. Ele se tornou *habitué* das primeiras fileiras de desfiles de moda de Nova York, aparecendo em tabloides e publicações de moda cercado por mulheres esculturais com cabelos fartos e muito brilho labial.

Em 1985, Trump encontrou um jeito de criar seu próprio clube, com a mistura de sucesso e beleza que queria que sua marca representasse. Ele comprou Mar-a-Lago, uma mansão histórica de Palm Beach construída em 1927 por uma das mulheres mais ricas do mundo, Marjorie Merriweather Post. Ela havia doado o imóvel de 128 cômodos para o governo americano em 1973 para ser usado como uma Casa Branca de inverno. Mas a administração do presidente Jimmy Carter entregou a propriedade, localizada à beira do oceano Atlântico em um dos trechos litorâneos mais elegantes da Flórida, para a Post

Foundation, uma entidade particular, porque sua manutenção era cara demais. Trump a queria e ofereceu por ela 28 milhões de dólares. Não era suficiente, declarou a fundação. Trump não aumentou a oferta; em vez disso, a abaixou. Ele decidiu pegar pesado. Por meio de uma entidade externa, comprou o terreno bem em frente a Mar-a-Lago e ameaçou construir ali uma casa monstruosa que bloquearia a vista da mansão para o mar. "Isso deixou todo mundo maluco", contou Trump. "Eles não podiam vender o casarão porque eu era dono da praia, então o preço não parava de cair."[39]

No fim, Trump comprou o marco histórico, pagando pela casa a bagatela de 5 milhões de dólares, mais 3 milhões pelas antiguidades e pelos móveis suntuosos de Post. Ele converteu o imóvel de quase 70 mil metros quadrados em um clube particular (em 2015, novos membros pagavam uma taxa de adesão de 100 mil dólares mais taxa anual de 14 mil dólares), disponível para aluguel para casamentos e eventos. Em Palm Beach, uma pequena vila de mansões reclusas e praias particulares em que nobres e bilionários desfrutavam de privacidade, Bentleys e Rolls-Royces vinham do South Ocean Boulevard e entravam em propriedades escondidas atrás de sebes altas. Em Mar-a-Lago, Trump mandou aparar as sebes para dar às pessoas uma vista desobstruída de seu castelo. E convidou celebridades como Michael Jackson para passar a noite ali, atraindo *paparazzi*. Os jornais locais o culparam de espalhar boatos de que a princesa Diana, Madonna e outros grandes nomes estavam entrando para seu clube, tudo parte de seu esforço para gerar publicidade para Mar-a-Lago. Ele também acrescentou ao local um salão de baile em estilo Luís XIV com pé-direito de 12 metros e folhas de ouro de 7 milhões de dólares nas paredes (na verdade, a responsável pela redecoração foi Ivana). Trump gastou 100 mil dólares em quatro pias banhadas a ouro nos banheiros do salão de baile.[40]

Chocada com o comportamento ostentatório de Trump, a câmara municipal de Palm Beach lhe apresentou uma lista de restrições, que estava impondo à filiação de membros, ao tráfego, aos convidados de festas e até às fotografias. Mas Trump se recusou a aceitá-las. Levou a batalha ao tribunal da opinião pública. Seu advogado mandou a todos os membros da câmara cópias de dois filmes clássicos sobre discriminação – *A luz é para todos*, sobre um jornalista que se passa por judeu para expor o antissemitismo, e *Adivinhe quem vem para jantar*, sobre a reação de um casal branco quando a filha leva para casa o noivo negro. O recado era claro e doloroso: por décadas, os líderes políticos locais haviam tolerado regras segundo as quais os clubes particulares da cidade excluíam judeus e negros, e, agora, queriam insultar Trump com regras rígidas para o funcionamento de seu clube, que era aberto a qualquer pessoa que pudesse pagar pelas exorbitantes taxas. Os membros da câmara insistiram em que sua única preocupação era que ele estava transformando uma área tranquila e reservada numa festa barulhenta, atraindo inúmeras pessoas de fora. Mesmo assim, a tática de Trump deu certo. Com o tempo, ele conseguiu a suspensão da maioria das restrições.[41]

As festas promovidas por Trump destinavam-se a chamar exatamente a atenção que a câmara municipal abominava. Nesses eventos, muitos dos convidados eram modelos vindos de Miami, que passeavam em volta do pátio e da piscina, e Donald insistia em uma proporção de três mulheres para cada dois homens. "Havia cem mulheres bonitas e dez homens", lembrou Roger Stone, seu conselheiro de longa data. "'Olha como somos fantásticos!' Falando sério, era incrível."[42]

ANTES E ENTRE SEUS CASAMENTOS, Trump alimentava sua fama de conquistador. Ele cuidava para ser fotografado ao lado de beldades com pouca roupa, em limusines com modelos, em visita à mansão da *Playboy*, de Hugh Hefner. Combinou seu interesse por mulheres de beleza certificada com seu império em expansão mergulhando no negócio de concursos de beleza e agências de modelos. "O que faço tem sucesso por causa da estética", afirmou. "As pessoas amam meus prédios e meus concursos de beleza."[43] A indústria de concursos de beleza ampliou sua projeção internacional, levando-o a viajar pelo mundo, para países grandes e pequenos onde posava com uma Miss Qualquer Coisa a seu lado em inaugurações ou nos anúncios dos seus projetos imobiliários e hoteleiros.[44] Líderes políticos e empresariais estrangeiros queriam participar de seus eventos que incluíam beldades e um pouco de negócios. Trump via os concursos de beleza como uma distração bem-vinda das reuniões sobre projetos e impacto ambiental, uma oportunidade para diversificar seu currículo de investimentos, bem como uma porta de entrada para maior audiência televisiva nacional e internacional.[45]

Seu investimento em concursos de beleza começou com o American Dream Girl Model Search, que havia se iniciado em 1966 como uma *joint venture* entre uma empresa de produtos de beleza masculinos e outra de calendários de esportes motorizados que queria incluir mulheres pouco vestidas em suas páginas. Em 1992, Trump tornou-se sócio do casal da Flórida que era dono do American Dream. George Houraney e Jill Harth pensaram que a marca Trump traria sucesso a seus concursos e calendários que exibiam mulheres posando de maiô perto de carros velozes. A relação não durou muito. Depois do concurso de 1993 no Trump Castle, Houraney e Harth abriram um processo contra ele por quebra de contrato, afirmando que o empreendimento os fez perder 250 mil dólares e até 5 milhões em rendimentos futuros.[46]

Em uma batalha legal complicada que se arrastou por anos, Harth acusou Trump de apalpá-la. Ela queria 125 milhões de dólares de indenização por danos morais, alegando em um depoimento que ele fizera investidas sexuais agressivas e indesejadas a ela em uma festa em Mar-a-Lago em 1993. "Assim que sentamos à mesa de jantar, Donald começou a me bolinar por baixo da mesa", contou.[47] Na mesma noite, segundo Harth, ele a levou a um quarto normalmente ocupado por sua filha Ivanka, com 11 anos na época. Lá, Trump a "beijou, acariciou e impediu" de sair do quarto, afirmou ela.[48] Harth e Houraney foram embora da mansão na calada da noite. Trump negou com veemência que isso tivesse acontecido. E comentou um artigo de uma *National Enquirer* de 1997 que citava um amigo seu não identificado dizendo que Harth é que era obcecada pelo empresário.[49] No entanto, Harth afirmou em um depoimento que Donald estava atrás dela desde que haviam se conhecido, mesmo depois que Houraney deixou claro que ele e Harth eram casados. "Em resumo, Donald Trump ficou me encarando durante toda a reunião", lembrou ela sob juramento. "Ele me encarava mesmo enquanto George estava fazendo a apresentação."

Harth também alegou que Trump deu ordens para que "todas as concorrentes negras fossem excluídas" de suas festas em Mar-a-Lago; Houraney contou que ele eliminava sistematicamente mulheres negras da pilha de fotos que recebia para escolher as participantes das finais do concurso do calendário.[50] Donald negou insistentemente as afirmações do casal; seus advogados tacharam Harth de "delirante" e disseram que as alegações dela eram "uma evidência clara de instabilidade mental". Anos depois, um advogado de Trump afirmou: "Não existe nenhuma verdade nessa história", acrescentando que Harth "era um fantoche num processo criado pelo ex-marido".[51] Em 1997, Trump assinou um acordo no caso de quebra de contrato com o American Dream; ao mesmo tempo, Harth desistiu do processo em que alegava abuso sexual.[52] Houraney afirmou ao *Boston Globe* que recebeu um pagamento de Trump, mas que não podia revelar a quantia. Harth disse que abandonou o caso como uma condição para fechar a ação movida por Houraney, mas afirmou que suas acusações eram verdadeiras.

Por volta da época em que estava enfrentando esses processos, Trump já havia subido de nível no ramo dos concursos para o que chamava de "tríplice coroa da beleza".[53] Em 1996, comprou o controle acionário dos concursos Miss Universo, que incluíam as competições Miss USA e Miss Teen USA.

Na época, afirmou ter pagado 10 milhões de dólares por sua participação na organização;[54] anos depois, disse ter pagado apenas 2 milhões.[55] O Miss Universo começou em 1952 em Catalina, na Califórnia, como uma competição de maiô, sem o componente acadêmico de que o Miss América se vangloriava. Tinha fama de ser o mais elegante dentre os dois concursos populares, e Trump arregaçou as mangas para torná-lo mais *sexy*. Como resultado de sua liderança, disse, "os maiôs ficaram menores, os saltos, maiores e a audiência cresceu".[56] (Na verdade, a audiência despencou com o tempo. Quando ele comprou o negócio, em 1996, a audiência do concurso, segundo o instituto de pesquisa Nielsen, já havia caído de cerca de 35 milhões de telespectadores em 1984 para cerca de 12 milhões. O evento nunca recuperou esses números elevados e, em 2013, dois anos antes de Trump vendê-lo, pouco mais de 4 milhões de pessoas assistiam a ele.) A administração de concursos de beleza por Trump virou um negócio de família: sua filha Ivanka apresentou o Miss Teen USA em determinado ano; a segunda esposa, Marla, ex-participante desse tipo de competição, apresentou o Miss Universo e o Miss USA; e a terceira esposa, Melania, faria parte do júri no Miss USA. Embora as pessoas em cargos executivos de concursos de beleza em geral fossem homens, Donald promoveu mulheres, entre as quais Maureen Reidy, contadora da Trump Organization, que aos 27 anos foi nomeada primeira presidenta da organização Miss Universo, em 1997.[57]

Trump se envolvia ativamente nos concursos. Em 1996, depois que a Miss Universo Alicia Machado, da Venezuela, ganhou um bocado de peso, Trump a recriminou publicamente. Arranjou uma sessão de fotos para mostrá-la se exercitando em uma academia de Manhattan e, diante de cerca de oitenta repórteres e fotógrafos, disse: "Quando você ganha um concurso de beleza, ninguém pensa que irá de 54 para 73 quilos em menos de um ano, e você tem a obrigação de manter a forma física perfeita".[58] Machado definiu a sessão de fotos como uma emboscada feita para humilhá-la. "Ele teve sua entrada triunfal", lembrou, "e me senti como um rato correndo numa roda por uma hora. Fui sua primeira Miss Universo quando ele comprou a empresa. Infelizmente, isso também significou que sofri, em primeira mão, sua fúria, seu racismo e toda a misoginia que alguém é capaz de demonstrar."[59] Anos depois, Trump escreveu que fez o que fez para que ela não fosse demitida: "Meu Deus, quantos problemas tive com essa mulher. Primeiro, ela vence. Segundo, engorda 20 quilos. Terceiro, insisto para o comitê *não* demiti-la".[60]

Trump acompanhava de perto as concorrentes dos concursos. Carrie Prejean, que foi Miss Califórnia em 2009 e segundo lugar no Miss USA do mesmo ano, contou que ele "nos inspecionava mais de perto do que qualquer general jamais inspecionou um pelotão". Diante das demais candidatas, recordou Prejean, Trump perguntou à Miss Alabama quem ela considerava a mais bonita. Quando Miss Alabama sugeriu que Miss Arkansas era "doce", Trump retrucou: "Não perguntei se ela é doce. Ela é *gostosa*?" Ele fez a mesma pergunta a várias concorrentes, depois, segundo Prejean, "colocou as garotas de que gostava de um lado, deixando as rejeitadas do outro lado do palco".[61] Donald disse que precisou intervir porque "os juízes não sabiam o que estavam fazendo [...]. Eles não escolheriam as mulheres que deveriam estar nas finais [...]. Então criei um sistema em que todo mundo ficava no palco [...] com várias pessoas da CBS [...]. Eu ficava no palco e falava. Nós escolhíamos as quinze mais inteligentes e mais bonitas. Depois que me envolvi [...] virou um sucesso [...]. Escuta, é um concurso de beleza, certo? É sobre beleza. Não precisamos ter vergonha disso".[62]

Depois de alguns anos investindo no Miss Universo, Trump expandiu suas atividades para outro ramo da indústria de beleza – modelos. Sua nova agência, concebida originalmente como Trump Models Inc., acabou recebendo o nome T Management após longas negociações entre ele e uma veterana da indústria, Annie Veltri, coproprietária da empresa.[63] Conhecida por suas "lendas" – modelos mais velhas –, a T Management era, fora isso, uma "agência inconsequente", segundo afirmou James Scully, importante diretor de *casting* da indústria da moda.[64] Em geral, as modelos da T não eram conhecidas. Era "um jeito de direcionar as concorrentes dos concursos de beleza para algum lugar", disse Scully.[65] Alguns dos agenciadores na empresa de modelos de Trump também eram juízes das competições, cujas participantes favoritas assinavam contrato com a agência. Embora não estivesse envolvido no gerenciamento cotidiano da empresa, ele aprovava as decisões importantes e algumas das modelos relataram ter recebido ofertas de contrato diretamente de Trump.[66]

O negócio de modelos introduziu uma cultura diferente no império de Donald. Alojados inicialmente na Trump Tower, os agenciadores evitavam o uniforme de ternos e vestidos que eram a regra nos escritórios da Trump Organization. A cultura de modelos era muito menos formal do que o patrão costumava exigir. "Eles eram todos: 'sr. Trump, sr. Trump, sr. Trump'", lembrou John Bassignani, ex-funcionário da empresa. "E a gente era: 'ei, Donald', 'ei, Donald', 'ei, Donald'."[67]

***

O assunto era a cantora Mariah Carey. "Você transaria com ela?", perguntou Howard Stern em seu programa de rádio de alcance nacional. Trump respondeu: "Com certeza". Em outra manhã, o apresentador do despudorado programa fez a mesma pergunta, dessa vez sobre a princesa Diana, na época uma das mulheres mais famosas e admiradas do mundo. "Sem hesitar", disse Trump. "Ela tinha a altura, tinha a beleza, tinha a pele [...]. Era doida, mas isso é detalhe."

A partir da década de 1990, Trump foi mais de vinte vezes ao popular *talk show* matinal, que ficou cada vez mais explícito ao longo dos anos. Stern e ele travavam uma conversa descontraída, avaliando seios e bundas de mulheres, debatendo os méritos do sexo oral e perguntando um para o outro se iriam para a cama com famosas como Cindy Crawford e Diane Sawyer.[68] Trump parecia adorar a brincadeira. Em um programa, o desinibido locutor perguntou-lhe: "Sexo oral é importante para você? De homem para homem, e já tive essa conversa com muitos homens". Ele respondeu: "Não, não é importante para mim".

Em outra manhã, Trump fez comentários sobre o corpo de Nicollette Sheridan, atriz da série *Desperate Housewives*: "Alguém tão sem peito como ela dificilmente vai levar um dez". Em seguida, ele perguntou a Stern a respeito de uma colega de elenco de Sheridan: "Você sairia com Marcia Cross ou viraria gay, Howard?" Os dois trocaram farpas sobre mulheres famosas de todos os tipos, discutindo sobretudo se valia ou não a pena transar com elas. As aparições de Trump, que se estenderam de 1990 a 2005, incluíram suas opiniões sobre a estrela de *reality show* Kim Kardashian: "Ela tem bunda grande? Claro!", e: "O silicone dela é horrível. Parecem dois postes saindo do corpo".[69]

Em determinado programa, Trump falou sobre como ficou interessado na princesa Diana. Depois que o casamento dela com o príncipe Charles terminou, em 1992, o empresário começou a lhe enviar arranjos de flores.[70] Parecia pensar que eles poderiam ter chegado a sair. "Você teria ficado com ela, certo?", Stern lhe perguntou pouco depois que ela morreu em um acidente de carro, em 1997. "Poderia ter trepado com ela?"

Trump pensou por um momento e respondeu: "Acho que sim".

Os comentários de Donald sobre seus desejos sexuais não se limitavam a casos hipotéticos. Ligando para o programa em 2000, ele falou sobre a namorada, Melania Knauss, depois passou o telefone para ela. "Fazemos um sexo incrível uma vez por dia", disse ela aos ouvintes de Stern, "às vezes até mais." Alguns anos depois, quando Donald e Melania estavam casados, Stern perguntou se ele continuaria com a esposa se ela saísse de um acidente de carro desfigurada, com o braço e a perna lesionados e "cem pontos na cara".

"Como estão os peitos?", perguntou Trump.
"Os peitos estão o.k.", disse Stern.
"É o que importa", concluiu Trump.[71]

APESAR DE TODA A CONVERSA OBSCENA no rádio e das aparições cuidadosamente encenadas com modelos e outras belas mulheres, quem passava muito tempo com ele na década de 1990 não o descrevia como um conquistador lascivo, mas como um *workaholic* e de certo modo caseiro, um homem de negócios experiente que sabia muito bem a importância de ser visto como jogador. Goldberg, advogado que esteve muito próximo de Trump naquela época, contou que muitas das relações tão alardeadas de seu cliente com mulheres famosas e supermodelos eram meros momentos encenados para as câmeras. "É só dar uma barra de chocolate para ele e deixá-lo assistir à televisão", disse Goldberg. "Só lembro dele terminando o dia indo para casa, não necessariamente com uma mulher, mas com um saco de doces [...]. Ele planejava seu próximo projeto, examinava as plantas, se reunia com advogados, nunca levantando a voz, nunca se exibindo, nunca sendo cruel com ninguém no escritório, um *gentleman* [...]. Nunca o ouvi falar romanticamente de uma mulher. Quer dizer, só falava romanticamente do trabalho dele."[72]

Kate Bohner, coautora de *Trump: The Art of the Comeback*, afirmou que a imagem pública de Trump como conquistador em série e baladeiro glamoroso era um esforço calculado para aumentar o brilho de sua marca, nada além disso. "Havia vezes em que eu o via conversando com um grupo de mulheres maravilhosas e imagino que uma pessoa de fora poderia achar que ele estava ali para conquistar", disse. "Mas nunca vi aquilo como algo além de uma manobra para impulsionar a marca Trump. Eu via o sr. Trump como alguém mais paternal com as mulheres do que como um *playboy*."[73]

Trump sempre sustentou que não teria tempo de respirar se realmente houvesse tido relações com todas as mulheres com quem diziam que ele saía. As pessoas "podem ficar surpresas por minha vida ser muito menos glamorosa do que elas pensam, incluindo todas as histórias sobre supermodelos", afirmou.[74] Suas esposas eram todas boas pessoas, ele recordou, "mas sou casado com a minha empresa. É um casamento de amor. Então, sinceramente, para uma mulher, não é nada fácil em termos de relacionamento".[75] Em seu livro *Trump: Como chegar lá*, Trump atribuiu seu sucesso, como o de "Jeff Bezos, Steve Jobs e Ted Turner", a um "foco obstinado na realização de seus sonhos, mesmo se algumas vezes isso for às custas das pessoas ao redor [...]. O narcisismo pode ser uma qualidade útil quando se tenta abrir uma empresa. Um narcisista não dá ouvido a opositores. Na Trump Organization, escuto as pessoas, mas minha visão é minha visão". Para pensar como bilionário, disse, nunca tire férias ("Amo me relacionar com meus filhos como meu pai se relacionou comigo – através da paixão por um trabalho bem-feito"), "tenha uma pequena dose de déficit de atenção", "não dependa da tecnologia" ("Nem tenho cartão de débito – nunca usei um na vida" e "*e-mails* são para os fracos"), não pense demais nas coisas ("Perceber que pode ser útil ser superficial foi uma experiência profunda para mim") e "pense em si mesmo como um exército de uma pessoa só [...]. Você deve planejar e executar seu plano sozinho".[76]

APESAR DOS CASAMENTOS TURBULENTOS, suas ex-esposas nunca denegriram Trump publicamente depois do divórcio. O empresário tomou providências para isso. Negociador experiente, ele as fez assinar acordos de confidencialidade e detinha o poder de barganha supremo: os filhos.

Trump sempre disse que não era o tipo de pai que gastava muito tempo passeando ou jogando bola com os filhos, mas, quando estes atingiram a idade suficiente para aprender sobre os negócios, passaram muito mais tempo com ele, especialmente no escritório. Ivana tinha levado a público sua alegação de que "os filhos estão destruídos" por causa do divórcio turbulento – os colegas de Donny Jr. caçoavam dele em Buckley, sua escola particular em Manhattan, e Ivanka vivia aos prantos em Chapin, sua escola para moças no East Side –, mas todos os três filhos do casamento com ela viriam a trabalhar ao lado do pai na Trump Organization.[77] Os três descreveram momentos difíceis com ele – Donald era tão competitivo que certa vez, ao esquiar com Eric, segundo este "ele ficava me empurrando, só para poder chegar antes do filho de 10 anos ao pé da montanha"; e, durante a batalha do divórcio, Donald Jr. ficou um ano sem falar com o pai. Mas passaram a admirá-lo como homem de negócios e um pai que os amava à sua maneira e tinha um desejo profundo de que trabalhassem com ele. "Meus pais [...] tinham seus problemas, que eram públicos", disse Eric Trump, "e é natural que os filhos acabassem envolvidos por causa da mídia. Mas meus pais se esforçaram muito para nos manter longe daquilo tudo. E acho que o internato foi uma maneira sutil de fazerem isso, de certa forma." Mesmo assim, o frenesi em torno do divórcio definiu um período na vida de Eric: "Era o único assunto que todos queriam conversar, porque era a maior história do mundo, definitivamente. Mas, quando você tem 10 anos, sua mente ainda está se formando, você está tentando virar um rapazinho [...] e precisa conseguir se desenvolver como criança".[78] A solução, segundo Eric e os irmãos, foi o trabalho. Como seu pai havia feito, Donald levava os filhos para as obras e os fazia colocar a mão na massa.

Não se sabe como suas ex-esposas descreveriam a vida íntima da família, já que Trump conseguiu controlar os comentários públicos delas. Em janeiro de 2000, a ReganBooks, um selo da HarperCollins, anunciou planos para a publicação de um livro de Maples intitulado *All That Glitters Is Not Gold* [Nem tudo que brilha é ouro]. A "autobiografia extremamente sincera", segundo o comunicado de imprensa, seria "a história por trás das manchetes" sobre "um homem amoroso cuja grande paixão era o império que construiu". Maples trabalhou com a agente literária Susan Crawford no que descreveu como "um conto de fundo moral" sobre ser casada com Trump. Crawford relatou que pegava o elevador de serviço para encontrar Maples na suíte particular, onde ela revelava histórias da montanha-russa que foi o caso com Donald, o escândalo na estação de esqui, os encontros clandestinos e o posterior casamento. "Teria sido sensacional", recordou a agente.[79]

O livro nunca se concretizou. Segundo Crawford, dois anos depois, em 2002, "Marla lhe telefonou e disse: 'Susan, não posso fazer isso'". Não ficou claro se Maples não queria que a filha, Tiffany, lesse sobre a vida amorosa da mãe em um *best-seller*, ou se, voltada para um recente envolvimento com a espiritualidade, ela havia mudado de ideia, ou ainda se Trump aniquilou o projeto. Ele afirmou depois não ter ficado "nada descontente" com a mudança no rumo dos acontecimentos. "Ela assinou um acordo de confidencialidade", disse.[80] Antes disso, Donald havia posto seus advogados contra Ivana, depois de ela conceder uma entrevista na televisão a Barbara Walters, em 1991. Ele ameaçou rescindir o pagamento da pensão alimentícia anual de 350 mil dólares e o auxílio-moradia anual de 50 mil dólares, argumentando que ela havia violado os termos de seu acordo de divórcio.[81]

Mais uma vez, Trump buscou controlar a história. O acordo de divórcio, assinado em 1991, proibia Ivana de publicar ou divulgar "qualquer diário, autobiografia, carta, fotografia, entrevista, artigo, ensaio, relato, descrição ou representação de qualquer tipo [...] a respeito de seu casamento ou qualquer aspecto dos negócios empresariais ou financeiros de Donald [...] sem a obtenção prévia do consentimento dele por escrito".[82] Ivana publicou um livro de memórias, no qual, porém, teve todo o cuidado de evitar qualquer relato a respeito do casamento. Ela sequer apresentou seu ponto de vista da famosa briga na Aspen Mountain, citando em vez disso a versão do *New York Post* do que acontecera entre ela e Maples.

Muito depois do fim do casamento, Ivana e Donald continuaram amigos, segundo disseram. "Donald tratou o divórcio como um homem de negócios", afirmou ela. "Ele precisava negociar e precisava vencer. Quando a parte financeira foi resolvida, continuamos amigos."[83] Ele compareceu ao quarto casamento dela, em 2008, celebrado em Mar-a-Lago. Relembrando o que chamou de suas "três tentativas de ser marido", Trump se referiu às três como "boas mulheres. Muito boas mulheres. Mas meu problema é que sou um trabalhador. Eu vivia trabalhando, o que sempre me consumia". À pergunta sobre as esposas, ele elogiou a empresa e suas "ótimas localizações" e "pouquíssimas dívidas". Donald, o marido? "Construí uma grande empresa. Ela é excelente, com alguns dos maiores ativos do mundo, e isso não é algo que se consegue trabalhando cinco horas por dia."

10

UMA LIGA SÓ DELE

Quando os líderes da então recém-formada Liga de Futebol Americano dos Estados Unidos (United States Football League, USFL) se reuniram em Nova Orleans em janeiro de 1984, a maioria dos proprietários de times reverenciou Donald Trump como o homem que poderia levá-los para a prometida Liga Nacional de Futebol Americano (National Football League, NFL).[1] Isso logo mudaria. O modelo de negócios da USFL era simples: programar jogos do esporte mais popular do país para a primavera, quando não havia competições da NFL nem dos times universitários. A primeira temporada da USFL, em 1983, tinha sido um sucesso modesto. A audiência televisiva foi razoável; alguns times atraíram um público respeitável e alguns até ganharam dinheiro suficiente para tirar da liga principal jogadores não tão importantes e para recrutar talentos universitários de alto nível. Mas os proprietários acreditavam que a USFL, com dezoito equipes, ainda não estava sendo levada a sério; ou pelo menos não até setembro de 1983, quando o idoso e afável magnata do petróleo de Oklahoma que era dono dos New Jersey Generals vendeu o time para um incorporador imobiliário nova-iorquino de 37 anos que acabara de inaugurar uma enorme torre de 58 andares em Manhattan com seu sobrenome revestido em ouro acima da entrada.[2]

Com a reunião dos proprietários começando no grande salão de baile do Hyatt Regency Hotel naquela manhã de janeiro, Trump olhou para os homens sentados ao seu redor. Alguns estavam no mesmo nível de riqueza e ambição que ele, pensou. Havia alguns outros magnatas do setor imobiliário, um ex-embaixador dos Estados Unidos na Suíça que também era sócio de uma instituição financeira e o novo proprietário do time de Los Angeles,[3] o caprichoso e excêntrico

Bill Oldenburg, que atendia pelo apelido de Mr. Dynamite e fazia um funcionário de sua empresa de hipotecas em San Francisco soar um gongo cada vez que a companhia ganhava mais 1 milhão de dólares.[4] Na noite anterior, Oldenburg tinha chegado a seu primeiro jantar de proprietários da USFL com uma comitiva que incluía o cantor Wayne Newton. Durante a refeição, ele rasgou a camisa e declarou que seu novo time ia "dar um pau" no de todos os demais.[5]

Trump, porém, tinha suas dúvidas sobre vários dos outros proprietários. Alguns eram apenas médicos e advogados, caras que provavelmente se qualificavam como ricos, mas não o suficiente para competir com os donos de times da NFL. Alguns provavelmente estavam satisfeitos com o fato de a USFL permanecer menor que a NFL. Eles não viam o que Donald via: uma abertura criada pelos arrogantes e tacanhos controladores da outra liga. Para maximizar essa oportunidade, argumentou, a USFL tinha de agir, e rápido. Sua impaciência estava começando a irritar alguns dos colegas. Eles amavam a atenção que ele chamava para a liga, mas alguns começavam a se queixar de coisas que dizia e fazia. E Trump não gostava dessas reclamações.[6]

Ele afirmou a todos que a liga estivera "indo rapidamente ladeira abaixo" até ele comprar os Generals quatro meses antes. Naqueles poucos meses, Trump sozinho, segundo seu próprio relato, tinha orquestrado uma guinada completa na percepção da USFL entre fãs, jornalistas e controladores de operações em grandes redes de televisão. Uma série de negociações de peso entre ele e jogadores e técnicos da NFL gerara uma onda de cobertura da imprensa. Presidentes de emissoras estavam finalmente levando a liga a sério, disse. Ele estava cansado de ler que alguns dos proprietários estavam preocupados com a quantia que ele gastava. Tinha raiva em especial de Myles Tanenbaum, o incorporador de *shopping centers* que era dono do Philadelphia Stars. "Myles foi ao meu escritório há mais ou menos um mês para me ver", contou Trump aos outros presentes ao encontro em Nova Orleans. "No dia seguinte, eu leio sobre aquela maldita reunião confidencial no jornal, onde ele está contando tudo sobre o que eu falei. Eu escrevi uma carta para ele, uma carta bem mal-educada – ah, ótimo, Myles, que bom que você está aqui…" Trump interrompeu a fala quando Tanenbaum entrou na sala. "E quero dizer que, da próxima vez que você quiser publicidade, não faça isso às minhas custas. […] Eu vou deixar aquelas equipes de filmagem infernais esperando por você. […] Se você quer jogar, eu também sei jogar. Não gosto de você falando sobre Trump, o cara que está desperdiçando dinheiro. O dinheiro que eu desperdiço é para o bem da liga. […] É o que deu credibilidade à liga."[7]

Naquela manhã em Nova Orleans, Trump reiterou seu plano para o sucesso da USFL: transferir o calendário dos jogos para a primavera e competir de igual para igual com a NFL pelo dinheiro das grandes emissoras e pela supremacia geral. A NFL acabara de sair de Nova York – os New York Jets tinham se mudado do Shea Stadium, no Queens, para se juntar aos New York Giants no complexo de Meadowlands, em Nova Jersey –, dando a Trump a oportunidade de levar seus Generals para a cidade e dar à USFL o único grande time de futebol americano na capital midiática dos Estados Unidos.

Trump tinha aliados na reunião: vários outros proprietários também queriam mudar os jogos para a primavera. A NFL estava lidando com sérios conflitos trabalhistas e enfrentara uma greve de jogadores em 1982. Sua audiência televisiva tinha caído pela primeira vez em anos. Alguns funcionários das emissoras, por sua vez, estavam irritados com as exorbitantes cifras exigidas pela NFL, e gostavam da ideia de um pouco de competição no futebol americano profissional. Mas, em uma guerra aberta contra a outra liga, a USFL estaria em enorme desvantagem – um time médio da primeira lucrava mais ou menos 14 milhões de dólares ao ano com os contratos de televisão;[8] a USFL *inteira* ganhava cerca de 14 milhões de dólares da ABC, por temporada.[9]

Ainda assim, Trump via um caminho para a vitória. "Garanto a vocês nesta sala que vou conseguir a CBS e vou conseguir a NBC e vou conseguir a ABC, garantido, e por muito mais dinheiro do que a merdinha que vocês estão recebendo agora", disse. "Todos os times nesta sala têm o mesmo problema: as pessoas não querem ver futebol na primavera. [...] Esperem para ver o que acontece quando se desafia a NFL. [...] Eu não quero ser um perdedor. Nunca fui um perdedor antes e, se perdermos, amigos, vou dizer uma coisa, isso vai nos assombrar. [...] Cada vez que escreverem uma matéria sobre vocês, vão dizer que vocês eram donos dessa merda de time que fracassou... e eu não vou ser um fracasso."[10] No pior cenário, disse Trump, a USFL podia processar a NFL por violações das normas antitruste e ganhar um julgamento enorme ou forçar uma fusão. O que ele não disse foi que uma fusão seria um jogo de dança das cadeiras: nem todo time da USFL teria lugar na NFL. Alguns proprietários inevitavelmente ficariam de pé quando a música parasse.

Uma semana depois, Tanenbaum – o dono do Philadelphia – escreveu para um amigo proprietário de outro time da liga que tinha perdido a reunião em Nova Orleans: desde então, havia uma preocupação "me atormentando praticamente todo dia. Essa preocupação tem a ver com o grande plano de Donald Trump para a USFL".[11]

***

No MUNDO DE SOMA ZERO DE TRUMP, onde só havia vencedores e perdedores, os esportes sempre tiveram lugar especial. Quando criança no Queens, ele era fã tanto dos Brooklyn Dodgers quanto dos New York Yankees, e era colecionador fanático de cartões de beisebol. Na escola, ele e seu amigo de infância Peter Brant foram pegos várias vezes ouvindo jogos de beisebol durante a aula em rádios portáteis.[12] Na Academia Militar de Nova York, Donald havia se destacado nos esportes, e especialmente no beisebol – ele jogava na primeira base e era um batedor estelar. E, na universidade, em Fordham, Trump jogou futebol, até uma lesão no tornozelo o tirar do esporte, e depois *squash*.[13] Como jovem em Manhattan nos anos 1970, ele tinha convivido com celebridades no Le Club e ficado amigo de George Steinbrenner, imperioso dono dos New York Yankees e mestre em conseguir publicidade (e notoriedade). No início dos anos 1980, flertara várias vezes com a ideia de ter um time. Ele ofereceu 20 milhões de dólares, em vão, pelos New York Mets e, quando os Cleveland Indians estavam à venda, sua oferta chegou a 34 milhões.[14] O negócio deu errado devido à relutância de Trump em prometer manter o time em Cleveland.[15] Ele tivera conversas preliminares com Robert Irsay sobre os Baltimore Colts antes de Irsay decidir levar o time para Indianápolis.[16]

O valor e a liquidez de Trump já eram assunto de debates constantes, e comprar um time da NFL exigia imensa riqueza e dinheiro comprovado. Em 1983, o preço padrão de um time da NFL era cerca de 70 milhões de dólares. Depois de comprar os Generals por mais ou menos 6 milhões,[17] Donald passou a dizer a quem quisesse ouvir (e por vezes a quem não quisesse) que podia ter comprado um time da NFL, mas escolhera a USFL porque isso configurava um desafio maior: "Fico triste pelo coitado que vai comprar os Dallas Cowboys. É uma situação em que não dá para ele vencer, porque se ele vencer, bom, e daí?, o time já vence há anos, e se ele perder... vai ser conhecido pelo mundo como um perdedor".[18]

TRUMP SAIU GASTANDO para transformar seu novo time de futebol americano em um dos melhores da USFL. O átrio da Trump Tower se tornou palco de uma série deentrevistas coletivas em que ele era inquirido sobre sua guerra com a NFL.

Com os Generals, Trump tinha comprado um time com um astro genuíno (e caro): Herschel Walker, o *running back* vencedor do Troféu Heisman. Numa era em que a NFL proibia os times de recrutar estudantes dos primeiros anos de universidades, Walker havia quebrado a tradição ao sair da Universidade da Geórgia no terceiro ano para assinar um contrato de três anos com os Generals por 5 milhões de dólares, na época a negociação de valor mais alto da história do futebol americano.[19] Na temporada inaugural da USFL em 1983, Walker foi líder da liga em jardas corridas, mas o time sofreu com uma pontuação de 6-12. Trump começou a trabalhar para cercar Walker de talentos, mas primeiro precisava de um novo técnico.

Ele mirou alto, tentando tirar Don Shula – um dos técnicos mais vencedores da história da NFL – dos Miami Dolphins. Shula ganhava cerca de 450 mil dólares ao ano, então Trump ofereceu-lhe 1 milhão.[20] Mas o treinador aparentemente pediu algo para adoçar o contrato. Trump foi ao programa *NFL Today*, da CBS, para comentar suas negociações com o técnico. O acordo estava quase fechado, disse, exceto por um obstáculo: Shula queria um apartamento na Trump Tower, e o empresário não tinha certeza de que poderia atender a seu pedido. Enfurecido, Shula – que havia semanas estava falando publicamente sobre a possibilidade de ir para a USFL – anunciou no dia seguinte que tinha dado um basta nas conversas e ficaria em Miami. Donald alegou que ele, e não Shula, havia parado com as negociações. "Eu não podia abrir mão de um apartamento na Trump Tower", contou. "Dinheiro é uma coisa, ouro é outra."[21]

Rejeitado por Shula, Trump se voltou a alguém que seria popular entre os fãs nova-iorquinos de futebol americano: Walt Michaels, ex-técnico dos Jets. Depois, atacou várias escalações da NFL a fim de construir um time vencedor para seu novo técnico. Tirou o zagueiro Brian Sipe – antigo Jogador Mais Valioso da NFL – dos Cleveland Browns, entre outros jogadores da liga.[22] O magnata se deleitava com o fato de que suas transações de futebol conseguiam muito mais divulgação do que seus empreendimentos usuais: "Eu contrato um gerente-geral para administrar um negócio de 1 bilhão de dólares e sai uma sátira no jornal. Eu contrato um técnico para um time de futebol e tem sessenta ou setenta repórteres ligando para me entrevistar".[23]

O jogador que provavelmente gerou mais publicidade para o time na verdade nunca vestiu o uniforme dos Generals. Um dia, Jim Gould, o homem contratado por Trump para ser presidente da equipe, estava sentado no escritório do chefe. Lawrence Taylor, temido *linebacker* dos New York Giants, havia aparecido na mídia recentemente falando da insatisfação com seu contrato. "Talvez devêssemos contratar Taylor", sugeriu Gould.[24] Trump concordou; certamente, isso impulsionaria a venda de ingressos.

Havia um problema: Taylor tinha assinado para jogar nos Giants até 1987. Gould e Trump então criaram um plano.

Naquele dia, o astro dos Giants recebeu um telefonema inesperado: "Sr. Taylor, aguarde na linha pelo sr. Trump".[25] Algumas horas depois, um dos maiores jogadores da história do futebol americano chegou à Trump Tower, em um carro enviado pelo empresário. Gould cumprimentou Taylor e disse que Trump insistia em que ele assistisse primeiro a uma apresentação de *slides* de oito minutos. A apresentação promocional louvava a Trump Tower e seu "construtor visionário": "É Manhattan vista através de uma lente dourada, e apenas para uns poucos escolhidos. [...] Qualquer desejo, não importa quão opulento ou incomum, pode se realizar".[26] Taylor ainda não tinha certeza de por que estava ali. Ele não estava interessado em um apartamento. Mas ficou muito interessado no que Trump diria alguns minutos depois.

Trump ofereceu a Taylor um bônus de 1 milhão de dólares para assinar um contrato garantindo que jogaria para os Generals depois de seu contrato com os Giants expirar. Se Taylor assinasse naquele mesmo dia, 1 milhão de dólares seria transferido imediatamente a ele. "Ele me fez ligar para o banco e, na real, transferiu uma porra de 1 milhão de dólares trinta minutos depois para a minha conta", lembrou Taylor. "Eu fiquei tipo: 'Valeu, Don'. Eu respeitei o fato de ele honrar sua palavra com dinheiro."[27] Antes mesmo de o jogador entrar em casa naquela noite, a transação vazou para a imprensa, e não houve muito mistério sobre quem a tinha vazado. Donald lidou evasivamente com perguntas sobre Taylor em uma matéria do *New York Times*. (O repórter do jornal, Ira Berkow, também teve de aguentar o vídeo promocional antes de poder se encontrar com Trump.) "Ninguém sabe se assinamos com ele – na verdade, só três pessoas sabem, Lawrence, o agente dele e eu", disse.

O "contrato futuro" usado por Trump para atrair Taylor enfureceu os administradores dos Giants, mas eles não estavam dispostos a deixar o drama público continuar por muito tempo. Na prática, pagaram para Taylor rescindir o contrato com os Generals, oferecendo a ele um novo negócio com os Giants e um aumento polpudo, devolvendo-lhe, além disso, o milhão de dólares já pago por Trump e mais 750 mil. (Tecnicamente, o próprio Taylor pagou pela anulação do contrato, dando ao empresário 1,75 milhão proveniente dos Giants. Isso poupou o time da NFL da humilhação de ter de pagar Trump diretamente.)[28] A negociação fez Taylor virar fã de Trump para a vida toda: "Ele com certeza sempre soube usar a mídia. Foi um golpe publicitário brilhante".[29]

No campo, a baixa temporada estilo Frankenstein de Trump deu resultado. Os Generals fizeram 14-4 em 1984, foram classificados para a pós-temporada e perderam na primeira rodada. Mas, fora do campo, alguns outros proprietários da USFL estavam começando a questionar a atuação de seu novo colega. Trump tinha efetivamente se tornado a cara da liga, e seu desbocamento não caía bem com os outros. Ele disse casualmente a repórteres que achava que a USFL devia abrir mão de pelo menos quatro de seus dezoito times, os que tinham "proprietários fracos".[30] Depois, surgiu uma série de matérias repetitivas citando "fontes da USFL" anônimas segundo as quais a transferência da temporada da primavera para o outono era iminente, o que era mentira. Depois que uma reportagem no *New York Times* alardeou a mudança do calendário dos jogos para o outono com base em informação de dois "importantes executivos da USFL", o diretor da liga, Chet Simmons, ficou apoplético.[31] Ex-presidente da rede de televisão ESPN, Simmons estava tentando manter a paz entre os proprietários que queriam mudar de temporada e os que não queriam, e agora parecia que um deles estava tentando ganhar vantagem com notícias vazadas anonimamente. Simmons tinha uma boa ideia de quem era.[32]

No dia seguinte à matéria do *New York Times*, Simmons enviou um comunicado a todos os proprietários: "Divulgar os problemas da liga na imprensa é injustificável e inescrupuloso, e distorcer a verdade é malicioso". Ele ligou para Trump, que nem confirmou nem negou ser a fonte. O magnata reagiu calmamente à bronca de Simmons, mas se vingou naquela mesma semana. Uma coluna no *Los Angeles Herald Examiner* trazia a manchete "Trump para Simmons: Você é inútil... Só senta lá sem fazer nada",[33] algo que ele supostamente teria dito depois da ligação furiosa do diretor sobre a matéria do *Times*. (Trump disse a Simmons nunca ter dito aquelas palavras.) Alguns meses depois, quando o diretor da liga teve um problema de nervo comprimido, os médicos o informaram de que a doença estava ligada ao estresse. Ele passou a chamá-lo de "nervo Trump".[34]

A briga sobre transferir ou não os jogos para o outono acabou virando uma discussão entre sobretudo dois homens: Trump e John Bassett. Produtor de cinema canadense anteriormente envolvido com a fracassada Liga Mundial de Futebol Americano, Bassett era dono dos Tampa Bay Bandits, um dos poucos times da USFL a dar lucro.[35] Como Trump, ele tinha gosto pelo dramático: alistou o astro hollywoodiano Burt Reynolds como sócio proprietário celebridade e fazia eventos no intervalo dos jogos, entre os quais concursos de biquíni e queima de papéis de hipotecas. No início, Bassett gostou de Trump. Na reunião de proprietários em Nova Orleans em janeiro de 1984, Bassett afirmou que ele alavancava a credibilidade da liga. Mas as alfinetadas do magnata em seus oponentes o fizeram mudar de opinião. Em agosto, Bassett enviou-lhe uma carta com palavras duras:

> Caro Donald, [...] ouvi com surpresa suas ofensas ao diretor e a vários de seus parceiros que por acaso não apoiavam alguma de suas causas ou não concordavam com algum de seus argumentos. [...] Você é maior, mais jovem e mais forte do que eu, o que significa que não terei remorso algum em socar sua cara na próxima vez que você pessoalmente tratar com desdém a mim ou a qualquer outra pessoa que por acaso não o saúde nem dance conforme sua música. [...] Com os melhores cumprimentos, John F. Bassett.[36]

Algumas semanas depois, proprietários da USFL se reuniram para ouvir os resultados de um importante estudo feito pela consultoria McKinsey, a quem a liga pagara 600 mil dólares para determinar o melhor caminho financeiro dali para a frente. A consultora, Sharon Patrick, percebeu que, independentemente de que temporada jogasse, a USFL estava em apuros.[37] Sete dos dezoito proprietários disseram a Patrick que não conseguiriam se manter sem dívidas nos próximos dois anos com base na atual receita televisiva da liga, e outros quatro times informaram que só conseguiriam continuar jogando com "grande dificuldade". O plano de Trump para alavancar a renda televisiva com a mudança para o outono pressupunha uma série de acontecimentos que a consultora não via acontecendo.[38] A mudança para o outono antes de 1987 violaria o contrato da USFL com a ABC. E Patrick não ouvira nada que a convencesse de que a mudança resultaria em um contrato melhor para a liga. A NBC disse a ela que não tinha interesse nenhum na USFL, ponto. A CBS disse que só se interessaria em 1987, e mesmo assim somente se a audiência da liga melhorasse. Se a USFL tentasse mudar as datas antes de 1987, lembrou Patrick, podia acabar sem contrato com nenhuma grande emissora.[39]

Ela recomendou cortar custos, lançar uma campanha publicitária para melhorar a audiência e permanecer como liga de primavera até 1986. Só depois disso, quando os contratos de TV da NFL entrariam em renegociação e a USFL seria uma agente livre, a mudança para o outono poderia ser considerada. Trump chamou o relatório de Patrick de "papo furado".[40] Eddie Einhorn, novo proprietário da sofrida franquia de Chicago da USFL, concordou, dizendo que duvidava de que executivos de emissoras falariam francamente com uma "garota" de uma consultoria. Einhorn estava convencido de que conseguiria colocar duas grandes emissoras em uma guerra de lances pela temporada de outono da USFL. Se não funcionasse, Einhorn e Marvin Warner, outro proprietário, concordavam em que o passo seguinte devia ser um processo antitruste contra a NFL. Os proprietários votaram por ignorar as recomendações de Patrick. Catorze dos dezesseis proprietários presentes apoiaram a vontade de Trump de mudar para o outono. O diretor Simmons disse aos repórteres: "Vamos enfrentar a NFL a partir do outono de 1986".[41]

Antes da temporada de 1985, Trump assinou mais uma contratação espalhafatosa e impulsiva. Um ano depois de conseguir o zagueiro Brian Sipe por 800 mil dólares, ele recrutou outro zagueiro vencedor do Troféu Heisman, Doug Flutie, do Boston College, com um contrato de cinco anos de até 7 milhões de dólares. Em uma entrevista coletiva, Flutie, humilde, disse não ter certeza de estar pronto para ser titular e que esperava aprender com o veterano Sipe. Trump tinha planos diferentes, e declarou: "Doug Flutie será o Joe Namath da USFL".[42] Algumas semanas depois, ele pediu a outro proprietário que orientasse seu time a pegar leve com Flutie, ideia que o colega rejeitou. Trump negou ter feito o pedido. Como Flutie teve dificuldades no início da temporada, Trump sugeriu que outros proprietários da USFL o reembolsassem pelo contrato do zagueiro.[43] Ele admitia ter gasto demais, mas dizia estar abnegadamente gerando publicidade para a liga. (Funcionários da USFL notaram um nome que não conheciam falando por Trump na cobertura desse incidente – John Barron, o porta-voz fictício que ele às vezes fingia ser.)[44]

Os Generals de Trump novamente fecharam com um recorde vencedor, 11-7, e novamente perderam na primeira rodada da pós-temporada. Mas, fora do campo, a USFL, sem um novo contrato televisivo, enfrentava graves incertezas. Como previra a consultora, a NBC e a CBS não pareciam interessadas, e a ABC estava furiosa porque a USFL pretendia quebrar o contrato. Ficava cada vez mais claro que a única chance de sobrevivência da liga viria do tribunal. Os proprietários da USFL votaram por processar a NFL, e de novo Trump roubou o show. Com os executivos da liga prestes a voar para a Flórida para uma reunião, Simmons recebeu uma mensagem: Trump planejava uma entrevista coletiva surpresa na manhã seguinte, falando em nome da USFL sobre o caso contra a NFL.[45] A seu lado estaria o advogado escolhido por ele, sem consultar mais ninguém: Roy Cohn. (Anos depois, Harry Hurt, biógrafo de Trump, relataria que este prometera o caso a Cohn como pagamento parcial por ter renegociado um acordo antenupcial com Ivana.)[46]

O julgamento *USFL vs. NFL)* foi marcado para o fim da primavera de 1986 no tribunal federal de Nova York. Muitos comentaristas esportivos viam o processo como uma medida desesperada da USFL. Mas os advogados da NFL sabiam que um documento interno desta sustentaria o caso da liga novata, que alegava que a rival tinha desobedecido à lei federal para tentar tirar os concorrentes do jogo. E uma reunião secreta entre Trump e o diretor da NFL, Pete Rozelle, em 1984, abalaria o julgamento – dependendo de quem falava a verdade e de quem mentia.

O EDITOR-CHEFE da *Sports Illustrated*, Mark Mulvoy, estava jogando uma rodada de golfe com Trump em Long Island certa manhã, quando o tempo fechou. Depois que a chuva passou e os homens retornaram ao campo, Mulvoy notou uma bola a 3 metros do buraco, que ele não se lembrava de ter visto antes da tempestade.[47]

"De quem é esse raio dessa bola?", perguntou.

"É minha", respondeu Trump, segundo Mulvoy.

"Donald, dá uma porra de um tempo", disse Mulvoy. "Você passou a manhã toda jogando... no mato. Você não parou ali."

"Ah, os caras com quem eu jogo roubam o tempo todo. Eu tenho que roubar pra conseguir competir com eles."

Depois da faculdade, e depois de basicamente desistir de seus interesses atléticos, Trump passou a ver o tempo gasto com esportes como tempo desperdiçado. Acreditava que o corpo humano era como uma pilha, com uma quantidade finita de energia, que os exercícios só exauriam. Portanto, ele não se exercitava. Quando ficou sabendo que John O'Donnell, um de seus principais executivos dos cassinos, estava treinando para o Ironman, fez a ele uma advertência: "Você vai morrer cedo por causa disso".[48]

Mas Trump continuou jogando golfe ao longo dos anos, muitas vezes se vangloriando de suas habilidades no jogo como prova de seus dotes atléticos. Venceu dezoito campeonatos de clube, que dizia serem "como um campeonato principal, mas para amadores", referindo-se aos torneios mais importantes e prestigiosos para golfistas profissionais. Muitos golfistas experientes que frequentavam os campos com Donald o achavam talentoso, embora com uma tacada não ortodoxa, mas as histórias de quanto ele trapaceava se tornaram lendárias. "No que diz respeito a roubar, ele é um onze numa escala de um a dez", disse o repórter esportivo Rick Reilly. Em uma tarde de golfe com Trump, contou Reilly, ele testemunhou o empresário escrever placares falsos, conseguir *putts* arrastando as bolas para o buraco e alegar um *gimme* – em que o golfista, em geral por estar a menos de meio metro do buraco, ganha os pontos automaticamente sem precisar jogar – quando sua bola estava a pelo menos alguns metros de distância.[49] "Foi o primeiro *chip-in* com bola dada do mundo", lembrou o jornalista. Apesar de repetidamente pedir para voltar a bola, Trump disse para Reilly "se certificar de escrever que eu sempre jogo minha primeira bola. Na vida, não tem segunda bola". (Donald negou firmemente qualquer truque: "Eu nunca roubei no golfe". E contestou a lembrança de Reilly: "Eu acabei totalmente com ele, e ele escreveu de forma muito imprecisa. [...] Nunca fiz uma jogada de *chip* com bola dada".)

Quando Trump apostou alto em Atlantic City, os esportes tinham um papel importante no sentido de trazer as pessoas para seus cassinos. Em 1989, pondo em prática uma ideia que lhe foi proposta pelo comentarista de basquete universitário Billy Packer, ele patrocinou o Tour de Trump, uma competição de ciclismo que era a resposta dos Estados Unidos ao Tour de France.[50] A corrida cobria cerca de 1.300 quilômetros por cinco estados, terminando na sombra do Trump Plaza em Atlantic City. Donald patrocinou o evento por dois anos – ele acabou se tornando o Tour DuPont –, e muitos ciclistas ficaram felizes por um importante empresário americano estar investindo em seu esporte. Já os corredores de barco a motor não ficaram tão animados quando Trump se meteu na modalidade esportiva deles. Tradicionalmente organizado na ensolarada Key West, o Campeonato Mundial de Barcos a Motor foi levado para Atlantic City em 1989, depois de Trump pagar 160 mil dólares para sediar o evento, vencendo lances de grupos de Key West e Honolulu.[51] Quase imediatamente, alguns corredores questionaram a lógica de se realizar uma competição na costa de Nova Jersey em outubro, quando as águas são muito mais agitadas do que no sul da Flórida. Essa preocupação se mostrou correta. A chuva e a maré alta forçaram o cancelamento de vários dias de torneio. Quando houve corrida, os resultados foram desastrosos: vários barcos afundaram, e um acidente fez um competidor quebrar a coluna.[52] Em outro dia, quando as águas estavam calmas, um corredor morreu quando seu barco virou.[53]

Um dos poucos que não reclamaram do tempo naquele fim de semana foi Trump, que se vangloriou para os repórteres de que a chuva só garantiu que os corredores passassem mais tempo em seus cassinos: "De um ponto de vista financeiro totalmente cínico, eu passei pelo [Trump] Castle hoje e está bombando. Quanto pior o clima, melhor para os negócios".[54]

Um esporte acima de todos ajudou Trump a arrecadar milhões em Atlantic City: o boxe. A mudança do magnata para a cidade coincidiu com o surgimento de um dos lutadores mais eletrizantes da história do esporte, um nativo do Brooklyn com língua presa e talento para dar golpes de nocaute com uma velocidade estonteante. Em 1986, Mike Tyson, então com 20 anos, se tornou o mais jovem campeão peso pesado do boxe, e Trump tentou garantir que todas as grandes lutas dele acontecessem em uma de suas propriedades. Por um tempo, o empresário realocou quase sozinho a capital americana do boxe de Las Vegas para Atlantic City, culminando na luta de junho de 1988, de Tyson contra Michael Spinks. Trump investiu 11 milhões de dólares para sediar a luta, um valor recorde.[55] Tyson nocauteou Spinks em 91 segundos, menos tempo do que se levou para a apresentação da família e das muitas celebridades amigas de Trump que estavam naquela noite ao lado do ringue. Ainda assim, a luta foi um golpe de sorte para Donald e outros donos de cassinos. O Trump Plaza arrecadou mais de 18 milhões de dólares naquele fim de semana, e o lucro combinado dos doze cassinos da cidade superou os 40 milhões. Os concorrentes do empresário fizeram um anúncio de página inteira no jornal local: "Obrigado, sr. Trump".[56]

Trump tinha um interesse mais do que passageiro na carreira de Tyson, tentando agir como seu consultor financeiro pessoal e até lhe oferecendo conselhos matrimoniais na época em que ele estava prestes a se divorciar da atriz Robin Givens. Quando Tyson foi condenado pelo estupro de Desiree Washington, de 18 anos, em 1992, uma das primeiras ligações que fez foi para Trump.[57] Algumas semanas depois – antes de o boxeador ser sentenciado –, Trump convocou uma entrevista coletiva para apresentar uma proposta inusitada: em vez de ser preso por estupro, Tyson devia receber permissão de ficar em liberdade e continuar competindo, com a renda obtida em suas lutas revertendo em benefício de vítimas de crimes sexuais e de Desiree Washington. A proposta, o que não é de surpreender, teve repercussão negativa, com muita gente apontando que o plano de Donald permitiria que ele continuasse tirando proveito financeiro da carreira do pugilista. Tyson foi condenado a seis anos na prisão. Anos depois, um dos biógrafos de Trump revelaria a existência de um cinturão de boxe no escritório do empresário. O cinturão tinha pertencido a Tyson, explicou Trump, e era um pagamento por dívidas não esclarecidas.[58]

TRUMP E OS OUTROS DONOS DE TIMES da USFL tinham todos os motivos para ser otimistas. As primeiras semanas do julgamento na Sala de Audiências 318 do tribunal federal em Lower Manhattan tinham sido da liga mais fraca.[59] Seu novo advogado – Harvey Myerson, que substituíra Cohn, doente, a pedido de Trump – tinha um caso forte, alegando que as violações da NFL às normas antitruste tinham custado à USFL centenas de milhões de dólares. O júri de seis pessoas – um homem, cinco mulheres, nenhum deles fã de futebol americano

– ouviu enquanto o bombástico Myerson, que frequentemente fedia por causa de seus onipresentes charutos,⁶⁰ batia na NFL. Ele apresentou duas provas internas da liga: um documento intitulado "Gastando os dólares da USFL", que defendia que seus times caçassem os jogadores mais baratos da USFL, forçando esta, carente de dinheiro, a gastar mais; e uma apresentação de *slides* na qual um professor da Harvard Business School incentivava a NFL a usar táticas inspiradas no clássico da estratégia militar *A arte da guerra*, de Sun Tzu, como dissuadir a ABC de manter seu contrato com a USFL, encorajando por baixo do pano a sindicalização na liga rival e atraindo os "proprietários mais influentes da USFL com promessas de times da NFL".⁶¹

Quando Trump depôs, em 23 de junho de 1986, seu testemunho foi focado em uma reunião secreta que tivera com Rozelle em março de 1984, em uma suíte do Pierre Hotel, em Manhattan. Agora, ambos concordavam em apenas três fatos sobre a reunião: a data, a localização e quem havia pago pelo quarto (Trump). Segundo Trump, os dois eram amigos havia anos – ele tinha ido a festas na casa de Rozelle e conhecia bem sua esposa –, mas, quando começaram a circular rumores de que ele podia comprar um time da USFL, Rozelle o desencorajou veementemente. Depois que Trump comprou os Generals, Rozelle o tratou "como se eu tivesse a peste negra".⁶²

Na versão de Trump, Rozelle prometeu que, se fizesse todo o possível para que a USFL não mudasse os jogos da primavera para o outono e evitasse que a liga entrasse com um processo antitruste, ele receberia um time da NFL. Donald disse no depoimento que não podia de jeito nenhum aceitar o negócio: "Eu tinha alguns ótimos amigos na Liga de Futebol Americano dos Estados Unidos; [...] eu jamais trairia as pessoas".

Quando Rozelle depôs, contradisse diretamente quase tudo o que Trump tinha afirmado. "Ele era um conhecido", testemunhou. "Não um amigo. Não estava nem na minha lista de cartões de Natal."⁶³ Segundo o relato do diretor, Trump lhe informou que estava trazendo dois novos proprietários para times da USFL em Miami e Chicago: homens poderosos e ricos. "Aí ele disse: 'Mas eu não quero fazer essas coisas'", testemunhou Rozelle. Na verdade, o que Trump realmente queria era fundar um novo time da NFL em Nova York, e se ofereceu para construir um novo estádio para essa equipe. Rozelle continuou: "E ele disse, e estou citando literalmente: 'Posso fazer algum durão comprar os New York Generals'. [...] Aí ele disse, e de novo o cito exatamente: 'Se eu saísse da USFL, seria psicologicamente devastador'" para a liga.

Rozelle apoiou seu relato com uma ata da reunião que ele datilografara imediatamente depois de ela acontecer. Trump não tinha anotações de suas discussões com Rozelle. "Eu teria considerado que tomar notas era uma coisa nada natural a se fazer", explicou. "As pessoas não saem por aí tomando notas de conversas, na minha opinião."

O depoimento de Trump marcou uma guinada no julgamento. Alguns dias depois, Frank Rothman – advogado reservado e com jeito de avô – argumentou que as dificuldades financeiras da USFL eram culpa da própria liga, que tinha perdido seu contrato de televisão ao fazer a mudança para o outono por ordem de um proprietário – Trump – que queria forçar sua entrada na NFL. Rothman apresentou postumamente o depoimento de John Bassett, rival de Trump que lutara para manter a USFL na primavera. Bassett sucumbira a um câncer no cérebro na primeira semana do julgamento, mas, em depoimento, dissera que a mudança da USFL para o outono era prematura, e que era ideia de Trump.[64]

Quando os seis jurados começaram a deliberar, ficou claro rapidamente que havia um empate.[65] Dois achavam que a NFL obviamente tinha prejudicado a USFL, que merecia centenas de milhões de dólares em indenização. Dois outros achavam que a NFL não tinha feito nada de errado e que o processo era uma trama desesperada de um concorrente que lutava para se manter vivo. Os dois jurados remanescentes estavam no meio-termo. Patricia Sibilia, como o resto do júri, sabia pouco sobre futebol americano ou contratos televisivos. Ela concluiu que a NFL tinha agido como monopólio e era culpada de atos predatórios contra a USFL, mas também achava que os proprietários da USFL tinham gasto demais, mudado times de cidade em cidade de modo aparentemente aleatório e pulado prematuramente da primavera para o outono, em uma violação de seu contrato de TV. Sibilia concluiu que não gostava de Trump, de quem mal ouvira falar antes do julgamento. "Ele foi extremamente arrogante e achei que estava obviamente tentando fazer uma jogada", lembrou. "Ele queria um time da NFL. [...] A USFL era uma forma barata de conseguir isso."[66]

Depois de 31 horas de deliberação, o júri chegou ao veredito. Sibilia ajudou a intermediar um acordo incomum. Quando a representante dos jurados começou a ler o veredito, em 29 de julho de 1986, os proprietários da USFL pensaram que haviam tido uma vitória histórica e surpreendente. O júri determinou que a NFL era um monopólio. Mas a representante continuou lendo: "Indenização: 1 dólar", que o tribunal triplicaria para 3 dólares. O meio-termo de Sibilia tinha sido chamar a NFL de monopólio, mas absolvê-la da culpa pelas dificuldades financeiras da USFL. Funcionários da NFL comemoraram. Sem indenização significativa, sabiam que a rival estava condenada. "Estamos perdidos agora", disse um executivo da USFL. "Estamos mortos."[67]

Myerson prometeu a seus clientes que ganharia a indenização para eles na apelação, mas isso nunca aconteceu. O caso ficou parado por anos no tribunal de apelações devido às custas legais, mais de 5 milhões de dólares, que no fim a NFL teve de pagar. A USFL nunca mais jogou uma partida. Alguns astros – Walker, Flutie, Steve Young – foram imediatamente contratados pela NFL, mas a maioria dos jogadores dos times desmontados ou se aposentou ou tentou conseguir um lugar em times da NFL ou até da Liga Canadense de Futebol Americano. No livro *Trump: A arte da negociação*, Trump chega perto de expressar arrependimento: "Comprei um time perdedor em uma liga perdedora em um tiro no escuro. Quase funcionou, com nosso processo antitruste, mas, quando deu errado, eu não tinha sistema de apoio. A questão é que não dá para ser ganancioso demais. Se você tenta um *home run* a cada arremesso, também vai bater para fora muitas vezes".[68] Ele jogou boa parte da culpa nos demais participantes da liga: "Se eu cometi um único erro de cálculo essencial com a USFL, foi na avaliação da força de meus colegas proprietários. Em qualquer parceria, você só é tão forte quanto o elo mais fraco".[69]

Apesar de o fim da USFL ter sido um dos maiores fracassos públicos de Trump, a história perdeu força com o tempo, em meio à torrente infinita de seus empreendimentos subsequentes. Apesar do fim inglório da liga, a aventura da USFL deu ao empresário, já celebridade em Nova York, sua primeira temporada estendida de atenção nacional. Seu primeiro perfil numa revista saiu na *Sports Illustrated*, e sua primeira aparição em rede nacional de televisão aconteceu nos programas dominicais pré-jogo da NFL.[70] Para boa parte dos Estados Unidos, agora Trump era o jovem incorporador imobiliário bem-sucedido de Nova York que enfrentara a NFL.

Alguns ex-participantes da USFL o culparam pelo colapso da liga e disseram que a NFL conseguiu pintá-lo como vilão porque ele o era, de fato. "Só mesmo Donald Trump para conseguir transformar o mamute da NFL em uma zebra", disse Michael Tollin, dono de uma produtora que fazia os vídeos de destaques da USFL. O envolvimento de Trump com a USFL teve tudo a ver com "engrandecimento próprio, narcisismo e os esforços dele de entrar em um time na NFL".[71] Em 2009, Tollin dirigiu o documentário *Small Potatoes: Who Killed the USFL?* [Ninharia: quem matou a USFL?], da ESPN. Para ele, a resposta era simples: Trump. A cena culminante do documentário era uma entrevista incômoda na Trump Tower: "Nem penso mais na USFL", disse o empresário. "Foi uma experiência legal, foi divertido, tivemos um ótimo processo judicial."[72] Quando Tollin perguntou se a mudança para o outono tinha acontecido rápido demais, Trump respondeu: "Tínhamos proprietários que estavam morrendo, proprietários que não conseguiam pagar as contas. E, quando acontece isso, você precisa agir meio rápido. […] Mais algumas perguntas e depois quero sair daqui. Já cansei disso". Tollin, então, apresentou-lhe o resultado do julgamento: a indenização paga pela NFL, um cheque de 3,76 dólares. (Os 76 centavos eram de juros.) Trump olhou para o cheque de forma esquisita, rapidamente o devolveu e terminou a entrevista: "Bem, isso é muito bom. Pode ficar com ele. O.k., muito obrigado. Boa sorte, amigos".

Trump perdeu estimados 22 milhões de dólares com os New York Generals.[73] Os Dallas Cowboys – time que ele disse ter considerado comprar em 1983, mas não o fez porque com isso só era possível ter sucesso "marginal" na NFL – foram vendidos em 1984 por 85 milhões de dólares. O novo grupo de proprietários revendeu o time em 1989 para Jerry Jones, por 170 milhões de dólares. Em 2015, a *Forbes* declarou que os Cowboys são a marca esportiva mais valiosa do mundo, valendo estimados 4 bilhões de dólares.[74]

Trump flertou com a ideia de comprar um time da NFL algumas vezes depois da USFL. Em 1988, ele discutiu a compra dos New England Patriots, mas acabou desistindo.[75] Em 2014, fez uma proposta de 1 bilhão de dólares pelos Buffalo Bills, vencida por outra, de 1,4 bilhão. No início de 2016, perguntaram a ele como foi perder os Bills. Uma vez na vida, Trump estava contente pela derrota. Concorrer à presidência, disse, era "mais excitante. E é muito mais barato".[76]

11

O GRANDE DESMORONAMENTO

O ar estava frio e a névoa se adensava sobre o calçadão de Atlantic City na manhã de 16 de junho de 1990, quando as pessoas se reuniram diante do hotel-cassino Trump Taj Mahal. Dez semanas haviam se passado desde sua inauguração conturbada, e Donald Trump estava a caminho de uma comemoração-surpresa de seu aniversário de 45 anos.

Os cerca de 2 mil funcionários de Trump e suas famílias esperavam diante do mar cinza, em cima de um palco montado para a ocasião. Um homem magro de barba branca, Doug Cox, palestrante motivacional admirado pelo magnata, aquecia o público. Cox ministrara oficinas de desenvolvimento de equipes para quase todos os empregados dos cassinos de Donald nos últimos quatro anos. Estava na Califórnia, na formatura do ensino médio do filho, quando recebeu uma ligação urgente de um diretor do Taj perguntando se poderia ir a Atlantic City para animar uma festa de aniversário. Cox pegou um voo noturno para Filadélfia, onde um chofer o levou para a festa. Ele instruía a multidão a tocar trombones imaginários no ar enquanto regia os vocais em "I Feel Good", de James Brown.[1]

Algumas pessoas na multidão entendiam exatamente quanto Trump precisava ser alegrado. Reportagens revelaram que seus cassinos estavam passando por dificuldades. As compras compulsivas, o acúmulo absurdo de dívidas e o caso com Marla Maples ameaçavam agora um grande desmoronamento de sua lenda e de seu império. O dinheiro estava tão escasso que, na véspera da festa, ele tinha, pela primeira vez, ficado devendo um pagamento em um dos cassinos – 43 milhões de dólares no Trump Castle Hotel & Casino.[2] Dois dias antes, em 14 de junho – o verdadeiro aniversário de Trump –, uma empresa de contabilidade que ele havia contratado finalizara uma avaliação arrasadora de suas finanças. A análise confidencial realizada pela Kenneth Leventhal & Co. afirmara que, das suas 22 propriedades – os cassinos, o iate, o Plaza Hotel de Manhattan e todo o resto –, apenas três estavam gerando lucro. Ele tinha acumulado a quantia inacreditável de 3,2 bilhões de dólares em dívidas. O saldo financeiro mensal de todas as suas empresas estava despencando no vermelho. Seu patrimônio líquido: 295 milhões negativos.[3]

Quando Donald embarcou em seu helicóptero para a viagem de vinte minutos de Nova York a Atlantic City, seus problemas financeiros – o pagamento vencido e o fantasma de perder o controle do Castle caso não arranjasse o dinheiro em dez dias – haviam assustado muitos dos funcionários. Naquela manhã, a principal manchete no jornal *Press of Atlantic City* era "Trump fica devendo pagamento de título no Castle".[4]

Ele estava atrasado. Já era quase meio-dia quando seu helicóptero Super Puma pousou no terraço do Castle. Uma limusine o levou através da Huron Avenue até o Taj. A névoa havia passado quando Trump avistou os balões e cartazes que seus funcionários erguiam. Uma banda tocou a música de parabéns. A multidão gritava: "Nós te amamos, Donald!". Um grande apostador asiático o presenteou com um tapete que estampava o rosto bordado do magnata.[5] Ninguém comentou as manchetes negativas. Mas, quando Trump subiu ao palco de *blazer* e gravata vermelha diante de um cartaz que dizia NÓS TE APOIAMOS 400%, DONALD, a má notícia pareceu pesar em sua mente. "Ninguém quer escrever sobre os aspectos positivos", gritou ele para a multidão. "Ao longo dos anos, surpreendi muita gente. A maior surpresa ainda está por vir."[6]

ELE REALMENTE HAVIA FEITO UMA CARREIRA surpreendendo as pessoas. Criara um império maior que o do pai, acumulando propriedades proeminentes em Manhattan, seu trio de cassinos em Atlantic City e até uma companhia aérea. Tinha orgulho de comprar ou construir o melhor, às vezes pagando demais pela confiança no nome Trump e em um mercado em crescimento contínuo. A propensão a compras que tocavam seu ego havia sido especialmente evidente na aquisição de um dos edifícios mais icônicos de Nova York, o Plaza Hotel. Trump sempre havia contemplado o prédio em estilo *château* da janela de seu escritório na Trump Tower – e decidiu que precisava ser dono daquele hotel. Para alardear a compra, em 1988, mandou publicar um anúncio de página inteira na revista *New York* e fez uma confissão chocante sobre sua oferta pelo hotel histórico de dezenove andares, que chamou de sua *Mona Lisa*. "Nunca poderei justificar o preço que paguei, por maior que seja o sucesso que o Plaza venha a ter", escreveu sob o título "Por que comprei o Plaza".[7]

O preço – 407 milhões de dólares – não era a questão, sugeriu Trump. O hotel estava gravado na cultura americana. Cenas de *O grande Gatsby*, de F. Scott Fitzgerald, se passavam no Plaza.[8] O arquiteto Frank Lloyd Wright residiu numa suíte no segundo andar enquanto projetava o Museu Guggenheim. O Plaza era o lar de Eloise, a menina fictícia de 6 anos que vivia aventuras enquanto morava lá com a babá.*

Trump havia posto a esposa, Ivana, ex-diretora do Trump Castle, de Atlantic City, no cargo de presidente do Plaza, conferindo a ela autoridade para tornar aquele "o maior hotel de Nova York, talvez do mundo".[9] A restauração – candelabros cintilantes, um novo restaurante japonês, o salão de baile de volta a seu esplendor original – custou 50 milhões de dólares, mais que o dobro do que ele havia planejado.[10] A reforma o deixou obcecado. Certa vez, enquanto passeava pelo prédio, ele se enfureceu ao ver uma placa de mármore chinês barato que havia aprovado inicialmente, dizendo que parecia vagabunda demais e que tinha o tom errado de verde. "Ele ficou furioso por causa disso e botou a culpa em mim", contou Barbara Res, que supervisionou a reforma. "Ficou muito, muito bravo, dizendo: 'Isso é uma merda, está horrível [...]. Vocês estão me fazendo de palhaço, cacete, você e Ivana'." Res e Trump haviam discutido antes, mas ela nunca o tinha visto tão alterado.[11]

As bases financeiras do Plaza, que nunca foram firmes, enfraqueceram. A compra – a um preço recorde para um hotel nos Estados Unidos – saiu por 10 milhões de dólares a mais do que a segunda oferta mais alta.[12] Trump havia pegado o dinheiro emprestado, incluindo 125 milhões apoiados por garantia pessoal, sem caução – uma manobra arriscada.[13] Para pagar os juros, o Plaza precisava ocupar todos os seus 814 quartos durante o ano todo a uma diária de 500 dólares – mais que o dobro do que o hotel estava cobrando.[14]

Trump começou a buscar alguém que investisse em metade de seu estimado Plaza. Chegou a viajar ao Japão para se reunir com os magnatas japoneses que tinham se interessado em pôr dinheiro na Trump Tower. Mas eles foram dissuadidos pelas dívidas do empresário, bem como por sua asserção de que o Japão estava "tirando vantagem" da proteção militar dos Estados Unidos

---

* *Eloise* é uma série de livros infantis escrita por Kay Thompson e ilustrada por Hillary Knight cujo primeiro volume foi publicado em 1955. Deu origem ao filme *Eloise no Plaza*, de 2003. (N. da T.)

– uma declaração que muitos consideraram antinipônica.[15] Trump voltou para casa sem nenhum investidor em vista e com as dívidas do Plaza se acumulando.

ENQUANTO A SITUAÇÃO DAS FINANÇAS do Plaza se agravava, o mesmo acontecia com uma das ambições mais improváveis de Trump: uma nova companhia aérea, a Trump Shuttle. No ano em que comprou o hotel, 1988, ele pagou 365 milhões de dólares pelas aeronaves e rotas no noroeste que antes pertenciam à falida Eastern Airlines – preço que muitos analistas consideraram excessivo. Seu plano era reequipar cada um dos 21 aviões Boeing 727 da Eastern para obter um "diamante no céu" digno dele. Ele contratou uma empresa para aconselhá-lo na criação de um logotipo e, depois que o primeiro avião saiu da pintura, pareceu satisfeito com o TRUMP estampado na fuselagem. Mas o *T* na cauda era um problema. Ele o queria maior. Mandou o avião ser repintado.[16]

Assim como fez com o Plaza, Trump havia pegado dinheiro emprestado para fazer a compra, deixando a empresa aérea tão afundada em dívidas que, para lucrar, ela precisaria de um número inviável de passageiros.[17] Assim que alçou voo, em junho de 1989, a Trump Shuttle se tornou mais um ralo nas finanças.

Trump não sabia muito sobre dirigir uma companhia de aviação. Além disso, desconsiderava a opinião dos próprios clientes. Pesquisas com passageiros revelaram que os viajantes executivos não se importavam com muita coisa além da pontualidade no serviço entre Nova York, Washington e Boston. Ele não acreditava que isso bastasse. Insistiu em instalar bancos de couro, cintos cromados e painéis de madeira de bordo. Os banheiros tinham revestimento que imitava mármore e pias banhadas a ouro.

Além de desnecessários, alguns desses luxos não eram nada práticos. Trump insistiu em um carpete vinho tão felpudo que as comissárias de bordo sofriam para guiar os carrinhos de comes e bebes. A solução proposta por ele? Mandou as aeromoças empurrarem com mais força.[18]

Todo esse luxo adicional tinha um preço – cerca de 1 milhão de dólares para cada avião. Conforme os prejuízos da empresa aumentavam, Trump aparecia com certas ideias que deixavam seus executivos atônitos. Ele os instruiu a dar a cada passageiro uma ficha para um de seus cassinos, sem lhe ocorrer que os homens de negócios que usavam a companhia aérea não frequentavam Atlantic City. Apenas duas fichas foram resgatadas.[19] Na tentativa de reduzir os custos, Trump sugeriu que a tripulação de voo fosse reduzida de três para duas pessoas. O presidente da companhia, Bruce R. Nobles, apontou que os regulamentos de segurança da Administração Federal de Aviação exigiam um piloto, um copiloto e um técnico.[20]

NO PRIMEIRO SEMESTRE DE 1990, Trump dirigia um império em risco de falência. Encontrava-se em "graves apuros financeiros como resultado de escassez de fluxo de caixa", verificou um relatório da Comissão de Controle de Cassinos.[21] A Trump Shuttle teve prejuízo de 34 milhões de dólares durante os primeiros seis meses do ano, e o empresário estava tentando vender tanto a companhia aérea como seu iate. A abertura do Taj trouxe inicialmente um lucro inesperado – que não iria durar –, mas o hotel-cassino estava canibalizando os negócios de seus outros empreeendimentos em Atlantic City. O enfraquecimento da economia agravava a situação e ameaçava impedir a reeleição de George H. W. Bush, que tinha sucedido Ronald Reagan. De repente, Trump parecia não ter nem o dinheiro nem o crédito de que precisava. O pagamento de caução do Trump Castle venceria em meados de junho. Venceria no mês seguinte o pagamento de um empréstimo de 63 milhões sobre ações que Donald havia comprado da loja de departamentos Alexander's, um varejo popular em dificuldades financeiras cujo terreno ele pretendia usar para empreendimentos futuros.[22]

Precisando desesperadamente de dinheiro, Trump pensou em um ato audacioso.

ENQUANTO OS BANQUEIROS DE TODO O PAÍS endureciam suas práticas de empréstimo, Trump ainda tinha uma linha de crédito de 100 milhões de dólares no Bankers Trust.[23] Receoso de que seus banqueiros tentassem bloquear qualquer transferência significativa, ficou sabendo que eles sairiam de férias. Esperou até que se ausentassem; então, num único dia, sacou praticamente todos os 100 milhões de dólares. "Eu disse: 'Saca tudo' [...]. Tirei tudo do banco", contou em uma entrevista para este livro. Segundo ele, quando os banqueiros descobriram o que havia acontecido, ficaram chocados. Um deles "ficou absolutamente furioso".[24] Para Trump, a manobra pareceu engenhosa. Seus banqueiros a consideraram imprudente. A possibilidade de falência pessoal despontava.

***

TRUMP SE SENTOU À LONGA MESA DE REUNIÕES no 25º andar do General Motors Building, em Manhattan, um arranha-céu de mármore e vidro que ocupava um quarteirão inteiro entre a Quinta Avenida e a Madison Avenue. Estava acostumado a ficar no comando, mas, nessa manhã de primavera de 1990 no escritório de advocacia Weil, Gotshal & Manges, viu-se cercado por quase trinta banqueiros unidos por um objetivo comum: impedir que o império financeiro vacilante de Donald caísse do precipício – e levasse consigo o dinheiro deles.

Era a primeira reunião frente a frente de Trump com o grupo de banqueiros que, desde meados dos anos 1980, vinha lhe emprestando dinheiro para bancar a maioria de suas empresas e luxos em grande escala. Esses empréstimos haviam se tornado agora motivo de apreensão para uma grande rede de 72 bancos. Os maiores interesses em jogo eram de sete grandes instituições financeiras – entre as quais Citibank, Chase e Bankers Trust –, mas algumas delas, por sua vez, tinham vendido partes dos empréstimos para bancos do Reino Unido, da Alemanha e do Japão.[25]

Trump pegara empréstimos dos bancos em uma época de dinheiro fácil, que agora estava chegando ao fim com o arrefecimento da economia. Só agora os banqueiros estavam conversando entre si. Ele afirmaria depois que as negociações haviam sido ideia sua.[26] Mas, com grande parte de seu império perdendo dinheiro – e tantos pagamentos perto de vencer –, os banqueiros tinham motivos para se reunir com Trump.[27] O que eles descobriram os deixou preocupados. A aritmética mostrou que o empresário lhes devia, ao todo, dois terços de seu déficit de 3,2 bilhões de dólares.[28] O que complicava ainda mais a situação era que muitos dos empréstimos feitos a Donald determinavam que, se ele descumprisse um dos acordos financeiros, outros banqueiros que haviam lhe emprestado poderiam intervir e exigir o pagamento desses empréstimos.

Para evitar a destruição mútua, alguns dos principais banqueiros decidiram que o melhor a fazer era negociar conjuntamente com Trump. Eles o controlariam, mas o deixariam no comando das empresas. "Basicamente, ele era mais valioso vivo do que morto", disse Alan Pomerantz, advogado de transações imobiliárias do Weil, Gotshal & Manges, que representava o Citibank.[29]

Foi por isso que, naquela manhã, Trump compareceu à reunião para começar a negociar. O procedimento do grupo era pouco ortodoxo e nenhum líder tinha sido escolhido. Uma das poucas mulheres da sala, Ann Lane, aproveitou a oportunidade. Na casa dos 30 anos, Lane era diretora de gestão do Citigroup para reestruturação de dívidas empresariais, representando o banco em maior risco. Lane aliava uma aparência séria a uma postura de liderança. Os banqueiros precisavam descobrir o grau das dificuldades em que eles e

Trump estavam, contou ela, e encontrar uma solução aceitável para todos. Trump tinha motivos para concordar. Sem pegar mais dinheiro emprestado, ele não conseguiria, por exemplo, pagar sua caução de meio de junho do cassino Castle ou os 28 milhões de dólares que venceriam no mesmo dia para o banco Manufactures Hanover Trust.

Enquanto isso, os problemas de Trump em seus cassinos tinham se multiplicado. Ele havia entrado em conflito com seus gestores depois que a morte dos três executivos no acidente de helicóptero de 1989 o obrigou a desempenhar um papel mais direto em suas propriedades de Atlantic City.

John O'Donnell, presidente do Trump Plaza Hotel & Casino, considerava o comportamento de Trump perturbador. Ele ficava cada vez mais indignado com o que via como uma tentativa do magnata de culpar dois dos executivos mortos, Stephen Hyde e Mark Etess, por seus problemas financeiros. "Estou de saco cheio de ver você tratar essas pessoas dessa forma", O'Donnell disse a Trump, segundo a biografia que escreveu.

"Você está de saco cheio disso?", retrucou Trump. "Bom, estou de saco cheio dos resultados aqui."

"Donald, vai se foder!"

O'Donnell ditou uma carta: "Caro Donald, venho por meio desta apresentar meu pedido de demissão do cargo de presidente e diretor operacional do Trump Plaza Hotel & Casino. Jack".[30] (Anos depois, Trump deu uma versão diferente do caso, dizendo ter demitido O'Donnell.)[31]

Outras demissões dizimaram ainda mais a equipe do empresário. Ele despediu o vice-presidente de recursos humanos que havia criado a força de trabalho do Taj.[32] Também rebaixou de cargo o presidente do hotel-cassino, argumentando com o que se tornaria uma de suas críticas favoritas: o executivo era um homem comedido de "personalidade tipo C". A crise crescente gerou mais falatório sobre a possível derrocada de Trump. Em junho, ele foi a público com sua estratégia de botar a culpa nos outros, entre os quais Hyde, que havia supervisionado todos os seus cassinos. "Steve era um grande amigo, mas eu simplesmente via coisas que queria muito mudar porque não estava satisfeito", afirmou.[33] Foi apenas depois do acidente de helicóptero, reconheceu, francamente, "que comecei a me envolver e cuidar da operação em Atlantic City".

Durante todo o tempo, Trump continuou posando de bilionário. "É absurdo", disse, a respeito dos rumores de que estava sem condições de pagar os empreiteiros que haviam construído o Taj. "Tenho muito dinheiro."[34] Nos bastidores, porém, estava negociando freneticamente com seus banqueiros.[35] A qualquer momento, eles poderiam cobrar muitos dos empréstimos, exigindo a devolução. Trump sempre os lembrava de que, a menos que lhe dessem assistência, todos sofreriam juntos.

Ao FIM DA ÚLTIMA SEMANA DE JUNHO, Donald e os banqueiros tinham o esboço de um plano para reestruturar os empréstimos do magnata. Os banqueiros dariam 65 milhões de dólares, protelando os pagamentos de juros de cerca de 1 bilhão em empréstimos para até cinco anos. Em troca desse alívio, os banqueiros assumiriam o controle de grandes porções do império de Trump. Colocariam direitos de retenção sobre muitas de suas posses mais bem avaliadas, entre as quais seus três cassinos, o iate e o avião particular. Eles o forçariam a vender boa parte do que possuía. Especialmente humilhante: colocariam o empresário numa coleira de gastos pessoais: um orçamento de 450 mil dólares por mês inicialmente, que, em dois anos, cairia para 300 mil – uma fortuna para a maioria das pessoas, uma restrição significativa para os hábitos de Trump.[36] Este precisava manter as aparências, raciocinaram os banqueiros, para conseguir vender seus bens. Mesmo assim, ainda havia um obstáculo. Alguns dos bancos estrangeiros relutaram, argumentando que o acordo não era duro o bastante com Trump. No fim, faltou a adesão de dois, ambos do Japão, uma cultura em que empréstimos não pagos eram motivo de vergonha, até de suicídio. Certa noite, Robert McSween, diretor administrativo do Citigroup que tratava com bancos estrangeiros, percebeu que havia apenas uma solução. Às 23 horas, ele ainda estava no escritório quando ligou para a casa do magnata: "Donald, você precisa vir e conversar com esses caras". McSween lembrou que na voz de Trump transparecia o sentimento de angústia, de derrota, como se ele estivesse prestes a chorar: "Por que eu me daria a esse trabalho? Nunca vai dar certo. Está tudo acabado".

McSween disse que o convenceu a se vestir, entrar na limusine e se deslocar cinco quarteirões até a sede do Citibank. McSween, Lane e alguns outros banqueiros o acompanharam até uma sala de reuniões com um viva-voz. Eles ligaram para os banqueiros japoneses, que haviam se reunido em um escritório em Tóquio. No começo, Donald estava prosternado, abatido. Pediu desculpas aos banqueiros em Tóquio. McSween fez sinal para ele acelerar. Trump, o grande vendedor, se encontrou. Depois que os empréstimos estivessem reestruturados, prometeu, o dinheiro cresceria. Ficaria tudo ótimo. Em trinta minutos, os banqueiros do outro lado do mundo disseram que assinariam o acordo.[37]

Em 21 de agosto, Trump estava de volta aos escritórios do Weil, Gotshal & Manges, dessa vez sentado à cabeceira da mesa de reuniões. Pomerantz, o advogado que representava o Citibank, encontrava-se à sua esquerda, entregando-lhe um documento atrás do outro para ele assinar. "Donald, esse é o direito de retenção sobre sua casa", disse-lhe Pomerantz. "Esse é o direito de retenção sobre Mar-a-Lago."[38] Era um acordo complexo – 2 mil páginas ao todo. Quando se concluísse a assinatura de toda a documentação, os banqueiros de Trump teriam as chaves de um império minguado.

Trump, porém, retratou sua humilhação diante dos banqueiros como uma vitória. "Foi o melhor acordo que já fiz porque vi o mundo cair aos pedaços e, em vez de esperar um ano, engoli o orgulho", recordou anos depois. "Juro, seis meses depois os bancos estavam em tantas dificuldades que não conseguiam emprestar nem dez centavos." Ele havia escapado por pouco. Mas, durante a assinatura do documento, apareceu um assistente com uma pilha de livros. Trump abriu cada um, escreveu na folha de rosto "Obrigado" acima de seu autógrafo anguloso e distribuiu os exemplares de seu novo lançamento, *Sobrevivendo ao sucesso*.[39]

Os banqueiros exigiram que a Trump Organization pusesse ordem nas suas finanças, contratasse um diretor financeiro e elaborasse um plano fiscal.[40] Trump encontrou seu homem por acaso. Pegou um exemplar de uma revista de negócios com fotografias de cerca de dez diretores financeiros na capa. Perguntou ao banqueiro de investimentos que o visitou qual era o melhor deles. O banqueiro apontou para Steve Bollenbach, que na época trabalhava para uma empresa de hotéis-cassinos em Memphis e queria voltar para Nova York. Trump não o conhecia pessoalmente, mas mesmo assim ofereceu-lhe o cargo, e Bollenbach aceitou. Quando, porém, Bollenbach pediu um bônus de contratação substancial, teve seu primeiro vislumbre da situação de perto. Seu futuro chefe não tinha dinheiro para um bônus. Eles traçaram um plano: Trump convenceu o Citibank a liberar seu direito de retenção sobre o apartamento 11A do Trump Parc Condominium, o antigo Barbizon Hotel, na Central Park South.[41] Assim, Bollenbach passou a ser dono de um apartamento de 260 metros quadrados com uma vista impressionante para o parque.[42]

Pouco depois, Bollenbach estava na cadeira de testemunha da sede da Comissão de Controle de Cassinos, em uma audiência sobre o acordo de Trump com os banqueiros. Perguntaram-lhe qual era o patrimônio do empresário. "Bom, ele diz que tem 3 bilhões de dólares", respondeu Bollenbach. Tecnicamente, era uma resposta verdadeira; Trump realmente lhe dissera isso. Mas Bollenbach ainda não sabia quanto dinheiro tinha seu novo chefe. Fazia apenas um dia que trabalhava na Trump Organization.[43]

Quando Bollenbach começou a se aprofundar nas finanças da organização, teve uma surpresa. Entre os poucos funcionários no 26º andar da Trump Tower havia três contadores. Cada um sabia sobre partes do império em ruínas – os cassinos, por exemplo, ou os apartamentos. Mas ninguém tinha conhecimento do quadro geral; não havia relatórios financeiros consolidados. Para Bollenbach, a Trump Organization parecia menos uma empresa e mais uma pessoa fazendo investimentos. Bollenbach preparou as planilhas da organização, listando cada bem, seu lucro provável, suas dívidas e seus prejuízos previstos – números básicos que as companhias calculam de forma rotineira.[44]

Por volta dessa época, alguém próximo a Trump ficou alarmado com a maneira como a vida dele parecia estar se desfazendo: seu caos financeiro, o arrastado divórcio litigioso, a humilhação. "Não sei como dizer isso de maneira delicada, mas, sabe, às vezes eu me perguntava se alguém não daria fim à própria vida com tanta pressão", comentou o confidente, que revelou seus pensamentos 25 anos depois com a condição de não ser identificado. Longe de qualquer desenlace triste, o que essa pessoa via era que Donald "aparecia toda manhã às oito horas [...] o nó da gravata bem dado, o terno impecável, focado e seguindo em frente, perguntando: 'O que fazemos agora?'".[45]

Trump continuou agindo como o bilionário que dizia ser. Faltou com pagamentos relativos ao seu iate, mas convenceu o banco a pagar pelo seguro; o banco aceitou, relutante, depois de Bollenbach ressaltar que, para a instituição proteger seus próprios interesses, a embarcação precisava estar segurada e seu dono não tinha condições de bancar o seguro. Trump ficou devendo tantos pagamentos sobre seus cinco helicópteros que os banqueiros o pressionaram para assumir o controle deles; ele os escondeu em algum lugar de Nova York durante dias até finalmente revelar onde estavam.[46] Os bancos levaram as aeronaves.

Mesmo assim, Trump irradiava o poder de uma estrela. Quando ele e Bollenbach estavam em Atlantic City, passeavam às vezes, acompanhados pelo indefectível trio de guarda-costas do magnata, por um quilômetro e meio ao longo da orla do Taj para almoçar em seu Plaza Hotel & Casino. Multidões o seguiam, loucas para se aproximar, falar com ele, tocar nele. Quanto mais tempo Bollenbach passava com Trump, mais ficava impressionado pela confiança inabalável dele em que seu império resistiria intacto. O novo diretor, porém, reconhecia que o plano de resgate dos banqueiros era uma solução apenas parcial. Não resolveria suas dívidas de 1,3 bilhão nos três cassinos, que incluíam os 675 milhões de dólares em *junk bonds* de juros altos que Trump havia usado para comprar o Taj.⁴⁷ Embora o cassino estivesse quebrando recordes de ganhos em jogo em Atlantic City, as taxas de juros dos títulos eram tão altas que a renda do estabelecimento não era suficiente para cobrir os pagamentos.⁴⁸ O primeiro venceria em meados de novembro, e Donald corria o risco de faltar com esse também.⁴⁹

Por isso, no final do verão, Trump começou outra série de negociações, tentando reestruturar as dívidas dos títulos do Taj. Ele estava tão ansioso para economizar dólares muitíssimo necessários que negociou até quando parecia não haver o que discutir. Um dia, Ken Moelis, um banqueiro de investimentos indicado por Bollenbach para ajudar a reestruturar a dívida do Taj, chegou à sala do empresário. Se tivesse sucesso, sua comissão seria de 8 milhões de dólares. "Isso é loucura", retrucou Trump, exigindo uma redução de 1 milhão. Moelis se manteve firme. Depois de meia hora de discussão, Trump tirou uma moeda do bolso e disse que deveriam usá-la para decidir a diferença. O banqueiro confirmou que ela tinha cara e coroa, então a jogou no ar. Observou, apreensivo, a moeda cair na mesa, quicar no chão e cair perto de Trump. Deu um pulo por cima da mesa para vê-la antes que Trump a pegasse. Tarde demais. "Cara, ganhei!", declarou Trump, e o preço foi diminuído em 1 milhão de dólares. (Anos depois, à pergunta sobre se havia mesmo ganhado a disputa, Donald respondeu com um sorriso: "Só Deus sabe. E eu, talvez".)⁵⁰

Quando as negociações começaram, o valor de mercado dos títulos tinha despencado a apenas 33 centavos de dólar e muitos haviam sido vendidos por seus donos originais a investidores especializados em ativos depreciados. Um comitê diretor de obrigacionistas do Taj se reuniu com Bollenbach e outros representantes de Trump no Plaza, em Nova York. As conversas se concentraram em quantas ações do Taj os obrigacionistas extrairiam se reduzissem a taxa de juros sobre os títulos de 14% de Trump. Propostas e contrapropostas foram trocadas. Os ânimos se exaltaram.⁵¹ Na antevéspera do dia de Ação de Graças, quando vencia o pagamento de seu título, Donald propôs reduzir ainda mais a taxa de lucro do que em suas propostas anteriores; os obrigacionistas rejeitaram a ideia e se prepararam para forçá-lo a falir. Naquela noite, as conversas foram interrompidas.⁵²

Na noite seguinte, porém, os dois lados estavam de volta ao Plaza. Nos bastidores, havia surgido uma ideia entre dois homens centrais na discussão: o líder do comitê diretor dos obrigacionistas, Hillel Weinberger, que havia comprado um grande bloco dos títulos depreciados do Taj para sua empregadora, a Loews Corp.; e o financiador bilionário Carl Icahn.⁵³ Natural do Queens como Trump, Icahn havia construído sua reputação nos anos 1980 como investidor e especulador. Ele adquiriu o controle acionário da Trans World Airlines, despojou seus bens e a tornou particular, deixando a companhia aérea em dívidas e levando o antigo *chairman* da empresa a chamá-lo de "o homem mais ganancioso da terra".[54]

Assim como os banqueiros de Trump, Icahn e Weinberger pensaram que o Taj – e o investimento deles – teria mais valor se mantivessem o empresário no comando. Obrigá-lo a sair do Taj ou a entrar em falência involuntária afugentaria os apostadores, além de exigir a busca por um novo diretor de cassino e uma nova licença de jogo. Feito abutres, os outros cassinos da cidade contratariam os funcionários de alto nível do Taj e atrairiam os altos apostadores valiosos do cassino.[55]

Equipes de televisão acamparam na Rua 45, diante do escritório dos advogados de falência em que o pessoal de Trump e os obrigacionistas regateavam. As conversas passaram para o telefone, com o magnata fazendo a própria negociação, até as 2 da madrugada, quando as partes desligaram, num impasse.[56]

No dia seguinte, os obrigacionistas marcaram uma entrevista coletiva ao meio-dia para anunciar que não haveria acordo. No meio da manhã, os principais negociadores dos obrigacionistas decidiram fazer mais uma tentativa. Ao meio-dia, eles e Trump chegaram a um acordo. Trump conseguiu o que queria no Taj – uma posse ligeiramente majoritária: 50,5% das ações e controle sobre a diretoria do cassino. O acordo foi incorporado a um novo tipo de ferramenta legal, uma falência "pré-embalada" – em que as duas partes recorreriam rapidamente à justiça para ratificar seu acordo – em vez de uma falência tradicional completa que deixaria o destino do Taj, dos banqueiros e do próprio Donald nas imprevisíveis mãos de um juiz. Quando os líderes dos obrigacionistas revelaram essas informações ao resto do grupo, alguns ficaram bravos. Eles queriam se vingar de Trump, não salvar a pele dele. Icahn, o bilionário com a maior parte dos títulos, telefonou-lhes e argumentou que o acordo era o melhor que poderiam conseguir. "Nós dois estamos agora em um bote salva-vidas que está afundando", disse ele a um obrigacionista dissidente. "Precisamos fazer algo para salvar nossa pele."[57]

No fim da tarde, Trump estava numa sala de reuniões dourada no Plaza e se isentou da culpa. "O Taj Mahal", disse ele à multidão de repórteres, "está envolvido em uma enorme recessão – talvez a palavra seja *depressão*."[58]

O acordo vacilante daquele dia não foi o fim do drama. Quatro meses depois, em abril de 1991, Trump voltou a enfrentar os reguladores de cassinos de Nova Jersey, precisando deles para renovar a licença do Taj. A comissão só aprovava licenças se os proprietários dos cassinos conseguissem comprovar que eram financeiramente estáveis. O relatório da comissão sobre as condições financeiras de Trump retratava um cenário sombrio. Apesar do acordo com os banqueiros, era quase certo que ele iria "esgotar seus recursos financeiros em julho" e "não poderia ser considerado financeiramente estável".[59]

Mesmo assim, quando os membros da comissão se reuniram em Atlantic City três dias depois para votar, eles se tornaram o último grupo a dar uma folga para Trump. Havia mais fatores a considerar além de suas finanças frágeis, argumentaram. Se a comissão retirasse a licença e o Taj naufragasse, o que aconteceria com todos os funcionários que perderiam seus empregos, os fornecedores que ficariam sem o maior cassino de Atlantic City, os impostos que Nova Jersey e a cidade perderiam?[60] Com apenas um voto discordante, a comissão permitiu que o Taj continuasse aberto por mais um ano.

UMA HISTÓRIA DESSE PERÍODO é emblemática da pressão que Trump enfrentava. Na semana anterior ao Natal de 1990, seu pai, Fred, enviou um advogado ao cassino Castle, cuja entrada era encimada por coroas de neon vermelho e dourado. O advogado, Howard Snyder, chegou ao caixa do estabelecimento e entregou um cheque visado no valor de 3,35 milhões de dólares, a ser posto na conta de Fred.

Em seguida, Snyder foi até uma mesa de vinte e um, onde um crupiê trocou toda a quantia por 670 fichas cinza de 5 mil dólares. No dia seguinte, o banco enviou mais 150 mil dólares para a conta de Fred no Castle. Mais uma vez, Snyder chegou ao cassino e coletou a quantia total em mais trinta fichas.[61]

Nem Fred Trump, nem seu advogado, nem qualquer outra pessoa utilizou nada dos 3,5 milhões em fichas para apostar. As fichas cinza eram mais uma estratégia de emergência para Fred passar dinheiro ao filho necessitado. Quase uma década depois de receber o empréstimo de 7,5 milhões de dólares de Fred para ajudar a quitar suas dívidas, Donald Trump, agora na casa dos quarenta anos, estava usando novamente o pai como muleta financeira. Nesse caso, Fred interveio porque, seis meses depois de seu filho faltar com o primeiro pagamento de título do Castle, outro estava para vencer e os executivos do cassino avisaram que não tinham como oferecer 3,5 milhões de dólares em dinheiro, mas havia um detalhe: se o dinheiro fosse dado como um simples presente, seria drenado pelos muitos credores do cassino. Depositar o dinheiro em uma conta de jogo era uma forma de desviá-lo deles.[62] Com efeito, o Castle fez seu pagamento de título no dia em que o advogado de Fred levou o primeiro lote de fichas.[63]

Nessa época, o Castle era o cassino de Donald que corria mais risco – três pagamentos de empréstimos não haviam sido feitos. Mais recente e sofisticado, o Taj estava tirando seus clientes. No começo de 1991, a drenagem continuou. Durante os primeiros três meses daquele ano, a renda do Castle despencou em quase um terço.⁶⁴ No decorrer de todo o ano, o estabelecimento perdeu 50 milhões de dólares.

Anos depois, Trump afirmou que sustentar o Castle com milhões em fichas do pai tinha sido ideia de Fred. "Ele me disse: 'Ah, deixe que eu faço isso, com as fichas é fácil'", contou.⁶⁵

Os reguladores de cassinos de Nova Jersey se queixaram de que, chegando a um acordo com o Castle, a Divisão de Fiscalização de Jogos de Azar do estado tinha aceitado ocultar a identidade da pessoa que havia elaborado o esquema. "Não acredito que alguém nesta sala não saiba como isso aconteceu", afirmou o comissário Frank J. Dodd.⁶⁶ "Fred Trump não acordou no meio da noite e disse: 'Quero comprar 3,5 milhões em fichas'." Por ser um episódio sem precedentes, os reguladores concluíram que ele havia violado apenas uma regra feita para manter o crime organizado longe de Atlantic City. Segundo essa regra, qualquer pessoa que emprestasse dinheiro a um cassino deveria ser aprovada como "fonte financeira" qualificada. Como Fred era uma fonte não autorizada, a comissão votou unanimemente por multar o Trump Castle em 65 mil dólares – mais do que a Divisão de Fiscalização de Jogos de Azar tinha recomendado, mas menos de 2% do dinheiro que Fred dera ao cassino do filho. Nem Fred nem Donald nem ninguém foi punido pessoalmente.⁶⁷

A salvação por meio das compras de fichas não durou. No fim, a montanha de dívidas de Trump o levou a, em março de 1992, colocar o Castle e o Plaza Hotel & Casino no mesmo tipo de acordo de falência que havia preservado por pouco a sua participação acionária no Taj. Todos os seus três cassinos agora estavam em falência. Ele sobreviveu graças a um princípio que havia lhe servido bem: os credores acreditavam que seu nome ainda tinha valor suficiente para mantê-lo no comando.

Alguns anos antes, quando estava começando a ampliar sua visão para além de Manhattan na possibilidade de uma meca de jogo então em ruínas, Trump havia dito à Comissão de Controle de Cassinos que só queria o melhor para Atlantic City. Muitos anos depois, revelou uma perspectiva diferente. A conclusão final, disse, era que, "para mim, todos foram bons negócios [...]. Eu não estava representando o país. Não estava representando os bancos [...]. Estava representando Donald Trump. Então, para mim, foram todos bons negócios".⁶⁸

Os pequenos empreiteiros que haviam depositado sua confiança em Trump e construído os palácios de jogo do empresário aprenderam sobre as prioridades deste do jeito difícil. Mark Cutler pensou que estava tirando a sorte grande quando, em 1989, sua firma, da Pensilvânia, conseguiu o contrato para produzir a placa TRUMP TAJ MAHAL que cintilaria no horizonte de Atlantic City. Cutler, cuja empresa datava da batalha de seu pai e de seu tio para ganhar a vida durante a Grande Depressão, foi duas vezes à Trump Tower em Nova York para fechar negócio com o magnata do cassino. Donald bateu na mesa, exigindo o melhor de tudo – os melhores materiais, os melhores acabamentos, as melhores técnicas de fabricação, uma placa que durasse. Fez exigências até sobre os cantos metálicos das letras de 6 metros de altura da placa, insistindo em que fossem vermelhos. Foi difícil, mas Cutler afinal o convenceu de que os cantos pretos fariam cada letra se destacar mais fortemente contra o céu noturno.[69]

No começo, parecia um trabalho dos sonhos – a Cutler Industries conseguiu um contrato por cerca de 2,5 milhões de dólares. Os pagamentos chegavam assim que as faturas eram enviadas. Alguns meses antes de o Taj abrir, porém, algo mudou. Um atraso, depois outro. Em pouco tempo, Cutler estava esperando que Trump lhe pagasse 303 mil dólares. Ele se uniu a quase cinquenta outros empreiteiros que haviam trabalhado no Taj mas não tinham sido pagos – Donald lhes devia 54 milhões de dólares no total.[70] Marty Rosenberg, coproprietário da Atlantic Plate Glass Co., havia instalado o vidro refletivo cintilante no exterior do Taj. Agora, Trump devia mais de 1 milhão à empresa dele.

O magnata ofereceu pagar a cada empreiteiro um terço do que lhes devia. Para o restante, emitiria títulos que lhe davam quase uma década para pagar a quantia total. Cutler não conseguiu absorver o prejuízo. Era uma época difícil para a economia. Sua empresa estava em crise. Ele não conseguia pagar os salários de seus cinquenta funcionários. Não conseguia pagar a tempo os materiais de que precisava para produzir placas. Tirou dinheiro das economias para a faculdade da filha. Mesmo assim, não foi suficiente. "Foi devastador", disse Cutler, anos depois. "Financeira e mentalmente devastador." Era a empresa dele, a herança de sua família. Ele havia construído o *know-how* e a reputação da empresa, finalmente ganhando o trabalho no Taj, que parecia o melhor negócio de todos, mas que, agora, o havia atropelado. Em maio de 1991, a Cutler Industries entrou em processo de falência. Dezessete meses depois, um juiz deu permissão para vender o terreno onde ficava a empresa.[71]

***

Durante meses depois de Trump resolver a situação com seus banqueiros, ele era obrigado a se reunir com um grupo deles toda sexta-feira de manhã para informar quanto gastara e que progresso havia feito para se livrar do *Trump Princess* e de outras posses. Então, em uma tarde de julho de 1991, os banqueiros o viram na televisão ao lado de Marla Maples. Ela ergueu a mão esquerda para mostrar um anel de diamante com lapidação esmeralda de 7,5 quilates. A melhor mulher, disse Trump, merecia o melhor.[72]

Na sexta-feira seguinte, quando o encontraram, os banqueiros se mostraram enfurecidos. Onde, exigiram saber, ele tinha conseguido dinheiro para o anel de 250 mil dólares? Trump se esquivou da ira deles. O anel, explicou, fora emprestado pelo joalheiro Harry Winston em troca de publicidade gratuita.[73] Era Donald sendo Donald, pensaram os banqueiros. Não era a primeira vez que tinham de lidar com a complicada interseção entre a vida pessoal e as finanças do magnata. Alguns meses antes, sem a permissão deles, Trump havia entregado a Ivana um cheque visado de 10 milhões de dólares como parte de seu acordo de divórcio.[74] Os banqueiros tinham lhe adiantado o dinheiro para manter os cassinos e outros negócios vivos, não para ajudá-lo a terminar seu casamento. Bollenbach, seu diretor financeiro, ficou atônito quando soube do cheque e disse a Trump que ele não deveria ter feito aquilo. Trump deu uma resposta típica: o que eles vão fazer? O caso com Marla, seu divórcio com Ivana, suas supostas relações com outras belas mulheres – tudo o distraía de seus instáveis negócios. Ao longo dos anos, ele havia posto a culpa dos problemas em seus subalternos, na economia fraca – em qualquer coisa menos em si mesmo. Mas, numa entrevista para este livro, disse: "Eu realmente perdi o foco e parte disso foi por causa dos problemas que tive com o casamento, claro". Ele reconheceu não ter priorizado o que era necessário "tanto quanto priorizaria se as coisas estivessem correndo bem".[75]

O primeiro presidente da Trump Shuttle, Bruce Nobles, ouviu de mulheres que elas estavam evitando viajar pela companhia aérea por causa do comportamento mulherengo de seu proprietário. Nobles era *chairman* da divisão de Nova York de uma rede de jovens diretores executivos e até um CEO o abordou numa reunião e disse que não voava pela Shuttle nem permitia que seus empregados a utilizassem. O motivo? Não aprovava Trump.

Nobles ligou para o chefe e insistiu em que tirasse sua vida sexual das manchetes: "Olha, as mulheres de negócios em particular estão tendendo a nos evitar porque não gostam do que leem sobre você nos jornais".

Trump riu. "Pois é, mas os homem adoram."[76]

***

APESAR DAS DIFICULDADES, Trump continuava alardeando sua Shuttle com a bravata de sempre. No fim de setembro de 1991, afirmou que, com a queda dos preços de combustível e um influxo sazonal de passageiros, a empresa estava sendo valorizada. "Não existe pressão para vender", disse.[77] O que ele deixou de dizer foi que, um ano antes, tinha começado a faltar com os pagamentos de empréstimos da Shuttle, levando o Citibank, em conjunto com outras instituições financeiras, a assumir o controle da companhia. Tecnicamente, os bancos deixaram Trump como proprietário, mas eram eles que tomavam as decisões, exigindo que o magnata mantivesse os aviões voando para proteger o valor da empresa enquanto caçavam um comprador. A situação, raciocinaram, era diferente da dos cassinos, em que o nome de Trump agregava valor e gerava receita. Ele era um homem do ramo imobiliário, não um especialista em companhias aéreas, e, nesse caso, sua marca não era um grande impulso para o valor da empresa.[78]

Os bancos levaram mais de um ano e meio para encontrar um comprador, a US Airways.[79] Em março de 1992, tiraram a posse nominal de Trump. Ele culpou a economia, não suas decisões, questionadas por muitos, pelos problemas da Shuttle. "Se a economia continuasse bem ou melhorasse, teria sido um bom negócio", disse anos depois. "Mas a economia não estava bem e saí da empresa sem nenhum prejuízo. Quer dizer, deu muito certo. Vocês têm de entender, eram tempos agitados aqueles, em que os bancos davam mais dinheiro do que você precisava."[80]

Em abril de 1992, funcionários tiraram os *Ts* gigantes das caudas dos Boeings 727 da Trump Shuttle, os mesmos que Trump havia mandado repintar em tamanho maior. Agora, a letras estavam desaparecendo. A Shuttle, que nunca chegou a ganhar dinheiro, não levaria mais seu nome. Era a mais nova humilhação depois do que membros da indústria viram como uma série de erros de cálculo.[81]

NÃO ERA UMA NOITE DE SÁBADO QUALQUER no Trump Taj Mahal. Ao chegar ao grandioso salão de baile, cada um dos oitocentos amigos, parentes e apostadores recebia uma máscara em tamanho real de Donald. As bebidas estavam liberadas. O jantar era vitela envolta por lagosta. Depois do jantar, vieram os imitadores – um Elvis cantando "My Way", uma Marilyn Monroe entoando, em homenagem a Trump, "Happy Celebration to You".[82] Anunciada como uma festa de volta por cima, Com o tema "Contra todas as dificuldades", tinha a intenção de destacar a melhora da situação dos empreendimentos do magnata em Atlantic City. Era novembro de 1992, oito meses depois que os obrigacionistas dos cassinos Castle e Plaza haviam aceitado reduzir os pagamentos de juros que lhes eram devidos em troca de quase metade da participação de Trump. Como acontecera com o Taj, um juiz havia aprovado com rapidez essas falências pré-embaladas feitas cuidadosamente.[83]

À espera do anfitrião no salão de baile, seus convidados assistiram a um vídeo no telão sobre os primeiros dias de Trump em Atlantic City e seus ganhos recentes em rendas de jogo. O novo fato mais notável sobre seu império, porém, estava claramente ausente da noite. Apenas três dias antes da festa, sua propriedade mais estimada – a *Mona Lisa* de frente para o Central Park, o Plaza Hotel – se tornou a quarta a entrar em processo de falência. Donald havia realizado mais um acordo em que os credores aliviaram seus pagamentos de empréstimo. Em troca, tirariam quase metade de sua participação no hotel – e ganhariam o direito de vendê-lo se chegasse a um bom preço. De tudo que restava de seu império, o que Trump desejava manter mais fervorosamente era o Plaza.[84]

Foi assim que os três primeiros anos da década o haviam deixado presidindo um império em frangalhos: quatro falências corporativas. Uma companhia aérea perdida para os banqueiros. Sua participação na loja de departamentos Alexander's nas mãos dos bancos. Seu iate de 86 metros navegando, sob ordens dos banqueiros, de porto em porto ao redor do mundo em busca de um comprador, até um príncipe saudita o adquirir por dois terços do que Trump havia pagado.

No entanto, não parecia haver espaço para melancolia naquela noite de sábado no salão de baile do Taj. Às 21 horas, Trump estava prestes a fazer sua aparição. Esperava atrás de um mural de papel alto, decorado com preços de ações ascendentes e manchetes que celebravam sua volta por cima. Com luvas vermelhas de boxe, ele rasgou o papel aos socos e surgiu, revelando um roupão de seda brilhante e shorts de boxe da mesma cor por cima do *smoking*.

A canção-tema de *Rocky: Um lutador* tocava no sistema de som. Um locutor gritou: "Vamos ouvir da boca do próprio rei!"[85] Mas o rei, se era isso que Trump era, precisaria de mais um passe de mágica para sobreviver.

TRUMP TINHA USADO LINHAS DE CRÉDITO, emitido títulos e até precisado do pai para levantar dinheiro. Reteve o controle dos três cassinos, que haviam entrado em falência. Em 1995, estava convicto de que tudo valera a pena. A economia estava melhorando, e multidões crescentes de apostadores faziam fila para entrar nas suas propriedades em Atlantic City. Mas ele continuava enfrentando dívidas enormes.[86] Então, agarrou-se a uma nova estratégia, com base em uma das mais antigas ferramentas do capitalismo. Criou uma sociedade aberta, dona do Trump Plaza Hotel & Casino, a qual operaria seus novos empreendimentos no ramo de cassinos.[87] Agora, os investidores poderiam ter um pedacinho da marca Trump, sob um símbolo de registro composto pelas suas iniciais: DJT.[88]

O plano deu certo a princípio. A empresa de Trump levantou 140 milhões de investidores em ações de 14 dólares.[89] Ele combinou parte desse dinheiro com uma venda de 155 milhões de dólares em novos *junk bonds* de cassino para abater 88 milhões de dólares de suas dívidas. As ações dispararam a 36 dólares em 1996, e a participação dele na empresa cresceu para cerca de 290 milhões de dólares, recolocando-o pela primeira vez desde 1989 na lista da *Forbes* das 400 pessoas mais ricas dos Estados Unidos.[90] (Insatisfeito, ligou de seu avião para os editores, para afirmar que seu patrimônio líquido era "provavelmente mais de 2 bilhões",[91] quatro vezes mais alto que a estimativa da *Forbes*.[92])

Menos de um ano depois que se tornou aberta, a empresa pagou preços altíssimos por dois dos cassinos particulares cheios de dívidas de Donald, o Trump Taj Mahal e o Trump Castle. Basicamente, ele era tanto o comprador como o vendedor, capaz de definir o preço que quisesse. A companhia comprou seu Castle por 100 milhões de dólares a mais do que os analistas consideravam que valia.[93] Ele embolsou 880 mil dólares em dinheiro depois de fechar a transação.[94] Ao fim de 1996, os acionistas que haviam apostado no futuro promissor de Trump de repente se viram onerados com 1,7 bilhão de dólares da dívida dele.[95] A empresa gastou boa parte de seu dinheiro em pagamentos de juros. O preço da ação despencou para 12 dólares em 1996, cerca de um terço do seu preço máximo. A empresa pagou a Trump 7 milhões de dólares naquele ano, incluindo um bônus de 5 milhões.[96]

Durante anos, os detalhes das negociações de Trump tinham permanecido secretos. Agora, porém, como as sociedades públicas precisavam divulgar dados de desempenho, o abismo entre as projeções dele e a realidade foi revelado a todos. Trump disse em 1996 que seu novo barco-cassino em Gary, Indiana, geraria 100 milhões de dólares em faturamento anual. Na realidade, registrou 82 milhões em faturamento naquele ano e custou 80 milhões para ser inaugurado.[97] Em março de 1997, quando a ação estava sendo vendida a um quarto do preço de dez meses antes, Steve Ruggiero, analista de investimentos do Chase, afirmou que a empresa não era "colaborativa com todos os analistas", o que, segundo ele, "gera desconfiança".[98]

Em 1998, o Departamento do Tesouro multou a empresa de Trump em 477 mil dólares por não apresentar relatórios de transações feitos para evitar lavagem de dinheiro.[99] Em 2000, Donald e seus sócios pagaram 250 mil dólares para fechar um caso em Nova York em que foram acusados de financiar secretamente uma guerra publicitária contra a abertura de novos cassinos nos montes Catskill.[100] Em 2002, reguladores de títulos federais citaram o grupo de cassinos por ter usado um tipo de relatório financeiro feito para minimizar resultados negativos.[101]

Enquanto Trump era *chairman*, a empresa perdeu mais de 1 bilhão de dólares e entrou no vermelho todos os anos entre 1995 e 2005.[102] Durante esse período, o preço das ações da companhia despencou de um auge de 35 dólares para apenas 17 centavos. Um acionista que tivesse comprado 100 dólares em ações da DJT em 1995 conseguiria vendê-las por cerca de 4 dólares em 2005. O mesmo investimento na MGM Resorts teria aumentado seu valor para cerca de 600 dólares. Os detentores de ações e títulos perderam mais de 1,5 bilhão durante a administração de Trump.[103] Em 2004, autoridades do mercado financeiro congelaram a negociação da sociedade aberta por causa da notícia de que ela estava entrando em falência – a quinta operação corporativa do tipo na carreira do magnata. Seu plano de reorganização reduziria a participação dos acionistas na empresa de cerca de 40% para 5%; boa parte dessa diferença seria entregue aos obrigacionistas a quem Trump devia dinheiro.

Trump também teria sua participação reduzida, mas permaneceria como *chairman* – e, por sua liderança, receberia um salário anual de 2 milhões de dólares, um terreno de 7,5 milhões de dólares em Atlantic City e uma participação minoritária no concurso Miss Universo, que a empresa possuía em conjunto com a NBC.[104] Os acionistas entraram na justiça, chamando o plano de uma "cesta de presentes" para Trump.[105] Este fechou um acordo, aceitando pagar 17,5 milhões aos acionistas e fazer um leilão do terreno.[106] Sebastian Pignatello, investidor de Atlantic City que comprou 150 mil ações da empresa a partir do final dos anos 1990, disse que os acionistas perderam dezenas de milhões de dólares porque, segundo ele, Donald usava a empresa como um cofrinho particular.[107] Pignatello começou a comprar quando as ações valiam cerca de 3 dólares cada e as vendeu quando valiam meros centavos. Ele recuperou parte de seu dinheiro no acordo, mas disse ter perdido dezenas de milhares de dólares no investimento. "Ele vinha saqueando a empresa todo aquele tempo", afirmou. "Não tinha receio de ferrar com as pessoas. É isso que ele faz. Ele ainda saiu por cima."[108]

De fato, a empresa foi um bom negócio para Trump. Durante seu período como *chairman*, de 1995 a 2009, que incluiu cinco anos como diretor executivo, ele recebeu mais de 44 milhões de dólares.[109] Entre 2006 e 2009, a companhia comprou 1,7 milhão em produtos da marca Trump, entre os quais 1,2 milhão de garrafas de água mineral Trump Ice.[110]

Os cassinos de Donald sofreram dificuldades todos os anos. Sua sociedade aberta comprou o Castle (depois renomeado como Trump Marina) por 525 milhões de dólares em 1996 e o vendeu por apenas 38 milhões em 2011. Trump não se arrependia do desempenho da companhia: "Em termos de empreendedorismo, não necessariamente do ponto de vista de dirigir uma empresa, mas do ponto de vista de um empreendedor, [a oferta de ações] foi um dos melhores negócios".[111] O empreendedor, claro, era o próprio Trump, e a implicação era que ele havia lucrado mesmo que os acionistas não o tivessem. Ele havia conseguido restabelecer suas finanças, e até os céticos analistas da *Forbes* disseram em 2004 que seu patrimônio era de pelo menos 2,6 bilhões.[112]

Mais uma vez, Trump se salvou vendendo a si mesmo. A imagem, ele sempre dizia, era no mínimo tão importante quanto o produto por baixo. Agora essa imagem estava prestes a catapultar sua marca pessoal para um novo palco nacional, em que ele não precisaria de nada além de sua reputação. Outro "sobrevivente", um dos produtores de TV de maior destaque, estava procurando pelo bilionário certo para estrelar um *reality show*.

12
MÁQUINA DE AUDIÊNCIA

Bem quando a marca Trump estava à beira de não ser mais o padrão-ouro, apareceu um produtor de TV, imigrante britânico, que há apenas poucos anos vendia camisetas de 18 dólares em Venice Beach. Em 2002, esse vendedor de camisetas, Mark Burnett, tinha se transformado em criador e arquiteto principal do *Survivor*, o maior dos *reality shows* televisivos. Uma das potências de audiência mais duradouras do país, *Survivor* era um vício televisivo que atraía telespectadores aos milhões para assistir a pessoas lindas competindo em locais exóticos como o sertão australiano e as ilhas polinésias. A audiência sintonizou desde o início, mas os milhões recém-conquistados por Burnett não conseguiam esconder uma infelicidade no seio de sua vida: ele tinha filhos pequenos em Nova York e quase nunca estava lá. Em uma visita à família num intervalo de gravações, o filho de Burnett, então com dez anos, disse ao pai que tinha esquecido como era a cara dele.

"Tem de haver uma forma de fazer um programa de sucesso em uma cidade dos Estados Unidos", pensou Burnett. A maneira de voltar para casa, percebeu ele, era por meio de Donald Trump. O momento de epifania de Burnett veio quando ele estava filmando a final de *Survivor: Marquesas* no Central Park, em Nova York, no rinque de patinação no gelo de Wollman, que Trump operava, depois de notoriamente tê-lo renovado às pressas e com orçamento menor que o previsto após o governo municipal ter gastado seis anos e 12 milhões e falhado na tarefa. Burnett estava cansado de ficar preso na selva, "com crocodilos e formigas e tudo que podia matar uma pessoa".[1] Decidiu que seu próximo programa precisava se passar em um tipo de selva diferente, feita de asfalto, "e o que eu precisava era de alguém exuberante, muito colorido", um personagem que pudesse carregar esse novo *Survivor* urbano, alguém que fosse divertido, duro e fascinante o suficiente para manter uma audiência interessada por uma temporada inteira.

O rinque Wollman colocou a ideia na cara de Burnett: TRUMP estava estampado no nivelador de gelo e em todas as paredes do rinque. Burnett aceitou a dica e foi conversar com o empresário, em seu escritório na Trump Tower. Burnett tinha tido a ideia de um novo programa em uma das vezes que voltava para casa, depois de observar colônias de formigas se reunindo, como se estivessem em uma batalha. Essa imagem ficou rodando na cabeça de Burnett, e ela se transformou em equipes de pessoas competindo por um emprego – a premissa de *The Apprentice*.* A reunião de Burnett com Trump durou uma hora. Burnett explicou que o programa mostraria todo o império de Trump – a Trump Tower, os cassinos, os hotéis, o helicóptero e o jatinho, o opulento apartamento e o esplendor de Mar-a-Lago. Trump seria o personagem principal, árbitro do talento, chefe, juiz, jurado e carrasco em uma peneira semanal de jovens ambiciosos desesperados por uma chance de liderar um dos negócios do magnata.

Trump não via *reality shows* e não gostava muito do que ouvia falar deles. "Isso era para as camadas mais baixas da sociedade", declarou Trump.[2] E sua preocupação era de que o programa tomasse muito de seu tempo. Burnett garantiu que Trump poderia dedicar apenas algumas horas a cada episódio, e que o programa podia ser inteiramente gravado na Trump Tower. Apesar das preocupações com o tempo, Trump imediatamente foi seduzido pelo enorme potencial de valor promocional do programa. "Meu jatinho vai estar em todos os episódios", disse ele. "O Taj vai aparecer. Mesmo se não tiver audiência, vai ser ótimo para a minha marca." Trump via o programa como uma ponte para um novo mercado, uma nova audiência, e especialmente para os jovens. Burnett pressionou Trump com o poder da TV para formar reputações: Trump já era famoso havia mais de uma geração, mas um programa de TV próprio permitiria que ele moldasse sua imagem como nunca antes, dando aos americanos a chance de enxergá-lo sem intermediários. Sem um programa próprio, acreditava Burnett, uma celebridade é apenas um produto de manchetes de editores e opiniões de jornalistas. Ser estrela de um programa permitiria que Trump se repaginasse como quisesse.

---

* No Brasil, o programa se chamou *O Aprendiz* e foi ao ar pela Rede Record, com dez temporadas a partir de 2004. Foi apresentado pelos empresários Roberto Justus (2004-2009, 2013-2014) e João Doria Jr. (2010-2011), que se tornou prefeito do município de São Paulo. (N. da T.)

A proposta foi um sucesso instantâneo. Burnett saiu daquela primeira reunião com um acordo selado com aperto de mão para produzir *The Apprentice*. Trump assegurou não apenas o papel de protagonista de um programa do produtor de TV mais em alta do país mas também uma participação de 50% no investimento. Trump não consultou ninguém, não fez pesquisa alguma. Ele gostou da ideia e a comprou. Era um momento clássico de Trump, um exemplo da tomada de decisão instintiva de que ele se orgulhara durante toda a sua carreira. Comprar um programa. Ganhar uma audiência. Aprimorar uma imagem. "É muito fácil", disse Trump.

Mas, primeiro, o programa precisava de uma casa. E um programa de Trump parecia a muita gente de Hollywood uma ideia bastante idiota. Até o próprio agente de Trump disse a ele que *The Apprentice* seria um fracasso — programas sobre negócios nunca funcionam na TV, disse ele. (Trump alegou ter demitido o agente pouco depois: "Se eu o tivesse ouvido, não teria feito o programa".[3]) Burnett fez as rondas pelas emissoras, vendendo o formato. A Fox não quis, concluindo que o programa era elitista demais — Trump não parecia uma estrela de TV, e os concorrentes eram muito esnobes, produtos de escolas chiques, e, portanto, seria difícil que o telespectador americano médio se conectasse emocionalmente com eles.

A ABC já tinha tentado recrutar Trump para um *reality show* diferente, em que as câmeras o seguiriam enquanto ele fazia negócios com políticos e incorporadores. Trump odiou a ideia; achou que seria uma invasão em seu negócio e que não daria um bom programa. Agora, os executivos da ABC tinham gostado da abordagem de *The Apprentice*, mas as negociações afundaram por causa do preço. Burnett sabia de quanto dinheiro precisava por episódio e não ia cortar nada do conceito.[4] A CBS também queria o programa, mas Trump estava irritado com a emissora por ter decidido não transmitir os concursos de beleza de Miss Estados Unidos e Miss Universo, que foram de propriedade dele até 2015.

A NBC queria *The Apprentice* antes mesmo de Burnett oferecê-lo — não por causa de Trump, mas pelo sucesso de Burnett com *Survivor*. Para a direção da emissora, Trump não passava de mais um empresário icônico. Ele funcionaria no programa, mas magnatas como Richard Branson e Mark Cuban também.[5] Mas dois executivos importantes — Jeff Zucker, na época presidente da NBC Entertainment, e Jeff Gaspin, que cuidava da programação de *realities* da emissora e depois virou presidente do conselho da NBC Entertainment — eram moradores de Nova York de longa data que tinham assistido em primeira mão aos tabloides da cidade transformando Trump em uma indústria simbiótica e lucrativa. Eles compartilhavam a crença de que havia mais em Trump do que as pessoas de fora de Nova York podiam imaginar. E, se estivessem errados, imaginaram, *The Apprentice* poderia sobreviver mesmo assim. O conceito comprado pela NBC só previa Trump como apresentador por um ano. A ideia era ter um magnata diferente como estrela de cada temporada. Depois de Trump, viriam Branson, Cuban e Martha Stewart, bilionária do setor de decoração que ainda não tinha sido condenada e presa por obstruir a justiça e mentir sobre uma venda de ações.[6]

Essa ideia foi pelo ralo durante a gravação do primeiro episódio. O roteiro pedia que o apresentador tivesse um papel relativamente modesto. O programa era sobre os concorrentes – e mais de 215 mil pessoas tinham se inscrito para estar entre os primeiros dezesseis candidatos, vivendo em um apartamento cenográfico que Burnett tinha construído no mesmo andar da Trump Tower em que ficava o cenário da sala de reuniões (o elevador em que se viam os concorrentes "subirem" até a sala era cenográfico). Trump deveria apresentar os desafios que os concorrentes enfrentariam no início de cada episódio e depois aparecer em uma breve cena na sala de reuniões no fim, quando decidiria qual candidato havia tido um desempenho ruim e não voltaria na semana seguinte.

Trump encarnou seu papel televisivo como se tivesse se preparado para ele a vida toda. A gravação durou quase três horas, muito mais do que o planejado. Alguns dias mais tarde, ao assistir a cortes brutos das cenas da sala de reuniões, os executivos da NBC foram unânimes: o roteiro do programa precisava ser revisto. As cenas de Trump eram pérolas. "No primeiro episódio", lembrou Gaspin, "dissemos que queríamos mais Trump." Os telespectadores, mais de 20 milhões ligados no primeiro episódio, também queriam – uma audiência que subiria para 27 milhões no fim daquela primeira temporada. O programa foi desenhado como uma propaganda quase ininterrupta do império e do estilo de vida de Trump, incluindo uma montagem de abertura que fazia um contraste entre o empresário em uma limusine e a imagem de um mendigo em um banco. "Sou o maior incorporador imobiliário de Nova York", vangloriava-se Trump na narração. "Sou proprietário de prédios em todo canto. Agências de modelos, o concurso Miss Universo, aviões comerciais, campos de golfe, cassinos e *resorts* particulares como Mar-a-Lago. [...] Dominei a arte da negociação e transformei o nome Trump em uma marca da mais alta qualidade. E, sendo o mestre, quero transmitir um pouco de meu conhecimento a outra pessoa."

Aquela que que se tornaria a frase de efeito do programa, "Você está demitido", não estava no roteiro.[7] Apesar de os *reality shows* em geral seguirem um plano detalhado, Trump deixou claro desde o início que planejava improvisar. Não gostava da ideia de memorizar frases. Ele lia o resumo do episódio com antecedência, mas, quando a câmera estava gravando, improvisava sua parte, como sempre fizera ao falar em público. Na primeira cena da sala de reuniões, quando chegou a hora de decidir qual finalista não voltaria na semana seguinte, Trump soltou: "Você está demitido". Nos bastidores, a equipe de produção imediatamente comemorou a frase, garantindo seu lugar em episódios futuros.

Mas, apesar de "Você está demitido" ter se tornado um símbolo da rigidez afiada de Trump, ele não falava essa frase para ridicularizar nem se gabar. Na verdade, Trump muitas vezes parecia achar difícil eliminar sumariamente um membro do elenco. Ele pausava desconfortavelmente e suavizava a voz pouco antes de demitir um concorrente, e frequentemente consultava os dois conselheiros que tinha ao seu lado nessas cenas, muitas vezes aceitando o conselho deles, mesmo quando a própria opinião ia num rumo diferente.

O estilo da interpretação de Trump no programa evoluiu muito rápido. Durante a filmagem do primeiro episódio, ele parecia saber instintivamente qual concorrente devia ser demitido, e não via muito motivo para uma discussão prolongada. Mas uma demissão imediata não era muito atraente na televisão, então os produtores pediram que seu astro notoriamente impaciente fosse mais devagar e deixasse o drama rolar entre os concorrentes que lutavam pelo grande prêmio de um contrato de um ano e 250 mil dólares com a Trump Organization. Trump aceitou o conselho e logo aprendeu a explorar os participantes, deixando a angústia e a vergonha deles se desenrolarem no momento da decisão, em cenas estendidas que os telespectadores achavam impossível parar de ver. "Trump não usava *teleprompters* nem deixas", disse Andy Dean, concorrente da segunda temporada que depois se tornou presidente da Trump Productions.[8]

Durante catorze temporadas como apresentador e produtor executivo do programa, Trump praticou bastante para aprimorar um estilo de oratória afiado e acentuado com frases curtas e declaratórias; para fazer provocações – às vezes brincalhonas, às vezes cáusticas – com os finalistas; e cativar a audiência com um *timing* teatral. Trump se orgulhava de suas habilidades no palco. "Nunca fiz aulas", disse. Ele creditava seu pendor para o teatro à mãe, que ele disse ter um talento natural para *performances*. "Sempre me senti à vontade diante da câmera. Ou você é bom nisso ou não é bom nisso."[9]

A primeira temporada do programa teve dezesseis participantes selecionados depois de entrevistas feitas pessoalmente, testes padronizados e avaliações médicas e psicológicas.¹⁰ Os concorrentes encontravam Trump principalmente quando ele lhes dava tarefas e depois na sala de reuniões revestida de madeira, onde os confrontos eram tão tensos fora das câmeras quanto pareciam na televisão. Nessas cenas – duas ou três horas sob os holofotes implacáveis da TV e o olhar do homem cujo apoio eles buscavam –, os candidatos viam um apresentador talentoso, bastante preocupado com a maneira como os outros o viam. Trump ficava tão absorvido pela questão da audiência quanto seria, mais tarde, com números de pesquisa de opinião durante a campanha. "Ele é obcecado com métrica, pesquisas e dados", disse Sam Solovey, concorrente da primeira temporada que, depois de ser demitido, apresentou uma crítica ferina que se tornou uma sensação do mundo *pop*. Na manhã depois que *The Apprentice* perdeu a corrida pela audiência para *American Idol*, um programa rival da Fox, Solovey visitou Trump para apresentar-lhe a noiva – e encontrou o empresário, em geral entusiasmado, debruçado na escrivaninha. "Foi a única vez que o vi totalmente abatido e para baixo", contou Solovey, que logo depois dessa reunião assinou contrato com a Trump Organization para alavancar a audiência do *Apprentice* e impulsionar a marca Trump com uma aparição no *The Oprah Winfrey Show* para promoção do concurso de Miss Universo e divulgação agressiva do último livro de Trump.¹¹

Certa vez, Elizabeth Jarosz, concorrente da segunda temporada que depois se tornou consultora de estratégia de marca, estava ao lado de Trump enquanto este terminava uma entrevista, e ficou surpresa quando ele lhe perguntou: "Como eu fui? Fui bem?"

"Uau", pensou Jarosz. "Ele era muito inseguro." Outra vez, Jarosz sentou-se com Trump em um bar enquanto ele explicava sua opinião de que "qualquer publicidade é boa publicidade. […] Quando as pessoas se cansam de você é que você faz mais publicidade ainda, porque é assim que você vira um ícone".¹²

Apesar de a NBC vender o personagem de Trump no *Apprentice* como rígido e ousado, os produtores do programa e os conselheiros de relações públicas de Trump viram surgir ali um personagem que mesclava engenhosamente seu amor pelo poder com um toque de humildade, uma pitada de humor autodepreciativo e uma disposição inesperada para aceitar quando alguém era especialista em algo. O chefe de relações públicas da NBC, Jim Dowd, que depois cuidou da publicidade de Trump diretamente, passou muitas horas com o apresentador durante as primeiras semanas do programa e testemunhou o astro criando uma nova *persona* pública. "Ele sempre estava se controlando, não queria parecer um vilão. Ele sempre diz que tudo o que faz é *enooorme, enooorme, enooorme*, mas tinha os pés no chão. Estava nervoso com a audiência. Ficava perguntando: 'Será que vai dar certo?'".¹³

O limite entre Trump, o personagem, e Trump, a pessoa, já estava embaçado havia décadas. Escrevendo para a *New Yorker* anos antes, Mark Singer tinha retratado Trump como um "viciado em hipérbole que prevarica por diversão e por lucro", proprietário de um programa duradouro, glamoroso, mas, afinal, desonesto e vazio. Singer concluía que Trump tinha "conquistado o maior luxo de todos, uma existência imune aos tumultos da alma".[14] Trump não gostou da crítica dura de Singer, mas frequentemente se referia a si mesmo como "máquina de audiência".[15] Os criadores da imagem de Trump agora viam *The Apprentice* como uma chance de apresentá-lo como uma pessoa mais autêntica e cheia de nuances, e não como o personagem obcecado pelo *glamour* e egocêntrico que os americanos conheciam pelas manchetes de tabloides e pelas aparições televisivas. O próprio Trump inicialmente viu o programa como extensão da marca e tirou vantagem de seu sucesso para estampar seu nome em gravatas, ternos, perfume (Sucess by Trump), água, luminárias e um cartão de crédito. "Donald calcula a percepção de marca", disse Burnett. "Ele é um *showman*."[16]

"Tudo o que Donald faz tem um motivo", afirmou Dowd.

O sucesso de seu programa de TV renovou as perguntas sobre quais aspectos da persona pública de Trump refletiam seu verdadeiro eu e quais eram espetáculo puro. Trump às vezes debochava da ideia de ter criado um personagem separado ou diferente que representava publicamente, e às vezes insistia em que as coisas que dizia na TV eram apenas para provocar ou entreter. Em *Time to Get Tough* [Hora de ser duro], um livro publicado por ele em 2011, Trump escreveu que fez *The Apprentice* "não pelo dinheiro, fique sabendo, mas porque cria uma marca muito poderosa e é divertido de fazer".[17] Mas depois ele afirmou que tinha decidido fazer o programa por uma razão simples e mercenária: porque "é lucrativo, mesmo se você já for rico. É uma coisa incrível, você nunca se cansa disso".[18] (Trump começou ganhando 100 mil dólares por episódio; além disso, é claro, ele também era dono de metade do programa.)

Independentemente da motivação mais importante para ele, Trump acreditava que *The Apprentice* fazia o público vê-lo de modo mais humano e mais complexo do que sugeriam os casamentos desfeitos, os ambientes folhados a ouro e a promoção constante de seu nome e de sua identidade. O programa fazia os americanos perceberem que "sou muitíssimo culto", disse Trump certa vez, "o que a maioria das pessoas não sabia antes de *The Apprentice*. Achavam que eu era um bárbaro".[19] "Eu tenho mesmo sentimentos fortes pelas pessoas", afirmou Trump. "Mas fiquei mais popular estando em um programa em que demito gente. É esquisito. Sou uma pessoa honesta. As pessoas entendem que você tem de fazer algumas coisas. O Michael Douglas disse que sou o melhor ator da televisão. Eu disse: 'Não estou atuando. Eu sou assim'."[20]

The Apprentice mudou a trajetória de Trump de imediato. Na manhã seguinte à estreia, Dowd o acompanhou enquanto ele fazia as rondas dos estúdios de TV de Manhattan em nove entrevistas para promover o programa. Dowd testemunhou o nascimento de um astro: "As pessoas na rua o abraçavam. Ele era assediado. E, de repente, não havia mais a ironia antiga, a velha imagem dele no *New York Post* com as esposas e as festas. Tinha virado um herói, coisa que nunca havia sido antes. Ele me disse: 'Eu tenho os nichos dos imóveis e dos hotéis e do golfe. Eu tenho o reconhecimento do meu nome, mas não tenho o carinho e o respeito do americano médio'. Agora, ele tinha. Essa foi a ponte para a campanha [de 2016]".[21]

Com *The Apprentice* ganhando audiência, Trump se envolveu mais tanto na produção quanto na promoção do programa. A cada semana que passava, ele levava aquilo mais a sério, dedicava mais tempo e estudava mais atentamente a distribuição demográfica de seu público. "Ele se jogou", disse Gaspin. "Não precisava necessariamente levar aquilo a sério no começo, mas, quando ganhou força, ele entrou com tudo. […] Adorava, simplesmente adorava ser astro de TV."[22] A audiência do programa caiu bruscamente nas últimas temporadas, especialmente quando a emissora adicionou uma versão do *Apprentice* protagonizada por Martha Stewart (o programa dela estreou seis meses depois de ela sair da prisão). Quando o *Apprentice* de Stewart foi cancelado após uma temporada, Trump escreveu a ela um bilhete mal-educado: "Sua *performance* foi terrível. […] Tenha cuidado, senão eu vou fazer um programa matutino distribuído nacionalmente, talvez chamado *The Boardroom* [Sala de reuniões], e destruir ainda mais a audiência magra que você ainda tem!"[23]

Logo que *The Apprentice* se tornou um dos dez programas mais vistos em sua primeira temporada, Trump foi convidado para programas de entrevistas como nunca antes. Dowd o colocou no programa de rádio matutino de Don Imus toda semana por um ano e meio. As aparições, inicialmente, eram para promover o programa de TV, mas quase imediatamente Trump começou a falar de política. As pessoas que criaram *The Apprentice* com Trump não achavam que ele um dia iria realmente se candidatar, mas se lembram de ele ter traçado uma linha direta do sucesso do programa até a possibilidade de um dia tentar o emprego mais alto do país. Burnett disse: "Donald mencionou várias vezes: 'Talvez um dia eu me candidate a presidente'".[24]

Com *The Apprentice*, Trump deixou de ser o Riquinho* fanfarrão que acabara de atravessar uma época difícil em um improvável símbolo de objetividade, um missionário do evangelho americano do sucesso, um formador de opinião, que insistia em parâmetros num país que vinha distribuindo prêmios a qualquer um que se exibisse. Antes de Trump, o manual dos *reality shows* dizia que a TV deve ser positiva e inspiradora, não negativa. Mas Trump mudou essas regras, afirmou Gaspin. Trump, como Simon Cowell, do *American Idol*, podia ser ao mesmo tempo inspirador e negativo – a pessoa politicamente incorreta que diz verdades. "O Donald só se importava com a sinceridade; ele era rígido, mas verdadeiro", disse Gaspin. "Ele não diria que você era bom no seu trabalho se você não fosse." E, apesar de o público fiel do programa adorar o estilo afiado e decidido de Trump – e a forma como ele humilhava alguns concorrentes perdedores –, fãs do programa também o viam como um bilionário bondoso, às vezes brincalhão e inesperadamente disposto a mudar de ideia.

Acima de tudo, *The Apprentice* vendia uma imagem do apresentador-chefe como extremamente confiante e competente, que faz uso da autoridade e consegue resultados imediatos. A analogia com a política era palpável, e Burnett a viu em ação quando o formato do programa foi licenciado para dezenas de países mundo afora. Cada vez mais, os apresentadores das edições estrangeiras eram celebridades com aspirações políticas. "Todo mundo está vendo isso", afirmou Burnett. O criador do programa passou a acreditar que, se Trump se candidatasse à presidência, não seria um resultado do *show*, mas que, sem o programa, não poderia haver candidatura: "As pessoas querem ouvir as coisas sem retoques, aquele mesmo estilo que ele mostrou em *The Apprentice* [...], a capacidade de falar o que pensa com clareza e não baixar o tom de voz de uma forma politicamente correta para a TV".[25]

Trump inicialmente resistiu à ideia de que *The Apprentice* tenha tido um papel importante tanto na sua decisão de concorrer quanto no interesse do eleitorado em sua campanha. Observava que já era muito conhecido antes da estreia do programa. Espontaneamente, listava sua audiência em outros programas de TV, as revistas das quais tinha sido capa, os livros *best-sellers* que tinha escrito. Mas depois mudou de ideia e disse que o *reality show* "foi um outro nível de adulação, de respeito, de fama. A coisa realmente foi para outro nível. Estou concorrendo para fazer o país voltar a ser grande, mas a fama ajudou, isso é verdade".[26]

---

* Referência a Richie Rich (no Brasil, Riquinho), personagem que estreou nos quadrinhos da Harvey Comics na década de 1950. (N. da T.)

No mínimo, *The Apprentice* aumentou a fome de Trump por reconhecimento público. Gaspin percebia "alguma necessidade enorme de validação pública" em seu astro. "Ele me ligava todo dia: 'Como está a audiência?'. Isso o alimenta." Olhando em retrospecto anos depois, alguns altos executivos do programa viram a ida de Trump para a política em cargos eletivos como um esforço de recriar aqueles primeiros meses inebriantes de adulação pública que se seguiram à estreia de *The Apprentice*. "O programa era mágico, e é isso que ele está tentando recuperar", disse Dowd.

Com os números de *The Apprentice* subindo, Trump explorou formas de ampliar sua marca televisiva. Em 2007, a Fox anunciou que ele seria produtor executivo de um programa chamado *Lady or a Tramp* [Dama ou devessa], um *reality* de competição no qual "garotas festeiras rudes e imaturas" seriam enviadas a uma escola de boas maneiras para uma rigorosa reeducação de seus modos. Na esteira de Britney Spears raspando o cabelo e Lindsay Lohan e Paris Hilton nas manchetes por todos os piores motivos, Trump reprisaria seu papel em *The Apprentice* como juiz, avaliando o progresso das concorrentes.[27] O programa nunca foi produzido.

Trump também propôs que uma emissora criasse uma série dramática baseada em sua vida e em seu trabalho. A ser chamada *The Tower*, a ideia era que fosse um *The West Wing* do mundo imobiliário, com um personagem principal que ambiciona a excelência, deseja a vitória e está decidido a construir o prédio mais alto do mundo. Gay Walch, roteirista de TV de Hollywood contratada para criar um piloto da série, escreveu um personagem exuberante com uma família complicada, com dois filhos adultos e uma ex-mulher, todos trabalhando para ele.[28] Ela tomou emprestadas cenas dos livros de Trump, incluindo o esperto ardil usado assim que ele chegou a Atlantic City para impressionar investidores em potencial: fazer uma equipe revolver a terra de um canteiro de obras abandonado para que ele parecesse ativo.

Quando Walch se encontrou com Trump para falar sobre *The Tower*, ele não se opôs a nada do trabalho dela, nem quando o personagem inspirado em Trump fazia coisas sem escrúpulo. "Ele respeitou muito meu processo criativo", disse ela. "As coisas não tinham que ser do jeito dele. Ele foi um ouvinte confiante, escutou atentamente." Trump fez apenas uma observação à roteirista: o sobrenome do protagonista tinha de ser Barron. Sem problemas, disse Walch. *The Tower* seria a história de John Barron – nome que Trump usava havia anos quando ligava para veículos de mídia com histórias sobre o próprio Donald Trump. *The Tower* nunca foi produzida – simplesmente não era muito boa, disseram executivos da emissora.[29]

Em 2015, quando Trump estava há catorze anos apresentando *The Apprentice*, a NBC anunciou que ia tirá-lo do papel de apresentador do programa "devido a recentes afirmações preconceituosas de Donald Trump sobre imigrantes". (Em resposta, ele atacou a emissora, dizendo que era "tão fraca e tão boba que não entendia o sério problema da imigração ilegal".) Mesmo depois de se tornar candidato presidencial, Trump amava a ideia de ter uma presença regular no horário nobre televisivo. Disse que ainda queria produzir *The Tower*. "Dependendo do que acontecer com este negócio, eu gostaria de fazer isso", disse ele em 2016. "É claro que, se chegar até o fim, não vou poder fazer. Não vou ter tempo. E não seria adequado." Trump obviamente adorava falar sobre *The Apprentice*, mas tinha de entrar em um avião. Antes de desligar, porém, tinha uma pergunta para a repórter que estava do outro lado da linha. "Então, o Schwarzenegger vai fazer *The Apprentice*", disse Trump. "Você acha que ele vai ser bom? Espero que ele seja bom. Ele estava na política. Então, talvez possa fazer isso também."[30]

Desde suas primeiras aparições na Page Six do *New York Post*, no *The Howard Stern Show* e nas entrevistas com celebridades de Barbara Walters, Trump sempre se orgulhou de saber chamar a atenção para si, de saber alimentar o apetite insaciável da imprensa por histórias sobre riqueza, sexo e polêmicas – e, teoricamente, todos os três misturados. Experimentar timidamente com investimentos em espetáculos da Broadway e fazer participações especiais em séries de comédia e em filmes pareciam brincadeiras boas para uma injeção rápida de fama. *The Apprentice*, porém, foi um desenvolvimento de personagem ininterrupto, uma ligação poderosa com o espírito americano, uma ponte essencial na jornada de incorporador imobiliário a político. Era só questão de tempo até ele usar esse dom para o espetáculo não apenas para vender apartamentos e encher quartos de hotel, mas para expandir sua marca em uma estonteante gama de áreas.

13
O JOGO DO NOME

Donald Trump construiu sua reputação vendendo imóveis, mas o que sempre quis vender foi Donald Trump. A carreira de astro de *reality show* finalmente faria Trump ganhar o *status* de marca – e ele estava determinado a lucrar com isso. Começou antes mesmo de *The Apprentice* estrear. Em meados de 2003, Trump apresentou sua proposta para Mark Hager, uma figura pequena no mundo de licenciamento de roupas. Hager já tinha feito um negócio com o *rapper* Nelly, mas sua experiência com marcas de celebridades era limitada.[1] No entanto, Hager e Trump tinham um advogado em comum, então Hager usou esse contato para conseguir uma reunião a fim de propor um negócio conjunto.[2] Enquanto o táxi de Hager percorria as ruas engarrafadas de Manhattan e ele revia mentalmente sua apresentação, recebeu a ligação de seu amigo advogado. Houve uma mudança de última hora. Trump não tinha mais interesse no negócio que Hager queria discutir.[3] Em vez disso, Trump tinha uma proposta própria.

Hager encontrou Trump de bom humor. Trump anunciou seu papel como personagem central no novo programa, antecipando que *The Apprentice* seria um enorme sucesso de audiência. Previu que as empresas pagariam para colocar o nome dele em produtos mostrados no programa. Disse a Hager que começaria com roupas masculinas – camisas, gravatas e ternos com o visual clássico de executivos americanos que havia sido seu uniforme durante anos.[4] Na sequência, passaria para fragrâncias, água e tudo mais que pudesse ser vendido sob a marca Trump.

Trump ofereceu a Hager uma comissão de intermediário,[5] se ele conseguisse persuadir uma confecção de renome a ser a primeira entre mais de vinte acordos de licenciamento futuros.[6] Hager aceitou o desafio, mas descobriu que a indústria de roupas não compartilhava da visão de Trump. Pouco depois de *The Apprentice* estrear, em janeiro de 2004, o agente de Hager, Jeff Danzer, apresentou a ideia para a Phillips-Van Heusen, o peso pesado da indústria de moda que produzia roupas para a Calvin Klein. O diretor de licenciamento da empresa deu risada.[7] O diretor da indústria de roupas, lembrou Danzer, via Trump não como o poderoso titã na mesa de diretoria que ele representava na TV, mas como o que havia sido nos anos 1980 e 1990 – o *playboy* dos tabloides conhecido por sua fanfarrice diante das falências de várias de suas empresas.[8] Quem gostaria de se vestir como ele?

Sem se perturbar com esse desprezo, Danzer enviou ao executivo da Phillips-Van Heusen uma cópia de uma matéria do *New York Post* com a manchete "Sucesso de *The Apprentice* tende a render uma nova fortuna a Trump".[9] Explicando que o programa dava um incentivo "inestimável" à marca Trump, a matéria citava o guru da publicidade Donny Deutsch: "O nome Trump sempre teve uma imagem excepcional, mas carecia do fator pessoal de simpatia que podemos ver agora no programa. A marca sempre esteve em destaque; agora está em destaque com um sorriso".[10]

Em abril, depois do final da temporada de *The Apprentice*, ninguém mais ria da ideia de camisas, gravatas, colônias e águas da marca Trump. O sucesso de Trump o incentivou a montar uma divisão de licenciamento interna em vez de terceirizá-la com Hager. "Tudo que entra nessa empresa, tudo que sai dessa empresa, tudo que tem a ver com a minha imagem" – tudo que tinha a ver com sua marca – "tudo que fazemos aqui fica sob meu controle", Trump disse, segundo a lembrança de Danzer. "Faço tudo. Da minha licença cuido eu, obrigado."[11]

Trump criou um novo cargo de vice-presidente executivo de licenciamento global e deu a função para Cathy Goffman Glosser, que trabalhava havia duas décadas com licenciamento de produtos como os da Marvel Entertainment, cujo Homem-Aranha estampou em pijamas infantis.[12] Agora, colocaria Trump em vodcas e sabonetes. Mas surgiu uma complicação. Danzer ainda estava negociando com a Phillips-Van Heusen, e Trump queria um negócio com o peso pesado do ramo para produzir suas camisas e gravatas.[13] A empresa estava receosa porque tinha acabado de descontinuar uma linha do apresentador de TV Regis Philbin, que enfraquecera rapidamente, apesar da popularidade de seu programa *Who Wants to Be a Millionaire* [Quem quer ser um milionário?].[14] Portanto, Trump empregou sua ferramenta mais poderosa: ele próprio. Em agosto de 2004, Trump anunciou que queria uma reunião com os executivos da empresa.[15] Em vez de convidá-los à Trump Tower como era de praxe, se ofereceu para visitar a sede da fábrica de camisas no Garment District. "Fiquei espantado", disse Mark Weber, CEO da empresa na época.[16] Com efeito, Trump foi aos escritórios da empresa com a mesma aparência que tinha na televisão e cheio de lisonjas a seus futuros sócios.

"Tenho profundo respeito e admiração por Regis", Trump disse a Weber. "No entanto, sou uma marca. Estou construindo uma marca. Tudo que faço, faço com a melhor qualidade, o maior bom gosto. É por isso que quero negociar com a sua empresa."[17] Quanto mais Weber insistia em que o acordo não daria certo, mais Trump pressionava.[18] As duas empresas lucrariam. Daria certo, Trump disse. Com o fechamento do acordo, Trump olhou para Glosser, sua diretora de licenciamento recém-contratada. "Vire-se", ele ordenou.[19]

Apesar das exigências de seu programa de TV, Trump dedicou um tempo especial a esse novo produto. Quando a confecção de roupas abriu um pequeno *showroom* em sua sede para revelar a nova linha Donald J. Trump, Donald e Melania surpreenderam Weber comparecendo, cumprimentando pessoas e dando autógrafos. O evento era uma festa interna da empresa – o único repórter que tinha sido convidado era da publicação comercial *Women's Wear Daily*. Weber lembra-se de ter perguntado: "Donald, por que você está fazendo isso?"

"Porque quero vencer e vou fazer de tudo para isso", Trump respondeu.[20]

Durante onze anos, a Phillips-Van Heusen produziu roupas para Trump, fechando contratos com fábricas na China, em Honduras, em Bangladesh e em outros países, onde operários mal remunerados costuravam o nome de Trump nos colarinhos de milhares de camisas.[21] Trump não investiu dinheiro algum. A confecção lhe pagou uma porcentagem de vendas, num montante de mais de 1 milhão de dólares por ano.[22]

OBVIAMENTE, A LINHA DE ROUPAS MASCULINAS foi apresentada em um episódio de *The Apprentice*. Assim como a Trump Ice, uma nova marca de água, e a Trump Success, uma nova fragrância.[23] Aproveitando o sucesso do programa, Trump licenciou o nome para roupas, gravatas, móveis, óculos, carteiras e até colchões. Tudo vendeu bem durante anos.[24] Os produtos da marca Trump ficaram em destaque na loja de departamentos Macy's, que atraía clientes de classe média em busca de um pouco de estilo. Em 2016, Trump estava recebendo renda de 25 acordos de licenciamento diferentes e demonstrou interesse em possuir dezenas de outras empresas que pareciam ter sido feitas para licenciamentos em todo o mundo, um sinal da dimensão de sua ambição.²⁵ A teoria de *branding*, ou gestão de marca, de Trump era que tudo que pudesse ser vendido poderia ser vendido sob o nome dele – por uma taxa. Isso gerou algumas apostas peculiares. Uma tentativa de vender bifes da marca Trump Steaks na Sharper Image, uma loja de produtos tecnológicos encontrada em muitos *shoppings* de bairros de classe média alta, não fez muito sucesso.²⁶

Ao licenciar seu nome sem investir dinheiro, ele conseguiu muitas vezes obter lucros significativos, mesmo quando os empreendimentos fracassavam. O novo modelo permitiu que Trump resistisse até ao colapso econômico mundial. A princípio, esses acordos de licenciamento captaram o dinheiro fácil que abundava durante o *boom* econômico da primeira década do novo milênio, quando os consumidores tinham dinheiro para gastar nos produtos aparentemente luxuosos da marca Trump e os bancos estavam dispostos a financiar novos empreendimentos imobiliários de preços altos. Com essa nova estratégia, também lucrou com os destroços do colapso que veio na sequência. Na pior das hipóteses, o licenciamento permitia que ele saísse de acordos que estavam ruindo durante a recessão, depois de ter embolsado comissões exorbitantes. A visão central de Trump era deixar de construir uma empresa de cada vez e expandir a ambição de criar um império – uma série de entidades que levavam seu nome, mas não precisavam de seu dinheiro. Seu negócio era a marca. Era como ser dono de um cassino – quando bem administrado, a casa ganha. Os apostadores seriam aqueles que lhe pagassem pelos direitos de seu nome. Trump não tinha como perder.

Poucos de seus empreendimentos de marca foram tão noticiados ou tão polêmicos quanto a tentativa de Trump de educar as massas de acordo com seu estilo.

Em um dia úmido da primavera de 2005, Trump convocou a imprensa para uma coletiva no Trump's Bar, perto da churrascaria Trump Grill, a poucos passos da sorveteria Trump's Ice Cream Parlor e da loja Trump Store, onde, na época, se vendia uma nova colônia masculina chamada Donald Trump, the Fragrance.²⁷ Na coletiva, Trump anunciou a Universidade Trump, um produto de marca com um propósito aparentemente nobre: "Eu diria que, se tivesse uma escolha entre ganhar rios de dinheiro ou gerar rios de conhecimento, acho que ficaria tão feliz em gerar conhecimento quanto em ganhar dinheiro".²⁸ Na época, o mercado imobiliário estava se expandindo, e muitas pessoas comuns viam o investimento no setor como um caminho fácil para a riqueza. Trump prometeu que sua universidade lhes mostraria o caminho. "Na Universidade Trump, ensinamos o sucesso. É disso que ela trata – sucesso", afirmou em um vídeo promocional.[29] Não muito depois que a universidade abriu, o mercado imobiliário foi enfraquecendo até entrar em crise. Em vez de fechar as portas, a universidade de Trump deu a volta por cima. Agora ensinaria as pessoas a ganhar dinheiro em um mercado em baixa. "Aprenda com os especialistas selecionados por Donald Trump a lucrar com a maior crise imobiliária da história", dizia um anúncio da Universidade Trump publicado em um jornal de San Antonio em 2009.[30]

A pressão de vendas foi intensa. Começou em seminários gratuitos, como um realizado em um Holiday Inn perto de Washington, em 2009. Um cartaz do lado de fora do salão dizia "Trump, pense grande". Do lado de dentro, aspirantes a investidores imobiliários ouviam a canção-tema de *The Apprentice*, o clássico de O'Jay "For the Love of Money". Então, um professor da Universidade Trump pegou o microfone e gritou: "Prontos para ser o próximo milionário do mercado imobiliário de Trump? Sim ou não?" A multidão respondeu sem entusiasmo, então o professor tentou mais uma vez: "Vamos estourar o teto deste lugar. Vocês são os melhores do mundo. Então, estão prontos para ser o próximo milionário do mercado imobiliário de Trump, *sim* ou *não*?!"

"*Sim!*"

Quinhentos washingtonianos compareceram aos seminários gratuitos oferecidos naquela semana de setembro de 2009. Eles ouviram palestrantes e assistiram a vídeos em que a equipe comercial de Trump prometia revelar novas formas de lucrar com a crise imobiliária. "Encontre, adquira, esqueça-se dela", diziam os professores aos estudantes em potencial em um seminário gratuito sobre investir em propriedades com pouco ou nenhum dinheiro. "Você não precisa ser dono da propriedade; só precisa controlá-la."[31] Os estudantes, nesses eventos, sempre ouviam que Trump havia se envolvido pessoalmente na contratação de professores e no desenvolvimento do programa de ensino.

Nos bastidores, a equipe foi instruída a incentivar o interesse e "preparar a isca" para clientes que pudessem se inscrever nas aulas mais caras.[32] As instruções sobre como gerenciar os eventos vinham em "cartilhas" de funcionários que detalhavam como pressionar os estudantes a escolher os cursos de preços mais altos. As cartilhas sugeriam como persuadir os participantes de seminários gratuitos a comprar uma entrada de 1.495 dólares para um *workshop* de três dias: "Diga que encontrou uma resposta para os problemas deles e um jeito de mudarem seu estilo de vida".[33] As cartilhas incentivavam a equipe de vendas a pressionar mais, sugerindo que os estudantes que comprassem o curso de 1.495 dólares contratassem aulas com um mentor que poderiam custar entre 9.995 e 34.995 dólares. Os estudantes preenchiam formulários detalhando seus bens pessoais, supostamente para dar a cada um recomendações específicas de investimento. Mas as cartilhas confidenciais revelavam que o verdadeiro objetivo de obter os detalhes financeiros dos estudantes era determinar quais clientes eram bons alvos para o programa de 34.995 dólares.[34] À noite, depois de concluído o primeiro dia de cada seminário, os membros da equipe deveriam usar os dados financeiros para classificar cada participante de acordo com os bens que tinha disponíveis para gastar mais nos programas da Universidade Trump. "Se tiverem condições de pagar o pacote Trump Gold Elite", aconselhava a cartilha, "não deixe que pensem em fazer nada que não o pacote Trump Gold Elite."[35]

Bob Guillo, um aposentado que morava em Long Island, estava entre as quase seiscentas pessoas que deram 35 mil dólares para o pacote Trump Gold Elite, pagando o programa com o cartão de crédito em um seminário em Nova York.[36] Mais tarde, disse que conseguiu pouco mais do que certificados de curso de autoajuda e uma foto ao lado de um Trump de papelão. "Me sinto muito idiota de ter sido enganado pelo Trump", disse Guillo,[37] que foi alvo da ira pessoal de Trump ao aparecer em anúncios patrocinados por um grupo contrário a Trump.[38] "Pensei que ele fosse legítimo."[39]

Ele não foi o único. Guillo e outros ex-estudantes abriram duas ações coletivas na Califórnia. Em 2013, Eric Schneiderman, procurador-geral de Nova York, abriu uma ação de 40 milhões de dólares contra Trump e a Universidade Trump, alegando que Trump havia enganado mais de 5 mil pessoas através de um programa que se denominava universidade mas não atendia às exigências do estado de Nova York para ser classificada como instituição educacional.[40] (Depois de resistir por anos, a empresa tirou "universidade" do nome, renomeando-se como Trump Entrepreneur Initiative pouco antes de fechar as portas, em 2010.[41])

Os requerentes alegaram que boa parte do que Trump dizia sobre sua universidade não era verdade. Desde os primeiros dias, Trump havia descrito o corpo docente que reuniu como "o melhor dos melhores", com "professores e professores adjuntos [...] escolhidos por mim".[42] O material promocional anunciava a Universidade Trump como "a segunda melhor coisa" depois de ser aprendiz de Trump. Trump e sua equipe de vendas atraíam fregueses insistindo em que Trump nem mesmo pretendia lucrar com as aulas caras. "Ele não precisa de mais 1.500 dólares", disse um professor cujo discurso de venda foi gravado.[43]

Trump prometeu doar os lucros da universidade para caridade, mas nada foi doado.[44] (Alan Garten, advogado de Trump, afirmou que o empresário pretendia passar os lucros para caridade, mas, em vez disso, gastou o dinheiro defendendo-se dos processos.)⁴⁵ Michael Sexton, reitor da Universidade Trump, disse depois que Trump não escolheu os professores. Sexton também afirmou que não se lembrava de nenhum método especial de Trump, além das oportunidades de investimento apresentadas por execuções de hipotecas.⁴⁶ Ex-alunos que o processaram alegaram que seus professores tinham pouco conhecimento imobiliário.⁴⁷

Trump negou inúmeras vezes qualquer irregularidade, citando pesquisas que mostravam que os estudantes, inclusive Guillo, relataram estar muitíssimo satisfeitos com as aulas. Os estudantes "receberam uma educação substancial e valiosa", Trump disse depois. Também argumentou que havia dado seu nome aos cursos mas tinha pouca relação com o dia a dia da operação.⁴⁸ Quando um advogado dos requerentes disse que 25% dos participantes haviam exigido reembolso, Trump comparou a universidade ao canal de compras Home Shopping Network, que tinha regras generosas para tal e, portanto, uma alta taxa de reembolso: "Você vai para o Home Shopping Network, seja lá como se chama, os reembolsos são inacreditáveis. As pessoas usam o produto, vestem o produto, depois mandam de volta. Eu não deveria ter devolvido o dinheiro deles. Devolvi milhões de dólares porque sou um homem honesto".⁴⁹ Como faziam em relação a todo o império crescente da marca Trump, seus representantes insistiam em que a verdade sobre os seminários estava disponível para qualquer consumidor esclarecido. Afinal, as aulas eram dadas em salões de hotel.⁵⁰

THE APPRENTICE HAVIA ESTREADO durante a rápida expansão da bolha imobiliária do país. Trump tentou ganhar dinheiro não apenas com sua universidade mas também com uma nova incursão nos empreendimentos licenciados por ele.

A temporada de 2007 do programa concluiu com uma transmissão ao vivo do Hollywood Bowl. Em sua já famosa mesa de diretoria, Trump usou um tom de voz estranhamente humilde ao comentar que estava em um ambiente em que Frank Sinatra já havia se apresentado. Apresentou uma opção de prêmios para a pessoa que ele escolheria como vencedor da temporada: seu novo aprendiz poderia supervisionar a construção de um *resort* de luxo de Trump na República Dominicana ou um projeto de condomínio de 47 andares que Trump alegava que remodelaria o horizonte do centro de Atlanta.⁵¹

Enquanto narrava o vídeo de guindastes de construção dominando as paisagens de uma praia do Caribe e das ruas de Atlanta, Trump não comentou que não era dono das propriedades nem era o principal responsável pelas construções. Tinha apenas licenciado seu nome para as construtoras. Ambos os projetos que divulgou no episódio final de *The Apprentice* daquele ano fracassaram depois de um tempo. A hipoteca das Trump Towers Atlanta foi executada em 2010. O lote onde o projeto seria erguido ficou vazio durante anos.[52]

Os sócios dominicanos de Trump também tiveram dificuldade para transformar o *resort* de luxo em realidade. "Como a maioria dos projetos imobiliários de segunda residência, nossa situação financeira no último ano e meio, na melhor das hipóteses, só pode ser descrita como precária e mais parecida com um *bungee jump* do que com um gerenciamento financeiro adequado", um dos sócios escreveu a Eric, filho de Trump, implorando mais tempo para remeter os pagamentos do licenciamento. "Vocês estão sendo pagos antes e mais rapidamente do que QUALQUER um de nossos antigos credores garantidos."[53] Embora Donald Trump tivesse recebido milhões pelo projeto, incluindo um pagamento de 4 milhões de dólares quando o contrato foi assinado, ele abriu um processo em 2012, alegando que o projeto dominicano lhe devia mais 14 milhões de dólares.[54] O processo foi encerrado com um acordo em 2013.[55]

No fim, os processos proliferaram em todo o império de licenciamentos de Trump. Ele foi processado por pessoas que perderam adiantamentos em projetos fracassados em Baja, México e Tampa. Depois de cada fiasco, Trump e seus representantes diziam que o bilionário havia apenas emprestado seu nome ao projeto e não tinha nenhuma responsabilidade pela construção. O advogado, Garten, afirmou que o papel de Trump nesses empreendimentos era claro para qualquer um que lesse os documentos jurídicos. No entanto, vários acordos de licenciamento incluíam contratos de confidencialidade, impedindo seus sócios de revelar os detalhes ou até mesmo a existência do acordo de licenciamento.[56] Em alguns casos, Trump e seu filho Eric alegavam ter feito investimentos acionários em projetos em que não haviam feito nada. "Boa parte desse edifício é minha e está sendo construída por mim", Trump escreveu sobre o Trump International Hotel & Tower em Waikiki, no Havaí, numa carta ao *Wall Street Journal* em 2007.[57] Mas ele não possuía o prédio, nem em boa parte nem em parte alguma.[58] Tampouco o estava construindo. Questionado sobre a discrepância, declarou em um depoimento sob juramento que tinha "um acordo de licenciamento tão forte que é uma espécie de propriedade".[59]

Poucos meses depois de seu pai ser confrontado com essa declaração, Eric Trump anunciou numa entrevista coletiva em Porto Rico que a família faria "uma contribuição acionária muito substancial" para um projeto de campo de golfe e *resort* na costa norte da ilha.[60] Mas os documentos apresentados quando o projeto foi à falência, em 2015, mostravam que Trump não tinha nenhuma ação do projeto. Eric Trump afirmou depois que a família tinha planejado construir unidades no *resort*, mas "os acordos podem mudar com o tempo".[61]

Mesmo assim, as vantagens da família Trump eram enormes. Os acordos eram repletos de disposições contratuais a favor de Trump. Se o projeto fracassasse ou a construtora falisse, ele poderia ignorar.[62] O mesmo valia se a construção atrasasse ou se Trump decidisse que um projeto não estava à altura de seus elevados padrões. Podia exigir mudanças – pés-direitos mais altos, janelas maiores – para atender a esses padrões, sendo responsabilidade dos sócios pagar a fatura dessas modificações. Trump normalmente aceitava participar de alguns eventos de *marketing* para os edifícios da marca, mas seus contratos exigiam que suas acomodações de primeira classe fossem pagas por outra pessoa.[63]

EM FORT LAUDERDALE, um novo condomínio da marca Trump inaugurado no início de 2005 viria a revelar toda a envergadura da experiência imobiliária de Trump. Começava com bravata, altas expectativas e preços elevados. Mas o otimismo acabou por se tornar vítima da recessão imobiliária bem como das ações e reconvenções aparentemente incessantes em diversos tribunais.

J. Michael Goodson parecia o tipo de pessoa imune a propagandas de *marketing* exageradas. Advogado e executivo de alto poder, Goodson decidiu em 2004 que queria investir em um segundo lar no sul da Flórida, onde a Crest Ultrasonics, sua empresa de alta tecnologia de soldagem de termoplástico, com sede em Nova Jersey, havia fundado uma base que estava crescendo rapidamente. No fim daquele ano, ele encontrou um ex-colega da Duke University School of Law para jantar no Trump International Hotel & Tower em Manhattan, perto do Columbus Circle. O colega havia comprado um apartamento no edifício de Trump e estava contente com o investimento. Enquanto desfrutavam da alta culinária e do serviço impecável do restaurante do hotel, o amigo aconselhou Goodson a dar uma olhada nas propriedades de Trump.

Em sua viagem seguinte à Flórida, Goodson visitou o local à beira-mar onde estava planejado o Trump International Hotel & Tower, de 298 quartos, em Fort Lauderdale.[64] O projeto do edifício era de um hotel-condomínio, onde os proprietários poderiam alugar suas unidades como quartos de hotel quando não as estivessem usando.[65] Parecia perfeito para Goodson, que planejava viver na Flórida poucos meses por ano.[66] De volta a Princeton, Nova Jersey, pouco depois, Goodson começou a receber material promocional do projeto de Fort Lauderdale. O elegante conjunto de informações incluía uma carta assinada por Trump referindo-se ao projeto da torre como "a experiência mais fina e luxuosa que já criei".[67] Formado como contador antes de frequentar a faculdade de direito, Goodson havia trabalhado com negócios de Wall Street. Ele estudou a elegante brochura de vendas, que alardeava Trump como desenvolvedor do projeto. "É com grande prazer que apresento meu mais novo empreendimento, a Trump International Hotel & Tower, Fort Lauderdale", dizia outra carta promocional assinada por Trump.[68]

Goodson estava de olho em uma unidade no mesmo andar da piscina externa planejada, com vista para a praia. Goodson pensou que o nome de Trump, associado aos altos padrões, exigiria uma grana alta. Por isso, em 2005, assinou um cheque de 345 mil dólares para reservar sua nova residência Trump.[69] A reputação de Trump e o projeto luxuoso da torre de Fort Lauderdale atraíram outros investidores de alto nível, entre eles consultores imobiliários experientes. Também atraíram compradores da classe trabalhadora e da classe média. Michael Leo Rousseaux, um vendedor de carros usados de Maryland, pagou um adiantamento depois de levar para casa o material de *marketing* para mostrar à mãe, Sheila, professora de educação especial do ensino fundamental. Rousseaux não tinha condições de comprar um apartamento de frente para o mar, mas queria ser proprietário em um edifício de Trump, afirmou sua mãe, e pensou que poderia dar conta de uma unidade mais modesta, de frente para a rua. Quando Michael foi morto alguns meses depois, em uma discussão com um ex-cliente, seus pais e irmãos decidiram honrar seu sonho e continuar pagando as prestações do apartamento de Trump.[70]

Um apartamento no Hotel & Tower também era muito para Naraine Seecharam, dono de uma pequena firma de ar-condicionado em Coral Springs, na Flórida, que também havia gerenciado lanchonetes do McDonald's na região de Washington.[71] Seecharam sonhava em ficar rico por meio de bons investimentos imobiliários, como o próprio Trump havia feito. Então fez um empréstimo, dando como garantia sua casa e quatro propriedades alugadas que possuía, a fim de dar um adiantamento de 289 mil dólares por uma unidade do edifício em Fort Lauderdale. Seecharam disse que ele e a esposa foram encorajados pelas cartas de Trump e por um chaveiro de prata da Tiffany decorado com o nome de Trump, que receberam depois de fazer seu segundo pagamento. "Não tem como perder", Seecharam pensou consigo mesmo.[72] Afinal, o agente imobiliário repetiu várias vezes em 2005 que o construtor era o próprio Donald Trump.

Em abril de 2006, uma multidão que celebrava o projeto de Fort Lauderdale se reuniu em torno de Trump e seu filho Don, que chegaram em uma limusine preta a Bonnet House, uma mansão histórica em estilo caribenho na Intracoastal Waterway.[73] O *rapper* haitiano Wyclef Jean entretinha as várias centenas de agentes imobiliários, empreiteiros e compradores. Jean disse que estava ansioso para aprender com Trump: "Ele é bem durão quando o assunto é negócios. Sou como uma esponja agora. Sei que posso aprender coisas com ele".[74] O *rapper*, que uma década depois condenaria os comentários de Trump sobre imigrantes, escreveu alguns versos incoerentes para o convidado de honra e os cantou antes de Trump e sua comitiva chegarem ao microfone: "Estou na Trump International, em Fort Lauderdale. Iô! Desembarquei em Fort Lauderdale. Dei uma ligada para Donald Trump".[75] Aplausos e vivas reverberaram pelo público quando Trump subiu ao palco e disse: "Hoje estamos celebrando junto com as pessoas que compraram, com os agentes, com todo mundo que fez deste trabalho um sucesso tão grande".[76]

Mas o mercado imobiliário saturado da Flórida já estava exibindo sinais de problemas. Um executivo do projeto pegou o microfone para anunciar que o próximo agente que vendesse três unidades da Trump International Hotel & Tower receberia um incentivo especial — abotoaduras de diamantes iguais às que Trump estava usando naquela noite.[77]

Dali a três anos, o projeto anunciado suntuosamente seria paralisado em meio a uma confusão de processos e reclamações. Os verdadeiros empreendedores, a SB Hotel Associates, estavam com dificuldades para pagar o empréstimo de construção de 139 milhões de dólares que haviam conseguido em dezembro de 2006, assim que o mercado tinha começado a desabar. A credora, a Corus Bankshares of Chicago, faliu em 2009 em parte porque a instituição tinha feito muitos empréstimos no sul da Flórida, a região que mais sofreu durante a recessão imobiliária nacional.[78] As obras na Trump Tower parcialmente construída foram interrompidas em 2009, depois da falência da Corus Bankshares. Uma empresa sucessora, a Corus Construction Venture, comprou o edifício incompleto em 2012 num leilão de hipotecas, assumindo a dívida de 166 milhões de dólares do projeto.[79] As obras foram retomadas, mas devagar; a abertura aos hóspedes estava prevista só para o início de 2017.[80] A resposta de Trump foi semelhante à dada para compradores em projetos em todos os Estados Unidos que haviam falido durante a recessão: ele se distanciou, dizendo que tinha apenas licenciado seu nome ao edifício e não detinha nenhuma participação acionária — ou responsabilidade por seu fracasso.[81]

"É o fim do mundo", pensou Seecharan quando a obra foi paralisada.[82]

"Entrei em pânico", lembra Sheila Rousseaux.[83]

Garten, advogado de Trump, aconselhou os requerentes a entrar em contato com a construtora.[84] Afinal, explicou, era ela a instituição com a qual os compradores tinham negociado suas unidades. Os documentos nunca indicaram que eles estavam comprando de Trump. Esses compradores acabaram descobrindo inúmeros detalhes sobre seu investimento que não haviam recebido com os chaveiros da Tiffany. Não apenas Trump não era o empreendedor do projeto como também uma legislação local impedia os proprietários de apartamentos em edifícios hoteleiros de usar suas unidades por mais de noventa dias por ano.[85] Além disso, um dos sócios de Trump – membro da verdadeira equipe de construção do prédio – tinha confessado a culpa em um grande caso de fraude em Wall Street, que envolvia famílias criminosas da máfia.[86] Esse sócio, Felix Sater, era um imigrante russo que já tinha sido condenado por cortar o rosto de um homem com um caco de taça de margarita.[87] Em 1998, ele confessou ter se envolvido em um esquema de fraude de ações de baixo preço orquestrado pela máfia. Mas Sater foi poupado da pena de prisão em reconhecimento à "cooperação extraordinária" que ofereceu ao FBI em uma série de operações secretas.[88] Sater era um alto executivo da construtora nova-iorquina Bayrock Group, que foi a primeira a apresentar o projeto de Fort Lauderdale a Trump. Mas seu passado criminoso não foi revelado aos sócios e compradores de apartamentos.[89] Trump disse que tampouco fazia ideia de que Sater tinha sido condenado no esquema da máfia; a condenação tinha sido mantida sob sigilo pelas autoridades federais para proteger a condição de Sater de testemunha cooperativa.[90] Trump disse que mal conhecia Sater quando aceitou juntar forças. "Se ele estivesse na sala agora, eu nem saberia qual é a cara dele", afirmou.[91]

Mas, em um depoimento de 2008 num processo de difamação, Sater relatou que ele e Trump eram "amigos" e que foi várias vezes ao escritório do magnata, localizado dois andares acima do da Bayrock na Trump Tower, para discutir possíveis projetos imobiliários de Los Angeles à China.[92] "Qualquer um pode entrar e construir uma torre", Sater lembrou-se de explicar aos potenciais investidores. "[Mas] Eu posso construir uma Trump Tower por causa da minha relação com Trump."[93] Sater disse que a Bayrock tinha um acordo de exclusividade de um ano para assegurar um projeto de Trump Tower em Moscou, onde ele trabalhou com Trump em uma proposta para construir no antigo local de uma fábrica de lápis. Sater afirmou que a relação era tão próxima que Trump lhe tinha pedido que acompanhasse Donald Jr. e Ivanka em uma viagem a Moscou em 2006.[94] (Garten, advogado de Trump, disse que Sater apenas acompanhou os filhos adultos de Trump porque todos estavam viajando para Moscou e que Trump tinha apenas uma relação profissional com a Bayrock. Insistiu em dizer que Trump não tinha nenhuma relação com Sater, apenas com sua empresa, a Bayrock.)[95]

Mais de cem compradores do hotel de Fort Lauderdale abriram processo, argumentando que Trump os havia enganado por não revelar informações cruciais sobre o projeto. Muitos investidores estavam furiosos de ver que Trump pudesse sair impune, embolsando milhões em licenciamento sem nunca ter investido seu dinheiro no negócio. "Todo mundo se ferrou naquele negócio, mas ele se deu bem", disse Seecharan.[96]

O litígio revelou o estilo agressivo de Trump com críticos, requerentes e até antigos colaboradores. Quando o caso de Fort Lauderdale começou, Trump assinou um acordo com a construtora, a SB Hotel Associates, para defender conjuntamente o projeto caso se tornasse alvo de processos. No fim de 2012, a SB Hotel Associates, representando as duas firmas que construíram o projeto, negociou um acordo com os compradores, reembolsando uma parte de seus adiantamentos iniciais menos os honorários advocatícios.[97] Trump se recusou a fazer parte do acordo, abrindo um processo para bloqueá-lo e para penalizar o grupo SB Hotel por quebra de contrato. Em um caso no condado de Broward, na Flórida, um júri do tribunal de recursos determinou, em 2014, que Trump não havia enganado os compradores, e a maioria dos outros casos foi encerrada até 2016, quando Trump se livrou dos últimos resquícios da histórica crise imobiliária.[98]

EM 2006, TRUMP ESTAVA muito otimista em relação ao mercado imobiliário. Fazia anos que os preços do setor residencial estavam disparando em todos os Estados Unidos, com propriedades sendo tomadas e retomadas, muitas tiradas de compradores com hipotecas que nunca deveriam ter recebido. Muitos mutuários tinham feito empréstimos de alto risco com taxas inicialmente baixas, que subiriam depois de alguns anos – um verdadeiro desastre para mutuários com renda estagnada. Portanto, em 6 de abril de 2006, Trump anunciou em uma entrevista coletiva que estava apostando no crescimento do setor imobiliário. Ele havia criado uma empresa de crédito que, na sua opinião, transformaria o ramo e conquistaria o país: a Trump Mortgage.

Enquanto os turistas tiravam fotos das escadas rolantes do átrio da Trump Tower, Trump declarou que sua nova empresa tinha "o que muitos estão dizendo ser a marca mais popular do país – do mundo".[99] Donald Jr., filho de Trump, tinha feito os preparativos para que um conhecido, E. J. Ridings, fosse presidente executivo da nova empresa. Ridings anunciou que ela iria "conquistar Nova York" e se expandir pelos cinquenta estados afora. Trump esperava que fossem ótimos negócios. "Se não forem, E. J., você está demitido", ele disse, ecoando sua famosa frase de *The Apprentice*.[100] Tudo parecia ótimo para Jan Scheck, diretor nacional de vendas da empresa. Quando subiu ao palco ao lado de Trump, Scheck se considerou um homem de sorte por trabalhar com "alguém que é um deus no ramo imobiliário", lembrou ele anos depois. "Todo mundo queria ser Donald Trump. Donald estava colocando o nome dele em prédios em todo o país."[101]

Trump apareceu na CNBC para anunciar o novo produto, e a âncora Maria Bartiromo estava cética. Durante a entrevista, a emissora mostrou gráficos que ilustravam as incertezas no mercado em que Trump estava entrando. O primeiro gráfico mostrava uma boa notícia: "Vendas de casas usadas subiram 5,2% em fevereiro". O segundo era completamente alarmante: "Vendas de casas novas caíram 10,5% em fevereiro; maior queda em nove anos". Trump ridicularizou os números: "Sempre me divirto quando vejo os grandes economistas falando sobre onde as taxas vão estar daqui a um ou dois anos. E eles não fazem a menor ideia do que vai acontecer [...] Mesmo se as taxas continuarem como estão ou subirem só um pouco em vez de muito, vamos estar em ótima forma [...] É um momento excelente para abrir uma empresa de hipotecas".[102]

A Trump Mortgage oferecia empréstimos residenciais com garantia de aprovação rápida. Recrutou vendedores agressivos e abriu vários escritórios de representação. Trump concedeu à empresa um andar inteiro em seu edifício na Wall Street, 40, parte do qual era uma sala das caldeiras onde os vendedores anunciavam empréstimos *subprime*; outra ala era dedicada ao que ficou conhecido internacionalmente como vendas de "butique", voltadas para mutuários de alta renda mais bem qualificados.[103] Uma foto de Trump aparecia no topo do *site* da empresa com a instrução "Fale com meus profissionais de hipoteca agora!" Buscando sinergia em todo o seu império, Trump acrescentou cláusulas em contratos de pelo menos uma de suas propriedades licenciadas – um complexo de férias na República Dominicana – exigindo que os desenvolvedores do projeto recomendassem que os compradores tentassem conseguir uma hipoteca associada a Trump.[104]

Trump não poderia estar mais enganado em relação ao mercado imobiliário. Ele tinha criado a empresa de hipotecas exatamente quando o mercado começava a decair. Passado um ano e meio dos alertas de Bartiromo, os piores medos dos especialistas se concretizaram, e o preço das casas despencou. A Trump Mortgage fechou as portas, deixando algumas contas por pagar. Em seu primeiro ano, o empreendimento rendeu menos de um terço dos 3 bilhões de dólares previstos inicialmente pelo CEO da empresa.[105]

Sete milhões de americanos perderiam suas casas durante a Grande Recessão, que coincidiu com as presidências de George W. Bush e Barack

Obama.[106] A crise financeira reverberou durante anos, resultando em uma transformação econômica que se tornaria uma grande questão na campanha presidencial de 2016. (Anos depois, Trump afirmou que sabia que o mercado imobiliário "era uma bolha prestes a explodir [...] Falei para muitas pessoas. E estava certo. Eu sei, sou muito bom com essas coisas".[107]) A culpa do fracasso da Trump Mortgage era de outras pessoas, Trump insistiu na época. "Nunca tive preferência pelo setor de hipotecas como negócio nem queria fazer parte dele de forma significativa", ele disse, explicando que tinha colocado seu nome numa operação de hipotecas gerenciada por outras pessoas.[108]

Ridings, o CEO escolhido a dedo, tinha superestimado sua experiência em Wall Street no currículo apresentado, segundo uma matéria de 2006 da revista *Money*.[109] Ridings havia se descrito como um "profissional de alto nível" em um dos mais prestigiosos bancos de investimento de Wall Street, mas a revista relatou que, na realidade, ele havia trabalhado na divisão de corretagem da Mortgage Stanley por poucos meses apenas.

Trump não havia desistido do segmento de empréstimos, mas sua jogada seguinte assinalou uma mudança de visão financeira. Quando uma empresa chamada Meridian Mortgage pediu o apoio dele, em 2007, ele aceitou que ela fosse renomeada como Trump Financial. "Achamos que [a Meridian] vai fazer um trabalho melhor", afirmou na época.[110] O acordo deu a Trump uma taxa de licenciamento sem que arriscasse o seu dinheiro. A empresa, assim como a Trump Mortgage, logo fechou as portas. Mas, graças às taxas recolhidas, não foi mais um fracasso para Trump.

EM 2009, TRUMP TAMBÉM LICENCIOU seu nome para um programa que dava uma chance para as pessoas que "queriam sair" da recessão.[111] Naquele ano, lançou a Trump Network, dando um novo nome à ambiciosa organização de *marketing* multinível antes chamada Ideal Health, especializada na venda de um regime de suplementos vitamínicos com base em um teste de urina do comprador. Muitos funcionários da Trump Network achavam que Trump representaria papel significativo na organização, mas, na realidade, de novo ele recebeu uma grande remuneração pelo uso de seu nome e por atividades promocionais esporádicas.

"'Ah, meu Deus', exclamaram ao saber que era ele", lembra Jenna Knudsen, que trabalhou como vendedora de alto nível para a Ideal Health quando Trump entrou em cena. "Eles gritaram, se entreolharam e disseram: "Vamos ficar milionários!"[112] Trump teve uma recepção heroica quando discursou na convenção da organização em Miami, no fim de 2009. Enquanto subia ao palco, uma tela gigante exibia o rosto rosado e a gravata em tom pastel de amarelo. "Quando fiz *The Apprentice*, não havia muitas chances de sucesso. Este caso é diferente", Trump disse enquanto mais de 5 mil presentes davam brados de aprovação.[113] Ele disse ser fã do chamado *marketing* multinível, uma estrutura empresarial que atraiu críticas por premiar os vendedores com base em quantos clientes traziam para a equipe de vendas. Defensores do consumidor e promotores de justiça acusaram alguns outros programas de *marketing* multinível de serem esquemas de pirâmide mal disfarçados, em que os investidores ficam ricos mas muitas pessoas nos níveis inferiores da cadeia perdem dinheiro ou, no máximo, chegam a um ponto de equilíbrio.

O principal produto da Ideal Health e da Trump Network era um multivitamínico produzido sob medida. Os clientes faziam um teste de urina, que geraria uma combinação de vitaminas de acordo com o perfil de saúde analisado nesse teste. Os consumidores pagavam 139,95 dólares pela análise de urina e 69,95 dólares por mês pelas vitaminas, mais 99,95 dólares pelo teste adicional a cada seis meses. Ex-vendedores elogiaram o produto, dizendo que ajudou os consumidores a levar uma vida mais saudável. Nas palavras de Trump, ele não estava vendendo suplementos vitamínicos baseados em xixi. Estava vendendo um paraquedas dourado para um pouso suave na recessão econômica. "A Trump Network quer dar a milhões de pessoas uma nova esperança [...] com um plano fascinante para quem quer sair da recessão", Trump dizia a potenciais vendedores da rede em um vídeo promocional. "Saia da recessão agora mesmo com as fórmulas mais avançadas de saúde e bem-estar, e um sistema em que você pode desenvolver sua própria independência financeira. A Trump Network oferece às pessoas a oportunidade de realizar o sonho americano."[114]

Porém, menos de três anos depois que Trump aceitou emprestar seu nome, alguns dos participantes, antes entusiasmados na convenção de Miami, expressaram desilusão, prestando queixas à Comissão Federal do Comércio sobre o programa de *marketing* multinível. Especialistas de saúde em universidades expressaram dúvidas sobre a legitimidade dos produtos, alertando sobre o valor dos testes caros e as alegações de saúde associadas às vitaminas.

Ao fim de 2011, o contrato de licenciamento terminou, e ele se afastou da Trump Network. No começo do ano seguinte, a empresa foi vendida a outra firma, a Bioceutica. Alguns vendedores que haviam investido milhares de dólares para comprar e vender os produtos da Trump Network se sentiram abandonados. "Eles arruinaram milhares de pessoas e ninguém nunca pediu desculpas", Knudsen disse.[115] Mais adiante, Garten, advogado de Trump, deu uma resposta típica quando surgiram as queixas sobre a empresa de venda de suplementos. Ele afirmou que Trump não estava envolvido na operação. Apenas licenciou seu nome.[116]

APESAR DA GRANDE REPERCUSSÃO dos insucessos, o império de licenciamento de Trump também tinha exemplos impressionantes de sucesso. Na Flórida, entre Miami e Fort Lauderdale, o projeto do Trump Hollywood, um condomínio de luxo com vista para o mar, piscina infinita, umidificadores de charuto, adegas no saguão e um cinema interno, vendeu todas as suas unidades.

Nem sempre foi assim. Quando a construção foi completada, em 2009, depois de o mercado de apartamentos de Miami ter quebrado, as construtoras originais do edifício conseguiram encontrar poucos compradores para os apartamentos de valores a partir de cerca de 2 milhões de dólares. Um ano depois, o banco que havia financiado a construção do prédio executou a hipoteca da propriedade – e Trump se apressou em dizer que o erro não tinha sido dele. "Também fiquei um pouco surpreso com o *timing*", disse sobre o projeto que antes havia anunciado.[117] Afirmou que a construtora de Miami "correu um grande risco" construindo um condomínio alto de 355 milhões de dólares à beira de um colapso imobiliário. No final de novembro de 2010, o edifício era uma estrutura vazia.[118] Tinha o quadro de funcionários completo mas apenas duas unidades ocupadas, cujos compradores haviam adquirido seus apartamentos em meio à recessão, lembra Ken Grossman, um gerente de investimentos que na época comprou ações do edifício.

Um novo empreendedor interveio. Ele adquiriu o Trump Hollywood, tirando-o da hipoteca, e reduziu os preços. Em 2011, em uma festa espalhafatosa, feita para atrair novas atenções ao projeto, uma tabacaria ofereceu charutos artesanais aos oitocentos convidados, uma banda de *jazz* tocava à beira da piscina e modelos passeavam pelo terreno com as joias da marca de Ivanka Trump.[119] Posando para fotos, Trump voltou a elogiar o projeto com prazer. "Um relançamento fantástico de um edifício fenomenal à beira-mar", ele declarou.[120]

Em um ano e três meses, todas as unidades do prédio foram vendidas, e Trump recebeu uma porcentagem confidencial de cada venda. De repente, o prédio estava lotado.[121] Um imenso livro sobre as exigências de Trump continuava na recepção mesmo anos depois de Trump ter recebido todas as suas comissões e seu envolvimento formal com o prédio estar concluído.[122] O volume guiava o comportamento dos funcionários nos mínimos detalhes.

(Unhas: curtas, limpas. Roupas de baixo: sempre usar. Todos os visitantes devem ser cumprimentados pelos funcionários com contato visual a 3 metros e um "olá" verbal a 1,5 metro.)

Para Daniel Lebensohn, o novo empreendedor bem-sucedido, a experiência mostrou que fazer negócios bem significava fazer negócios agressivamente: "Senão você vai ser esmagado. Seu nome não vai estar lá. Eles não vão saber quem é Donald Trump". Em um projeto que antes parecia um fracasso, Trump havia ganhado entre 10 milhões e 20 milhões de dólares, estimou Lebensohn.[123]

Tendo encontrado um jeito de lucrar com sua marca, com ou sem o sucesso dos projetos, Trump estava pronto para dominar o mundo.

14

IMPÉRIO

Cerca de 2 mil quilômetros a sudeste de Moscou, em Baku, capital do Azerbaijão, à beira do mar Cáspio, um reluzente prédio de 33 andares erguia-se como uma enorme vela cor de cobre em pleno centro da cidade. O letreiro no elegante topo do prédio dizia, em inglês: TRUMP TOWER. No térreo, em um dia de primavera de 2016, porém, a estrutura não passava de uma casca, com uma janela quebrada e uma seção da fachada de pedra lascada como um dente quebrado. À noite, o prédio ficava completamente escuro exceto pelas brilhantes luzes brancas do letreiro que dizia TRUMP.[1]

Alguns seguranças e um zelador sonolento cuidavam do lugar e do terreno tomado por ervas daninhas. Um enorme globo com o anúncio TRUMP ficava em uma fonte cheia de areia e lixo, perto da entrada trancada e de outro letreiro que proclamava TRUMP INTERNATIONAL HOTEL & TOWER. Do lado de dentro, o enorme saguão – com belos azulejos cor de areia de bordas pretas e douradas, tetos espelhados e um lustre que ostentava uma onírica faixa de lâmpadas douradas – estava coberto de poeira de construção. Mesas de recepção estavam cobertas com plástico. Uma enorme escada circular permanecia embrulhada em plástico e papelão. Ao lado de uma sauna com cheiro de cedro fresco, uma academia estava equipada com máquinas de exercício ainda nas caixas.

Um zelador guiava um grupo, apontando a lanterna do celular e se desviando de fios soltos que pendiam de instalações não terminadas em uma passagem do porão, pois não havia nem eletricidade nem água nesta Trump Tower, um enorme canteiro de obras congelado no tempo.

IMPÉRIO

* * *

No INÍCIO DOS ANOS 2000, quando *The Apprentice* o alçou de celebridade nova-iorquina a fenômeno nacional, Donald Trump já estava olhando para horizontes muito além do Atlântico e do Pacífico. Ele mirava a norte, sul, leste e oeste, e via um mundo que precisava de Trump. No fim de 1999, incorporadores começaram a trabalhar em seis torres residenciais Trump World na Coreia do Sul;[2] no ano seguinte, Trump divulgou uma Trump Tower de quase 900 milhões de dólares em Berlim, que chamou de "ponte entre Nova York e Berlim". Em 2003, o Conselho Municipal de Toronto aprovou a construção do Trump International Hotel & Tower, com setenta andares, que teria sido o prédio mais alto da cidade.[3] Naquele mesmo ano, Trump revelou planos para vivendas de luxo em torno de um campo de golfe nas ilhas Granadinas, no Caribe. Na primeira década do novo século, anunciou projetos que incluíam hotéis, condomínios, escritórios e campos de golfe com o grande selo TRUMP dourado em Dubai, Israel, Panamá, Escócia, México, República Dominicana e Turquia.

Em 2007, ele criou a Trump Hotel Collection, uma marca de luxo destinada aos 5% mais ricos dentre os viajantes globais. Com seus três filhos mais velhos agora trabalhando como executivos no negócio, a Trump Organization não apenas acrescentou propriedades a grandes cidades americanas, de Fort Lauderdale a Waikiki, como também acelerou bastante a sua expansão global. Entre 2011 e 2015, Trump anunciou negócios em mais de uma dezena de países, entre eles dois projetos na Indonésia em 2015, quando já estava concorrendo à presidência. Vários projetos de Trump estavam localizados em países que representavam importantes preocupações econômicas e de segurança nacional para os Estados Unidos – como Turquia, Indonésia, Emirados Árabes Unidos e Azerbaijão.

Em quase todos os casos, o único envolvimento de Trump com os projetos no exterior era licenciar sua marca para parceiros locais, por taxas que alcançavam os milhões de dólares, e às vezes administrar os hotéis depois que abriam. O nome Trump provou, em alguns casos, ser uma grande atração. Em outros, o nome não trouxe os compradores que prometia. Mas, como acontecia com alguns de seus negócios nos Estados Unidos, mesmo quando os projetos estrangeiros de Trump davam errado ele ainda era pago, lucrando milhões mesmo que os parceiros locais enfrentassem problemas financeiros ou fossem à falência.

Em 2012, Trump alardeou que a antiga república soviética da Geórgia era "próspera" e "inacreditável" e "seria um dos melhores lugares do mundo em quatro ou cinco anos".[4] Anunciou um projeto de 300 milhões de dólares lá: "Estou fazendo uma grande construção lá. E tem sido incrível". Nada foi construído. O advogado de Trump, Alan Garten, disse que a recessão global que começou em 2008 forçou o cancelamento de vários projetos.[5] "Muitos incorporadores perderam fortunas e portfólios inteiros", declarou. "O sr. Trump passou por isso da melhor forma possível." Em meados de 2016, pelo menos sete dos projetos estrangeiros de Trump tinham sido finalizados e abertos, outros onze estavam em construção e havia mais ainda na fase de planejamento. Outros projetos nunca passaram do anúncio inicial. Alguns foram reduzidos. Em Dubai, a Trump Tower prometida nunca foi erguida, mas dois campos de golfe Trump estavam em construção em 2016.

Independentemente de seu destino, os projetos se beneficiavam do tratamento Trump, uma demonstração efusiva de bravatas promocionais. Mas às vezes o charme de Trump cansava, e ele entrava em batalhas judiciais com seus sócios estrangeiros, principalmente devido ao uso de contratos complexos. Em Toronto, furiosos compradores de apartamentos o atacaram depois de se ver ganhando menos dinheiro do que o prometido com seus investimentos nos prédios Trump. O empresário alegou que tinha agido inteiramente de acordo com os direitos expressos nas letras miúdas – ele costumava sair vencendo, nesses casos.

Às vezes, Trump se unia a incorporadores locais menores que nunca tinham construído nada na escala dos projetos Trump. Em outros casos, ele fazia negócios com figuras de histórico questionável ou com incorporadores que perdiam a paixão pelo estilo Trump. Em Dubai, em 2015, os comentários de Trump sobre os muçulmanos fizeram com que um sócio tirasse o nome Trump de um projeto de campo de golfe (ele o colocou de volta alguns dias depois).[6] Na Turquia, o administrador de um *shopping* da marca Trump em Istambul o atacou dizendo que ele "não entende o islã".[7]

Ainda assim, as ambições globais de Trump continuaram fortes, e alguns negócios nasceram de outros aspectos diversos de seu império.

Quando Trump viajou a Moscou em 2013 para abrir o Miss Universo, em uma opulenta sala de concertos de 730 lugares chamada Crocus City Hall, o concurso lhe deu a oportunidade de se aproximar de um importante oligarca interessado em construir uma Trump Tower na Rússia. Antes de o desfile começar, Trump se uniu a cerca de doze concorrentes a Miss Universo para filmar o clipe da música "In Another Life", *single* mais recente de Emin Agalarov, *pop star* de muito sucesso na Rússia que também era executivo na empresa imobiliária de seu pai, também parceiro de Trump no país.[8]

"Eu disse: 'Sr. Trump, o senhor apareceria no meu clipe?'", lembrou Emin. "Ele disse: 'O que eu preciso fazer?' Eu respondi: só participar. Ele perguntou quanto tempo ia demorar. Eu falei: 'dez minutos'."[9]

Trump respondeu: "O.k., 7 da manhã no saguão do meu hotel". No vídeo, Emin sonha que está rodeado de candidatas a Miss Universo de biquíni antes de acordar com uma bronca de Trump: "Alguém o acorde, agora! [...] Qual o seu problema, Emin? Emin, se toca. Você está sempre atrasado. Você é só mais um rostinho bonito. Estou cansado de você. Você está demitido!"

O diretor do clipe queria gravar mais uma tomada, mas Trump nem quis saber: "Não, está perfeito, chega". E lá se foi. A gravação tinha terminado.

Emin tinha começado sua carreira com empreendimentos imobiliários por meio de seu pai rico, Aras Agalarov, e frequentemente era visto em público ao lado de lindas mulheres. Emin às vezes era chamado de Donald Trump russo.[10] No início de 2013, ele estava procurando uma modelo para estrear o clipe de seu novo *single*, "Amor". Contatou a organização Miss Universo e sondou sobre contratar Olivia Culpo, americana que vencera o concurso em 2012.[11] Eles fecharam um contrato e gravaram o vídeo, e foi aí que Emin e seu pai decidiram tentar levar o concurso a Moscou. Por fim, foram levados a Trump, e pai e filho viajaram a Las Vegas em junho para fechar o negócio.[12]

Lá, Trump impressionou os Alagarov com seu charme sedutor – e a vantagem de estar jogando em casa. Aras, o pai, encontrou Trump pela primeira vez no saguão do ultraglamouroso Trump Hotel.[13] Quando Aras entrou com a esposa, a filha e Emin, Trump estava recebendo um grupo no saguão. Câmeras dispararam, e de repente Trump apontou para Aras e gritou: "Ele é a pessoa mais honesta da Rússia!"

"Ele é muito, muito carismático", disse Agalarov. "Gostei muito dele. Gostei muito dele mesmo." Os Agalarovs ficaram no Trump Hotel por três ou quatro dias, comeram em bons restaurantes e foram a *shows*. Trump apareceu com Emin e Aras no lançamento do clipe de "Amor" e posou com Culpo. "Ele é o sonho americano", declarou Emin. O negócio estava selado – e a amizade também.

Aras Agalarov tinha evoluído muito desde seu primeiro contato com cenários tipicamente americanos como Las Vegas; ele começara a carreira pirateando filmes – disse que seu primeiro grande sucesso foi editar *O poderoso chefão* para caber nas fitas piratas.[14] Nascido em 1955 na antiga república soviética do Azerbaijão, Aras se mudou para a Rússia e fez fortuna organizando feiras de comércio e construindo propriedades imobiliárias de luxo, entre elas o complexo de *shoppings* para onde Trump levaria o concurso de Miss Universo. Agalarov também tinha relações impecáveis com o governo do presidente Vladimir Putin. Putin selecionou o Grupo Crocus, do empresário russo, para construir a Universidade Federal do Extremo Oriente perto de Vladivostok, onde Putin e a secretária de Estado Hillary Clinton foram a uma conferência.[15] Pouco antes do concurso de Miss Universo, Putin condecorou Agalarov com a Ordem de Honra, maior reconhecimento civil da Rússia.[16]

Trump e Agalarov pareciam uma combinação natural. Ambos sonhavam e construíam grande. Ambos tinham um gosto espalhafatoso. O complexo Crocus de Agalarov tinha um enorme *shopping* chamado Vegas, um sonho em neon que incluía o maior cinema da Rússia. Agalarov também gostava de colocar seu nome nos prédios. E os interesses dos dois convergiam: Trump tinha encontrado uma sinergia entre seu concurso de Miss Universo e os negócios imobiliários. Trump usava o concurso, com seu *glamour* e a enorme audiência televisiva, como isca. Dezenas de países faziam leilão para sediar o desfile todo ano, e às vezes Trump pescava um sócio incorporador que era um peixão entre suas alianças estrangeiras para o concurso. Agalarov disse que pagou cerca de 14 milhões de dólares para produzir o desfile, e cerca de metade foi para licenciar a marca Miss Universo de Trump.[17]

Mas o negócio não tinha a ver com usar beldades como isca: Trump e os Agalarov planejavam fazer negócios juntos, trazer o grande T dourado para Moscou. Eles assinaram um acordo preliminar para explorar a ideia de construir uma Trump Tower em Moscou.[18] Trump se encontrou com pai, filho e outros empresários russos para discutir a proposta, que segundo Emin teria envolvido Trump realmente investir no projeto, não apenas licenciar seu nome.

Já em 1987, Trump expressara interesse em construir uma Trump Tower na União Soviética.[19] Naquele ano, em uma visita a Moscou e Leningrado – hoje São Petersburgo –, ele disse que funcionários públicos soviéticos tinham lhe pedido que considerasse construir hotéis de luxo lá. "Não costumo ser seduzido por muitas ideias, mas esta é uma que acho que interessaria muita gente", disse Trump na época. "E não apenas do ponto de vista econômico." Em 2008, Donald Trump Jr. disse que a Trump Organization adoraria construir na Rússia, destacando que os russos eram uma porcentagem "desproporcional" de compradores de projetos de Trump em Nova York, Dubai e outros lugares. Mas, de acordo com ele, a Rússia era um "lugar assustador" para construir propriedades, por causa dos problemas com o sistema legal, o controle governamental e a corrupção, e com "quem está sendo subornado pelo irmão de quem e tal".[20]

No concurso de Miss Universo de 2013, Trump pai disse que estava tendo conversas sérias sobre construir um arranha-céu em Moscou.[21] Trump fez uma série de elogios a Putin, que ele tinha marcado de conhecer no dia anterior ao do concurso.[22] "Putin enviou a ele [Trump] uma carta, uma carta amigável, dizendo que era muito grato por ter esse evento na Rússia", disse Aras. "E também mandou uma caixa russa, uma caixa Fedoskino. Eu dei a ele a caixa e a carta, então ele foi embora com uma impressão muito boa."[23]

Trump expressaria admiração pela liderança de Putin, apesar do histórico deste de processar e perseguir jornalistas e oponentes políticos. Apesar disso, não se ergueu uma Trump Tower em Moscou. Emin disse que os planos estavam suspensos, em grande parte porque o mercado de empreendimentos residenciais na Rússia estava fragilizado. A decisão de Trump de mudar o foco não estragou a relação com os Agalarov: "Toda vez que estou em Nova York e Trump também está em Nova York, vou visitá-lo", disse Emin. Na última conversa deles antes de Trump anunciar sua candidatura, "ele estava criticando o governo dos Estados Unidos por não conseguir ser amigo da Rússia. [...] Ele acha que o país, em vez de lutar contra a Rússia, deveria se unir e ser amigo e ter objetivos em comum com a Rússia. [...] Seria um avanço tremendo se ele se tornasse presidente e acabasse ficando amigo de Putin. [...] O voto de nossa família definitivamente vai para o sr. Trump".

Emin declarou que a candidatura de Trump provavelmente seria boa para os negócios: "Mesmo que ele nunca se torne presidente, se ele só capitalizar a marca, provavelmente vai triplicar o valor, não?"[24]

Por um tempo, pareceu que Trump teria bem mais sorte no Azerbaijão, país natal dos Agalarov. Apesar de o Azerbaijão ter se tornado uma nação independente após o colapso do império soviético, em 1991, a família Agalarov conseguiu reacender a conexão entre os países com uma espécie de casamento real pós-soviético entre duas famílias poderosas.[25] Em 2016, Emin Agalarov se casou com Leyla Aliyeva, a glamorosa filha do presidente do Azerbaijão, Ilham Aliyev. Entrando para a família Aliyev, o belo e bem-apessoado Emin se tornou parte de uma família conhecida por seu desprezo pelos direitos humanos e repressão à liberdade de expressão, que incluía a prisão de jornalistas que investigavam o regime. Ilham Aliyev governava o país desde 2003, quando sucedeu seu pai, Heydar Aliyev, força política dominante no Azerbaijão desde os anos 1960.[26]

Os Aliyev dominavam o país política e economicamente. Tinham também a reputação de ser incrivelmente ricos. Apesar de o salário anual do presidente ser pouco mais de 200 mil dólares, ele controlava propriedades e negócios luxuosos. Uma manchete de revista chamou a família de "os Corleone do Cáspio",[27] referência a um texto diplomático confidencial americano que comparava o mandato de Aliyev à família mafiosa dos filmes *O poderoso chefão*.[28]

Há muito o Azerbaijão representava um delicado equilíbrio para os Estados Unidos, com Washington pesando sua segurança e seus interesses em petróleo contra o histórico de corrupção e violação de direitos humanos do regime de Aliyev. A nação secular e predominantemente muçulmana de 9 milhões de habitantes, que fazia fronteira com Irã e Rússia, se posicionava como contrapeso pró-Ocidente a Teerã e Moscou. Era também uma grande produtora de petróleo e gás natural e uma ligação crucial no Corredor de Gás Sul, de 45 bilhões de dólares, uma série de gasodutos de mais de 3.300 quilômetros que ia de Baku à Itália para levar gás do mar Cáspio à Europa.[29] Para Trump, o país parecia ideal para os negócios.

Em novembro de 2014, bem à época em que estava mandando votos de feliz aniversário ao amigo Emin Agalarov em Moscou, Trump anunciou que fecharia o contrato de um hotel em Baku com Anar Mammadov, proeminente jovem bilionário azerbaijano.[30] Trump se juntaria a um projeto da empresa de Mammadov, a Garant Holding, para desenvolver a Trump International Hotel & Tower Baku, estrutura em formato de vela com 72 "residências ultraluxuosas" e 189 quartos de hotel. Trump licenciaria seu nome para o projeto, que já estava sendo construído havia vários anos. Ele também administraria o hotel. "Quando abrirmos, em 2015, os visitantes e residentes experimentarão uma propriedade luxuosa sem igual em Baku – estará entre as melhores do mundo", disse Trump em um *release* para a imprensa em 2014.

Mammadov fazia parte de uma espécie de realeza azerbaijana, descendente de uma das famílias mais poderosas do país. Seu pai, Ziya Mammadov, há muito ministro dos Transportes e confidente íntimo do presidente Aliyev, era um dos homens mais ricos do país, graças em grande parte ao que o Departamento de Estado americano chamava de "corrupção e comportamento predatório por parte das elites com ligações políticas".[31]

Anar Mammadov se formou em 2004 na American InterContinental University, em Londres, onde também fez um MBA em 2005.[32] Então, quase do dia para a noite, ele se tornou bilionário. No mundo secreto e cleptocrático das repúblicas pós-soviéticas, a ascensão meteórica do filho de um ministro de governo inexplicavelmente rico não era surpreendente. Os três filhos do presidente Aliyev eram donos de 75 milhões de dólares em propriedades em Dubai, entre elas nove mansões em frente à praia compradas durante um período de duas semanas em 2009 em nome do filho do presidente, então com 11 anos.[33]

E havia relatos de que as empresas de Anar Mammadov, ou empresas ligadas a ele, tinham lucrado com contratos de mais de 1 bilhão de dólares de projetos relacionados ao Ministério dos Transportes de seu pai.[34]

Em 2011, a velha guarda do Azerbaijão decidiu que Anar Mammadov era o homem de que o país precisava para projetar modernidade e vitalidade para o mundo. Ele inaugurou a Federação de Golfe do Azerbaijão e construiu o primeiro campo do país.[35] Falava inglês e ficava à vontade na Europa e nos Estados Unidos, por isso se tornou a cara pública de um enorme *lobby* nos Estados Unidos. Mammadov fundou a Aliança Azerbaijão-Estados Unidos, que invadiu Washington em 2011 como um furacão de dinheiro. Nos cinco anos seguintes, a aliança gastou mais de 12 milhões de dólares[36] com *lobby*, vinhos e jantares para políticos de Washington, no que os críticos de Baku chamavam de "diplomacia caviar".[37]

A aliança deu três gigantes jantares de gala anuais em Washington para divulgar a cultura azerbaijana.[38] O primeiro atraiu quase setecentas pessoas, entre elas o presidente da Câmara John Boehner. Mammadov encontrou-se com dezenas de legisladores, como Boehner, a ex-presidente da Câmara Nancy Pelosi e o senador republicano do Arizona John McCain. Em uma tentativa de ter mais influência na capital, a aliança contratou o ex-deputado Dan Burton, um republicano de Indiana, como seu presidente nos Estados Unidos.[39]

Trump não se deixou deter por quaisquer preocupações com o regime do Azerbaijão, que arrebanhava favores em Washington e reprimia críticos no Oriente. Grupos ligados a direitos humanos e outros tinham passado anos relatando a corrupção geral no Azerbaijão, e o papel central de Mammadov e sua família na panelinha do governo aparecia em qualquer busca do Google, mas Garten, advogado de Trump, disse que a Trump Organization fez a "diligência prévia" sobre Mammadov e os diretores da empresa dele antes de fechar o negócio, e que "não havia nada" suspeito. Garten disse que o acordo de licenciamento entre Trump e a Garant foi assinado em maio de 2012 – mais de dois anos antes de o projeto ser anunciado.[40] Confrontado com relatos da imprensa que levantavam dúvidas sobre as fontes da riqueza de Mammadov, Garten notou que todos eram de 2013 e 2014. "Tudo isso veio à tona depois de o negócio ter sido assinado", declarou. Agora que a Trump Organization estava ciente dos relatos sobre Mammadov, falou Garten, "essas coisas terão de ser discutidas".

Críticos do regime azerbaijano viam o papel de Mammadov no negócio de Trump como aprovação tácita do governo, e argumentaram que o sucesso da propriedade dependia em parte das boas relações com altos funcionários da administração daquele país. Ganimat Zahid, editor de um dos principais jornais de oposição do Azerbaijão antes de ser preso e depois se exilar em Paris, disse que a parceria de Trump com Mammadov era profundamente inquietante, ainda que fosse uma boa jogada de negócios: "Na melhor das hipóteses, podemos dizer que Donald Trump teve de trabalhar com um desses caras" para conseguir um negócio no Azerbaijão. "Mas, na pior, ele sabia que essas pessoas eram [corruptas] e não ligou."[41]

Quando Trump anunciou o negócio de um hotel com Mammadov, em novembro de 2014, mesmo mês do terceiro baile anual da Aliança Azerbaijão-Estados Unidos em Washington, aquele país, ainda próspero, parecia uma boa aposta. Garten disse que Trump foi abordado por "um intermediário conhecido por ambos os lados" e estava "intrigado" pelo Azerbaijão porque ficava em "uma região que estava tentando se estabelecer".[42] Marriott, Hilton, Four Seasons e outras cadeias de hotéis de luxo estavam investindo ali, então "é algo que vai ficar no radar", disse Garten.

Na época, Baku era um centro de desenvolvimento resplandecente impulsionado pelos lucros do petróleo. O enorme e futurista Centro Heydar Aliyev, projetado pela renomada arquiteta Zaha Hadid, hoje falecida, tinha sido inaugurado em 2012, seguido pelas Flame Towers – três lindíssimos prédios de escritórios, apartamentos e hotel, cada um no formato de uma chama de vela – e por um novo terminal de aeroporto gigante, com um bar de "caviar e champanhe".

O Baku Hotel apareceu no *site* de Trump, que prometia a inauguração para 2015. E aí, nada. Depois de mais ou menos um ano, o hotel desapareceu do *site*. O gerente-geral contratado por Trump arrumou um emprego em Praga.[43] As equipes de obra voltaram para casa, e o hotel foi trancado. "Tivemos uma interrupção na construção", declarou Khalid Karimli, CFO da empresa de Mammadov.[44] Ele explicou que a economia do Azerbaijão foi devastada pela queda de preços do petróleo, de mais de 100 dólares o barril em 2014 para 30 dólares um ano depois. O valor da moeda do país, desvalorizada pelo governo, caiu pela metade.

O horizonte outrora próspero da cidade virou um quadro de destruição, com guindastes parados no topo de prédios pela metade. Negócios fecharam, milhares de pessoas perderam o emprego e hotéis de luxo em frente à praia passaram a oferecer quartos de cinco estrelas por preço de três. Karimli alegou que a construção estava cerca de 90% finalizada quanto o canteiro de obras foi fechado, e que o hotel "talvez" abrisse em 2017.

O único participante principal que não perdeu dinheiro com o projeto foi Trump. O contrato com ele não seria renegociado e suas taxas não seriam reduzidas, explicaram Karimli e Garten, mas nenhum dos dois divulgou quanto Trump estava recebendo. (Nos formulários de divulgação financeira de sua campanha, Trump relatou uma renda de 2,5 milhões de dólares com o projeto entre janeiro de 2014 e julho de 2015, além de mais 323 mil em taxas de administração nos meses subsequentes.)[45]

Mais ou menos ao mesmo tempo que o projeto do Trump Hotel em Baku foi interrompido abruptamente, Mammadov praticamente desapareceu. Amigos dizem que ele estava vivendo a maior parte do tempo em Londres e parou de pagar algumas de suas contas. A Aliança Azerbaijão-Estados Unidos não deu seu baile de gala anual em Washington em 2015. Em março de 2016, Burton pediu demissão, dizendo que não era pago havia um ano.[46] No mês seguinte, após investigações do *Washington Post*, o *site* da aliança foi sorrateiramente tirado do ar. O Trump Hotel continuava "em suspenso", disse Garten. "Com sorte, vai recomeçar, mas não sabemos."

Karimli e Mammadov inicialmente licenciaram o nome de Trump por ser conhecido entre políticos e líderes do Azerbaijão, bem como entre empresários internacionais, que se sentiriam atraídos por um hotel cinco estrelas em Baku. Mas agora que Trump estava concorrendo à presidência, disse Karimli, o nome dele era ainda mais valioso para o projeto de hotel em Baku. "Foi um investimento bom e inesperado", disse, rindo. "Esperamos que Trump seja eleito presidente."

Em 6 de julho de 2011, Trump voou para a Cidade do Panamá para inaugurar a Trump Ocean Club International Hotel & Tower, sua primeira propriedade no exterior a abrir as portas. "Quem disse que menos é mais nunca teve mais",[47] alardeava o material promocional para o complexo de 72 andares de quartos de hotel, apartamentos, restaurantes, escritórios e um cassino – tudo parte do maior e mais desbragadamente trumpiano prédio da América Central. Trump sorriu para os *paparazzi* vestindo terno escuro, camisa branca e gravata vermelho-fogo, com uma modelo em cada braço – à sua esquerda, a Miss Panamá 2011, e, à direita, Justine Pasek, beldade panamenha que tinha levado a coroa do Miss Universo de Trump em 2002.

A aparição de Donald representava todas as coisas certas em uma nação tropical quente cuja principal relevância sempre fora o quanto ela era estreita, o que permitira a construção dos 77 quilômetros do Canal do Panamá, que conectara o Atlântico e o Pacífico e revolucionara as remessas transoceânicas no hemisfério ocidental. Para os panamenhos, que desejavam uma capital de primeira classe, um enorme TRUMP dourado em uma torre em forma de vela na orla significava que a Cidade do Panamá, cada vez mais conhecida como a Miami da América Central, tinha chegado lá.

Agora, Trump estava sob os tetos altíssimos do hotel, babando em misses e dançarinas que vestiam roupas tradicionais panamenhas. O presidente Ricardo Martinelli – magnata dos supermercados que fugiria anos mais tarde para Miami em meio a acusações de ampla corrupção – agradeceu a Trump por vender ao Panamá as cinco letras que o país desejava.[48] Trump também disse palavras amáveis a Martinelli, sugerindo que o novo *glamour* do Panamá poderia trazer ainda mais recompensas: "Talvez o presidente nos convença a trazer o Miss Universo para cá".

Mas, quando a cerimônia terminou, o céu escureceu e todo o bairro de Punta Pacífica – conhecido pelo sempre deficiente sistema de drenagem – inundou. Trump ficou parado ali por quase uma hora. O presidente foi chamado. Carros estavam parados nas ruas alagadas. Finalmente, alguém enviou uma SUV grande para resgatar Trump. Nada seria fácil para o hotel do Panamá.

O hotel na orla da Cidade do Panamá devia ser o trampolim de Trump para o mundo dos empreendimentos imobiliários internacionais. "Este prédio é uma ponte muito importante para nós, enquanto começamos a nos expandir internacionalmente", disse Ivanka Trump em um *tour* pela propriedade em 2011.[49] A família Trump tinha notado pela primeira vez as possibilidades do país, disse ela, quando a Cidade do Panamá sediou o concurso Miss Universo, em 2003. O incorporador Roger Khafif, que imigrara do Líbano para o Panamá três décadas antes, convidou Donald Trump para participar do projeto na capital.[50] Antes do negócio com Trump, Khafif tinha feito alguns projetos de sucesso, mas no mais, disse ele, os empreendimentos imobiliários "eram um *hobby*". Por volta de 2002, ele pagou 2,7 milhões de dólares por 12 mil metros quadrados de terras recém-disponíveis na orla da cidade. Khafif via aquilo como sua chance de alcançar um tipo de *status* que nunca tivera: um complexo enorme com hotel, 630 unidades residenciais, espaço comercial, lojas e cassino. Durante os anos seguintes, ele desenhou projetos que evocavam a forma de vela do famoso hotel Burj Al Arab, em Dubai.

Para conseguir os cerca de 230 milhões de dólares de financiamento necessários para construir o complexo, Khafif precisava de um nome, uma marca tão grande quanto suas ambições. "Naquela época", contou ele, "Trump era a marca." Então, Khafif escreveu uma carta explicando seu projeto e a enviou ao endereço de Trump em Nova York. Sem resposta. Khafif disse que a carta "provavelmente tinha ido parar no lixo", e que Trump devia estar se perguntando: "Que diabos é Panamá?" Mas Khafif não desistiu. Em 2005, por meio de um amigo de um amigo, ele finalmente conseguiu uma reunião com Trump.

Khafif voou para Nova York e foi para a Trump Tower carregando seus desenhos, análises de mercado, projeções financeiras e um vídeo curto sobre o Panamá e o projeto. Khafif argumentou com Trump que o Panamá era o ambiente perfeito, seguro e amigável aos Estados Unidos para atrair aposentados americanos prósperos, e que a marca Trump seria uma grande vantagem. "Ele fez as perguntas", lembrou Khafif. "Mostramos os desenhos. Falamos sobre o Panamá. Mostramos um filminho." Ivanka Trump participou da reunião. Khafif disse que não estava pedindo para Trump investir, apenas para deixá-lo comprar os direitos de dizer que se tratava de um projeto Trump. O nome Trump, Khafif tinha certeza, garantiria o financiamento necessário.

Trump lhe agradeceu por ter ido até lá, e Khafif foi embora. No dia seguinte, em Miami, o celular de Khafif tocou. A pessoa do outro lado pediu que ele aguardasse na linha para falar com Trump. Khafif achou que era um amigo passando um trote, até que ouviu a voz de Trump. "Roger, estou animado. Amei aquela coisa", falou Trump. "Quero isso para a Ivanka." Então com apenas 24 anos, Ivanka estava assumindo um papel maior na empresa, e Trump queria que o projeto no Panamá fosse "o bebê dela". O *timing* era perfeito: Trump queria se expandir para fora dos Estados Unidos. E o projeto do Panamá prometia ser enorme, o maior do tipo na América Central, "um projeto do tamanho Trump", como colocou Khafif.

Com o nome Trump a bordo, Khafif foi ao Bear Stearns, em Nova York, e assegurou um empréstimo de 220 milhões de dólares em títulos.[51] Sem o nome de Trump, disse, ele nunca teria conseguido esse dinheiro. O nome também permitiu que Khafif aumentasse o preço de seus apartamentos para mais de 3 mil dólares por metro quadrado – três vezes mais do que condomínios próximos estavam cobrando.

Khafif e duas outras pessoas no Panamá familiarizadas com os detalhes do projeto disseram que o contrato original dava a Trump cerca de 75 milhões em taxas de licenciamento e uma parte da venda de cada apartamento.[52] Além disso, a empresa de Trump ganharia uma taxa por administrar o hotel. Em 2016, Trump tinha lucrado cerca de 50 milhões com o negócio no Panamá, segundo duas pessoas com conhecimento sobre o projeto.[53] Ele próprio relatou uma renda de "mais de 5 milhões" em direitos autorais e mais de 896 mil em taxas de administração entre janeiro de 2014 e julho de 2015.[54] Nos nove meses seguintes, relatou que a renda advinda do projeto do Panamá estava entre 1 milhão e 5 milhões em direitos autorais e outro 1,28 milhão em taxas de administração.[55]

O dinheiro continuava fluindo mesmo com a propriedade do Panamá gerando uma forte onda de disputas e litígios. Os problemas começaram quase imediatamente após a exibição de Trump na inauguração, em 2011.[56] Em dois anos, a empresa de Khafif pediu proteção contra falência, e um tribunal aprovou um plano de reestruturação de dívidas.[57] Khafif disse que a crise na economia global tinha causado a queda nas vendas de apartamentos. Os compradores que já tinham pago a entrada não tinham dinheiro para fechar o contrato, pois ficou cada vez mais difícil conseguir financiamento. Apesar de cerca de 90% das unidades do condomínio estarem com contratos de venda assinados, Khafif disse que mais de metade desses compradores não conseguiriam fechar o negócio e teriam de abrir mão da entrada de 30% já paga – num total de cerca de 50 milhões de dólares.[58]

Mesmo depois do plano de falência, os problemas continuaram, e transbordaram em 2015.[59] Trump administrava não só o hotel, mas o condomínio. Lá, a empresa dele pagava 100 dólares pelo quarto 1.502, um armário de depósito de 15 metros quadrados no 15º andar, usado principalmente como área de serviço.[60] Segundo a lei panamenha, aquele local minúsculo dava aos administradores de Trump permissão para participar do conselho diretor do condomínio. Em 2015, membros desse conselho que não eram funcionários do americano se revoltaram com o que chamaram de má administração dos administradores locais de Trump.[61] Os proprietários alegavam que esses administradores tinham estourado o orçamento do conselho, pagado bônus não divulgados a si mesmos e misturado as finanças do condomínio e do hotel para que o segundo parecesse mais lucrativo.[62] A Trump Organization negou consistentemente essas acusações.

Khafif e duas outras fontes disseram que os gerentes de Trump propuseram impor uma arrecadação única de mais de 2 milhões de dólares para a associação de proprietários do condomínio, de modo a cobrir o déficit no orçamento.[63] Membros do conselho furiosos se recusaram a aplicar a taxa e exigiram a demissão do principal funcionário de Trump no Panamá, Mark Stevenson. Depois da reunião, Stevenson pediu demissão do cargo de presidente do conselho, e os outros proprietários dominaram o espaço. O novo conselho exigiu a devolução de mais de 2 milhões de dólares que alegavam ter sido mal gastos. Os advogados de Trump reagiram, exigindo que os proprietários das unidades pagassem uma multa de 5 milhões de dólares por quebra de contrato. Então, Trump abriu um processo de pelo menos 25 milhões de dólares contra os proprietários, dizendo que sua equipe tinha sido demitida ilegalmente.[64] Já candidato à presidência, ele tentou esconder o processo, abrindo-o em um tribunal de arbitragem confidencial, em Paris, mas o caso foi divulgado pela Associated Press.[65]

Em desvantagem, o conselho fez um acordo.[66] Duas pessoas familiarizadas com a resolução disseram que os dois lados concordaram em abrir mão de suas acusações. Representantes de ambos os lados disseram estar proibidos de divulgar detalhes, mas Garten afirmou que o caso terminou "amigavelmente" e "não acho que ninguém foi pressionado; tínhamos o direito de proteger nossos interesses e fizemos isso".[67] O acordo incluía outra tática frequente de Trump: o acordo de confidencialidade. Um proprietário disse que restrições no acordo o impediam de falar publicamente e que temia que Trump o processasse, pedindo uma soma que o quebraria. Stevenson, outrora principal administrador de Trump no Panamá, não quis comentar porque tinha assinado um acordo de não falar publicamente por pelo menos um ano. Alegou que romper esse acordo lhe custaria quantias substanciais de dinheiro que Trump ainda estava devendo a ele.[68]

A maioria dos principais envolvidos no negócio da Cidade do Panamá sofreu prejuízos quando a economia quebrou e o projeto entrou num impasse. No acordo de proteção à falência, quase todos os acionistas aceitaram um corte significativo – uma redução no retorno de seu investimento inicial. Quanto a Trump, em vez de ganhar 75 milhões de dólares investindo quase nada, tinha ganhado 50 milhões até 2016, segundo pessoas que conheciam o negócio. Da forma como Trump estruturara o contrato, no "pior cenário ele continuaria ganhando dinheiro", disse Khafif.

Mesmo depois de todos os problemas, Khafif acreditava ter feito um bom negócio com Trump. Depois da reestruturação das dívidas e com a economia global em recuperação, o hotel estava melhorando, quase todos os apartamentos estavam vendidos, e Khafif ainda tinha o seu iate ancorado no píer do hotel.

"Ele fez o que tinha que fazer, e nós fizemos o que tínhamos que fazer", disse ele em uma entrevista na torre do Trump Ocean Club. "Senão, não estaríamos sentados neste escritório, neste andar, porque não haveria nada aqui."

No início de 2006, começaram a circular rumores no nordeste da Escócia: Trump estava pensando em expandir seu império de golfe para a Europa, começando pela Escócia – local de nascimento do esporte e da mãe dele, que crescera em uma minúscula aldeia na ilha de Lewis. Trump já era dono de vários campos de golfe, a maioria em regiões quentes com *resorts* que podiam receber o Aberto Britânico. Começou um frenesi de expectativa na imprensa escocesa sobre o enorme impulso potencial à economia do país.

No fim de março, Trump confirmou os rumores: depois de considerar mais de duzentos locais na Europa, ele tinha se apaixonado por uma propriedade de caça de 300 hectares à beira do mar do Norte, cerca de 20 quilômetros ao norte de Aberdeen, onde agora propunha construir "o maior campo de golfe do mundo" em cima de majestosas dunas. Trump prospectava investir mais de 400 milhões de dólares e criar pelo menos quatrocentos novos empregos como parte de um projeto que incluía dois campos de golfe, um hotel de luxo de 450 quartos e um condomínio fechado com centenas de casas e apartamentos. Seria a melhor coisa já acontecida na região desde a descoberta de petróleo nos anos 1970. Dizia-se que até Sean Connery iria para lá. O *Aberdeen Evening Express* se entusiasmou com as possibilidades: "Os preços das propriedades vão disparar, milhões de libras serão injetados na economia local e celebridades virão".[69]

Mas alguns moradores se mostraram duros como a costa escocesa. Parte das dunas, que mudavam de lugar com os ventos, estava protegida de construções, e defensores do meio ambiente argumentavam que um projeto grande danificaria irreparavelmente o hábitat de muitas aves e animais da região. As complicações continuavam: já estava planejada uma fazenda de energia eólica experimental na costa, e suas turbinas, altas como o Big Ben, ameaçavam atrapalhar a perfeita vista para o mar de Trump. Além disso, um punhado de vizinhos que viviam no perímetro do empreendimento não ficou feliz de ouvir que a empresa de Trump queria que eles se mudassem se o *resort* de golfe fosse construído.

Trump se disse inabalado por esses desafios, mas avisou que, se o projeto ficasse complicado demais, ele o abandonaria. Embora o empreendimento fosse bastante popular, alguns céticos se perguntaram por que Trump construiria um campo de golfe em um local regularmente coberto pela neblina fria. O plano era uma "notícia fabulosa para a região", escreveu um colunista local, "e também para os fabricantes de tricô, que farão fortuna quando os principais jogadores do mundo se prepararem para a primeira tacada e sentirem que seus braços e pernas estão sendo cortados por uma brisa nordeste que não deu uma folga desde que saiu do Ártico".[70]

Naquela primavera, o Boeing 727 particular de Trump pousou em Aberdeen, onde foi recebido por um tocador de gaita de foles com "Highland

Laddie" e um enxame de repórteres. Alguns acharam estranho Trump ficar se referindo a si mesmo não como "escocês", [Scottish], mas como "*scotch*", como o uísque; apesar disso, a maioria dos funcionários locais se deleitou com aquele filho de seus ancestrais e fez o possível para facilitar o caminho até a aprovação de seu projeto. A fazenda de energia eólica tinha sido diminuída de 33 turbinas para 23, e Trump escalou seus planos, triplicando o orçamento para 1,5 bilhão e expandindo o empreendimento até incluir um centro de conferências, apartamentos para funcionários, um centro de pesquisas de grama, o hotel e *spa*, 36 mansões luxuosas e mais de mil residências, tudo em uma área sem infraestrutura para lidar com um fluxo grande de recém-chegados. Um funcionário de Trump prometeu depois mais de 1.200 empregos permanentes no *resort*, além de outros mil cargos de apoio. Disseram que os moradores podiam esperar uma alta de 20% nos valores dos imóveis. A construção terminaria em 2012, afirmaram representantes.

Mas, em 2007, o conselho de planejamento local rejeitou o plano, em uma votação acirrada decidida por um membro que disse que o requerimento de Trump não refletia suas grandes promessas de prosperidade econômica.[71] A lei escocesa permitia que Trump recorresse da decisão ou revisasse seus planos e os apresentasse novamente. Em vez disso, ele ameaçou mudar o projeto para a Irlanda. Representantes escoceses rapidamente correram para acalmar a situação, anunciando que o governo nacional cuidaria do requerimento e faria uma extensa audiência pública.

Na época em que a audiência pública começou, junho de 2008, a recessão americana tinha chegado, mas, apesar do colapso do mercado imobiliário ter forçado a Trump Organization a atrasar ou cancelar vários projetos, o empresário manteve o plano na Escócia. A caminho de depor na audiência, Trump parou por cerca de três horas em Lewis, onde sua mãe tinha nascido e vivido até os 18 anos, antes de se mudar para Nova York em busca de emprego. A visita era a primeira de Trump desde que era bebê, e repórteres assanhados em uma entrevista coletiva perto de um castelo o encheram de perguntas sobre se essa visita era só um jeito desastrado de adular os habitantes locais. A irmã mais velha, Maryanne Trump Barry, saiu em sua defesa: "Minha mãe ficaria muito orgulhosa de ver Donald aqui hoje. Ela ficaria muito orgulhosa de ver o que ele fez, todo o bem que ele fez e como ele é uma estrela de TV. Não estou aqui por causa dessas coisas, mas porque ele é um irmão que eu amo. Eu idolatro esse homem. Ele é um cara legal e além de tudo é engraçado".[72]

No dia seguinte, Trump depôs por várias horas. "O mundo está um caos", disse ele, e a parte habitacional do empreendimento talvez tivesse de esperar até a economia se recuperar, mas ele prometia completar o projeto. Alegava saber mais sobre o meio ambiente que seus consultores, embora admitisse não ter lido os relatórios. "Na vida, não dá pra ler tudo", declarou.[73] Prometeu preservar as dunas, mas, quando o conselheiro que tinha votado contra a permissão acusou Trump de não compreender nem o terreno, nem sua fragilidade ambiental, Trump retrucou atacando: "Ninguém nunca me disse antes que eu não sei comprar propriedades. Você é o primeiro. Eu me dei muito bem comprando propriedades. Obrigado pelo conselho".[74]

Em novembro de 2008, Trump recebeu a luz verde. Mas ainda tinha de convencer os vizinhos que achavam que ele estava tentando ludibriá-los. O último lote era de propriedade de Michael Forbes, fazendeiro, pescador, operário das pedreiras e faz-tudo que vivia com a esposa em uma casa cercada por uma série de anexos. "Ele vive que nem um porco", declarou Trump a certa altura.[75] Forbes se recusava a vender – ao lado de uma das construções de sua fazenda havia as palavras CHEGA DE MENTIRAS DE TRUMP –, e Trump começou a tentar usar a compra compulsória, um processo similar ao domínio eminente existente nos Estados Unidos, segundo o qual ele podia forçar alguns moradores a sair de suas casas. Trump disse que não queria que a vista de seu hotel de luxo fosse "obliterada por uma favela".[76]

Os escoceses tinham uma história de séculos de luta contra a compra compulsória, e foram atrás de Trump com sede de sangue; um grupo de ativistas comprou uma parte da terra de Forbes e colocou seus nomes em uma escritura, complicando os esforços para tomar a propriedade. Ainda que os líderes eleitos tivessem se dobrado às exigências de Trump no passado, ficaram firmes contra expulsar os escoceses de sua própria terra para abrir espaço a um negócio particular. Parecia que os dois lados seriam forçados a viver ao lado um do outro – e não em paz. Do lado de fora da casa de David e Moira Milne, que residiam em uma estação reformada da guarda-costeira, em um morro acima do campo de golfe, a equipe de Trump plantou uma fileira de árvores em frente às árvores que davam para o mar, bloqueando a vista da família.[77] Quando a primeira leva de árvores morreu, a equipe as arrancou e plantou outras. Os funcionários de Trump também bloquearam o chalé de Susie e John Munro, construindo um morro com a altura de dois andares em seu jardim, depois adicionando uma cerca e um portão trancado. Quando chovia, o jardim se enchia de água e a íngreme estrada de terra virava um escorregador de lama.

Apesar das brigas pela terra, a construção do campo de golfe seguiu rapidamente e, quando ele abriu, em 2012, até os críticos admitiram que era lindo, passando pelo meio das dunas estabilizadas com vistas arrebatadoras da costa e do mar do Norte. Trump considerava o lugar sua obra-prima, comparando-o a um valioso quadro de milhões de dólares. Mas ele tinha parado os trabalhos no *resort* em si em protesto à fazenda de energia eólica, que ainda estava sendo construída. Trump avisou que as turbinas de vento eram prejudiciais, e fez anúncios na imprensa local criticando o projeto. Ele viajou novamente à Escócia para depor em uma audiência em que acusava o governo escocês de fazê-lo investir no país com a falsa promessa de que as turbinas nunca seriam construídas – uma afirmação que os funcionários negaram. Em 2013, Trump processou o governo escocês e viu sua popularidade afundar em um país que outrora o abraçara como um dos seus.

A batalha legal seguiu até 2015, quando a mais alta corte inglesa decidiu contra Trump. O *resort*, chamado Trump International Golf Links, seria finalizado – com a fazenda de energia eólica. Qualquer bom sentimento antes ligado ao empreendimento escocês pareceu diminuir muito. As afirmações de Trump sobre muçulmanos e imigrantes durante sua campanha presidencial levaram a protestos e petições contra ele na Escócia. A Universidade Robert Gordon, em Aberdeen, revogou o diploma honorário que tinha dado a Trump em 2010. Em uma petição com mais de meio milhão de assinaturas pedindo para sua entrada ser barrada na Grã-Bretanha, a maior concentração de signatários residia na área de Aberdeen. Em junho de 2016, quando Trump fez uma pausa em sua campanha para presidir a primeira inauguração cerimonial do Trump Turnberry, seu segundo *resort* na Escócia, o primeiro-ministro do país declinou o convite de juntar-se a ele.[78]

Trump continuou insistindo em dizer que o povo escocês o amava. Inclusive, disse ele, seu campo de golfe era um exemplo de como ele trabalharia como presidente: "Quando cheguei pela primeira vez a Aberdeen, o povo da Escócia estava me testando para ver se eu estava falando sério – igual ao que os cidadãos americanos fizeram com minha campanha para a Casa Branca. Eu tive de convencê-los de que estava falando sério e estava pensando nos interesses deles. Bom, a Escócia já foi convencida – e os Estados Unidos também serão".[79]

15

SHOWMAN

"*Money, money, money!*", entoava o cantor enquanto Donald Trump atravessava a passarela e subia ao ringue no centro de uma multidão pulsante de 8 mil fãs de luta livre em Detroit.[1] Socando o ar, Trump ergueu o queixo e sugou os lábios, um protótipo de gladiador de camisa branca, gravata rosa-clara e terno azul. Seu cabelo louro e reluzente, no penteado curvo já clássico, cintilava sob as luzes fortes da arena. Depois de mais de trinta anos na esfera pública, uma jornada que o havia levado do mercado imobiliário à fama mundial, Trump ainda cultivava novos públicos. Quando não estava anunciando apartamentos ou cassinos, estava ocupado consolidando a própria fama, a persona peculiar de um bilionário capaz de rir de si mesmo, um plutocrata com um pendor ao apelo popular. Além dos papéis na televisão e no cinema, ele entrou no circuito de palestras, ganhando 100 mil dólares por aparição em seminários motivacionais apresentados por Tony Robbins. Trump aconselhou a uma multidão em St. Louis que a paranoia era crucial para o sucesso. "Sei que isso soa mal", Trump disse. "Mas vocês têm de entender que as pessoas – infelizmente – são muito cruéis. Acha que somos tão diferentes dos leões na selva?"[2] Para outro grupo, disse: "Quando alguém ferrar você, ferre essa pessoa de volta quinze vezes mais forte".[3]

Em 2007, para atingir os milhões de americanos viciados no mundo da fantasia lúdica da luta livre profissional, Trump aceitou coestrelar um suposto duelo intitulado *Battle of the Billionaires* [Batalha dos bilionários]. Coreografados por uma equipe de roteiristas, Trump e Vince McMahon, empresário teatral da WrestleMania, duelariam por um prêmio que ultrapassou os limites do absurdo: o direito de raspar o cabelo cuidadosamente tratado do outro. Nenhum dos dois realmente chegou a lutar, deixando a maior parte do trabalho para um par de representantes. O de Trump era Bobby Lashley, um afro-americano com tórax imenso e cabeça tão lisa quanto uma bola de sinuca. O representante de McMahon era um musculoso tatuado conhecido como Umaga, que se autodenominava Trator Samoano.

A aliança com McMahon começou no fim dos anos 1980, quando Trump apresentou a WrestleMania IV e V no Trump Plaza, em Atlantic City. Trump adorava as grandes multidões e a pompa elaborada, e posou para fotografias com os lutadores Hulk Hogan e André the Giant. *Battle of the Billionaires* era uma oportunidade de unir as enormes audiências de *The Apprentice* e WrestleMania, e McMahon e Trump se divertiram promovendo o evento. Nas semanas que antecederam o duelo, os dois executivos encenaram vários confrontos para estimular o interesse, o primeiro dos quais aconteceu quando McMahon homenageou a si mesmo em uma exagerada "Noite de Gratidão aos Fãs", em Dallas.

No alto da arena, surgiu de repente o rosto de Trump em um telão gigante. "Você se vangloria de dizer ao público o que eles querem, o que eles gostam e toda essa bobagem", vociferou Trump. "Eles querem valor. Quem sabe mais sobre valor do que eu, Vince?" Logo em seguida, choveu dinheiro do teto – uma chuva de dólares – sobre as mãos estendidas dos espectadores. "Olhe para o céu, Vince, olhe só isso!", Trump gritou sob os urros do público. "É assim que se mostra gratidão!" McMahon, com o rosto contorcido de raiva fingida, grunhiu: "Donald, você me envergonhou!"[4]

Em outra noite em Portland, diante de um público fanático, duas morenas curvilíneas acompanharam Trump até a arena, onde ele e McMahon assinaram um "contrato" para duelar. McMahon disse que venceria por causa do tamanho de suas "toranjas", uma aparente referência a seus testículos. "Suas toranjas não são nada perto das minhas Trump Towers", Trump respondeu. A multidão urrou. "Quer um pouco, Vince?", Trump rosnou. Ele empurrou McMahon sobre uma mesa de reunião, catapultando-o num mortal para trás. A multidão aplaudiu enquanto o apresentador gritava: "Donald Trump acabou de fazer o sr. McMahon cair com a sua bunda bilionária no chão!"[5]

Em outra aparição, Trump elevou a retórica: "Sou mais alto que você, sou mais bonito que você, sou mais forte que você […] vou acabar com a sua raça". Em sua última aparição conjunta antes do confronto, Trump deu um tapa na cara de McMahon depois que o promotor tocou de brincadeira na bochecha de Trump. "Dei um tabefe nele", Trump se gabou depois, prometendo que seu próximo confrontro iria "subir de nível".⁶ Trump se divertiu com seu papel, seguindo os comandos dos roteiristas e produtores enquanto enfrentava um público novo. "Ele estava se dando bem com públicos que não aceitam bem pessoas de fora", disse Court Bauer, que escreveu o roteiro de *Battle of the Billionaires*. "Precisava conquistá-los, e conseguiu, muito bem e muito rápido. Ele sabia como interpretar e manipular o público. Você está tentando converter os espectadores em clientes, fazer com que comprem o ingresso, paguem o *pay-per-view*."⁷

O sucesso de Trump com o público da WrestleMania, disse Bauer, foi impulsionado por sua capacidade de usar a linguagem de um americano comum evocando uma enorme riqueza: "O que Donald representa é uma inspiração e é isso que é para os fãs de luta livre – 'Não posso fazer isso no trabalho, mas posso fazer através dos lutadores'. Donald fala a língua dos operários, mas tem o mundo em suas mãos. Faz muito tempo que vende esse sonho".⁸ Trump também conquistou o público com a disposição para representar esse papel ao máximo. Em Detroit, pulou em cima de McMahon e, depois de rolarem no chão, deu um soco na cara dele. "A conquista agressiva de Donald Trump sobre Vince McMahon!", gritou o apresentador.⁹ Quando "Stone Cold" Steve Austin, um lutador aposentado que era juiz do evento, fez seu golpe clássico, o *stunner*, em cima de Trump, chutando-o no estômago e o derrubando, Trump "topou tudo", Bauer disse. "Ele superou todas as expectativas. Nunca achamos que faria nada daquilo."¹⁰

A *Battle of the Billionaires* culminou com Lashley surrando Umaga, dando a Trump o direito de raspar a cabeça de McMahon no centro do ringue. Com um sorriso perverso, Trump realizou o procedimento com um barbeador elétrico e também com uma lâmina e creme de barbear.¹¹ Na manhã seguinte, McMahon apareceu no programa *Today*, careca e com um olho roxo, supostamente resultado de um soco de Trump. Fingindo humilhação, o organizador articulou o que talvez fosse a única verdade inegável do combate: "Donald Trump sabe entreter".¹²

A CAMPAINHA TOCA e um mordomo anuncia a chegada do casal famoso: "Senhor, é com grande prazer que apresento o sr. e a sra. Donald Trump!"¹³ Donald e Marla Maples entram pela porta, surpreendendo o público no estúdio e os milhões de telespectadores da comédia *Um maluco no pedaço*. "É O Donald! Ai, meu *Deus*!", exclama um personagem antes de desmaiar. Outra pega a mão de Donald e diz efusivamente: "Você parece muito mais rico pessoalmente!"

Em 1994, quando apareceu em *Um maluco no pedaço*, a comédia que inaugurou a carreira de ator de Will Smith, a fama de Trump como empreendedor imobiliário e autor de *best-seller* o havia transformado numa personalidade cobiçada em Hollywood. Os produtores imploravam para Trump dar a suas séries e filmes um momento de autenticidade representando a si mesmo, o mais famoso magnata do mundo, um *showman* de beleza infantil e riqueza e ego incomensuráveis. Em vez de novos arranha-céus e cassinos, Trump apenas vendia a si mesmo em participações em filmes como *Zoolander* e *Esqueceram de mim 2 – Perdido em Nova York*, bem como em programas de comédia como *The Drew Carey Show* e *The Nanny*, de Fran Drescher.[14] Suas primeiras aparições incluíram um papel em *Os fantasmas não transam*, um filme em que ele diz à personagem interpretada por Bo Derek: "Nesta sala, há facas afiadas o bastante para cortar seus ossos e corações frios o bastante para comer o seu como aperitivo".[15]

Derek tira os óculos. "Você é bonitinho demais para ser mau", ela ironiza.

"Você notou", Trump responde, fazendo o famoso biquinho (essa *performance* o fez ganhar um Framboesa de Ouro de Pior Ator Coadjuvante).

Trump, o magnata, queria que o mundo visse um executivo durão, quase tirano, mas Hollywood via Trump como um artista interessado, cooperativo, que decorava as falas, não exigia muita direção e era "muito exigente com seu cabelo", afirma Shelley Jensen, que o dirigiu em *Um maluco no pedaço*.[16] As participações permitiram que Trump risse de sua reputação de futilidade caricatural ao mesmo tempo que divulgava sua marca, sem nenhum custo, para milhões de americanos. Se ele passava uma imagem de melindroso nas entrevistas e relações profissionais – falava com frequência em processar os críticos –, essa era uma oportunidade de se apresentar como alguém de espírito esportivo, capaz de aguentar farpas e até zombar de si mesmo. "Se tivesse de escolher um magnata do ramo imobiliário para um programa", disse Jensen, "você provavelmente iria atrás dele porque era um dos poucos que realmente toparia."[17]

Quatro anos depois, Trump apareceu como ele mesmo em outra *sitcom*, *Spin City*, protagonizada por Michael J. Fox como conselheiro do prefeito fictício de Nova York Randall Winston. Com roteiros de temas da atualidade, os produtores do programa gostavam de criar papéis para nova-iorquinos famosos como o prefeito Rudolph Giuliani, o senador Alfonse D'Amato e o jogador de beisebol Roger Clemens. Em um episódio, o prefeito fictício tem dificuldades para escrever suas memórias, o que faz o personagem de Fox convidar Trump para a prefeitura.

"O sr. Trump aqui escreveu *A arte da negociação*", diz o personagem de Fox ao prefeito, "depois escreveu um novo *best-seller*, *A arte do retorno*."

"Nossa", responde o prefeito, convidando Trump a se sentar. Ignorando a cadeira reservada para convidados, Trump se senta atrás da mesa do prefeito, provocando risos do público. "Deve ter sido difícil começar", o prefeito diz sobre os livros de Trump.

"Primeiro dia, nove capítulos", vem a resposta tranquila.[18]

Walter Barnett, produtor de *Spin City*, disse que o assistente de Trump havia alertado antes da filmagem que seu chefe "era tímido, não gostava de apertar as mãos de ninguém e era germofóbico. Fiquei esperando um cara maluco e paranoico".[19] Quando Trump chegou ao *set*, Andy Cadiff, diretor do episódio, estava preparado para um "pesadelo" porque "tinha a imagem de que ele poderia ser difícil e exigente. Para ser sincero, lembro dele sendo muito simpático. Estava se divertindo. Cooperou muito e entrou na brincadeira, parecia feliz de verdade por participar. Sempre lembro dos babacas e imbecis que foram ao programa, e ele não foi um deles".[20]

Em um episódio de 1999 de *Sex and the City* intitulado "O homem, o mito, o Viagra", Trump representou a si mesmo no Plaza Hotel, que era seu na época. "Um *cosmopolitan* e Donald Trump – não dá para ser mais Nova York do que isso", diz a personagem de Sarah Jessica Parker, Carrie Bradshaw, enquanto os telespectadores veem Trump finalizar uma reunião de negócios em uma mesa dentro do Salão Carvalho. "Escuta, Ed, preciso ir – pense a respeito. Vou estar no meu escritório na Trump Tower", ele diz.[21] Quando Victoria Hochberg, diretora da série, apresentou a Trump uma folha com suas falas, Donald olhou para elas e devolveu o roteiro na hora. "Donald, não quer estudar as falas?", Hochberg perguntou.

"Não, já decorei", ele respondeu, enchendo a diretora de preocupações, entre elas: "Ah, Deus, vai precisar de umas vinte tomadas". Mas então, Hochberg disse, "ele acertou na primeira. Donald de tomada única".[22]

Em 2000, Trump se lançou em mais um papel provocativo. No evento Inner Circle, em Nova York, uma produção anual com esquetes satíricas de repórteres da prefeitura e do prefeito, Trump, representando a si próprio, dá em cima do prefeito Rudy Giuliani, que representa uma mulher fazendo compras numa loja de departamentos. "Sabe, você é muita bonita", Trump diz à personagem de Giuliani, que usava um vestido e uma peruca loura. Quando a personagem do prefeito experimenta um pouco de perfume, Trump enfia o rosto no pescoço e nos seios de Giuliani. "Ah, seu garoto safado – Donald, pensei que fosse um cavalheiro!", grita Giuliani.[23]

A inspiração de Eliot Cuker, diretor do evento, para criar o papel de Trump veio do fato de o conhecer do círculo social de Nova York, em que suas conversas típicas envolviam avaliar a beleza feminina. "Sempre falávamos de mulheres; o que você acha dessa ou daquela ali; era como se ele fosse um juiz itinerante", Cuker disse. Pedir para Trump "dar em cima de Rudy" não parecia um exagero: "Dei a ideia para ele do que iria acontecer – Rudy é uma mulher atraente, vocês vão ter uma cena romântica. Você quer dar um beijo nela. Vai a partir disso. Não falei para ele beijar os seios do prefeito. Ele mesmo fez isso. Era espontâneo e aberto a tudo, e essas são características de um verdadeiro *showman*".[24]

Mas Trump tinha seus limites. Quando apresentou o *Saturday Night Live* em 2004, rejeitou a proposta do roteirista T. Sean Shannon de que representasse um tatuador que só tatua o rosto dos clientes porque todas as outras partes do corpo saíram de moda. "Ele falou algo como: 'Não, isso eu não vou fazer. O que mais você tem?'."[25] Shannon disse. O roteirista pensou em outro esquete baseado em *O príncipe e o mendigo*, em que Trump representaria um zelador e Darrell Hammond seria seu gêmeo idêntico, um magnata. Como zelador, Trump disse ao sósia que seu escritório "parece um museu do Liberace" e que "parece que você matou um esquilo [...] e o botou em cima da cabeça". Mas Trump pediu que Shannon mudasse o esquete para que o príncipe e o pobre não fossem irmãos. "Só não quero que ele seja meu irmão porque não quero que as pessoas pensem que estou tirando sarro dele", Trump disse a Shannon.[26]

Segundo Shannon, Trump "estava disposto a rir de si mesmo. Todos os dias, estava preparado. Não ficava nervoso. Era muito carismático e direto. Sempre era aquela *persona*. Ele era Donald Trump o tempo todo". Ainda mais em seu monólogo de abertura. "É muito bom estar aqui no *Saturday Night Live*, mas vou ser bem sincero – é ainda melhor para o *Saturday Night Live* que eu esteja aqui", ele se gabou. "Ninguém é maior do que eu. Ninguém é melhor do que eu. Sou uma máquina de audiência." Em seguida, comunicou ao público que *The Apprentice* era o programa mais assistido do país, e que ele era a "personalidade mais bem paga dos Estados Unidos. E, como todos aqui sabem, *mais bem paga* quer dizer 'melhor', certo?"[27]

No Emmy Awards do ano seguinte, Trump se arriscou em outra área artística. Diante de uma audiência de televisão ao vivo, usando um chapéu de palha e um macacão, e segurando um forcado, Trump se juntou à estrela de *Will & Grace* Megan Mullally para cantar uma versão satírica de "Green Acres" que incluía uma referência à Trump Tower.[28] A canção era parte do *Emmy-Idol*, uma sátira do *American Idol* em que os artistas se apresentavam e o público votava no vencedor. Trump e Mullally venceram, levando uma crítica a escrever: "A transformação de Donald de magnata empresarial em personagem excêntrico da cultura *pop* agora está completa".[29] No dia seguinte, o celular de Mullally tocou. Era Trump dizendo: "Escuta, precisávamos muito vencer aquilo e vencemos, e você desempenhou um grande papel nisso, então gostaria de agradecer".[30] Apresentar-se diante de 14 milhões de americanos não era o suficiente. Qualquer que fosse o lugar, Trump precisava vencer.

Em 22 de janeiro de 2005, Trump estreou em outro evento que foi tema de muitas atenções: o casamento com sua terceira esposa, Melania Knauss, uma modelo de 1,80 metro que havia imigrado da antiga Iugoslávia para os Estados Unidos. Jeff Zucker, na época diretor da divisão de entretenimento da NBC, queria exibir a cerimônia ao vivo, uma ideia que Trump achou interessante, pensando que a publicidade poderia ser vantajosa para *The Apprentice*.[31] Mas recusou a oferta. A verdade era que o casal Trump não precisava da NBC para atrair as atenções para o seu casamento em Mar-a-Lago. A *Vogue* produziu uma sessão de fotos de Melania em seu vestido Dior de 100 mil dólares, que os artesãos haviam passado 550 horas decorando com 1.500 cristais.[32] Os colunistas de fofocas ficaram ansiosos com a lista de convidados, que incluía Bill e Hillary Clinton, Rudy Giuliani, Barbara Walters, Derek Jeter e Arnold Schwarzenegger. Paul Anka, Tony Bennett, Elton John e Billi Joel se alternaram, tocando para o casal.[33] Trump aproveitou a celebração para exibir o novo salão de baile de Mar-a-Lago, com o forro e as pias do banheiro folhadas a ouro.

Aos 52 anos, depois de dois divórcios, Trump parecia ter encontrado uma parceira que satisfazia seu antigo desejo de uma "mulher que não dá muito trabalho", que não roubaria as atenções dele.[34] Melania, que tinha 34 anos quando se casaram, não gerava manchetes nem tentava se sobrepor a ele. Os filhos mais velhos de Trump se referiam a ela como "o Retrato" de tão pouco que ela falava. Nascida Melanija Knavs na antiga Iugoslávia, ela cresceu em um edifício simples de concreto na cidade montanhosa de Sevnica. Sentindo-se reprimida sob o regime socialista do país, Melania dizia a seus amigos do ensino médio que queria sair da cidade e viajar pelo mundo. Seu caminho foi a carreira de modelo. Mudando o sobrenome para Knauss, trabalhou como modelo em Milão, Paris e, a partir de meados da década de 1990, Nova York.

Juntando dinheiro e evitando o circuito de clubes noturnos de Manhattan, Melania preferia o anonimato. "Ela era muito caseira", disse Edit Molnar, amiga e também modelo.[35] No entanto, certa noite em 1998, Melania estava no Kit Kat Klub porque sua agência de modelos estava dando uma festa. Donald, que havia se separado de Marla Maples recentemente, estava no evento acompanhado por Celina Midelfart, uma bela herdeira norueguesa. Mas Trump notou Melania e pediu seu número de telefone. "Ela é incrível", Trump disse a Molnar naquela noite. "Quero aquela mulher." Melania resistiu, sabendo que Trump havia ido à festa com outra mulher. Mas Trump persistiu e, pouco depois, eles começaram a sair. Ele lhe apresentou celebridades como Michael Jackson, Céline Dion, Michael Douglas e Catherine Zeta-Jones. Melania não ficou muito impressionada. "Eu também estava com uma celebridade", ela disse, "então não era algo novo para mim."[36]

Ao lado de Trump, a morena de olhos azuis cor de gelo e corpo esbelto nunca tinha sido alvo de tantos *paparazzi*. Trump se gabava de que sua namorada era "uma modelo de muito, muito sucesso", mas o momento de maior destaque dela ocorreu depois do início do relacionamento dos dois, quando a revista *Sports Illustrated* a incluiu em sua edição de maiôs. Em janeiro de 2000, ela estava na capa da edição britânica da *GQ*, deitada sobre uma coberta de pele no Boeing 747 de Trump, aparentemente nua exceto por uma gargantilha e braceletes de diamantes. A manchete dizia: "Sexo a 30 mil pés. Melania Knauss faz por merecer suas milhas aéreas". A matéria também mostrava Melania algemada a uma maleta de couro cheia de joias e equilibrada sobre a asa do avião, usando sutiã e tanga vermelhos e apontando uma pistola, como se tivesse saído de um filme de James Bond.

Depois do casamento com Trump, Melania vendeu joias em um canal de telecompras e lançou uma linha de cremes faciais com caviar. Após o nascimento de seu filho, Barron, em 2006, o mesmo ano em que garantiu sua cidadania americana, Melania se dedicou sobretudo a ser mãe. Se Donald estava muito ocupado para acompanhar a esposa nas férias, como acontecia com frequência, ela viajava com Barron. Seus pais ajudaram com o bebê, ficando na Trump Tower e em Mar-a-Lago, como os antigos sogros de Donald tinham feito com seus filhos mais velhos. A ausência de Trump não parecia incomodar a esposa. "Nós dois somos muito independentes", Melania disse em seu inglês pausado (ela também fala italiano, francês e alemão). "Damos espaço um para o outro. Deixo que ele fique em paz, para tornar sua paixão e seus sonhos realidade – e ele faz o mesmo comigo. Não acredito em mudar uma pessoa. Você precisa entender essa pessoa e deixar que ela seja quem é."

Apesar de toda a liberdade que dava a Trump, Melania não era permissiva: "Sou muito obstinada. Sou muito forte. Digo sim ou não. Não sou uma pessoa de talvez. Sei do que gosto". Ela se indignou quando uma jornalista a descreveu como uma mulher que vive silenciosamente à sombra de Trump: "Não sou tímida. Não sou reservada, [mas] não preciso [...] correr atrás de atenção". Ela e o marido, disse ela, adotavam papéis tradicionais: "Gostamos das mesmas coisas. Somos muito detalhistas".[37]

Para os confidentes de Trump, o temperamento de sua terceira esposa parecia equilibrar melhor o dramatismo dele: "De todas as três mulheres, Melania é a que lida melhor com Donald", disse Louise Sunshine, que trabalhou durante décadas como consultora próxima a Trump. "Ela é muito independente. Ele é muito independente. Ela não hesita em distinguir o bom do mau, o certo do errado para Donald."[38] Com o passar dos anos, Melania se tornou mais uma dona de casa do que uma modelo glamorosa. A seus olhos, a vida deles era definida por uma rotina tranquila. Eles acordavam às 5h30. Ela praticava pilates. Ele lia os jornais. Quando ele estava na cidade, eles preferiam jantar em casa e assistir a um jogo de beisebol ou basquete na televisão enquanto ele monitorava seu Twitter. Ela tentou, com certo sucesso, convencê-lo a não exagerar nas sobremesas: "Dou minhas opiniões. Às vezes ele escuta, às vezes não".[39]

A visão que Donald tinha de Melania era parecida: "Ela é uma pessoa muito fechada [...] É muito inteligente. E não tem joguinhos. Sabe, é *bum* – direto ao ponto. Mas uma pessoa muito inteligente; e considerada uma das maiores beldades".[40] Trump acreditava que Melania era sua principal estimuladora, a parceira "que me dá base". Finalmente, ele tinha uma esposa que sabia como cumprir seu principal dever, servindo como sra. Donald Trump, sorrindo a seu lado (normalmente à esquerda), fortalecendo sua marca e sem criar nenhum momento de drama que roube os holofotes ou o distraia de sua ambição crescente.

Em 2011, a envergadura de Trump como *showman* de grande renome foi reconfirmada quando a Comedy Central o tornou alvo de um *roast** repleto de astros, uma honra antes concedida a personalidades como Hugh Hefner, Chevy Chase e William Shatner. Com Melania e Ivanka na plateia, Trump sorria e fazia caretas enquanto Seth MacFarlane, o criador de *Uma família da pesada*, o *rapper* Snoop Dogg e outros artistas riam de seu cabelo, seus vários casamentos e seu narcisismo. "Você arruinou a vida de mais modelos do que a bulimia", disse a comediante Lisa Lampanelli. MacFarlane descreveu Trump como "a segunda maior tragédia que já atingiu Nova York" e o comediante Jeff Ross afirmou que o ego de Trump é "tão grande que ele se filma se masturbando e depois se masturba vendo o vídeo". Trump e Melania, segundo Ross, "são tão compatíveis que os dois gritam o nome de Donald quando chegam ao clímax".[41]

Na sua vez de falar, Trump fez o seu papel, dizendo à plateia "Que grande honra deve ser me honrar esta noite". Ele também tinha resposta aos comentários sobre seu cabelo. "Qual a diferença entre o meu cabelo e um guaxinim

---

* Evento de comédia em que uma pessoa é alvo de piadas, insultos, elogios e histórias – tanto verdadeiras como falsas –, encontrado em muitos programas da televisão americana. (N. da T.)

molhado? O guaxinim não tem a porra de 7 bilhões de dólares na conta". Na época, o empresário considerava concorrer às eleições presidenciais de 2012, e o programa era um veículo para demonstrar que, apesar de sua riqueza, ele ainda conseguia rir de si mesmo. Trump "provou para cada eleitor americano que é casca-grossa", Ross afirmou para o público, " que sabe brincar, que é um homem do povo".

Apesar da imagem de diversão, os artistas disseram que Trump havia pedido antes do programa que eles evitassem o único assunto que ele considerava fora dos limites: a verdadeira dimensão de sua riqueza. "A regra de Trump era: 'Não digam que tenho menos dinheiro do que falo que tenho'", disse Anthony Jeselnik, um dos comediantes que se apresentou naquela noite. "'Tirem sarro dos meus filhos o quanto quiserem. Só não falem que não tenho tanto dinheiro.'"[42]

Em 2013, a World Wrestling Entertainment, de McMahon, colocou Trump em seu Hall da Fama durante uma cerimônia ruidosa no Madison Square Garden. Depois de um vídeo promocional apresentá-lo como um "magnata dos negócios, autor de *best-sellers*, astro de *reality show*", Trump entrou no palco sob uma mistura inquietante de aplausos, vaias e xingamentos. Sem se perturbar, Trump chamou sua inclusão de "a maior honra de todas". Ele prometeu uma revanche contra McMahon em que iria "acabar com a raça dele!" As vaias e os xingamentos continuaram, diminuindo apenas quando Trump apresentou sua esposa e sua filha Ivanka, que estavam na plateia. "Amo muito todos vocês", Trump disse enquanto concluía seu discurso, "mesmo aqueles que não me amam tanto."[43]

Dois anos mais tarde, pouco depois de seu aniversário de 69 anos, Trump declarou estar pronto para um tipo diferente de espetáculo. Estava determinado a provar que o verdadeiro *showman* poderia atuar em qualquer palco, até no maior do mundo. Isso envolveria ajustes. Ele sairia do ramo de concursos de beleza, por exemplo, vendendo suas participações no Miss Universo por 49,3 milhões de dólares.[44] "Vendi porque vou concorrer à presidência", disse. Reconsideraria o bom senso de alguns de seus momentos mais extravagantes, inclusive os comentários grosseiros sobre sexo que havia feito no programa de rádio de Howard Stern: "Nunca achei que fosse me candidatar nem me tornar um político".[45]

16

CAMALEÃO POLÍTICO

Trajando um terno azul-marinho, Donald Trump entrou na igreja Marble Collegiate, na Quinta Avenida, dois quilômetros ao sul da Trump Tower. Ali tinha sido cenário de muitos momentos memoráveis: era o local onde ele casara com Ivana e onde aprendera o poder do pensamento positivo com Norman Vincent Peale, o antigo pastor da igreja.[1] Agora, ele estava lá para se despedir de seu pai. Fred Trump morrera quatro dias antes, em 25 de junho de 1999, aos 93 anos. Os primeiros sinais da doença de Alzheimer tinham aparecido cinco anos antes. Donald e Fred estavam juntos em um carro quando Donald disse com orgulho ao pai que tinha acabado de comprar o terreno embaixo do Empire State Building. "É um prédio alto, não é?", respondeu Fred. "Quantos apartamentos tem esse prédio?"[2]

Depois desse dia, Donald viu seu pai definhar pouco a pouco, e agora Fred estava em um caixão, rodeado de rosas brancas. Centenas de pessoas – políticos, empreendedores imobiliários e celebridades – lotavam a igreja.[3] Com os raios de sol do fim da manhã entrando pelas dez janelas de vitral do santuário,[4] familiares compartilhavam histórias sobre o Trump mais velho:[5] como ele assoviava ao saltar os degraus da escada ao chegar em casa depois de um longo dia de trabalho; como ele ensinava aos netos o valor de um dólar; como seu poema favorito era "Don't Quit" ["Não desista"]. O prefeito Rudolph Giuliani proclamou que Fred Trump ajudara a fazer de Nova York a "cidade mais importante do mundo".[6]

Quando chegou a vez de Donald, ele refletiu sobre a grandeza de seu pai listando projetos icônicos construídos por ele próprio com o apoio incansável de Fred – Grand Hyatt, Trump Tower, Trump Plaza, Trump Taj Mahal, Trump Castle.[7] Era irônico, disse, que ele tivesse ficado sabendo da morte do pai logo depois de ler uma matéria do *New York Times* sobre seu último empreendimento, o Trump Place, no West Side de Manhattan. Era outro sucesso, e prova da ética de trabalho que tinha aprendido com o pai. Fred tinha transmitido o mais importante ativo de Donald, emblema de todas as suas conquistas: o nome Trump. "Esse nome simplesmente vende", dizem que Donald teria dito.[8]

O enterro, disse Trump, foi "sem dúvida, o dia mais difícil da minha vida".[9] O pai era o melhor amigo dele.[10] Sua morte fazia Donald avaliar a própria vida. Trump, raramente introspectivo, disse em uma entrevista para o seu livro que se sentia "solitário e responsável, porque eu era muito próximo do meu pai".[11] Ele começou a se ver de forma diferente, não só como o novo patriarca da família ou como um construtor, mas como alguém que podia ajudar a mudar o mundo.[12]

Trump recebeu uma carta de condolências de John F. Kennedy Jr., que tinha três anos quando seu pai, o presidente Kennedy, foi assassinado por um tiro.[13] "Não importa onde você esteja na vida, perder um pai o faz mudar", escreveu Kennedy, cuja fama em Nova York, na época, rivalizava com a de Trump, e a quem os democratas frequentemente pediam para se candidatar. No mesmo dia em que Trump abriu a carta, Kennedy, então com 38 anos, morreu durante a queda de um avião que estava pilotando, matando também os passageiros: a esposa e a cunhada.[14] Trump, então com 53 anos, via paralelos entre os Trump e os Kennedy. Afinal, os elogiosos obituários sobre seu pai tinham sido dignos de um grande estadista.[15] Anos depois, Trump diria que a morte de seu pai foi talvez o que o impulsionou "internamente" a finalmente decidir que queria ser presidente.[16] Era uma decisão que vinha sendo tomada fazia anos.

"Você tem alguma conexão política?", perguntou a colunista de fofocas Rona Barrett em partes nunca divulgadas de uma entrevista de 1980, quase duas décadas antes do funeral de Fred Trump.

"Com certeza, não", respondeu Trump. "Absolutamente não." Trump estava sentado em um sofá de seu apartamento na Quinta Avenida, vestindo um terno cinza-escuro e uma gravata de tamanho desproporcional com listras diagonais. A entrevista – provavelmente a primeira dele na emissora – fazia parte de um especial da NBC, *Rona Barrett Looks at Today's Super-Rich* [Rona

Barrett investiga os super-ricos de hoje].¹⁷ Trump queria promover a Trump Tower, mas Barrett preferia falar de outra coisa: o instinto competitivo e o desejo de poder de Trump. Quando ela perguntou sobre a tendência dele de tomar decisões controversas, Trump abruptamente guiou a conversa para o que via como uma falta de liderança nos Estados Unidos. O preço da gasolina estava disparando, e a inflação andava desenfreada. Mais de cinquenta americanos capturados na embaixada dos Estados Unidos no Irã ainda eram reféns, enquanto, segundo Trump, "a gente fica aqui e aceita os abusos de todo mundo. [...] Não acho que o país esteja indo na direção correta".¹⁸

A entrevista foi gravada um mês antes da eleição presidencial. Trump doara ao presidente Jimmy Carter enquanto ajudava seu oponente, Ronald Reagan, a arrecadar dinheiro. Reagan, ex-ator, concorreu à Casa Branca usando um *slogan* memorável: "*Let's Make America Great Again*".* Barrett ficou chocada com a guinada de Trump para o assunto da política. "Você gostaria de ser presidente dos Estados Unidos?", perguntou ela.

Não, disse ele. A política é uma "vida cruel [...] Abraham Lincoln provavelmente não seria eleito hoje por causa da televisão. Ele não era um cara bonito, e não sorria nunca". Trump disse que conhecia pessoas que seriam "excelentes" presidentes porque eram "extraordinariamente brilhantes [...] muito, muito confiantes [...] e têm o respeito de todos". Nenhuma delas buscava o cargo por causa do escrutínio midiático, que ele dizia ser uma tragédia. "Um homem poderia transformar este país. Um único presidente adequado poderia transformar este país."

Trump não era ingênuo em matéria de política. Ele e seu pai havia anos faziam sucesso na cultura nova-iorquina, na qual é preciso pagar para entrar no jogo, em parte por cultivar laços com políticos eleitos locais. Trump quase sempre acatava os pedidos de dinheiro vindos de assessores. Seu critério era simples: ele queria um vencedor, alguém que, uma vez eleito, fosse um aliado.¹⁹ Às vezes, doava para dois oponentes em uma mesma eleição.²⁰ Não mostrava preocupação com as visões políticas nem com o partido de um candidato. "Ele queria alguém que continuasse subindo [...] e que fosse manter uma relação com o tempo", disse o consultor democrata de Nova York George Arzt, que, ao longo dos anos, pediu que Trump apoiasse diversos candidatos.²¹

---

* "Vamos fazer os Estados Unidos voltarem a ser grandes", mesmo *slogan* usado por Trump. (N. da T.)

No fim dos anos 1980, a generosidade de Trump chamou a atenção de uma comissão de Nova York que investigava possíveis casos de corrupção. Armada de poder de intimação, a comissão chamou Trump para depor em março de 1988.[22] Sob juramento, ele admitiu que as doações políticas faziam parte de seus negócios havia quase duas décadas. Ele doava tão abertamente que às vezes perdia noção dos valores. Quando um advogado da comissão pediu que ele confirmasse ter doado 150 mil dólares a candidatos locais só em 1985, Trump respondeu: "Eu realmente não sei. Suponho que esteja correto, sim".

A quantia doada por Trump em 1985 era três vezes o limite anual para indivíduos (50 mil dólares) ou trinta vezes o teto para empresas (5 mil), segundo a lei estadual nova-iorquina. Mas Trump "burlava" a lei, como descobriu uma comissão estadual, pulverizando as doações entre dezoito empresas subsidiárias.[23] Cada uma tinha um nome diferente[24] – como Shore Haven Apartments Nº 2, Inc.; Shore Haven Apartaments Nº 3, Inc.; e Shore Haven Apartments Nº 6, Inc. –, mas Trump tinha controle significativo sobre todas. Ele disse aos investigadores que não sabia "o motivo exato" para fazer dessa forma; seus advogados mandavam fazer assim.

Trump descobriu também outras maneiras de ajudar financeiramente os candidatos. Em junho de 1985, foi fiador de um empréstimo de 50 mil dólares para a campanha de Andrew Stein, democrata que estava concorrendo à presidência da Câmara Municipal de Nova York.[25] Seis meses depois, com a dívida ainda em aberto, Trump a pagou. Ele disse aos investigadores que esperava que a campanha de Stein pagasse o empréstimo e que só ficou sabendo que sairia de seu bolso quando o prazo venceu. Mais de trinta anos depois, Stein disse em entrevista que não se lembrava do empréstimo, mas que incorporadoras imobiliárias eram próximas de políticos municipais na época.[26]

Os negócios de Trump se expandiram para além de Nova York nos anos 1980 – e as doações também. Ele doou mais de 72 mil dólares a candidatos federais em 1988, 47 mil acima do permitido pela lei federal.[27] A Comissão Eleitoral Federal descobriu a infração anos depois, durante uma auditoria, e o multou em 15 mil dólares. "Íamos contestar, mas teria custado mais dinheiro que o acordo", disse Trump na época.

MICHAEL DUNBAR, FABRICANTE DE MÓVEIS em Portsmouth, New Hampshire, reconheceu a capacidade de Trump de se conectar com as massas. Na primavera de 1987, quase um ano antes das primárias de seu estado, que seriam as primeiras da nação, o ativista do Partido Republicano estava procurando um candidato presidencial. Folheando o *Wall Street Journal*, Dunbar ficou fascinado com a perspicácia para os negócios e a personalidade de Trump. Ele enviou correspondências encorajando os republicanos a "alistar Trump". Amigos disseram a ele que a ideia era ridícula, mas Dunbar convidou Trump para palestrar no Rotary Club local. Trump, intrigado, chamou Dunbar para discutirem a ideia na Trump Tower naquele verão.[28]

Dunbar ficou maravilhado com a opulência do saguão da torre, depois subiu ao escritório do 26º andar, onde Trump lhe ofereceu uma Coca *diet* enquanto debatiam a proposta de Dunbar: Trump iria de helicóptero particular até um aeroporto de New Hampshire, discursaria para a plateia do Rotary no restaurante Yoken's e daria uma entrevista coletiva. Negócio fechado.[29]

Algumas semanas depois, Trump fez anúncios de página inteira opinando sobre política externa no *New York Times*, no *Washington Post* e no *Boston Globe*, que era bastante lido por eleitores de New Hampshire.[30] "Não há nada na política de defesa americana que não possa ser resolvido com um pouco de firmeza", escreveu ele nos anúncios, que custaram, no total, 95 mil dólares.[31] A propaganda foi um primeiro retrato do pensamento político de Trump, com ideias que ele repetiria de formas diversas durante décadas. Ele questionava por que os Estados Unidos continuavam a pagar para proteger o Japão e a Arábia Saudita: "Taxem essas nações ricas, não os Estados Unidos. Acabem com nossos enormes déficits, reduzam nossos impostos e deixem a economia crescer livre do custo de defender aqueles que podem facilmente pagar para defender a própria liberdade. Não vamos mais deixar nosso grande país ser motivo de risada".

A imagem do resto do mundo rindo dos líderes americanos se tornaria um tema permanente da retórica política de Trump. Dessa vez, ela vinha no sétimo ano da presidência de Ronald Reagan, semanas antes da publicação de *Trump: A arte da negociação*, no qual Trump chamava Reagan de "intérprete talentoso", mas questionava se "havia algo por trás daquele sorriso". O tapa no presidente foi uma surpresa: os Trump eram republicanos desde a era Goldwater e tinham arrecadado dinheiro para Reagan. A aprovação do presidente estava em 51%, a bolsa de valores estava em alta e o desemprego tinha caído abaixo de 6% pela primeira vez na década. Mas, no retrato de Trump, os Estados Unidos eram uns babacas em quem o mundo todo estava passando a perna.

Trump já tinha dito antes que era mais do que capaz de fechar o tipo de negociação de redução de armas nucleares que se tornaria uma das conquistas de maior orgulho para Reagan. Em 1984, ele declarou a um repórter do

Washington Post que sonhava em usar suas habilidades de negociação em conversas sobre desarmamento nuclear com os soviéticos: "Algumas pessoas têm a capacidade de negociar. É uma arte que basicamente nasce com você. Ou você tem ou não tem". Não importava que Trump não fosse nenhum especialista em mísseis. "Levaria uma hora e meia para aprender tudo o que há para saber sobre mísseis. [...] Acho que já sei quase tudo, de qualquer jeito. Você está falando só sobre se atualizar da situação".[32]

NO DIA DA PUBLICAÇÃO DOS ANÚNCIOS de Trump sobre política externa, ele divulgou que iria a New Hampshire, a maneira perfeita de atiçar a especulação política. Perguntaram se ele iria se candidatar. "Não há absolutamente plano nenhum de ele se candidatar a prefeito, governador ou senador dos Estados Unidos", respondeu um porta-voz não identificado. "Ele não comentará sobre a presidência." A manchete do *New York Times* alimentava a expectativa: "Trump dá vago indício de candidatura".[33]

Na clara manhã de 22 de outubro de 1987, o helicóptero de Trump pousou em um aeroporto de New Hampshire, onde uma limusine paga por Dunbar levou o empresário ao restaurante Yoken's. Lá, uma multidão esperava segurando cartazes que diziam VOTE EM TRUMP PARA PRESIDENTE e VOTE FOR AN EN-"TRUMP"-ENEUR.* Em sua palestra, Trump reprisou temas de seu anúncio. Quanto à presidência, disse, "já tivemos muitos caras dizendo: 'Vote em mim porque eu sou legal'. Não tenho nada contra gente legal, mas pessoalmente já me cansei deles".[34]

Mas o que Trump disse aos repórteres reunidos ali decepcionou Dunbar: "Não estou interessado em concorrer à presidência".[35] Dunbar se perguntava por que Trump tinha se dado ao trabalho de ir a New Hampshire. Seria só um truque promocional para o livro? Mais tarde, Dunbar recebeu uma cópia da publicação, com a dedicatória: "Ao Michael: aprecio muito sua amizade – Você criou uma parte muito excitante da minha vida – Ao futuro". Dunbar esperava ter plantado uma semente.[36]

O BREVE FLERTE DE TRUMP com uma candidatura tinha terminado, mas sua declarada riqueza atraía políticos de ambos os partidos. Em 19 de novembro

---

* Trocadilho que substitui parte da palavra inglesa *entrepreneur*, ou seja, "empreendedor", pelo sobrenome Trump. (N. da T.)

de 1987, Frank Donatelli, assistente de Reagan para assuntos políticos e intergovernamentais, enviou um comunicado a Tom Griscom, secretário de imprensa do presidente, avisando que os congressistas democratas queriam que Trump fosse anfitrião de um evento de arrecadação de fundos. "As proezas dele na arrecadação são significativas e, se aceitar, ele poderia aumentar consideravelmente o valor do Partido Democrata no ano que vem", escreveu o assistente de Reagan. "Seria muitíssimo útil se o senhor telefonasse para Don Trump hoje. Ele tem um ego enorme e responderia bem à sua ligação."[37]

Trump declinou o convite dos democratas para arrecadar fundos. Republicanos importantes continuaram a cortejá-lo como doador ou futuro candidato. Naquele Natal, com a corrida presidencial encaminhada, o ex-presidente Richard Nixon escreveu uma carta a Trump depois que sua mulher, Pat, viu o empresário no *Phil Donahue Show*: "Caro Donald, não vi o programa, mas a sra. Nixon me disse que você estava ótimo. Como pode imaginar, ela é especialista em política e prevê que, quando você decidir se candidatar, será vencedor!"[38]

Apesar de não ser candidato, Trump se deleitava com a curiosidade sobre suas ambições e com sua importância política emergente. Ele intensificou sua turnê de imprensa, dando entrevistas nas quais repetia sua posição sobre assuntos como comércio, se abrindo para perguntas sobre suas ambições. "Isso me soa como conversa política, presidencial", disse Oprah Winfrey a Trump quando ele apareceu no popular programa de entrevistas dela, em 1988.

"Não acho mesmo que tenho inclinação para isso", disse Trump. "Eu provavelmente não faria, Oprah, mas fico cansado de ver o que está acontecendo neste país. E, se ficasse ruim demais, eu nunca descartaria totalmente a possibilidade." Se ele se candidatasse, adicionou, teria "chance pacas de vencer".[39]

Alguns meses mais tarde, Trump foi à sua primeira convenção republicana, na qual George H. W. Bush aceitou a nomeação do partido para a presidência. Durante uma entrevista na CNN, o apresentador Larry King perguntou a Trump por que ele tinha ido lá.[40] Trump disse que queria ver "como o sistema funcionava". Depois, vieram as perguntas que o perseguiriam por décadas: como ele classificaria suas visões políticas? King queria saber se Trump se considerava um "republicano da Costa Leste" ou um "republicano Rockefeller/Chase Manhattan", apelido da ala liberal do velho partido.

"Nunca pensei nisso nesses termos", respondeu Trump.

"E 'republicano Bush'?", perguntou King.

Trump, que vivia se gabando de sua enorme riqueza, respondeu como se fosse um homem do povo: "Sabe, os ricos não gostam de mim porque estou o tempo todo competindo com eles e gosto de vencer. O fato é que ando pelas ruas de Nova York e as pessoas que gostam mesmo de mim são motoristas de táxi e operários".

"Então por que você é republicano?"

"Não faço ideia. Sou republicano simplesmente porque acredito em certos princípios do Partido Republicano."[41]

NAQUELE OUTONO, BUSH VENCEU seu oponente democrata, o governador de Massachusetts Michael Dukakis, em parte por pintá-lo como leniente com o crime. Um comitê político pró-Bush publicou anúncios com Willie Horton, um negro que estuprara uma mulher branca de 27 anos durante um fim de semana em que saiu com salvo-conduto de uma prisão de Massachusetts quando Dukakis era governador. A campanha de Bush, então, publicou outros anúncios se referindo ao caso sem mencionar o nome de Horton. Essa combinação foi poderosa. Os anúncios funcionaram, disseram críticos, por alimentar a tensão racial e o medo.

Meses depois, Trump se aproveitou de um crime notório que ameaçava dividir Nova York racialmente. Em 19 de abril de 1989, Trisha Meili, uma banqueira de investimentos branca, de 28 anos, foi correr no Central Park. Enquanto ia da entrada do parque no Upper East Side em direção ao Harlem, ao norte, Meili foi atacada, amarrada com a própria camiseta, espancada com uma pedra, estuprada e deixada à morte em uma poça do próprio sangue. Os médicos disseram aos repórteres que não sabiam se ela ia sobreviver. Se sobrevivesse, sequelas cerebrais eram quase certas. A corredora do Central Park, como ficou conhecida, continuaria inconsciente durante duas semanas.

Cinco garotos, quatro negros e um hispânico, foram presos. Duas semanas depois do crime, milhões de nova-iorquinos que liam os quatro maiores jornais da cidade – o *New York Times*, o *Daily News*, o *New York Post* e o *Newsday* – foram recebidos com um anúncio de página inteira pago por Trump. "Tragam de volta a pena de morte", escreveu ele, alertando sobre "bandos vagantes de criminosos selvagens".[42] Trump usou o crime horrendo como oportunidade para atacar o prefeito Ed Koch. Trump estivera considerando concorrer contra Koch nas primárias democratas e há muito brigava com o prefeito por causa de isenções de imposto que queria para um empreendimento proposto. Trump tinha chamado o prefeito de "idiota", e Koch tinha dito que Trump era "ganancioso".[43]

Agora, Trump usava o caso da corredora do Central Park para ridicularizar ainda mais seu rival. "O prefeito Koch afirmou que o ódio e o rancor deviam ser removidos de nosso coração", escreveu Trump no anúncio. "Eu discordo. Quero odiar esses assaltantes e assassinos. Eles deviam ser forçados a sofrer e, quando matam, deviam ser executados por seus crimes."[44]

Muitos negros viram nos anúncios de Trump não só oportunismo, mas racismo. O reverendo Al Sharpton, na época presidente de uma organização chamada Movimento Africano Unido, clamou que Trump pedisse desculpas publicamente pelo que Sharpton chamou de "anúncio de incitação ao ódio".[45] No dia em que os anúncios saíram, Trump disse em entrevistas para a TV que os adolescentes presos pelo estupro simbolizavam os problemas de Nova York.[46] Trump se apresentava como um homem comum que tinha o dinheiro e a coragem de falar livremente, sem medo de consequências econômicas nem dano a sua reputação: "Eu odeio as pessoas que pegaram essa garota e a estupraram brutalmente. Não tenha dúvida disso".[47]

Trump insistiu em que não era racista. Com a tensão em torno do assunto, ele apareceu naquele mesmo ano em um especial da NBC chamado *Racial Attitudes and Consciousness Exam* [Atitudes raciais e exame de consciência], apresentado por Bryant Gumbel. "Um negro culto tem uma tremenda vantagem sobre um branco culto no mercado de trabalho", declarou Trump no programa. "Acho às vezes que os negros podem pensar que não têm vantagem nisso ou naquilo. Já disse numa ocasião, até sobre mim mesmo, se estivesse começando hoje, que adoraria ser um negro culto, porque acredito que eles têm uma vantagem real." O diretor de cinema Spike Lee disse que a afirmação de Trump era um "lixo".[48]

A corredora sobreviveu ao espancamento brutal, mas ficou com danos permanentes. Os jovens foram condenados de seis a treze anos de prisão. Mas, anos depois, um criminoso conhecido confessou o crime, e o DNA dele era compatível. As condenações foram anuladas, e o município pagou 41 milhões de dólares em um processo de prisão indevida. Trump disse que o acordo do processo era uma "desgraça", se recusou a pedir desculpas e afirmou: "Esses jovens não têm exatamente um passado angelical". Ele disse que não lhes teria dado "um centavo" e insistiu em que "eles devem um pedido de desculpas aos contribuintes da cidade de Nova York por tirar dinheiro dos bolsos deles como se tira doce de bebês".[49] Décadas depois, um dos homens acusados por engano, Yusef Salaam, chamou Trump de "uma pessoa cheia de ódio" que tinha julgado apressadamente e inflamado as tensões na cidade. "Donald Trump começou o incêndio", afirmou Salaam.[50]

Trump não se candidatou a prefeito. O presidente do distrito de Manhattan, David Dinkins, venceu Koch nas primárias democratas e se tornou o primeiro afro-americano a ocupar o cargo mais alto da cidade.

***

No ano seguinte ao do estupro no Central Park, Trump se desgastou no caso com Marla Maples e a batalha para pagar as centenas de milhões de dólares em dívidas. Se ele tinha alguma ambição política, ela estava em suspenso. Em resposta aos boatos de que poderia se candidatar a governador de Nova York, Trump disse a Larry King em 1990 que tinha "interesse zero [...] Você consegue me imaginar candidato? Não diria que eu sou um pouco polêmico demais para isso?".[51]

Trump permaneceu fora do sistema político, mas continuou a influenciá-lo por meio de seus lobistas e de suas doações de campanha. Gastava milhões para influenciar políticos e burocratas, especialmente para proteger os cassinos em Atlantic City dos concorrentes invasores. E não tinha vergonha de usar as bravatas de sempre na Colina do Capitólio.

Em 1993, enquanto depunha a um comitê do Congresso, Trump questionou se os membros de uma tribo de Connecticut, que dirigiam o cassino Foxwoods, segundo ele um sério concorrente de suas operações em Atlantic City, seriam realmente indígenas americanos. "Eles não me parecem índios", disse Trump ao Subcomitê de Assuntos Indígenas da Câmara. Ele afirmou que a tribo não seria capaz de evitar o crime organizado e previa "um grande escândalo".[52]

Esses comentários ecoavam uma entrevista cheia de comentários racistas dada por Trump meses antes.[53] "Acho que tenho mais sangue indígena do que vários dos que se dizem indígenas e que estão tentando abrir reservas", declarou no programa de rádio do irreverente apresentador Don Imus. Imus se referiu às tribos que abriam cassinos como "caciques bêbados", comparando-as a um jogador de basquete afro-americano: "Alguns desses índios de Connecticut se parecem com o Michael Jordan, sinceramente". Trump respondeu: "Acho que, se você for para lá, vai sair dizendo que eles não são índios". O deputado George Miller, democrata da Califórnia que presidia a audiência no Congresso, atacou os comentários de Trump a Imus: "Sr. Trump, o senhor sabe, na história deste país, onde ouvimos essa discussão antes? 'Eles não me parecem judeus', 'Eles não me parecem índios', 'Eles não me parecem italianos'. E esse era o teste para ver se as pessoas podiam abrir um negócio ou não podiam, se podiam conseguir um empréstimo: 'Você é negro demais; você não é negro o suficiente'." Trump respondeu que os cassinos em reservas indígenas recebiam vantagens injustas e "discriminatórias".

Em 2000, quando Nova York estava considerando expandir os cassinos indígenas nos montes Catskill, Trump desempenhou um papel em uma série de anúncios explosivos de TV, jornal e rádio, em que acusava membros da tribo indígena *mohawk* de ter longos registros criminais e ligações com a máfia. Os anúncios mostravam fotos de carreiras de cocaína e seringas e perguntavam: "São esses os vizinhos que queremos?"[54] A campanha contra os cassinos indígenas incluiu uma suposta pesquisa telefônica na qual os respondentes que se opunham aos cassinos em Nova York eram transferidos para o gabinete do governador George Pataki para registrar suas reclamações.[55] Um grupo chamado Instituto de Lei e Segurança patrocinou os anúncios;[56] era fundado por Trump e facilitado por Roger Stone, seu lobista de longa data. Stone, assessor e mediador republicano, tinha trabalhado no comitê de reeleição do presidente Nixon em 1972, participando de truques de campanha que emergiram durante o escândalo de Watergate.[57] O papel de Stone no caso era pequeno, mas importante: ele tinha doado dinheiro a Pete McCloskey, rival de Nixon nas primárias republicanas de 1972, usando um nome falso – a Jovem Aliança Socialista –, e depois vazou para um jornal os supostos apoiadores comunistas do candidato rival. Stone conheceu Trump quando estava em busca de doações políticas para a campanha de Reagan, em 1980. Stone visitou Roy Cohn, advogado de Trump na época, e Cohn o apresentou a Fred e Donald Trump. Stone desenvolveu um afeto pelo jovem Trump e acabaria preenchendo o vazio deixado pela morte de Cohn. Stone se uniu a Paul Manafort (mais tarde gerente da campanha presidencial de Trump, em 2016) e outros para abrir uma empresa de *lobby* em 1981, após a eleição de Reagan. Trump tornou-se um dos primeiros clientes da firma.

Quase duas décadas depois, Stone estava no centro da campanha secreta de Trump contra cassinos em Nova York. Trump tinha pago mais de 150 mil dólares pelos anúncios – além de mais de 300 mil que ele relatou ter gasto com *lobby* junto aos legisladores nova-iorquinos durante a primeira metade dos anos 2000.[58] Mas Trump e Stone nunca relataram os gastos com os anúncios como esforço de *lobby*, como exigia a lei estadual. Admitiram seu papel apenas depois de agências regulatórias começarem uma investigação. A comissão de *lobby* do estado impôs sua maior pena civil até então – uma multa de 250 mil dólares – e Trump concordou em pedir desculpas publicamente.[59] "Entramos num acordo", disse Trump a repórteres. "Estamos felizes de tudo ter dado certo."[60] Como parte do acordo, a comissão de *lobby* concordou em não mandar o caso para ser processado criminalmente. Uma violação da lei estadual de *lobby* gerava uma acusação de contravenção em potencial.[61]

Mesmo assim, Trump continuou a lutar contra o cassino proposto nos Catskills, pintando os jogos de azar no norte do estado como uma ameaça a Nova York. "Isso vai destruir o progresso que foi feito na cidade de Nova York", disse Trump no dia em que concordou com a multa. "Vai escoar o dinheiro da cidade. Em vez de comprar carros e apartamentos, as pessoas vão gastar dinheiro com cassinos."[62] Era disso, claro, que dependiam os negócios dele em Atlantic City, mas aparentemente Trump não via contradição em lutar contra os jogos de azar em Nova York se isso ajudasse os interesses dele em Nova Jersey.

Mesmo enquanto alertava sobre os perigos em Nova York, ele estava pressionando por um cassino indígena em Connecticut. Trump tinha uma parte do projeto, em parceria com os índios *paucatuck*. Segundo um pacto de 1997, Trump concordara em pagar pelos esforços em Washington para a tribo conseguir o reconhecimento federal necessário para operar um cassino.[63] Ele também concordou em fornecer sua *expertise*. Em troca, a tribo pagaria a Trump uma taxa de administração baseada em uma porcentagem dos lucros do futuro cassino. Trump contratou lobistas de uma firma de Miami, a Greenberg Traurig, para ajudar a fazer que a tribo fosse reconhecida federalmente.[64] O lobista Ronald Platt representou o Trump Hotel & Casino Resorts Inc. em 1999 e 2000. A tribo conseguiu o reconhecimento em 2002, mas saiu do negócio com Trump logo depois.[65] Não haveria cassino de Trump em Connecticut, mas ele ainda devia mais de 600 mil dólares à empresa lobista.[66] Trump demorou a pagar, então Platt o visitou em Manhattan. O lobista teve um gostinho do que acontecia quando Trump não ganhava. "Estou aqui para sermos pagos", disse Platt a Trump.

"O prestígio de me representar é tanto que você devia fazer isso de graça", respondeu Trump, segundo Platt.

"Que babaquice", respondeu Platt. Trump então pegou um bloco de notas amarelo, jogou-o na mesa e saiu furioso da sala, de acordo com Platt. Um intermediário correu atrás de Trump e voltou em seguida com o cheque. Platt saiu do escritório e depositou o cheque assim que pôde – antes de Trump mudar de ideia. Trump disse depois que não se lembrava de Platt, mas completou: "Se eu não paguei, foi porque ele fez um trabalho horrível".[67]

Enquanto Trump reconstruía seu império e sua vida pessoal, estava acontecendo uma batalha épica pela presidência. Em 1992, uma nova cara na cena política, o governador Bill Clinton, do Arkansas, derrotou o presidente Bush e um bilionário independente, Ross Perot. Clinton se tornou o 42º presidente da nação em janeiro de 1993 e imediatamente anunciou que sua esposa, Hillary Rodham Clinton, teria papel essencial em seu governo, cuidando de criar um plano nacional de saúde. Três meses depois, Tony August, organizador de uma cerimônia de premiação do ramo de jogos de azar em Atlantic City, escreveu à Casa Branca e convidou o presidente Clinton para o evento. Era improvável que ele aceitasse, mas o organizador achou que Clinton se daria bem com o convidado de honra: Donald Trump. "Não sou nenhum casamenteiro", disse o organizador, "mas, se vocês não se conhecem, deveriam. Têm muito em comum – idade, uma visão ampla do futuro e, principalmente, os recursos e o desejo de tornar os Estados Unidos maiores e melhores do que já são."[68] Os Clinton não foram ao evento com Trump, mas seus círculos sociais e profissionais começaram a se misturar. Trump, por exemplo, estava entre os cerca de cinquenta arrecadadores de dinheiro importantes com quem o presidente Clinton se encontrou durante uma viagem a Manhattan em 1994.[69]

Havia limites para as gentilezas sociais. Em 1996, a secretária pessoal de Clinton teve a ideia de enviar um cartão a Trump por seu aniversário de 50 anos. Três dias depois, a mesma secretária orientou a pessoa que cuidava da correspondência pessoal de Clinton: "Cancele a carta a Donald Trump".[70] O empresário, porém, era um apoiador público de Clinton no fim dos anos 1990. "Acho o Bill Clinton incrível", disse Trump em 27 de dezembro de 1997, no programa de entrevistas políticas da CNN *Evans & Novak*. "Acho que ele está fazendo um trabalho maravilhoso. Acho que ele é provavelmente a pessoa mais casca dura que já vi, e que ele é um cara ótimo."

Um mês depois, surgiram relatos de que Clinton vinha tendo uma relação extraconjugal secreta com Monica Lewinski, uma estagiária, e que isso teria começado quando ela tinha 22 anos, em 1995, e durado mais de dois anos. Trump não se abalou, tornando-se um dos defensores mais barulhentos de Clinton. "A melhor coisa que está acontecendo para ele é que a economia está indo muito bem", disse em agosto de 1998, dias depois de Clinton finalmente admitir o relacionamento com Lewinski. "Nunca vi nada assim. Sabe, falam sobre os anos 1980 terem sido bons. Os 1990 são melhores." Quando uma ex-funcionária estadual do Arkansas, Paula Jones, processou Clinton alegando assédio sexual, Trump a chamou de "fracassada" e sugeriu que, se fosse candidato, enfrentaria uma polêmica similar: "Você imagina como seria polêmico? Pense nele com as mulheres. E eu com as mulheres?"[71]

Clinton sofreu um processo de *impeachment* da Câmara por mentir para um júri sobre a relação com Lewinski, mas o Senado não o condenou, permitindo que ele terminasse seu segundo mandato. Trump, por sua vez, começou a pensar mais seriamente em sucedê-lo. Com uma nova eleição se aproximando, Stone, o lobista de Trump, examinou a arena política, liderada pelo republicano George W. Bush e pelo democrata Al Gore. Stone disse que podia ser a hora de Trump, e que o caminho para avançar podia ser em um terceiro partido.[72] O país parecia receptivo a candidatos de fora dos dois grandes partidos políticos. Ross Perot, um bilionário do Texas sem experiência política, recebera 18% dos votos em 1992 e ainda era popular.[73] Trump tinha bastante familiaridade com a ascensão de Jesse Ventura, lutador profissional que ele conhecia da WrestleMania e que tinha, de modo improvável, ganhado o governo de Minnesota em 1998 pelo Partido Reformista.[74] Ventura tinha feito seu nome desfilando com um boá de plumas e, como comentarista da World Wrestling Federation, ridicularizando Hulk Hogan. Se Ventura conseguia deixar de ser conhecido como The Body [O corpo] para ser conhecido como The Governing Body [O Corpo Dominante], talvez Trump pudesse se tornar presidente.

MAIS DE TRÊS MESES DEPOIS do enterro de seu pai, em 8 de outubro de 1999, Trump anunciou no *Larry King Live* que estava saindo do Partido Republicano para entrar no Partido Reformista, que estava qualificado a receber fundos federais devido ao desempenho de Perot nas duas eleições presidenciais anteriores.[75] Cansado do sistema bipartidário, Trump anunciou que estava formando um comitê exploratório para se candidatar à presidência. Em pouco mais de um ano, a avaliação de Trump sobre os anos Clinton deu uma guinada. "Acho que há uma falta de moral neste país", disse ele a King. "Sabe, o que aconteceu nos últimos quatro anos é nojento, e acho que é simplesmente uma enorme falta de moral, e acho que essa moral tem que voltar."[76]

Apesar de entrar para o Partido Reformista, Trump disse que seu exemplo era Reagan, independentemente de suas críticas ao ex-presidente doze anos antes. Trump ainda não estava muito animado com as políticas de Reagan, mas gostava da forma como o ex-presidente agia – a mesma qualidade que ele certa vez criticara: "Ele vai ser lembrado como um grande presidente, e não tanto pelas coisas que fez. Simplesmente havia uma forma de ele se comportar, e o país tinha uma moral com Ronald Reagan que era realmente fenomenal. [...] Uma certa pompa e cerimônia são importantes em um presidente". Trump disse que seu principal concorrente para a nomeação do Partido Reformista, Pat Buchanan, trazia discórdia demais. Trump insistiu em que defendia a inclusão. Quem, perguntou King, Trump escolheria como seu candidato a vice-presidente? Ele nomeou uma possibilidade: Oprah Winfrey, a apresentadora afro-americana que lhe perguntara sobre suas ambições políticas mais de uma década antes.[77]

A SUGESTÃO DE UMA APRESENTADORA de TV como vice-presidente de Trump levantou questões sobre se era tudo só mais um golpe publicitário.[78] Mas ele insistiu em afirmar que a empreitada era séria. Definiu-se como conservador, mas soava como um liberal em muitas questões. Na *Advocate*, uma revista voltada ao público *gay*, Trump reclamou de como Buchanan falava sobre "judeus, negros, gays e mexicanos. [...] Ele quer dividir nosso país".[79] Trump se disse conciliador, afirmando que ampliaria a Lei dos Direitos Civis para incluir proteção a lésbicas e *gays* e permitir que servissem abertamente nas Forças Armadas, repelindo a política conhecida como Don't Ask, Don't Tell [Não pergunte, não conte], da era de Clinton, que suspendia a expulsão de homossexuais das Forças Armadas, mas os proibia de falar sobre sua orientação enquanto estivessem servindo. Trump também reivindicou saúde universal e proteção social por meio de um imposto único sobre os super-ricos e de novos fundos gerados com a renegociação de acordos de comércio.[80]

Duas semanas depois de Trump anunciar seu comitê exploratório, ele apareceu no programa *Meet the Press* [Encontro com a imprensa], no qual o moderador, Tim Russert, o pressionou sobre uma afirmação feita supostamente sobre o caso de Clinton com Lewinski: "Quando você diz que, se o presidente tivesse tido um caso com uma modelo em vez de com Monica, ele seria um herói..."

Trump o interrompeu: "Mas eu não disse isso. Eu disse que tem gente que diz que 'se ele tivesse um caso com uma modelo, seria o herói de todo mundo'. Eu não disse que fui eu que falei".[81]

Trump, que tinha feito incontáveis aparições em programas de TV simpáticos a ele, não parecia estar preparado para o interrogatório de um moderador notoriamente duro como Russert. Trump disse que apoiava o direito ao aborto por nascimento parcial, um procedimento feito com a gravidez adiantada que resulta na morte e remoção do feto intacto de dentro do útero. Stone, conselheiro político de Trump, o acompanhou à entrevista. Quando os dois foram embora do estúdio, Stone disse que Trump admitiu não saber o que era um aborto por nascimento parcial.[82]

Em janeiro de 2000, Trump publicou *The America We Deserve* [Os Estados Unidos que merecemos], livro que começava com uma afirmação dura: "Vamos direto ao ponto. Sim, estou considerando me candidatar à presidência dos Estados

Unidos".⁸³ Ele disse que não se candidataria por "vaidade" e que só entraria na corrida "se estivesse convencido de que posso vencer". Independentemente do que acontecesse, escreveu Trump, ele tinha certeza de que "não políticos representam a onda do futuro". Ele também falou sobre seus comentários anteriores a Russert: "Quando Tim Russert me perguntou no *Meet the Press* se eu proibiria o aborto por nascimento parcial se fosse presidente, meus instintos pró-escolha me levaram a dizer que não. Depois do programa, consultei dois médicos que respeito e, depois de saber mais sobre esse procedimento, concluí que, de fato, eu apoiaria a proibição". Mas qual era sua visão geral? Ele disse que, embora ficasse "incomodado" com o aborto, "apoio o direito de escolha da mulher".⁸⁴

A IMINENTE CAMPANHA DE TRUMP viajou a Minnesota para uma reunião em janeiro de 2000 com seu exemplo, Ventura. Trump e sua futura esposa, Melania Knauss, foram à cobertura do Northland Inn, em Brooklyn Park, um subúrbio de Minneapolis, onde dezenas de membros da campanha de eleição de Ventura os aguardavam.⁸⁵ Trump disse a eles que queria aprender como um homem que começara no último lugar das pesquisas, que alguns consideravam uma piada, acabou governador. Como ele derrotou políticos conhecidos como o prefeito de St. Paul?

Dean Barkley, que tinha liderado a campanha de Ventura, aconselhou Trump: "Seja honesto. Não se trata do que você diz, mas como você diz. E fale com o público, não para o público".⁸⁶ Phil Madsen, que cuidara das operações *on-line* de Ventura, contou a Trump como tinham usado a internet para pedir doações e espalhar sua mensagem.

Trump perguntou sobre a saúde do Partido Reformista, por causa da batalha entre Perot e Ventura acerca da missão do partido. Expressou preocupação em ser membro de um partido que incluía Buchanan e David Duke, antigo "grande mago" da Ku Klux Klan.⁸⁷ Ele se perguntava se as diferenças seriam conciliáveis. Barkley ofereceu pouca garantia de que fossem.

Naquela mesma tarde, Trump e Ventura apareceram em um almoço da câmara de comércio local. Trump, o ouvinte, se fora; o Trump do *showbiz* estava de volta. Ele fez pouco dos candidatos republicanos, arrancando gargalhadas: "Essas pessoas são burras ou o quê?"⁸⁸ Mas Trump preferiu não se candidatar. Em 19 de fevereiro de 2000, ele escreveu um artigo no *New York Times* dizendo que sua campanha exploratória tinha sido "a maior lição de cidadania que um indivíduo pode ter".⁸⁹ Não tinha certeza de que conseguiria ganhar como candidato de um terceiro partido – especialmente um partido sitiado por tantas brigas internas.

Mas outra semente tinha sido plantada. Na verdade, embora ele tenha saído da corrida, o nome de Trump continuou na cédula do Partido Reformista em Michigan e na Califórnia. Ele ganhou as duas primárias.[90]

Enquanto Trump saía da arena, em Nova York outra candidata entrava. Hillary Clinton tentava ser senadora dos Estados Unidos pelo estado natal de Trump, e ele parecia ansioso para apoiá-la. Durante a campanha dela ao Senado, em 2000, a primeira-dama tinha concordado em ser convidada de honra em um evento de arrecadação de fundos para o Comitê Democrata do Estado de Nova York. Judith Hope, presidente estadual do partido, pediu que Trump fosse anfitrião do partido em sua cobertura na Trump Tower. Ele disse a Hope que adoraria, desde que não fosse para mais de cinquenta pessoas. "Sem problemas", respondeu Hope.

Na noite do evento, 250 pessoas espremiam-se, derrubando bebidas e comida nos móveis enquanto disputavam fotos com Trump e Clinton. Hope, envergonhada, pediu desculpas a Trump, que gentilmente não se incomodou.[91] Trump, na época, estava registrado como independente, mas sua visão política era agora bastante conhecida como sendo maleável, adequando-se ao momento como a cor de um camaleão. Ele parecia feliz de estar ao lado de Clinton e ajudar o Partido Democrata estadual. Trump não quis dizer em uma entrevista para seu livro se tinha votado em Hillary Clinton, mas afirmou: "Achei que era uma obrigação conviver bem, inclusive com os Clinton e inclusive com várias outras pessoas. No meu negócio, era muito importante me dar bem com políticos".[92]

Clinton ganhou a vaga no Senado, e Trump continuou contribuindo com ela durante a década seguinte. Fez seis doações às campanhas de Clinton, num total de 4.700 dólares entre 2002 e 2009. Também convidou os Clinton para seu casamento com Melania em 2005.[93] Hillary Clinton sentou-se na primeira fileira da cerimônia em Mar-a-Lago.

Quando Hillary assumiu sua cadeira no Senado, em 2001, Trump se juntou ao Partido Democrata.[94] Anos depois, ele explicou a decisão: "Eu disse a mim mesmo que se fosse me candidatar a alguma coisa em Nova York, o que considerei, seria praticamente impossível ser eleito como republicano".[95] Trump deu seu primeiro apoio público, depois de entrar para o Partido Democrata, a um dos candidatos mais liberais a prefeito de Nova York. Fernando Ferrer tinha sido presidente do distrito do Bronx e estava tentando se tornar o primeiro prefeito hispânico, posicionando-se como contrapeso liberal ao prefeito republicano Rudolph Giuliani, que estava saindo. Ferrer achava que o foco de Giuliani em policiar e comercializar a Times Square tinha sido às custas das classes mais baixas e médias, o que ele chamava de "a outra Nova York".[96] Ele fez campanha com o reverendo Al Sharpton, arrebanhando o apoio dos eleitores negros e latinos. E apoiava o direito ao aborto tardio.

Na véspera da fase decisiva, Ferrer deu uma entrevista coletiva com Trump, esperando que o apoio de última hora o fizesse levar a eleição.[97] Nas semanas seguintes aos ataques do 11 de Setembro, que derrubaram as torres gêmeas do World Trade Center, Ferrer tinha endossado um plano de reconstruir o espaço comercial perdido nos distritos mais periféricos. Trump disse aos repórteres que era um plano "muito inteligente".

Ferrer ficou surpreso de receber o apoio de Trump, e se perguntou: "O que estou fazendo aqui?"[98] Não era o que ele considerava "política séria". Mas, se o ajudasse a vencer, ele aceitaria. Ferrer perdeu a primária para Mark Green, a quem Trump doara 4.500 dólares. A crença de Trump de que só um democrata poderia vencer em Nova York se mostrou infundada. Michael Bloomberg, um bilionário magnata da mídia, concorreu como republicano e venceu a eleição.

Trump continuou a ajudar políticos de ambos os partidos, inclusive um dinâmico ex-promotor público democrata, Eliot Spitzer. Ele tinha conhecido Spitzer nos anos 1990, quando este estava competindo para se tornar advogado-geral de Nova York, com o *slogan* "Total Change" [Mudança total]. "Você é um cara legal, mas nunca vai ganhar", disse Trump a ele. Em 1998, Spitzer ganhou, e Trump enviou a ele um bilhete escrito a mão. "Eu disse que você não ia ganhar. Você ganhou. Boa sorte", dizia, segundo Spitzer.[99] Dentro do envelope estava um cheque de 10 mil dólares para a reeleição de Spitzer. Trump depois prometeria ajudar Spitzer a arrecadar 250 mil dólares para sua campanha bem-sucedida ao governo do estado, o que incluiu dar uma festa em seu apartamento no Trump Plaza. Spitzer pediu demissão durante um escândalo de prostituição em 2008. Em 2013, Trump atacou Spitzer, dizendo que ele era um governador "horrível" e um advogado-geral "que acabou com muita gente boa".[100]

PARA TRUMP, DOAÇÕES POLÍTICAS eram parte das negociações, sugerindo que a prática política dele não era ideológica. "Dou para todo mundo. Quando me pedem, eu dou", declarou. "E sabe do que mais? Quando preciso de algo deles – dois anos depois, três anos depois –, eu ligo para eles. Eles estão lá para me atender."[101] Frank Sanzillo, lobista de Trump em Nova York no fim dos anos 1990 e início dos anos 2000, disse que Trump, em particular, desdenhava dos políticos: "Ele ria deles, tipo: 'Vamos dar 25 mil dólares para essa campanha, isso vai calar a boca deles'. E nosso trabalho era traduzir isso para o político como: 'Ele te adora'". Trump também detestava ir a eventos de arrecadação de fundos, muitas vezes perguntando a Sanzillo: "Quanto mais preciso doar para não ter que aparecer?"[102]

Trump e suas maiores empresas doaram pelo menos 3,1 milhões a candidatos locais, estaduais e federais de ambos os partidos entre 1995 e 2016, sem incluir doações que podem ter vindo de corporações de responsabilidade limitada controladas por ele.[103] Doou 620 mil dólares à Associação de Governadores Republicanos entre 2009 e 2014. De 1995 a 2016, também doou 11.500 dólares a Charles Rangel, deputado democrata de Nova York ("A única coisa sobre a qual Donald Trump já falou comigo foi Donald Trump", lembrou Rangel).[104] Mas Trump declarou que seus votos para presidente eram consistentemente republicanos. Ele votou em Bush em 2000 e disse ter perdido o respeito pelo 43º presidente por causa da forma como ele lidou com a guerra no Iraque, que Trump depois chamaria de "desastre".[105] Trump dizia ter sido contra a guerra desde o começo, mas, quando o apresentador de rádio Howard Stern lhe perguntou, em 11 de setembro de 2002, se ele apoiava a guerra – seis meses antes da invasão –, respondeu: "É, acho que sim. Sabe, eu queria que tivesse sido feito direito na primeira vez". (Cinco dias depois do início da invasão, um repórter do *Washington Post* ouviu Trump dizer em uma festa pós-Oscar que a guerra era uma "bagunça".)[106] Ainda assim, ele votou de novo em Bush, em 2004, porque achava importante "continuar a linhagem republicana". Lembrando do voto de 2004, Trump disse ter mantido distância de Bush ao não fazer eventos de arrecadação para ele. Doou 2 mil dólares à campanha, segundo arquivos federais.[107]

As declarações públicas de Trump enviavam sinais confusos sobre suas inclinações políticas. Em 2006, ele disse que o senador John McCain, que se tornaria candidato republicano em 2008, não conseguiria vencer porque defendia mandar mais tropas para o Iraque. Trump elogiou o candidato democrata, o senador Barack Obama, de Illinois, por suas "maravilhosas qualidades".[108] Ainda assim, Trump contribuiu com 3.600 dólares para McCain durante a campanha de 2008, e votou nele.[109]

Trump mudou de partido sete vezes entre 1999 e 2012.[110] Depois de se registrar como democrata em 2001, ele voltou aos republicanos em 2003. Virou democrata de novo em 2005 e republicano em 2009. Preferiu não se afiliar a partido nenhum em 2011. Depois, retornou ao Partido Republicano em 2012, mais uma vez levantando especulações de que queria a presidência. Quando perguntaram o que ele diria a críticos que viam a constante mudança de partido como prova de que ele não tinha convicções fortes, Trump respondeu: "Acho que tem mais a ver com praticidade, porque, se você vai se candidatar, tem de fazer amigos".[111]

O STATUS DE CELEBRIDADE DE TRUMP o colocou entre os principais concorrentes de 2012.[112] Em uma pesquisa da NBC em parceria com o *Wall Street Journal* entre eleitores das primárias republicanas, divulgada no início de abril de 2011, ele aparece empatado em segundo lugar, atrás de Mitt Romney. Entre apoiadores do movimento Tea Party, Trump liderava.[113] Ele tinha atacado Obama com uma intensidade que nunca demonstrou em relação aos predecessores de Obama. Chamou a lei de atendimento à saúde que era a marca registrada do presidente de "assassina de empregos!"[114] e "uma das maiores ameaças enfrentadas por nosso país".[115] Chamou muita atenção por focar na afirmação, há muito desacreditada (embora aceita por pelo menos um quinto da população), de que o presidente não tinha nascido no Havaí, mas no Quênia, país natal de seu pai. Na NBC, Trump expressou "verdadeiras dúvidas" sobre se Obama tinha nascido nos Estados Unidos, sedimentando seu papel de liderança no que ficou conhecido como movimento *"birther"*. Provocador, quis fazer crer que tinha detetives particulares investigando registros no Havaí: "Tenho pessoas realmente estudando isso, e mal acreditam no que andam achando. [...] Gostaria que ele mostrasse sua certidão de nascimento".[116]

Obama há muito ignorava esse tipo de provocação. Mas, três semanas depois, enquanto Trump se preparava para chegar a New Hampshire para uma visita exploratória, Obama anunciou que tinha mandado um membro da assessoria jurídica da Casa Branca ao Havaí para trazer uma cópia de sua certidão de nascimento completa. Obama divulgou o documento, explicando: "Não temos tempo para esse tipo de bobagem".[117] Dias depois, quando Trump estava entre os convidados do jantar de gala anual do *Washington Post* para correspondentes da Casa Branca, Obama ridicularizou o magnata: "Vejam, sei que ele foi atingido nos últimos dias, mas ninguém está mais feliz, ninguém está mais orgulhoso de acabar com essa questão da certidão de nascimento que O Donald. Pois agora pode finalmente voltar a se preocupar com coisas importantes – por exemplo, será que falsificamos a chegada à Lua?" A plateia gargalhou, enquanto Trump permanecia impassível, embora depois tenha insistido em que não havia problema com as piadas e que a noite tinha sido "fenomenal".[118]

Duas semanas após esse jantar, Trump anunciou que não se candidataria em 2012, dizendo: "Os negócios são minha maior paixão, e não estou pronto para sair do setor privado".[119] Em uma entrevista mais adiante, ele explicou a decisão: "Meus filhos eram mais jovens. Eu estava fazendo vários trabalhos, muitos trabalhos, e queria muito terminá-los. [...] Tinha um contrato assinado com o *Apprentice*".[120] Em 2 de fevereiro de 2012, ele endossou Mitt Romney: "Temos realmente a oportunidade de fazer algo ótimo por nosso país".[121] Trump virou um defensor sem rodeios de Romney, gravando ligações que eram automaticamente enviadas aos eleitores durante as primárias, atacando Obama no Twitter e oferecendo 5 milhões para uma instituição de caridade da escolha de Obama se este divulgasse seu histórico escolar da universidade e seu passaporte.[122] Obama ignorou o pedido.[123] No dia da eleição, Trump foi a Boston para participar do que deveria ser uma festa da vitória de Romney e disse ao *Boston Herald* que "se sentia confiante" sobre o que aconteceria.[124] Quando saíram os resultados, ele ficou perplexo com a derrota, e foi para sua rede favorita, o Twitter, desabafar sua frustração: "Esta eleição é um blefe e uma farsa total".[125] "Vamos lutar que nem o diabo e parar essa injustiça enorme e nojenta!"[126] "Não podemos deixar isso acontecer. O mundo está rindo de nós." "Devemos marchar para Washington e parar esta farsa. Nossa nação está totalmente dividida!"[127] Trump disse anos depois que, se Romney tivesse confiado mais nele, poderia ter vencido a eleição. "Mas eles preferiram não usar meus serviços – por mim, tudo bem, porque sou muito ocupado", contou Trump.

Doze dias depois da eleição de 2012, Trump enviou um pedido ao Escritório Americano de Patentes e Marcas para registrar uma frase que ele queria que fosse sua: *Make America Great Again*.

17

O VALOR DE UM HOMEM

"Sou muito rico." Com essas palavras, Donald Trump ressaltava o que via como uma qualificação fundamental para sua candidatura à Casa Branca. No discurso de anúncio da campanha, em 16 de junho de 2015, seus assistentes distribuíram um documento que afirmava que o patrimônio dele era de mais de 8,7 bilhões de dólares em 2014 – uma fortuna que o colocaria entre as pessoas mais ricas dos Estados Unidos.[1] Trump estava longe de ser a primeira pessoa de grande fortuna a aspirar à presidência. O presidente George Washington havia administrado uma enorme propriedade agrícola viabilizada com o uso de escravos. Mitt Romney, candidato republicano derrotado em 2012, tinha feito fortuna dirigindo a Bain Capital, uma sociedade de capitais de investimento. Poucos, porém, talvez nenhum, haviam proclamado com tamanha ênfase quanto Trump a noção de que um negócio rentável seria uma qualificação importante. Washington foi um general que levou a nação à independência; Romney, um governador de Massachusetts que havia conseguido a aprovação de um programa de saúde. Trump nunca havia assumido nenhum cargo público e tinha confiança extraordinária em sua imagem cuidadosamente elaborada de executivo de sucesso. O argumento básico de Trump era que sua riqueza o tornava apto para a presidência como ninguém, que os Estados Unidos seriam tão bem-sucedidos quanto ele. "Tenho orgulho do meu patrimônio líquido", Trump disse. "Fiz um trabalho incrível."[2]

Mas o documento destacou uma questão que vinha perseguindo Trump desde os primeiros dias como empreendedor, empresário do ramo imobiliário e *showman*: não havia como verificar o cômputo geral. Um mês depois, sua campanha emitiu outro comunicado que afirmava: o "patrimônio líquido [de Trump] é de mais de 10 BILHÕES DE DÓLARES".[3] Quando a campanha de Trump apresentou sua declaração de bens, conforme norma da federação, a equipe se pavoneou de que os formulários "não [eram] feitos para um homem com a riqueza monumental de Trump". Durante décadas, Trump havia transformado o patrimônio líquido num componente importante de sua identidade como grande negociador. Havia criticado publicamente ou processado alguns daqueles que questionaram sua autoavaliação. Trump não calculava o patrimônio apenas em dólares; também colocava um valor na percepção de que era extraordinariamente rico. Se Trump impusesse essa visão, ninguém questionaria suas alegações de grande riqueza. Mesmo assim, suas alegações foram questionadas, inúmeras vezes.

OS QUESTIONAMENTOS COMEÇARAM décadas antes, quando Trump despontou como figura pública. Em 1976, um perfil do *New York Times* citou uma fala dele de que seu patrimônio seria de mais de 200 milhões de dólares. Embora patrimônio líquido e renda sejam diferentes, alguns céticos argumentaram que o número alto contradizia um relatório da Comissão de Controle de Cassinos de Nova Jersey, em que ele alegava um lucro tributável de 24.594 dólares, em 1976. Trump também recebia um presente de 6 mil dólares dos pais todo mês de dezembro, além de uma série crescente de pagamentos de fundos da família.[4] As dúvidas aumentaram quando se descobriu que Trump não havia pagado nada de imposto de renda em 1978 e 1979.[5] Com o uso de deduções de impostos, que incluíam a depreciação imobiliária, ele declarou uma renda negativa de 3,8 milhões de dólares naqueles dois anos. O mesmo relatório demonstrou que ele havia pegado 7,5 milhões de dólares emprestados do pai,[6] tinha usado sua receita do já endividado Grand Hyatt para sustentar a dívida em Atlantic City e havia recorrido a uma linha de crédito de 35 milhões de dólares do Chase Manhattan.[7]

No início dos anos 1980, depois de ter começado a construção da Trump Tower, Trump elevou bastante a estimativa de seu patrimônio líquido. Em 1982, descobriu que a *Forbes* estava se preparando para começar uma classificação anual das quatrocentas pessoas mais ricas dos Estados Unidos, conhecida como Forbes 400. Dinheiro, Trump diria depois, era uma forma de "marcar pontos" na vida.[8] A lista não era nada científica, e os colaboradores tinham pouco tempo para fazê-la. Eles enfrentaram um enigma: como estimar o patrimônio líquido de Trump se ele dirigia uma empresa privada e apresentava pouca documentação financeira? "Não havia como chegar ao fluxo de caixa de Trump", disse Harold Seneker, na época editor sênior da *Forbes* encarregado da lista de milionários. Assim, era especialmente difícil definir o valor de suas propriedades. Os editores especularam por quanto uma propriedade poderia ser vendida, depois subtraíram a dívida publicamente associada a ela. Trump disse à revista que seu patrimônio líquido girava em torno de 500 milhões de dólares.[9]

Diante dessa incerteza, os editores da *Forbes* decidiram apresentar uma estimativa combinada de Fred e Donald Trump: na época, 200 milhões de dólares. "Nossa regra geral era dividir o que quer que [Trump] falasse por três", Seneker afirmou.[10] A lista da *Forbes* continuou a multiplicar o patrimônio de Trump ano a ano. Em 1984, a revista estimou que ele valia 400 milhões de dólares. Em 1988, era 1 bilhão. "Estou quebrando todos os recordes na história de Atlantic City", Trump afirmou depois.[11] Trump contraiu muitas dívidas, mas, em 1988, se gabou de estar livre do perigo: "Nenhuma dessas dívidas tem garantia pessoal. Se o mundo escoar pelo ralo, não vou perder um só dólar".[12] Nos bastidores, porém, Trump estava colocando suas finanças em risco como resultado de uma onda de empréstimos e gastos que ele realizou pouco antes de uma queda nos valores imobiliários.

EM 10 DE NOVEMBRO DE 1988, Trump adentrou o palco do *talk show Late Night with David Letterman* em Nova York, tomando o lugar ao lado do apresentador. Letterman apresentou Trump como uma pessoa que sabia "tudo que há para saber sobre dinheiro, finanças, economia, orçamentos, e assim por diante".

"Seu patrimônio é de uns 4 bilhões de dólares, correto?", Letterman perguntou.

"Espero que sim", Trump respondeu com um sorriso contido.

"Existe algum jeito de um homem como você falir?", Letterman disse, provocando uma onda de gargalhadas. "Estou falando sério. Você resistiria a qualquer tempestade financeira e ainda assim sairia como um magnata?"

Trump ficou sério. "Gostaria de pensar que posso resistir a quase tudo. É um ótimo momento para economizar a maior quantidade de dólares possível."[13] Não era o que ele estava fazendo. Trump havia acabado de comprar o Plaza Hotel, de frente para o Central Park, e estava inaugurando a Trump Shuttle. Poucos sabiam, mas o nível de endividamento de seu império disparava. Abe Wallach, especialista pouco conhecido do ramo imobiliário, desconfiava da viabilidade de Trump.

***

Em 1989, Wallach, vice-presidente sênior de uma empresa imobiliária de Nova York, apareceu no programa de televisão pública *MacNeil/Lehrer NewsHour* para falar sobre as finanças de Trump. O segmento, intitulado "Trumpty Dumpty"* questionava se o magnata conseguiria "manter o seu império financeiro ativo". A situação parecia nefasta. Trump enfrentava uma dívida de 2 bilhões de dólares e precisava de um empréstimo de 60 milhões para a empresa continuar funcionando. "Trump, a crise de liquidez", anunciou um repórter. "Será que isso realmente está acontecendo com o símbolo do sucesso financeiro nos estrondosos anos 1980?" A reportagem passava do semblante tranquilo de Trump a manchetes de jornal do tipo "Bancos espremem Trump".

Depois de um resumo dos infortúnios financeiros – salientado pela contradição entre as lições de *Trump: a arte da negociação* e suas falências corporativas –, o programa apresentou Wallach. O homem sério de óculos e semblante pensativo afirmou que Trump poderia pôr a culpa no mercado imobiliário em crise por alguns de seus problemas financeiros. Mas isso não explicava tudo. Trump assumiu dívidas demais, Wallach disse. "A realidade é: se você pagar demais pelas propriedades e seu ego for tão grande quanto o dele era – é – e simplesmente comprar tudo que vê pela frente, parte da culpa é definitivamente sua."[14]

Trump ficou furioso. Uma semana depois do programa, um visitante ao apartamento de Wallach em Nova York lhe entregou alguns papéis. Na capa, estavam as palavras Trump vs. Wallach. Wallach disse que a papelada informava que ele e sua empresa estavam sendo processados em 250 milhões de dólares por danos morais, sob a alegação de calúnia e difamação.[15] Wallach ficou atordoado ao enfrentar a possibilidade de falência. (Anos depois, Trump disse não se lembrar de ter processado Wallach.[16]) Segundo Wallach, o advogado de Trump afirmou que seu cliente retiraria o processo caso ele concordasse em não criticar Trump na TV.

Pouco depois, o próprio Trump telefonou para Wallach.[17] "Abe, fiquei sabendo que você é um cara muito esperto. Você não vai querer lutar contra mim. Afinal, sou a maior potência imobiliária de Nova York, e me enfrentar é enfrentar Nova York", teria dito Trump, segundo Wallach. Ainda sugeriu que queria contratar Wallach e o convidou à Trump Tower. Semanas depois, Wallach chegou e descreveu a Trump um projeto à margem do rio Hudson em Nova Jersey, com milhares de unidades habitacionais, milhões de metros

---

* Uma alusão ao personagem infaltil Humpty Dumpty. (N. da T.)

quadrados de espaço comercial e um *shopping* enorme. Trump, que ficou interessado no projeto à beira do rio e impressionado com Wallach, acabou lhe oferecendo um cargo de executivo imobiliário por um salário de 175 mil dólares; Wallach aceitou.[18]

Enquanto Wallach se adaptava ao trabalho novo, o império de Trump era cada vez mais cercado por banqueiros e obrigacionistas. Trump garantia que estava tudo bem. Por volta dessa época, apresentou documentos à Comissão de Controle de Cassinos que mostravam ativos de cerca de 3,6 bilhões de dólares, entre eles "propriedades imobiliárias de posse direta", residências pessoais e "linhas aéreas comerciais". As autoridades da comissão, que levaram em conta as dívidas de Trump, calcularam um patrimônio líquido de 206 milhões de dólares.[19] Em maio de 1990, os editores da *Forbes* colocaram as mãos no relatório da comissão e publicaram uma matéria detalhando os graves problemas de fluxo de caixa, as avaliações imobiliárias "otimistas a ponto de serem irreais" e os bilhões em dívidas de Trump. A matéria concluiu: "Trump precisa urgentemente de uma fonte de renda complementar".[20] A *Forbes* estimou o patrimônio líquido de Trump em 500 milhões, muito menos do que o 1,7 bilhão do ano anterior.[21] Isso tirou Trump da lista de milionários da revista; ele ficaria ausente dela por seis anos consecutivos.[22] Trump então atacou a lista em que antes cobiçava entrar. Era, segundo ele, um "levantamento muito equivocado"[23] e "uma estimativa desleixada e extremamente arbitrária do patrimônio líquido de algumas pessoas".[24]

Outros problemas surgiram. Dois anos depois de Trump dizer que não tinha empréstimos de garantia pessoal, documentos da Comissão de Controle de Cassinos revelaram que ele havia oferecido garantia pessoal para 832 milhões de dólares em dívidas.[25] Isso significava que o próprio Trump corria risco de afundar juntamente com seu império. Ao longo dos anos seguintes, Wallach observou Trump enfrentar falências e a perspectiva de dissolução de seu império inúmeras vezes. Contudo, negociando acordos, vendendo propriedades e abrindo mão de parte da posse de cassinos, Trump conseguiu reestruturar as dívidas e se reequilibrar. Wallach também colaborou com Trump em transações imobiliárias durante os doze anos seguintes, vendo muita coisa que admirava, como a disposição de Trump para assumir grandes riscos. Também recorda que Trump às vezes não atuava com a devida diligência e agia "sem pensar nas consequências de seus atos".[26] Certo dia, Trump disse a um repórter que seu patrimônio era de 1 bilhão de dólares. Segundo Wallach recorda, Trump voltou correndo para o escritório e pediu a Wallach uma declaração financeira que sustentasse essa afirmação. Wallach tomou a frase como um pedido para que gerasse uma declaração financeira informal que parecesse o mais animadora possível.[27]

Enquanto Trump enfrentava dificuldades no início dos anos 1990, o mercado imobiliário comercial continuava a naufragar. Isso daria uma oportunidade extraordinária para aumentar a fortuna de Trump.

WALLACH ESTAVA À PROCURA de pechinchas quando se deparou com o n° 40 da Wall Street, um ícone do estilo *art déco* datado de 1930, de 72 andares, o segundo maior edifício em Lower Manhattan, abaixo apenas das torres do World Trade Center. Em condições decrépitas, tinha passado por uma sucessão de proprietários, mas Wallach viu potencial em seus 100 mil metros quadrados de espaço de locação, coroados por uma pirâmide de cobre com pátina verde. Wallach convenceu Trump a fazer um *tour* de três horas. Em 1995, Trump concordou em comprar a propriedade, aproveitando os preços imobiliários reduzidos. A *Bloomberg Business News* relatou na época que 89% do edifício estava vazio, que Trump havia pagado menos de 8 milhões de dólares e que o antigo proprietário tinha calculado precisar de uma reforma de 100 milhões de dólares.

Nos meses seguintes, surgiu um problema com um escritório de advocacia em um dos andares mais altos enquanto Trump tentava esvaziar o prédio para as reformas.[28] Segundo Trump, ele acreditava que o escritório não estava pagando o valor apropriado do aluguel e a questão estava em litígio. Certo dia, os advogados descobriram que o aquecimento estava desligado, e os elevadores tinham parado de funcionar. Ao chegar, Trump se deparou com os advogados furiosos no saguão. Disse a eles que teriam de subir 62 andares de escada para chegar a suas salas. Anos depois, em entrevista para este livro, Trump recordou aquele dia com um sorriso maroto: "Há quem diga que desliguei o aquecimento e o elevador. Eu estava no prédio porque me envolvia bastante nas construções. Eu estava no prédio, desci e tinha uns cento e tantos advogados no saguão. Por sorte, eu estava com uns rapazes de construção bem durões porque foi difícil. E eu disse: 'Amigos, vocês vão ter que subir de escada porque os elevadores estão em manutenção'. É daí que vem essa história. Então, vai saber?"[29]

Em meio a todas as crises de Trump – as falências corporativas e o valor em declínio de sua sociedade aberta –, a transação do Wall Street, 40, foi um exemplo clássico das táticas e da tenacidade de Trump. Wallach considerou a compra um triunfo para ele e para Trump. Muito depois, Trump citou a compra com orgulho; o valor do edifício tinha subido então a uma estimativa de pelo menos 500 milhões de dólares:[30] "Há quem pense que esse foi o melhor negócio realizado em Nova York em muitos anos".[31] A compra contribuiu para uma longa recuperação que estabilizou o império de Trump. Aliado aos muitos contratos de licenciamento de Trump e à renda de *The Apprentice*, que Trump disse chegar a 214 milhões de dólares ao longo de catorze temporadas, o Wall Street 40 ajudou Trump a ressurgir como o magnata que sempre havia proclamado ser.[32]

A reputação era um dos seus maiores bens, e ele a protegia com ardor. Em 2004, Trump soube que o escritor Robert Slater estava pesquisando para escrever um livro sobre ele. Segundo Slater, Trump ameaçou-o com um processo caso o livro fosse publicado. O advogado de Trump escreveu a Slater dizendo que seria aberto um processo se o autor escrevesse o livro sem a cooperação de Trump. Depois, no que se tornou um hábito, Trump induziu uma reviravolta. Ligou para Slater e disse ter ouvido que o escritor era "um cara incrível" e concordou em cooperar. Enquanto Slater escrevia a biografia resultante, *A imagem e o homem: Descubra a verdade sobre Donald Trump*, ele descobriu que o biografado "queria controlar sua imagem ao máximo, cuidando do que fosse escrito a seu respeito".[33] Trump disse a Slater que, se gostasse do livro, compraria muitos exemplares. Foi uma boa notícia para o editor, que concordou em deixar que Trump visse o livro antes do lançamento. Segundo Slater, Trump leu o livro e convenceu o editor a retirar coisas de que não gostou, como uma história sobre como Marla Maples soube pelo *New York Post* que ele estava se divorciando dela. Trump também ficou descontente com a capa proposta. "A última coisa que você quer é fazer Donald Trump parecer gordo", relatou Slater em 2005, ao explicar como a capa foi alterada de "última hora" para agradar o biografado.[34]

EM TODOS OS ESTÁGIOS DE SUA CARREIRA, Trump tentou punir aqueles que questionavam a imagem que ele queria transmitir ao mundo.[35] Ameaças judiciais faziam parte das táticas profissionais de Trump tanto quanto a conversa-fiada, os golpes publicitários e a renegociação de contratos. "Vou processar" se tornaram as palavras de ordem de seus negócios, assim como "Você está demitido" virou o mantra de sua imagem televisiva. Ao longo de três décadas, Trump e suas empresas abriram mais de 1.900 processos e figuraram como réus em outros 1.450, segundo uma análise do USA *Today*.[36] Algumas de suas manobras jurídicas eram consequência de contratos empresariais complexos.[37] Mas outras se concentraram em atacar quem questionava sua fortuna ou mesmo seu bom gosto. Certa vez, ele abriu um processo de difamação de 500 milhões contra a crítica do *Chicago Tribune* que descreveu o saguão central da Trump Tower como "um átrio de compras cafona, de uma extravagância de matar". Uma juíza descartou a queixa. A *Fortune* afirmou em um artigo que Trump certa vez havia ameaçado "processar a revista de cabo a rabo" se um de seus redatores escrevesse qualquer coisa negativa a respeito do fluxo de caixa dele.[38]

Um dos processos mais reveladores resultou de uma questão sobre Trump: quanto Trump realmente vale?[39] Em 2004, Timothy O'Brien, repórter de economia do *New York Times*, cujo interesse por Trump vinha de longa data, foi coautor de uma matéria com a manchete "Estaria Trump destinado à queda?" Trump parecia em ascensão na época, ganhando fama nacional entre pessoas de uma nova geração através de *The Apprentice*. Em um episódio do programa, levou os participantes ao que chamou de "hotel número um" de Atlantic City, o Trump Taj Mahal.[40] O'Brien não tinha tanta certeza disso, e escreveu: "Na realidade, o Taj Mahal precisa de muita ajuda – assim como o restante do cada vez mais encrencado império de cassinos de Trump. Esses cassinos estão na mira de quase 2 bilhões de dólares em dívidas obrigacionistas, que estão sofrendo para quitar. Eles estão ficando obsoletos e sendo ofuscados por concorrentes mais atraentes, e o faturamento e os lucros vêm caindo no decorrer do último ano". As alegações de Trump são baseadas em números reais, questionou O'Brien, ou não passam de propaganda enganosa de um extraordinário vendedor? Trump era ou não era um sucesso?[41]

Em dezembro de 2004, nove meses depois de esse artigo ter sido publicado no *Times*, O'Brien recebeu um contrato para um livro, e Trump concordou em dar uma série de entrevistas. Os dois passaram horas juntos em Nova York, em Mar-a-Lago e a bordo do jatinho particular de Trump a caminho de Los Angeles. O'Brien também conversou com o diretor financeiro de Trump, Allen Weisselberg, bem como com atuais e antigos funcionários, e verificou dezenas de documentos financeiros apresentados a ele numa enorme mesa de conferência na Trump Tower. *TrumpNation: The Art of Being The Donald* [Nação Trump: A arte de ser O Donald], publicado no segundo semestre de 2005, caçoou do espetáculo, das contradições e da persona pública de Trump, mas não foram os gracejos que incomodaram Trump.[42] Foi uma curta seção, no livro de 276 páginas, que se concentrava em seu patrimônio líquido. O'Brien escreveu sobre uma reunião em um final de semana[43] no início de 2005 em que surgiu o assunto do patrimônio líquido de Trump.[44]

"Eu diria seis [bilhões]", Trump disse a O'Brien. "Cinco a seis. Cinco a seis." Os valores deixaram O'Brien perplexo. Poucos meses antes, Trump havia dito que a resposta era "4 a 5 bilhões de dólares". No mesmo dia, Trump apresentou a O'Brien uma formulação, sugerindo que as participações em cassinos equivaliam a cerca de 2% de sua fortuna. Se fosse verdade, isso significava que o patrimônio de Trump girava em torno de 1,7 bilhão de dólares. Por volta da mesma época, um folheto do clube Trump's Palm Beach dizia que ele valia 9,5 bilhões de dólares. O'Brien ficou intrigado: era 1,7 bilhão de dólares, 9,5 bilhões ou algo entre esses dois valores? Não poderia ser menos? Intrigado pela variação nas estimativas de Trump e cético em relação à contabilidade informal que o pessoal de Trump lhe apresentava, O'Brien entrou em contato com três "pessoas com conhecimento direto das finanças de Donald". Elas lhe disseram que o patrimônio líquido de Trump era "algo entre 150 e 250 milhões de dólares".

Uma semana antes de *TrumpNation* ser publicado, Trump e sua equipe viram um exemplar e descobriram que o *New York Times* pretendia publicar um artigo adaptado do livro. Em 20 de outubro de 2005, o advogado interno de Trump enviou uma carta ao editor de O'Brien, acusando O'Brien de escrever "declarações falsas, difamatórias e injuriosas sobre o sr. Trump". A carta descrevia *TrumpNation* como um "livro falso, pernicioso e difamatório", e pedia ao *Times* para fornecer um rascunho do artigo "para que possamos esclarecer algumas das deturpações e imprecisões grosseiras [...] O patrimônio líquido do sr. Trump é de muitos bilhões de dólares", a carta dizia.[45] O *Times* não ficou intimidado. No domingo, 23 de outubro de 2005, o jornal publicou um artigo sob a manchete "Quanto ele realmente vale?" A matéria começava: "Por décadas, Donald Trump, o milionário mais efervescente dos Estados Unidos, fez de sua fortuna tema de discurso público. Às vezes, porém, é difícil encontrar suas riquezas".[46] Três meses depois, Trump processou O'Brien e suas editoras, o Warner Book Group e a Warner Books, em 5 bilhões de dólares.[47]

Com o avanço do processo, os advogados de O'Brien convocaram Trump a um escritório de advocacia em Midtown Manhattan para responder a uma série de perguntas num depoimento sobre sua alegação de que o livro de O'Brien o havia difamado.[48] O advogado de O'Brien, Andrew Ceresney, que viria a se tornar diretor da divisão fiscal da Comissão de Títulos e Câmbio dos Estados Unidos, se concentrou nas incertezas a respeito do patrimônio de Trump e como ele o calculava. Sob juramento, Trump admitiu que o cálculo dependia não apenas de medidas tradicionais como balanços patrimoniais, participações acionárias e outros bens tangíveis mas também sobre como se sentia em determinado momento.

"Sr. Trump, o senhor sempre foi bastante honesto em suas declarações públicas sobre seu patrimônio líquido?", perguntou Ceresney.

"Eu tento", Trump disse.

"Já chegou a ser desonesto?"

"Meu patrimônio líquido flutua, e sobe e desce com os mercados, minhas atitudes e meus sentimentos, até meus sentimentos, mas eu tento."[49]

Quando pediram para dar mais detalhes, Trump disse: "Sim, até meus próprios sentimentos, em relação à situação mundial, aonde o mundo está indo parar, e isso pode mudar rapidamente de um dia para o outro [...] Então, sim, até meus sentimentos afetam como me avalio".

Ceresney comentou uma entrevista de Trump à *Playboy* em março de 1990. O artigo girava em torno da noção de que Trump era, nos termos da *Playboy*, um "rapaz bilionário". "A ambição é meu maior patrimônio", dizia Trump no artigo. "Sei o que vende e sei o que as pessoas querem." O entrevistador da *Playboy* comentou uma reportagem da *Forbes* que afirmava que Trump tinha um patrimônio de 1,5 bilhão de dólares, enquanto "você diz 3,7 bilhões de dólares. Qual é o número certo?"

"Não digo nada", Trump respondeu à *Playboy*. "A *Business Week* e a *Fortune* têm números muito mais altos que o da *Forbes*."[50]

Então a *Playboy* entendeu errado?, o advogado de O'Brien perguntou.

"Definitivamente [...] Não sei de onde isso foi tirado." Trump negou ter confirmado que era um bilionário: "Não digo nada", Trump respondeu ao advogado. "As pessoas podem formar as próprias opiniões."[51]

O PATRIMÔNIO LÍQUIDO DE TRUMP ressurgiu várias vezes durante o depoimento. Em determinado momento, entregaram a Trump uma "declaração de condições financeiras" de 2004 que ele havia apresentado ao North Fork Bank como parte de uma solicitação de linha de crédito.[52] O advogado de O'Brien disse que o North Fork havia analisado essa declaração e outros materiais apresentados pela Trump Organization e "concluiu em sua estimativa que seu patrimônio líquido era na verdade 1,2 bilhão de dólares, e não 3,5 bilhões como o senhor afirmou. O senhor está ciente disso?"[53]

Trump disse que o North Fork devia ter ignorado alguns ativos: "Eles não tinham como incluir tudo". Pediram que Trump verificasse um relatório de patrimônio líquido do Deutsche Bank. O número era ainda menor: 788 milhões de dólares.[54] "Bom, isso está incorreto", Trump disse, acrescentando que os bancos não fazem avaliações minuciosas. "Eles não têm ideia do valor do terreno em Palm Beach. Não têm ideia do valor do terreno em Westchester [...] Não têm ideia do valor da maioria desses ativos."[55]

"O senhor não afirmou ao sr. O'Brien que seu patrimônio era de 6 bilhões de dólares?", Ceresney perguntou a Trump, observando que uma declaração financeira mostrava um patrimônio de 3,5 bilhões de dólares.

"Isso não inclui o valor da marca", Trump disse, acrescentando que "o valor da marca é muito alto." Na prática contábil, marcas, mesmo as mais conhecidas, são consideradas um "ativo intangível" difícil de medir. Com efeito, Trump atribuía a sua marca um valor que chegava a 2,5 bilhões de dólares.[56]

EM 20 DE MARÇO DE 2009, o tribunal descartou o processo contra O'Brien, dizendo que não havia evidências de má-fé nas estimativas baixas do patrimônio líquido de Trump.[57] Trump não parou por aí. Em 16 de dezembro de 2009, apresentou um recurso que demonstrava uma lógica subjacente à sua carreira e suas alegações: "Fundamental para o sucesso de Trump nos negócios é o fato de ele ser amplamente reconhecido tanto pela comunidade financeira quanto pelo público como um executivo talentoso e bem-sucedido com recursos financeiros de bilhões de dólares. No ramo imobiliário de altos riscos e altas recompensas, a capacidade de Trump de fechar negócios e garantir financiamento para seus projetos depende da confiança dos investidores em sua reputação e seu patrimônio líquido".[58]

Os advogados de O'Brien explicaram o que definiram como dúvidas antigas sobre as alegações de Trump de grande fortuna: "Considerando a grande incerteza e o exagero a respeito das propriedades privadas e as dívidas de Trump – grande parte dos quais o próprio Trump alimentou e foram tema de inúmeros comunicados de imprensa –, é plausível que nenhuma declaração sobre o patrimônio líquido de Trump seja difamatória. Com efeito, em seu depoimento, Trump indicou que seu patrimônio líquido flutuava de um dia para o outro de acordo com os 'próprios sentimentos', demonstrando algumas das dificuldades inerentes em estimá-lo".[59]

O recurso de Trump não deu resultado. Em 2011, a juíza Edith K. Payne, da Divisão de Recursos do Tribunal Superior de Nova Jersey deu um parecer que reiterava e resumia os achados de O'Brien: "A maior parte da fortuna do sr. Trump, de acordo com três pessoas que tiveram contato direto com suas propriedades, aparentemente vem de heranças [familiares] lucrativas. Essas pessoas estimaram que a riqueza do sr. Trump, supondo-se que não seja onerada por fortes dívidas, pode alcançar de 200 a 300 milhões de dólares. É uma soma de dinheiro de dar inveja à maioria das pessoas mas muito abaixo do nível bilionário".[60]

Trump acreditava que deveria ter vencido, mas afirmou depois que essa não era a questão. Em uma entrevista para este livro, disse que queria atacar a O'Brien, a quem se referiu como "vagabundo safado [...] Eu gostei porque isso custou muito do tempo, da energia e do dinheiro dele. Não li [o livro de O'Brien], para ser sincero com vocês [...] Nunca li. Vi algumas das coisas que eles falaram. Disse: 'Mete um processo que tire muito dinheiro dele]'".[61]

Trump disse que poderia entrar com outras ações, inclusive contra organizações da mídia e contra os responsáveis por este livro: "Processei naquele caso porque foi muito lamentável. Agora, processos de difamação são muito difíceis, mas, sinceramente, posso considerar alguns se for eleito, porque é muito injusto que as pessoas possam escrever o que quiserem e saírem impunes. E vou entrar com mais ações – talvez até contra vocês. Não quero ameaçar, mas acho a imprensa incrivelmente desonesta".[62]

O PROCESSO DE TRUMP CONTRA O'BRIEN estava acabado. Mas a crise no império de Trump continuava. A sociedade pública dos cassinos de Trump, que entrou em processo de falência em 2004 e ressurgiu como Trump Entertainment Resorts, estava enfrentando dívidas novamente.[63] Em 2009, Trump estava em conflito com obrigacionistas que queriam que a empresa entrasse em processo de falência de novo. Em vez de resistir, Trump se submeteu. "A empresa representou por um bom tempo muito menos de 1% do meu patrimônio líquido e meu investimento nela é desprezível para mim agora", afirmou na época.[64] Nos processos de falência, Trump entrou em conflito com Carl Icahn, pessoa que ele considerava como um velho amigo. O investidor bilionário tinha uma longa história com Trump, tendo assistido a combates de boxe e voado ao seu lado em helicópteros durante os primeiros anos enérgicos do magnata em Atlantic City.[65] No início dos anos 1990, Icahn havia defendido o acordo que ajudou Trump a reter parte de suas ações durante o primeiro caso de falência do cassino Taj Mahal.

Agora, Icahn se colocara abertamente do lado dos que duvidavam de Trump. A Trump Entertainment Resorts estava combalida e buscou se reestruturar através de uma concordata. Como parte desses esforços, Trump se aliou a um fundo especulativo que tentou comprar a empresa. O fundo especulativo prometeu dar a Trump uma participação de 10% se deixasse a empresa continuar usando seu nome. Icahn defendia lhe todo o controle da empresa, questionando se a marca Trump realmente significava qualidade e sucesso.[66] "Se o nome é tão poderoso", Icahn disse em 2010, "como pode falir três vezes?"[67]

O fundo especulativo derrotou Icahn e assumiu a empresa, dando a Trump sua participação de 10%, e os cassinos foram salvos da falência. Mas os problemas estavam só começando. Em 2011, a Trump Entertainment Resorts vendeu o cassino Trump Castle (depois renomeado como Trump Marina) por 38 milhões de dólares, um treze avos do que a empresa de Trump havia pago por ele quinze anos antes.[68] Trump afirmou ter saído de Atlantic City no momento certo. A Trump Entertainment Resorts, proprietária do Trump Plaza Hotel & Casino e do Trump Taj Mahal, entrou em processo de falência mais uma vez, em setembro de 2014. O Plaza fechou as portas por volta da mesma época, um dos quatro a fechar naquele ano dentre os doze da cidade.[69] Como resultado do processo de falência da Trump Entertainment Resorts, Icahn ressurgiu como candidato corporativo e, em 2016, assumiu o controle da empresa, tendo a Taj como principal ativo.[70] Embora Icahn se tornasse patrocinador político de Trump, continuou a expressar dúvidas em relação ao sucesso dele no mundo dos negócios: "Não estou aqui para dizer que Donald é um grande executivo. Mas vou dizer que ele é um ótimo formador de opinião e é disso que o Congresso precisa agora".

Quando Trump anunciou a campanha para a Casa Branca, em 2015, as dúvidas sobre seu patrimônio líquido viraram o centro das atenções.[71] Trump apresentou uma estimativa de seus bens: seus "contratos de licenciamento imobiliário, marca e projeto de marca" valiam 3,3 bilhões de dólares. A campanha não explicou como o número foi calculado.

Na cidade de Nova York, Trump possuía um pequeno conjunto de propriedades, entre elas o Trump Building na Wall Street, 40, os pisos comerciais da Trump Tower, as duas propriedades na Rua 57 Leste e as cooperativas habitacionais na Rua 61 Leste e na Rua 43 Leste.[72] Também detinha participações minoritárias em projetos como o número 1.290 da Avenida das Américas, um arranha-céu comercial cuja posse majoritária era do Vornado Realty Trust.[73] Seu nome estava associado a alguns outros projetos por meio de acordos de licenciamento, embora não de posse. Entre eles, o Trump International Hotel & Tower, o Trump Palace, a Trump Park Avenue e o Trump Place.[74]

Um mês depois de anunciar seu patrimônio líquido, Trump deu prosseguimento a isso com um registro federal de 92 páginas e uma declaração de campanha que avaliava seus bens em mais de 10 bilhões de dólares. Mas os números não foram auditados independentemente e parte das alegações parecia contradizer as estimativas do próprio Trump. Segundo os dados divulgados, o Trump National

Golf Club, no condado de Westchester, Nova York, valia mais de 50 milhões de dólares,[75] mas, em um processo judicial de 2015 que visava a baixar impostos, seus advogados argumentavam que o clube de golfe não valia mais do que 1,4 milhão de dólares.[76] Alan Garten, advogado da Trump Organization, disse que os valores não deveriam ser comparados porque um era usado para contestar uma liquidação de imposto e o outro era uma estimativa do preço de venda.

A declaração de imposto de renda pessoal de Trump poderia ter respondido muitas dúvidas. Todos os candidatos dos grandes partidos dos últimos quarenta anos haviam liberado suas declarações de renda.[77] As declarações mostrariam quanto dinheiro Trump ganhou, quanto doava para caridade e a maneira agressiva como utilizava deduções, proteções e outras táticas para reduzir a fatura fiscal. Trump foi à TV nacional depois de lançar sua campanha presidencial e prometeu divulgar suas declarações "muito grandes [...] muito lindas". Posteriormente, recusou-se a publicá-las – e não as publicou até o momento da escrita deste livro, em 2016. Ele afirmou que o problema era que seus impostos estavam passando por uma auditoria do fisco americano. Mas ele também não liberaria declarações anteriores cujas auditorias haviam sido completadas. Afirmou que os eleitores não estavam interessados e disse: "Não há nada a ser descoberto nelas".[78]

Trump havia se vangloriado diversas vezes de sua capacidade de pagar o mínimo possível ao governo – uma prática que chamava de "jeito americano".[79] Mas acusou executivos de empresas de "saírem impunes" ao utilizarem brechas a fim de reduzir impostos: "Eles ganham uma fortuna. Não pagam nenhum imposto. É ridículo, certo?"[80]

ASSIM COMO SE GABAVA DE SUA FORTUNA, Trump se vangloriava de sua generosidade. O *site* de sua empresa o descrevia como "um negociador sem igual e um filantropo fervoroso".[81] No início da campanha, declarou ter doado mais de 102 milhões de dólares para caridade entre 2011 e junho de 2015. Mas o *Washington Post* descobriu que nada dos 102 milhões de dólares saiu do bolso de Trump. Muitas de suas contribuições vinham na forma de rodadas de golfe gratuitas em seus campos, doadas para sorteios e leilões de caridade, tendo seu valor determinado por Trump.[82] Ele contabilizava como contribuições monetárias uma miríade de doações semelhantes que não envolviam dinheiro. Uma doação de 2015 envolveu a estrela do tênis Serena Williams.[83] Trump deu a Williams uma carona da Flórida para um evento na Virgínia e contou a viagem como uma contribuição de caridade de 1.136,56 dólares, segundo os registros apresentados à mídia. Incluída em sua doação, estava uma foto emoldurada de Williams.

Muitas doações vieram da organização sem fins lucrativos que carregava seu nome, a Donald J. Trump Foundation, a qual não recebeu nenhum dinheiro de Trump de 2009 até 2014.[84] Trump disse que "doa sobretudo a grupos muito diferentes". Em uma entrevista, quando lhe pediram que citasse os beneficiários, ele se recusou: "Não, não quero [...] Por que eu deveria fazer relatórios a você? Não quero fazer relatórios".[85]

Em outra ocasião, em janeiro de 2016, Trump havia prometido doar 1 milhão de dólares do próprio bolso para as causas dos veteranos – além de milhões de dólares levantados do público –, mas só entregou sua parte do dinheiro quatro meses depois, quando um repórter do *Post*, David Fahrenthold, o pressionou a respeito dos detalhes da doação.[86] "Sabe, você é asqueroso", Trump disse a Fahrenthold. "Você é muito asqueroso. Doo milhões de dólares que não tenho a mínima obrigação de doar."[87] Pouco depois, Trump anunciou que havia doado 1 milhão de dólares à Fundação de Veteranos dos Fuzileiros Navais. Ele realizou uma entrevista coletiva na Trump Tower em que anunciou ter dado o último 1,5 milhão de dólares do que os outros doadores lhe haviam confiado quatro meses antes, totalizando 5,6 milhões de dólares, pouco abaixo dos 6 milhões prometidos.[88]

"Não estava querendo levar o crédito, mas não tive escolha a não ser fazer isso porque a imprensa dizia que não eu não tinha arrecadado dinheiro nenhum para eles", Trump disse. Ele chamou a mídia de "desonesta" e "injusta", apontou um repórter da TV como "canalha" e declarou: "Vou continuar a atacar a imprensa".[89]

Autopromoção. Bravata. Litígio. Trump se dispôs a usar tudo isso e mais para proteger sua imagem e atingir seu objetivo máximo: ganhar dinheiro. Sobre sua carreira, ele havia dito sem meias palavras: "Estou representando Donald Trump".[90] Mas agora, enquanto concorria à presidência, o autodenominado multibilionário precisaria convencer os eleitores de que seu valor para o país era maior do que seu patrimônio líquido e que ele poderia ser capaz de defender algo além de si próprio.

18

"TRUMP! TRUMP! TRUMP!"

Tudo na campanha de Donald Trump pela indicação republicana foi surreal, começando pelo dia em que ele anunciou sua candidatura. Ao descer de elevador para o saguão da Trump Tower, ele era conhecido como empresário rico, incorporador de imóveis de luxo, estrela de *reality show*, ex-playboy extravagante e personagem permanente dos tabloides nova-iorquinos, com uma marca reconhecida no mundo todo. Não era conhecido como político. Já tinha flertado com concorrer à presidência, mas tinha desistido. Desta vez, todo mundo esperava o mesmo tipo de provocação. Comediantes de programas noturnos tinham a esperança de que ele se demorasse tempo suficiente para que pudessem usar a candidatura para arrancar umas risadas.

Todo mundo errou. Trump desafiou praticamente todas as previsões sobre sua campanha. Ele redesenhou as regras da política presidencial enquanto subvertia e dividia o Partido Republicano. Podia ser um político novato, mas tinha instintos certeiros sobre o que enfurecia tantos americanos. Suas habilidades de comunicação combinavam direitinho com a era da televisão a cabo 24 horas, com o alcance instantâneo do Twitter e com a rispidez das conversas turbulentas e frequentemente anônimas das mídias digitais. Fazia comentários provocativos e muitas vezes inadequados que nenhum candidato normal ousaria pronunciar e, embora desse trabalho em tempo integral a checadores, conseguia se safar. Ao longo do caminho, ele tornou obsoletas e impotentes muitas das táticas políticas mais antigas. A longa batalha pela indicação republicana teria muitas reviravoltas, mas não houve dia mais significativo que 16 de junho de 2015, quando tudo mudou na disputa republicana, ainda que ninguém – nem Trump – soubesse na hora.

***

NA VÉSPERA, EM MIAMI, JEB BUSH anunciara sua candidatura. O ex-governador da Flórida era uma ameaça de fato, ou assim era considerado por todos. Nos seis meses anteriores, ele arrecadara mais de 100 milhões de dólares em fundos de campanha, a maioria sob os cuidados de um enorme Comitê de Ação Política chamado Right to Rise USA [Estados Unidos, direito de crescer], que esperava usar para intimidar e derrotar seus rivais. Sendo filho e irmão de ex-presidentes, ele carregava o segundo nome mais reverenciado da política republicana moderna, atrás apenas de Ronald Reagan. Embora ele tivesse atravessado uma temporada de equívocos e os eleitores parecessem cansados dos Bush, ainda era visto como o favorito.[1]

Desde o momento em que Trump anunciou sua candidatura, o roteiro padrão de campanha foi jogado pela janela. A multidão reunida no saguão da Trump Tower incluía algumas pessoas atraídas pela promessa de camisetas grátis e outros estímulos.[2] O gerente de campanha, Corey Lewandowski, com ajuda, tinha passado o fim de semana anterior escrevendo o discurso do anúncio. Ele o revisara com Trump, enfatizando os pontos principais da mensagem. O texto preparado tinha cerca de sete minutos. Lewandowski sabia-o de cor e por isso, quando os comentários de Trump ultrapassaram a marca dos dez minutos e depois a dos vinte minutos e continuaram por 45 minutos inteiros, Lewandowski pensou consigo mesmo: "Isso vai ser meio diferente".[3]

No mês de dezembro anterior, Lewandowski, operador político republicano de New Hampshire sem experiência em campanhas presidenciais, teve um encontro de meia hora com Trump. No fim da reunião, ele foi contratado para gerenciar uma campanha que pouca gente sabia que existia, em nome de um candidato cujas posições eram muito fluidas. Trump logo se dissociaria de muitas das visões que sempre defendera. Ele se oporia ao direito ao aborto e ao controle de armas. Defenderia a deportação de imigrantes, apesar de ter ridicularizado a "política insana de autodeportação de Mitt Romney, que era maluca". "Era ruim de fato", disse Trump em 2012, "e ele perdeu quase todos os votos latinos. Perdeu os votos asiáticos. Perdeu todo mundo que desejava vir para este país."[4]

Agora, começando a falar em comícios pelos Estados Unidos, Trump descartou a ideia de ler um roteiro. Ele considerava que os textos preparados eram pouco mais que esboços.[5] Seus comentários improvisados eram cheios de frases memoráveis e bravatas narcisistas. Ele insistiu em que financiaria a própria campanha. Chamou os líderes do país de estúpidos, menosprezou décadas de acordos de comércio internacionais dizendo que eram assassinos de empregos e alertou contra ameaças do Estado Islâmico. Afirmou que os Estados Unidos tinham se tornado "um depósito dos problemas de todo mundo". Declarou que o sonho americano estava morto e prometeu "fazer o país voltar a ser grande". Pediu ações decisivas contra a imigração ilegal: "Quando o México manda pessoas, não manda as melhores. [...] Estão mandando gente que tem muitos problemas. [...] Estão trazendo drogas. Estão trazendo crime. São estupradores. E alguns, suponho, são boas pessoas".[6]

O evento foi tratado como um momento de alívio cômico no longo caminho de uma campanha presidencial. Mas era uma janela incrivelmente reveladora do que estava por vir. Trump não aceitava e não podia ser manipulado. Sua *intenção* era ser imprevisível. Ele seria o maior improvisador de todos, extremamente confiante em seus próprios instintos. Seria politicamente incorreto, disparando insultos contra pessoas e grupos, desafiando as convenções da política. A entrada dele nessa disputa foi recebida com desprezo e desdém. Ele foi chamado de palhaço político. Mas Trump sentiu o que afligia e enfurecia muitos americanos e sabia falar a língua deles.

Horas depois do anúncio, Trump voou para Iowa e entrou no auditório Hoyt Sherman, em Des Moines, sob gritos e aplausos. "Ele não tem medo", disse Kathy Watson, que tinha dirigido desde Ottumwa com o marido, Don. "Ele não é político."[7] Independentemente do que os representantes tradicionais do partido pensassem de Trump, muitos eleitores o achavam convincente e o levavam a sério. Steve Scheffler, membro do Comitê Nacional Republicano de Iowa e líder do movimento social conservador, assistiu a Trump e decidiu que ele não era uma piada: "Eu não o subestimaria de jeito nenhum".[8]

NO DIA SEGUINTE, um homem branco de 21 anos abriu fogo contra uma igreja de negros histórica em Charleston, Carolina do Sul, matando nove pessoas. Hillary Clinton disse a um entrevistador depois do tiroteio que a violência racial muitas vezes era provocada pelo discurso público. Ela alertou contra a retórica inflamada: "Por exemplo, um postulante recente na campanha presidencial republicana disse algumas coisas muito inflamadas sobre mexicanos. Todo mundo devia se posicionar e dizer que isso não é aceitável".[9] Os assessores de Trump viram os comentários de Clinton como catalisadores que geraram uma onda de protestos contra o candidato. Pressionadas por seus consumidores, corporações agiram rapidamente: a Univision, maior empresa de mídia de língua espanhola da nação, voltou atrás nos planos de transmitir o concurso de Miss Estados Unidos de Trump em julho. A NBCUniversal, que tinha se associado a ele no *Apprentice*, cortou a relação. A PGA Tour e a Nascar tomaram medidas para se distanciar dele. O *chef* José Andrés abriu mão dos planos de abrir um restaurante no hotel que Trump estava construindo na Pennsylvania Avenue, em Washington. Alarmado, Reince Priebus, o presidente do Comitê Nacional Republicano, chamou Trump e pediu para ele diminuir o tom.

Enfrentando ameaças de piquetes de manifestantes anti-Trump, Terry Lundgren, CEO da Macy's, loja que vendia a linha de roupas com a marca Trump, ligou para o candidato – que ele considerava um amigo – e disse que ia parar de vender as peças. Trump, que atendeu a ligação enquanto se preparava para falar com eleitores de New Hampshire, argumentou que as manifestações não durariam muito nem teriam impacto sério. Lundgren discordou. Enquanto era chamado ao palco, Trump disse a Lundgren: "Faça o que quiser fazer. Não me importo".[10] No dia seguinte, a Macy's anunciou que terminaria aos poucos sua relação com Trump porque as afirmações deste eram "inconsistentes com os valores da Macy's". Os dois não se falaram mais. "Foi uma reação como eu nunca tinha experimentado antes", disse Trump em 2016. "Estávamos a um ano e meio da [eleição] geral, e eu pensei: 'Será que todo dia vai ser assim?'."[11]

No início de julho, a equipe de Trump se preparava para seu maior comício, tendo alugado um salão de bailes em um *resort* de luxo em Phoenix. Como milhares de pessoas se registraram para conseguir ingressos, a equipe substituiu-o pelo centro de convenções ao lado. Em 11 de julho, milhares fizeram fila do lado de fora. Dentro, mais de 4 mil fãs gritavam para receber o candidato. (Ele depois alegaria que havia 15 mil pessoas.) Enquanto caminhava a passos lentos por uma passarela em meio à multidão, ele fez sinal de joinha com as duas mãos e se virou pausadamente, parecendo uma estrela do *rock* envelhecida em uma turnê de retorno aos palcos com ingressos inesperadamente esgotados. "Uau!", gritou ele em meio aos aplausos. "Isto é absolutamente inacreditável." Aquela multidão era do que Trump precisava para provar que compreendia os temores e desejos dos americanos mais do que os outros candidatos do partido. A multidão gritou quando Trump declarou que imigrantes ilegais "fluem como água" pela fronteira e que, se ele virasse presidente, "vamos retomar nosso país!"[12] A certa altura, um homem na multidão gritou: "Constrói um muro!" Os comentários de Trump naquele dia alarmaram o senador John McCain, republicano do Arizona que pressionava por uma reforma ampla nas leis de imigração. "Ele inflamou os malucos", disse McCain.[13]

Uma semana depois, Trump sentou-se em uma cadeira num palco na área rural de Iowa, perante uma plateia de cristãos evangélicos. O moderador Frank Luntz, pesquisador eleitoral republicano, o desafiou a defender suas afirmações anteriores, especialmente aquelas em que chamava os imigrantes ilegais de estupradores e criminosos ou rotulava McCain de "idiota". "Isso é apropriado para um candidato à presidência?", perguntou Luntz.

"Malucos!", respondeu Trump. "Ele chamou todos de malucos. [...] Essas pessoas são americanos incríveis." Trump disse que McCain, candidato pelo partido republicano em 2008, era um "fracassado".

Quando a plateia riu, Luntz devolveu: "Ele é um herói de guerra! Um herói de guerra! Um herói de guerra!"

Trump desdenhou: "Ele não é herói de guerra. É herói de guerra porque foi capturado. Eu gosto de gente que não foi capturada, tá?"[14]

Quando Trump desceu do palco, Lewandowski o encontrou e pediu uma palavrinha em particular: "Fechei a porta e falei: 'Caramba!'" Ele repetiu o que Trump tinha falado no palco e disse de forma direta quanto isso era ofensivo. Trump decidiu que precisava dar uma entrevista coletiva para se explicar. A enchente de perguntas durou quase meia hora e foi, nas palavras de Lewandowski, "violenta". Trump se recusou a pedir desculpas e acusou McCain de não fazer o suficiente para proteger os veteranos ou fortalecer o Departamento de Assuntos de Veteranos.[15]

A maioria de seus rivais tinha hesitado em atacar Trump por seus comentários sobre imigrantes ilegais no dia do anúncio. Agora, todos caíam em cima, sentindo que seu rival renegado talvez tivesse cometido um erro fatal. O estrategista Chip Saltsman estava no evento naquele dia com seu candidato, o ex-governador do Arkansas Mike Huckabee. "Eu estava convencido – como 98% das pessoas – de que seria uma campanha curta [para Trump]", disse Saltsman. "O governador declarou: 'Calma aí'. Ele falou que os números podiam acabar subindo. Eu respondi: 'De jeito nenhum'."[16] Huckabee estava certo. No final de julho, Trump liderava o grupo de dezessete candidatos republicanos. Michael Glassner, recém-contratado na equipe de Trump, disse que as consequências da polêmica com McCain o forçaram a reavaliar seus instintos apurados durante três décadas na política: "Foi naquele incidente que eu realmente comecei a compreender que muito do que eu achava que sabia sobre campanha política não se aplicava a esta".[17]

***

O verão de Trump agora estava a toda. A prova seguinte veio no início de agosto, quando a Fox News organizou o primeiro debate de candidatos republicanos. A emissora conservadora colocou três de suas estrelas no painel de entrevistadores: Bret Baier, Chris Wallace e Megyn Kelly. Para Trump, era um território incerto. Ele era estrela de *reality*, mas políticos eram debatedores experientes. O evento bastante aguardado tinha uma pergunta central: Trump receberia a merecida punição quando a campanha se voltasse para os assuntos importantes e o combate verbal dos debates ao vivo?

Como líder nas pesquisas, Trump ficou na posição central no palco e foi alvo da primeira pergunta, de Baier: "Será que existe alguém neste palco – pode levantar a mão – que *não está disposto* a empenhar o seu apoio ao indicado final do Partido Republicano nem a jurar não lançar uma campanha independente contra essa pessoa?" Trump, que tinha mudado de partido sete vezes em catorze anos, soube imediatamente que se tratava de um teste de sua lealdade ao partido que escolhera. Foi o único candidato que levantou a mão, uma atitude claramente arriscada em frente a uma plateia republicana. "A resposta honesta é a que eu dei", disse depois.[18]

A pergunta mais dura da noite veio de Kelly, que pediu para ele explicar por que tinha chamado mulheres de "porcas gordas, cachorras, imundas e animais nojentos". Trump tentou fugir da questão. "Só a Rosie O'Donnell", respondeu com a fisionomia impassível, para o deleite de muitos na plateia. Pressionado para responder com seriedade, disse: "Acho que o grande problema deste país é ser politicamente correto".[19] Trump estava furioso com Kelly, mas segurou a língua. Depois do debate, ele a acusou de tentar sabotar sua candidatura: "Dava para ver que ela estava com sangue nos olhos. Com sangue saindo por todos os lados". O comentário grosseiro foi amplamente interpretado como referência ao ciclo menstrual da apresentadora. Trump insistiu em que se referia ao nariz ou às orelhas.[20] Foi outro enorme erro voluntário. Mais uma vez, pareceu não fazer diferença nenhuma.

Naquele verão, Trump dominou o noticiário. Era uma máquina de audiência. O debate na Fox atraiu 24 milhões de telespectadores, o maior número da história dos debates de primárias. Emissoras de tv a cabo começaram a transmitir os comícios ao vivo. Âncoras liam as afirmações esporádicas e os tuítes de Trump, que ele às vezes publicava no meio da noite. Em vez de viajar para os estúdios para ser entrevistado, Trump ligava para os jornais e até para muitos programas matutinos de domingo que raramente permitiam tais entrevistas. De seu escritório ou de seu carro, ele telefonava para conversar com repórteres.

Apesar de rotineiramente caracterizar os profissionais de mídia, com desprezo, como "bandidos desonestos" durante seus comícios, Trump dava acesso sem precedentes aos repórteres. Assim, determinava o tom e a pauta dos rivais republicanos, que tinham formulado uma abordagem política segundo as velhas regras, com ênfase no uso cuidadoso da linguagem com a mídia e uma atitude estilizada e respeitosa diante dos concorrentes. As regras de Trump faziam os antigos comportamentos parecerem fora de lugar. "Não importava se você era um concorrente mencionado por ele ou um concorrente ignorado por ele, basicamente todas as perguntas direcionadas a você pela mídia nacional incluíam as palavras *Donald Trump*", reclamou Danny Diaz, gerente de campanha de Bush.[21]

Desde o início, a estratégia de campanha de Trump exigia que ele usasse o reconhecimento de seu nome para melhorar lentamente os índices de aceitação, que eram baixos. A equipe esperava que ele conseguisse chegar à segunda faixa de candidatos, e depois se destacasse. "Voar um pouco abaixo do radar, não levar todas as flechadas", explicou Lewandowski.[22] Esse cronograma se acelerou rapidamente. O *status* de alguém que vinha de fora tornou Trump muitíssimo atraente a eleitores que se sentiam traídos pelos dois partidos. A nova estratégia seria ao mesmo tempo simples e radicalmente diferente. Trump apostou alto em vez de baixo, com uma campanha de primária que parecia mais uma operação de eleição geral. Ele fazia comícios enormes, reagia às notícias do dia, dominava as ondas de transmissão e atacava quem o desafiasse. Teve tanta exposição na mídia – o equivalente a 2 bilhões de reais, segundo uma estimativa – que não tinha necessidade de gastar milhões com anúncios de televisão.[23]

Os comícios de Trump atraíam 5 mil, 10 mil, até 20 mil pessoas. Ele lotava parques, ginásios, arenas. "Quem dissesse que isso não era bastante revelador estava se enganando", disse Mike DuHaime, estrategista principal da campanha do governador de Nova Jersey Chris Christie.[24] Em uma noite de agosto, Trump levou ao menos 2 mil pessoas para um comício em Derry, New Hampshire. A cerca de 30 quilômetros, em Merrimack, Bush falava para uma plateia de menos de 150.[25]

A preferência de Trump por comícios grandes em vez de campanhas de varejo também se encaixava em seus hábitos pessoais. Tendo uma séria fobia de germes, ele inicialmente evitava apertar a mão de eleitores. Mantinha recipientes cheios de álcool para as mãos em seu escritório e dava preferência a redes de *fast-food*, que acreditava serem mais limpas que restaurantes. Apesar de viver em um palácio dourado num andar alto na Quinta Avenida e ir aos comícios em um jatinho particular, Trump se vendia como a voz da classe operária sofrida. Ele era completamente diferente dos últimos escolhidos do Partido Republicano – um empresário orgulhoso de ser politicamente incorreto que se recusava a arrepender-se de suas palavras. A teimosia só o deixava mais atraente.

Até a estrutura de campanha de Trump desafiava as leis da política.[26] Em vez de contratar uma enorme rede de consultores, Trump se virou durante a maior parte da batalha pela indicação à candidatura com uma equipe principal de cinco funcionários em tempo integral – Lewandowski, Glassner, a porta-voz Hope Hicks, o diretor de mídias sociais Dan Scavino Jr. e o assessor que cuidava da logística, George Gigicos –, além de algumas dezenas de trabalhadores de baixa hierarquia. Oponentes e consultores de campanha debochavam do quanto essa estrutura magra deixaria Trump mal preparado. Mas o candidato se orgulhava da equipe minúscula como exemplo de uma eficiência inteligente. Os cinco consultores em geral viajavam com ele e tomavam decisões no avião enquanto assistiam à TV a cabo. Lewandowski amava se vangloriar de entrevistar importantes funcionários de campanha republicanos para cargos e depois rejeitá-los quando descobria quanto queriam cobrar.

Enquanto as outras campanhas entregavam aos repórteres em segredo material contra seus rivais, Trump divulgava publicamente fofocas e sujeiras. Para provar que tinha o número do celular pessoal da senadora Lindsey Graham, ele o leu em voz alta num comício. Comentou matérias não comprovadas de tabloides que acusavam Ted Cruz de trair a esposa com várias mulheres. Acusou inúmeras vezes o presidente Bill Clinton de abuso sexual. No final da disputa, agiu com falsidade ao tentar relacionar o pai de Cruz, nascido em Cuba, a Lee Harvey Oswald, o assassino do presidente John F. Kennedy. Lewandowski comparou a inventividade da estratégia de Trump à de Obama em 2008: "Esta campanha não pode ser repetida".[27] Disso não havia como discordar.

UMA A UMA, TRUMP ATRAPALHOU todas as outras campanhas, começando com a do suposto candidato principal. Trump apelidou Bush de Jeb "Low Energy" [Jeb Energia Baixa], o primeiro de muitos rótulos ofensivos que o especialista em *branding* colaria nos rivais. Ainda viriam "Little Marco" Rubio [Pequeno Marco Rubio] e "Lyin' Ted" Cruz [Ted Mentiroso Cruz]. "Eu disse 'sem energia' e foi interessante, declararia Trump depois. "Eu disse em um discurso, e o povo pirou na hora."[28] O rótulo colou instantaneamente em Bush, que não estava se mostrando tão à vontade na campanha quanto seu irmão mais tagarela. O prejuízo ficou óbvio para os conselheiros de Bush, mas eles estavam paralisados pela falta de consenso. Alguns defendiam uma reação agressiva. Outros alertavam para não "entrar no chiqueiro com um porco".[29] Então, não fizeram nada, praticamente ignorando Trump enquanto tentavam fazer os eleitores focar no histórico de Bush na Flórida. Esse erro na leitura das frustrações do eleitorado republicano acabou sendo fatal. Glassner disse: "A pior decisão deles provavelmente foi nunca mudar nem se adaptar à realidade".[30]

Rick Perry preferiu atacar. Sem nada a perder, o ex-governador do Texas, cuja campanha de 2012 acabara em humilhação e cuja tentativa em 2016 já estava sofrendo antes mesmo de Trump aparecer, atacou duramente o homem que estava sequestrando o partido conservador da nação. Chamou Trump de "uma mescla tóxica de demagogia, maldade e falta de sentido" e de "um câncer para o conservadorismo".[31] O ataque de 22 de julho bateu em Trump sem deixar marcas. No início de setembro, Perry já estava fora da disputa.

Dez dias depois de Perry desistir, Scott Walker o acompanhou. A derrota de Perry não foi uma surpresa; a de Walker, sim. O governador de Wisconsin tinha se tornado um herói nacional conservador depois de enfrentar sindicatos em seu estado natal e sobreviver à cassação de seu mandato. Até a entrada de Trump, ele liderava as pesquisas em Iowa. Mas a personalidade dominante de Trump sufocou Walker; seus números despencaram, e ele praticamente nem era considerado nos debates. Sua personalidade branda não conseguia competir com a espetacularização de Trump. "Se não conseguirmos mudar para chamar mais atenção, não temos como chegar à indicação", disse depois Walker.[32] Quando ele desistiu, implorou para que seus quinze rivais remanescentes abrissem espaço para alguém com uma mensagem conservadora positiva confrontar Trump de frente – sem sucesso. A vantagem continuou com Trump.

A campanha republicana de 2016 tinha virado o ano dos *outsiders*, se desenrolando contra o pano de fundo da raiva direcionada aos políticos tradicionais. Quase todas as pesquisas mostravam um par de não políticos – Trump e o dr. Ben Carson, um renomado neurocirurgião aposentado – com mais de 50% dos votos republicanos. Estrategistas de outros candidatos perceberam isso e ajustaram suas mensagens, mas, no fundo, a maioria acreditava que, uma vez que os eleitores se engajassem, os novatos cairiam. "Estávamos exatamente certos sobre Ben Carson", disse Whit Ayres, pesquisador de opinião de Rubio, "e exatamente errados sobre Donald Trump".[33]

O apetite por um candidato sem experiência política mostrava quanto muitos eleitores estavam insatisfeitos. O *slogan* registrado de Trump, *Make America*

Great Again, prometia uma volta a tempos melhores – econômica e culturalmente – do passado americano. Ele estava oferecendo não uma ideologia, mas uma viagem nostálgica a um lugar melhor. James W. Ceaser, da Universidade da Virgínia, descreveu o fenômeno Trump menos como um "ismo" e mais como um "clima", que chegava com força impressionante porque "havia um líder capaz de articulá-lo".[34] O estrategista de Rubio, Todd Harris, disse depois: "Existia um ambiente em que literalmente centenas de milhares de pessoas perderam suas casas ou estavam sem eira nem beira, perderam os empregos ou a poupança para a aposentadoria, e não viam o sistema político fazendo porcaria nenhuma. [...] Ao mesmo tempo, havia republicanos chegando ao poder dizendo que iam limpar Washington, e nada mudava. [...] A raiva estava logo abaixo da superfície, ele só precisava agitar um pouco a água".[35]

NA NOITE DE SEXTA-FEIRA, 13 de novembro, um homem-bomba se suicidou em um estádio de futebol ao norte de Paris. Em minutos, atiradores com fuzis abriram fogo em cafés e restaurantes e em uma casa de *shows* na cidade. Em menos de três horas, três equipes de terroristas do Estado Islâmico mataram 130 pessoas. Algumas semanas antes, Trump tinha defendido que os refugiados sírios fossem expulsos do país e que novos refugiados fossem proibidos de entrar. Era uma mudança radical em relação ao que ele dissera no verão anterior, que os Estados Unidos deviam "possivelmente" aceitar refugiados para amenizar a crise. Na manhã seguinte aos ataques em Paris, Trump abriu seu comício em Beaumont, Texas, com um minuto de silêncio, e depois passou a atacar o plano "insano" de Obama de receber no país 10 mil refugiados sírios – Trump disse que o número era 250 mil.[36] Os democratas ficaram chocados de ver que Paris deu um impulso ao *status* de Trump. Um consultor democrata reuniu um grupo de discussão para ouvir o que os eleitores achavam do terrorismo, e o relatório da sessão refletiu o consenso de que Trump era o único candidato com um plano: "Embora muitos estivessem preocupados com o que ele disse sobre os muçulmanos [...] mencionaram a força dele, sua abordagem 'direta' de 'jogar bombas pra caralho' neles e 'construir um muro' para garantir que controlemos quem entra no país. Esses eleitores estavam ansiosos e sentiam perda de controle. Para muitos, especialmente os homens, a retórica de Trump lida com as preocupações deles".[37]

Algumas semanas depois, o terrorismo chegou ao território americano quando um casal, Syed Rizwan Farook e Tashfeen Malik, abriu fogo em um evento de treinamento em saúde pública e festa de fim de ano em San

Bernardino, Califórnia. O ataque matou catorze pessoas e feriu gravemente outras vinte. Trump e sua equipe focaram no que consideravam ser a causa do problema: o islamismo radical. Sua solução: proibir muçulmanos de entrar no país. (Farook era cidadão nativo dos Estados Unidos.) Trump ditou um comunicado para sua porta-voz, Hope Hicks, que o copiou em um bloco de notas.

Trump esperou para propor a proibição até 7 de dezembro, Dia de Pearl Harbor, quando ele faria um comício em um navio de guerra na Carolina do Sul. A campanha divulgou um comunicado do candidato exigindo uma proibição "total e completa", pelo menos temporariamente.[38] A reação foi imediata e devastadora. Jeb Bush tuitou: "Donald Trump está louco".[39] Enquanto Trump e sua equipe voavam para a Carolina do Sul, alguns conselheiros preocupavam-se com a interpretação errada que teriam feito do clima no país.

Naquela noite, a bordo do USS *Yorktown*, Trump leu sua proposta de modo desafiador. A plateia respondeu com aplausos ensurdecedores. De volta ao carro, Trump disse a seus conselheiros: "Aí está a pesquisa. É isso que as pessoas acham".[40]

Pesquisas novas confirmaram a intuição de Trump, revelando que a maioria republicana concordava com a proibição. Mas alguns republicanos importantes a chamaram de violação do princípio fundamental americano de liberdade religiosa. Trump não cedeu: "Estamos falando de segurança. Não estamos falando de religião. Estamos falando de segurança. Nosso país está fora de controle". Em um debate do partido, Bush desafiou Trump, dizendo que "banir todos os muçulmanos tornará mais difícil fazermos exatamente o que precisamos, que é destruir o EI".[41]

Mas, no fim de 2015, os rivais de Trump compreenderam que estavam funcionando em um mundo definido pelo candidato renegado. Também viram que os seguidores dele eram absoluta e totalmente leais. "Percebemos que ele não era só Teflon, era titânio, nada grudava nele", disse depois o conselheiro de Rubio, Harris. "As pessoas que estavam com ele estavam com ele independentemente de qualquer coisa. Não havia informação nova que se pudesse dar a elas."[42] Quando os outros candidatos perceberam isso, era tarde demais.

EM SEIS CURTOS MESES, TRUMP tinha mudado completamente a disputa republicana. Mas ele ainda tinha de enfrentar os eleitores. Para Trump, vencer era sempre prioridade. "Se eu não vencer, o que estou fazendo?", disse no outono de 2015. "Terei perdido tempo."[43] Iowa, cujas convenções eram dominadas por conservadores religiosos, logo passou a ser visto como o ponto fraco de Trump. O candidato, casado três vezes, tinha sido aconselhado a focar em New Hampshire, com sua ala independente e um eleitorado mais socialmente liberal, e na Carolina do Sul, devido a suas ligações militares. "Todo mundo me disse: 'Não vá para Iowa. Você nunca vai chegar nem nos dez mais votados'", disse Trump depois.[44] Quando Carson ficou na frente de Trump nas pesquisas de Iowa, este reagiu com ataques raivosos em dois comícios no estado: "As pessoas de Iowa são estúpidas? As pessoas do país são estúpidas de acreditar numa merda dessas?" Mas, depois que Carson rapidamente ficou para trás, Trump enfrentou um concorrente ainda mais determinado e capacitado, Ted Cruz. O texano, astuto mas polarizador, tinha uma mensagem que agradava os conservadores religiosos; ele também alegava ter construído uma operação de base maravilhosa em um estado onde a organização muitas vezes fazia a diferença.

A menos de duas semanas das convenções de 1º de fevereiro, Trump estava em em um museu na periferia de Des Moines, num cenário de rancho do Velho Oeste em que um manequim do falecido ator John Wayne se debruçava sobre seu ombro. Repórteres o enchiam de perguntas sobre sua operação de base. Era um segredo muito bem guardado; sua sede no estado estava fora dos limites de repórteres enxeridos. "Estou muito bem com minha operação. Temos um grupo incrível de pessoas", disse ele. "Onde está o Chuck?"

Trump passou o olhar pela sala em busca de seu diretor estadual em Iowa, Chuck Laudner, mais conhecido por ter ajudado o ex-senador da Pensilvânia Rick Santorum a obter uma vitória surpreendente na convenção de 2012. "Chuck!", gritou Trump. "Vem pra cá, Chuck." Trump queria que seu diretor respondesse à pergunta "porque, se ele não se sair bem: Chuck, você está demitido", disse, rindo.[45]

Cruz tomou a liderança em Iowa em dezembro, mas, dois dias antes da convenção, uma pesquisa confiável mostrou que Trump tinha subido cinco pontos.[46] Na noite da convenção, porém, os republicanos de Iowa desferiram um golpe duro em Trump, que ficou em segundo lugar, atrás de Cruz e pouco à frente de Rubio. Humilhado em seu primeiro teste, Trump fez um desanimado discurso de derrota e saiu rapidamente. Mas ele estava furioso com Cruz e logo partiu para a ofensiva, acusando o texano de truques sujos que incluíam uma tentativa de última hora de influenciar os votos dizendo aos presentes na convenção que Carson estava prestes a sair da disputa.

A derrota em Iowa deixou Trump amargo. Mesmo meses depois, ele não conseguia esquecê-la. Em entrevistas dadas depois de ter garantido a candidatura, voltava sempre a mencionar Iowa: "Eu fiquei em um segundo lugar muito forte. Não me deram crédito por isso. O Marco ficou em terceiro, e eles estavam dizendo que era ótimo, e eu falei: 'E eu? Eu fiquei em segundo e nunca fiz isso antes'".[47] Lewandowski afirmou que a campanha de Trump tinha subestimado a quantidade de eleitores.[48] Trump culpava sua equipe local pela derrota: "Minha equipe, sabe, as pessoas que eu tinha não eram aptas, não eram boas". Disse, porém, ter aprendido uma lição valiosa. "Percebi que gerenciar uma eleição é muito importante. [Cruz] tinha um grupo enorme de pessoas [...] divulgando histórias falsas sobre minhas posições e levando gente. Eu não tinha isso."[49]

EM NEW HAMPSHIRE, TRUMP deixou de lado o roteiro padrão em favor de políticas de varejo. Ele achava a estratégia convencional de seduzir eleitores individuais boba e ineficaz: "Seria preciso ir a essas reuniões muito pequenas com as pessoas, sentar e falar com elas por duas horas e depois talvez ir jantar na casa delas". Trump perguntou a seus conselheiros por que deveria fazer isso, e lhe disseram que sempre tinha sido assim. Ele debochou dessa abordagem: "Os caras iam e jantavam com os eleitores [...] tipo cinco pessoas, família – a mãe, o pai, o filho e a filha –, jantavam por duas horas e meia. [...] Se eu fizesse isso, as pessoas perderiam o respeito por mim. [...] Diriam que não é isso que querem de um presidente".[50]

Mas depois da derrota de Iowa Trump se ajustou. Ele foi a uma troca de turno de uma delegacia, tomou café da manhã numa lanchonete e foi anfitrião de reuniões de conselhos municipais em locais pequenos. Lewandowski, que morava em New Hampshire, e a porta-voz Hicks assumiram a sede estadual, abrindo-a a repórteres para provar que tinham uma organização de verdade. Lewandowski estava preparado para se demitir se Trump perdesse de novo. Apesar da derrota em Iowa, Trump continuou favorito em New Hampshire. Mas Iowa tinha mudado a dinâmica da disputa. Rubio estava se mexendo, e um final forte no "estado de granito" talvez permitisse que ele começasse a consolidar republicanos tradicionais a favor de sua candidatura. Cruz esperava capitalizar em Iowa. Bush estava lutando para sair da irrelevância. Então, Rubio se chocou contra uma parede chamada Chris Christie em um debate três dias antes da votação. Christie, ex-promotor cuja candidatura estava ameaçada, martelou que Rubio não estava preparado para ser presidente. Rubio ficou paralisado no palco, repetindo mecanicamente uma série de frases prontas sobre Obama, enquanto a plateia resmungava.

Na noite da eleição, Trump conseguiu uma vitória esmagadora, capturando 35% dos votos. O governador de Ohio, John Kasich, terminou num segundo lugar longínquo com apenas 16%, à frente de Cruz, Bush e Rubio. O discurso de vitória de Trump foi muito mais no estilo dele. Ele apontou para Lewandowsi: "O Corey tem uma organização e tanto ou não tem?" Em retrospecto, meses depois, Trump disse que a vitória tinha sido uma virada psicológica: "A primeira vez em que pensei que ia vencer foi depois de ter ganhado em New Hampshire".[51]

Agora, Trump se voltava para o sul, de olho em demolir Bush, Rubio e Cruz. Na Carolina do Sul, a maioria das lideranças eleitas se uniu contra ele. Quase imediatamente, ele desviou o caminho, começando por um debate em Greenville três dias depois do voto de New Hampshire. A notícia da morte inesperada do juiz da Suprema Corte Antonin Scalia levou Cruz a perguntar se seria possível confiar em Trump, um homem sem ideologia fixa, para nomear juízes historicamente conservadores. Isso colocou Trump na defensiva, mas era o menor dos problemas da noite. No meio do debate, ele atacou George W. Bush por causa da guerra no Iraque. "Eles mentiram", disse Trump. "Disseram que havia armas de destruição em massa; não havia. E eles sabiam que não havia."

Jeb Bush interrompeu: "Enquanto Donald Trump estava construindo um *reality show*, meu irmão estava construindo um aparato de segurança para nos proteger". Trump atacou de novo: "O World Trade Center caiu durante o reinado do seu irmão, lembre-se disso". A plateia vaiou. Depois, disseram a Trump que ele tinha colocado sua vitória em risco. Mas ele não demonstrou arrependimento: "Houve quem falasse: 'Você acabou de perder o estado'. Eu respondi: 'Tenho que ser honesto'".[52]

Trump parecia estar procurando polêmica. Ele entrou numa rixa com o papa Francisco. A bordo de seu avião depois de uma viagem ao México, o pontífice tinha dito a repórteres: "Uma pessoa que só pensa em construir muros, independentemente de quem seja, e não em construir pontes, não é cristã". Trump ouviu o comentário e "imediatamente pensei no Vaticano, com seus muros enormes, e falei: 'Ah, por favor, ele tem os maiores muros, ele tem muros com os quais ninguém nem sonharia'".[53] Trump divulgou uma resposta por escrito, chamando as palavras do papa de "lamentáveis", e completou: "Se e quando o Vaticano for atacado pelo EI, e todo mundo sabe que esse é o troféu final do EI, garanto que o papa vai desejar ter rezado para que Donald Trump tivesse sido presidente".[54]

Na véspera da primária, em um comício em Charleston, Trump contou com muitos floreios uma história duvidosa sobre como o general do Exército John Pershing tinha lidado com terroristas muçulmanos nas Filipinas no início do século XX: os homens de Pershing enfileiraram cinquenta prisioneiros muçulmanos capturados e mergulharam cinquenta balas em sangue de porco. Quarenta e nove prisioneiros foram mortos com essa munição. O sobrevivente recebeu a ordem de voltar aos seus líderes e descrever o que tinha acontecido. Num estado de tradição militar, Trump usou a história para transmitir força. "Você precisa ser duro", explicou Lewandowski depois. "Isso é ser duro."[55] O *site* de rastreio de boatos snopes.com há muito revelara que a história era falsa,[56] e o PolitiFact deu sua pior avaliação ao uso da história por parte de Trump.[57] Quando perguntaram a Lewandowski por que Trump tinha usado uma história que não era verdade, ele respondeu: "Olha, é uma analogia, tá legal?"[58]

Mais uma vez, as regras de sempre pareciam não se aplicar a Trump. No dia da primária, 20 de fevereiro, ele conseguiu sua segunda vitória consecutiva, levando o estado com 32,5% dos votos. Rubio, depois de finalizar mal em New Hampshire, recuperou o segundo lugar, passando Cruz por 0,3 ponto percentual. Bush conseguiu apenas 8% e saiu da disputa naquela noite, tendo gasto mais de 100 milhões de dólares na campanha e no seu supercomitê aliado. O conselheiro de Rubio, Whit Ayres, notou que a rejeição de Trump tinha dobrado depois dos ataques a Bush e ao papa. "Dois terços do eleitorado da primária de Carolina do Sul votaram contra o cara", disse, "mas a oposição estava tão dividida que ele conseguiu arrancar uma vitória".[59] Os rivais de Trump agora entendiam a magnitude do desafio à sua frente. O conselheiro de Cruz, Jeff Roe, disse mais adiante: "Estava bem claro que Trump ia conseguir de 30% a 35% em todos os lugares e, enquanto fosse uma disputa com múltiplos candidatos, isso seria um problema".[60] Estrategistas em campos rivais admitiram que New Hampshire e a Carolina do Sul tinham colocado Trump no caminho quase irreversível da vitória.

Os RESULTADOS ERAM especialmente problemáticos para Cruz. Cruz tinha sempre confiado em uma estratégia para o sul, contando com uma vitória na Carolina do Sul e depois com um nocaute nas primárias sulistas de 1º de março para ficar na frente. Em vez disso, agora Trump estava no melhor momento. Depois da Carolina do Sul, ele levou Alabama, Arkansas, Geórgia, Tennessee e Virgínia (além de Massachussetts e Vermont). Cruz só venceu no Texas, seu estado natal, e em Oklahoma.

A repentina vantagem óbvia de Trump provocou uma poderosa reação contrária no Partido Republicano, liderada por Mitt Romney. Era inédito um antigo candidato do partido atacar o provável candidato seguinte, mas Romney repreendeu duramente o candidato, chamando Trump de "falso, uma fraude", empresário falido que não sabia nada do mundo e não tinha o temperamento certo para a presidência. Romney encorajou os eleitores a fazer o que pudessem para derrotar Trump. O próprio Trump, porém, tinha outras ideias. Ele via a primária de 15 de março na Flórida como oportunidade de acabar com Rubio. O senador da Flórida tinha começado com a reputação de ser bom de campanha e a cara de um partido novo e mais diversificado. Como candidato, ele patinava. Agora, se mostraria completamente despreparado para o desafio representado por Trump. Primeiro, tentou a agressão. No debate de 25 de fevereiro em Houston, ele atacou Trump falando de imigração, de comércio e das práticas de negócio do nova-iorquino. Depois, tentou o sarcasmo, chamando Trump de "vigarista" e fazendo pouco da aparência dele. Rubio entrou na lama com Trump: em um debate em Detroit, os dois candidatos trocaram farpas sobre as "mãos pequenas" de Trump, uma conversa que acabou – incrivelmente – em uma discussão mal disfarçada sobre o tamanho do pênis dele. Rubio destacou que as mãos de Trump eram desproporcionalmente pequenas em comparação à altura dele: "E você sabe o que dizem de homens com mãos pequenas?"

Trump mordeu a isca: "Olhe para estas mãos, elas são pequenas? [...] Ele se referiu às minhas mãos – se elas são pequenas, outra coisa deve ser pequena. Garanto que não há problema algum. Garanto". As provocações grosseiras pareceram não atrapalhar o momento de Trump; Rubio, por sua vez, logo começou a decair. Ele saiu resmungando. Trump venceu na Flórida com quase 46% dos votos, contra os 27% de Rubio, que saiu da disputa. O administrador de campanha de Bush, Danny Diaz, diria que, depois da Flórida, "não havia lugar para um candidato 'tradicional' no resto das primárias republicanas".[61] O conselheiro de Christie, Mike DuHaime, tinha a seguinte opinião: "Havia uma tese incorreta de que Donald Trump venceu a classe dominante. A classe dominante nem participou – ou entrou tarde demais".[62] Os outros tinham passado mais tempo se atacando do que enfrentando Trump.

Antes de Trump chegar a Chicago para as primárias de 15 de março, manifestantes contra ele entraram em conflito com seus apoiadores do lado de fora e de dentro do local do comício. A pior ocorrência de violência até então forçou Trump a cancelar o evento. Ele passou a noite dando entrevistas por telefone a âncoras de TV a cabo, censurando os manifestantes. No dia seguinte, um homem foi preso tentando pular no palco do comício de Trump em Ohio. As tensões estavam se avolumando nos eventos do candidato. Ele muitas vezes era violento – com oponentes, manifestantes e a mídia. Quando havia manifestações atrapalhando seus comícios, ele dava apoio à retirada dos responsáveis. "Tira eles daqui", dizia ele. Ou: "Antigamente, esse tipo de coisa não acontecia porque eles eram tratados de uma maneira muito, muito dura". E: "Sabe o que faziam com caras como eles em um lugar assim? Levavam embora numa maca". Ele parecia se deleitar em incitar a multidão: "Eu adoraria dar um soco na cara dele". E: "Desce a porrada nele". Quando perguntaram se ele criava um tom que contribuía para a violência em seus comícios, Trump respondeu: "Espero que não, de verdade. [...] Temos alguns manifestantes que são caras muito ruins. Eles fizeram coisas ruins".[63]

No FIM DE MARÇO, TRUMP só tinha dois concorrentes: Cruz, o antagonista anti-Washington que continuava a ganhar alguns estados; e Kasich, o governador moderado que só tinha vencido em seu estado natal, Ohio. As forças que tentavam parar Trump estavam se agarrando à frágil esperança de impedir que ele tivesse um número suficiente de delegados para a indicação e conseguissem forçar uma chamada convenção contestada* em julho. Cruz esperava dar impulso significativo a essa estratégia em Wisconsin, em 5 de abril. Ele tinha ganhado de lavada de Trump em Utah, onde eleitores mórmons, encorajados por Romney, rejeitaram o até então favorito. Em Wisconsin, Trump descobriu que tinha todo o aparato conservador do estado contra si. A oposição começou com o governador Scott Walker. Embora tivesse fracassado como candidato presidencial, Walker tinha uma organização política testada à disposição, e colocou-a para trabalhar por Cruz. E uma aliança informal de apresentadores de rádio locais transmitia havia semanas uma mensagem consistente: Trump, não.

Na semana anterior à primária, mais problemas. Em 29 de março, Lewandowski foi indiciado por agressão na Flórida, com base em uma acusação de Michelle Fields, repórter do *Breitbart News*, que disse que ele batera nela em um comício de Trump na Flórida. Trump defendeu seu administrador de campanha e denunciou a acusadora: "Não posso destruir um homem por

---

* Uma convenção em que nenhum dos candidatos tem a maioria absoluta dos votos dos delegados, ou seja, 1.237 de 2.472, e na qual os delegados, portanto, devem votar várias vezes até que um dos concorrentes chegue a esse número. (N. da T.)

causa disso". (A acusação contra Lewandowski acabou sendo retirada.) No dia seguinte, Trump criou mais uma polêmica durante uma reunião na prefeitura com Chris Matthews, da MSNBC. Trump disse que defenderia punição para quem abortasse. "Para a mulher?", perguntou Matthews. Trump: "Sim. Tem de haver alguma forma". Horas depois, numa rara reversão, Trump retirou o comentário, dizendo que apenas o médico deveria ser punido, "não a mulher".

A população de Wisconsin parecia favorável a Trump, com uma quantidade menor de evangélicos do que em estados onde Cruz tinha ido melhor e uma preponderância de trabalhadores brancos, que eram o coração do eleitorado de Trump. Mas ele não conseguiu superar a combinação entre um campo menor de oponentes e suas próprias gafes. No dia da eleição, Cruz obteve 48% contra os 35% de Trump. Cruz estava exultante naquela noite ao fazer seu discurso de vitória, mas a alegria de seus conselheiros rapidamente desapareceu quando ficaram sabendo que a Fox News tinha cortado o discurso. "A Fox cortar o discurso na metade foi chocante", declarou depois Jeff Roe. "Não conseguimos usar a vitória em Wisconsin como alavanca."[64]

MAS WISCONSIN FOI COMBUSTÍVEL de conversas sobre uma possível convenção contestada. "Deu a eles uma fagulha de esperança", afirmou Trump.[65] Cruz passou a usar as convenções estaduais do partido para reunir delegados que o apoiariam em uma segunda votação, mesmo que tivessem ficado ao lado de Trump na primeira. Na complexa batalha pelos delegados, a campanha de Cruz andava em círculos em volta da operação de Trump. Este tinha vencido a primária da Louisiana, mas, na briga final por delegados, Cruz ganhara espaço. Em Dakota do Norte, onde os delegados estavam oficialmente livres para votar segundo sua consciência, Cruz encheu a delegação com muito mais pessoas favoráveis a ele do que Trump conseguia garantir. No Colorado, onde os delegados eram escolhidos nas convenções, e não em uma primária, Cruz também derrotou Trump, deixando o favorito sem a garantia de um único delegado. Trump denunciou que o processo era "manipulado". Na verdade, Cruz estava só jogando o jogo de forma mais habilidosa.

No final de março, Paul Manafort, veterano de campanhas republicanas desde a de Gerald Ford, em 1976, foi jantar com Trump em Mar-a-Lago. Por meio de um amigo em comum, ele tinha oferecido seus serviços a Trump, cuja campanha o impressionara quase desde o começo. O jantar na Flórida fez com que ele entrasse na campanha, inicialmente, com o cargo de gerente de convenções (depois, presidente) e um portfólio amplo que o colocava em competição com Lewandowski. Manafort rapidamente concluiu que Trump estava a caminho de conseguir mais delegados do que todos os outros, mas não necessariamente os 1.237 necessários para uma vitória por maioria absoluta.

Manafort desenvolveu um novo plano para maximizar os delegados, e mostrou as projeções a Trump. De forma reveladora, ele não deixou o candidato ficar com o papel. Queria conservar os números em segredo. Mas fez uma previsão ousada. Três dias depois da derrota em Wisconsin, ele disse: "Nosso objetivo é, em meados de maio, ele ser o provável indicado".[66] Trump disse depois nunca ter duvidado de que ia costurar a candidatura bem antes da convenção: "Eu senti que nunca ia ser uma convenção contestada. [...] Quando Cruz estava tentando conseguir delegados para a segunda votação, eu disse: 'E daí se ele conseguir? Não vamos ter uma segunda votação, vai acabar na primeira'".[67]

Depois de Winsconsin, o calendário começou a favorecer Trump com uma série de disputas no Nordeste do país. Em Nova York, ele seguiu uma estratégia pensada para maximizar a contagem de delegados, fazendo os comícios em distritos congressionais importantes para melhorar suas margens de vitória. Ele criticou Cruz por ter ridicularizado os "valores nova-iorquinos" no início da disputa. Kasich, já fragilizado, por sua vez, era quase uma não presença. No dia da primária, 19 de abril, Trump conseguiu 60% dos votos e quase todos os 95 delegados na disputa, com exceção de seis. Os resultados imediatamente redefiniram a narrativa da campanha republicana.

Trump entrou confiante no saguão da Trump Tower ao som de "New York, New York", de Frank Sinatra, mostrando uma expressão nova, mais sóbria. Ele fez seu discurso de vitória mais orientado a políticas até então, prometendo trazer de volta empregos do exterior, negociar melhores acordos de comércio, proibir empresas americanas de mudar para o México, valorizar as Forças Armadas, cuidar dos veteranos e acabar com a Lei de Proteção ao Paciente e Serviços de Saúde Acessíveis e com a Base Curricular Comum na educação. Não houve menção a práticas de tortura, muçulmanos banidos, construção de muro ou qualquer outra de suas ideias controversas.

Mas nenhuma aparição seria capaz de apagar as preocupações de muitos representantes do partido. Chocados com os insultos de Trump, hostilizados por seu narcisismo, assustados com sua imprevisibilidade, alguns republicanos do Congresso e de câmaras municipais se distanciaram do homem que estaria no topo da cédula deles em novembro. Em particular, Manafort ofereceu garantias de que em breve Trump seria o tipo de candidato moderado que os líderes republicanos queriam. Em uma reunião a portas fechadas do Comitê Nacional Republicano na Flórida, Manafort disse que Trump estava fazendo um "personagem" na campanha, mas começava a dar uma guinada para uma *"persona"* mais presidencial.[68] Em questão de dias, porém, Trump desmentiu as afirmações de seu conselheiro, deixando claro que a facção "deixe o Trump ser o Trump" estava correta.

Uma semana depois de Nova York, Trump venceu as disputas da Pensilvânia, de Maryland, Connecticut, Delaware e Rhode Island. Ele ganhou em todos os distritos desses estados. "Me considero o provável indicado", disse a repórteres. Havia mais um obstáculo antes de os outros aceitarem essa afirmação – a primária de 3 de maio em Indiana. Cruz sabia que o estado era sua última chance e tentou todo o possível para sacudir a disputa. Ele e Kasich anunciaram um pacto de paz – decidiriam quem era o mais forte nos estados que estavam por vir e ficariam de fora um do caminho do outro sempre que possível. A frágil aliança rapidamente ruiu. Então, Cruz anunciou a antiga rival Carly Fiorina como candidata à vice-presidência em sua chapa, o que parecia mais um ato de desespero destinado a conseguir um ciclo de notícias. Cruz ganhou o apoio do governador de Indiana, Mike Pence, e Trump contra-atacou com o apoio de outra figura lendária, popular por seu estilo direto e sem filtros – Bobby Knight, ex-técnico de basquete na Universidade de Indiana.

Na noite da primária, Trump venceu. Antes que ele pudesse fazer seu discurso de vitória, Cruz saiu da disputa. Kasich o acompanhou um dia depois. Quatro membros da equipe original de Trump posaram para fotos na Trump Tower, tendo conseguido uma das vitórias mais surpreendentes da história política. Depois dos discursos, Manafort e alguns familiares de Trump comemoraram em uma tabacaria próxima à Trump Tower. O postulante, agora claramente o provável indicado à candidatura, foi dormir.[69]

Depois de Indiana, Trump, quase sem oposição, ganhou as últimas primárias, na Califórnia, em Nova Jersey e no Novo México, com maioria significativa. Ele podia ter se voltado à eleição do outono. Em vez disso, se viu em meio a mais polêmicas. Apesar de muitos representantes eleitos do Partido Republicano, por medo de uma presidência de Clinton, apoiarem Trump, alguns nomes importantes se distanciavam dele. O presidente da Câmara, Paul Ryan, depois de oferecer seu apoio, parecia diariamente se contorcer com algo que Trump dizia ou fazia. Romney liderou os ataques, explicando por que não endossaria Trump: "Quero que meus netos vejam que eu não podia simplesmente ignorar o que o sr. Trump dizia e fazia, revelando um caráter e um temperamento inadequados como líder do mundo livre".⁷⁰ Richard Armitage, vice-secretário assistente da Defesa de Ronald Reagan e vice-secretário de Estado de George W. Bush, disse que Trump "não parece ser republicano [e] não parece querer aprender as questões importantes".⁷¹ Armitage, republicano de longa data, declarou que votaria em Hillary Clinton. Internamente, a campanha continuou não decidida até o verão; no fim de junho, com o encorajamento dos três filhos adultos, Trump demitiu Lewandowski após um período de brigas entre o gerente da campanha e Manafort.⁷²

Com Clinton garantindo a própria indicação e as convenções partidárias de julho se aproximando, Trump parecia determinado a resolver pendências antigas em vez de buscar um eleitorado mais amplo. Quando um atirador que jurou fidelidade ao EI matou 49 pessoas em uma boate *gay* em Orlando, Trump repetiu a intenção de proibir a entrada de muçulmanos no país. (Mais uma vez, o atirador, Omar Mateen, era cidadão nativo dos Estados Unidos.) Trump insinuou que o presidente estava em conluio com inimigos do país.⁷³ (Quando o *Washington Post*, como muitos outros veículos, relatou essa afirmação, Trump reagiu revogando as credenciais do jornal – uma tática usada pela campanha contra uma dezena de outras publicações. Publicamente, ele chamou o *Post* de "desonesto" e "falso", mas, fora do palco, sua campanha continuou respondendo a perguntas de repórteres do jornal.)⁷⁴ Trump criou caso com o juiz federal – nascido em Indiana –, responsável por uma ação coletiva contra a Universidade Trump, acusando-o de conflito de interesses por causa da ascendência mexicana. Alguns líderes republicanos imploraram que seus colegas pulassem fora do que viam como um trem descarrilhado. A senadora Lindsey Graham chamou os comentários de Trump sobre um juiz de "a coisa mais antiamericana feita por um político desde Joe McCarthy. Se alguém estava procurando uma saída, provavelmente é essa. Haverá um momento em que o amor pelo país superará o ódio por Hillary".⁷⁵ Ryan não voltou atrás em seu apoio, mas considerou o ataque de Trump ao juiz "absolutamente inaceitável [...] a definição literal de um comentário racista".⁷⁶

Durante tudo isso, Trump ficou firme – desafiador, até. Após o tiroteio de Orlando, ele fez a seguinte colocação: "Me recuso a ser politicamente correto. Quero fazer a coisa certa. Quero arrumar as coisas. Quero fazer os Estados Unidos voltarem a ser grandes". Essa, disse ele, era sua única motivação. Por isso, estava disposto a lidar com políticos de carreira, com a imprensa crítica e com a proteção acirrada do Serviço Secreto. "Não é uma situação normal", disse sobre a vida de candidato, uma vida em que até um percurso de alguns quarteirões de carro era uma operação paramilitar precisamente coreografada:

"Eu entro no carro... milhares de pessoas. [...] Eles fecham as ruas e milhares de pessoas ficam na outra esquina, acenando, pirando, e todo esse Serviço Secreto. E minha esposa entra, e eu entro, e ela me olha, e estamos em um carro com janelas dessa grossura, com portas de aço. [...] E ela me diz: 'Tem certeza de que é isso que você quer pra sua vida?'".[77]

Ele respondeu a ela que tinha certeza.

EPÍLOGO
LEI E ORDEM

O homem que se tornaria presidente se levantou de sua cadeira de couro acolchoada, abotoou o paletó e acenou para os visitantes o acompanharem: "Venham, rapazes, tenho algo para mostrar a vocês". Deixando a sala de carpete felpudo na Trump Tower, cuja vista para o Central Park e para o majestoso Plaza Hotel é deslumbrante, ele nos conduziu pelo corredor até uma sala sem janelas, a menos de cinco passos. "Acabei de descobrir isso", disse, apontando a mesa de reuniões que ocupava a maior parte do cômodo. Apontou a mesa, convidando-nos a examiná-la. Todos os centímetros da superfície estavam repletos de pilhas de revistas. "Todas dos últimos quatro meses", disse ele. E, na capa de todas as revistas, lá estava ele, Donald J. Trump, sorrindo, acenando, com uma expressão raivosa ou amuada, mas sempre ele.

"Capa da *Time*, três vezes em quatro meses", ele disse. "Como ninguém nunca antes. É incrível." Lá estava ele na *New York Times Magazine*, na *Esquire*, na *Rolling Stone* e assim por diante, o homem que seria indicado candidato a presidente do Partido Republicano, seu sucesso (ou sua notoriedade) proclamado em todas as revistas. Ele estava muito impressionado. Estava todo contente naquele dia de junho, um exemplo do poder do pensamento positivo, a base da teologia com que havia crescido no escritório de Fred Trump e na igreja do reverendo Norman Vincent Peale. Naquele momento, Donald Trump era o negociador receptivo e confiante, o forte tomador de decisões, o garoto agitado que, como sua irmã o descreveu, era "apenas um bom menino do Queens". Alguns momentos depois, mudaria de ritmo e mostraria seu outro lado, outra vertente tipicamente americana, mais sombria, com um toque de paranoia e uma pontada de desespero. Esse era o autor de *América debilitada: como tornar a América grande outra vez*, o contador de verdades que dizia a multidões "Não temos mais um país", o magnata orgulhoso que ameaçava nos processar pouco depois de dizer que estava adorando a entrevista. Esses dois aspectos de Trump pareciam fruto de ficção, de personagens escritos para cativar as esperanças e ambições de uma grande nação jovem, mas também seus medos, dúvidas e aflições.

Mesmo depois de termos passado horas conversando com ele – um processo quase sempre frustrante em que ele aceitava toda e qualquer pergunta mas muitas vezes dava respostas desarticuladas e truncadas que nada tinham a ver com as perguntas –, Trump não parecia muito real, mas um personagem que havia desenvolvido para enaltecer seu império de negócios, uma abstração elaborada para ser ao mesmo tempo um homem comum e um fantasioso rei arrojado de Manhattan, uma encarnação das riquezas americanas. Trump era charmoso, mas sempre com pretensões de se elevar ainda mais, como Lonesome Rhodes em *Um rosto na multidão*, o filme de 1957 em que Andy Griffith faz um viajante do Arkansas simples mas extremamente cínico, que se alça de uma cela de prisão imunda ao pináculo da celebridade e do poder político americano. Trump era um populista nato, como Howard Beale, o âncora de *Network – Rede de intrigas*, o filme de 1976 em que o jornalista incita a nação a abrir as janelas e gritar: "Sou completamente louco e não vou aguentar mais!" Trump às vezes era dono de uma sabedoria ingênua, como Chauncey Gardiner, o simplório jardineiro cuja sabedoria popular involuntária o transformou num possível candidato a presidente em *Muito além do jardim* (1979).

Nesse último século, durante períodos atribulados, pessoas reais também tinham fascinado assim os americanos – vozes que apelavam à ideia de que os estrangeiros ou "o outro" seriam os responsáveis pelos problemas da nação: Charles Coughlin, o padre que usou seu programa de rádio nacional nos anos 1930 para transmitir uma mensagem ao estilo de *America First**, repleto de ataques antissemitas; George Wallace, o governador segregacionista do Alabama que disputou a presidência nos anos 1960 e 1970 como populista, pregando que "não há diferença nenhuma" entre republicanos e democratas; e Patrick Buchanan, o candidato à presidência natural de Washington que nos anos 1990 incentivou os eleitores a se revoltarem como "camponeses com forcados" para tirar o país da mão de políticos que não haviam conseguido impedir a imigração ilegal e os males do livre-comércio. Esses homens haviam apelado

---

* *Slogan* da campanha de Trump, que significa: "Os Estados Unidos em primeiro lugar". (N. da T.)

ao aspecto mais sombrio da personalidade americana, o outro lado da ousada teologia das boas ações e do capitalismo justo de Billy Graham, da marcha pela justiça e pela igualdade de Martin Luther King rumo ao topo da montanha, e da promessa de esperança e mudança de Barack Obama.

Trump acreditava – assim como muitos grandes americanos reais e fictícios, como Steve Jobs ou Jay Gatsby – no poder ilimitado e inigualável do indivíduo de realizar quase tudo. E, assim como muitos outros produtos do mecanismo de celebridades tipicamente americano, Trump acreditava que sua fama e seu sucesso o catapultariam a um nível de poder merecido por ter muito dinheiro. Ele acreditava que, só de entrar na sala, só de corresponder às paixões de uma multidão, era capaz de mudar o rumo dos acontecimentos. Era capaz, por exemplo, de tornar os Estados Unidos grandes de novo. "Acreditem em mim", ele havia conclamado a multidões durante a campanha. "Acreditem em mim."

"Improvável" mal descrevia o que ele havia conseguido. Azarões apopléticos já haviam concorrido à presidência antes, até recebido um número respeitável de votos de protesto, mas em julho, na arena de Cleveland onde LeBron James havia acabado de liderar o time de basquete Cavaliers no primeiro campeonato esportivo da cidade em meio século, Donald Trump estava prestes a ser indicado como candidato republicano à presidência. Para muitos, ele ainda era uma figura polarizadora e perturbadora – quatro dos cinco candidatos anteriores do Partido Republicano decidiram não comparecer à convenção, assim como muitas figuras proeminentes do partido – mas Trump estava decidido a dar um espetáculo que quebraria paradigmas e o colocaria no caminho da vitória. Na noite de abertura da convenção, depois de uma longa série de discursos de atores e soldados criticando Hillary Clinton, pais cujos filhos tinham sido mortos por imigrantes ilegais, e policiais e políticos negros que se declararam a favor do Blue Lives Matter,* o palco foi esvaziado e "We Are the Champions", a triunfante canção do Queen, tocou alto no sistema de som.

De repente, de uma abertura no fundo do palco surgiu uma silhueta. O terno grande, os ombros largos, o topete – inegavelmente Trump, quebrando a tradição, animando na mesma hora a multidão antes indiferente. Trump, que

---

* Movimento americano a favor da polícia. Foi formado em reação ao movimento Black Lives Matter [Vidas negras importam], que busca pôr fim à brutalidade policial contra comunidades negras. (N. da T.)

só era esperado na última noite da convenção, mostrou-se sob a luz, recebendo a onda de gritos e ovações, acenando em alguns momentos, fazendo gestos de aprovação e depois prometendo: "Vamos ganhar *disparado*". Ele havia entrado para apresentar a esposa, o destaque do programa da primeira noite, e Melania deslumbrou o público com um vestido creme, um sorriso eletrizante e uma atitude enérgica enquanto avançava em seu discurso com forte sotaque esloveno. Mas a recepção calorosa no salão logo se tornou amarga, quando saiu a notícia de que partes de seu roteiro tinham sido tiradas integralmente do discurso de Michelle Obama na convenção democrata de 2008.[1] Durante 36 horas, a campanha de Trump negou qualquer irregularidade; no entanto, como a tempestade midiática sobre o plágio não cessou, a autora do discurso veio a público com uma confissão e um pedido de desculpas.

A convenção que Trump havia planejado como mais interessante, divertida e descontraída do que a tradicional recitação enfadonha de retórica política acabou virando uma série de gafes e falhas. Desde o princípio, a busca por unidade partidária foi fragmentada por uma rebelião escancarada no salão, quando centenas de delegados tentaram obrigar o Partido Republicano a realizar uma votação nominal a respeito das regras que proibiam os delegados de votarem de acordo com sua consciência, exigindo em vez disso que votassem de acordo com os resultados da primária de seu estado. "Votação nominal! Votação nominal!", entoaram eles antes de seus microfones serem desligados. "Vergonha! Vergonha! Vergonha!", gritou um dos líderes da revolta, Ken Cuccinelli, ex-procurador geral da Virgínia. Mas, apesar de um voto oral que mostrou o salão quase dividido ao meio, não houve votação nominal. Os organizadores da convenção aumentaram a música, silenciaram a algazarra dos delegados e, com certo atraso, anunciaram que, embora delegações estaduais suficientes para atender às regras houvessem exigido a votação nominal, três dessas delegações tinham acabado de mudar de opinião e não havia mais demanda suficiente para exigir uma votação aberta. "Política tirana medíocre", Cuccinelli falou. "Essa manobra não anima as bases."

Algumas das bases não precisavam ser animadas. "Trump é enviado por Deus!", Jamie Shaw, pai de um jovem morto por um imigrante ilegal, disse ao público. Do outro lado da cidade, num comício *America First* que reuniu caminhoneiros, o Teamster e ouvintes de programas de rádio que defendiam o nacionalismo branco, Evan Hubert, um lixeiro de 24 anos da Pensilvânia, disse: "Estou pronto para ver alguém adotar uma posição realmente firme. Sei que Trump vai fazer alguma coisa sobre a religião islâmica e o problema dos refugiados".

Mas faltava convencer muitos delegados. Patty Reiman, antiga republicana e militante partidária de Wisconsin, que passou o intervalo da convenção comprando um vestido com estampa de elefante,* tinha inicialmente apoiado Marco Rubio para presidente e, depois, Ted Cruz. Agora, ainda que receosa, estava se rendendo a Trump, "porque quero unificar nosso partido". Mas ainda estava apreensiva: "A personalidade dele é um pouco extrema. Ele não pensa antes de falar. Só me resta torcer para que faça nomeações maravilhosas. É óbvio que fico preocupada".

Lori Hack, dona de casa de Peoria, Arizona, era uma delegada a favor de Cruz, mas o sistema de "o vencedor leva tudo" de seu estado exigia que ela votasse em Trump, o vencedor na primária estadual. Ela se recusou. "É uma questão de consciência", ela disse, e insistiu no direito de ser delegada independente. Disse que o presidente estadual do partido discordou, dizendo-lhe: "Azar seu". Ela perdeu o cargo e foi substituída por alguém disposto a votar em Trump. Agora estava na arena, mas apenas como convidada de outro republicano do Texas contrário a Trump. "Não tem problema", ela disse, "porque ainda tenho minha consciência." Aos 44 anos, Hack, cristã convertida e republicana desde sempre, temia que Trump levasse o partido à derrota ou, se eleito, mergulhasse a nação em confrontos perigosos mundo afora. "Ele é amoral", ela afirmou. "É um mentiroso patológico. É um narcisista. Se Cruz ou Romney tivessem aquela situação com [a tentativa de] golpe na Turquia [em julho de 2016], eles teriam pensado direito. Trump simplesmente muda de uma opinião para a outra, de um momento para o outro." Os ânimos haviam se exaltado na arena durante a batalha pelo voto nominal, e Hack viu pessoas gritando umas com as outras. Parecia que o confronto poderia se tornar físico. Ela não gostava do que Trump provocava nas pessoas: "O nome disso é seita. Elas ficam tão furiosas que perdem o bom senso. Trump diz todas as coisas inflamadas que repercutem a raiva delas. Mas algumas se tocaram do que ele realmente é, acredito nisso". Hack não conseguiria votar em Hillary; ela planejava se abster na eleição presidencial em novembro.

Um dos aliados de Hack na batalha para impedir a indicação de Trump, Gary Teal, vice-presidente do Partido Republicano em Washington, se sentia num beco sem saída. Se não apoiasse o candidato, teria de renunciar à sua posição no partido. Mesmo assim, "não está totalmente claro para mim que Donald Trump tenha as habilidades para acalmar e incentivar um eleitorado apreensivo, como no final dos anos 1960. Ainda estou chocado com o que

---

* Animal símbolo do Partido Republicano. (N. da T.)

aconteceu. Não se preocupe: passei os últimos quatro anos escrevendo sobre como isso não pode acontecer, o povo americano não vai se deixar enganar por Trump". Teal culpava a imprensa pela ascensão de Trump, "não por causa de uma veia liberal", ele disse, "mas simplesmente foi a mídia pensando que, se noticiassem tudo que ele dizia e fazia, acabaria com as chances dele – as pessoas veriam quem ele realmente é". Em vez disso, afirmou, Trump parecia ter uma *kryptonita* protegendo-o dos fatos; seus apoiadores preferiam acusar aqueles que levantavam questões a perder seu entusiasmo pelo homem que viam como um bilionário trabalhador. Durante a campanha, Teal havia apoiado Christie, depois Rubio. Agora, precisava se decidir em relação a Trump: "Normalmente, você se esforça pelo seu candidato, depois, quando a decisão é tomada, entra a bordo. Mas ainda não estou convencido".

A convenção de Trump não foi feita para convencer pessoas como Teal. Foi uma noite após a outra de doçuras deliciosas para os verdadeiros fiéis. Um executivo da Associação Nacional de Rifles teve direito a uma fala no horário nobre para discursar sobre como "uma Suprema Corte de Hillary Clinton significaria o *fim* do seu direito de possuir armas". Durante horas, o tema foi Hillary Desonesta, Hillary Mentirosa, Hillary Elitista. Em uma das noites, o partido apresentou um filme intitulado *Hillary, a Horrível*. A cada noite, a virulência contra Hillary ficava mais grosseira, estrondosa, até ameaçadora. A maledicência e a vulgaridade vendidas em barracas de camisetas na Euclid Avenue, no centro de Cleveland – HILLARY NA CADEIA estava entre os slogans mais amenos – penetraram na Quickens Loans Arena e se transformaram em cantos de "Prendam essa mulher!" Chris Christie representou o papel de promotor, guiando a multidão encantada com vereditos sonoros de "Culpada!" enquanto detalhava os supostos crimes de Hillary – o uso de um servidor de *e-mail* particular quando era secretária de Estado, o apoio à melhoria das relações com Cuba, a tentativa de acordo de energia nuclear com o Irã. Um delegado de Montana conclamou a que Hillary fosse enforcada; um representante do estado de New Hampshire e conselheiro de Trump disse que ela deveria ser morta por um pelotão de fuzilamento.

Espelhado na ênfase de Richard Nixon em lei e ordem na convenção de 1968, o programa de quatro noites de Trump apresentou aos telespectadores a visão de um país mergulhado em dificuldades, sem segurança, frágil, governado por sistemas fraudados e pessoas com intenções desonestas, até perversas. Os oradores descreveram um país que tinha perdido respeito no exterior e a esperança doméstica, um país quase à mercê do que Trump chamou de terroristas "bárbaros". Era o retrato sombrio de uma nação em declínio, uma sociedade que tinha perdido a identidade. Com a exceção dos ataques a Hillary, a postura obteve uma resposta débil no salão da convenção: uma delegação após a outra, os membros do partido ficavam de braços cruzados ou abanavam a cabeça. Para muitos, não era assim que se ganhava uma eleição. Nem que se fazia os Estados Unidos voltarem a ser grandes.

O ápice emocional da primeira noite foi uma série de testemunhos de pessoas que tinham sido gravemente afetadas pelo ataque terrorista de 2012 contra americanos em Bengasi, na Líbia. "Culpo Hillary Clinton pessoalmente pela morte do meu filho", disse Patricia Smith, cujo filho Sean trabalhava para o Departamento de Estado dos Estados Unidos no complexo diplomático em Bengasi. Mas, enquanto Smith discursava, a audiência que mais provavelmente se comoveria com seu discurso, os milhões de conservadores que estavam assistindo à Fox News, preferiu ouvir Donald Trump telefonar para o programa de Bill O'Reilly – uma gafe de programação que estrategistas republicanos disseram que nunca teria acontecido em uma campanha mais bem organizada. O'Reilly também pareceu surpreso por Trump roubar telespectadores da própria convenção. "Acho que a estratégia é: o que importa é Donald Trump", O'Reilly disse.[2]

Depois do discurso de Melania, ela e Donald voaram para casa em Nova York. Em suas palavras, ele não tinha interesse em passar tempo com figuras da política.

A BASE DE OPERAÇÕES A QUE DONALD retornou era um escritório estranhamente sereno bem acima da cacofonia da Quinta Avenida. Em sua mesa, o retrato de um Fred Trump confiante encarava Donald, o pai posando para estranhos, sem revelar nada. Os últimos três presidentes tinham passado por dificuldades bastante públicas em relação aos seus pais. Clinton e Obama escreveram e falaram sobre o sentimento de abandono. A determinação deles de provar o próprio valor os ajudou a impulsionar uma ascensão meteórica, temperada pelo carisma talvez nascido de uma antiga necessidade de conquistar o amor e a atenção ausentes em sua formação. Em um estágio posterior da vida, George W. Bush também sofreu com a sombra do fracasso da presidência de seu pai; ele também escolheu um caminho em que poderia corrigir as decepções da jornada do pai. Esses três presidentes, em maior ou menor grau, carregavam abertamente o fardo da vida de seus pais. Trump não admitiu nenhum problema desse tipo. Nunca havia sido franco sobre o contexto de sua vida domiciliar. Ele admitia que seu pai às vezes era distante – "sua vida era a empresa [...] uma pessoa muito disposta" – mas, no fundo, uma figura forte e amorosa.³ Trump havia reduzido a história de sua mãe, um mistério ainda maior para as pessoas de fora, a menos de uma sentença: "muito calorosa [...] ótima noção de pompa [...] muito bonita".⁴ Donald Trump havia deixado de lado a sua dor do passado, escondendo-a atrás de um espetáculo incessante sobre si mesmo.

O resto da mesa era dedicado a Donald, as pilhas de revistas com sua imagem, os recortes de notícias matinais sobre ele. No entanto, em um escritório dedicado quase inteiramente a celebrar o sucesso e o desempenho de Trump, nada mencionava suas paixões ou predileções, nada indicava um *hobby*, um interesse artístico, um pendor literário, uma declaração de seu credo, crises ou sonhos. Em um de seus livros, *Trump: Think Like a Billionaire* [Trump: Pense como um bilionário], ele havia afirmado que líderes empresariais visionários tinham sucesso "porque eram narcisistas cujos talento e foco incansável estavam voltados à realização de seus sonhos, mesmo que algumas vezes com o sacrifício das pessoas ao seu redor". Ele concordava com a citação de um escritor que dizia: "As personalidades alfa de sucesso demonstram uma firme determinação de impor sua visão ao mundo".⁵

Ele havia chegado ao auge da política americana quase sem aliados, subindo em oposição à estrutura do partido. Mais do que qualquer outra figura importante na política presidencial moderna, ele parecia alérgico à ideologia. Havia conquistado a candidatura com uma equipe de campanha pequena – o que parecia impossível –, um núcleo de meia dúzia de pessoas leais, a maioria recém-chegada à política presidencial. Os consultores mais valorizados eram seus filhos e seus cônjuges.

Ele nunca havia tido amigos próximos de verdade. Em 1980, tinha dito à entrevistadora Rona Barrett na TV: "Meus negócios são tão abrangentes que não sinto muito prazer em estar com amigos, para falar a verdade". Ela o pressionou: para quem você ligaria se estivesse com problemas e sua família não estivesse disponível? "Talvez eu ligue para você, Rona", ele disse. Trinta e seis anos depois, questionado novamente, para este livro, sobre suas amizades, Trump disse, depois de uma grande pausa atípica: "Bom, é uma pergunta interessante. A maioria das minhas amizades tem relação com o trabalho porque são as únicas pessoas que conheço. As pessoas que conheço, na verdade, acho que dá para dizer socialmente, quando se vai a um evento de caridade ou algo assim [...] Tenho pessoas com quem não converso há anos, mas considero como amigas". E citou – pedindo confidencialidade – três homens com quem havia tido transações comerciais há duas ou mais décadas, homens que viu raras vezes nos últimos anos. Trump continuou: "Quer dizer, acho que tenho muitos amigos, mas não são amigos como as outras pessoas têm amigos, em que elas ficam juntas o tempo todo e saem para jantar o tempo todo". Mas havia alguém a quem ele recorreria se tivesse um problema pessoal, ou alguma dúvida em relação a si próprio ou algo que havia feito? "Mais da minha família", Trump disse. "Tenho muitos relacionamentos bons. Tenho bons inimigos também, o que é legal. Mas penso mais na minha família do que nos outros."

Nos dias anteriores à convenção, Trump recorreu ao conselho da família: quem deveria ser seu candidato a vice? Os caciques do partido e Paul Manafort, o gerente de campanha, estavam pressionando Trump para escolher uma pessoa interna, um titular de cargo público respeitado, que pudesse reconquistar alguns dos membros das linhas centrais do partido que tinham sido afugentados pela disposição – alguns diriam até entusiasmo – de Trump em romper com as ortodoxias do partido. Trump ficou inclinado a dois homens mais iconoclastas e sem papas na língua, como ele próprio – Chris Christie e Newt Gingrich, ex-presidente da Câmara. Tinha até considerado a ideia de escolher um general aposentado – outra figura contundente e desbocada. Mas, nas últimas horas dessa agonia, Trump pediu o conselho dos filhos, à procura de uma saída. Os filhos ficaram do lado de Manafort, que recomendou Mike Pence, governador de Indiana, ex-membro da Câmara e apresentador de um *talk show* de rádio. Trump não pareceu convencido de que essa fosse uma manobra sensata e hesitou até a noite anterior à divulgação do nome. Ele escolheu Pence, mas, nas primeiras vezes que apareceram juntos, Trump não parecia muito à vontade. Em sua primeira entrevista coletiva, Trump apresentou Pence, depois o deixou sozinho no palco. Em uma entrevista conjunta no programa jornalístico de televisão *60 Minutes*, Trump foi quem falou mais. Os dois já haviam discordado em relação a comércio, afogamento simulado, imigração e direitos LGBT; agora, porém, estavam tentando apresentar uma linha de frente unida, juntando-se nas promessas de Trump de "se livrar do Estado Islâmico, de verdade, e [...] se livrar deles rápido [...] e vamos declarar guerra. É guerra". No *60 Minutes*, Trump, confrontado com o fato de que seu companheiro de chapa havia votado a favor da Guerra do Iraque, disse: "Não me importo. Isso foi há muito tempo". (Trump afirmava ter se oposto à guerra desde o princípio, mas, seis meses antes de a guerra começar, disse a Howard Stern que era a favor do ataque.[6])

Mas você não criticou Hillary Clinton pelos mesmos votos que Pence deu a favor da guerra?, perguntou o repórter Lesley Stahl. Rindo, Trump respondeu que Pence tem "o direito de cometer erros de vez em quando".

"Mas ela não?", Stahl questionou.

"Ela não", Trump respondeu.[7]

Hillary revidou. Sua campanha exibiu um anúncio na TV intitulado "*Role Models*" [Modelos], mostrando crianças pequenas de olhos arregalados assistindo à transmissão dos comentários mais grosseiros de Trump, sua linguagem vulgar, seus insultos contra mulheres, mexicanos, muçulmanos, contra um repórter deficiente e contra a mídia em geral. "Nossos filhos estão assistindo", o anúncio concluía. Clinton foi à TV para um ataque contra Trump em meio à convenção: "Nenhuma autodisciplina, nenhum autocontrole, nenhuma noção de história, nenhuma compreensão dos limites do tipo de poder que qualquer presidente pode impor a si mesmo".[8]

No estilo clássico de Roy Cohn, Trump apenas acelerou seu ataque. Ele havia cedido aos membros mais velhos do partido em sua escolha de vice, mas essa ainda era a campanha dele, a convenção dele, e ele estava decidido a continuar fazendo o que havia funcionado nas primárias, então a escalação de oradores incluiu Willie Robertson, astro do *reality show Os reis dos patos* ("Os Estados Unidos estão numa situação ruim [...] Donald Trump vai proteger vocês"), o ator de TV Scott Baio ("nada parece certo [...] Precisamos de Donald Trump para arrumar as coisas") e o presidente do Ultimate Fighting Championship (UFC) – uma lista de oradores do povo voltados para a classe trabalhadora branca dos Estados Unidos. O programa de entretenimento da convenção parecia o repertório de uma rádio nos bairros brancos dos anos 1970: Lynyrd Skynyrd, Three Dog Night, The Doobie Brothers, além de apresentações posteriores com o mesmo apelo – Kid Rock, Blues Traveler, Rascal Flatts. "Vamos fazer os Estados Unidos voltarem a ser *os Estados Unidos*", Baio clamou à multidão.

Os líderes republicanos lamentaram a imagem que a convenção estava transmitindo aos telespectadores – um grupo quase inteiramente branco, uma imagem contrária aos esforços dos últimos doze anos de atrair hispânicos, imigrantes e negros para o partido. Entre os 2.472 delegados em Cleveland, havia, segundo uma contagem do Comitê Nacional Republicano, apenas cerca de dezoito pessoas negras, bem menos do que as 167 da convenção de 2004.[9] Trump ainda tinha esperança de conquistar o voto afro-americano, mas seu histórico de declarações raciais polêmicas o assombrava e ele entrou na arena perdendo para Hillary entre o eleitorado negro em 4% a 89%.[10] Todos os republicanos sofriam para conseguir os votos de pessoas negras, mas esse era um declínio extraordinário. Em 2004, George W. Bush tinha conquistado 11% dos votos negros, o que foi fundamental para sua vitória. Trump tinha conquistado alguns poucos delegados negros, entre eles James Evans, presidente estadual do Partido Republicano em Utah – um homem que conhecia a sensação de se destacar como um negro em um partido quase inteiramente branco. Evans tinha liderado uma campanha para indicar Mitt Romney, mas, como isso não deu certo, se reuniu a portas fechadas com Trump: "O restante dos Estados Unidos precisa ver a pessoa com quem me encontrei. A cartilha democrata diz que, se você é um candidato republicano, é um candidato racista. Vamos dar uma olhada nas medidas da esquerda política e como elas devastaram a comunidade negra, e me diga você quem é mais racista".[11]

Junto à convenção de Cleveland, ocorreu uma série de dias violentos e assustadores – a tentativa de golpe na Turquia; o ataque terrorista contra banhistas em Nice, na França; os terríveis assassinatos de policiais em Dallas e em Baton Rouge depois –, e a convenção de Trump reagiu apresentando um catálogo de horrores, uma infinidade de noções conspiratórias, alimentando a sensação de que uma nação aflita precisava de liderança definitiva sem meias palavras. "O mundo é um lugar sombrio, um lugar assustador", Marcus Luttrell, ex-Seal da Marinha que tinha sofrido ferimentos graves no Afeganistão, disse aos delegados. O representante Michael McCaul, do Texas, disse: "Nossa cidade no alto da colina é agora uma cidade sitiada; […] está na hora de retomar nosso país". O xerife do condado de Milwaukee, David Clarke, disse que movimentos como o Black Lives Matter estavam levando o país a um "colapso da ordem social […] Chamo isso de anarquia". Barack Obama era "absolutamente" muçulmano, insistiu com falsidade o ator Antonio Sabàto Jr. depois de seu discurso de abertura.[12]

Trump adotou a narrativa de um país à beira da desintegração: "Vou dizer para vocês: está saindo [do controle]. Nosso mundo está saindo do controle. Nosso país está saindo do controle. É isso que penso. E vou pôr um fim nisso".[13] Mas, na TV naquela semana, em Cleveland, era a convenção republicana que parecia estar saindo do controle. Quando o senador Ted Cruz apresentou um discurso em horário nobre em que deliberadamente deixava de apoiar Trump e aconselhava os republicanos a "votar de acordo com a consciência", a convenção irrompeu em ondas de vaias e gritos – "Apoie Trump!" No auge da explosão, quem entrou na arena foi o próprio Trump, fosse para antecipar o discurso do filho Eric, fosse para ofuscar o antigo opositor recalcitrante, dependendo da versão em que quiser acreditar. De qualquer forma, isso causou um estranho desalinho exaltado: milhares de delegados ainda expulsando Cruz do palco se voltaram para o fundo do salão, e as vaias se transformaram em ovações e gritos: "Trump! Trump! Trump!"

***

Ele ainda tinha uma última chance na convenção de fazer a virada de que tinha falado naquele dia de março em Washington, o dia em que tinha sido muito pressionado para demonstrar que poderia agir como um presidenciável, que poderia ser mais do que a voz rude e zombeteira de uma nação frustrada. Naquela noite em Cleveland, com a arena finalmente lotada e as batalhas partidárias mortais silenciadas por pelo menos uma noite, Trump tinha a atenção de 35 milhões de americanos, pouco mais do que Mitt Romney havia atraído quatro anos antes.[14] Não era nenhum comício em um hangar de aeroporto; não era o discurso de aceitação formal, com muita pompa e o festival de generosidade de praxe ao final. Até aquele momento na convenção, as poucas vezes em que o salão tinha visto algo próximo de unidade foram quando os oradores atacaram Hillary Clinton – quanto mais dura a retórica, mais vigorosos os aplausos. Agora, dois vídeos biográficos abriam o apetite para o grande discurso do candidato deles. Os vídeos cuidadosamente elaborados ofereciam uma visão truncada da vida e da carreira de Trump, apresentando imagens de torres altas, campos de golfe novos e outros símbolos de sua vida como empreendedor. Não havia nenhuma menção aos negócios em Atlantic City, as apostas ou a atuação em concursos de beleza, as falências corporativas, os divórcios. Segundo os vídeos apresentados, ele era um executivo visionário que realizava as coisas quando ninguém mais era capaz de realizá-las. E isso o tornava o homem certo, o único homem, capaz de salvar um país em péssimas condições. "Quando tiverem meu pai ao seu lado, nunca mais vão precisar ter medo de se decepcionar", Ivanka disse à nação enquanto apresentava o pai, que, sorridente, subiu ao palco, deu dois beijos na filha, um tapinha em sua cintura e esperou um longo momento para receber os aplausos.

"Quem acreditaria nisto?", ele disse. E repetiu. Usou um ponto para ler o discurso; não era hora da costumeira improvisação de fluxo de consciência. Ele tinha um argumento a apresentar, um argumento sombrio, o retrato de uma nação ferida e confusa, uma nação que só ele era capaz de salvar. Era uma nação assustada e insegura, acossada pelo crime, debilitada pelo terrorismo, desorientada pelas mudanças rápidas na economia. Donald Trump resolveria. "Eu sou", ele disse, "o candidato da lei e da ordem." Ele repetiu a frase ao longo de todo o discurso, pronunciando cada sílaba com força e clareza, como as badaladas de um sino para um país quase perdido.

"A partir de 20 de janeiro de 2017, a segurança será restaurada", anunciou. Ele falaria a verdade. Ele se recusaria a dizer o politicamente correto. Seria, despudoradamente, um presidente do *"America First"*. Bloquearia os imigrantes ilegais na fronteira. Construiria o tal muro. (O público estourou em ovações nesse ponto; grupos de delegados continuaram ostensivamente silenciosos durante todo o discurso de uma hora e dezesseis minutos de duração, mas a maioria encontrou algo para aplaudir nas promessas típicas de Trump.) Ele corrigiria acordos comerciais ruins. Eliminaria o Estado Islâmico – "e rápido". E derrotaria Hillary Clinton, autora de "crimes terríveis, terríveis".

"Prendam essa mulher! Prendam essa mulher!", entoou a multidão, mas Trump não falaria isso. Era uma fase nova, um ambiente novo. Ele cortou a ovação e saiu do roteiro: "Vamos derrotá-la em novembro". Ele não pegaria leve com eles – "o legado de Hillary Clinton", ele disse, era "morte, destruição, terrorismo e fraqueza" –, mas Trump estava encontrando um caminho com a mistura do mais puro populismo e uma certa elevação presidenciável. Ele continuaria se mobilizando contra o sistema fraudado, os imigrantes ilegais, o terrorismo islâmico radical e a mídia irresponsável. E afirmaria sua independência ao mesmo tempo que aparava algumas de suas arestas mais grosseiras. Ele prometeu proteger "nossos cidadãos LGBT da violência e da opressão de uma ideologia estrangeira preconceituosa – acreditem em mim", ele disse. Depois de essas palavras receberem muitos aplausos, ele saiu do roteiro e agradeceu aos republicanos por aplaudirem um comentário a favor dos *gays*. Em uma convenção voltada diretamente para a base populista que havia acumulado durante as primárias, ele agora tentava fazer um apelo mais geral. Sim, ele cumpriu os requisitos prometendo proteger os direitos de portar armas, acabar com o Obamacare e reduzir os impostos, mas também se dirigiu aos apoiadores de Bernie Sanders, evitou a maioria das questões sociais, não usou a palavra *México* e não prometeu especificamente proibir a entrada de muçulmanos no país (mas disse que impediria imigrantes de países assolados pelo terrorismo).

A visão de Trump não apresentava nenhuma cidade reluzente no alto da colina e não oferecia nenhum detalhe de como realizaria as emendas instantâneas e absolutas que prometia. Ele simplesmente faria – e rápido. Ele parecia mais suave agora – quando uma manifestante solitária interrompeu o discurso, Trump não disse nada, apenas esperou tranquilamente que ela fosse retirada, embora parecesse louco para dizer o que realmente pensava dela. Mas ainda era Trump, ainda era o garoto pretensioso e sem papas na língua do Queens, ainda era o homem que dizia o que os outros apenas pensavam. "Sou a voz de vocês", ele disse. "Acreditem em mim. Acreditem em mim."

* * *

Terminada a convenção, não houve tempo para descanso. A campanha relâmpago de cem dias começaria quase imediatamente – três debates, um comício após o outro, uma tempestade de acusações e contra-acusações em incontáveis aparições na TV a cabo – e já estava claro que essa seria uma batalha cruel entre os dois candidatos dos principais partidos menos populares e menos amados da história política moderna. Trump estava certo de que, ao fim daquele trabalho árduo, a Casa Branca seria sua. Por mais confiante que estivesse da vitória, disse que não tinha passado muito tempo planejando como agir se vencesse. Ele administraria o país como havia administrado suas empresas, afirmou, atento a tudo, insistindo em padrões elevados. A diferença seria que estaria fazendo tudo pelo país, não apenas por si próprio. Não ficou totalmente claro como seria isso. Esperava que seu estilo de trabalho diário fosse parecido com o que havia tido durante décadas. Na Trump Tower, não tinha nenhum computador em sua mesa e evitava ler relatórios ou notas extensas. Preferia ouvir as questões oralmente, e rápido. Em um dia de junho, foi visitado por uma delegação de importantes executivos das indústrias petrolífera, siderúrgica e de varejo, e um dos CEOs disse a Trump que os chineses estavam tirando vantagem dos Estados Unidos. "Ele disse: 'Gostaria de mandar um relatório para você'", Trump recordou. "Ele disse: 'Adoraria enviá-lo a você' – rapaz, ele tinha um relatório enorme, com centenas de páginas [...] Eu falei: 'Me faz um favor, não me mande um relatório. Me mande umas três páginas' [...] Sou um homem muito eficiente. Agora também poderia fazer isso verbalmente, o que não tem problema [...] Quero que seja breve. Não há por que escrever centenas de páginas porque sei exatamente o que é [...] porque tenho muito bom senso e muita habilidade nos negócios."[15]

Ele não tinha tempo para ler, afirmou.[16] Quando ficou clara a realidade da candidatura, ele havia pensado em mergulhar na biografia de um presidente – nunca teve chance de ler uma – "mas não tenho muito tempo", disse ele. "Nunca tive. Estou sempre ocupado fazendo um monte de coisas. Agora acho que estou mais ocupado do que nunca [...] Não tenho muito tempo. Tenho muito pouco tempo."

Não havia muito que fazer agora. Na última noite da convenção, Ivanka havia prometido à nação que, em janeiro, "tudo seria possível novamente". E Donald Trump tinha dito à multidão que, como "ninguém conhece o sistema melhor do que eu [...] só eu posso consertá-lo". Só ele. Seu pai, que o havia alertado para não virar um "zero à esquerda", estava morto e nunca pôde ver a conclusão dessa surpreendente jornada americana. Sua família se juntou a ele no palco para a celebração final enquanto balões e bolas de praia vermelhos, brancos e azuis caíam em volta da arena. Mas, no último momento, Donald Trump estava sozinho. Ele ergueu o queixo, franziu os lábios e entrou no túnel escuro atrás do palco.

POSFÁCIO
PRESIDENTE TRUMP

Diante de uma plateia de centenas de espectadores no salão de baile de um hotel de Manhattan – desta vez, nada de comício ruidoso com milhares de pessoas –, ele aceitou a vitória com um discurso pronto, enunciado em uma voz séria, profunda, quase austera. Menos de 48 horas depois, visitou a Casa Branca e encontrou, pela primeira vez, o presidente que passara anos acusando falsamente de ter nascido em outro país. O presidente eleito pareceu encolher na poltrona de encosto alto, com a cabeça baixa e a linguagem incomumente contida. Nesses primeiros dias em seu novo papel, ele às vezes parecia afável, chegando a chamar Hillary e Bill Clinton de "boas pessoas". "Cadeia nela?" Não, "não quero prejudicá-los", disse ele. Logo depois de completar a campanha mais improvável da história americana, ele – como prometido comício após comício – mudou as marchas e adotou o que considerava ser sua voz presidencial, comedida, mais tranquila, mais baixa. Não, anunciou, ele não tentaria revogar a decisão da Suprema Corte que permitia casamento entre pessoas do mesmo sexo, como tinha dito durante a campanha. "Quer dizer, já está feito", falou. "Estou bem com isso." E não, ele não ia imediatamente deportar 11 milhões de imigrantes ilegais, apenas 2 milhões ou 3 milhões que tinham cometido crimes. Essas afirmações provocativas feitas durante a campanha não deviam ser levadas literalmente. "Às vezes, você precisa de certa retórica para motivar as pessoas", afirmou ele.[1] Esses gritos tempestuosos dos quinze meses anteriores eram, dizia ele agora, só posições de abertura para negociações que chegariam a um ponto mais razoável. Donald Trump estava prestes a ser empossado como 45º presidente dos Estados Unidos e queria ser, como tinha prometido desde o início, presidenciável.

Ele chegara ali com uma *persona* muito diferente – franco, brincalhão e pragmático, mas também nervoso, debochado, insultante. Durante décadas, tinha se orgulhado de seu estilo de vida de *playboy*, passado a perna em incorporadores e fornecedores, contratado imigrantes ilegais, evitado ir à igreja, abraçado causas liberais (como o direito ao aborto) e contado os Clinton entre os amigos. Em 8 de novembro de 2016, Trump terminou uma das guinadas mais insolentes da história americana: o bilionário que vivia em uma torre dourada na Quinta Avenida em Nova York tinha se vendido aos eleitores como herói populista que compreendia suas frustrações e garantiria uma chuva de vitórias, anos a fio. Trump fez do jeito que tinha dito que faria por mais de trinta anos: ignorou as regras da política moderna e falou para os americanos usando uma linguagem rude, sem usar a máquina de consultores guiados por dados, grupos de pesquisa e comerciais de TV para suavizar as palavras. Desprezava ideologias, pregando um pragmatismo duro e direto impulsionado pelo ego desenfreado e sem vergonha. Disse às pessoas o que elas queriam ouvir: que uma sociedade em rápida mudança e fragmentada poderia ser forçada a voltar a uma era idílica de unidade e ordem; que empregos há muito perdidos poderiam ser recuperados; que uma economia pré-globalizada poderia ser restaurada; que os Estados Unidos poderiam ser grandes de novo.

Trump concorreu contra as elites e venceu. Que tivesse nascido rico, que exibisse sua riqueza e vivesse como um rei – nada disso importava. Ele definiu a eleição como um levante popular contra todas as instituições que tinham decepcionado e desprezado a população – os políticos e os partidos, a classe governante de Washington, a mídia, Hollywood, a universidade, todos os setores opulentos e muito instruídos da sociedade que se deram bem enquanto as famílias de classe média perdiam tudo. Ele jurou que ia "drenar o pântano", e as multidões gostaram tanto dessa imagem que gritavam essas palavras antes mesmo de ele abrir a boca para dizê-las.

Trump concorreu contra as velhas regras que governavam a forma como se falava sobre política, e ganhou nisso também. Especialistas políticos de ambos os partidos passaram boa parte do ano rindo da demora de Trump em construir uma campanha moderna baseada em dados, com comerciais de TV testados em grupos de pesquisas e microanálises de comportamentos de eleitores, mas ele confiava em sua intuição e acreditava que essa mensagem e esse estilo se conectariam com a forma como os americanos absorviam notícias hoje em dia. Mais do que qualquer outro grande personagem da era digital, Trump percebeu como as redes sociais tinham segregado a nação em dois campos culturais e ideológicos quase inteiramente separados, cada um com suas atitudes, narrativas e *feed* de notícias. Ele via como o Facebook e o Twitter tinham diluído a fronteira entre o público e o privado. Tirou vantagem dessa mudança de cultura e passou a dar vazão a isso, canalizando uma enxurrada de frustração e ira no país do tipo que muita gente resguardava ou cuspia *on-line* anonimamente. Essa mudança na forma de as pessoas se relacionarem *on-line* combinava com a impulsividade de Trump, sua tendência a colocar a culpa nos outros e apontar inimigos, a rapidez em atacar quando criticado. O resultado foi uma nova retórica de campanha, uma mudança revolucionária de *marketing* que alterou dramaticamente as emoções e expectativas da disputa presidencial.

Trump venceu porque intuía que sua fama o protegeria dos padrões muito mais rígidos que normalmente se exigem dos políticos – uma gafe feia e é o fim. Ele venceu porque compreendeu que seu comportamento escandaloso e seus comentários destemperados só sedimentavam sua reputação de um convicto falador de verdades que faz as coisas. E venceu porque tinha passado quase quarenta anos cultivando a imagem de cara muito rico, muito audacioso, muito imprevisível, que não devia favores a ninguém. As pessoas de boa parte dos Estados Unidos acreditavam que ele realmente tinha a autoridade pessoal para fazer o país voltar a ser grande, que realmente era capaz de realizar o *slogan* "cadeia nela" e que, como dizia o anúncio de TV de sua campanha, "viraria Washington do avesso desde o primeiro dia".

Trump enfrentou uma muralha de acusações de assédio, uma série de matérias quase diárias sobre seu comportamento grosseiro e seus insultos indecentes – e venceu ali também. Em outubro de 2016, um dia depois que o *Washington Post* revelou um vídeo em que Trump explicava para o apresentador de TV Billy Bush como agarrava as mulheres pela virilha, uma eleitora de Trump em Syracuse, Nova York, Sharon Barns, disse que o vídeo só tinha aprofundado a confiança dela de que ele devia ser presidente. "Isso, para mim, só deixa o cara mais humano", falou ela. "Eu estava preocupada com que ele fosse um bilionário que não sabe da vida de gente como eu. Isso me mostrou que ele é um homem. No fundo, sabemos que todo homem fala assim." Trump se definiu como "bilionário de colarinho azul", e acreditava ter conquistado tanto o coração de muitos americanos que "poderia atirar em alguém no meio da Quinta Avenida e mesmo assim não perder votos".

Trump tinha passado a vida adulta inteira lutando contra os que o consideravam um grosseirão ou um exibicionista bombástico. As grandes famílias empreiteiras de Nova York havia muito tempo desdenhavam de Trump por ser um novo-rico arrogante e insolente que se intrometia em um setor que apreciava a diplomacia discreta. Os bancos o tratavam como um adolescente descontrolado que precisava ser contido e aprender uma lição.

Quando ele anunciou a candidatura à presidência, outros políticos o aceitaram sem levá-lo a sério, mas depois se assustaram; alguns o renegaram, mas muitos se alinharam para aproveitar um pouco do reflexo de sua fama. Trump os repeliu um a um, apelando ao povo, aos clientes, aos admiradores. Fosse construindo arranha-céus e cassinos bem-sucedidos, fosse fracassando em seis falências corporativas, ele sempre se voltava para o ramo do entretenimento e mídia, que tanto condenava, para se defender diante do americano comum. Na campanha, Trump capitalizou os anos de participações em séries de comédia e na WrestleMania, além das catorze temporadas em *The Apprentice*. Jornais e *sites* relatavam todos os dias o seu comportamento volúvel com as mulheres, os problemas nos negócios, as hipérboles insanas, os comentários ofensivos. Ainda assim, muitos americanos das classes baixa e média o viam como um bilionário sem papas na língua que tinha a grana e a gana para enfrentar qualquer um.

Desde o momento em que ele desceu do elevador da Trump Tower no seu amado saguão de mármore cor-de-rosa no verão de 2015, Trump afirmou que o caminho para a vitória era óbvio. Ele simplesmente se conectaria diretamente com as dores, os medos e as frustrações de uma nação que tinha tomado uma surra da globalização, do terrorismo, da mudança demográfica rápida e de uma revolução tecnológica que enriqueceu e deleitou os jovens que tinham altas notas para entrar na faculdade, mas deixou milhões de americanos para trás, perdendo o emprego diante dos aplicativos mais recentes, da terceirização em outros países, dos robôs e de uma mudança total na natureza do comércio e da comunidade. Ele tinha arrasado nas primárias, acabando com as estrelas da próxima geração do Partido Republicano e triunfando na convenção. A fim de superar os debates, a cobertura midiática que se multiplicava e um público eleitor que prestava atenção como nunca antes, Trump precisava sedimentar essa conexão com as pessoas, não só as que iam a seus comícios. Para cruzar a linha de chegada e chocar as elites, ele tinha que encontrar o equilíbrio certo entre autocontrole e imprevisibilidade. Precisava atribuir às falhas de Hillary Clinton um peso maior do que às dele. E precisava de um pouco de sorte. Ele conseguiu tudo isso.

Em 5 de julho, Trump e a assessora de imprensa Hope Hicks estavam reunidos na Trump Tower com Steven Ginsberg, o editor sênior de política do *Washington Post*, quando o diretor do FBI, James Comey, foi à TV anunciar que estava investigando Clinton pelo uso de um servidor de *e-mail* particular em vez da tecnologia obrigatória do governo. Trump, Hicks e Ginsberg, além de Ivanka e seu marido, Jared Kushner, foram para um canto do escritório de Trump assistir à entrevista coletiva. Embora Comey tenha dito que Clinton não descumprira as leis sobre informações confidenciais, também declarou que ela tinha sido "extremamente descuidada" ao lidar com "informações muito sensíveis e altamente confidenciais".

"Isso é importante", disse Trump ao grupo. "Vocês não acham que isso é importante?"[2] Mesmo sem uma acusação formal, Trump reconheceu, era uma notícia suculenta. Ali mesmo ele conjurou sua declaração: se Clinton não cuidava da segurança de seus *e-mails*, não conseguiria cuidar da segurança do país. Repetiria essa frase em todos os comícios, quase todos os dias, e a reação das multidões seria cada vez mais alta e vigorosa conforme a campanha avançava: "Cadeia nela! Cadeia nela!"

Trump gostava da ideia de concorrer contra Clinton, que via como enérgica e forte, mas incapaz de se conectar com os eleitores de classe média e ligada exatamente às bases de poder contra as quais ele planejava concorrer. Ele usou com sucesso a antiga reputação de Clinton de ser uma política do tipo camaleão, que usava uma linguagem excessivamente jurídica e tinha uma personalidade muito discreta, e transformou isso em um retrato cáustico e furioso de uma criminosa – "*Crooked Hillary*" [Hillary Corrupta].

EM MEADOS DE AGOSTO, Kellyanne Conway assistia ao programa *Squawk Box*, da CNBC, enquanto se exercitva na esteira, em sua casa de Nova Jersey, quando Trump ligou para o programa. Conway, pesquisadora eleitoral conhecida por seus ataques mordazes e astutos em painéis políticos na TV a cabo, estava prestes a começar a trabalhar como terceira e última gestora de campanha de Trump, e não acreditou no que estava ouvindo. O candidato estava no meio de mais uma polêmica, tentando explicar por que tinha atacado os pais de Humayun Khan, soldado americano morto em 2004 na Guerra do Iraque. O pai do soldado, Khizr Khan, tinha sacudido a Convenção Nacional Democrata com um discurso emotivo, mostrando sua cópia da Constituição para Trump e lembrando à audiência televisiva do horário nobre que soldados de "todas as crenças, gêneros e etnias" tinham dado a vida pelos Estados Unidos, enquanto Trump não tinha "sacrificado nada nem ninguém". A reação do candidato ao discurso de Khan instantaneamente virou material de anúncios hostis de Clinton. Ele disse: "Eu fiz muitos sacrifícios", e questionou os motivos da família Khan. Agora, na CNBC, Trump se recusava a suavizar os ataques à família Estrela Dourada.* Será que ele tinha cometido um erro? Trump pressionou: "Você vai ter que definir o que é um erro". Mas ele reconhecia o prejuízo que tinha causado. Se perdesse a eleição, falou, "está tudo bem. Eu volto para uma vida muito boa. Não é o que eu estou querendo. Eu acho que vamos ter a vitória, mas veremos".[3]

Quando Conway viu isso, foi para cima de Trump: "Você não pode dizer o que acabou de dizer na CNBC", disse ao seu novo chefe. "'Se eu perder, tudo bem'. *Não está* tudo bem. E não está tudo bem porque um monte de gente acha que se você não ganhar elas não vão ganhar. [...] Para que vida elas vão voltar? Que arranha-céus elas estão construindo? Que férias chiques elas estão tirando?"[4]

O REPÓRTER DO *WASHINGTON POST* DAVID FAHRENTHOLD estava curioso sobre a fundação de caridade de Trump desde o início daquele ano, quando descobriu que o candidato não tinha cumprido a promessa de doar 1 milhão de dólares do próprio dinheiro para causas ligadas aos veteranos. A reportagem de Fahrenthold levou Trump a doar o dinheiro, mas o repórter continuou investigando a pequena instituição de Trump. Ele descobriu uma série de aparentes violações da lei por parte da Donald J. Trump Foundation.

Em setembro, Fahrenthold soube que Trump tinha pago uma multa de 2.500 dólares ao fisco por uma doação ilegal feita pela fundação em 2013.[5] A cada semana, Fahrenthold encontrava outras ações da Trump Foundation que pareciam impróprias. Trump gastou 20 mil dólares de dinheiro da fundação para comprar outro retrato de 1,80 metro de si mesmo em 2007, e 10 mil para comprar um retrato de 1,20 metro de si próprio em 2014. A lei federal proíbe que líderes de fundações como Trump, presidente da Trump Foundation, usem dinheiro institucional para comprar coisas para si ou suas empresas. Fahrenthold não encontrou o retrato de 1,80 metro, mas encontrou o menor, pendurado na parede de um bar no campo de golfe Doral, de Trump, nos arredores de Miami. A campanha do candidato disse que o bar estava fazendo um favor para a fundação, "guardando" o quadro em sua parede. Quando Fahrenthold relatou a explicação a um especialista em impostos, ouviu: "Não é fácil fazer um auditor do fisco rir, mas conseguiram".[6]

Em reação às matérias de Fahrenthold, o advogado-geral de Nova York abriu uma investigação contra a Trump Foundation. Então, no início de outubro,

---

* Nos Estados Unidos, nome dado a famílias de soldados mortos em batalha. (N. da T.)

Fahrenthold relatou que a fundação tinha pedido doações sem obter a licença obrigatória do estado de Nova York. No dia seguinte, o advogado-geral do estado ordenou que a fundação parasse qualquer tipo de arrecadação de fundos. A campanha de Trump questionou os "motivos políticos" do advogado-geral, mas disse que a fundação cooperaria com a investigação.

Então, em 9 de outubro, Fahrenthold recebeu uma ligação de uma fonte. Não tinha a ver com impostos, nem com caridade. A fonte forneceu uma cópia de uma fita gravada onze anos antes, durante a visita de Trump a um estúdio de Hollywood para gravar uma participação especial na novela *Days of Our Lives*. Trump estava sendo acompanhado por uma equipe do *Access Hollywood*, e o programa tinha gravado a conversa dele com o apresentador do programa, Billy Bush. No primeiro minuto da fita, eles estão dentro do ônibus do *Access Hollywood*, usando microfones de lapela sem saber que estão ligados e tendo uma conversa extremamente vulgar. Trump conta a Bush de seus esforços para seduzir uma mulher casada: "Eu dei em cima dela e falhei. Admito. [...] Tentei transar com ela. Ela era casada". A fita foi gravada meses depois de Trump ter se casado com Melania, sua terceira esposa.

Mais adiante, enquanto os dois se preparam para conhecer uma atriz da novela no estúdio, Trump confidencia a Bush que "tenho que usar uns Tic Tacs, caso eu comece a beijá-la. Me sinto automaticamente atraído pelas mulheres bonitas – simplesmente começo a beijá-las. É tipo um imã. Só beijo. Eu nem espero. [...] E quando você é famoso elas deixam. Você pode fazer qualquer coisa".

Bush o incentivou: "O que você quiser".

"Agarrar pela boceta", disse Trump. "Você pode fazer qualquer coisa."

O *Post* conseguiu a fita pouco depois das 11 da manhã. Fahrenthold enviou uma transcrição das partes mais vulgares à campanha, pedindo um comentário. Trump e seus assessores seniores – incluindo Conway, o governador de Nova Jersey, Chris Christie, o presidente do Comitê Nacional Republicano, Reince Priebus, o executivo-chefe da campanha, Stephen Bannon, e o vice-gerente de campanha, David Bossie – estavam no 21º andar da Trump Tower, preparando-se para o primeiro debate, quando o pedido de Fahrenthold chegou. Bossie viu a mensagem no celular: "Temos um problema".[7] Ele passou o telefone a Bannon, que leu a transcrição, e depois a Conway. Trump olhou a transcrição e disse para o grupo não se preocupar: não parecia algo que ele diria.

A porta-voz da campanha, Hope Hicks, pediu para ver o vídeo. O *Post* o enviou, pedindo um comentário até 4 horas da tarde. Agora, Trump ouviu a própria voz; não havia como negar. A questão era como responder. Conway pensou em si mesma como Rapunzel, trancada na Trump Tower e lutando para achar um jeito de sair da última crise.[8] Trump forneceu a solução: ele filmaria um pedido de desculpas, e as emissoras se sentiriam na obrigação de transmiti-lo.

Primeiro, a campanha respondeu a Fahrenthold, com um comunicado de Trump: "Era uma brincadeira de vestiário, uma conversa particular que aconteceu há muitos anos. Bill Clinton disse coisas muito piores para mim no campo de golfe. Peço desculpas se alguém se sentiu ofendido". Às 4h02 da tarde, o *Post* publicou a matéria de Fahrenthold, que rapidamente se tornou o relato mais lido da história do washingtonpost.com. A certo ponto, mais de 100 mil pessoas o liam simultaneamente, derrubando por pouco tempo o sistema de monitoramento interno do jornal.

Naquela noite, Trump registrou seu arrependimento em vídeo. "Eu disse, foi errado e peço desculpas", falou, mas logo depois entrou em modo de ataque: "Disse algumas coisas impensadas, mas há uma diferença grande entre as palavras e as ações de outras pessoas. Bill Clinton abusou de fato de mulheres, e Hillary provocou, atacou, humilhou e intimidou as vítimas dele". O vídeo da madrugada não fez efeito para conter a enxurrada de críticas. Alguns republicanos retiraram o apoio a Trump. Outros pediram que ele saísse da disputa e fosse substituído por seu vice, Mike Pence. Mas conselheiros de campanha concluíram que, no fim, a fita não mudaria muitos votos. A maioria dos apoiadores achava as atitudes de Trump na fita chocantes, mas ainda queria que ele fizesse os Estados Unidos voltarem a ser grandes.

A ENCHENTE DE MÁS NOTÍCIAS CONTINUAVA. Mas, faltando mais de um mês para a votação, ainda havia tempo para as águas turbulentas baixarem. Trump podia ter deixado de pagar impostos federais por dezoito anos seguidos, relatou o *New York Times* depois de obter registros que mostravam que Trump declarara uma perda de 916 milhões de dólares em seus reembolsos de 1995. Um desfile de mulheres do passado de Trump o acusavam de tê-las agarrado. Mas, nas semanas que se seguiram, os números dele nas pesquisas subiram novamente e depois, onze dias antes da eleição, quando Comey anunciou que o FBI tinha finalizado o inquérito sobre a polêmica dos *e-mails*, foi a vez de Hillary Clinton passar sufoco sob o holofote das notícias prejudiciais. Embora a conversa informal sobre assédio sexual tivesse sido horrível, essa bomba, acreditavam os conselheiros de Trump, puxaria para baixo o comparecimento de eleitores de Clinton e revigoraria os apoiadores de Trump. "Era como olhar para um bilhete de loteria e dizer: 'Acho que esses são os números vencedores, mas vou confirmar de novo'", contou o estrategista do Comitê Nacional Republicano Sean Spicer, que estava trabalhando próximo de Trump.

O ex-presidente da Câmara, Newt Gingrich, que estava aconselhando Trump, ligou animado para o candidato e disse a ele: "É melhor ter sorte do que inteligência, embora seja bom ter os dois".

Trump, que raramente não atendia um pedido da mídia, percebeu que não devia se envolver na história da investigação de Hillary: "Não acho que devo dar mais entrevistas, você acha?", perguntou Trump a Gingrich.[9]

"Não, acho que nove dias de *teleprompter* serão bem suficientes", respondeu Gingrich. A estratégia final estava decidida. Trump continuaria no ataque, de acordo com um roteiro. Seus principais conselheiros chegaram a tomar medidas para manter o chefe longe da conta no Twitter.[10]

NA SEXTA-FEIRA ANTERIOR ao dia da eleição, Brad Parscale, diretor digital de Trump, estava no escritório da Trump Tower olhando satisfeito para a tela do computador. Não era apenas a primeira disputa presidencial de Parscale, mas a primeira campanha política. Antes disso, ele tinha sido um funcionário obscuro da Trump Organization, responsável por encontrar clientes estrangeiros para os negócios imobiliários do magnata. Tinha impressionado os filhos de Trump, que o recomendaram para o principal cargo digital da campanha.

Durante meses, Parscale e sua equipe coletaram informações sobre dezenas de milhões de eleitores, trabalhando com arquivos preparados pelo Comitê Nacional Republicano e por uma empresa chamada Cambridge Analytica, que era, não por acaso, de propriedade majoritária de um dos patrocinadores mais generosos de Trump, Robert Mercer, que tinha doado 14 milhões de dólares para um comitê de ação política que no início apoiava Ted Cruz e depois se transformou no Comitê de Ação Política Derrote a Hillary Corrupta. A empresa tinha feito uma alegação audaciosa: usando dados demográficos e de consumidores, juntamente com pesquisas psicológicas, afirmava ser possível prever como cada eleitor no país se comportaria.

O trabalho de Parscale era descobrir onde cada potencial eleitor de Trump estava localizado e, portanto, onde a campanha deveria focar seus esforços. A estratégia era baseada em melhorar o comparecimento entre eleitores rurais brancos, ao mesmo tempo fazendo o possível para diminuir o comparecimento pró-Clinton entre as minorias. Parscale e sua equipe desenvolveram um anúncio de TV de dois minutos que prometia substituir um governo "corrupto" por um "controlado por você, o povo americano"; graças aos dados de que dispunha, a campanha foi ao ar nos mercados de estados indefinidos onde seria mais eficaz aumentar o comparecimento. Agora, quatro dias antes da votação, Parscale via os resultados de seu trabalho na tela. Ele ligou para Eric Trump e disse: "Se isso se mantiver até domingo, vamos ganhar esse negócio".

A maioria das autoridades previa a vitória de Hillary. Mas a confiança de Parscale só crescia diante de cada relatório diário de cédulas de votação a distância e de votação antecipada. Os dados mostravam que o tipo de pessoas de que Trump precisava estava votando exatamente onde era necessário. Parscale estava quase certo de que Trump seria presidente. A pesquisa divulgada por veículos noticiosos tinha subestimado os eleitores de Trump escondidos em estados-chave, gente que não tinha ido votar nas eleições mais recentes. "Não estávamos disputando o voto popular", explicou Parscale; ele não via problema nenhum em perder para Clinton, e Trump também não.[11] A eleição tinha a ver com ganhar o Colégio Eleitoral, ganhar em estados como a Pensilvânia, Michigan e Ohio, remover o que os democratas achavam ser sua vantagem estrutural em estados tradicionalmente azuis. No fim, uma virada de apenas 107 mil votos em Michigan, Wisconsin e Pensilvânia teria dado a eleição a Clinton.[12] Ela nunca pisou em Wisconsin durante a campanha do outono.

A campanha de Clinton estava tão confiante que tinha jogado os recursos em estados de que não precisava para vencer, como Arizona e Nebraska, e negligenciado baluartes democratas como Michigan e Wisconsin. Apesar de a campanha de Clinton ter transmitido três vezes mais anúncios de TV que a de Trump durante a eleição geral, nenhum deles foi ao ar em Wisconsin e Michigan na segunda metade de outubro. Trump inundou de propaganda a região e ganhou nos dois estados.[13]

ELE QUASE NÃO SORRIU. Seus eleitores estavam cantando: "Cadeia nela! Cadeia nela", mas agora era a vez de ele falar, e dessa vez não haveria um sorriso brincalhão nem o incentivo aos gritos de guerra roucos da plateia. Eram 2h45 da manhã em Nova York, e a campanha de Clinton tinha anunciado que sua candidata não apareceria em público naquela noite de eleição. Às 2 da manhã, o chefe de campanha dela, John Podesta, tinha surgido para dizer: "Podemos esperar mais um pouco, não?" Não, o inevitável não podia esperar. Os números eram claros – não manipulados pelo sistema corrupto, nem distorcidos pela mídia raivosa, nem modificados por operadores anônimos da oposição. Os números diziam que Donald Trump tinha conseguido, e agora aqui estava ele, cortesmente prestando homenagem a Hillary Corrupta: "Temos uma grande dívida de gratidão a ela por seu serviço ao país. Digo isso com seriedade. Agora é hora de os Estados Unidos curarem as feridas da divisão".

Ele não usava mais o boné com o lema MAKE AMERICA GREAT AGAIN. Não houve gritos. O rosto não ficou vermelho com a paixão de uma série de insultos. A voz estava suave, o terno mais bem-passado que o normal, com um único broche Old Glory na lapela. Ele não disse nada sobre banir muçulmanos, deportar mexicanos ou "jogar bombas pra caralho" no EI. Falou, tranquilamente: "Foi difícil. Foi difícil. Essa coisa de política é suja e dura".

Trump venceu como planejara – ajudando Clinton a derrotar a si mesma. Conseguiu 1 milhão de votos a menos do que Mitt Romney tinha conseguido quatro anos antes, mas Clinton teve 6 milhões de votos a menos do que Obama naquela eleição. Apesar de haver evidências de que os eleitores estavam infelizes como nunca antes com suas opções, Trump se deu melhor do que Romney em locais onde o candidato republicano de 2012 tinha sido visto como personagem rico, distante e indiferente que não compreendia as lutas da população das classes baixa e média. Os estrategistas de Trump tinham acreditado durante toda a campanha de outono que os americanos estavam preparados para mandar uma mensagem, como os britânicos cinco meses antes, em sua chocante votação para sair da União Europeia, que ficou conhecida como Brexit. Mas, primeiro, Trump precisava que Clinton caísse na armadilha de torná-lo a questão central de sua campanha. Ela fez isso.

Em seus anúncios e discursos, Clinton focou pesadamente nas óbvias falhas de Trump, em vez de oferecer à classe média uma visão alternativa. Vendo-se com uma escolha entre dois candidatos severamente problemáticos, muita gente, especialmente em locais que não desfrutavam da recuperação de Obama – que transformara cidades como Washington, San Francisco, Austin e Nova York em ímãs para jovens ansiosos por mergulhar na economia da tecnologia –, respirou fundo e votou pela mudança. Pouco mais de um terço dos eleitores acreditava que Trump era qualificado para ser presidente, e pouco mais de um terço disse que ele tinha o temperamento certo para fazer o trabalho, mas ainda assim ele, segundo dados de boca de urna, conseguiu os votos de 60% dos homens brancos e 52% das mulheres brancas.[14] Apesar de ondas de deserção por causa das acusações de assédio sexual, ele conseguiu levar seus eleitores às urnas nas semanas finais, obtendo 88% dos votos republicanos e 78% dos evangélicos. A força de Clinton era baseada na definição mais estreita do Partido Democrático – não brancos e brancos com nível superior. Pessoas com diploma universitário compunham metade do eleitorado, e Clinton foi um pouco melhor entre esse grupo do que Obama em 2012, mas a margem de Trump entre pessoas com pouca ou nenhuma instrução superior foi de incríveis 39 pontos, muito mais ampla que a margem de 25 pontos de Romney quatro anos antes.

A eleição acabou tendo a ver tanto com diferenças de classe quanto tinha com a histórica impopularidade dos dois candidatos. (No geral, o comparecimento dos eleitores foi o mais baixo de qualquer eleição presidencial desde 1996. Um número pouco maior de latinos e negros votou em relação a 2012.) Muitos eleitores de Trump se sentiram mais atraídos pelo modo como ele os defendia e se colocava contra as elites do que por algum cardápio de medidas específicas. Até as posições mais conhecidas dele, como sua reiterada promessa de construir um muro na fronteira com o México, não pareciam ser prioridades compartilhadas pelos próprios eleitores: dados de boca de urna mostravam que a maioria dos eleitores se opunha à ideia do muro, cerca de sete entre dez eleitores disseram que a maioria dos imigrantes ilegais devia ter a chance de se tornar residente legal e apenas um quarto dos eleitores concordava com a chamada de Trump para deportar todo mundo que estava no país ilegalmente. Nos dias imediatamente seguintes à vitória, Trump suavizou essa postura: ele ainda prometia um muro, mas disse que partes da fronteira poderiam ser bem servidas por uma cerca. Gingrich, que se tornou aliado próximo, disse que Trump na verdade podia não cumprir nem a segunda metade de sua promessa do muro: "Ele talvez não passe muito tempo tentando convencer o México a pagar, mas foi um grande artifício de campanha".[15] Na primeira semana depois da eleição, Trump disse que começaria, sim, a deportar rapidamente imigrantes ilegais que tinham cometido crimes, mas que esperaria para tomar qualquer decisão sobre o que fazer com o grupo muito maior que tinha entrado no país ilegalmente e agora eram residentes produtivos. Ele os chamou de "pessoas incríveis".[16]

NA IMPRENSA, TODO esse recuo foi imediatamente rotulado como uma reversão de suas promessas. Mas os eleitores de Trump não se mostraram indignados; estavam, na maioria, dispostos a dar algum espaço ao homem.[17] Não se importavam de ele estar negociando com o outro lado, comprometendo até algumas de suas opiniões essenciais. Ele representava a mudança, e eles estavam votando cada vez mais insistentemente pela mudança havia mais de três décadas – em Ronald Reagan, em Bill Clinton, em George W. Bush e em Barack

Obama, e agora pelo maior dos renegados, um forasteiro invasor. Trump era o cara deles e, mesmo que ele fosse contratar administradores de fundos de cobertura e executivos de Wall Street, iam ficar ao seu lado. Acreditavam que ele era capaz de mudar a direção do navio de Washington.

Trump não considerava suas mudanças de lado pós-eleição como traições. Ele tinha mudado a vida toda até chegar a esse momento. Afirmou que podia "emendar" o Obamacare, não repeli-lo e substituí-lo como prometera repetidamente.[18] Republicanos influentes no Congresso disseram que levaria vários anos para criar e passar uma abordagem alternativa na saúde. Trump queria manter a garantia de cobertura para pessoas com doenças preexistentes, e gostava da permissão para jovens ficarem no plano de seus pais até fazerem 26 anos. Mas o presidente eleito não disse como pagaria por esses benefícios se cortasse outras partes do Obamacare, como a exigência de que as pessoas fizessem planos de saúde ou pagassem uma multa.

Antes da eleição, Trump tinha prestado pouca atenção ao que aconteceria se ele vencesse. Ele tinha resistido aos esforços dos conselheiros de fazê-lo focar em questões de pessoal. E, embora tenha dito que seus filhos adultos assumiriam os negócios da família, as questões éticas em torno da separação do império Trump e do trabalho da nação não tinham sido resolvidas. Trump declarou que, em vez de colocar suas empresas num consórcio cego, entregaria as rédeas a Ivanka, Eric e Donald Jr. Mas, aí, colocou os três em sua equipe de transição presidencial, criando o mesmo conflito do qual tinha passado a campanha acusando os Clinton – uma mistura nebulosa de administração privada com serviço público.

Quando começou a montar seu governo, Trump focou, como sempre, na lealdade. Ele pretendia recompensar quem tinha ficado ao seu lado. Em vez de acabar com o debate sobre se uniria forças com os principais representantes republicanos ou reuniria uma Casa Branca renegada em oposição à liderança de seu partido no Congresso, tomou as duas direções ao mesmo tempo. Nomeou Reince Priebus, presidente do Comitê Nacional Republicano, como chefe de gabinete, mas deu uma posição-chave e *status* "equivalente" a Bannon, seu novo estrategista-chefe e conselheiro sênior. Bannon, que não tinha experiência governamental, era presidente-executivo do *Breitbart News*, o *site* favorito da direita alternativa, amálgama de nacionalistas, partidários da supremacia branca e anticorporativistas que tinham abraçado a campanha de Trump. Bannon tinha dado ao candidato um contexto para seu movimento, um conjunto de ideias e *slogans* sobre o povo se levantando contra as elites, não apenas nos Estados Unidos de classe média, mas como parte de uma revolta mundial contra a globalização, a hegemonia de utopistas tecnológicos, o islã radical e a arrogância dos superinstruídos. Bannon sempre disse a Trump que sua candidatura era parte de algo maior, um desmonte das elites nas finanças, na mídia e na política – inclusive o Partido Republicano. Bannon passara anos batendo nos mesmos líderes partidários com os quais agora trabalharia. Frente à monumental tarefa de montar um governo, Priebus e Bannon juraram que estavam em consonância. Mas, na primeira semana depois da eleição, o partido e o governo incipiente foram acossados por remoções (foram contratados lobistas para a transição, depois dispensados), batalhas por causa de equipe e políticas (pressionar pelo renovamento das relações com a Rússia ou manter o regime de Putin a uma distância segura?) e até pedidos de renúncia imediata de Bannon.[19]

Apesar de parecer que alguns compromissos de Trump tinham a intenção de garantir ao país que o governo dele se alinharia à ideologia republicana tradicional, ele também marcou uma série de reuniões polêmicas, que mandavam uma mensagem clara de que essa presidência seria diferente e iconoclástica. O senador Jeff Sessions, do Alabama, sua escolha para a procuradoria-geral, tinha sido rejeitado pelo Senado para uma vaga de juiz federal três décadas antes, em parte devido a comentários racistas. A escolha de Trump para conselheiro de segurança nacional, o tenente-general aposentado do Exército Michael Flynn, chamava o medo de muçulmanos de "racional" e tuitava notícias falsas buscando ligar Hillary Clinton a "crimes sexuais com menores"[20] e acusando-a de "usar *hijab* em solidariedade a terroristas islâmicos".[21]

Na superfície, Trump tinha conseguido – não apenas ganhado a Casa Branca, mas seu partido controlava ambas as casas do Congresso. Washington, porém, nunca é simples: mesmo com sua maioria, Trump enfrentava grandes obstáculos. Os democratas podiam obstruir e bloquear votações de leis. Os republicanos que viam Trump como antagonista a princípios conservadores de governo mínimo e impostos mais baixos podiam lutar contra as medidas dele. E Trump teve de decidir que tipo de presidente seria: mestre da "arte da negociação", negociando meios-termos da maneira que sempre alegara ser a base de seu sucesso nos negócios, ou o agente da mudança, papel que tinha feito durante toda a campanha – e *persona* que adotara mais de quatro décadas antes, quando Roy Cohn o instruíra a responder a todos os ataques com um contra-ataque cem vezes mais pesado.

Logo depois da eleição, ele parecia querer explorar ambos os caminhos. Dizia sempre que queria ser alguém que cura, e depois batia em quem estava protestando contra ele nas ruas das cidades pelo país. Ele não escolheu Priebus ou Bannon, mas os dois. Enviava mensagens confusas sobre quantos milhões de imigrantes ilegais tentaria deportar. A batalha inicial sobre como seria o trumpismo aconteceu bem no meio do Partido Republicano. O líder da maioria no Senado, Mitch McConnell, do Kentucky, que tinha dado a Trump um apoio relutante e mínimo durante a campanha, alertou o próximo presidente sobre um problema perene: dar um passo maior que a perna. "É sempre um erro interpretar mal seu mandato", disse ele, "e frequentemente novas maiorias acham que vão durar para sempre. Nada é para sempre neste país."[22]

VÁRIAS VEZES NAS PRIMEIRAS SEMANAS depois da eleição, as tentativas desastradas de Trump de parecer à altura do cargo se chocavam com seus insultos raivosos e seus tuítes da madrugada sobre as elites que o atacavam injustamente. Como diabinhos e anjinhos de desenho animado sussurrando em seu ouvido, as duas forças que tinham impulsionado Trump em todas as crises de sua vida – a fragilidade e o pavio curto guerreando contra a gigantesca confiança – estavam à mostra demais. Nos três debates contra Clinton, Trump às vezes se comportava muito bem, obviamente lutando para se segurar e manter nível elevado; mas ela facilmente o provocava a partir para o ataque. Agora, como presidente, qual Trump prevaleceria?

Após a vitória, a página que descrevia o plano de Trump para "evitar a imigração muçulmana" desapareceu do *site* dele, levando a matérias especulativas de que o novo presidente abriria mão de sua promessa de campanha de "bloqueio total e completo da entrada de muçulmanos nos Estados Unidos até os representantes de nosso país entenderem o que diabos está acontecendo". Mas o escritório do então presidente eleito disse que o *site* tinha sido consertado e que a declaração sobre o banimento de muçulmanos estava de volta.[23] Depois da vitória, enquanto milhares de manifestantes marchavam pelas ruas das cidades para protestar contra sua eleição, Trump tuitou que eram "manifestantes profissionais, incitados pela mídia. [...] Muito injusto!" Horas depois, outro tuíte, com um tom completamente diferente: "Adoro saber que pequenos grupos de manifestantes da noite passada têm paixão por nosso grande país".

O que tinha acontecido entre os tuítes? Qual deles era, como dizia sua conta no Twitter, o @realDonaldTrump? Será que alguém da equipe tinha conseguido pegar o telefone dele para mandar uma mensagem mais diplomática? A campanha tinha apresentado aos americanos um Trump sem filtros, todo impulsos, ruidoso e desbocado, para alguns um corrupto deplorável e para outros um agente de mudança revigorante e desenfreado. Agora, o presidente eleito, recluso na Trump Tower e em seu clube de golfe em Nova Jersey e recebendo um desfile de gente em busca de um cargo, assistia à TV enquanto manifestantes nas cidades costeiras e universitárias que tinham votado de forma maciça contra ele gritavam: "Não é meu presidente!" E quando Pence, o vice-presidente eleito, foi ao musical *Hamilton*, na Broadway, um dos atores principais saiu do personagem no fim da peça para fazer um discurso curto e incisivo: "Nós, senhor, somos diversos Estados Unidos que estão alarmados e temerosos de que seu novo governo não protegerá a nós, nosso planeta, nossos filhos". Em programas de entrevistas televisivos nos dias seguintes à sua visita ao teatro, Pence recomendou enfaticamente que os americanos fossem ver a peça; as vaias de alguns membros da plateia de *Hamilton* direcionadas a ele eram, disse, "o som da liberdade". Mas Trump tuitou que Pence tinha sido "assediado" por um elenco que fora "muito grosso com um homem muito bom. Peçam desculpas!", exigiu o presidente eleito. Ele insistiu em que ia falar o que pensava.

Trump disse saber instintivamente como superar qualquer crise. Embora a campanha de Clinton tivesse o dinheiro, a mão de obra, a compostura e a experiência, sua campanha tinha Donald Trump – o único candidato capaz de animar uma porção substancial do eleitorado. Ele não era mais uma piada – amedrontador para metade do país, um mistério para muitos outros. Continuou dizendo que queria curar as divisões no país que acabara de passar mais de um ano descrevendo como condenado, acabado, perdido, distorcido por um sistema manipulado – uma nação diminuída por imigrantes criminosos e terroristas muçulmanos. Agora, o peso estava sobre os ombros dele, sobrecarregado desde o início pelo que ele mesmo tinha injetado no tecido social da nação: suspeitas, bodes expiatórios e mais animosidade racial do que o país via desde os anos 1960. Agora, disse, era hora de se unir.

Ele sabia que precisava alterar a personalidade de campanha, encontrar um tom que pudesse funcionar no Salão Oval. "Me comportarei muito bem", disse ele no programa *60 Minutes* no fim de semana seguinte à eleição, "mas depende de qual for a situação – às vezes, é preciso ser mais duro. Quando olho para o mundo, e quando vemos como vários lugares estão tirando vantagem do nosso país, eu digo, e digo com muito orgulho, vai ser os Estados Unidos em primeiro lugar. Não vai ser o que estamos fazendo – nós, nós perdemos –, estamos perdendo este país. Estamos perdendo este país. É por isso que eu venci a eleição. Não quero ser um personagem monótono e legal, e em muitos casos serei..."[24] Ele não terminou a frase. Como o presidente Trump governaria? Durante toda a sua carreira, ele teve em mente apenas um lema final: "Eu estava representando o Donald Trump", disse, e, portanto, se outros perdessem dinheiro, não era problema dele. Agora, afirmou, ele trabalharia não por si, mas pelo país. Nunca tinha feito isso antes, concordou, mas daria essa guinada. Ele não conseguia dar detalhes de como faria essa mudança, mas disse: "Vou fazer, pronto".

AGRADECIMENTOS

Biografias tradicionais levam anos para serem concebidas, tirando partido de arquivos e entrevistas com pessoas que falam com certa liberdade por terem alcançado um distanciamento. Não tivemos esse luxo; a fim de produzir uma obra de jornalismo biográfico a tempo de os eleitores usarem este livro para aprender mais sobre o que foi talvez o presidenciável menos estudado na história americana moderna, tivemos de aproveitar todos os documentos que conseguimos encontrar e pedir que as fontes falassem abertamente sobre um homem que havia feito de tudo para controlar sua imagem. A maior parte deste trabalho aconteceu no decorrer de três meses em meados de 2016; o livro teria sido impossível sem uma grande equipe de repórteres, pesquisadores e checadores de talento e experiência insuperáveis dispostos a trabalhar 24 horas por dia durante muitas semanas, sem descanso. Os jornalistas do *Washington Post* que trabalharam neste livro estão entre os melhores do ramo, e um catálogo completo dos seus nomes, bem como dos editores vitais para este projeto, aparece na seção "Sobre este livro" no início de *Revelando Trump*.

Somos extremamente gratos a muitas pessoas que nos contaram suas experiências trabalhando para Donald Trump, competindo com ele ou observando-o em sua juventude, carreira, e objetivos políticos e pessoais. Muitas dessas pessoas falaram conosco abertamente e seus nomes estão citados no corpo deste livro ou nas notas. Muitas outras conversaram conosco confidencialmente mesmo tendo assinado acordos de confidencialidade com Trump. Também utilizamos mais de 1 milhão de páginas de documentos obtidos de registros jurídicos, das várias comissões estaduais de controle de cassinos e de outras fontes públicas, bem como de ex-executivos, colaboradores, concorrentes e controladores de Trump.

Temos uma dívida em particular com os biógrafos de Trump, que abriram caminho nesse terreno intrincado. Wayne Barrett, um dos repórteres investigativos mais persistentes e dedicados nos anais do jornalismo nova-iorquino, não apenas escreveu *Trump: The Deals and the Downfall* [*Trump: Os negócios e a ruína*, 1992], mas também guardou um dos maiores e mais importantes arquivos de documentos relativos a Trump, que colocou à nossa disposição. *The Trumps: Three Generations That Built an Empire* [*Os Trump: Três gerações de construtores e um candidato presidencial*, 2000] (reeditado em 2016 como *The Trumps: Three Generations of Builders and a Presidential Candidate*), de Gwenda Blair, é o melhor guia sobre a jornada da família aos Estados Unidos e sobre mais de um século da vida dos Trump neste país. *TrumpNation: The Art of Being The Donald* (2005), de Timothy L. O'Brien, e *Lost Tycoon: The Many Lives of Donald J. Trump* (1993), de Harry Hurt III, mostram bem o espetáculo e o estilo de negócios de Trump em momentos cruciais de sua carreira. *Never Enough: Donald Trump and the Pursuit of Success* [*Nunca o bastante: Donald Trump e a busca do sucesso*, 2015], de Michael D'Antonio, é uma visão séria e detalhada da vida e do trabalho de Donald. Também consultamos a autobiografia de John O'Donnell, *Trumped! The Inside Story of the Real Donald Trump – His Cunning Rise & Spectacular Fall* [*Trumped! A história do verdadeiro Donald Trump – Sua ascensão astuta e sua queda espetacular*, 1991].

Como Trump sempre lembra aos que escrevem sobre ele, ele estava lá antes. Em parceria com escritores, Trump publicou toda uma estante de livros autobiográficos e de autoajuda. Muitos são repetitivos em relação aos outros, mas *Trump: A arte da negociação* (1987), escrito com Tony Schwartz, é um guia essencial à versão dele da história, e *Trump: Think Like a Billionaire* (2004), escrito com Meredith McIver, contém algumas visões importantes sobre a psicologia de Trump. Embora, em público, Trump sempre fale de maneira crítica em relação ao nosso livro, em suas negociações diretas conosco foi cortês e generoso em relação ao seu tempo, mesmo no auge da campanha. Somos gratos à sua assistente, Rhona Graff, por ajudar a encontrar as horas que Trump dedicou a conversar conosco sobre sua vida e seu trabalho.

Os verdadeiros autores deste livro são as pessoas que trabalham na redação do *Washington Post*. Gostaríamos de agradecer a extraordinária generosidade dos editores-chefes do *Post* que emprestaram a esta iniciativa alguns de seus melhores repórteres por muitas semanas. O editor de notícias locais, Mike Semel; o editor investigativo, Jeff Leen; o editor de finanças, Greg Schneider; a editora de moda,

AGRADECIMENTOS

Liz Seymour; o editor de esportes, Matt Vita; e o editor da seção Morning Mix, Fred Barbash. Obrigado também a MaryAnne Golon e Bronwen Latimer, que dirigem o incrível departamento fotográfico do *Post*, pelas fotografias relacionadas a Trump publicadas no jornal. Greg Manifold, diretor de arte do *Post*, e Terri Rupar, editora digital de notícias nacionais, ajudaram a levar esta obra para o *Post on-line* e impresso.

Toda a equipe de política nacional do *Post* — assim como as dezenas de repórteres do resto da redação — esteve envolvida na cobertura da história de Trump e somos muito gratos a nossos colegas, especialmente aos editores de política, Amy Gardner e Dan Eggen. O editor nacional, Scott Wilson, conseguiu reunir uma equipe extraordinária para este livro, nos ajudou a conceber sua estrutura e leu todos os rascunhos, sem nunca perder o bom humor nem deixar de realizar o melhor jornalismo nacional no ramo. Nestes tempos difíceis de ameaças existenciais à indústria jornalística, ficamos muito motivados (e aliviados) por trabalhar na redação mais feliz do país, um lugar em que ideias ambiciosas e grandes planos não apenas são bem-vindos mas rapidamente colocados em prática. Esse é um tributo a Marty Baron, o editor executivo que defendeu o livro desde o princípio e disponibilizou todos os recursos para ele. Ele leu todas as páginas e fez sugestões importantes em todos os capítulos. Com os editores Cameron Barr e Emilio Garcia-Ruiz, Marty transformou o *Post* na redação mais vibrante do país, baseando-se na ambição do passado ao mesmo tempo que mergulhamos de maneira exuberante nas novas formas de narrativa. O diretor de redação do *Post*, Fred Ryan, fomentou um ambiente de jornalismo em primeiro lugar que possibilitou tudo isso.

Embora ambos tenhamos escrito vários livros, nenhum de nós nunca havia empreendido um projeto desta envergadura nessa velocidade. Para conseguir isso, precisávamos de um orientador entusiasmado, confiante, sábio e espirituoso para o processo todo, e essa pessoa foi Colin Harrison, editor-chefe da Scribner e editor deste livro. Colin permanecia calmo quando estávamos esgotados. Via o todo quando ficávamos presos a partes. Ele direcionava o tráfego, controlava as crises e defendia as vírgulas. E teve a sabedoria de se aliar a Sarah Goldberg, a assistente editorial experiente e imperturbável que era o ingrediente secreto em nossa capacidade de cumprir os prazos. Na Scribner, a diretora editorial, Nan Graham, liderou uma equipe que fez o impossível parecer fácil. Somos gratos a Carolyn Reidy, Susan Moldow, Roz Lippel e Paul O'Halloran. Brian Belfiglio, Kate Lloyd, Kara Watson e Ashley Gilliam ajudaram a divulgar o livro de diversas maneiras criativas. Obrigado aos editores — Irene Kheradi, Monica Oluwek, Emily Fanelli, George Turianski, Katie Rizzo e Steve Boldt — e aos artistas gráficos — Jaime Putorti, Jaya Miceli, Janetta

Dancer e Jonathan Bush – que transformaram nossas palavras em um produto elegante e urgente. No S&S Audio, nosso agradecimento vai para Tom Spain, Elisa Shokoff e Christina Zarafonitis por seu trabalho no audiolivro.

Somos gratos ao agente literário do livro, David Black, por seus bons conselhos e sua leitura atenta, e ao trabalho de seus colaboradores Jennifer Herrera e Gary Morris. Os advogados do *Washington Post*, Jay Kennedy e Kalea Clark, e da Scribner, Lisa Rivlin e Emily Remes, fizeram revisões atentas e rápidas de uma grande quantidade de material. A vice-presidente de comunicações e eventos do *Post*, Kris Coratti, e sua equipe ajudaram a moldar e executar o plano promocional do livro.

Nós dois desaparecemos da vida de nossas famílias e nossos amigos por alguns meses e somos eternamente gratos àqueles que repeliram todo convite, pergunta amigável, telefonema ou batida à porta com alguma versão de "Não, ele está trabalhando no livro".

Michael: minha esposa, Sylvia, que é professora de inglês entre muitos outros talentos, se revelou mais uma vez uma revisora inestimável, com o lápis na mão, e sempre um marco de apoio. Minhas filhas, Laura e Jessica, são uma fonte infinita de inspiração, assim como minha mãe, Allye. Meu falecido pai, Arthur, era repórter de uma agência de notícias que muito tempo atrás abrilhantou as páginas do *Washington Post* e muitos outros jornais, e cuja voz e conselho continuam comigo para sempre.

Marc: a única pessoa que enfrentou todos os rascunhos sem nunca receber um pagamento por isso foi minha leitora constante e incondicional, minha esposa, Jody. Ela ainda é, sempre, minha luz. Meus pais, Helene e Harwood Fisher, inspiraram uma vida de questionamentos. Fiquei muito feliz por nossos filhos, Julia e Aaron, ficarem em casa boa parte do tempo enquanto eu escrevia isto. Desejo a eles tempos tão interessantes quanto estes e uma vida cheia de personagens fantásticos como o sr. Trump.

NOTAS

PRÓLOGO: "PRESIDENCIÁVEL"

1 Entrevista de Trump com Robert Costa e Bob Woodward, *Washington Post*, 1º de abril de 2016.
2 Ibid.
3 Entrevista em vídeo com Errol Morris, 2002. Disponível em: <https://www.youtube.com/watch?v=aeQOJZ-QzBk&t=27s>.
4 Entrevista de Trump com Marc Fisher e Michael Kranish, 21 de abril de 2016.
5 "Donald Trump: 'Be Careful!'", *Chicago Sun-Times*, 23 de março de 2015.
6 "Decade-Old Plan to Extend Palm Beach Airport Runway Revived", Associated Press, 23 de março de 2015.
7 Brian Swanson, *Scottish Express*, 22 de março de 2015, p. 31.
8 "Radio City: Excitement Continues to Build around New York Spring Spectacular", *Globe Newswire*, 23 de março de 2015.
9 *Hardball*, MSNBC, 23 de março de 2015.
10 Jeffrey Toobin em *The Situation Room*, CNN, 23 de março de 2015.
11 Philip Rucker e Robert Costa, "With Cruz In, Race for GOP Right Heats Up", *Washington Post*, 23 de março de 2015.
12 *Up with Steve Kornacki*, MSNBC, 21 de março de 2015.
13 "Odds of Ted Cruz Winning White House Sit at 33-1", *Chicago Sun-Times*, 23 de março de 2015.
14 Joe McQuaid, "Publisher's Notebook", *New Hampshire Union Leader*, 23 de março de 2015, p. 1A.
15 Trump em *The Kelly File*, Fox News Channel, 23 de março de 2015.
16 Entrevista de Trump com Fisher e Kranish.
17 Paul Manafort, citado em "Trump Is Playing a Part and Can Transform for Victory", *Washington Post*, 21 de abril de 2016.
18 Karen Attiah, entrevista com Marc Fisher, 29 de março de 2016. Trump fez o comentário sobre sair com Ivanka se ela não fosse sua filha no programa de entrevistas *The View*, da ABC, em 6 de março de 2006.
19 Rosalind S. Helderman, "Rabbis Organize Boycott of Trump's Speech to Pro-Israel Group", *Washington Post*, 17 de março de 2016.
20 Ibid.
21 Jenna Johnson, "A New Donald Trump Emerges at Aipac, Flanked by Teleprompters", *Washington Post*, 21 de abril de 2016.
22 David Weigel, "Aipac's Apology for Trump Speech Is Unprecedented", *Washington Post*, 22 de março de 2016.
23 O antigo prédio dos correios foi construído em 1889.

CAPÍTULO 1: CORRIDA DO OURO: A NOVA TERRA

1. "Want Your Own Boeing 727? Donald Trump Is Selling His... Cheap!", *Flying With Fish*, 10 de novembro de 2009; Hibah Yousuf, "Donald Trump to Personal Jet: 'You're Fired!'", *CNNMoney*, 10 de novembro de 2009; e Auslan Cramb, "Donald Trump Flies to Western Isles to Visit Mother's Home", *Telegraph*, 8 de junho de 2008. Nota: O 727 que Trump usou em 2008 é diferente do 757 que ele usou na campanha de 2016.
2. Severin Carrell, "'I Feel Scottish', Says Donald Trump on Flying Visit to Mother's Cottage", *Guardian*, 9 de junho de 2008.
3. "'I'll Be Back', Says Trump", *Stornoway Gazette*, 12 de junho de 2008.
4. Ibid.
5. "Trump Golf Inquiry in Full Swing", BBC News, 10 de junho de 2008.
6. "MacLeod", Tong & Aird Tong Historical Society.
7. Kenneth Maclennan, *Tong: The Story of a Lewis Village* (Tong, Reino Unido: Tong Historical Society e *Stornoway Gazette*, 1984).
8. Roger Hutchinson, *The Soap Man: Lewis, Harris and Lord Leverhulme* (Edimburgo: Birlinn, 2003).
9. "Mac Fisheries History", Mac Fisheries Shops. Disponível em: <http://www.mac fisheries.co.uk/page2.htm>.
10. Malcolm Macdonald, "*Iolaire* Disaster". Stornoway Historical Society.
11. "Lord Leverhulme Dead. Founder of Port Sunlight. Great Captain of Industry", *Argus*, 8 de maio de 1925.
12. Tony Reid, "The Family History of Mary Anne MacLeod, the Mother of Donald J. Trump", Ancestry.com.
13. 17 de fevereiro e 2 de maio de 1930, manifestos do *Transylvania*, "New York, Passenger Lists, 1820-1957", Ancestry.com.
14. Premal, *Admiralty Ships/Subs Lost 1939 to 1946*, 515.
15. Jim Dwyer, "G. O. P. Path Recalls Democrats' Convention Disaster in 1924", *New York Times*, 15 de março de 2016.
16. S. A. Mathewson, "Now 'National Origins' Fix Quotas for Aliens", *New York Times*, 30 de junho de 1929.
17. "Sudden Storms Follow Summer Heat Here; Lightning Kills Man, Puts Out Liberty's Torch", *New York Times*, 2 de maio de 1930.
18. Edição especial do *New York Times*, "Worst of Depression Over, Hoover Says", *New York Times*, 2 de maio de 1930.
19. Visita à casa realizada por Frances Sellers, *Washington Post*, com Roland Paul, diretor do Institut für pfälzische Geschichte und Volkskunde.
20. Disponível em: <http://www.deutsche-weinstrasse.de/>.
21. Entrevista em março de 2016 com Roland Paul, diretor do Institut für pfälzische Geschichte und Volkskunde.
22. Freund Archive of online Genealogical Research, compilado por Christian Freund, bisneto de Elizabetha Trump Freund, obtido da internet pelo prefeito de Kallstadt Thomas Jarowek em 27 de junho de 2010; e Gwenda Blair, *The Trumps: Three Generations That Built an Empire* (Nova York: Simon & Schuster, 2000), p. 26.
23. Entrevista de Simone Wendel, diretora do Kings of Kallstadt, realizada por Frances Sellers, *Washington Post*, março de 2016.
24. Freund Archive, "Passenger List", *ss Eider*, 15 de outubro de 1885.
25. Entrevista com Paul.
26. Library of Congress, "Rise of Industrial America, 1876-1900".
27. Pedido de passaporte de Friedrich Trump, 26 de maio de 1904.
28. Um relato das viagens de Trump para o Oeste pode ser encontrado em Blair, *The Trumps*, pp. 41-93.
29. *Yukon Sun*, 17 de abril de 1900. Disponível em: <https://news.google.com/newspapers?nid=3fE2CSJIrl8C&dat=19000417&printsec=frontpage&hl=en>.
30. Freund Archive.
31. Blair, *The Trumps*, p. 110.
32. "War Hysteria and the Persecution of German Americans", AuthenticHistory.com; e "Wilson Declares Berlin Is Seeking Deceitful Peace", *New York Times*, 15 de junho de 1917.

33 Blair, *The Trumps*, p. 116. O relato da morte de Friedrich Trump foi feito por Fred Trump em uma entrevista de 1991 à biógrafa Gwenda Blair.
34 Dados do Censo dos EUA. Disponível em: < http://www.census.gov/population/www/documentation/twps0076/NYtab.pdf>.
35 "Four in Klan Riot Held for Hearing on Police Charge", *New York Daily Star*, 1º de junho de 1927; "Warren Criticizes 'Class' Parades", *New York Times*, 1º de junho de 1927; "Two Fascisti Die in Bronx, Klansman Riot in Queens, in Memorial Day Clashes", *New York Times*, 31 de maio de 1927; e "Warren Ordered Police to Block Parade by Klan", *Brooklyn Daily Eagle*, 31 de maio de 1927. Anos depois, Donald Trump afirmaria que seu pai nunca foi preso. Os artigos de jornal mostram que, embora ele tenha sido preso, a acusação logo foi retirada e, portanto, não tinha mérito.
36 "Jamaica Estates Is Active", *New York Times*, 22 de março de 1931.
37 Richard J. Roth, "Trump the Builder Plays Mothers as Ace Cards", *Brooklyn Daily Eagle*, 14 de maio de 1950.
38 Blair, *The Trumps*, p. 148.
39 "Trump Expects War Scare Will Aid Homes Sales", *Brooklyn Daily Eagle*, 23 de abril de 1939.
40 "Show Boat Tells Bathers about Trump Flatbush Homes", *Brooklyn Daily Eagle*, 16 de julho de 1939.

CAPÍTULO 2: BOMBAS DE FEDOR, CANIVETES E UM TERNO

1 Entrevista com Peter Brant, abril de 2016.
2 *New York: The Center of The World*, documentário de Ric Burns.
3 No original, "Trump's dumps on stumps". Entrevista com Frank Briggs, abril de 2016.
4 Blair, *Trumps*, p. 168.
5 Entrevista com Steven Nachtigall, abril de 2016.
6 Entrevistas com Chava Ben-Amos e seu filho, Omri Ben-Amos, abril de 2016.
7 "Donald Trump's Old Queens Neighborhood Contrasts with the Diverse Arena around It", *New York Times*, 22 de setembro de 2015.
8 Entrevista com Dennis Burnham, abril de 2016.
9 Entrevista com Briggs.
10 Donald Trump e Tony Schwartz, *Trump: The Art of the Deal* (Nova York: Ballantine Books, 1987), p. 70. [*Trump: A arte da negociação*, São Paulo: Campus, 1989]
11 Anuário da Kew-Forest 1954, p. 72.
12 Blair, *Trumps*, p. 231.
13 Trump e Schwartz, *Art of the Deal*, p. 72.
14 Entrevista com Paul Onish, abril de 2016.
15 Entrevista com Sharon Mazzarella, abril de 2016.
16 Entrevista com Ann Trees, abril de 2016.
17 Entrevista com Nachtigall.
18 Trump e Schwartz, *Art of the Deal*, p. 72.
19 Ibid., pp. 71-72.
20 Entrevistas com Peter Brant, Mark Golding e Irik Sevin, abril de 2016.
21 Entrevista de Trump com Fisher e Kranish.
22 "Public Lives: Musical M. C. for Silk Stocking District", *New York Times*, 23 de fevereiro de 2000.
23 Entrevista com Peter Walker, filho de Charles Walker, abril de 2016.
24 Entrevista com Brant.
25 Entrevista com Chrisman Scherf, abril de 2016.
26 Anuário da Kew-Forest, 1958, p. 93.
27 Entrevista com Brant.
28 Entrevista com Nicholas Kass, abril de 2016.
29 Entrevista com Brant.
30 Entrevista com Jeff Bier, abril de 2016.
31 Entrevista com Brant.
32 Blair, *The Trumps*, p. 229.
33 Trump e Schwartz, *Art of the Deal*, p. 74; e entrevistas com Brant e Briggs.
34 Entrevista com Florence Boyar, abril de 2016.

35 Tracie Rozhon, "Fred C. Trump, Post-War Master of Housing for Middle Class, Dies at 93", *New York Times*, 26 de julho de 1999.
36 Entrevista de Trump com Fisher e Kranish.
37 Harry Hurt III, *Lost Tycoon: The Many Lives of Donald J. Trump* (Nova York: W. W. Norton, 1993), p. 13.
38 Entrevista com Brant.
39 Blair, *The Trumps*, p. 233.
40 Entrevista de Trump com Fisher e Kranish.
41 Entrevista com Brant.
42 Entrevista com Vincent Cunningham, abril de 2016.
43 Michael D'Antonio, *Never Enough: Donald Trump and the Pursuit of Success* (Nova York: Thomas Dunne Books, 2015), p. 42.
44 "I Showered with Donald Trump at Military School", *Daily Beast*, 28 de março de 2016.
45 "The Men Who Gave Trump His Brutal Worldview", *Politico*, 29 de março de 2016.
46 Entrevista com Theodore Dobias, novembro de 2015.
47 Samuel J. Rogal, *The American Pre-College Military School* (Jefferson, NC: McFarland, 2009), p. 10.
48 "General Order No. 6: Scale of Punishment", Academia Militar de Nova York.
49 Entrevista com Peter Ticktin, abril de 2016.
50 Entrevista com Wayne Akstin, abril de 2016.
51 Entrevista com David M. Smith, abril de 2016.
52 Ibid.
53 Entrevistas com Michael Pitkow e Lee Ains, abril de 2016.
54 Entrevista com Michael Scadron, novembro de 2015.
55 *The Shrapnel*, anuário da Academia Militar de Nova York, 1964, p. 105.
56 Trump e Schwartz, *Art of the Deal*, p. 74; e entrevista com Smith.
57 Entrevista com Jeff Orteneau, abril de 2016.
58 Entrevista com Smith.
59 Entrevista com Michael Pitkow, novembro de 2015.
60 Entrevista com Smith.
61 Entrevista com George White (nome de batismo George Witek), novembro de 2015.
62 Entrevista com George White, abril de 2016.
63 Entrevistas com Ernie Kirk, novembro de 2015 e abril de 2016.
64 Entrevista com o cadete que foi punido, maio de 2016. O cadete também falou desse incidente em um depoimento juramentado de um processo não relacionado.
65 Entrevista com Ted Levine, maio de 2016.
66 *The Shrapnel*, anuário da Academia Militar de Nova York, 1962.
67 D'Antonio, *Never Enough*, p. 46.
68 Ibid., p. 43.
69 Entrevista com Gerald Paige, abril de 2016.
70 Entrevista com Levine.
71 Entrevista com John Cino, abril de 2016.
72 Entrevista com Jack Serafin, abril de 2016.
73 Entrevista com Cunningham.
74 Entrevista com David Prince Thomas, abril de 2016.
75 Entrevista com Ticktin.
76 Entrevista com Roger Stone, abril de 2016.
77 Entrevista com Brant.
78 Blair, *The Trumps*, p. 212.
79 Entrevista com Michael Scadron, abril de 2016.
80 Entrevista com Ticktin.
81 Entrevista com Lee Ains e outro cadete, que pediu para não ser identificado, novembro de 2015.
82 Entrevistas com Lee Ains, William Specht, George White, David Smith, Ernie Kirk, Theodore Dobias e Peter Ticktin.
83 Entrevista com Donald Trump, dezembro de 2015.
84 D'Antonio, *Never Enough*, p. 43.

85 Entrevista com Serafin. Serafin lembrou a história contada a ele por Helen Castellano, esposa de Anthony Castellano.
86 Entrevista com Smith.
87 Registros do Serviço Seletivo para Donald J. Trump.
88 Trump e Schwartz, *Art of the Deal*, p. 77.
89 "Brooklyn Firm Buys Swifton Village", *Cincinnati Enquirer*, 15 de abril de 1964.
90 "From Swifton Village to Trump Tower", *Cincinnati Enquirer*, 28 de junho de 1990.
91 *New York Times*, 22 de novembro de 1964.
92 "Verrazano Brigde Opened to Traffic", *New York Times*, 22 de novembro de 1964.
93 Entrevistas com Don Robinson e Robert Klein, abril de 2016.
94 Entrevista com John P. Cifichiello, abril de 2016.
95 Entrevista com Klein.
96 Entrevistas com Richard O'Donnell e Don Robinson, abril de 2016.
97 Gwenda Blair, *The Trumps: Three Generations of Builders and a Presidential Candidate* (Nova York: Simon & Schuster, 2015).
98 Entrevista com jogador de *squash* que falou sob a condição de não ser identificado, abril de 2016.
99 Entrevista com Brian Fitzgibbon, abril de 2016.
100 Entrevista com O'Donnell.
101 Entrevista de Louis Calomaris para o *Washington Post*, abril de 2016.
102 Trump e Schwartz, *Art of the Deal*, p. 77.
103 William D. Cohan, "Decades-Old Questions about Trump's Wealth and Education", *New York Times*, 28 de setembro de 2015.
104 "Wharton Schools Reveal Dean's List for 1967-68", *Daily Pennsylvanian*, 25 de outubro de 1968.
105 Entrevista com Calomaris.
106 "Air Force, Penn End Spice Rack", *Daily Pennsylvanian*, 13 de setembro de 1967.
107 Alison D. Graham, "A Brief History of Global Engagement at the University of Pennsylvania: International Crisis, the War in Viet Nam", UPenn Archives, 2007.
108 Citado em Craig Whitlock, "Questions Linger about Trump's Draft Deferments during Vietnam War", *Washington Post*, 21 de julho de 2015.
109 Entrevista de Terry Farrell ao *Washington Post*, abril de 2016.
110 Entrevista de Bill Specht ao *Washington Post*, abril de 2016.
111 Maggie Parker, "Candice Bergen Says Her Date with Donald Trump Was 'Short' – but She Does Remember His Burgundy Limo", *People*, 12 de fevereiro de 2016.
112 Matt Viser, "Even in College, Donald Trump Was Brash", *Boston Globe*, 28 de agosto de 2015.
113 Greg Stone, "Trump Towers over East; Shies Away from East", *Daily Pennsylvanian*, 24 de novembro de 1987.
114 Entrevista com Calomaris.

CAPÍTULO 3: PAI E FILHO

1 "Begin Action to Clear Coney Island Area for Housing Project", *Brooklyn Daily Eagle*, 2 de dezembro de 1960.
2 Kareen Fahim, "Brooklyn Towers Have Trump Name but No Limos", *New York Times*, 8 de abril de 2010.
3 Philip Weiss, "The Lives They Lived: Fred C. Trump, b. 1905", *New York Times*, 2 de janeiro de 2000.
4 Fred C. Trump, Horatio Alger Award Winner, vídeo de 1985. Disponível em: <https://www.youtube.com/watch?v=BaWPTdme2_U>.
5 Associated Press, "Tenafly Builder Balks at Inquiry", *New York Times*, 13 de julho de 1954.
6 Edith Evans Asbury, "Housing Windfall Yielded 1.8 Million, Inquiry Here Told", *New York Times*, 27 de janeiro de 1966.
7 Will Kaufman, "Woody Guthrie, 'Old Man Trump', and a Real Estate Empire's Racist Foundations", The Conversation.com.
8 Entrevista com Sheila Hoyt Morse realizada por Michael Kranish, *Washington Post*; e *USA v. Fred C. Trump, et al.*

9   *USA v. Trump*, "Plaintiff 's Answers", 6 de março de 1974.
10   Entrevista com Elyse Goldweber realizada por Michael Kranish e Robert O'Harrow, *Washington Post*, 11 de janeiro de 2016.
11   Memorando datado de 24 de setembro de 1973 ao procurador-geral Elliot Richardson, de *USA v. Trump*.
12   *USA v. Trump*, "Plaintiff 's Answers", 6 de março de 1974, p. 8.
13   Entrevista com Phyllis Spiro realizada por Robert O'Harrow, *Washington Post*; e *USA v. Trump*.
14   Morris Kaplan, "Major Landlord Accused of Antiblack Bias in City", *New York Times*, 16 de outubro de 1973.
15   Entrevista com Anthony Russo realizada por Paul Schwartzman, *Washington Post*, abril de 2016.
16   Trump e Schwartz, *Art of the Deal*, p. 78.
17   Wayne Barrett, *Trump: The Deals and the Downfall* (Nova York: HarperCollins, 1992), p. 84.

CAPÍTULO 4: ROY COHN E A ARTE DO CONTRA-ATAQUE

1   David A. Andelman, "Le Club, Restaurant of the Jet Set, Cited for Health Code Violations", *New York Times*, 9 de julho de 1974.
2   Donald Trump e Tony Schwartz, *Trump: The Art of the Deal* (Nova York: Ballantine Books, ed. Trade Paperback, 2015), pp. 93-98.
3   Sidney Zion, *The Autobiography of Roy Cohn* (Secaucus, NJ: Lyle Stuart, 1988), pp. 47-51.
4   Ibid.,p. 60.
5   Ibid.,p. 77.
6   "The Self-Inflated Target", *Time*, 22 de março de 1954.
7   Zion, *Autobiography*, p. 81.
8   Trump e Schwartz, *Art of the Deal* (2015), pp. 93-98.
9   Ken Auletta, "Don't Mess with Roy Cohn", *Esquire*, 5 de dezembro de 1978, p. 41.
10   Trump e Schwartz, *Art of the Deal* (2015), pp. 93-98.
11   Auletta, "Don't Mess with Roy Cohn", p. 41.
12   Trump e Schwartz, *Art of the Deal* (2015), pp. 93-99.
13   Barbara Campbell, "Realty Company Asks $100 Million 'Bias' Damages", *New York Times*, 13 de dezembro de 1973.
14   Depoimento juramentado de Donald Trump, 11 de dezembro de 1973, em *United States v. Fred and Donald Trump and Trump Management*, Caso 75-C-1529.
15   Depoimento juramentado de Roy Cohn, 11 de dezembro de 1973, em *USA v. Fred and Donald Trump*.
16   *USA v. Fred and Donald Trump*, Tribunal dos EUA, Brooklyn, NY, 25 de janeiro de 1974, acessado via National Archives.
17   Carta de Roy Cohn a ElyseGoldweber, 17 de abril de 1974, *USA v. Fred and Donald Trump*.
18   Wayne Barrett, "Like Father, Like Son", *Village Voice*, 15 de janeiro de 1979.
19   *USA v. Fred and Donald Trump*, 24 de outubro de 1974.
20   Goldstein, que era juíza da Corte Superior da Califórnia quando o *Post* tentou encontrá-la, em 2016, se recusou a comentar o assunto.
21   *USA v. Fred and Donald Trump*, 10 de junho de 1975.
22   Entrevista de Trump com Fisher e Kranish.
23   "Minorities Win Housing Suit", *New York Amsterdam News*, 9 de julho de 1975.
24   Entrevista de Donald Trump com Marc Fisher e Michael Kranish, *Washington Post*, 9 de junho de 2016.
25   Karen DeYoung, "N.Y. Owner of P. G. Units Seized in Code Violations", *Washington Post*, 30 de setembro de 1976.
26   Registros do tribunal distrital do condado de Prince George, 3 de maio de 1977.
27   Elizabeth Becker, "Apartment Rentals Halted Until Repairs Are Made", *Washington Post*, 29 de outubro de 1976.
28   Entrevista de Trump com Fisher e Kranish, 9 de junho de 2016.
29   *USA v. Trump*, "Motion for Supplemental Relief", 7 de março de 1978.
30   Judy Klemesrud, "Donald Trump, Real Estate Promoter, Builds Image as He Buys Buildings", *New York Times*, 1º de novembro de 1976.

NOTAS

31 Estado de Nova Jersey, Departamento de Leis e Segurança Pública, Divisão de Fiscalização de Jogos de Azar, "In Re The Application of Trump Plaza Corp. for a Casino License", relatório da Comissão de Controle de Cassinos, 17 de outubro de 1981.

CAPÍTULO 5: CRUZANDO A PONTE

1 Barrett, *Trump*, p. 103.
2 Felix G. Rohatyn, *Dealings: A Political and Financial Life* (Nova York: Simon & Schuster, 2010), p. 124.
3 William G. Connolly, "In Hotels, the Key Is Occupancy, and It Is Up a Little", *New York Times*, 17 de dezembro de 1972.
4 Barrett, *Trump*, p. 103.
5 Marilyn Bender, "The Empire and Ego of Donald Trump", *New York Times*, 7 de agosto de 1983.
6 Robert O'Harrow Jr., "Trump Swam in Mob-Infested Waters in Early Years as an NYC Developer", *Washington Post*, 16 de outubro de 2015.
7 D'Antonio, *Never Enough*, p. 76.
8 Robert E. Bedingfield, "Penn Central and Banks Reach Loan Pact", *New York Times*, 25 de maio de 1971.
9 Youssef M. Ibrahim, "Mideast Bid for 3 New York Hotels", *New York Times*, 5 de maio de 1978.
10 Connolly, "In Hotels, the Key Is Occupancy".
11 Philip Greer, "Penn Central Bids Are Low: Railroad May Seek More Funds", *Washington Post*, 16 de outubro de 1971.
12 Timothy L. O'Brien, *TrumpNation: The Art of Being The Donald* (Nova York: Business Plus, 2005), p. 61.
13 Ibid, p. 261.
14 Barrett, *Trump*, p. 94.
15 Wayne Barrett, "Donald Trump Cuts the Cards: The Deals of a Young Power Broker", *Village Voice*, 22 de janeiro de 1979.
16 Barrett, *Trump*, p. 102.
17 Ibid., p. 114; e "Behind the Seventies-Era Deals That Made Donald Trump", *Village Voice*, fevereiro de 1979.
18 Wayne Barrett, "Behind the Seventies-Era Deals That Made Donald Trump".
19 Robert D. McFadden, "Penn Central Yards' Sale Is Approved by U. S. Court", *New York Times*, 11 de março de 1975.
20 O'Brien, *TrumpNation*, p. 60.
21 Bender, "Empire and Ego of Donald Trump".
22 Howard Blum, "Trump: The Development of a Manhattan Developer", *New York Times*, 26 de agosto de 1980.
23 Klemesrud, "Donald Trump, Real Estate Promoter".
24 Paul Schwartzman, "Trump Left His Mark All Over New York. Some in the City Would Like to Erase It", *Washington Post*, 7 de outubro de 2015.
25 Entrevista com Louise Sunshine, abril de 2016.
26 Entrevista com Peter Goldmark, 4 de maio de 2016.
27 Ex-vice-prefeito Peter J. Solomon, citado em Blum, "Trump".
28 Charles Kaiser, "Koch Said to Have Chosen 34th St. as Site of New Convention Center", *New York Times*, 31 de março de 1978.
29 Trump, citado em Blum, "Trump".
30 Barrett, *Trump*, p. 103.
31 Edward C. Burks, "15 Busiest Subway Stations Show Big Decline in Riders", *New York Times*, 10 de novembro de 1975.
32 Ibid.
33 Connolly, "In Hotels, the Key Is Occupancy".
34 Ibid.
35 Ibid.
36 Olivia Nuzzi, "Trump Lies So Much Less to NY Mega-Rich", *Daily Beast*, 15 de abril de 2016.
37 Connolly, "In Hotels, the Key Is Occupancy".

38 Glenn Fowler, "Commodore Plan Is Called Unfair", *New York Times*, 9 de abril de 1976.
39 D'Antonio, *Never Enough*, p. 56.
40 Trump e Schwartz, *Art of the Deal* (1987), p. 121.
41 Trump e Schwartz, *Art of the Deal* (2015), p. 102.
42 Barrett, *Deals and the Downfall*, p. 147.
43 Alan S. Oser, "Hotel Dispute Focuses on Tax Abatements", *New York Times*, 27 de abril de 1976.
44 Estado de Nova Jersey, Departamento de Leis e Segurança Pública, Divisão de Fiscalização de Jogos de Azar, Relatório para o Comitê de Controle de Cassinos, 16 de outubro de 1981, PDF36.
45 Trump e Schwartz, *Art of the Deal* (1987), p. 128.
46 Ibid., p. 123.
47 O'Brien, *TrumpNation*, p. 61.
48 Robert E. Tomasson, "Deal Negotiated for Commodore", *New York Times*, 4 de maio de 1975.
49 Trump e Schwartz, *Art of the Deal* (1987), p. 134.
50 Ibid.
51 Trump e Schwartz, *Art of the Deal* (2015), p. 130.
52 "Estimate Board to Rule on Easing of Tax Allowing Commodore Transformation", *New York Times*, 3 de março de 1976.
53 Barrett, *Trump*, p. 121.
54 Charles Kaiser, "Financing Arranged for the Commodore", *New York Times*, 23 de dezembro de 1977.
55 David Cay Johnston, "21 Questions for Donald Trump", *The National Memo*, 10 de julho de 2015.
56 Entrevista com Richard Ravitch, 2016.
57 Fowler, "Commodore Plan Is Called Unfair".
58 "3 Lawmakers Are Critical of Commodore Tax Relief", *New York Times*, 26 de abril de 1976.
59 D'Antonio, *Never Enough*, p. 103.
60 Carter B. Horsley, "New Offer Is Made for the Commodore", *New York Times*, 10 de abril de 1976.
61 Estado de Nova Jersey, Departamento de Leis e Segurança Pública, Divisão de Fiscalização de Jogos de Azar, Relatório para o Comitê de Controle de Cassinos, 16 de outubro de 1981, PDF50.
62 Klemesrud, "Donald Trump, Real Estate Promoter".
63 Ibid.
64 Hurt, *Lost Tycoon*, p. 84.
65 Estado de Nova Jersey, 16 de outubro de 1981, PDF50.
66 Entrevista com Ravitch. Décadas depois da difícil reunião com Ravitch, Trump ainda guardava rancor. Em 2009, quando o governador de Nova York David Paterson nomeou Ravitch como seu vice, Trump escreveu ao governador, chamando Ravitch de "extremamente fraco, ineficiente e mau negociador". Ao longo dos anos, Ravitch afirma ter evitado responder publicamente a Trump porque "meu princípio básico é não entrar em competições idiotas com pessoas vis".
67 Entrevista com Stanley Friedman, 2016.
68 Klemesrud, "Donald Trump, Real Estate Promoter".
69 Entrevista com Scadron.
70 Ibid.
71 Trump e Schwartz, *Art of the Deal* (1987), p. 19.
72 D'Antonio, *Never Enough*, p. 119.
73 Donald Trump, *The Art of the Comeback* (Nova York: Times Books/Random House, 1997), p. 147.
74 Donald Trump e Charles Leerhsen, *Trump: Surviving at the Top* (Nova York: Random House, 1990), p. 53.
75 Ivana Trump, *The Best Is Yet to Come: Coping with Divorce and Enjoying Life Again* (Nova York: Simon & Schuster, 1995), p. 65.
76 Hurt, *Lost Tycoon*, p. 104.
77 Barrett, *Trump*, p. 5.
78 Ibid., p. 137.
79 Zion, *Autobiography*, p. 236.
80 Citado em O'Brien, *TrumpNation*, p. 53.
81 Estrevista de Trump com Fisher e Kranish.
82 Paul Schwartzman, "How Trump Got Religion – and Why His Legendary Minister's Son Now Rejects Him", *Washington Post*, 21 de janeiro de 2016.

83 Ibid.
84 *New York Times*, 7 de agosto de 1983. 85   D'Antonio, *Never Enough*, p. 123.
86 Entrevista com Friedman.
87 Entrevista de Trump com Fisher e Kranish.
88 Jonathan Van Meter, "Growing Up Trump", *New York*, 13 de dezembro de 2004.
89 Entrevista de Donald Trump Jr. com Dan Zak, *Washington Post*, abril de 2016.
90 Entrevista de Nikki Haskell com Karen Heller, *Washington Post*, 13 de abril de 2016.
91 Entrevista de Barbara Res com Drew Harwell, *Washington Post*, março de 2016.
92 Ibid.
93 Entrevista com Scadron.
94 Trump e Schwartz, *Art of the Deal* (1987), p. 123.
95 Klemesrud, "Donald Trump, Real Estate Promoter".
96 Trump e Schwartz, *Art of the Deal* (1987), p. 107.
97 Carter B. Horsley, "In Environs of Grand Central, New Strength", *New York Times*, 30 de abril de 1978.
98 Geraldine Baum, Tom Hamburger e Michael J. Mishak, "Trump Has Thrived with Government's Generosity", *LA Times*, 11 de maio de 2011.
99 Ibid.
100 Ibid.
101 Mark Singer, "Trump Solo", *New Yorker*, 19 de maio de 1997.
102 Entrevista com Sunshine.
103 Trump e Schwartz, *Art of the Deal* (1987), p. 151.
104 Jonathan Mandell, "Raising Trump's Tower: How a Cast of Thousands Built One Man's Answer to the Pyramids", *New York Sunday News*, 13 de fevereiro de 1983.
105 "Trump Pursued a 'Vision' of Tower with Tenacity", *New York Times*, 26 de agosto de 1980.
106 Ada Louise Huxtable, "Architecture View: A New York Blockbuster of Superior Design", *New York Times*, 1º de julho de 1979.
107 Anthony DePalma, "Mixed Results Seen in City's Public Spaces Program", *New York Times*, 2 de novembro de 1983.
108 Huxtable, "Architecture View".
109 Christopher Gray, "The Store That Slipped through the Cracks", *New York Times*, 3 de outubro de 2014.
110 Entrevista com Penelope Hunter-Stiebel, 2016.
111 Entrevista com Robert Miller, 2016.
112 Entrevista com Kent Barwick, 2016.
113 Entrevista de Trump com Fisher e Kranish.
114 Graydon Carter, "Donald Trump Gets What He Wants", *GQ*, maio de 1984.
115 Lee Wohlfert-Wihlborg, "In the Manhattan Real Estate Game, Billionaire Donald Trump Holds the Winning Cards", *People*, 16 de novembro de 1981.
116 David Remnick, ed., *The New Gilded Age:* The New Yorker *Looks at the Culture of Affluence* (Nova York: Random House, 2000).
117 Suzanne Daley, "Bonwit Building Set for the Ultimate Sale", *New York Times*, 16 de março de 1980.
118 Dean Baquet, "Trump Says He Didn't Know He Employed Illegal Aliens", *New York Times*, 13 de julho de 1990.
119 Ibid.
120 Ibid.
121 Tom Robbins, "Deal Sealed in Trump Tower Suit", *New York Daily News*, 8 de março de 1999.
122 Donald Trump, *Time to Get Tough: Making America #1 Again* (Washington, DC: Regnery Publishing, 2011).
123 Entrevista com Res.
124 Ibid.
125 Ibid.
126 Mandell, "Raising Trump's Tower".
127 O'Harrow, "Trump Swam in Mob-Infested Waters".
128 Barbara Res, *All Alone on the 68th Floor* (CreateSpace Independent Publishing Platform, 2013), p. 169.
129 Depoimento de Verina Hixon, 8 de setembro de 1989.

130 Entrevista com Res.
131 Depoimento de Verina Hixon, 8 de maio de 1989.
132 D'Antonio, *Never Enough*, p. 135. Não foi possível entrar em contato com Hixon para que comentasse o caso.
133 O'Harrow, "Trump Swam in Mob-Infested Waters".
134 Ibid.
135 O'Brien, *TrumpNation*, p. 70.
136 William E. Geist, "The Expanding Empire of Donald Trump", *New York Times*, 8 de abril de 1984.
137 Tracie Rozhon, "A Win by Trump! No, by Tenants!; Battle of the 80's Ends, with Glad-Handing All Around", *New York Times*, 26 de março de 1998.
138 Richard Haitch, "Follow Up on the News; Shelter Game", *New York Times*, 29 de maio de 1983.
139 Carter, "Donald Trump Gets What He Wants".
140 Ron Suskind, "Trump Eviction Dispute Taken to State Hearing", *New York Times*, 28 de fevereiro de 1985.
141 Jonathan Mahler, "Tenants Thwarted Donald Trump's Central Park Real Estate Ambitions", *New York Times*, 18 de abril de 2016.
142 George James, "Trump Drops 5-Year Effort to Evict Tenants", *New York Times*, 5 de março de 1986.
143 Stephen Ifshin, entrevista com Bob Woodward, *Washington Post*, maio de 2016. Trump confirmou o relato de Ifshin em uma entrevista com Fisher e Kranish, *Washington Post*, junho de 2016.
144 *Site* promocional do Trump Parc East. Disponível em: <http://www.trump.com/real-estate-portfolio/new-york/trump-parc-east/>.
145 Mahler, "Tenants Thwarted Donald Trump's".
146 Trump e Schwartz, *Art of the Deal* (1987), p. 70.
147 Rozhon, "Fred C. Trump".
148 D'Antonio, *Never Enough*, p. 58.
149 Gwenda Blair, *The Trumps: Three Generations of Builders and a Presidential Candidate* (Nova York: Simon & Schuster, 2015), p. 244.
150 Jason Horowitz, "For Donald Trump, Lessons from a Brother's Suffering", *New York Times*, 2 de janeiro de 2016.
151 Ibid.
152 Hurt, *Lost Tycoon*, p. 126.
153 Horowitz, "For Donald Trump, Lessons".
154 Marie Brenner, "After the Gold Rush", *Vanity Fair*, setembro de 1990.
155 Estado de Nova Jersey, Departamento de Leis e Segurança Pública, Divisão de Fiscalização de Jogos de Azar, Relatório para o Comitê de Controle de Cassinos, 16 de outubro de 1981, PDF24.
156 Horowitz, "For Donald Trump, Lessons".
157 Registros funerários FindaGrave.com. Disponível em: <http://www.findagrave.com/cgi-bin/fg.cgi?page=gr&GRid=105719907>.
158 O'Brien, *TrumpNation*, p. 189.
159 Barrett, *Trump*, p. 4.
160 Wohlfert-Wihlborg, "In the Manhattan Real Estate Game".
161 Carter, "Donald Trump Gets What He Wants".
162 Entrevista com Res.
163 D'Antonio, *Never Enough*, p. 138.
164 "Sell Them a Fantasy; Says Donald Trump. And Every Day, He Does", *New York Times*, 8 de abril de 1984.
165 Res, *All Alone on the 68th Floor*, p. 164.
166 D'Antonio, *Never Enough*, p. 140.
167 Albin Krebs e Robert McG. Thomas Jr., "Notes on People", *New York Times*, 4 de agosto de 1981.
168 Mandell, "Raising Trump's Tower".
169 Trump e Schwartz, *Art of the Deal* (1987), pp. 183-184.
170 Marilyn Bender, "The Empire and Ego of Donald Trump", *New York Times*, 7 de agosto de 1983.
171 D'Antonio, *Never Enough*, p. 146.
172 Barrett, *Deals and the Downfall*, p. 299.
173 Paul Goldberger, "Architecture: Atrium of Trump Tower Is a Pleasant Surprise", *New York Times*, 4 de abril de 1983.

174 Res, *All Alone on the 68th Floor*, p. 161.
175 Entrevista com Res.
176 "Donald Trump's Tour of His Manhattan Office", *Wall Street Journal*, 13 de setembro de 2015.
177 "Sell Them a Fantasy".
178 Barrett, *Trump*, p. 5.
179 O'Brien, *TrumpNation*, p. 71.
180 Ibid, p. 231.
181 Carter, "Donald Trump Gets What He Wants".
182 Entrevista com Res.
183 Carter, "Donald Trump Gets What He Wants".
184 "Sell Them a Fantasy".
185 O'Brien, *TrumpNation*, p. 196.
186 Christopher Boyd, "Sweet Deal: $2,811 Cash Gave Trump $10 Million Mar-A-Lago", *Miami Herald*, 9 de novembro de 1988.
187 Entrevista com Drew Harwell, *Washington Post*, abril de 2016.
188 Timothy L. O'Brien, "How Trump Bungled the Deal of a Lifetime", *Bloomberg View*, 27 de janeiro de 2016.
189 "Trump Planning 66th St. Tower, Tallest in World", *New York Times*, 19 de novembro de 1985.
190 Ibid.
191 Ibid.
192 "West Siders Voice Concern on Plan", *New York Times*, 19 de novembro de 1985.
193 "The Next Trump Tower and Its Shadow", *New York Times*, 21 de novembro de 1985.
194 "Celebrities Open Wallets to Fight Trump's Project", *New York Times*, 30 de setembro de 1987.
195 Margot Hornblower, "In the Shadow of the Boom; Recovery Strains New York City's Physical and Social Fabric", *Washington Post*, 24 de agosto de 1987.
196 Entrevista com Robinson, 2015.
197 Ibid.
198 Entrevista com Roberta Gratz, 2016.
199 Joyce Purnick, "Trump Offers to Rebuild Skating Rink", *New York Times*, 31 de maio de 1986.
200 Entrevista com Henry Stern, 2016.
201 Thomas Maier, *Newhouse: All the Glitter, Power, and Glory of America's Richest Media Empire and the Secretive Man Behind It* (Nova York: St. Martin's Press, 1994), p. 192.
202 Jonathan Yardley, "Trump, the Artless Hustler", *Washington Post*, 2 de dezembro de 1987.
203 Entrevista com Peter Osnos, 2016.
204 Gwenda Blair, *Donald Trump: The Candidate* (Nova York: Simon & Schuster, 2007), p. xiii.
205 Entrevista com Res.
206 Res, *All Alone on the 68th Floor*, p. 181.
207 Entrevista de Steve Bollenbach com Bob Woodward, 2016.
208 Entrevista com Res.
209 Ibid.
210 Barrett, *Trump*, p. 3.
211 Entrevista com Res.
212 Ibid.
213 *Savvy Woman*, novembro de 1989.
214 Otto Friedrich, "Flashy Symbol of an Acquisitive Age: Donald Trump", *Time*, 16 de janeiro de 1989.
215 D'Antonio, *Never Enough*, p. 199.
216 Entrevista com Res.
217 Singer, "Trump Solo".

CAPÍTULO 6: "O MELHOR SEXO DA MINHA VIDA"

1 Entrevista de Wayne Barrett a Robert O'Harrow e Will Hobson, *Washington Post*, março de 2016.
2 Ibid.
3 Barrett, "Like Father, Like Son".

4   Entrevista com Barrett.
5   Barrett, "Like Father, Like Son".
6   Ibid.
7   Entrevista com Barrett.
8   Barrett, "Like Father, Like Son".
9   Entrevista com Barrett.
10 Trump e Schwartz, *Art of the Deal* (1987), pp. 56-58.
11 D'Antonio, *Never Enough*, pp. 48-49.
12 Bender, "Empire and Ego of Donald Trump".
13 Klemesrud, "Donald Trump, Real Estate Promoter".
14 Entrevista de Paul Goldberger a Will Hobson, *Washington Post*, abril de 2016.
15 Nicholas Von Hoffman, *Citizen Cohn* (Nova York: Doubleday, 1988), p. 76.
16 Ibid., p. 419.
17 Steven Cuozzo, *It's Alive: How America's Oldest Newspaper Cheated Death and Why It Matters* (Nova York: Times Books, 1996), p. 10.
18 Ibid., p. 49.
19 Ibid., p. 40.
20 Ibid., p. 52.
21 Frank Digiacamo, "The Gossip behind the Gossip", *Vanity Fair*, dezembro de 2004.
22 Ibid.
23 Cuozzo, It's Alive, p. 73.
24 Liz Smith, "I Think I Invented the Trumps, Part I", *New York Social Diary*, 24 de agosto de 2015. Disponível em: <http://www.newyorksocialdiary.com/guest-diary/2015/liz-smith-i-think-i-invented-the-trumps-part-i>.
25 D'Antonio, *Never Enough*, p. 153.
26 Jerry Useem, "What Does Donald Trump Really Want?", *Fortune*, 3 de abril de 2000.
27 Ibid., pp. 405-6.
28 Useem, "What Does Donald Trump Really Want?".
29 George Rush e Joanna Molloy, *Scandal: A Manual* (Nova York: Skyhorse Publishing, 2013), p. 96.
30 Digiacamo, "Gossip behind the Gossip".
31 Ibid.
32 Entrevista com Res.
33 Singer, "Trump Solo".
34 Entrevista de George Rush a Will Hobson, *Washington Post*, abril de 2016.
35 Entrevista de Mark Singer a Will Hobson, *Washington Post*, abril de 2016.
36 Entrevista com Rush.
37 Entrevista de Ed Kosner a Will Hobson, *Washington Post*, abril de 2016.
38 Entrevista de John Taylor a Will Hobson, *Washington Post*, abril de 2016.
39 Entrevista de Jeffrey Breslow a Marc Fisher, *Washington Post*, abril de 2016.
40 Entrevista com Singer.
41 Barrett, *Trump*, p. 293.
42 Ibid.
43 Entrevista com Rush.
44 Entrevista com Kosner.
45 Blair, *Trumps*, p. 372.
46 Gail Collins, "Donald Trump Gets Weirder", *New York Times*, 1º de abril de 2011.
47 Richard L. Stern e John Connolly, "Manhattan's Favorite Guessing Game: How Rich Is Donald?", *Forbes*, 14 de maio de 1990.
48 Joanna Molloy, "The Daily Intelligencer", *New York*, 21 de maio de 1990.
49 Trump e Leerhsen, *Surviving at the Top*, pp. 30-33.
50 David Folkenflik, "Decades Later, *Spy* Magazine Founders Continue to Torment Trump", *NPR Morning Edition*, 7 de março de 2016.
51 *Spy*, outubro de 1986, p. 31.
52 Bruce Feirstein, "Trump's War on 'Losers': The Early Years", *Vanity Fair*, 12 de agosto de 2015. Disponível em: <http://www.vanityfair.com/news/2015/08/spy-vs-trump>.

53 Andre Tartar, "How the Original Insult War with Donald Trump Was Waged", *Bloomberg Politics*, 11 de setembro de 2015. Disponível em: <http://www.bloomberg.com/politics/articles/2015-09-11/how-the-original-insult-war-with-donald-trump-was-waged>.
54 Julius Lowenthal, "Who Is America's Cheapest Zillionaire?", *Spy*, julho de 1990.
55 Graydon Carter, "Why Donald Trump Will Always Be a 'Short-Fingered Vulgarian'", *Vanity Fair*, 8 de março de 2016. Disponível em: <http://www.vanityfair.com/culture/2015/10/graydon-carter-donald-trump>.
56 Digiacamo, "Gossip behind the Gossip".
57 Entrevista com fonte anônima feita por Will Hobson, *Washington Post*, abril de 2016.
58 Entrevista de Lou Colasuonno a Paul Schwartzman, *Washington Post*, março de 2016.
59 Smith, "I Think I Invented the Trumps, Part I".
60 Liz Smith, "I Think I Invented the Trumps, Part II", *New York Social Diary*, 25 de agosto de 2015. Disponível em: <http://www.newyorksocialdiary.com/guest-diary/2015/liz-smith-i-think-i-invented-the-trumps-part-ii>.
61 Ibid.
62 Liz Smith, "Love on the Rocks", *New York Daily News*, 11 de fevereiro de 1990.
63 Liz Smith, "I Think I Invented the Trumps, Part III", *New York Social Diary*, 26 de agosto de 2015. Disponível em: <http://www.newyorksocialdiary.com/guest-diary/2015/liz-smith-i-think-i-invented-the-trumps-part-iii>.
64 Esther Pessin, "War of the Trump$", *New York Post*, 12 de fevereiro de 1990, p. 4.
65 Capa, *New York Post*, 15 fevereiro de 1990.
66 Capa, *New York Post*, 19 de fevereiro de 1990.
67 "Need Your Help", *New York Daily News*, 17 de fevereiro de 1990, p. 4.
68 Esther Pessin, Jill Brooke e Sonia Reyes, "The Donald: She's Marla-Vous", *New York Post*, 14 de fevereiro de 1990, pp. 4-5.
69 William Norwich, "Choosing Up Sides", *New York Daily News*, 15 de fevereiro de 1990, p. 3.
70 Bill Hoffman, "Trump: Fire Liz Smith", *New York Post*, 19 de fevereiro de 1990, p. 14.
71 John R. O'Donnell e James Rutherford, *Trumped! The Inside Story of the Real Donald Trump: His Cunning Rise and Spectacular Fall* (Nova York: Crossroad Press, 1991), p. 185.
72 Sue Carswell, "Trump Says Goodbye Marla, Hello Carla", *People*, 8 de julho de 1991.
73 Entrevista de Sue Carswell a Will Hobson, *Washington Post*, abril de 2016.
74 Entrevista de Linda Stasi a Will Hobson, *Washington Post*, abril de 2016.
75 Registro de ligação de John Miller a Sue Carswell, obtido pelo *Washington Post*, maio de 2016.
76 Entrevista com Res.
77 Barrett, *Trump*, p. 13.
78 Entrevista com Trump Jr.
79 Entrevista com Taylor.
80 John Taylor, "Trump: The Soap", *New York*, 5 de março de 1990. Disponível em: <https://books.google.com/books?id=bdF9SYJ7hsQC&pg=PA1&lpg=PA1&dq=john+taylor,+trump+the+soap,+new+york+mag&source=bl&ots=HK2eN9mbQh&sig=yU_YGhMQcdwsQ7wAh1Br-A6HyHU&hl=en&sa=X&ved=0ahUKEwic77zD3LzMAhWI7CYKHftQDZwQ6AEIJTAC#v=onepage&q=john%20taylor%2C%20trump%20the%20soap%2C%20new%20york%20mag&f=false>.
81 Neil Barsky e Pauline Yoshihashi, "Trump Is Betting That Taj Mahal Casino Will Hit Golden Jackpot in Atlantic City", *Wall Street Journal*, 20 de março de 1990, p. B1.

CAPÍTULO 7: APOSTANDO TUDO

1 Phillip H. Wiggins, "Casino Operators' Profit Soars in Third Quarter", *New York Times*, 10 de novembro de 1978.
2 Entrevista de Steven Perskie a Shawn Boburg e Robert O'Harrow, *Washington Post*, abril de 2016.
3 Vicki Golf Levi e Lee Eisenberg, *Atlantic City: 125 Years of Ocean Madness* (Berkeley, CA: Ten Speed Press, 1979), p. 15.
4 Departamento do Trabalho e do Desenvolvimento da Força de Trabalho de Nova Jersey, Censos de População e Habitação dos Estados Unidos. Disponível em: <http://lwd.dol.state.nj.us/labor/lpa/census/1990/poptrd6.htm>.

5 O'Brien, *TrumpNation*, p. 116.
6 Universidade Rutgers, Linha do Tempo de Atlantic City, dezembro de 1980. Disponível em: <http://governors.rutgers.edu/on-governors/nj-governors/governor-brendan-t-byrne-administration/governor-brendan-t-byrne-issues-atlantic-city/atlantic-city-timeline-1614-2010-2/>.
7 Entrevista de Paul Rubeli a Robert O'Harrow, *Washington Post*, dezembro de 2015.
8 Barrett, *Trump*, p. 156.
9 Relatório da Divisão de Fiscalização de Jogos de Azar de Nova Jersey para a Comissão de Controle de Cassinos, 16 de outubro de 1981, pp. 29-31.
10 Ibid., p. 17.
11 Ibid., p. 85.
12 Donald Linsky, *New Jersey Governor Brendan T. Byrne: The Man Who Couldn't Be Bought* (Teaneck, NJ: Farleigh Dickinson University Press, 2014), p. 188.
13 Comissão de Investigação do Estado de Nova Jersey, "Incursion of Organized Crime into Certain Legitimate Businesses in Atlantic City", dezembro de 1977, p. ii.
14 Joseph F. Sullivan, "U. S. Lawsuit Says Mob Controls Union in Atlantic City Casinos", *New York Times*, 19 de dezembro de 1990.
15 Relatório da Comissão de Investigação do Estado de Nova Jersey sobre crime organizado, 1992, pp. 33-57.
16 Relatório da Divisão de Fiscalização de Jogos de Azar de Nova Jersey, 16 de outubro de 1981, pp. 92-95.
17 Obituário de Sullivan, *Philadelphia Inquirer*, 18 de outubro de 1993.
18 Relatório da Divisão de Fiscalização de Jogos de Azar de Nova Jersey, 16 de outubro de 1981, p. 92.
19 Ibid., pp. 94-95.
20 O'Brien, *TrumpNation*, p. 118.
21 Ibid.
22 Memorando do FBI do supervisor Damon T. Taylor, 22 de setembro de 1981. Disponível em: <http://www.thesmokinggun.com/documents/crime/donald-trump-worried-about-oc-ac-0#lightbox-popup-1>.
23 Relatório da Divisão de Fiscalização de Jogos de Azar de Nova Jersey, 16 de outubro de 1981, p. 92; *Albert M. Greenfield and Co. v. SSG Enterprises et al.*, 213 NJ Super. 1 (1986), 516 A.2d 250, decidido em 2 de outubro de 1986; e Barrett, *Trump*, p. 232.
24 Donald Janson, "10th and Largest Casino Opens in Atlantic City", *New York Times*, 15 de maio de 1984.
25 Entrevista de Carl Zeitz a Shawn Boburg, *Washington Post*, 2016.
26 Donald Janson, "Trump Assured Casino License", *New York Times*, 16 de março de 1982.
27 "Profits at Casinos Increase after Atlantic City Slump", *New York Times*, 30 de agosto de 1982.
28 Trump e Schwartz, *Art of the Deal* (1987), p. 143.
29 Ibid., p. 215.
30 Donald Janson, "Trump and Harrah's Feud over Name", *New York Times*, 13 de agosto de 1985.
31 Entrevista de Frank Lundy III a Shawn Boburg, *Washington post*, 12 de maio de 2016.
32 Trump e Schwartz, *Art of the Deal* (1987), p. 217; e Janson, "10th and Largest Casino Opens".
33 Janson, "Trump and Harrah's Feud"; Janson, "10th and Largest Casino Opens"; e entrevista de John O'Donnell a Michael Kranish, *Washington Post*, 2 de maio de 2016.
34 Al Delugach, "New Jersey Regulators Cite Ties with Korshak", *Los Angeles Times*, 1º de março de 1985.
35 Barrett, *Trump*, p. 254.
36 Trump e Schwartz, *Art of the Deal* (1987), pp. 239-40.
37 Barrett, *Trump*, p. 254.
38 O'Donnell e Rutherford, *Trumped!*, pp. 29-30.
39 Ibid., p. 81.
40 Trump e Schwartz, *Art of the Deal* (1987), p. 242.
41 Trump e Schwartz, *Art of the Deal* (1987), p. 242. O'Donnell e Rutherford, *Trumped!*, pp. 30-31; e entrevista com John O'Donnell.

42 Trump e Schwartz, *Art of the Deal* (1987), p. 220.
43 Entrevista com John O'Donnell.
44 O'Donnell e Rutherford, *Trumped!*, pp. 56-57, 77.
45 Barrett, *Trump*, p. 408.
46 Relatório da Divisão de Fiscalização de Jogos de Azar de Nova Jersey, Renovação do Trump Plaza, 7 de abril de 1987, p. 33.
47 Ibid., p. 38.
48 Ibid., pp. 40-50.
49 Transcrição da audiência da Comissão de Controle de Cassinos de Nova Jersey, 20 de abril de 1987, vol. 1, pp. 52, 123-124.
50 Transcrição de audiência da Comissão de Controle de Cassinos de Nova Jersey, renovação de licença do Plaza, 22 de abril de 1987, pp. 240-42.
51 *United States v. Donald J. Trump*, ação civil n. 88-0929, julgamento final, 11 de abril de 1988.
52 Lenny Glynn, "Trump's Taj: Open at Last, with a Scary Appetite", *New York Times*, 8 de abril de 1990.
53 Blair, *Trumps*, p. 389.
54 Ibid., pp. 362-363.
55 Harry Hurt III, *Lost Tycoon: The Many Lives of Donald J. Trump* (Londres: Orion Books, 1994), p. 228; e David Johnston e Michael Schurman, "Trump's Ship Comes In – to Cheers", *Philadelphia Inquirer*, 10 de julho 1988.
56 David Segal, "What Donald Trump's Plaza Deal Reveals about His White House Bid", *New York Times*, 16 de janeiro de 2016.
57 Entrevista com Perskie.
58 Marvin B. Roffman, "Casino Gambling in Atlantic City", 11 de junho de 1987.
59 Marvin B. Roffman com Michael J. Schwager, *Take Charge of Your Financial Future: Straight Talk on Managing Your Money from the Financial Analyst Who Defied Donald Trump* (Nova York: Carol Publishing Group, 1994), pp. vi-xxiii.
60 Comissão de Controle de Cassinos, "In the Matter of the Sale of Certain Shares of Class B Stock of Resorts International, Inc.", 20 de outubro de 1987, p. 2.
61 O'Donnell e Rutherford, *Trumped!*, p. 42.
62 Entrevista de Marvin Roffman a Robert O'Harrow, *Washington Post*, dezembro de 2015.
63 Donald Janson, "Trump Appears before Casino Panel", *New York Times*, 14 de fevereiro de 1988.
64 Depoimento de Trump diante da Comissão de Controle de Cassinos, transcrição de audiência, 8 de fevereiro de 1988, pp. 273-274.
65 Ibid., pp. 300-301.
66 Ibid., p. 346.
67 Ibid., p. 347.
68 Ibid., pp. 362-364.
69 Entrevista de Marty Rosenberg a Shawn Boburg, *Washington Post*, 12 de abril de 2016.
70 O'Donnell e Rutherford, *Trumped!*, p. 121.
71 Ibid., p. 74.
72 Entrevista com John O'Donnell.
73 O'Donnell e Rutherford, *Trumped!*, pp. 73-91.
74 Ibid., pp. 74, 111, 121, 124.
75 Transcrição de audiência da Comissão de Controle de Cassinos de Nova Jersey, 18 de fevereiro de 1988, pp. 469-470.
76 Donald Janson, "Trump's Promise Wins Relicensing for Casino", *New York Times*, 25 de fevereiro 1988.
77 Andrea Adelson, "The Underestimated Merv Griffin", *New York Times*, 9 de abril de 1988.
78 Nina J. Easton, "Merv Griffin's Outrageous Fortune: When Millionaire Griffin Took on Billionaire Trump, They Said It Was a Mismatch. They Were Wrong", *Los Angeles Times*, 24 de julho de 1988.
79 Donald J. Trump com Kate Bohner, *Trump: The Art of the Comeback* (Nova York: Random House, 1997), p. 33.
80 Entrevista de Donald Trump a Marc Fisher e Michael Kranish, *Washington Post*, 21 de abril de 2016.
81 "Trump Taj Mahal Funding in Mortgage Bond Offering", *New York Times*, 9 de novembro de 1988.

82 Transcrição de audiência da Comissão de Controle de Cassinos de Nova Jersey, 8 de fevereiro de 1988, pp. 345-347.
83 Entrevista de Paul Rubeli a Robert O'Harrow, *Washington Post*, dezembro de 2015.
84 Comissão de Controle de Cassinos, Estatísticas de Instalações de Cassinos de Nova Jersey, 1978-2004.
85 Marvin B. Roffman, "Casino Gaming in Atlantic City: A Crisis Ahead", *Industry Update*, Janney Montgomery Scott, 2 de junho de 1989, p. 2.
86 Entrevista com Roffman.

CAPÍTULO 8: VENTOS FRIOS

1 O'Donnell e Rutherford, *Trumped!*, p. 189.
2 Ibid., pp. 190-191.
3 Obituário de Joshua Benanav. Disponível em: <http://www.legacy.com/obituaries/hartfordcourant/obituary.aspx?n=joshua-benanav&pid=86966479>.
4 O'Donnell e Rutherford, *Trumped!*, p. 190.
5 Ibid., p. 193.
6 Relatório do Conselho Nacional de Segurança em Transportes, NYC90MA009, Acidente, 10 de outubro de 1989, Lacey Township, NJ.
7 Entrevista de assistente anônimo de Trump a Michael Kranish, *Washington Post*, 4 de maio de 2016.
8 Entrevista de Donald Trump a Michael Kranish, *Washington Post*, 19 de maio de 2016.
9 Entrevista com John O'Donnell.
10 O'Donnell e Rutherford, *Trumped!*, pp. 194-195.
11 Entrevista de Trump a Kranish.
12 O'Donnell e Rutherford, *Trumped!*, p. 195.
13 Ibid., p. 197.
14 Relatório do Conselho Nacional de Segurança em Transportes, NYC90MA009.
15 Entrevista de Donald Trump a Larry King, *CNN*, 27 de julho de 1990.
16 O'Donnell fez essa afirmação pela primeira vez em *Trumped!* e a repetiu em entrevistas ao *Washington Post* em maio de 2016. Em entrevista ao *Washington Post* em 19 de maio de 2016, Trump respondeu da seguinte forma à pergunta de se poderia ter estado no helicóptero: "Não quero entrar nisso, sobre eu potencialmente estar naquele helicóptero, porque as pessoas vão falar... então, não quero entrar nisso. Mas foi uma dessas coisas da vida".
17 O'Donnell e Rutherford, *Trumped!*, pp. 198-200.
18 Entrevista de Trump a Kranish.
19 O'Donnell e Rutherford, *Trumped!*, pp. 204-205.
20 Ibid., pp. 64-65.
21 Neil Barsky e Pauline Yoshihashi, "Trump Is Betting That Taj Mahal Casino Will Hit Golden Jackpot in Atlantic City", *Wall Street Journal*, 20 de março de 1990.
22 Roffman com Schwager, *Take Charge of Your Financial Future*, p. xiii.
23 Entrevista de Marvin Roffman a Robert O'Harrow, *Washington Post*, 16 de novembro de 2015. Roffman também relembrou a experiência em seu livro de memórias, *Take Charge of Your Financial Future*.
24 Entrevista com Roffman, 16 de novembro 2015.
25 Roffman com Schwager, *Take Charge of Your Financial Future*, pp. xi-xxiii; e entrevista com Roffman, 16 de novembro de 2015.
26 Robert O'Harrow, "Trump's Bad Bet", *Washington Post*, 18 de janeiro de 2016; e entrevista com Roffman.
27 Taj Mahal, Nações Unidas, *site* World Heritage. Disponível em: <http://whc.unesco.org/en/list/252>.
28 O'Donnell e Rutherford, *Trumped!*, p. 289.
29 Ibid., pp. 272-273.
30 Ibid., pp. 287-288.
31 Entrevista de Deno Marino a Amy Goldstein, *Washington Post*, abril de 2016.
32 Entrevista com John O'Donnell.

NOTAS

33 Tim Golden, "Taj Mahal's Slot Machines Halt, Overcome by Success", *New York Times*, 9 de abril de 1990.
34 O'Donnell e Rutherford, *Trumped!*, pp. 279-283.
35 Ibid., p. 284.
36 Ibid., pp. 287-289.
37 Entrevista com John O'Donnell. O'Donnell expressa sentimentos similares em seu livro de memórias.
38 O'Donnell e Rutherford, *Trumped!*, p. 148; e entrevista com John O'Donnell.
39 Entrevista de Trump a Kranish; entrevista de Trump a Fisher e Kranish, 9 de junho de 2016.
40 Entrevista com Perskie.
41 O'Donnell e Rutherford, *Trumped!*, pp. 298-299.
42 Ibid., pp. 293-294.
43 Entrevista de Trump a Kranish. Na entrevista, pediu-se que Trump permitisse que o irmão estivesse disponível para comentar a lembrança de O'Donnell sobre a ocasião. Donald Trump disse que não o faria: "Eu podia ligar para o meu irmão, com quem falo o tempo todo. Mas não quero gastar muito tempo nesse negócio. Isso faz sentido pra você?"
44 Daniel Heneghan e David J. Spatz, "Trump Opens Taj with Flourish", *Press of Atlantic City*, 6 de abril de 1990.
45 Ibid.
46 Robin Leach, apresentador, *Lifestyles of the Rich and Famous*, abril de 1990. Disponível em: <https://www.youtube.com/watch?v=GGWjUYWatTo>.

CAPÍTULO 9: A CAÇA

1   Entrevista de Ivana Trump, *Primetime Live*, ABC, 10 de maio de 1991.
2   Ibid. Ivana Trump e Marla Maples recusaram os convites de entrevista para este livro.
3   Harry Hurt III, "Donald Trump Gets Small", *Esquire*, maio de 1991.
4   Entrevista de Louise Sunshine a Frances Stead Sellers, 20 de abril de 2016.
5   Entrevista de Trump a Nancy Collins, *Primetime Live*, ABC, 10 de março de 1994.
6   Trump e Bohner, *Comeback*, p. 116.
7   Ibid., p. 117.
8   Ibid.
9   Ibid., pp. 117-118.
10 Entrevista de Donald Trump a David Hochman, *Playboy*, outubro de 2004.
11 Trump e Bohner, *Comeback*, p. 118.
12 Barrett, *Trump*, p. 19.
13 Michael Gross, "Marla Maples: Tabloid Life", *New York*, 6 de abril de 1998.
14 Entrevista de Jay Goldberg ao *Washington Post*, abril de 2016.
15 Ibid.
16 Trump, em *Oprah*, 25 de abril de 1988.
17 Trump e Bohner, *Comeback*, pp. 137-138.
18 Trump e Leerhsen, *Surviving at the Top*, p. 47.
19 Entrevista com Goldberg.
20 Gross, "Marla Maples".
21 "Marla Maples Opens Up", *People*, 19 de abril de 2016.
22 Elizabeth Sporkin, "Ooh-la-la Marla!", *People*, 5 de março de 1990.
23 Gross, "Marla Maples".
24 Entrevista de Marla Maples a Diane Sawyer, *Primetime Live*, ABC, 19 de abril de 1990.
25 Maureen Orth, "Talking to Marla Maples", *Vanity Fair*, 1990.
26 James Barron, "The Donald Is to Marry!", *New York Times*, 4 de julho de 1991. Maples leiloou o anel em 2000.
27 Maples em *Today*, NBC, 26 de julho de 1993.
28 Todd S. Purdum, "In This Plaza, I Thee Wed", *New York Times*, 18 de dezembro de 1993.
29 Megan French, "O. J. Simpson Made Awkward Comment at Donald Trump's 1993 Wedding to Marla Maples Months before His Arrest: Watch", *Us*, 6 de abril de 2016.

30. Georgia Dullea, "It's a Wedding Blitz for Trump and Maples", *New York Times*, 21 de dezembro de 1993.
31. Ibid.
32. Trump e Bohner, *Comeback*, p. 140.
33. O'Brien, *TrumpNation*, p. 7.
34. Entrevista com Goldberg.
35. Trump e Bohner, *Comeback*, p. 210.
36. Bruce Weber, "Donald and Marla Are Headed for Divestiture", *New York Times*, 3 de maio de 1997.
37. Entrevista com Goldberg.
38. Trump e Schwartz, *Art of the Deal* (2015), pp. 94-95.
39. Entrevista com Trump, novembro de 2015.
40. Mary Jordan e Rosalind S. Helderman, "Inside Trump's Palm Beach Castle and His 30-Year Fight to Win Over the Locals", *Washington Post*, 14 de novembro de 2015. Trump ganhou 15,6 milhões de dólares com Mar-a-Lago em 2014, segundo os demonstrativos financeiros que apresentou como parte de sua campanha presidencial.
41. Ibid.
42. Entrevista com Roger Stone, 4 de abril de 2016.
43. Bob Morris, "A Night Out With: Donald J. Trump; Previewing the States of Beauty", *New York Times*, 10 de janeiro de 1999.
44. Durante sua campanha presidencial em 2016, Trump afirmou algumas vezes conhecer muito bem a Rússia porque havia feito um "importante evento" lá – o concurso Miss Universo, que chamou de "grandessíssimo e incrível evento".
45. Trump e Bohner, *Comeback*, p. 96.
46. Matt Viser, "The Pageant of His Dreams", *Boston Globe*, 17 de abril de 2016.
47. Ibid.
48. Ibid.
49. Ibid.
50. Ibid.
51. Michael Cohen, advogado de Trump, citado em Rachel Stockman, "Inside the $125 Million Donald Trump Sexual Assault Lawsuit", *LawNewz*, 23 de fevereiro de 2016.
52. Ibid. Harth afirmou em 2016 que considera Trump um amigo e apoiou sua campanha para presidente.
53. Trump e Bohner, *Comeback*, p. 96.
54. Ibid., p. 102.
55. Entrevista com Mary Jordan, abril de 2016.
56. Judy Bachrach, "What's Behind Donald Trump's Obsession with Beauty Pageants?", *Vanity Fair*, 13 de janeiro de 2016.
57. Entrevista de Reidy a Frances Stead Sellers, maio de 2016.
58. "Weight of the World", *People*, 10 de fevereiro de 1997.
59. Entrevista de Alicia Machado a Janell Ross, 30 de abril de 2016.
60. Trump e Bohner, *Comeback*, p. 106.
61. Carrie Prejean, *Still Standing: The Untold Story of My Fight against Gossip, Hate, and Political Attacks* (Washington, DC: Regnery, 2009), p. 68. Depois de matérias de 2016 narrarem as histórias de Prejean sobre Trump que haviam sido publicadas em seu livro, ela deu várias entrevistas nas quais o elogiou, dizendo, por exemplo: "Não tenho nada além de coisas positivas a dizer sobre Donald Trump".
62. Entrevista de Trump a Marc Fisher e Michael Kranish, 9 de junho de 2016.
63. Kate Kelly, "Fashion Café's Tommaso Buti Schemes to Skim Rent from Guccis", *Observer*, 5 de abril de 1999.
64. Entrevista de James Scully ao *Washington Post*, abril de 2016.
65. Ibid.
66. Entrevista com Jim Dowd, diretor da empresa de relações públicas em que representava Trump, maio de 2016.
67. Entrevista de John Bassignani a Frances Stead Sellers, 4 de maio de 2016.
68. Mary Jordan, "From Playboy to President? Trump's Past Crude Sex Talk Collides with His White House Bid", *Washington Post*, 10 de maio de 2016.

69 Citações do programa *Stern* de Andrew Kaczynski e Nathan McDermott, "Donald Trump Said a Lot of Gross Things about Women on 'Howard Stern'", *BuzzFeed*, 24 de fevereiro de 2016.
70 Josh Glancy, "Mogul Sought Trophy Wife", *Sunday Times* (Londres), 16 de agosto de 2015. A jornalista britânica Selina Scott, que conheceu a princesa, lembrou-se de Diana afirmando sobre Trump: "Ele me dá arrepios".
71 Trump acrescentou que continuaria com ela mesmo se ela estivesse desfigurada.
72 Entrevista com Goldberg.
73 Entrevista de Kate Bohner a Mary Jordan, 20 de abril de 2015.
74 Entrevista de Trump a Mary Jordan, abril de 2016.
75 Jonathan Van Meter, "Did Their Father Really Know Best?", *New York*, 13 de dezembro de 2004.
76 Donald J. Trump com Meredith McIver, *Trump: Like a Billionaire* (Nova York: Random House, 2004), pp. xvii-xxiii.
77 Marie Brenner, "After the Gold Rush", *Vanity Fair*, setembro de 1990.
78 Entrevista dos filhos de Trump a Dan Zak, *Washington Post*, abril de 2016.
79 Entrevista de Susan Crawford a Frances Stead Sellers, 16 de maio de 2016.
80 Joseph P. Fried, "Tell-All Book on Trump Won't Be Telling It All", *New York Times*, 24 de fevereiro de 2002.
81 Frederick M. Winship, "Trump Ends Ivana's Alimony over TV Interview", UPI, 14 de maio de 1991.
82 Ibid.
83 Dana Schuster, "Ivana Trump on How She Advises Donald – and Those Hands", *New York Post*, 3 de abril de 2016.

CAPÍTULO 10: UMA LIGA SÓ DELE

1 Notas da reunião de proprietários da USFL de 18 de janeiro de 1984.
2 Paul Domowitch, "USFL Expects to Cash In on Trump", *Philadelphia Daily News*, 2 de novembro de 1983.
3 "Marvin Warner, 82, Figure in S&L Debacle", *New York Times*, 13 de abril de 2002.
4 Charles Leerhsen, "USFL's New Game Plan", *Newsweek*, 19 de março de 1984.
5 Jim Byrne, *The $1 League: The Rise and Fall of the USFL* (Nova York: Prentice Hall Press, 1986), pp. 103-104, 119.
6 Ibid., p. 103.
7 Notas da reunião de proprietários da USFL de 18 de janeiro de 1984.
8 Domowitch, "USFL Expects to Cash In".
9 Paul Attner, "USFL Upbeat, but Sees Tougher Sell", *Washington Post*, 24 de fevereiro de 1984.
10 Notas da reunião de proprietários da USFL de 18 de janeiro de 1984.
11 Carta de Myles Tanenbaum a Tad Taube, 27 de janeiro de 1984.
12 Entrevista de Peter Brant a Michael Miller, abril de 2016.
13 Hurt, *Lost Tycoon* (1993), pp. 77-78.
14 Robert Masello, "The Trump Card", *Town & Country*, 1983.
15 Brent Larkin, "Donald Trump's Failed Bid to Buy the Cleveland Indians", *Cleveland Plain Dealer*, 8 de outubro de 2015.
16 Michael O'Donnell, "USFL Must Win or Fold: Trump", *Chicago Tribune*, 24 de junho de 1986.
17 Dave Goldberg, "Monday, AM Cycle", *Associated Press*, 23 de junho de 1986.
18 Ira Berkow, "Trump Building the Generals in His Own Style", *New York Times*, 1º de janeiro de 1984.
19 Joe Nocera, "Donald Trump's Less-Than-Artful Failure in Pro Football", *New York Times*, 19 de fevereiro de 2016.
20 Edwin Pope, "Shula's Future? Nobody Knows", *Miami Herald*, 23 de outubro de 1983.
21 Larry Dorman, "Don Shula Won't Join USFL Club", *Miami Herald*, 25 de outubro de 1983.
22 Ben Terris, "And Then There Was the Time Donald Trump Bought a Football Team...", *Washington Post*, 19 de outubro de 2015.
23 Berkow, "Trump Building the Generals".
24 Entrevista de Jim Gould a Will Hobson, *Washington Post*, abril de 2016.
25 "How Donald Trump Destroyed a Football League", *Esquire*, 13 de janeiro de 2016.
26 Berkow, "Trump Building the Generals".

27 "How Donald Trump Destroyed a Football League".
28 Gerald Eskenazi, "Taylor Buys Out Generals' Pact", *New York Times*, 18 de janeiro de 1984.
29 "How Donald Trump Destroyed a Football League".
30 Byrne, *$1 League*, p. 127.
31 Ibid., pp. 137-141.
32 Ibid., p. 138.
33 Ibid., pp. 141-143.
34 Ibid., pp. 148, 163.
35 "John F. Bassett, 47, Is Dead; Owner of Sports Franchises", Associated Press, 15 de maio de 1986.
36 Matt Bonesteel, "Donald Trump Was Such a USFL Bully That a Fellow Owner Threatened to Punch Him", *Washington Post*, 3 de março de 2016.
37 Byrne, *$1 League*, pp. 174, 186-187.
38 Ibid.
39 Relatório da McKinsey & Company, documentos internos da USFL.
40 Byrne, *$1 League*, pp. 197-198, 204.
41 Greg Cote, "USFL Moving to Fall in '86", *Miami Herald*, 23 de agosto de 1984.
42 Byrne, *$1 League*, pp. 256-257.
43 "Owner Says Trump Asked to 'Take It Easy' on Flutie", *Miami Herald*, 17 de março de 1985.
44 Byrne, *$1 League*, p. 293.
45 Ibid., p. 224.
46 Hurt, *Lost Tycoon* (1993), p. 144.
47 Ben Terris, "Does Donald Trump Cheat at Golf?", *Washington Post*, 4 de setembro de 2015.
48 O'Donnell e Rutherford, *Trumped!*, p. 171.
49 "Does Donald Trump Cheat?".
50 Kevin Hogan, "The Strange Tale of Donald Trump's 1989 Biking Extravaganza: Inside the Making of the Tour de Trump", *Politico*, 10 de abril de 2016.
51 Joe Weinert, "Offshore Race Set for A. C. Trump Wins Rights to Championships", *Press of Atlantic City*, 19 de novembro de 1988.
52 Joe Weinert, "Atlantic Batters Powerboats: Deep-V's Outrun Cats in Heavy Seas", *Press of Atlantic City*, 18 de outubro de 1989.
53 Joe Weinert, "Boat Flips off A. C.", *Press of Atlantic City*, 23 de outubro de 1989.
54 Angus Phillips, "Rain Makes Trump's Mouth Water", *Washington Post*, 21 de outubro de 1989.
55 Hurt, *Lost Tycoon* (1993), pp. 201-204.
56 Ibid.
57 Russ Choma, "The Time Donald Trump Tried to Get Mike Tyson out of Going to Prison for Rape", *Mother Jones*, dezembro de 2015.
58 D'Antonio, *Never Enough*, p. 322.
59 Richard Hoffer, "USFL Awarded Only $3 in Antitrust Decision: Jury Finds NFL Guilty on One of Nine Counts", *Los Angeles Times*, 30 de julho de 1986.
60 Randy Harvey, "Whom Do You Trust in This Antitrust Case?", *Los Angeles Times*, 6 de julho de 1986.
61 Documentos internos da NFL, registros de tribunal *USFL v. NFL*.
62 Depoimento de Donald Trump, registros de tribunal *USFL v. NFL*.
63 Depoimento de Pete Rozelle, registros de tribunal *USFL v. NFL*.
64 Depoimento de John Bassett, registros de tribunal *USFL v. NFL*.
65 Entrevista de Patricia Sibilia a Will Hobson, abril de 2016.
66 Ibid.
67 Dave Goldberg, "Only Token Damages Against NFL in Antitrust Suit by Rival League", Associated Press, 29 de julho de 1986.
68 Trump e Schwartz, *Art of the Deal* (1987), p. 48.
69 Ibid., p. 276.
70 Barrett, *Trump*, p. 342.
71 Entrevista de Michael Tollin a Will Hobson, abril de 2016.
72 Donald Trump em *Small Potatoes: Who Killed the USFL?*, ESPN Productions, 2009.
73 Blair, *Trumps*, p. 333.
74 Mike Ozanian, "The Most Valuable Teams in the NFL", *Forbes*, 15 de setembro de 2015.

NOTAS

75 Jeff Horwitz, "Donald Trump: No White House Run If He'd Bought the Buffalo Bills", Associated Press, 7 de fevereiro de 2016.
76 Ibid.

CAPÍTULO 11: O GRANDE DESMORONAMENTO

1 Todo o material nesse parágrafo e em outras partes dessa seção de entrevistas de Doug Cox, Joe Serpente e Jeffrey Ludwig a Amy Goldstein, *Washington Post*, abril de 2016.
2 Departamento de Direito e Segurança Pública de Nova Jersey, Divisão de Fiscalização de Jogos de Azar, "Preliminary Report on the Financial Condition of the Donald J. Trump Organization Post-restructuring", 13 de agosto de 1990, p. 18.
3 Relatório sobre as finanças da Trump Organization, Kenneth Leventhal & Co., 14 de junho de 1990.
4 "Trump Skips Payment on Castle Bond", *Press of Atlantic City*, 16 de junho de 1990.
5 "Trump Honored at Birthday Rally", United Press International, 16 de junho de 1990.
6 Henry Stern, "Boardwalk Birthday Party for Trump Day After Missed Bond Payment", Associated Press, 17 de junho de 1990.
7 "Why I Bought the Plaza", anúncio na revista *New York*, 12 de setembro de 1988.
8 Theplazany.com/history/.
9 "Why I Bought the Plaza".
10 Howard Kurtz, "Loves Won and Lost; The Trump Divorce: Day 2", *Washington Post*, 14 de fevereiro de 1990; e David W. Dunlap, "Trumps Plan to Revamp the Plaza in a Big Way", *New York Times*, 20 de dezembro de 1988.
11 Entrevista de Barbara Res a Drew Harwell, *Washington Post*, 31 de março de 2016.
12 Entrevistas de Robert McSween e outro banqueiro a par da transação, que pediu para não ser identificado, a Jerry Markon, *Washington Post*, abril de 2016.
13 Relatório sobre as finanças da Trump Organization, Kenneth Leventhal & Co., 14 de junho de 1990.
14 Hurt, *Lost Tycoon* (1993), p. 208.
15 Yumiko Ono, "Trump's Condos Lose Their Luster for Tokyo Buyers", *Wall Street Journal*, 22 de junho de 1990.
16 Entrevistas de Bruce R. Nobles e Ray Belz a Jerry Markon, *Washington Post*, abril de 2016.
17 Relatório de Kenneth Leventhal & Co., 14 de junho de 1990.
18 Entrevista com Nobles.
19 Ibid.
20 Ibid.
21 Divisão de Fiscalização de Jogos de Azar, "Preliminary Report".
22 Ibid.
23 Entrevistas de Alan Pomerantz, Robert McSween e um terceiro banqueiro a par das negociações a Jerry Markon, *Washinton Post*, abril de 2016.
24 Entrevista de Donald Trump a Amy Goldstein e Jerry Markon, *Washington Post*, 18 de maio de 2016.
25 Entrevistas de banqueiros, entre os quais Alan Pomerantz e Robert McSween, a Jerry Markon, *Washington Post*, abril de 2016.
26 Entrevista de Trump a Goldstein e Markon.
27 Entrevistas de Robert McSween e outros banqueiros a Jerry Markon, *Washington Post*, abril de 2016.
28 Memorando da Unidade de Avaliação Financeira da Comissão de Controle de Cassinos de Nova Jersey sobre a petição de Trump a respeito de seus cassinos, 16 de agosto de 1990.
29 Entrevista com Pomerantz.
30 O'Donnell e Rutherford, *Trumped!*, p. 326. Quando se espalhou a notícia de que O'Donnell planejava escrever um livro de memórias sobre suas experiências, intitulado *Trumped!*, um advogado de Trump visitou O'Donnell para expressar descontentamento. O'Donnell escreveu depois que o advogado, Joseph Fusco, o alertou de que Trump iria "procurar qualquer coisa para difamar você". Fusco se recusou a comentar. O'Donnell e Rutherford, *Trumped!*, pp. 333-334.
31 Entrevista de Trump a Michael Kranish.
32 Carta de Donald J. Buzney a Donald Trump, 7 de setembro de 1990.

33 Diana B. Henriques e M. A. Farber, "An Empire at Risk – Trump's Atlantic City; Debt Forcing Trump to Play for Higher Stakes", *New York Times*, 7 de junho de 1990.
34 Alison Leigh Cowan, "Trump Criticized on Late Payments", *New York Times*, 4 de maio de 1990.
35 Entrevistas de três banqueiros informados das negociações a Jerry Markon, *Wahington Post*, maio de 2016.
36 Divisão de Fiscalização de Jogos de Azar, "Preliminary Report"; e memorando da Unidade de Avaliação Financeira da Comissão de Controle de Cassinos de Nova Jersey, sobre a petição de Donald J. Trump a respeito de seus cassinos, 13 de agosto de 1990.
37 Entrevista com McSween.
38 Entrevista com Pomerantz.
39 Entrevista com McSween. Trump disse ter dado exemplares de *Art of the Deal*; McSween mostrou uma fotografia do livro que recebeu, *Sobrevivendo ao sucesso*, autografado por Trump.
40 Divisão de Fiscalização de Jogos de Azar, "Preliminary Report".
41 Entrevista de Steven Bollenbach a Amy Goldstein, *Washington Post*, abril de 2016.
42 Escritura de Unidade de Condomínio, 2 de outubro de 1990, Cessão de Fração de Prédio Hipotecado, 18 de outubro de 1990. Registros imobiliários de Nova York obtidos em propertyshark.com.
43 Entrevista com Bollenbach.
44 Ibid.
45 Entrevista de confidente de Trump a Michael Kranish, Amy Goldstein e Jerry Markon, *Washington Post*, abril de 2016.
46 Entrevista com Bollenbach.
47 Memorando da Comissão de Controle de Cassinos de Nova Jersey sobre a petição de Trump.
48 Richard D. Hylton, "Trump Now Reported Near Bond-Swap Offer", *New York Times*, 11 de setembro de 1990.
49 Divisão de Fiscalização de Jogos de Azar, "Preliminary Report".
50 Entrevista de Donald Trump a Marc Fisher e Michael Kranish, *The Washington Post*, 9 de junho de 2016.
51 Trump de início disse que renunciaria a 25% de suas ações do Taj; os obrigacionistas insistiram em 85%. Trump contrapropôs 19,9%, o que eles consideraram inaceitável. Entrevistas de obrigacionistas a par das negociações a Amy Goldstein, *Washington Post*, abril de 2016.
52 Entrevistas de dois obrigacionistas a par das negociações a Amy Goldstein, *Washington Post*, abril de 2016.
53 Entrevista de obrigacionista a par das negociações a Amy Goldstein, *Washington Post*, abril de 2016.
54 Drew Harwell, "Inside the Rocky Billionaire Bromance of Donald Trump and Carl Icahn", *Washington Post*, 30 de abril de 2016.
55 Entrevista com Perskie.
56 Hilary Rosenberg, *The Vulture Investors* (Nova York: John Wiley & Sons, 2000), p. 285.
57 Ibid., p. 289.
58 Robert J. McCartney, "Trump to Put N. J. Casino into Bankruptcy Process; Bondholders to Get Half of Taj Mahal", *Washington Post*, 17 de novembro de 1990.
59 Unidade de Avaliação Financeira da Comissão de Controle de Cassinos de Nova Jersey, "Report on the Financial Condition of Donald J. Trump", 15 de abril de 1991, p. 3.
60 Entrevista com Perskie.
61 Queixa-crime, Divisão de Fiscalização de Jogos de Azar de Nova Jersey vs. Sociedade Limitada de Sócios do Trump's Castle, 3 de abril de 1991.
62 Cláusula Suplementar de Fatos, Divisão de Fiscalização de Jogos de Azar de Nova Jersey, 26 de junho de 1991.
63 Neil Barsky, "Trump's Dad Chips in $3 Million – Plus to Help Pay Interest on Casino Bonds", *Wall Street Journal*, 21 de janeiro de 1991; e transcrição de reunião da Comissão de Controle de Cassinos de Nova Jersey, 19 de junho de 1991, p. 40.
64 Arquivo Trump's Castle SEC, junho de 1991.
65 Entrevista de Donald J. Trump a Robert O'Harrow, *Washington Post*, 13 de maio de 2016.
66 Transcrição de reunião da Comissão de Controle de Cassinos de Nova Jersey, 26 de junho de 1991, p. 172.

NOTAS

67 Ibid., pp. 170-173.
68 Entrevista de Trump a O'Harrow.
69 Entrevista de Mark Cutler a Shawn Boburg, *Washington Post*, maio de 2016.
70 "Trump Files Payment Plan for Taj Mahal Subcontractors with SEC", Associated Press, 4 de outubro de 1990.
71 Resumo de Pedido de Falência n. 91-21885, Tribunal de Falências do Distrito Oriental da Pensilvânia; e entrevista com Cutler.
72 Linda Stasi, "A Familiar Ring: What Next: Donald", *Newsday*, 23 de setembro de 1991.
73 Entrevista com Pomerantz.
74 Ibid.; e entrevista com Bollenbach.
75 Entrevista de Trump a Goldstein e Markon.
76 Entrevista com Nobles.
77 Agis Salpukas, Company News, "Shuttle Head Is Appointed by Trump", *New York Times*, 19 de setembro de 1991.
78 Entrevista de pessoa a par das negociações dos banqueiros com Trump sobre a Trump Shuttle a Jerry Markon, *Washington Post*, abril de 2016.
79 Entrevista de pessoa a par das negociações de Trump com os bancos sobre a Trump Shuttle a Jerry Markon, *Washington Post*, maio de 2016; registro da USAIR Inc. SEC, abril de 1992; e Departamento de Transportes, Ordem 92-3-57, março de 1992.
80 Entrevista de Trump a Goldstein e Markon.
81 Entrevista com Nobles.
82 William H. Sokolic, "A Celebratory Trump Bash, His Casinos Make a Rebound from a Financial Licking", *Philadelphia Inquirer*, 9 de novembro de 1992; e "Donald Trump Reveling 'Against All Odds'", *Asbury Park Press*, 10 de novembro de 1992.
83 "Bankruptcy Court Clears Plan for Trump Plaza", *Wall Street Journal*, 1º de maio de 1992; e Terry Mutchler, "The Castle's Game Plan Wins in Court, Casino Leaving Bankruptcy", Associated Press, 6 de maio de 1992.
84 Entrevista de pessoa a par da transação do Plaza a Jerry Markon, maio de 2016.
85 William H. Sokolic, "A Celebratory Trump Bash", *Philadelphia Inquirer*, 9 de novembro de 1992.
86 David Cay Johnston, "Trump Walks a Tightrope in Plan to Sell Casino Stock", *New York Times*, 3 de abril de 1995.
87 Prospecto dos Trump Hotels & Casino Resorts S-1 apresentado à Comissão de Valores Mobiliários e Câmbio, 1996. Disponível em: <https://www.sec.gov/Archives/edgar/data/943320/0000950130-96-000349.txt>.
88 Ibid.
89 "Trump Gets $295 Million in Sale of Stock, Debt", *St. Louis Post-Dispatch*, 8 de junho de 1995; e "Trump Pays 15.5% in Junk Bond Sale", *New York Times*, 8 de junho de 1995.
90 Timothy L. O'Brien, "What's He Really Worth?", *New York Times*, 23 de outubro de 2005.
91 O'Brien, *TrumpNation*, p. 151.
92 Lista Forbes 400, 1996.
93 James Sterngold, "Long Odds for the Shares of Trump's Casino Company", *New York Times*, 9 de março de 1997.
94 Registro 10-K da empresa na SEC, 29 de março de 1997. "Trump paid $884,550 in cash". Disponível em: <https://www.sec.gov/Archives/edgar/data/943320/0000940180-97-000299.txt>.
95 Daniel Roth, "The Trophy Life: You Think Donald Trump's Hit Reality Show Is a Circus? Spend a Few Weeks Watching Him Work", *Fortune*, 19 de abril de 2004.
96 Registro 10-K da Trump Hotels & Casino Resorts na SEC, 31 de março de 1998. Disponível em: <https://www.sec.gov/Archives/edgar/data/943320/0001047469-98-013201.txt>.
97 Ibid.
98 James Sterngold, "Long Odds for the Shares of Trump's Casino Company", *New York Times*, 9 de março de 1997.
99 "FinCEN Announces Penalty against Trump Taj Mahal Associates", 28 de janeiro de 1998. Disponível em: <https://www.fincen.gov/news_room/nr/html/19980128.html>.
100 Charles V. Bagli, "Trump and Others Accept Fines for Ads in Opposition to Casinos", *New York Times*, 6 de outubro de 2000. A Trump Hotels & Casino Resorts pagou 50 mil dólares; o lobista de Trump, Roger Stone, e o grupo antijogo com quem Trump anunciou pagaram o restante.

101 "SEC Brings First Pro Forma Financial Reporting Case: Trump Hotels Charged with Issuing Misleading Earnings Release", SEC, 16 de janeiro de 2002. Disponível em: <https://www.sec.gov/news/headlines/trumphotels.htm>.
102 Dados da NYSE.
103 Ibid. Ver também Russ Buettner e Charles V. Bagli, "How Donald Trump Bankrupted His Atlantic City Casinos, But Still Earned Millions", *New York Times*, 11 de junho de 2016.
104 "Trump Hotels Agrees to Pay $17.5 Million to Stockholders", Associated Press, 29 de março de 2005.
105 "Trump Offers $17.5 Million to Shareholders", Associated Press, 28 de março de 2005.
106 Ibid.
107 Entrevista de Sebastian Pignatello a Drew Harwell, *Washington Post*, maio de 2016.
108 Ibid.
109 Análise de relatórios 10-K da SEC.
110 Declaração de procuração da Trump Entertainment Resorts, 3 de abril de 2007. Disponível em: <https://www.sec.gov/Archives/edgar/data/943320/000119312507073468/dd ef14a.htm>.
111 Roth, "Trophy Life".
112 Jennifer Wang, "The Ups and Downs of Donald Trump: Three Decades On and Off the Forbes 400", *Forbes*, 14 de março de 2016.

CAPÍTULO 12: MÁQUINA DE AUDIÊNCIA

1 Entrevista de Mark Burnett a Marc Fisher, dezembro de 2015.
2 Trump citado por Jim Dowd, na época diretor de publicidade da NBC e depois chefe de uma empresa de relações públicas, a Dowd Ink, entrevistado por Marc Fisher, dezembro de 2015.
3 Entrevista de Donald Trump a Marc Fisher, dezembro de 2015.
4 Entrevista com Burnett.
5 Entrevista de Jeff Gaspin a Marc Fisher, dezembro de 2015.
6 Entrevista de executivos da NBC a Marc Fisher, dezembro de 2015.
7 Entrevistas de Trump, Gaspin e Burnett a Marc Fisher; entrevista de dois outros executivos da NBC a Marc Fisher, dezembro de 2015.
8 Entrevista de Andy Dean a Frances Stead Sellers, dezembro de 2015.
9 Entrevista de Trump a Fisher. Durante a fase inicial da campanha presidencial de 2016, o ex-governador da Flórida Jeb Bush descreveu Trump como "um ator fazendo o papel de candidato a presidente". Era para ser uma crítica.
10 Entrevistas de concorrentes de *The Apprentice* a Frances Stead Sellers, dezembro de 2015.
11 Entrevista de Sam Solovey a Frances Stead Sellers, dezembro 2015.
12 Entrevista de Elizabeth Jarosz a Frances Stead Sellers, dezembro 2015.
13 Entrevista de Jim Dowd a Marc Fisher, dezembro de 2015.
14 Mark Singer, "Trump Solo", *New Yorker*, 19 de maio de 1997.
15 Trump, no *Saturday Night Live*, NBC, 3 de abril de 2004.
16 Entrevista com Burnett.
17 Trump, *Time to Get Tough*, 166.
18 Entrevista de Trump a Fisher.
19 Trump em *Larry King Live*, CNN, 27 de fevereiro de 2004.
20 Entrevista de Trump a Fisher.
21 Entrevista com Dowd.
22 Entrevista com Gaspin.
23 Carta aberta de Trump a Martha Stewart, citada em Keith Naughton, "You Were Terrible", *Newsweek*, 20 de fevereiro de 2006.
24 Entrevista com Burnett. Perguntado se ele estava apoiando Trump para presidente, Burnett disse apenas: "Não entendo nada de política. Me diverti muito – muito – assistindo".
25 Ibid.
26 Entrevista de Trump a Fisher.
27 Stephen Zeitchik, "Trump's 'Lady' Comes to Fox", *Variety*, 12 de junho de 2007.

NOTAS

28 Entrevista de Gay Walch a Marc Fisher, janeiro de 2016.
29 Entrevistas de executivos da emissora a Marc Fisher, dezembro de 2015.
30 Entrevista de Trump a Fisher.

CAPÍTULO 13: O JOGO DO NOME

1 Depoimento de Mark Hager, 3 de março de 2011, *ALM International Corp. v. Donald J. Trump*, 12.
2 Ibid.
3 Ibid.
4 Entrevista de um executivo próximo ao contrato de vestuário com a Phillips-Van Heusen a Rosalind S. Helderman, *Washington Post*, 3 de abril de 2016.
5 Depoimento de Hager, 50. Durante o litígio subsequente, Trump depôs que aceitaria pagar uma taxa à empresa de Hager se conseguisse um acordo sob certas condições, mas houve disputas sobre se essas condições foram atendidas. Ver Testemunho de Donald J. Trump, 15 de abril de 2013, *ALM International Corp v. Donald J. Trump*, transcrição do julgamento, 520-21.
6 Depoimento de Cathy Glosser, 8 de março de 2011, *ALM International Corp. v. Donald J. Trump*, 135.
7 Testemunho de Jeff Danzer, 15 de abril de 2013, *ALM International Corp v. Donald J. Trump*, transcrição do julgamento, 593.
8 Ibid., 595.
9 Ibid.
10 Paul Tharp, " 'Apprentice' Buzz Likely to Mint Trump a New Fortune", *New York Post*, 11 de fevereiro de 2004.
11 Testemunho de Danzer, 642-43.
12 Depoimento de Glosser, 9.
13 Testemunho de Danzer, 596.
14 Mark Weber, *Always in Fashion: From Clerk to CEO – Lessons for Success in Business and in Life* (Nova York: McGraw-Hill, 2015), 71.
15 Entrevista de Mark Weber a Rosalind S. Helderman, *Washington Post*, 8 de março de 2016.
16 Ibid.
17 Ibid.
18 Weber, *Always in Fashion*, 72.
19 Testemunho de Cathy Glosser, 10 de abril de 2013, *ALM International Corp* vs. *Donald J. Trump*, transcrição do julgamento, 111. Trump deu um relato parecido em seu testemunho no caso: "Basicamente falei para Cathy Glosser fazer o acordo e ver se conseguiríamos um negócio com a PVH". Testemunho de Trump, 15 de abril de 2013, 519-20.
20 Weber, *Always in Fashion*, 73.
21 Rosalind S. Helderman e Tom Hamburger, "Trump Has Profited from Foreign Labor He Says Is Killing U.S. Jobs", *Washington Post*, 13 de março de 2016.
22 Executive Branch Personal Public Financial Disclosure Report (OGE Form 278e), Donald J. Trump, 22 de julho de 2015, 21.
23 Roupas masculinas Trump: *The Apprentice*, temporada 10, episódio 8, "Dressed to Kill", data de exibição original 4 de novembro de 2010; Trump Ice: *The Apprentice*, temporada 1, episódio 8, "Ice Escapades", data de exibição original 26 de fevereiro de 2004; Trump Success: *The Apprentice*, temporada 12, episódio 10, "Winning by a Nose", data de exibição original 22 de abril de 2012.
24 Em uma descrição de uma página de seus bens, em 2015, Trump avaliou o valor apenas de seu nome em 3,3 bilhões de dólares. Uma análise do *Washington Post* da divulgação de Trump de 2016 à Comissão Eleitoral Federal verificou que ele relatou rendas entre 6,02 milhões e 34,15 milhões de propriedades imobiliárias e bens de consumo licenciados entre julho de 2015 e maio de 2016. Ver "Trump's Financial Claims Short on Details, Long on Exaggerations," *Washington Post*, 16 de junho de 2015.
25 Formulário de divulgação financeira pessoal de Donald Trump, apresentado à Comissão Eleitoral Federal, 2016.
26 Natasha Geiling, "A Definitive History of Trump Steaks", *Think Progress*, 4 de março de 2016.
27 Stevenson Swanson, "Trump Becomes Institution, Mogul Launches Online Education Enterprise", *Chicago Tribune*, 24 de maio de 2005.

28 Ibid.
29 Tom Hamburger e Rosalind S. Helderman, "Trump Involved in Crafting Controversial Trump University Ads, Executive Testified", *Washington Post*, 31 de maio de 2016. Ver também vídeo do *Washington Post* de Peter Stevenson em: <https://www.washingtonpost.com/politics/trump-involved-in-crafting-controversial-trump-university-ads-executive-testified/2016/05/31/f032a488-2741-11e6-ae4a-3cdd5fe74204_story.html>.
30 Tom Hamburger, Rosalind S. Helderman e Dalton Bennett, "Donald Trump Said 'University' Was All about Education. Actually, Its Goal Was 'Sell, Sell, Sell!'" *Washington Post*, 4 de junho de 2016.
31 Ian Shapira, "In Downturn, Aspiring Moguls Turn to Trump U. for Wisdom", *Washington Post*, 26 de setembro de 2009.
32 "Trump University 2009 Playbook", 36; cópias das cartilhas publicadas em *Cohen v. Trump*, 3:13-cv-02519-GPC-WVG, Order on Motion to Intervene, anexos 1-5, 31 de maio de 2016. Ver também Hamburger, Helderman e Bennett, "Donald Trump Said 'University' Was All about Education."
33 Ibid., 37.
34 "Trump University 2009 Playbook", 36; cópias das cartilhas publicadas em *Cohen v. Trump*, 3:13-cv-02519-GPC-WVG, Order on Motion to Intervene, anexos 1-5, 31 de maio de 2016. A cartilha de 2010 foi publicada originalmente pela *Politico*. Ver também Hamburger, Helderman e Bennett, "Donald Trump Said 'University' Was All about Education."
35 Hamburger, Helderman e Bennett, "Donald Trump Said 'University' Was All about Education."
36 Declaração de Mark Covais em oposição ao recurso dos requerentes de certificação coletiva e indicação do conselho coletivo, apresentado em 3:13-cv-02519, *Cohen v. Trump*.
37 Emma Brown, "Donald Trump Billed His 'University' as a Road to Riches", *Washington Post*, 13 de setembro 2015. Guillo estava entre as dezenas de requerentes em um ação coletiva contra a Universidade Trump. Ver também Jim Zaroli, "Trump University Customer: 'Gold Elite' Program Nothing but Fool's Gold", *National Public Radio*, 6 de junho de 2016.
38 Adam Edelman, "Donald Trump Hits Back at Dissatisfied Trump University Students, Naming Two Who Appeared in Ads Bashing the 2016 GOP Front-Runner", *New York Daily News*, 8 de março de 2016.
39 Emma Brown, "Donald Trump Billed His 'University' as a Road to Riches".
40 Caso do estado de Nova York 451463-2013.
41 Brown, "Donald Trump Billed His 'University' as a Road to Riches".
42 Hamburger, Helderman e Bennett, "Donald Trump Said 'University' Was All about Education".
43 Brill, "What the Legal Battle Over Trump University Reveals About Its Founder", *Time*, 5 de novembro de 2015.
44 Ibid. O artigo de Brill sobre a Universidade Trump foi o primeiro a noticiar o descumprimento da promessa de Trump de doar para caridade. Alan Garten confirmou ao *Washington Post* que nenhum lucro foi para caridade.
45 Hamburger, Helderman e Bennett, "Donald Trump Said 'University' Was All about Education".
46 Depoimento de Michael Sexton ao procurador-geral de Nova York, Nova York, 25 de julho de 2012. Sexton também disse que Trump não escolheu os professores.
47 Hamburger, Helderman e Bennett, "Donald Trump Said 'University' Was All about Education".
48 Donald J. Trump Statement Regarding Trump University, 7 de junho de 2016. Disponível em: <https://www.donaldjtrump.com/press-releases/donald-j.-trump-statement-regarding-trump-university>.
49 Tom Hamburger, Rosalind S. Helderman e Alice Crites, "What Trump Said under Oath about the Trump University Fraud Claims–Just Weeks Ago", *Washington Post*, 3 de março de 2016.
50 Brown, "Donald Trump Billed His 'University' as a Road to Riches".
51 *The Apprentice*, temporada 6, episódio 14, "Decision Time", data de exibição original 22 de abril de 2007.
52 Douglas Sams, "Proposed Trump Towers Site Listed for Foreclosure", *Atlanta Business Chronicle*, 15 de fevereiro de 2010.
53 Carta de Fernando Hazoury a Eric Trump, 28 de dezembro de 2009, apresentada como prova G ao Documento 27-4 em *Trump Marks Real Estate LLC v. Cap Cana S.A., et al.*, 1:12-cv-06440-NRB, arquivado em 17 de janeiro de 2013.
54 Queixa, Documento 1, *Trump Marks Real Estate LLC v. Cap Cana S.A., et al.*, 1:12-cv-06440-NRB, arquivado em 23 de agosto de 2012.

NOTAS

55 Cláusula de encerramento voluntário, Documento 32, *Trump Marks Real Estate LLC v. Cap Cana S.A., et al.*, 1:12-cv-06440-NRB, arquivado em 10 de junho de 2013.
56 P. ex., contrato de licenciamento entre Trump Marks Real Estate LLC e Cap Cana S.A., 16 de fevereiro de 2007, seção 16. Apresentado como prova A ao Documento 27-1 em *Trump Marks Real Estate LLC v. Cap Cana S.A., et al.*, 1:12-cv-06440-NRB, arquivado em 17 de janeiro de 2013. Também, contrato de licenciamento entre Trump Marks LLC e PB Impulsores, S. de R.L. de C.VS., 12 de outubro de 2006, seção 18.
57 Donald J. Trump, carta ao editor, *Wall Street Journal*, 28 de novembro de 2007.
58 Disclaimer, "Trump International Hotel & Tower Waikiki Beach Walk is not owned, developed, or sold by Donald J. Trump". Disponível em <www.trump.com>, acessado em 1º de maio de 2016.
59 Depoimento de Donald J. Trump, 19 de dezembro de 2007, *Donald J. Trump vs. Timothy L. O'Brien, et al.*, No. CAM-L-545-06, 89–90/.
60 Tom Hamburger e Rosalind S. Helderman, "How Donald Trump Cashes In Even When His Name-Brand Properties Fail", *Washington Post*, 23 de julho de 2015.
61 Ibid.
62 Ibid. Ver também acordos de licenciamento como contrato de licenciamento entre Trump Marks Real Estate LLC e Cap Cana S.A., e contrato de licenciamento entre Trump Marks LLC e PB Impulsores S. de R.L. de C.VS., 12 de outubro de 2006.
63 P. ex., contrato de licenciamento entre Trump Marks Real Estate LLC e Cap Cana S.A., 16 de fevereiro de 2007, 32. Arquivado publicamente como prova A ao Documento 27, 1:12-cv-06440, 17 de janeiro de 2013.
64 Entrevista de J. Michael Goodson a Tom Hamburger, *Washington Post*, abril de 2016.
65 Segunda emenda da petição inicial, *Abercrombie v. SB Hotel Associates LLC et al.*, 07-60702 CACE, 16.
66 Entrevista de Goodson a Hamburger.
67 Segunda emenda da petição inicial, *Abercrombie v. SB Hotel Associates LLC et al.*, 07-60702 CACE, 16.
68 Ibid.
69 Entrevista de Goodson a Hamburger.
70 Entrevista de Sheila Rousseaux a Tom Hamburger, *Washington Post*, abril de 2016.
71 J. Michael Goodgon, Sheila Rousseaux e Naraine Seecharan foram todos requerentes em litígios contra Trump sobre o projeto.
72 Entrevista de Naraine Seecharan a Tom Hamburger, *Washington Post*, abril de 2016.
73 Trevor Aaronson, "Chump Tower", *Broward-Palm Beach New Times*, 22 de junho de 2006.
74 Ibid.
75 Ibid.
76 Aaronson, Ibid.
77 Aaronson, Ibid.
78 Monica Hatcher, "Florida Moves On after Failure of Bank behind Condo Boom", *Miami Herald*, 15 de setembro de 2009.
79 Doreen Hemlock, "Lauderdale Condo-Hotel That Was to Bear Trump Name Sold at Foreclosure Auction", *Sun-Sentinel*, 14 de março de 2012.
80 Informações sobre o progresso do projeto do *site* da Conrad Hotels & Resorts. Disponível em: <http://conradhotels3.hilton.com/en/hotels/florida/conrad-fort-lauderdale-beach-FLLCICI/index.html>.
81 "Não somos a construtora." Depoimento de Donald J. Trump, 5 de novembro de 2013, *Trilogy Properties LLC vs. SB Hotel Associates LLC et al.*, 39.
82 Entrevista de Seecharan a Hamburger.
83 Entrevista de Rousseaux a Hamburger.
84 Entrevista de Alan Garten a Tom Hamburger e Rosalind S. Helderman, *Washington Post*, 15 de abril de 2016.
85 Segunda emenda da petição inicial, *Abercrombie v. SB Hotel Associates LLC et al.*, 16.
86 Transcrição da sentença de Felix Sater, 98-CR-1101, 23 de outubro de 2009, 6. Apresentado como prova M em New York State 152324-2014, 25 de fevereiro de 2015.
87 Charles VS. Bagli, "Real Estate Executive with Hand in Trump Projects Rose from Tangled Past", *New York Times*, 17 de dezembro de 2007.
88 Transcrição da sentença de Felix Sater, 98-CR-1101, 23 de outubro de 2009, 6. Apresentado como prova M em New York State 152324-2014, 25 de fevereiro de 2015.

89 Depoimento de Donald J. Trump, *Abercrombie vs. SB Hotel Associates LLC et al.*, 5 de novembro de 2013, 16-17.
90 Rosalind S. Helderman e Tom Hamburger, "Former Mafia-Linked Figure Describes Association with Trump", *Washington Post*, 17 de maio de 2016.
91 Depoimento de Donald J. Trump, *Abercrombie vs. SB Hotel Associates LLC et al.*, 5 de novembro de 2013, 157.
92 Helderman e Hamburger, "Former Mafia-Linked Figure Describes Association with Trump".
93 Ibid.
94 Ibid.
95 Ibid.
96 Entrevista de Seecharan a Hamburger.
97 Bill Allison, "Legal War over Botched Deal Shows How Trump Wins Even When He Loses", *Foreign Policy*, 30 de novembro de 2015.
98 Veredito dado em *Deer Valley Realty vs. Donald J. Trump*, 12-10560 CACE, 17th Judicial Circuit, Condado de Broward, Flórida, 12 de março de 2014. Informações também de entrevista de Jared Beck (advogado do requerente) a Tom Hamburger, *Washington Post*, abril de 2016.
99 Michael Calderone, "A Friggin' Mortgage Company Opening", *New York Observer*, 6 de abril de 2006.
100 John Carney, "Trump Mortgage Opens", Dealbreaker.com, 10 de abril de 2006.
101 Entrevista de Jan Scheck a Michael Kranish, *Washington Post*, fevereiro de 2016.
102 Entrevista de Trump à CNBC, *Wall Street Journal Report*, 9 de abril de 2006.
103 Tom Hamburger e Michael Kranish, "Trump Mortgage Failed. Here's What That Says About the GOP Front-Runner", *Washington Post*, 29 de fevereiro de 2016.
104 License Agreement entre Trump Marks Real Estate LLC e Cap Cana S.A., 16 de fevereiro de 2007, seção 3(i). Apresentado como prova A ao Documento 27-1 em *Trump Marks Real Estate LLC v. Cap Cana S.A. et al.*, 1:12-cv-06440-NRB, arquivado em 17 de janeiro de 2013.
105 Tom Fredrickson, "Undoing of Trump Mortgage", *Crain's New York Business*, 5 de agosto de 2007.
106 "7.3 million Boomerang Buyers Poised to Recover Homeownership in Next 8 Years", RealtyTrac.com, 26 de janeiro de 2015.
107 Entrevista com Trump, *Morning Joe*, MSNBC, 24 de julho de 2015. Disponível em: <http://www.msnbc.com/morning-joe/watch/donald-trump-rounds-out-the-week-on-morning-joe-490679363866>.
108 Fredrickson, "Undoing of Trump Mortgage". Ridings não respondeu ao convite para comentar.
109 Ibid.
110 Frederickson, "Undoing of Trump Mortgage".
111 Ana Swanson, "The Trump Network Sought to Make People Rich but Left Behind Disappointment", *Washington Post*, 23 de março de 2016.
112 Ibid.
113 Julianna Goldman e Laura Strickler, "Behind the Collapse of the 'Recession Proof' Trump Network", *CBS This Morning*, acessado em 5 de maio de 2016. Disponível em: <http://www.cbsnews.com/news/donald-trump-network-cbs-news-investigation-supplements-multi-level-marketing>.
114 Vídeo promocional de Trump para a Trump Network. Disponível em: <https://www.youtube.com/watch?v=KjD8AgBKwO4>.
115 Swanson, "The Trump Network".
116 Swanson, "The Trump Network".
117 Paul Owers, "Lenders Foreclose on 200-Unit Trump Condo", *Sun-Sentinel*, 19 de novembro de 2010.
118 Entrevista de Ken Grossman a Tom Hamburger e Rosalind S. Helderman, *Washington Post*, 8 de abril de 2016.
119 "Trump Hollywood Treats Guests to a Night to Remember", Social Miami.com.
120 Ibid.
121 Entrevista de Daniel Lebensohn a Tom Hamburger e Rosalind S. Helderman, *Washington Post*, 8 de abril de 2016.
122 Análise do livro de padrões de Trump pelos repórteres do *Washington Post* Tom Hamburger e Rosalind S. Helderman durante *tour* na Trump Hollywood, 8 de abril de 2016.
123 Entrevista de Lebensohn a Hamburger e Helderman.

NOTAS

CAPÍTULO 14: IMPÉRIO

1. Visita de Kevin Sullivan, 2016.
2. *Site* da Trump Organization. Disponível em: <http://www.trump.com/real-estate-portfolio/seoul/trump-world/>.
3. Jonathan Fowlie, "Trump Tower Planned for Downtown Will Be Tallest in City", Globe and Mail, 7 de fevereiro de 2003.
4. "Trump Lauds Saakashvili on Fox & Friends", *Democracy & Freedom Watch*, 2 de maio de 2012. Disponível em: <http://dfwatch.net/trump-lauds-saakashvili-on-fox-friends-59008-8320>.
5. Entrevista com Kevin Sullivan, 2016.
6. Andrew Scott, "Damac Removes Trump Billboards from Akoya Project in Dubai", *National*, 10 de dezembro de 2015.
7. "Turkish Business Partner Condemns Donald Trump's Anti-Muslim Stance", *Guardian*, 11 de dezembro de 2015.
8. "Emin in Another Life Official Music Video Ft. Donald Trump and Miss Universe 2013 Contestants", *YouTube*, 20 de novembro de 2013. Disponível em: <https://www.youtube.com/watch?v=iuZUNjFsgS8>.
9. Entrevista de Aras e Emin Agalarov a Michael Birnbaum, 2016.
10. "The Donald Trump of Russia", entrevista na CNBC, 18 de maio de 2015. Disponível em: <http://video.cnbc.com/gallery/?video=3000380510>.
11. Entrevista de Aras e Emin Agalarov a Michael Birnbaum, 2016.
12. "Emin USA launch of Single 'Amor'", foto da Getty Images, 15 de junho de 2013. Disponível em: <http://www.gettyimages.com/detail/news-photo/aras-agalarov-donald-trump-miss-universe-2012-olivia-culpo-news-photo/170653701>.
13. Entrevista de Aras e Emin Agalarov a Birnbaum.
14. Clio Williams, "Relative Values: Russia's Billionaire Property Developer, Aras Agalarov, 59, and His Son, Emin, 35, One of Russia's Biggest Pop Stars", *Sunday Times*, 8 de abril de 2015.
15. "Far Eastern Federal University on Russky Island", *release* de imprensa do Crocus Group, 12 de maio de 2011.
16. "Vladimir Putin Decorated Aras Agalarov with the Order of Order (sic)", *release* de imprensa do Crocus Group, 29 de outubro de 2013.
17. Entrevista de Aras e Emin Agalarov a Birnbaum.
18. Ibid.
19. Steve Goldstein, "Trump May Build Hotels in USSR", *Philly.com*, 7 de julho de 1987.
20. Hazel Heyer, "Executive Talk: Donald Trump Jr. Bullish on Russia and Few Emerging Markets", *Global Travel Industry News*, 15 de setembro de 2008.
21. "US 'Miss Universe' Billionaire Plans Russian Trump Tower", *RT.com*, 9 de novembro de 2013.
22. Entrevista de Aras e Emin Agalarov a Birnbaum.
23. Ibid.
24. Ibid.
25. "Emin: A Singer with Connections", *BBC News*, 1º de março de 2011.
26. Biografia da Fundação Heydar Aliyev. Disponível em: <http://www.heydar-aliyev-foundation.org/en/content/index/63/>.
27. Michael Weiss, "The Corleones of the Caspian", *Foreign Policy*, 10 de junho de 2014.
28. Haley Sweetland Edwards, "Azerbaijan: President Aliyev Compared Unfavorably to Hot-Headed Mobster in WikiLeaks Cable", *Los Angeles Times*, 3 de dezembro de 2010.
29. "Southern Gas Corridor", *site* da empresa Trans Adriatic Pipeline AG. Disponível em: <http://www.tap-ag.com/the-pipeline/the-big-picture/southern-gas-corridor>.
30. "Trump Hotel Collection Announces Trump International Hotel & Tower Baku", *PR Newswire*, 4 de novembro de 2014.
31. "2013 Investment Climate Statement-Azerbaijan", relatório do Departamento de Estado americano, março de 2013. Disponível em: <http://www.state.gov/e/eb/rls/othr/ics/2013/204596.htm>. Mammadov não respondeu a inúmeros pedidos de entrevista enviados a ele por meio de funcionários de sua empresa, amigos, *e-mail* e mensagens de Facebook.
32. "Philanthropist Anar Mammadov", Anar Mammadov, *WordPress.com*, 14 de agosto de 2014.

33 Andrew Higgins, "Pricey Real Estate Deals in Dubai Raise Questions about Azerbaijan's President", *Washington Post*, 5 de março de 2010.
34 Nushabe Fatullayeva, "Mixing Government and Business in Azerbaijan", *Radio Free Europe/Radio Liberty*, 4 de abril de 2013. O relatório também divulgou que Mammadov foi por um tempo, quando mal tinha saído dos 20 anos, acionista detentor de 81% do Banco do Azerbaijão, que cuidava de boa parte dos negócios de transporte de Mammadov.
35 "Inaugural Azerbaijan Golf Challenge Open Praised by Foreign Media", página no Tumblr de Anar Mammadov. Disponível em: <http://anarmammadov.tumblr.com/>.
36 "Azerbaijan America Alliance", relatório de *OpenSecrets.org*, 2015. Disponível em: <http://www.opensecrets.org/lobby/clientsum.php?id=D000064546>.
37 Robert Coalson, "Baku Smooths Over Its Rights Record with a Thick Layer of Caviar", *Radio Free Europe/Radio Liberty*, 8 de novembro de 2013.
38 Daniel Swartz, "Speaker Boehner, Congressional Leaders, AMBs reaffirm U.S./Azerbaijani Relationship at Dinner Gala", *Revamp.com*, 15 de novembro de 2012. Disponível em: <http://www.revamp.com/story.php?StoryID=2127>.
39 Ilya Lozovsky, "How Azerbaijan and Its Lobbyists Spin Congress", *Foreign Policy*, 11 de junho de 2015.
40 Entrevista de Alan Garten a Kevin Sullivan, 2016.
41 Ibid.
42 Ibid. Garten disse não conseguir se lembrar do nome do intermediário que conectou Trump e Mammadov.
43 "Corinthia Hotels Appoint Eric Pere as New General Manager of Corinthia Hotel Prague", *release* de imprensa do Corinthia Hotels, 9 de novembro de 2015. Disponível em: < http://www.ihiplc.com/news/news-detail/corinthia-hotels-appoint-eric-pere-as-new-general-manager-of-corinthia-hotel-prague>.
44 Entrevista de Khalid Karimli a Sullivan.
45 Rosalind S. Helderman e Tom Hamburger, "Donald Trump's Financial Disclosure Lists Hundreds of Positions and Deals", *Washington Post*, 22 de julho de 2015.
46 Carl Schreck, "Ex–U.S. Congressman Quits Azerbaijani Lobby Group, Citing Nonpayment", *Radio Free Europe/Radio Liberty*, 2 de março de 2016.
47 Material da Trump Hotel Collection. Disponível em: <https://www.trumphotelcollection.com/panama-city-panama-hotels.php>.
48 "Donald Trump at Press Conference in Trump Panama", 6 de julho de 2011. Disponível em: < https://www.youtube.com/watch?v=ZfyvAE6uZLU>.
49 Tim Rogers, "Donald Trump to Panama: You're Hired!", *Christian Science Monitor*, 24 de fevereiro de 2011.
50 Entrevista de Roger Khafif a Sullivan.
51 "Thatcher Proffitt Completed Trump Ocean Club Bond Offering", *PR Newswire*, 20 de novembro de 2007.
52 Entrevistas com Kevin Sullivan, 2016. Khafif não divulgou a porcentagem de cada venda que Trump receberia. Garten se recusou a discutir quaisquer detalhes financeiros.
53 Entrevistas com Sullivan. As fontes pediram para não ser identificadas por medo de retaliação de Trump. "Trump processa todos os dias", disse uma delas, um proprietário de apartamento no prédio de Trump. Garten se recusou a discutir os detalhes financeiros do projeto.
54 Helderman e Hamburger, "Donald Trump's Financial Disclosure Lists Hundreds of Positions and Deals".
55 Divulgação financeira pessoal de Donald Trump, *Washington Post*, publicada em 18 de maio de 2016. Disponível em: <https://www.washingtonpost.com/apps/g/page/politics/donald-trumps-personal-financial-disclosure/2033/>.
56 Jeff Barton, "Trump Ocean Club: The Good, Bad and Ugly (Part 1)", *Panama Property News*, 25 de setembro de 2014.
57 Maria Chutchian, "Panamanian Trump Hotel's Developer's Ch. 11 Plan Gets Nod", *Law360.com*, 30 de maio de 2013.
58 Entrevista de Khafif a Sullivan.
59 Jeff Horwitz, "Panama Condo Owners to Trump: You're Fired!", *Associated Press*, 11 de outubro de 2015.
60 Registros públicos de propriedade do Panamá, obtidos pelo *Washington Post*, abril de 2016.

NOTAS

61 Vários detalhes da batalha foram relatados pela primeira vez pela *Associated Press*.
62 Entrevistas com Sullivan.
63 Ibid.
64 Há controvérsias sobre a quantia pedida por Trump. A *Associated Press* relatou que ele processou os proprietários demandando "até 75 milhões", e um proprietário entrevistado pelo *Washington Post* também declarou que Trump tinha pedido 75 milhões. Mas Garten disse que essa era uma leitura incorreta. Ele afirmou que a alegação de Trump, escrita por ele, pedia 25 milhões de dólares em cada uma das várias ações e que era errado somar cada uma dessas demandas, portanto o total pedido por Trump eram 25 milhões. "Não estou dizendo que não é muito dinheiro, mas nunca processamos por 75 milhões", disse. O *Washington Post* não conseguiu cópia da ação confidencial nem do acordo.
65 Jeff Horwitz, "Fired by Panama Condo Owners, Trump Demands $75 Million", *Associated Press*, 4 de novembro de 2015.
66 Entrevistas com duas pessoas envolvidas na disputa, Kevin Sullivan, 2016.
67 Entrevista a Sullivan.
68 Entrevista a Sullivan.
69 Karen Grant, "Donald Trumpets New Dawn for Golf", *Aberdeen Evening Express*, 1º de abril de 2006.
70 "Me Take over Millionaire? Don't (Piggy) Bank on It", *Aberdeen Press and Journal*, 3 de abril de 2006.
71 Entrevista de Martin Ford a Jenna Johnson, 12 de abril de 2016.
72 Severin Carrell, "Heir of Stornoway: Trump's Flying Visit to the Family Home", *Guardian*, 10 de junho de 2008.
73 Morag Lindsay, "Laid-Back Millionaire Confident of Triumph", *Aberdeen Press and Journal*, 11 de junho de 2008.
74 Craig Walker, "Trump & Ford Clash at Inquiry", *Aberdeen Evening Express*, 10 de junho de 2008.
75 Citado em Anthony Baxter, *You've Been Trumped*, documentário, Montrose Pictures, 2012.
76 Frank Urquhart, "Donald Trump Jets In and Fires Off 'Slum and Pigsty' Slur", *The Scotsman*, 27 de maio de 2010.
77 Entrevista de David Milne a Johnson, 1º de abril de 2016.
78 Scot Macnab, "Nicola Sturgeon Rules Out Meeting Donald Trump at Turnberry", *Edinburgh Evening News*, 10 de junho de 2016.
79 Donald Trump, "Why Scotland Will Help Me Become US President", *Aberdeen Press and Journal*, 11 de abril de 2016.

CAPÍTULO 15: *SHOWMAN*

1 Aaron Oster, "Donald Trump and WWE: How the Road to the White House Began at 'WrestleMania'", *Rolling Stone*, 1º de fevereiro de 2016.
2 Steve Kraske, "Flamboyant Trump Plays the Presidential Hinting Game", *Contra Costa Times*, 13 de fevereiro de 2000.
3 Robert McCoppin, "Amen, Brother! Financial Gods Trump and Robbins Whip Expo Crowd into a Frenzy, but Investors Come for Straight-Shooting Sermons", *Chicago Daily Herald*, 10 de novembro de 2005.
4 "Donald Trump Gives Away Mr. McMahon's Money on Fan", postado em 3 de julho de 2012 em <https://www.youtube.com/watch?v=ybtwzNpJ0YA>.
5 "Mr. McMahon and Donald Trump's Battle of the Billionaires Contract Signing", postado em 8 de dezembro de 2013 em <https://www.youtube.com/watch?v=vVeVcVBW_CE>.
6 "Donald Trump Hits Wrestling Promoter Vince McMahon", postado em 14 de agosto de 2015 em <https://www.youtube.com/watch?v=-9CjKfO6ef0>.
7 Entrevista de Court Bauer a Paul Schwartzman, maio de 2016.
8 Ibid.
9 "The Battle of the Billionaires Takes Place at WrestleMania", postado em 19 de julho de 2011 em <https://www.youtube.com/watch?v=5NsrwH9I9vE>.
10 Entrevista de Bauer a Schwartzman.
11 "The Battle of the Billionaires Takes Place at WrestleMania", YouTube, postado em 19 de julho de 2011 em <https://www.youtube.com/watch?v=5NsrwH9I9vE>.

12 Transcrições da NBC News, 2 de abril de 2007. Disponível em: <https://www.nexis.com/results/enhdocview.do?docLinkInd=true&ersKey=23_T24134647381&format=GNBFI&startDocNo=76&resultsUrlKey=0_T24134669170&backKey=20_T24134669171&csi=157446&docNo=99>.
13 *Um maluco no pedaço*, temporada 4, episódio 25, "A venda da casa". Disponível em: <https://www.youtube.com/watch?v=Tu1gj010oa8>.
14 Página de Donald Trump no IMDB. Disponível em: <http://www.imdb.com/name/nm0874339/?ref_=rvi_nm>.
15 *Os fantasmas não transam*, dir. John Derek (1989: Triumph Releasing). Disponível em: <https://www.youtube.com/watch?v=co0aDXPTK5o>.
16 Entrevista de Shelley Jensen a Paul Schwartzman, maio de 2016.
17 Ibid.
18 *Spin City*, temporada 2, episódio 14, "The Paul Lassiter Story," 21 de janeiro de 1998.
19 Entrevista de Walter Barnett a Paul Schwartzman, maio de 2016.
20 Entrevista de Andy Cadiff a Paul Schwartzman, maio de 2016.
21 *Sex and the City*, temporada 2, episódio 8, "O homem, o mito, o Viagra".
22 Entrevista de Victoria Hochberg a Paul Schwartzman, maio de 2016.
23 New York City Inner Circle Show 2000, dir. Elliot Cuker. Disponível em: <https://www.youtube.com/watch?v=4IrE6FMpai8>.
24 Entrevista de Elliot Cuker a Paul Schwartzman, maio de 2016.
25 Entrevista de T. Sean Shannon a Paul Schwartzman, maio de 2016.
26 Ibid.
27 *Saturday Night Live*, temporada 29, episódio 16. Disponível em: <https://www.nbc.com/saturday-night-live/season-29/episode/16-donald-trump-with-toots-and-the-maytals-63841>.
28 57th Annual Emmy Awards, CBS, 18 de setembro de 2005. Disponível em: <https://www.youtube.com/watch?v=AiZqFGLAeAc>.
29 Diane Werts, "The Emmys; The Donald 'Idolized'", *Newsday*, 19 de setembro de 2005.
30 Entrevista de Megan Mullally em *Conan*, 18 de janeiro de 2016. Disponível em: <https://www.youtube.com/watch?v=47meFVgINLU>.
31 Neil Wilkes, "Trump Regrets Not Televising Wedding", *DigitalSpy*, 5 de fevereiro de 2005. Disponível em: <http://www.digitalspy.com/tv/news/a19014/trump-regrets-not-televising-wedding/>.
32 Julia Ioffe, "Melania Trump on Her Rise, Her Family Secrets, and Her True Political Views", *GQ*, 27 de abril de 2016.
33 Michael Callahan, "Flashback: When Hillary and Bill Hit the Wedding of Donald and Melania", *Hollywood Reporter*, 7 de abril de 2016.
34 Trump, *Trump: The Art of the Comeback*, 141.
35 Entrevista de Edit Molnar a Mary Jordan, setembro de 2015.
36 Entrevista de Melania Trump a Mary Jordan, abril de 2016.
37 Ibid.
38 Entrevista de Louise Sunshine a Frances Stead Sellers e Paul Schwartzman, maio de 2016.
39 Entrevista de Melania Trump a Mary Jordan.
40 Entrevista de Trump a Bob Woodward e Robert Costa, abril de 2016.
41 Comedy Central Roast of Donald Trump, 15 de março de 2011. Disponível em: <http://www.cc.com/shows/roast-of-donald-trump>.
42 "In Bed with Joan: Episode 7", postado em 17 de abril de 2013 em <https://www.youtube.com/watch?v=ZJdVL2O7Nok>.
43 Vídeo da cerimônia, postado em 9 de abril de 2013 em <https://www.youtube.com/watch?v=ZBl6cL9GYs0>.
44 Drew Harwell, Rosalind S. Helderman e Tom Hamburger, "Trump's Business Booms as He Runs for President, Financial Disclosures Show", *Washington Post*, 19 de maio de 2016.
45 Entrevista de Trump a Frances Stead Sellers, novembro de 2015.

CAPÍTULO 16: CAMALEÃO POLÍTICO

1 Schwartzman, "How Trump Got Religion".
2 Weiss, "The Lives They Lived: Fred C. Trump". Trump vendeu suas ações do Empire State Building em 2002.

NOTAS

3   Angela Mosconi, "Trump Patriarch Eulogized as Great Builder", *New York Post*, 30 de junho de 1999.
4   Disponível em: <http://www.marblechurch.org/welcome/history/>.
5   Blair, *Trumps*, 203.
6   Mosconi, "Trump Patriarch Eulogized as Great Builder".
7   Blair, *The Trumps*, 203.
8   Robin Pogrebin, "Protests Supplanted by Praise; Trump Place Becomes Real, and Even Popular", *New York Times*, 25 de junho de 1999.
9   Mosconi, "Trump Patriarch Eulogized as Great Builder".
10 Entrevista de Trump a Shawn Boburg, Robert O'Harrow, Drew Harwell, Amy Goldstein e Jerry Markon, *Washington Post*, 18 de maio de 2016.
11 Entrevista de Trump a Fisher e Kranish, 8 de junho de 2016.
12 Donald Trump, *The America We Deserve* (Los Angeles: Renaissance Books, 2000), 23.
13 Ibid., 24.
14 Mike Allen, "Bodies from Kennedy Crash Are Found", *New York Times*, 22 de julho de 1999.
15 Trump, *The America We Deserve*, 23.
16 Entrevista de Trump a Boburg, O'Harrow, Harwell, Goldstein e Markon. Na entrevista, quando perguntaram a Trump se a morte do pai dele o tinha estimulado a concorrer à presidência, ele disse: "Imagino que sim, mas talvez internamente".
17 Entrevista de Rona Barrett a Robert Samuels, *Washington Post*, 18 de maio de 2016.
18 Entrevista de Trump a Rona Barrett, 6 de outubro de 1980, Reelin' in the Years Productions.
19 Entrevistas de George Arzt e Cindy Darrison a Shawn Boburg, *Washington Post*, 18 de maio de 2016.
20 Análises de finanças de campanhas da cidade de Nova York, do estado de Nova York e federais feitas por Alice Crites, *Washington Post*.
21 Entrevista de George Arzt a Shawn Boburg, *Washington Post*, 19 de maio de 2016.
22 Transcrição do documento "Hearing on Campaign Finance Practices of Citywide and Statewide Officials", Comissão de Integridade Governamental do Estado de Nova York, 14 de março de 1988.
23 "Corruption and Racketeering in the New York City Construction Industry", relatório final da Força-tarefa contra o Crime Organizado de Nova York (Nova York: New York University Press, 1990), 120.
24 Transcrição do documento "Hearing on Campaign Finance Practices of Citywide and Statewide Officials", State of New York Commission on Government Integrity, 14 de março de 1988.
25 Ibid.
26 O'Harrow, "Trump Swam in Mob-Infested Waters".
27 Martin Tolchin, "10 Pay Fines for Excessive Campaign Donations", *New York Times*, 18 de março de 1993.
28 Entrevista de Michael Dunbar a Robert Samuels, *Washington Post*, 29 de abril de 2016.
29 Entrevista de Dunbar a Samuels.
30 Michael Oreskes, "Trump Gives a Vague Hint of Candidacy", *New York Times*, 2 de setembro de 1987.
31 "There's nothing wrong with America's foreign defense policy that a little backbone can't cure", anúncio de jornal, The Trump Organization, *Washington Post*, 2 de setembro de 1987.
32 Lois Romano, "Donald Trump, Holding All the Cards, The Tower! The Team! The Money! The Future!", *Washington Post*, 15 de novembro de 1984.
33 Oreskes, "Trump Gives a Vague Hint of Candidacy".
34 Amy Hart, "Trump Tells Rotarians He's Not Running for President", *Foster's Democrat Daily*, 24 de outubro de 1987, fornecido por Michael Dunbar.
35 Hart, "Trump Tells Rotarians He's Not Running for President".
36 Entrevista de Michael Dunbar a Robert Samuels, *Washington Post*, 29 de abril de 2016.
37 Carta de Frank Donatelli a Tom Criscom, 19 de novembro de 1987, ID#547309, White House Office of Records Management Subject Files, Reagan Presidential Library.
38 David K. Li, "'Donald Trump Will Be a Winner' Predicted Richard Nixon", *New York Post*, 9 de setembro de 2015.
39 Entrevista de Trump a Oprah Winfrey, *The Oprah Winfrey Show*, 25 de abril de 1988.
40 Entrevista de Trump a Larry King, CNN, 17 de agosto de 1988.
41 Ibid.

42 Michael Wilson, "Trump Draws Criticism for Ad He Ran after Jogger Attack", *New York Times*, 23 de outubro de 2002.
43 Alan Finder, "The Koch-Trump Feud", *New York Times*, 1º de junho de 1987.
44 Wilson, "Trump Draws Criticism for Ad He Ran after Jogger Attack".
45 Carta de Al Sharpton, "Sharpton Urges Don King, Tyson to Boycott Trump", *New York Amsterdam News*, 13 de maio de 1989.
46 *Fox 5 News*, WNYW, transcrição e fita, 1º de maio de 1989.
47 Oliver Laughland, "Donald Trump and the Central Park Five: The Racially Charged Rise of a Demagogue", *Guardian*, 17 de fevereiro de 2016. Disponível em: <http://www.theguardian.com/us-news/2016/feb/17/central-park-five-donald-trump-jogger-rape-case-new-york>.
48 O especial *R.A.C.E.*, da NBC, foi ao ar na primeira semana de setembro de 1989. O vídeo do programa foi obtido dos arquivos televisivos da Universidade Vanderbilt. Ver também Walter Goodman, "A Poll of Viewers' Feelings about Racial Issues", *New York Times*, 8 de setembro de 1989.
49 Stephen Rex Brown, "Exclusive: Members of the Central Park Five Shocked Donald Trump Is Leading GOP Candidate, Despite Having 'No Compassion'", *New York Daily News*, 18 de agosto de 2015.
50 Vídeo: "Central Park Five Member Recalls Trump", *Guardian*, 17 de fevereiro de 2016.
51 Entrevista de Trump a King, 27 de julho de 1990.
52 Transcrição, "Oversight Hearing before the Subcommittee on Native American Affairs", Washington, 5, de outubro de 1993, 242-47.
53 Ibid. O registro da audiência inclui uma transcrição da aparição de Trump no programa *Imus in the Morning*.
54 Neil Swidey, "Trump Plays Both Sides in Casino Bids", *Boston Globe*, 13 de dezembro de 2000.
55 James M. Odato, "Trump, Associates Detail Campaign", *Times Union*, 29 de novembro de 2000.
56 Bagli, "Trump and Others Accept Fines for Ads in Opposition to Casinos".
57 Entrevista de Roger Stone a Tom Hamburger e Mary Jordan, *Washington Post*, 11 de maio de 2016.
58 Bagli, "Trump and Others Accept Fines for Ads in Opposition to Casinos".
59 Acordo entre Trump Casino & Hotels e Comissão Estadual Temporária de Lobby de Nova York, 13 de novembro de 2000.
60 Bagli, "Trump and Others Accept Fines for Ads in Opposition to Casinos".
61 Kenneth Lovett, "Republican Game to Pounce on Donald Trump over $250,000 Fine He Paid for Illegal Lobbying to Stop Indian-Run Casino", *New York Daily News*, 8 de março de 2016.
62 Bagli, "Trump and Others Accept Fines for Ads in Opposition to Casinos".
63 Decisão e ordem, 31 de março de 2004, *Trump Hotels & Casino Resorts v. David A. Roscow, et al.*, Corte dos EUA, Connecticut, Caso Nº 3:03CV1133.
64 Base de dados da Lei de Transparência do Lobby, Senado americano. Disponível em: <http://soprweb.senate.gov>.
65 Reclamação: *Trump Hotels & Casino Resorts v. David A. Roscow*. Em 2005, três anos depois de conceder o reconhecimento federal, o Departamento de Interior revisou sua decisão após uma apelação do advogado-geral de Connecticut.
66 Entrevista de Ronald Platt a Shawn Boburg, *Washington Post*, 19 de maio de 2016.
67 Matt Flegenheimer e Steve Eder, "Donald Trump's Trips to Capitol Hill Years Ago Foretold of Campaign", *New York Times*, 11 de maio de 2016.
68 Carta de Tony August ao presidente Clinton, 2 de abril de 1993, Biblioteca Presidencial Clinton, coleção Donald J. Trump.
69 Jonathan P. Hicks, "After Skipping President's Talk, Giuliani Meets Clinton in Private", *New York Times*, 11 de março de 1994.
70 Biblioteca Presidencial Clinton, coleção Donald J. Trump.
71 Glenn Kessler, "Trump's Flip-Flop on Whether the Bill Clinton Sex Scandals Are Important", *Washington Post*, 24 de maio de 2016.
72 Entrevista de Roger Stone a Robert Samuels, *Washington Post*, 2 de maio de 2016.
73 Disponível em: <http://uselectionatlas.org/RESULTS/national.php?year=1992>.
74 *CNN Tonight*, CNN, 18 de agosto de 2005.
75 Disponível em: <http://www.fec.gov/press/bkgnd/fund.shtml>.
76 *Larry King Live*, CNN, 8 de outubro de 1999.

NOTAS

77 *Larry King Live*, CNN, 8 de outubro de 1999.
78 Entrevista de Al D'Amato a Robert Samuels, *Washington Post*, 20 de maio de 2016.
79 Paul Alexander, "Trump Towers", *Advocate*, 15 de fevereiro de 2000.
80 *Larry King Live*, CNN, 8 de outubro de 1999.
81 *Meet the Press*, NBC, 24 de outubro de 1999.
82 Entrevista de Roger Stone a Tom Hamburger e Mary Jordan, *Washington Post*, 11 de maio de 2016.
83 Trump, *The America We Deserve*, 15.
84 Ibid., 30.
85 Entrevista de Phil Madsen a Robert Samuels, *Washington Post*, 30 de abril de 2016.
86 Entrevista de Dean Barkley a Robert Samuels, *Washington Post*, 28 de abril de 2016.
87 Ibid.
88 Cragg Hines, "Trump, Ventura Stir Political Pot", *Houston Chronicle*, 8 de janeiro de 2000.
89 Donald J. Trump, "What I Saw at the Revolution", *New York Times*, 19 de fevereiro de 2000.
90 Disponível em: <http://www.fec.gov/pubrec/fe2000/2000presprim.htm>.
91 Entrevista de Judith Hope a Shawn Boburg, *Washington Post*, 19 de maio de 2016.
92 Entrevista de Trump a Fisher e Kranish, 9 de junho de 2016.
93 Joshua Gillin, "The Clintons Really Did Attend Donald Trump's 2005 Wedding", *PolitiFact*, 21 de julho de 2015.
94 Histórico de votação do Conselho Eleitoral da Cidade de Nova York.
95 Entrevista de Trump a Boburg, O'Harrow, Goldstein, Markon e Harwell.
96 Entrevista de Fernando Ferrer a Shawn Boburg, *Washington Post*, 17 de maio de 2016.
97 Michael Cooper e Randal C. Archibald, "Runoff Campaign Turns Confrontational and Strange as Candidates Trade Charges", *New York Times*, 10 de outubro de 2001.
98 Entrevista de Fernando Ferrer a Shawn Boburg, *Washington Post*, 17 de maio de 2016.
99 Entrevista de Eliot Spitzer, *Washington Post*, 19 de maio de 2016.
100 Donald Trump, Twitter, 10 de julho de 2013.
101 Debate presidencial, 6 de agosto de 2015. Disponível em: <https://www.youtube.com/watch?v=jiwMCAkK9uE>.
102 Entrevista de Frank Sanzillo a Marc Fisher, *Washington Post*, abril de 2016.
103 Análises de finanças de campanhas da cidade de Nova York, do estado de Nova York e federais feitas por Alice Crites, *Washington Post*.
104 Entrevista de Charlie Rangel a Robert Samuels, *Washington Post*, 9 de maio de 2016.
105 Entrevista de Trump a Robert Samuels, *Washington Post*, 25 de maio de 2016.
106 Michelle Ye Hee Lee, "A Timeline of Trump's Comments on Iraq Invasion: Not Loud, Not Strong, No Headlines", *Washington Post*, 25 de fevereiro de 2016.
107 Entrevista de Trump a Samuels.
108 Maureen Dowd, "Trump Fired Up", *New York Times*, 23 de dezembro de 2006.
109 Entrevista de Trump a Samuels.
110 Registros de informação de eleitores, New York City Board of Elections. Informações sobre os registros partidários históricos de Trump são baseadas no relatório fornecido pelo Conselho Eleitoral da Cidade de Nova York. O documento, uma descrição chamada "Activities to the Voter Record", contém códigos internos que correspondem às mudanças nos registros de Trump desde 1992. Uma porta-voz do conselho se recusou a explicar o código, mas Jerry Skurnik, consultor político baseado em Nova York que é cofundador da empresa Prime NY, que coleta e distribui informações sobre registros de agências, examinou o documento a pedido do *Washington Post*.
111 Entrevista de Trump a Fisher e Kranish, 9 de junho de 2016.
112 Jonathan Weisman e Scott Greenberg, "NBC/WSJ Poll: A Donald Trump Surprise", *Wall Street Journal*, 6 de abril de 2011.
113 "NBC/WSJ Poll: Trump Tied for 2nd in 2012 GOP Field", <www.nbcnews.com>, 6 de abril de 2011.
114 Disponível em: <https://twitter.com/realDonaldTrump/status/131778860189626369?lang=en>.
115 Disponível em: <https://twitter.com/realDonaldTrump/status/137640805908234240?lang=en>.
116 Seamus McGraw, "Trump: I Have 'Real Doubts' Obama Was Born in U.S.", *Today News*, 7 de abril de 2011.
117 Karen Tumulty e Anne E. Kornblut, "Obama, Frustrated by 'This Silliness,' Produces Detailed Hawaii Birth Certificate", *Washington Post*, 27 de abril de 2011.

118 Roxanne Roberts, "I Sat Next to Donald Trump at the Infamous 2011 White House Correspondents' Dinner", *Washington Post*, 28 de abril de 2016.
119 Lisa de Moraes, "Donald Trump: I Will Not Be Running for President", *Washington Post*, 16 de maio de 2011.
120 Entrevista de Trump a Marc Fisher, *Washington Post*, dezembro de 2015.
121 Rachel Weiner e Phil Rucker, "Donald Trump Endorses Mitt Romney", *Washington Post*, 2 de fevereiro de 2012.
122 "From the Desk of Donald Trump: Major Announcement", postado em 24 de outubro de 2012. Disponível em: <https://www.youtube.com/watch?v=MgOq9pBkY0I>.
123 CBS *News*, "Donald Trump 5m Offer to President Falls Flat, Joke to Many", 25 de outubro de 2012.
124 Gayle Fee, Laura Raposa e Megan Johnson, *Boston Herald*, 7 de novembro de 2012. Trump também descreveu sua ida a Boston e sua frustração com a derrota em uma entrevista a Jenna Johnson, *Washington Post*, 13 de maio de 2016.
125 Donald Trump, Twitter, 6 de novembro de 2012. Disponível em: <https://twitter.com/realDonaldTrump/status/266035509162303492?lang=en>.
126 Donald Trump, Twitter, 6 de novembro de 2012. Disponível em: <https://twitter.com/realDonaldTrump/status/266034957875544064?lang=en>.
127 Donald Trump, Twitter, 6 de novembro de 2012. Disponível em: <https://twitter.com/realDonaldTrump/status/266034630820507648?lang=en>.

CAPÍTULO 17: O VALOR DE UM HOMEM

1 Resumo da fortuna líquida de Donald J. Trump, 30 de junho de 2014.
2 Transcrição do discurso de anúncio presidencial de Donald Trump, 16 de junho de 2015. Disponível em: <https://www.washingtonpost.com/news/post-politics/wp/2015/06/16/full-text-donald-trump-announces-a-presidential-bid/>.
3 "Donald J. Trump Files Personal Financial Disclosure Statement with Federal Election Commission", comunicado de imprensa de Trump, 15 de julho de 2015. Disponível em: <https://www.donaldjtrump.com/press-releases/donald-j.-trump-files-personal-financial-disclosure-statement-with-federal>.
4 Relatório da Divisão de Fiscalização de Jogos de Azar do Departamento de Direito e Segurança Pública de Nova Jersey à Comissão de Controle de Cassinos, 16 de outubro de 1981, 35.
5 Ibid., 37. Drew Harwell, "Trump Once Revealed His Income Tax Returns. They Showed He Didn't Pay a Cent", *Washington Post*, 21 de maio de 2016.
6 Relatório da Divisão de Fiscalização de Jogos de Azar do Departamento de Direito e Segurança Pública de Nova Jersey à Comissão de Controle de Cassinos, PDF32.
7 Ibid., 25.
8 Donald Trump, Twitter, 13 de setembro de 2014. Disponível em: <https://twitter.com/realdonaldtrump/status/510935518360895488>.
9 Randall Lane, "Inside the Epic Fantasy That's Driven Donald Trump for 33 Years", *Forbes*, 19 de outubro de 2015.
10 Entrevista de Harold Seneker a Allan Sloan, *Washington Post*, 2016.
11 Jennifer Wang, "The Ups and Downs of Donald Trump: Three Decades on and off he Forbes 400", *Forbes*, 14 de março de 2016.
12 Robert Lenzner, "He's His Own Trump Card: New York's Biggest Wheeler-Dealer Looking for Bigger, Better Deals", *Boston Globe*, 23 de outubro de 1988.
13 Entrevista de Donald Trump a David Letterman, 10 de novembro de 1988, aos dezoito minutos. Disponível em: <https://www.youtube.com/watch?v=GmNN2MCJ-7U&feature=youtu.be&t=16m12s>.
14 Entrevista de Abe Wallach ao *MacNeil/Lehrer NewsHour*, 1989, aos 10 minutos. Disponível em: <https://www.youtube.com/watch?v=KlwCXgZwSCc>.
15 Entrevista com Abe Wallach, 2016.
16 Entrevista de Trump a Fisher e Kranish, 9 de junho de 2016.
17 Abe Wallach, "How to Get Hired by Donald Trump", manuscrito inédito.
18 Ibid.

NOTAS

19. State of New Jersey Casino Control Commission Report on the Financial Position of Donald J. Trump, 15 de abril de 1991; manuscrito inédito de Wallach concedido ao *Washington Post*.
20. Richard L. Stern e John Connolly, "Manhattan's Favorite Guessing Game: How Rich Is Donald", *Forbes*, 14 de maio de 1990.
21. "Trump Loses Billionaire Status, Forbes Says", United Press International, 27 de abril de 1990.
22. Wang, "The Ups and Downs of Donald Trump: Three Decades on and off the Forbes 400".
23. Glenn Plaskin, "Playboy Interview: Donald Trump", *Playboy*, março de 1990.
24. Trump e Leerhsen, *Surviving at the Top*, 30.
25. Comissão de Controle de Cassinos de Nova Jersey, Trump Petition to Transfer Casino Security and Equity to Banks, 16 de agosto de 1990, 37.
26. Entrevista com Abe Wallach, 2016.
27. Ibid.
28. *Bloomberg Business News*, "40 Wall Street Is Sold to Trump", 7 de dezembro de 1995, conforme publicado no *The New York Times*.
29. Entrevista de Trump a Fisher e Kranish, 9 de junho de 2016. Wallach fez um relato semelhante no capítulo "40 Wall Street" de seu manuscrito inédito.
30. Steve Cuozzo, "Donald Trump Could Sell 40 Wall St. to Fund His Campaign", *New York Post*, 23 de maio de 2016.
31. Entrevista de Trump a Fisher e Kranish.
32. Formulário de divulgação financeira de Trump.
33. Robert Slater, *No Such Thing as Over-Exposure: Inside the Life and Celebrity of Donald Trump* (Nova Jersey: Prentice Hall, 2005), xiii-xxiv.
34. Fala de Robert Slater na Biblioteca do Congresso, "The Hazards and Joys of Writing Books on Donald Trump and Martha Stewart: One Author's Perspective", 25 de outubro de 2005. Disponível em: <http://www.loc.gov/today/cyberlc/transcripts/2005/051025slater.txt>.
35. Abraham Wallach com Robert O'Harrow Jr. e Drew Harwell, *Washington Post*, maio de 2016; manuscrito inédito de Wallach.
36. Nick Penzenstadler e Susan Page, "Exclusive: Trump's 3,500 Lawsuits Unprecedented for a Presidential Nominee", *USA Today*, 2 de junho de 2016. 37 Roger Parloff, "Highlights in Trump Litigations", *Fortune*. Disponível em: <http://archive.fortune.com/2016/highlights-in-trump-litigations/>.
38. Jerry Useem, "What Does Donald Trump Really Want?", *Fortune*, 3 de maio de 2000.
39. Timothy L. O'Brien e Eric Dash, "Is Trump Headed for a Fall?", *New York Times*, 28 de março de 2004.
40. Ibid.
41. Entrevista de O'Brien a Drew Harwell e Robert O'Harrow, *Washington Post*, maio de 2016.
42. O'Brien, *TrumpNation: The Art of Being The Donald* (Nova York: Warner Business Books, 2005).
43. O'Brien, *TrumpNation*, 153.
44. Ibid., 154.
45. Jason D. Greenblatt, *Trump v. O'Brien*, em recurso, Anexo à notificacão do querelante/apelante Donald J. Trump, Volume VII, PDF315.
46. O'Brien, "What's He Really Worth", *New York Times*, 23 de outubro de 2005.
47. *Donald J. Trump v. Timothy L. O'Brien*, Notificação do réu/acusado contra a apelação, 9 (001 O'Brien Appeals Brief).
48. Depoimento de Trump, 19.
49. Ibid., 10.
50. Ibid., 27.
51. Ibid., 26.
52. Ibid., 35.
53. Ibid., 36.
54. Ibid., 37.
55. Ibid.
56. Ibid., 66.
57. Notificação do réu/acusado Timothy L. O'Brien *et al.*, 1-2, doc 001.
58. Em 16 de dezembro: Notificação de apoio ao querelante/apelante Donald J. Trump em apoio à apelação, 7, doc 000.
59. Notificação do réu/acusado Timothy L. O'Brien *et al.*, 1-2, doc 001.

60 *Trump v. O'Brien et al.*, Decisão da Divisão de Recursos, 7 de setembro de 2011. Disponível em: <http://law.justia.com/cases/new-jersey/appellate-division-published/2011/a6141-08-opn.html>.
61 Entrevista de Trump a Harwell, O'Harrow, Boburg, Goldstein e Markon.
62 Ibid.
63 Jeffrey McCracken, "Trump Feud Faces a Court Threat", *Wall Street Journal*, 14 de fevereiro de 2009.
64 Drew Harwell, "As Its Stock Collapsed, Trump's Firm Gave Him Huge Bonuses and Paid for His Jet", *Washington Post*, 12 de junho de 2016.
65 Drew Harwell, "Inside the Rocky Billionaire Bromance of Donald Trump and Carl Icahn", *Washington Post*, 30 de abril de 2016.
66 Ibid.
67 Alexandra Berzon e Christina S. N. Lewis, "Debating the Value of Trump Name", *Wall Street Journal*, 26 de fevereiro de 2010.
68 Drew Fitzgerald, "Landry's Buys Trump Marina Hotel in Atlantic City for $38 Million", *Wall Street Journal*, 14 de fevereiro de 2011. "Trump's Castle Is Shifting to Publicly Held Company," *Bloomberg Business News*, 26 de junho de 1996. (Vendido em 1996 por 525 milhões de dólares.)
69 Brent Johnson, "Which Atlantic City Casinos Have Closed and Which Are Still Open?", *Star-Ledger*, 3 de junho de 2015.
70 Entrevista de Carl Icahn a Drew Harwell, *Washington Post*, 2016.
71 Donald J. Trump Summary of Net Worth as of June 30, 2014. Disponível em: <https://www.scribd.com/doc/296070432/Donald-J-Trump-Summary-of-Net-Worth-as-of-June-30-2014>.
72 Entrevista com Jonathan Ingber, fundador da Actovia Commercial Mortgage Intelligence, 3 de maio de 2016.
73 "Vornado to Acquire 70% Controlling Interest in 1290 Avenue of the Americas and 555 California Street", comunicado de imprensa, 16 de março de 2007. Disponível em: <http://www.vno.com/press-release/clndi9rcjl/vornado-to-acquire-70-controlling-interest-in-1290-avenue-of-the-americas-and-555-california-street>.
74 Entrevista com Ingber, 2016.
75 Divulgação financeira pessoal de Donald Trump apresentada à FEC em 2015, 22.
76 Drew Harwell, "Trump Once Revealed His Income Tax Returns. They Showed He Didn't Pay a Cent".
77 Glenn Kessler, "Trump's False Claim That 'There's Nothing to Learn' from His Tax Returns", *Washington Post*, 12 de maio de 2016.
78 Julie Pace e Jill Colvin, "AP Interview: Trump Says Big Rallies His Key Campaign Weapon", Associated Press, 10 de maio de 2016.
79 Entrevista de Trump a Chuck Todd, *Meet the Press*, 24 de janeiro de 2016. Disponível em: <http://www.nbcnews.com/meet-the-press/meet-press-january-24-2016-n5 03241>.
80 Entrevista de Trump ao *Face the Nation*, CBS, 23 de agosto de 2015.
81 Arquivo de 2014 da biografia do *site* de Trump: <http://web.archive.org/web/20140721012816/http://www.trumpcom/Donald_J_Trump/Biography.asp>.
82 David A. Fahrenthold e Rosalind S. Helderman, "Missing from Trump's List of Charitable Giving: His Own Personal Cash", *Washington Post*, 10 de abril de 2016.
83 Ibid.
84 Ibid.
85 Entrevista com Trump, 13 de maio de 2016.
86 David A. Fahrenthold, "Four Months after Fundraiser, Trump Says He Gave $1 Million to Veterans Group", *Washington Post*, 24 de maio de 2016.
87 Ibid.
88 David A. Fahrenthold e Jose A. DelReal, "Trump Rails against Scrutiny over Delayed Donations to Veterans Groups", *Washington Post*, 31 de maio de 2016.
89 Ibid.
90 Entrevista de Trump a Robert O'Harrow e Drew Harwell, *Washington Post*, maio de 2016.

CAPÍTULO 18: "TRUMP! TRUMP! TRUMP!"

1 Ed O'Keefe, "Jeb Bush Announces Presidential Bid: 'We Will Take Command of Our Future Once Again' ", *Washington Post*, 15 de junho de 2015.

NOTAS

2. Ben Terris, "Donald Trump Begins 2016 Bid, Citing Outsider Status", *Washington Post*, 16 de junho de 2015.
3. Entrevista de Corey Lewandowski a Dan Balz e Jenna Johnson, 19 de maio de 2016.
4. Ronald Kessler, "Donald Trump: Mean-Spirited GOP Won't Win Elections", *Newsmax*, 26 de novembro de 2012.
5. Entrevista de Trump a Balz e Johnson, 23 de maio de 2016.
6. Transcrição de anúncio de Trump. Disponível em: <http://time.com/3923128/donald-trump-announcement-speech/>.
7. Entrevista de Don e Kathy Watson a Balz, 16 de junho de 2015.
8. Entrevista de Steve Scheffler a Balz, 16 de junho de 2015.
9. Entrevista de Clinton a Jon Ralston, *Ralston Live*, Ralstonreports.com, 18 de junho de 2015.
10. Entrevista de Trump a Balz e Johnson. Um porta-voz da Macy's disse que Lundgren não comentaria a conversa com Trump.
11. Entrevista de Trump a Balz e Johnson.
12. "Donald Trump, Phoenix, Arizona, July 11, 2015, Full Speech– Donald J. Trump for President", postado em 17 de julho de 2015 em <https://www.youtube.com/watch?v=sPED92gRpsY>.
13. McCain, citado em Ryan Lizza, "John McCain Has a Few Things to Say about Donald Trump", *New Yorker*, 16 de julho de 2015.
14. "Presidential Candidate Donald Trump at the Family Leadership Summit", C-SPAN.org. Disponível em: <http://www.c-span.org/video/?327045-5/presidential-candidate-donald-trump-family-leadership-summit>.
15. Entrevista de Lewandowski a Balz e Johnson.
16. Entrevista de Chip Saltsman a Balz, 17 de maio de 2016.
17. Entrevista de Michael Glassner a Balz e Johnson, 23 de maio de 2016.
18. Entrevista de Trump a Balz e Johnson.
19. Debate dos candidatos presidenciais, Fox News, 6 de agosto de 2015.
20. Philip Rucker, "Trump Says Fox's Megyn Kelly Had 'Blood Coming Out of Her Wherever'", *Washington Post*, 8 de agosto de 2015; e Trump em *Today*, NBC, 10 de agosto de 2015. Disponível em: <http://www.today.com/news/donald-trump-megyn-kelly-blood-comment-wasnt-meant-be-insult-t37681>.
21. Entrevista de Danny Diaz a Balz, 25 de maio de 2016.
22. Entrevista de Lewandowski a Balz e Johnson.
23. Nicholas Confessore e Karen Yourish, "$2 Billion Worth of Free Media for Donald Trump", *New York Times*, 15 de março de 2016.
24. Entrevista de Mike DuHaime a Balz, 17 de maio de 2016.
25. Heather Haddon e Beth Reinhard, "Donald Trump and Jeb Bush Duel at Competing Events in New Hampshire", *Wall Street Journal*, 19 de agosto de 2015.
26. Entrevista de Lewandowski a Balz e Johnson.
27. Ibid.
28. Entrevista de Trump a Balz, 10 de junho de 2016.
29. Ed O'Keefe, Dan Balz e Matea Gold, "Fall of the House of Bush: How Last Name and Donald Trump Doomed Jeb", *Washington Post*, 21 de fevereiro de 2016.
30. Entrevista de Glassner a Balz e Johnson.
31. Rick Perry, "Defending Conservatism against the Cancer of Trump-ism", RickPerry.org, 22 de julho de 2015.
32. Entrevista de Scott Walker a Balz, 29 de dezembro de 2015.
33. Entrevista de Whit Ayres a Balz, 18 de maio de 2016.
34. Entrevista de James Ceaser a Balz, 4 de março de 2016.
35. Entrevista de Todd Harris a Balz, 17 de maio de 2016.
36. Jenna Johnson, "Donald Trump Says Tough Gun Control Laws in Paris Contributed to Tragedy", *Washington Post*, 14 de novembro de 2015.
37. Relatório de grupo de discussão fornecido por fonte confidencial.
38. "Donald J. Trump Statement on Preventing Muslim Immigration", 7 de dezembro de 2015. Disponível em: <https://www.donaldjtrump.com/press-releases/donald-j.-trump-statement-on-preventing-muslim-immigration>.

39 Jeb Bush, 7 de dezembro de 2015. Disponível em: <https://twitter.com/jebbush/status/673990065517891584>.
40 Entrevista de conselheiro de Trump a Balz e Johnson, 23 de maio de 2016.
41 Debate dos candidatos presidenciais republicanos, CNN, 16 de dezembro de 2015.
42 Entrevista de Todd Harris a Balz, 17 de maio de 2016.
43 Entrevista de Trump a Balz, Robert Costa e Philip Rucker, 5 de outubro de 2015.
44 Discurso de derrota de Donald Trump, Des Moines, Iowa, 1º de fevereiro de 2016.
45 "Donald Trump Endorsed by Actor John Wayne's Daughter at Museum", 19 de janeiro de 2016. Disponível em: <https://www.youtube.com/watch?v=CDRjSXlUIXw>.
46 Pesquisa Des Moines Register-Bloomberg Politics, 30 de janeiro de 2016. Disponível em: <http://www.desmoinesregister.com/story/news/elections/presidential/caucus/2016/01/30/donald-trump-reclaims-lead-latest-iowa-poll/79562322/>.
47 Entrevista de Trump a Balz e Johnson.
48 Entrevista de Lewandowski a Balz e Johnson.
49 Entrevista de Trump a Balz e Johnson, 23 de maio, 9 de junho e 10 de junho de 2016.
50 Entrevista de Trump a Balz, 10 de junho de 2016.
51 Entrevista de Trump a Balz, 9 de junho de 2016.
52 Entrevista de Trump a Balz e Johnson, 23 de maio de 2016.
53 Ibid.
54 "Donald J. Trump Response to the Pope", 18 de fevereiro de 2016. Disponível em: <https://www.donaldjtrump.com/press-releases/donald-j.-trump-response-to-the-pope>.
55 Entrevista de Lewandowski a Balz e Johnson.
56 David Mikkelson, "Pershing the Thought", Snopes.com, 31 de outubro de 2001.
57 Louis Jacobson, "Donald Trump Cites Dubious Legend about Gen. Pershing, Pig's Blood and Muslims", PolitiFact, 23 de fevereiro de 2016.
58 Entrevista de Lewandowski a Balz e Johnson.
59 Entrevista de Whit Ayres a Balz, 18 de maio de 2016.
60 Entrevista de Jeff Roe a Balz, 26 de maio de 2016.
61 Entrevista de Danny Diaz a Balz, 25 de maio de 2016.
62 Entrevista de Mike DuHaime a Balz, 17 de maio de 2016.
63 Transcrição de debate, CNN, 10 de março de 2016.
64 Entrevista de Jeff Roe a Balz, 26 de maio de 2016.
65 Entrevista de Trump a Balz e Johnson, 23 de maio de 2016.
66 Entrevista de Paul Manafort a Balz, 8 de abril de 2016.
67 Entrevista de Trump a Balz, 9 de junho de 2016.
68 Philip Rucker, Dan Balz e Robert Costa, "Trump Is Playing 'a Part' and Can Transform for Victory, Campaign Chief Tells GOP Leaders", *Washington Post*, 21 de abril de 2016.
69 Entrevista de Manafort a Balz e Johnson, 23 de maio de 2016.
70 Romney citado em Monica Langley, "Behind Mitt Romney's Increasingly Lonely Challenge to Donald Trump", *Wall Street Journal*, 28 de maio de 2016.
71 Armitage citado em Michael Crowley, "Armitage to Back Clinton over Trump", Politico.com, 16 de junho de 2016.
72 Philip Rucker, Jose A. DelReal e Sean Sullivan, "Donald Trump Fires Embattled Campaign Manager Corey Lewandowski", *Washington Post*, 20 de junho de 2016.
73 Karen DeYoung e Jose A. DelReal, "Trump Says He Was Right about Obama and Terrorists, Citing Questionable 2012 Intelligence Cable", *Washington Post*, 15 de junho de 2016.
74 Paul Farhi, "Trump Revokes Post Press Credentials, Calling the Paper 'Dishonest' and 'Phony'", *Washington Post*, 13 de junho de 2016.
75 Graham citada em Patrick Healy, Maggie Haberman e Jonathan Martin, "Democrats Jump on Allies of Trump in Judge Dispute", *New York Times*, 6 de junho de 2016.
76 Ryan citado em Mike DeBonis, "Ryan Says Trump's Attacks on Judge Fit 'the Textbook Definition of a Racist Comment'", *Washington Post*, 7 de junho de 2016.
77 Entrevista de Trump a Fisher e Kranish, 9 de junho de 2016.

NOTAS

EPÍLOGO: LEI E ORDEM

1. Karen Tumulty, Robert Costa e Jose A. DelReal, "Scrutiny of Melania Trump's Speech Follows Plagiarism Allegations", *Washington Post*, 19 de julho de 2016.
2. *The O'Reilly Factor*, Fox News, 18 de julho de 2016.
3. Entrevista de Trump a Fisher e Kranish, 9 de junho de 2016.
4. Ibid.
5. Trump com McIver, *Think Like a Billionaire*, xvii-xviii.
6. Eugene Kiely, "Donald Trump and the Iraq War", FactCheck.org, 19 de fevereiro de 2016.
7. Trump em *60 Minutes*, CBS, 17 de julho de 2016.
8. Entrevista com Charlie Rose, CBS *This Morning*, CBS, 19 de julho de 2016.
9. Jonathan Capehart, "Guess How Many African American Delegates Are Going to Be at the Republican Convention", *Washington Post*, 6 de junho de 2016.
10. Pesquisa nacional *Washington Post-ABC News*, 11-14 a julho de 2016.
11. Entrevista de James Evans a Kranish, 18 de julho de 2016.
12. Michael Edison Hayden, "Antonio Sabàto Jr. Says He's 'Absolutely' Sure Obama's a Muslim After RNC Speech", ABCNews.com, 18 de julho de 2016.
13. *60 Minutes*, 17 de julho de 2016.
14. Stephen Battaglio, "35 Million TV Viewers Watch Donald Trump's Acceptance Speech at GOP Convention", *Los Angeles Times*, 22 de julho de 2016.
15. Entrevista de Trump a Fisher e Kranish, 9 de junho de 2016.
16. Entrevista de Trump a Fisher e Kranish, 21 de abril de 2016.

POSFÁCIO: PRESIDENTE TRUMP

1. *60 Minutes*, CBS News, 13 de novembro de 2016.
2. Dan Balz e Philip Rucker, "How Donald Trump Won: The Insiders Tell Their Story", *Washington Post*, 9 de novembro de 2016.
3. Entrevista de Donald Trump no *Squawk Box* da CNBC, 11 de agosto de 2016.
4. Entrevista de Kellyanne Conway a Dan Balz e Philip Rucker, *Washington Post*, 2 de novembro de 2016.
5. David A. Fahrenthold, "Trump Pays IRS a Penalty for His Foundation Violating Rules with Gift to Aid Florida Attorney General", *Washington Post*, 1º de setembro de 2016.
6. David A. Fahrenthold, "Trump Is Actually Doing His Foundation a Favor by 'Storing' Its Portrait on His Golf Resort Wall, His Advisor Says", *Washington Post*, 27 de setembro de 2016.
7. Balz e Rucker, "How Donald Trump Won".
8. Entrevista de Kellyanne Conway a Dan Balz e Philip Rucker, *Washington Post*, 3 de novembro de 2016.
9. Ibid.
10. Maggie Haberman, Ashley Parker, Jeremy W. Peters e Michael Barbaro, "Inside Donald Trump's Last Stand: An Anxious Nominee Seeks Assurance", *New York Times*, 6 de novembro de 2016.
11. Entrevista de Brad Parscale a Michael Kranish, *Washington Post*, 11 de novembro de 2016.
12. Abby Phillip, John Wagner e Anne Gearan, "A Series of Strategic Mistakes Likely Sealed Clinton's Fate", *Washington Post*, 11 de novembro de 2016.
13. Jim Tankersley, "The Advertising Decisions That Helped Doom Hillary Clinton", *Washington Post*, 12 de novembro de 2016.
14. "2016 Election Exit Polls", *Washington Post*, 10 de novembro de 2016.
15. Jose A. DelReal, "Trump and Advisers Hedge on Major Pledges, Including Obamacare and the Wall", *Washington Post*, 11 de novembro de 2016.
16. Emily Schultheis, "President-Elect Trump Says How Many Immigrants He'll Deport", CBSNews.com, 13 de novembro de 2016.
17. Frank Luntz, "What Trump Voters Are Saying Post-Election", CBS News, 15 de novembro de 2016.
18. Monica Langley e Gerard Baker, "Donald Trump, in Exclusive Interview, Tells WSJ He Is Willing to Keep Parts of Obama Health Law", *Wall Street Journal*, 11 de novembro de 2016.

19 Karen DeYoung e Greg Miller, "Key Figures Purged from Trump Transition Team", *Washington Post*, 16 de novembro de 2016.
20 General Michael Flynn, Twitter, 2 de novembro de 2016. Disponível em: <https://twitter.com/GenFlynn/status/794000841518776320>.
21 General Michael Flynn, Twitter, 14 de julho de 2016. Disponível em: <https://twitter.com/genflynn/status/753774305985658880>.
22 Niels Lesniewski, "McConnell Pledges Obamacare Rollback But Cautions About Overreach", *Roll Call*, 9 de novembro de 2016.
23 Jose A. DelReal, "Trump Campaign Staff Redirects, Then Restores, Mention of Muslim Ban from Website", *Washington Post*, 10 de novembro de 2016.
24 *60 Minutes*, CBS News, 13 de novembro de 2016.

ÍNDICE

ABC 165, 180, 185, 186, 190, 191, 217
aborto, direitos 25, 286, 287, 289, 309, 325
Academia Militar de Nova York,
    Cornwall-on-Hudson, Nova York 51–56
  código rígido de conduta na 51–52
  comportamento agressivo de Trump na 53–54
  cultura da 51
  decisão do pai de mandar Trump para 50
  Dobias como mestre em 51
  esportes na 54–55, 181
  excelência masculina celebrada na 52
  formatura na 56
  impacto da morte de Kennedy na 55–56
  ímpeto competitivo de Trump na 53
  namoros de Trump com belas mulheres durante seu último ano na 53
  Trump como capitão na 56
  West Point como modelo para a 51
Administração Federal de Aviação 198
Agalarov, Aras 247–252
Agalarov, Emin 246–247, 248, 249, 250
Agnew, Spiro 74
A imagem e o homem: descubra a verdade sobre Donald Trump (Slater) 299
Ains, Lee 56
Alexander's, loja de departamentos, Manhattan 198, 211
Aliança Azerbaijão-Estados Unidos 251, 252, 253
Aliyev, Ilham 249–251
All That Glitters Is Not Gold (Maples) 176
América debilitada: como tornar a américa grande outra vez (Trump) 332

American Dream Calendar Girl Model Search, concurso de beleza 169–170
America We Deserve, The (Trump) 286
Ammann, Othmar 57
Andersen, Kurt 121
Andrés, José 311
apelo populista 18
Apprentice, The (programa de televisão) 215–224, 230, 263, 268, 292, 300
  audiência de 218, 220, 221
  bordão *"You're fired"* em 218–219
  confiança da NBC em 217–218
  história da ideia para 216
  papel central de Trump em 218–220, 221, 225
  produtos da marca Trump em 221, 226, 227, 228, 232
  propaganda para Trump em 216–217
  renda de Trump de 299
  saída de Trump de 225
  Trump como fenômeno nacional depois do sucesso de 245
  visão do público de nova imagem de Trump em 221–222
Armstrong, Valerie 145
Árvore Trump, Manhattan 108
Arzt, George 274
Associação de Governadores Republicanos 290
Associação de Hotéis da Cidade de Nova York 87
Associated Press 257
Atlanta, Trump Towers em 232–233
Atlantic City, Nova Jersey
  história de 131–132

legalização do jogo para restaurar 132
Trump como salvador de 18, 132
atos terroristas
  ataques do 11 de Setembro ao World Trade Center 289, 321
  impacto na campanha presidencial 317, 336, 341
  Trump sobre 18, 318, 321–322, 328–329, 336, 343
Attiah, Karen 28
audiência de televisão
  de concuros de Miss Universo 171
  de debates de candidatos da campanha 313
  de jogos da NFL 180
  de *The Apprentice* 218, 220, 221
August, Tony 284
Auletta, Ken 75
Austin, "Stone Cold" Steve 264
Autoridade de Transportes Metropolitanos 88
Ayres, Whit 316, 322
Azerbaijão, projetos de Trump no 244–245, 249–253

Baier, Bret 313
Baio, Scott 340
Baku, Azerbaijão, Trump International Hotel & Tower 244–245, 250, 252–253
Bally Manufacturing Corp. 139, 151
Bankers Trust 198, 199
Barbizon Plaza Hotel, Manhattan 101–103
barco-cassino, Gary, Indiana 212
Barkley, Dean 287
Barnett, Walter 266
Barrett, Rona 273–274, 338
Barrett, Wayne 111–113, 114
Barron, John (pseudônimo usado por Trump) 97, 98, 110, 186, 224
Barry, Maryanne Trump (irmã) 46, 103, 259, 331
Barsky, Neil 116
Bartiromo, Maria 239
Barwick, Kent 98
Bassett, John 184–185, 191
Bassignani, John 172
Battle of the Billionaires (programa de luta) 262–264
Bauer, Court 264
Bayrock Group 237
Beach Haven, Brooklyn 64, 65, 67–68
Beame, Abe 82, 88, 92
Bear Stearns 255
Ben-Amos, Chava 45
Benanav, Jonathan 148, 149, 150

Bergen, Candice 60
Berger, David 82–83
Berkow, Ira 183
Berlin Trump Tower 245
Bernstein, Jon 106
Berra, Yogi 48
Best Is Yet to Come, The: coping with Divorce and Enjoying Life Again 90
Bier, Jeff 48
Bioceutica 241
Bispo, Eddie 100
Bloomberg Business News 298
Bloomberg, Michael 289
Bohner, Kate 174
Bollenbach, Steve 202–204, 209
Bonwit Teller, Manhattan 95, 96–99
Boston Globe 170, 276
Boston Herald 292
boxe, e cassinos de Atlantic City 163, 188–189
Brady, Jim 117
Brant, Peter 44, 47, 48, 49, 50, 181
Breslow, Jeffrey 119
Briggs, Frank 46
Brooklyn Daily Eagle 41
Bruni, Carla 127
Buchanan, Pat 285, 287, 332–333
Burdge, E. Kenneth 143
Burnett, Mark 215, 216, 217, 218, 221, 222, 223
Burnham, Dennis 46
Burstein, Karen 95
Bush, Barbara 126
Bush, George H. W. 125, 198, 278
Bush, George W. 239, 283, 285, 290, 321, 328, 337, 340, 356
Bush, Jeb, 21, 309, 314, 315, 318, 320, 321, 322, 323
Byrne, Brendan 133

Cadiff, Andy 266
Calomaris, Louis 59, 61
Campanella, Roy 48
campanha presidencial, 2012
  decisão de Trump de não concorrer em 292
  Romney na 309
  Santorum na 319
  situação de Trump como favorito 291
campanha presidencial, 2016
  apelo populista na 8, 108, 332, 343
  apoio a Trump na 20, 21, 23, 24, 305, 310, 334–335
  campanha de Trump na 17, 18, 22, 23, 24, 26, 27, 308–329, 338

convenção de Iowa na 318-320
convenção republicana e 333-344
crise financeira como tema na 240
debates de candidatos durante a 27, 313, 318, 320, 323
decisão de Trump de entrar na 273
ênfase de Trump em lei e ordem na 336, 342
impacto de atos terroristas na 317, 336, 341
liberação de imposto de renda de pessoa física 306
nova visão política de Trump na 309, 310, 314, 315, 318
oposição à candidatura de Trump na 333, 334, 335-336, 342
papel da família de Trump na 337, 339, 342, 344
pesquisas durante a 312, 316, 317
plano de Trump para maximixar os delegados na convenção na 326
preocupações sobre a candidatura de Trump na 21, 25, 29, 326, 327-328
protestos durante a 23, 26, 323-324
questões sobre o patrimônio líquido de Trump 305
reação contra Trump durante a 323, 324
reações aos comentários de Trump na 310-311
recusa de Trump a aceitar doações na 24
reunião com Trump do conselho editorial do *Washington Post* durante a 25, 26-27, 28
riqueza de Trump como qualificação na 293-294
slogan America First na 334, 343
slogan Make America Great Again na 18, 22, 223, 292, 316-317, 328, 333, 337
Trump como candidato presumível depois das vitórias na 327
Trump sobre a vida como candidato durante a 328-329
vida de Trump depois da nomeação na 344
vitória de Trump em New Hampshire 322
campanhas presidenciais
 campanha de Ventura como modelo de 287
 internet em 287
Campeonato Mundial de Barcos a Motor, corridas de motonáutica 188
Carey, Hugh 83
Carson, Ben 316, 319
Carson, Johnny 104
Carswell, Sue 127
Carter, Graydon 121
Carter, Jimmy 167, 274
caso da corredora do Central Park, Manhattan 279-280

cassino Foxwoods, Connecticut 281, 282
cassinos de Atlantic City. *Ver também* Trump Taj Mahal; Trump Castle Hotel & Casino; Trump Plaza Hotel & Casino
 anúncios da Trump Shuttle para 197
 campanha antijogo de Trump em Nova York para beneficiar 282-283
 competição entre cassinos de Trump 198
 conflitos de Trump com funcionários em 200
 contratos lucrativos de construção de 144
 dívidas e dificuldades financeiras de 194, 195, 198, 203, 204, 211, 213, 300
 doações políticas de Trump e 281
 empreiteiras perdendo dinheiro pelas falências de 208
 esportes para atrair consumidores para 188, 189
 falência e reestruturação de crédito para 199, 201, 203, 204, 211, 212, 297
 poder de astro de Trump em 203
 sociedade aberta de Trump como proprietária de 212, 213, 214
 Trump Entertainment Resorts e 305
cassinos. *Ver também* cassinos de Atlantic City e cassinos específicos 281-282
Castellano, Anthony "Ace" 56
Castellano, Paul "Big Paul" 100
CBS 61, 172, 180, 182, 185, 186, 217
Ceaser, W. James 317
Ceresney, Andrew 301-302
Chase Manhattan Bank 96, 105, 134, 199, 213, 278, 294
Chicago Sun-Times, 20
Chicago Tribune 21, 299
Christie, Chris 314, 320, 323, 336, 339
Cidadão Kane (Welles) 20
Cino, John 55
circuito de palestras, Trump em 262
Citibank 199, 201, 202, 210
Castle Casino. *Ver* Trump Castle Hotel & Casino
Clinton, Bill 268, 337-338
 caso Lewinsky e 284, 286
 Trump e 284, 285, 315
Clinton, Hillary 268
 apoio de Trump para campanha ao Senado de 288
 campanha presidencial dirigida por 340
 campanha republicana contra 333, 335, 336, 337, 342, 343
 como candidata presumível 328
 como secretária de Estado 248
 como senadora 288

planejamento de saúde nacional sob
  Bill Clinton e 284
 republicanos a favor de 328
 sobre violência racial 310
 Trump sobre 24
CNN 21, 150, 278, 284
Cody, John 100, 101
Cohen, Claudia 115
Cohen, Sherman 102
Cohn, Albert C. 72
Cohn, Roy 70, 100
 caso de discriminação de Trump e 74-78, 79
 como advogado e conselheiro de Trump 72,
  79, 91, 112, 113, 115, 117, 120, 129,
  137, 282
 construção da Trump Tower e 100, 101
 contra-ataque usado por 75, 340
 história de 72, 73
 mídia e 113-118
 morte de 282
 pacto antenupcial e casamento de Ivana e 90,
  91, 92
 processo da NFL e 186, 189
 projeto Grand Hyatt 88, 89, 94
 reputação sombria desenvolvida por 75, 113,
  120, 129
 vida noturna no Studio 54 e 91
Colasuonno, Lou 123, 126
Collins, Gail 120
Columbia Journalism Review 116
Comedy Central 270
comentários racistas
 comentários de Trump como 280, 328
 sobre cassinos de nativos norte-americanos 281
 violência racial relaciona a 310
Comissão de Controle de Cassinos de Nova Jersey
  133, 134, 135, 137, 139, 143, 155, 156,
  198, 202, 207, 294, 297
Comissão Eleitoral Federal 275
Comissão Federal do Comércio 139, 241
Comitê de Assuntos Públicos Israelense e
  Americano (Aipac) 17, 28, 29
Comitê de Direitos Humanos da Cidade de Nova
  York 65
Comitê Nacional Republicano, 27, 311, 327,
  340
Commodore Hotel, Manhattan
 aquisição de Trump do 82, 83, 85, 86
 isenção de impostos municipais para 86, 87,
  88, 89, 111
 reconstrução do 84, 85, 93, 94, 99
 reformulação de Ivana do 93

 renomeação como Grand Hyatt 94
concursos de beleza, indústria de
 concursos de beleza de Trump na 169-172
 parceiros internacionais de desenvolvimento
  encontrados na 248
condomínios desenvolvidos por Trump. *Ver*
  Trump Tower, Manhattan e *outros prédios
  específicos*
condomínios licenciados por Trump 232-240
 compradores típicos em 234-236
 processos sobre 233, 237-238
 sucessos em 242-243
 taxas de Trump de licenças em 243
Connecticut, cassinos de nativos norte-americanos
  em 281, 283
Convenção Nacional do Partido Democrata 34,
  41
Coolidge, Calvin 35
Coppins, McKay 21
Coreia do Sul 26, 245
Corporação de Desenvolvimento Urbano (CDU)
  86, 111
Corus Bankshares 236
Corus Construction Venture 236
Coughlin, padre Charles 332
Cowell, Simon 223
Cox, Doug 194
Crawford, Susan 176
crime e criminosos, Trump sobre 279-280
Crosby, James 140
Cruz, Ted 315, 319-320, 321, 322, 324, 325,
  326, 327, 335, 341
Cuban, Mark 217, 218
Cuccinelli, Ken 334
Cuker, Elliot 266-267
Cunningham, Vincent 55
Cutler, Mark 208

Danzer, Jeff 227
Davis, John W., 35
Departamento de Justiça dos Estados Unidos
 caso contra Trump de discriminação e 64-69,
  75-78
 queixa antitruste contra Trump pelo 139
Deutsch, Donny 227
Deutsche Bank 302
Diaz, Danny 314, 323
Dinkins, David 280
direitos LGBT, Trump sobre 286, 339, 343
discriminação, caso contra Trump de 64-69,
  75-78

ÍNDICE

Dobias, Theodore "Doby" 51, 53, 54
Donald J. Trump Foundation 307
Donatelli, Frank 278
Dowd, Jim 220, 221, 222, 224
Dreyer & Traub 106
Dubai, projetos de Trump em 245, 246, 248
Dukakis, Michael 279
Duke, David 287
DuHaime, Mike 314, 323
Dunbar, Michael 275-276, 277

Eastern Airlines 141, 197
Einhorn, Eddie 185-186
Eisenhower, Dwight D. 48, 53, 55
eleições presidenciais americanas
　1924 34
　1928 35
　1968 336
　1972 282
　1992 283, 285
　2000 285, 286, 290
　2004 290
　2008 24, 290, 312, 315, 334
　2012 291-292, 293, 309, 319
　2016. *Ver* campanha presidencial, 2016
Emmy Awards, *performance* de Trump no 267-268
empresa de venda de suplementos da marca Trump 240-242
Equitable 96
Escócia
　campos de golfe da marca Trump na 21, 245, 257-259, 260-261
　terra natal da mãe de Trump em Lewis na 31, 32, 33, 34, 42, 257-258, 259
escola particular Kew-Forest, Queens 46, 48, 49, 50
　transferência de Trump para escola militar da 50
　travessuras de trump na 46, 47
ESPN 184, 192
Esquire (revista) 75, 331
Estado Islâmico 18, 310, 317, 318, 321, 328, 339, 343
Etess, Mark 147, 149, 150, 156, 200
Evans, James 341

Fahrenthold, David 307
Fair Housing Act [Lei de direito à moradia] (1968) 65, 77, 78
Farrell, Terry 60

FBI 67, 72, 77, 134, 135, 237
Ferrer, Fernando 288-289
Fields, Michelle 324-325
filmes, aparições de Trump 264-265
Fiorina, Carly 21, 327
Fitzgibbon, Brian 58
Fitzsimmons, Thomas 163
Flutie, Doug 186, 192
Foerderer, Norma 110, 116, 148
Forbes, Malcolm 121
Forbes, Michael 260
Forbes (revista) 105, 140, 193, 212, 214, 294-295, 297, 302
Ford, Gerald 81, 325
Ford Motor Company 22
Fortune (revista) 116, 300, 302
Fox News (rede de televisão) 21, 313, 325, 337
fragrância, da marca Trump 221, 228, 229
Francisco, Papa 321, 322
Freeman, Harvey 109
Friedman, Stanley 88, 89, 92
Fundação de Veteranos Fuzileiros Navais 307

Garten, Alan 231, 233, 236, 237, 241-242, 246, 251, 252, 253, 257, 306
Gary, Indiana, barco-cassino 212
Gaspin, Jeff 217, 218, 222, 223, 224
Gigicos, George 315
Gingrich, Newt 339
Giuliani, Rudolph 28, 265, 266, 268, 272, 289
Glassner, Michael 312, 315, 316
Glosser, Cathy Hoffman 227
Goldberger, Paul 105, 114, 120
Goldberg, Jay 163, 164, 167, 174
Goldmark, Peter 83, 84
Goldstein, Donna 77
Goldwater, Barry 55, 276
Goldweber, Elyse 66, 67, 68, 76, 77
golfe, campos de
　em Dubai 246
　na Escócia 21, 245, 257-259, 260-261
　nos Estados Unidos 305-306
　partidas de golf gratuitas em, para caridade 306
Goodson, J. Michael 234, 235
Gore, Al 285
Gould, Jim 182
GQ (revista) 106, 108, 269
Graham, Lindsey 21, 22, 315, 328
Grand Hyatt, Manhattan 109, 273
　abertura e sucesso do 94, 95, 106
　Commodore renomeado como 87, 94

como exemplo da estratégia de desenvolvimento de 94
métodos de relatório de lucros usados no 95
proposta de cassino para 132
relações comerciais de Atlantic City ao 133, 134, 294
renda de Trump do 105
Gratz, Roberta 107
Greenberg Traurig 283
Green, Mark 289
Griffin, Merv 145, 158
Griscom, Tom 278
Grossman, Ken 242
Guerra do Iraque 290, 321, 339
Guerra do Vietnã 56, 59, 69
Guillo, Bob 231, 232
Guthrie, Woody 64

Hack, Lori 335
Hager, Mark 226, 227
Harrah's, Atlantic City 135, 136, 139
Harries, Todd 317-318
Harth, Jill 169
Haskell, Nikki 93
Herzfeld, Shmuel 29
Hiatt, Fred 27
Hicks, Hope 315, 318, 320
Hilton, Barron 137
Hilton Corp. 136, 252
Hixon, Verina 100, 101
Hochberg, Victoria 266
Hoffa, Jimmy 134
Hoffmann, Bill 127
Holiday Corp. 135, 139
Hoover, Herbert 35
Hope, Judith 288
hotéis da marca Trump. *Ver também hotéis específicos*
    expansão global de 244-246
    licenciamento e taxas de gerenciamento de 245
Houraney, George 169, 170
Howard Stern Show, The (programa de rádio) 173, 174, 225, 271, 290
Hoyt, Alfred e Sheila 65, 66, 68
HRH Construction 86, 93
Huckabee, Mike 312
Hunter-Stiebel, Penelope 97
Hurt, Harry III 163, 164, 186
Huxtable, Ada Louise 96
Hyatt 85, 86, 87, 89, 95
Hyde, Stephen 138, 144, 147, 148, 149, 150, 151, 156, 200

Icahn, Carl 204, 205, 304
Ideal Health 240, 241
Ifshin, Stephen N. 102, 103
ilha de Lewis, Escócia 31, 32, 33, 42, 257-258, 259
imigrantes
    alemães 37, 40
    em Nova York 63, 64
    esposas de Trump como 90, 160, 268
    interesse na candidatura de Trump da parte de 118
imigrantes ilegais. *Ver também* política de imigração
    Trump sobre 98, 99, 225, 236, 261, 310, 311
    alegações de sindicatos sobre o uso de, por Trump 98
imigrantes mexicanos, Trump sobre muro para impedir a entrada de 19, 311, 321
imóveis
    desenvolvimentos licenciados por Trump e 232-240
    Trump Mortgage e 238-240
    Universidade Trump e 229-232
Imus, Don 222
Inner Circle, espetáculo (esquetes satíricos) 266
Instituto de Lei e Segurança 282
instituto Gallup 19
Iowa, convenção em 318, 320
Irsay, Robert 181
Israel 28, 29

Jackson, Michael 104, 157, 168, 269
Japão 35
    busca de Trump por investidores do 196, 197
    proteção americana do 26, 276
    reestruturação de crédito com bancos no 199, 201
Japão,
    proteção americana do 26
Jarosz, Elizabeth 220
Javits Convention Center, Manhattan 84
Jensen, Shelley 265
Johnson, Lyndon B. 65

Kalikow, Peter 123
Kardashian, Kim 173
Karimli, Khalid 252, 253
Kasich, John 21, 321, 324, 326, 327
Kass, Nicholas 48
Kaszycki & Sons Contractors 98
Kelly, Megyn 21, 313

ÍNDICE

Kennedy, John F. 55, 273
Kennedy, John F. Jr. 273
Kenneth Leventhal & Co. 195
Khafif, Roger 254–257, 257
Khashoggi, Adnan 140
King, Larry 278–279, 281, 285–286
King, Martin Luther Jr. 65, 333
Kirk, Ernie 53
Klein, Robert 57
Klemesrud, Judy 114
knight, Bobby 327
Knight, Roy 57
Knudsen, Jenna 240, 241
Koch, Ed 88, 107, 108, 279, 280
Kosner, Ed 118
Ku Klux Klan (KKK) 34, 41, 55, 287

Ladd, Parker 116
Lambert, Ben 85
Lampanelli, Lisa 270
Lane, Ann 199, 200, 201
Lane, Charles 26
Lashley, Bobby 263, 264
Laudner, Chuck 319
Leach, Robin 106, 158
Lebensohn, Daniel 243
Le Club, Manhattan 71, 72, 74, 88, 167, 181
Lei de Proteção ao Paciente e Serviços de Saúde Acessíveis 326
Leerhsen, Charles 121
Lehrenkrauss & Co., 42
Letterman, David 295
Leverhulme, lorde 33, 34
Levine, Ted 54
Lewandowski, Corey 309, 312, 314, 315, 320, 322, 324–325, 326, 328
Lewinsky, Monica 284, 286
Lewis, Escócia 31, 32, 33, 42, 257–258, 259
Lifestyles of the Rich and Famous (programa de televisão) 106, 158
Liga de Futebol Americano dos Estados Unidos (USFL)
 envolvimento de Trump na 178–186
 processos contra a NFL da 186–193
Liga Nacional de Futebol Americano (NFL) 178–183, 185–186, 189–193
Liga Protetora Americana 40
Liga Urbana 66
Lombardi, Vince 54
Lost Tycoon (Hurt) 163, 164
Lundgren, Terry 311

Luntz, Frank 312
luta livre, aparições de Trump em 262–264, 271
Lyons, Leonard 115

Macari, Thomas 99
MacFarlane, Seth 270
Machado, Alicia 171
MacLeod, Mary Anne. *Ver* Trump, Mary Anne MacLeod
Macy's 228, 311
Madonna 19, 128, 168
Madsen, Phil 287
Magargal, Nancy 61
maluco no pedaço, Um (programa de televisão) 265
Mammadov, Anar 250–252, 253
Manafort, Paul 27, 282, , 325–326, 327, 328, 339
Manufacturers Hanover Trust, banco 85, 200
Maples, Marla 264
 acordo de confidencialidade assinado por 176
 atmosfera de mistério de Trump aumentada pelo caso com 194
 banqueiros de falência e custo do anel de noivado para 209
 caso com Trump 123–126, 127, 128, 144, 150, 281
 concurso de beleza apresentados por 171
 confronto entre Ivana e 150, 160, 163
 história de 160
 proposta de memórias de 176
 separação de Trump de 268, 299
 Trump sobre esposa como "boa mulher" e ele como trabalhador 177
Mar-a-Lago, Palm Beach, Florida
 casa de Trump em 21, 216, 218, 269
 casamento de Melania em 268, 288
 compras de 106, 167, 168
 eventos sociais e festas em 170, 177
 penhor sobre 202
 restrições de Palm Beach a festas em 168–169
marca Trump
 acordos de licenciamento e taxas na 228, 229
 caráter de showman de Trump usado para estender a 225
 cassinos e 140, 304
 concurso de beleza American Dream e 169–170
 concursos de beleza e 169
 desenvolvimentos imobiliários e 232–240
 estimativa do valor da 303, 305–306
 fama de Trump para 121
 graduação em Wharton para polir a 59

iate para fortalecer a 140
imagem cultivada pela 160
imagem da Trump Tower e 105
Mar-a-Lago e 167
Melania e 270
significado do nome Trump na 218
televisão para a promoção da 214, 220, 265
The Apprentice e 214, 215, 216, 221, 227
Trump como conquistador e vida social glamorosa e 174
Trump como sua própria marca 18
Trump Shuttle e 209
Trump sobre valor da 303
Marcus, Ruth 27
Marino, Deno 155
marketing multinível 240, 241
Marrin, Rich 58
Martinelli, Ricardo 254
Matthews, Chris, 21, 325
Mazzarella, Sharon 47
McCain, John 251, 290, 311-312
McCarthy, Joseph 72, 115, 328
McCloskey, Pete 282
McKinsey & Company 185
McMahon, Vince 262-264, 271
McQuaid, Joe 21
McSween, Robert 201
Meet the Press (programa de televisão) 286, 287
Meili, Trisha 279
mercado habitacional. Ver também condomínios, Trump Mortgage e 238-240
Meridian Mortgage 240
Merrill Lynch Capital Markets 146
Metropolitan Museum de Nova York 97
mexicanos, Trump sobre 18, 286, 310-311, 340, 344
México
  empresas norte-americanas no 22, 326
  projetos de Trump no 245
Michaels, Walt 182
Miller, George 281
Miller, Robert 97
Milne, David e Moira 260
Miss Estados Unidos, competição 170, 171, 217
Miss Teen USA, competição 171
Miss Universo, concursos de beleza 171, 172, 213, 217, 218, 220, 246-249, 253, 254, 271
Moelis, Ken 204
Mohawk, indígenas, e cassino Catskills 281-282
Molloy, Joanna 117
Molnar, Edit 268

Money (revista) 240
Morrison, Susan 123
Moscou
  concurso de Miss Universo em 246-249
  proposta de Trump Tower em 237, 249
MSNBC 21, 325
muçulmanos, Trump sobre 18, 246, 261, 318, 322, 328, 340, 344
Mullally, Megan 267-268
Mulvoy, Mark 187
Munro, Susie e John 260
Murdoch, Rupert 115, 116, 117, 123
Myerson, Harvey 189, 190, 192

Nachtigall, Steven 47
Nascar 311
National Enquirer 170
nativos norte-americanos, cassinos 281-282
NBC 180, 185, 186, 213, 217, 218, 220, 225, 268, 273, 280, 291
NBCUniversal 311
Neaher, Edward R. 76, 77
negócio de modelos 172
Nessen, Ron 70
Newfield, Jack 111
New Hampshire 21
  apoiadores de Trump em 275-276, 277
  discursos de Trump em 109, 277, 291, 311, 314, 320
New Hampshire Union Leader 21
Newhouse, Si 108, 115
New York Construction News 116
New York Daily News 115, 116, 117, 118, 122, 124, 125, 126, 127, 162, 279
New Yorker (revista) 97, 118, 122, 221
New York Post 115, 116, 117, 120, 123, 125, 126, 127, 128, 222, 225, 227, 279, 299
New York (revista) 127, 128, 196
New York Times 35, 41, 58, 96, 279, 331
  campanha presidencial no 276, 277, 287
  candidatura de Trump e 277, 287
  caso contra Trump de discriminação no 68, 73
  cassinos de Atlantic City no 156, 300
  destruição de frisos do Bonwit anunciada no 97
  Liga de Futebol Americano dos Estados Unidos (USFL) no 183, 184
  patrimônio de Trump no 79, 120, 294
  Penn Central e projeto Commodore e 82, 87
  perfis de Trump no 79, 114, 294, 300, 301
  projeto de Fred Trump anunciado no 42
  projetos de Trump no 107, 287, 301

ÍNDICE

Trump em primeiras matérias no 114
Trump Tower resenhada no 96, 105
vida pessoal de Trump no 120, 128, 166
Nixon, Richard M. 59, 69, 278, 282, 336
Nobles, Bruce R. 198, 209
North Fork Bank 302
Nova York, cidade
   doações de Trump em 274-275, 288-289
   eleições municipais de 88, 280, 288-289
   Trump como possível candidato a prefeito em 279, 280
   Trump sobre crime em 279-280
Nova York, estado de
   cassinos de nativos americanos no 282-283
   multa de lobbying de Trump no 282

Obama, Barack
   campanha republicana de 2016 sobre 341
   contribuições de Trump para a campanha de 290
   eleições de 2008 e 24, 290, 315, 333, 337-338
   Grande Recessão e 239-240
   Trump sobre 29, 291, 292, 317
Obama, Michelle 334
O'Brien, Timothy 300-303
O'Donnell, John "Jack" 149, 150, 151, 152, 155, 156, 157, 158, 200
Oldenburg, Bill 179
Onish, Paul 47
O'Reilly, Bill 337
Orteneau, Jeff 53
Osnos, Peter 109
Oswald, Lee Harvey 315
Otan 26, 30

Packer, Billy 188
Page, Clarence 21
Page Six, seção do *New York Post* 115, 117, 120, 123, 225
Paige, Gerald 54
Palestina 28
Paley, William S. 61
Panama City Trump Ocean Club International Hotel & Tower 253-257
Partido Democrata
   aliados de Fred Trump em 55
   apoio de Trump para o, no estado de Nova York 288
   filiação de Trump ao 288-289, 290
   troca frequente de partido de Trump 290-291, 313

Trump convidado pelo, para levantamento de fundos 278
Partido Reformista 285, 287
Partido Republicano
   adesão de Trump ao 290
   convenção de indicação em Cleveland e 333-344
   crença de Trump nos princípios do 279, 289
   Fred Trump e 55
   mudança de Trump para o Partido Reformista do 285
   preocupações sobre a candidatura de Trump entre membros do 25, 335-336, 337, 340-341
   troca frequente de partidos de Trump 290-291, 313
Pataki, George 21, 282
Patrick, Sharon 185, 186
Paucatuck, indígenas 283
Payne, Edith K. 303
Peale, Norman Vincent 91, 109, 272, 331
Pence, Mike 339-340
Penn Central 82, 83, 84, 85, 86, 87, 88, 106
Penn Club, Manhattan 61
People (revista) 127
perfume da marca Trump 221, 228, 229
Perot, Ross 283, 285, 287
Perry Rick 316
Pershing, John 322
Perskie, Steve 141
PGA Tour 311
Phillips-Van Heusen 227, 228
Pignatello, Sebastian 213
Pitkow, Michael 53
Platt, Ronald 283
Playboy (revista) 110, 122, 302
Plaza Hotel, Manhattan 195, 196, 197, 266
   aquisição do 195, 196, 295
   busca por investidores para 124, 196, 197
   compra de 141
   dívidas do 195, 196, 197
   falência do 211
   Ivana como presidente do 144, 164, 166, 196
   publicidade para 118, 129
   reformulação de Ivana do 93
   residentes famosos do 196
política
   apelos populistas na 18, 108, 332
   cultura de *pay-to-play* de Nova York e 274-275
   doações como parte rotineira dos negócios 275, 281, 289-291
   elegibilidade de candidatos presidenciais e 273

política de imigração 34, 35, 42, 332
  muçulmanos e 18, 28, 261, 318, 328
  propostas de Trump para 19, 309–310, 334–335, 339, 343
  refugiados sírios e 317
política externa, Trump sobre 25, 109, 276
política sobre o Oriente Médio 28, 30
políticos
  apoio de Trump em disputa pela prefeitura de Nova York 288–289
  doações para campanhas de 83, 274, 275, 282, 288, 290
  opinião de Trump sobre 289–290, 337
Pomerantz, Alan 199, 201
Post Foundation 168
Post, Marjorie Merriweather 167, 168
Prejean, Carrie 171
presidência
  comentários de Trump sobre desejo de 273, 278–279
  comitê exploratório de Trump para disputa de 2000 285, 286
  decisão de Trump de buscar a 286–287
  opiniões de Trump sobre televisão e elegibilidade à 274
  Reagan como modelo para a 285
  riqueza como qualificação para a 293
Priebus, Reince 311
Primeira Guerra Mundial 33, 40
princesa Diana 105, 126, 168, 173
Pritzker, família 85, 86, 95
Pritzker, Jay 86
processos por difamação 112, 117, 237, 301, 304
produtos da marca Trump 226–229
  colocação em *The Apprentice* de 221, 226, 227, 228
  compras da sociedade aberta de Trump de 214
  linha de roupas e 225, 311
  prédios e 234, 255
  Universidade Trump como um dos 229
produtos de marca 214, 226–230. *Ver também produtos específicos*
  aparição em *The Apprentice* de 221, 226–227, 228
  linha de roupas e 225, 226, 227, 228, 311
programas de rádio, aparições de Trump em 25, 173, 222, 225, 271, 281, 290
programas de televisão
  aparições de Trump em 23, 25, 182, 264–267, 273, 278–279, 295, 337, 338–339, 339–340, 344
  cobertura da campanha dos candidatos em 23, 25, 313, 325

marca Trump promovida na 214, 220, 239, 265
noivado Trump-Maples na 209
papel de Trump em *The Apprentice* e 215–224
propostas de programas de Trump 224, 225
Trump como candidato 285–287
Putin, Vladimir 22, 248, 249

Quayle, Dan 121

raça e racismo
  campanha de Trump e 341
  caso contra Trump de discriminação e 68, 75, 76, 79
  caso da corredora do Central Park e 279–280
  programas habitacionais federais e 64
  vencedora do Miss Universo e 171
ramo de modelo 172
Random House 108
Rangel, Charles 290
Ravitch, Richard 86, 87, 88
Read, Walter N. 139
Reagan, Ronald 198, 274, 276–277, 282, 285, 309
refugiados sírios 317
ReganBooks 176
Reidy, Maureen 171
Reilly, Rick 187, 188
República Dominicana, resort de luxo de Trump na 232, 239, 245
Res, Barbara 93, 99, 110, 118, 128, 196
Resorts International 131, 132, 140, 141, 142, 145
Ridings, E. J. 238, 240
Right to Rise USA 309
Robbins, Tony 262
Roe, Jeff 322, 325
Roffman, Marvin 141, 146, 152, 153, 154
Romney, Mitt 291, 292, 293, 309, 323, 335, 341, 342
Roosevelt, Franklin Delano 35
Rosenberg, Julius e Ethel 72
Rosenberg, Marty 144, 208
Ross, Jeff 270
Rothman, Frank 191
roupas, marca Trump de 225, 311
Rousseaux, Michael Leo 235
Rousseaux, Sheila 235, 236
Rozelle, Pete 187, 190, 191
Rubeli, Paul 146
Rubell, Steve 91
Rubenstein, Howard 117

Rubio, Marco 27, 315, 316, 318, 319, 321, 322, 323, 335, 336
Ruggiero, Steve 212
Rush, George 117, 118
Russert, Tim 286
Rússia
  concurso Miss Universo na 246–249
  conversas de desarmamento nuclear com a 276–277
  propostas de projetos de Trump na 237, 246, 249
Ryan, Paul 327–328

S&A Concrete 100
Salaam, Yusef 280
Salerno, "Fat" Tony 100
Saltsman, Chip 312
Sanders, Bernie 343
Santorum, Rick 319
Sanzillo, Frank 290
Sater, Felix 237
Saturday Night Live (programa de televisão) 267
Sawyer, Diane 165, 173
sb Hotel Associates 236, 238
Scadron, Michael 52, 56, 89
Scalia, Antonin 321
Scanlon, John 124
Scarfo, família criminosa 134, 135
Scavino, Dan Jr. 316
Scheck, Jan 239
Scheffler, Steve 310
Scherf, Chrisman 48
Schrager, Ian 91
Schuster, Katherine e Fred 37
Schwartz, Tony 108, 142, 362
Scully, James 172
Scutt, Der 94, 96, 110
Seecharan, Naraine 235, 236, 238
Segunda Guerra Mundial 43, 45, 51, 131
Serafin, Jack 55
Sex and the City (programa de televisão) 266
Sexton, Michael 232
Shannon, T. Sean 267
Shapiro, Kenny 134, 135
Sharper Image 229
Sharpton, Al 280, 289
Shula, Don 182
Sibilia, Patricia 191
Simmons, Chet 184, 186
Simpson, O. J. 166
Singer, Mark 118, 119, 122
Sipe, Brian 182, 186

Slater, Robert 299
Small Potatoes: Who Killed the USFL? (documentário) 192
Smith, David 53
Smith, Donald 33
Smith, Liz 116, 122, 123, 124, 126
Snyder, Howard 206
Solovey, Sam 220
Specht, Bill 60
Spin City (programa de televisão) 266
Spinks, Michael 189
Spiro, Phyllis 67, 68
Spitzer, Eliot 289
Sports Illustrated (revista) 192, 269
Spy (revista) 89, 121, 122, 127
Stahl, Lesley 339
Stasi, Linda 127
Stein, Andrew 275
Steinbrenner, George 181
Steinke, Kevin 23, 24
Stern, Henry 108
Stern, Howard 166, 173, 225, 271, 290, 339
Stevenson, Mark 256, 257
Stewart, Martha 218, 222
Stone, Roger 169, 282, 285, 286
Studio 54, Manhattan 91
Success by Trump, fragrância 221, 228
Sullivan, Daniel 134, 135
Sunshine, Louise 83, 84, 86, 93, 95, 104, 109, 161, 270
Suprema Corte, indicação de juízes à 321, 336
Swifton Village, Cincinnati, Ohio 57

Taj Mahal, cassino. *Ver* Trump Taj Mahal, Atlantic City
talk radio shows
  aparições de Trump em 173, 174, 222, 225, 271, 281, 290
  oposição a Trump durante a campanha de 324
Tanenbaum, Myles 179, 180
Taylor, John 119, 128, 129
Taylor, Lawrence 182, 183
Teal, Gary 335
televisão, e elegibilidade de presidentes 274
televisão para a promoção da 239
Television City, projeto, Manhattan 107
Thomas, David Prince 55
Ticktin, Peter 55, 56
Tiffany & Co. 96
Time (revista) 121, 331
Time to Get Tough (Trump) 221

Tisch, Laurena 121
T Management 172
Today (programa de televisão) 182, 264
Tollin, Michael 192
Tong, ilha de Lewis, Escócia 32, 33
Toobin, Jeffrey 21
Toronto Trump International Hotel & Tower 245, 246
Tour de Trump 188
Tower, The (proposta de programa de televisão) 224, 225
Trees, Ann 47
Tropicana, Atlantic City 132, 146
Trump
  A arte da negociação (Trump e Schwartz) 98, 108, 113, 114, 122, 142, 192, 265, 276, 296
  Como chegar lá (Trump e McIver) 174
  nome como bem precioso 273
  significado de, como nome de marca 129
  Sobrevivendo ao sucesso (Trump e Leerhsen) 202
  The Art of the Comeback (Trump e Bohner) 145, 161, 167, 174, 265
  The Game 119
  Think Like a Billionaire (Trump e McIver) 338, 362
  variações na grafia de 36
Trump, Barron (filho) 269
Trump Boat Show 43
Trump Building, Wall Street, 40, Manhattan 39, 239, 298, 305
Trump Castle Hotel & Casino, Atlantic City 156
  aquisição do 137, 138
  celebração do aniversário de Trump no 194, 195
  concurso de beleza American Dream no 170
  empréstimos do pai de Trump ao 206, 207, 273
  falência do 207, 211
  Hyde como gerente do 138
  iate de Trump arrendado para 140
  Ivana como gerente do 137, 144
  outros cassinos de Trump canibalizando negócios do 138
  problemas financeiros do 206, 207
  questões de pagamento de caução para o 194, 198, 200, 206
  sociedade aberta de Trump como proprietária do 212, 214
  Taj canibalizando o negócio de 198, 207
  Tour de Trump e 188
  venda do 305
Trump, Donald J.
  INFÂNCIA
    casa de infância 45
    casa disciplinada dos pais 49, 50
    coleção de canivetes e jogo Land 50
    escola particular Kew-Forest 46, 48, 49, 50
    esportes 48, 54, 55
    nascimento 43
    Academia Militar de Nova York 51–56
    riqueza da família 45, 57, 58
    Times Square Manhattan, explorações, 44–45
  FORMAÇÃO
    escola particular Kew-Forest 46, 48, 49, 50
    Academia Militar de Nova York 51–56
    Universidade Fordham 57-58
    Wharton School 59-61
  PROCESSOS
    American Dream Calendar Girl Model Search, concurso 170
    como tática de negócios de Trump 299, 304
    contra Escócia durante construção de campo de golfe 260–261
    desenvolvimentos licenciados por Trump 233, 237–238
    Panama City Trump Hotel 253–54
    pelo TrumpNation de O'Brien sobre estimativas da riqueza de Trump 300–303
    Universidade Trump 231
    Wallach, por calúnia 296
  OUTROS INTERESSES COMERCIAIS
    agente de modelos 262
    circuitos de palestras 260
    indústria de concursos de beleza 169–172
    Liga de Futebol Americano dos Estados Unidos (USFL) 178–182, 184–186, 189–193
    taxas de administração 255, 256
    The Apprentice (programa de televisão) 215–224
    Trump Mortgage 238–240
    Trump Shuttle 197, 198, 209, 210
    Universidade Trump 229–232
  FILANTROPIA
    determinação de quantidade de 306-7
    Donald J. Trump Foundation 307
    Penn Club, Manhattan 61
    possibilidade de doação dos frisos do Bonwit Teller para museu 97
    proposta de doação dos lucros da Universidade Trump 231
    projetos de desenvolvimento imobiliário
    caso de discriminação do Departamento de Justiça dos Estados Unidos 64–69, 75–78

ÍNDICE

cassinos de Atlantic City 129, 130
Commodore Hotel (posteriormente Grand Hyatt) 84–89
conversão do Barbizon, 100, Central Park South (posteriormente Trump Parc e Trump Parc East) 101–103
desenvolvimentos licenciados por 232–240
projeto da Television City 107,120
reforma do Wollman Skating Rink 107–108
visual característico de Trump nos 162
RIQUEZA
  como qualificação na campanha de 2016 293–94
  estimativa de Trump de 80
  questões sobre 294–95, 305–6
  revista *Forbes* sobre Trump 121, 140, 193, 212, 294–95, 297, 302
  sensibilidade de Trump sobre compreensão da 271
  Trump sobre dinheiro como forma de "marcar pontos" 294
  TrumpNation de O'Brien sobre estimativas de 300–303
ESPOSAS
  Ver Maples, Marla; Trump, Ivana; Trump, Melania
Trump, Donald Jr. (filho) 237
  impacto do divórcio da mãe sobre 175
  nascimento de 92
  trabalho com o pai 175, 235, 238, 245, 248
Trumped! (O'Donnell) 156
Trump, Elizabeth Christ (avó) 38
Trump, Elizabeth (irmã) 46
Trump Entertainment Resorts 304
Trump Entrepreneur Initiative 231
Trump, Eric (filho) 341
  desenvolvimentos imobiliários e 233
  nascimento de 92
  residência de 103
  sobre a competitividade do pai 175
  trabalho com o pai 175, 245
Trump Foundation 307
Trump, Fred Jr. (irmão) 46, 103, 104, 150
Trump, Fred (pai)
  acusações de discriminação contra 64–69, 75–78
  apoio a projetos do filho de 82, 136, 272–273
  apoio financeiro para os projetos do filho de 85, 133, 206, 207
  como desenvolvedor e construtor no Queens e no Brooklyn 35, 41, 42, 43, 45
  defensiva sobre origens alemãs 40

desconfiança de Manhattan por 81, 83
desejo do filho de ser independente 68–69
empréstimos segurados pelo governo usados por 64, 81
filhos e vida familiar de 43, 45, 49, 103
filho sobre influência de 113, 273, 337
função administrativa do filho com 63, 68
história da família de 39, 40
marketing de 43, 114
morte de 272–273
nomeação do Javits Convention Center e 84
nome da família como bem precioso de 273
primeiro encontro entre Mary e 42
relação do filho Donald com 49, 50, 52, 61, 331, 337, 344
relações políticas de 82, 88, 113, 282
republicanos e 55
riqueza de 45, 52, 53, 69, 88, 295
sobre o segredo do sucesso 63
trabalho do filho com 57, 62, 81, 331
Trump Village construída por 62, 63
trustes familiares fundados por 88
violações do código de habitação em Maryland e 79
Trump, Friedrich (avô)
  filhos e vida familiar de 38, 39, 40
  grafia do nome da família e 36
  história familiar de 35, 37
  migração aos Estados Unidos de 37, 38
  sentimento antialemão da Primeira Guerra Mundial 40
  trabalhos exercidos por 37, 38, 39
Trump Holding Corp. 43
Trump Hollywood, Florida 242–243
Trump Hotel Collection 245
Trump Hotels & Casino Resorts (sociedade aberta) 212, 213, 214, 283, 304
Trump Ice, água mineral 214, 228
Trump International Golf Links, Escócia 21, 245, 257–258, 260–261
Trump International Hotel & Tower, desenvolvimentos
  Baku, Azerbaijão 244, 245, 250, 252–253
  Fort Lauderdale, Flórida 234–236
  Manhattan 234
  Toronto 245, 246
  Waikiki, Havaí 233
Trump, Ivana (esposa)
  acordo de confidencialidade assinado por 175
  amizade com Trump após divórcio 177, 270
  calendário social mantido por 164
  casamento de 92, 104

casamento e personalidade de 93, 177
caso de Trump com Maples e 120, 123–125, 127, 144, 150
como casal midiático 117, 123, 124, 125, 127, 128
como gerente de cassino 137, 144, 152, 164
confronto entre Maples e 150, 159, 160, 163
divórcio de 163, 164, 176, 203, 209
evolução da imagem de Trump usando o casamento com 162
filhos e vida familiar de 92, 99, 112
história de 90, 160
pactos antenupciais com 186
pactos antenupciais com 90, 91
pedido de casamento de Trump a 90
Plaza Hotel e 93, 144, 164, 166, 196
primeiro encontro com Trump 89
produtos da marca 242
projetos Trump gerenciados por 93, 106
redecoração de Mar-a-Lago por 168
sobre impacto do divórcio sobre filhos, 169 175
Trump como chefe em casamento com 164
visual característico de Trump desenvolvido por 162
Trump, Ivanka (filha) 61, 237, 271, 342
impacto do divórcio da mãe sobre 175
nascimento de 92
trabalho com o pai 171, 175, 245, 255
convenção republicana e 342, 344
Trump Management 62, 63, 68, 70, 78
Trump Marina, Atlantic City. *Ver também* Trump Castle Hotel & Casino 214, 305
Trump, Marla (esposa). *Ver* Maples, Marla.
Trump, Maryanne (irmã) 46, 103, 259, 331
Trump, Mary Anne MacLeod (mãe)
cerimônia de casamento de 259
cerimônia do casamento de 43
filhos e vida familiar de 43, 45, 49, 338
história familiar de 257–258
história familiar de 33, 34
migração para os Estados Unidos de 32, 34, 35
primeiro encontro entre Fred Trump e 42
sucesso do marido e apoio de 90
traços de personalidade de Trump relacionados a 49, 219
visita de Trump ao local de nascimento de 32
Trump, Melania (esposa) 268–270
acordo de confidencialidade assinado por 175
ambições políticas de Trump e 287, 329
campanha presidencial e 334, 337
carreira de modelo de 268–269
casamento de 160, 173, 269–270

cerimônia de casamento de 268, 288
filho e vida familiar 269
história de 160, 268
primeiro encontro entre Trump e 268–269
produtos da marca 269
projetos Trump e 171, 228, 270
Trump sobre 177, 270
Trump sobre aparição de, em talk radio show 173
Trump Models Inc. 172
Trump Mortgage 238–240
Trump National Golf Club, Nova York 305, 306
TrumpNation (O'Brien) 300
Trump Network 240–242
Trump Ocean Club International Hotel & Tower, Cidade do Panamá 253–257
Trump Parc East, Manhattan 103
Trump Parc, Manhattan 103, 110, 202
Trump Place, Manhattan 273, 305
Trump Plaza Hotel & Casino, Atlantic City 188, 189, 273, 289
aquisição de Trump do 136
conflitos de Trump com funcionários do 200
fechamento do 305
impacto da morte de executivos importantes sobre o 148, 149, 200
luta livre realizada no 263
O'Donnell como presidente do 149, 151, 155, 156, 200
outros cassinos de Trump canibalizando negócios do 198
problemas financeiros do 200, 207, 211, 305
sociedade aberta de Trump como proprietária do 212
Trump Princess (iate) 140, 195, 198, 201, 203, 209, 211
Trump, Robert (irmão) 45, 46, 49, 70
Taj casino e 142
Taj cassino e 152, 153, 157, 158
Trump Shuttle 197, 198, 209, 210
Trump Sports and Entertainment 147
Trump Steaks 229
Trump Success, fragrância 221, 228
Trump Taj Mahal, Atlantic City 145, 146
aquisição do 140, 141, 142, 145
arquitetura do 154
artigo de Roffman sobre o 152, 154
competição entre outros cassinos de Trump e 198
conflitos de Trump com funcionários do 200
escritório de Trump na 195, 203
financiamento da construção do 142, 143, 144, 145

grande inauguração do 154, 155, 156, 157, 158
impacto da morte de executivos importantes
    sobre o 147, 148, 149, 150, 156, 200
problemas financeiros do 198, 200, 204, 300, 304
reestruturação de crédito para o 204, 205, 206, 304
renovação de licença concedida para o 206
sociedade aberta de Trump como proprietária do 212
Trump Taj Mahal Funding 145
  escritório de Trump na 106
  imagem de Trump para a 105
Trump, Tiffany (filha) 61, 166, 176
Trump Tower, Berlim 245
Trump Tower, Manhattan 274, 305
  arquitetura da 93, 96, 299
  casa de Trump na 106, 269, 288
  caso Maples e suíte na 176
  compra de terreno e construção da 95, 96, 98, 99, 133, 273
  conferências de imprensa realizadas na 181, 229, 238
  contrato da USFL de Shula sobre apartamento na 182
  escritório de Trump na 331
  fama de Trump associada à 105, 183
  menções na televisão da 266, 267, 274
  patrimônio líquido de Trump associado à 294
  proposta de programa de televisão ambientado na 216, 218
  sindicatos e empreiteiras controlados pela Máfia e 100, 101
Trump Towers Atlanta 232, 233
Trump Turnberry, campo de golfe, Escócia 261
Trump Village, Brooklyn 62, 63, 86
Turquia, projetos de Trump na 245, 246
Twitter, uso por Trump do 270, 292, 308
Tyson, Mike 124, 163, 188, 189

Umaga 263, 264
Universidade Fordham 57, 58
  decisão de se transferir para Wharton da 58
  época de estudante na 57, 58
  equipe de squash na 58, 181
Universidade Trump 229, 230, 231, 232
USA Today 299
usinas eólicas, Escócia 258, 259, 261

Vanity Fair (revista) 123, 166
Ventura, Jesse 285, 287

veteranos, causas dos, doações de Trump para 307
Vukcevich, Michael 143

Waikiki, Havaí, Trump International Hotel & Tower 233
Walch, Gay 224
Walker, Charles 47
Walker, Herschel 181, 192
Walker, Scott 316, 324
Wallace, Chris 313
Wallace, George 55, 332
Wallach, Abe 295, 296-299
Wall Street, 40, Manhattan 39, 239, 298, 305
Wall Street Journal 58, 116, 129, 152, 153, 233, 276, 291
Walters, Barbara 123, 124, 126, 176, 225, 268
Warner Books 301
Warner, Marvin 186
Washington, Desiree 189
Washington, hotel Trump sendo construído em 18, 25, 29, 30, 312
Washington Post 115, 127, 277, 290, 291
  Aliança Azerbaijão-América e 253
  campanha presidencial no 21, 276
  encontro do conselho editorial com o candidato Trump 17, 25-28
  filantropia de Trump analisada no 306-307
  livro de Trump resenhado no 109
  revogação de credenciais de Trump do 328
  violações do código de habitação de Fred Trump em Maryland no 79
Watson, Kathy e Don 310
Weber, Mark 228
Weil, Gotshal & Manges 199, 201
Weinberger, Hillel 204
Weisselberg, Allen 300
Welles, Orson 20
Westpride 107
Wharton School, Universidade da Pensilvânia
  anos de estudante na 59, 60, 61
  decisão de frequentar 59
  filhos de Trump na 59, 60, 61
  marca Trump e 59
White, George 53
Williams, Serena 306
Wilson, Woodrow 40
Winchell, Walter 115
Winfrey, Oprah 220, 278, 286
Winklmayr, Alfred 90
Wisman, Carter 112

Wollman Skating Rink, Manhattan 107, 108, 215, 216
Wood, Roger 115
World Trade Center, Manhattan 69
   ataques do 11 de Setembro ao 289, 321
   desejo de Trump de possuir o 83, 84
World Wrestling Entertainment Hall of Fame 271
WrestleMania 262, 263, 264, 285
Wynn, Steve 137, 151

Young, Steve 192

Zahid, Ganimat 252
Zeckendorf, William 59, 61, 113, 114
Zeitz, Carl 135
Zelníčkov, Miloš 92
Zucker, Jeff 217, 268

Compartilhe a sua opinião
sobre este livro usando a hashtag
#RevelandoTrump
nas nossas redes sociais:

/EditoraAlaude
/EditoraAlaude
/AlaudeEditora